张黎源 著

泰恩河上的黄龙旗

生活·讀書·新知 三联书店

图书在版编目（CIP）数据

泰恩河上的黄龙旗：阿姆斯特朗公司与中国近代海军 / 张黎源著. —北京：生活 · 读书 · 新知三联书店，2020. 8
ISBN 978 – 7 – 108 – 06822 – 4

Ⅰ. ①泰…　Ⅱ. ①张…　Ⅲ. ①海军 – 军事史 – 史料 – 中国 – 近代
Ⅳ. ① E295

中国版本图书馆 CIP 数据核字（2020）第 061894 号

责任编辑　叶　彤
装帧设计　蔡立国
责任校对　曹忠苓　陈　明
责任印制　徐　方
出版发行　生活 · 讀書 · 新知 三联书店
　　　　　（北京市东城区美术馆东街 22 号 100010）
网　　址　www.sdxjpc.com
经　　销　新华书店
印　　刷　北京隆昌伟业印刷有限公司
版　　次　2020 年 8 月北京第 1 版
　　　　　2020 年 8 月北京第 1 次印刷
开　　本　635 毫米 × 965 毫米　1/16　印张 46.5
字　　数　668 千字　图 292 幅
印　　数　0,001 – 7,000 册
定　　价　88.00 元
（印装查询：01064002715；邮购查询：01084010542）

目　　录

序

我自从十三年前第二次退休，离开办一切事都方便的香港，回到已居住了数十年的夏威夷老家，决定以后的日子怎样过。我以汉学示范摊子自豪，毫不相干的兴趣一大堆，但这些我打算全放下，专心只管近代海军史。退休固然不是倦勤，亦不是仅以清理未完成的旧账为满足，而是通过拓荒土、创天地，替自己的晚年翻新页。因此不管北洋海军、中法海战这类早就研究者蜂集的范围，而全神贯注替小舰、僻舰写齐全、可靠的舰史，并慢慢移进以前很少接触的民国时期。

这样做不免偏激，对促进中国海军史研究的发展帮助有限。我需有分劳的伙伴，即专治大舰、名舰，采新角度（尤其是科技性的）深探热闹范围中前鲜有人够资格敢面对的课题之年轻人。张黎源兄就是理想的分劳伙伴。

黎源兄是专业建筑师，思维科学化并不足奇，奇在治传统中国文史者以为独善的考证功夫，他也掌握到家。他使用得到的尚未公开记录上的原始资料，便是这本领的明证。

今人治学必须要有丰富的佐研素材，不然就无法立足，更无从谈建树。朋友提供资料（包括供给消息而不是实物）和自网上购买（尤其是照片）固然是得用的门径，若仅以此为运作之所基，充其量仅可达到人有我有的地步，何由能臻独得之境，如用洋人也不察觉的洋资料？突破之法并不奥秘，就是古人说的“行万里路，读万卷书”，但衡量准则已今昔大异。黎源兄以年计的时间，穷搜大小图书馆、档案馆、博物馆，这才是“行万里路，读万卷书”的现代版本。另外“读万卷书”还须先具备条件，英文书籍黎源兄拿起来就读，不需别人帮忙或靠翻译。若非培养了足用的资格和付出额外的努力，这本《泰恩河上的黄龙旗》是写不出来的。

很希望黎源这本新书不仅替一个研究课题找足答案，更替中国近代海军史的探索建立新境界的衡量尺度。这行业仍频密出现采选习用资料、重复支持陈陈相因论调的所谓新书，以及务求快速出版、即收利益的急就章产品。对杜绝此等颓风恶习，这本慢火炮制出来的巨著必会带来深远的效应。

马幼垣

敬序于檀岛东郊苑珍馆

2019年3月12日

引 言

2014年6月，我随中央电视台《甲午》纪录片摄制组赴英国拍摄，寻访一个多世纪前北洋海军在这个国家留下的历史痕迹。我们的第一站便是英格兰东北部的重镇——泰恩河畔纽卡斯尔（Newcastle upon Tyne）。从伦敦国王十字火车站（King's Cross Station）沿着英伦东海岸北上，经过大约4个小时的车程，一条大河倏然出现在窗外，河上一座座钢铁桥梁飞架，让人仿佛回到了100多年前如火如荼的工业革命年代。这便是纽卡斯尔——中国海军梦开始的地方。

这是我第三次造访纽卡斯尔，前两次还是在英伦求学之时。对于大多数人来说，纽卡斯尔的印象或许是著名的纽卡斯尔大学（Newcastle University），或许是英超劲旅纽卡斯尔联队（Newcastle United Football Club），或许是泰恩河上形形色色的桥梁和城市中兼具古典与现代气息的建筑。但对于中国海军史研究者来说，纽卡斯尔的意义却是非比寻常的。这座19世纪重要的工业城市曾是许多国家海军的摇篮，从大名鼎鼎的阿姆斯特朗（Armstrong）公司的船台上诞生的蒸汽铁甲战舰曾经远销世界各地，包括遥远的东方——洋务运动的中国和明治维新的日本。从1876年到1910年的30多年里，阿姆斯特朗公司为中国建造的"超勇""扬威""致远""靖远""海天""海圻""肇和"等21艘军舰，在中国海防中起到了举足轻重的作用；中国海军也曾三度访问此地，大清帝国的黄龙旗在泰恩河上高高飘扬。

在纽卡斯尔诞生的这些著名舰船长久以来便是海军史学者们注目的焦点，其中研究最精者当属已故英国海军史学者彼得·布鲁克

（Peter Brook）先生，他曾在《世界战舰》（*Warship International*）、《战舰》（*Warship*）等英文刊物上发表关于阿姆斯特朗军舰的系列文章，并于1999年出版了专著《出口军舰》（*Warships for Export*：*Armstrong Warships*，*1867-1927*）[1]，对阿姆斯特朗公司生产的所有军舰均有介绍，为研究此题目不可不读之书。国内的佼佼者则是李玉生先生和陈悦先生。前者于2003年发表了网络文章《帝国的阿姆斯特朗巡洋舰》[2]，是中国海军史学界首篇关于该课题的专文；后者则于2004年底开始在《现代舰船》杂志上连载有关中国海军历史舰艇的系列文章，迄今已达百余篇之多，并结集成《北洋海军舰船志》[3]《近代国造舰船志》[4]《清末海军舰船志》[5]《民国海军舰船志》[6]等数册，其中对阿姆斯特朗公司生产的中国军舰也多有详细论述。

我对阿姆斯特朗的军舰的兴趣就源于以上著述。在英国留学期间，我抱着试试看的想法，利用假期走访了英国各地的档案馆、图书馆、博物馆，寻找关于阿姆斯特朗军舰的第一手档案，主要线索便是《出口军舰》一书中的文献综述和引注。由于历史上阿姆斯特朗公司几经变迁，档案分布较为分散，因此寻查之不易自不待言。但国内海军史学界从未发现过的一大批中国军舰原始资料由此逐渐浮出水面，令我大喜过望，其中既有无心插柳的惊喜，更多的是苦觅得来的甘甜。这些珍贵的史料极大地填补了中国海军史研究中的空白，使其形象更加完整、生动。

以下就对我收集到的英国各地保存的阿姆斯特朗公司档案加以简要介绍。

英国国立海事博物馆（National Maritime Museum）

英国国立海事博物馆拥有世界上最丰富的海事方面的展品收藏，其下属的卡尔德图书馆（Caird Library）、历史照片与舰船图纸部（Historic Photographs and Ship Plans Section）中均藏有关于阿姆斯特朗公司的档案。卡尔德图书馆位于伦敦格林尼治的海事博物馆本馆内，须办理阅览证进入；历史照片与舰船图纸部位于伍尔威治（Woolwich）的分部，须预约参观。

一、舰船设计师乔治·瑟斯顿（George Thurston）档案[7]：乔治·瑟斯顿曾于1890年代在阿姆斯特朗公司工作，后来成为维克斯公司（Vickers Ltd.）的首席舰船设计师。他的手稿笔记中列有许多阿姆斯特朗军舰的技术性能参数。

二、舰船设计师尤斯塔斯·坦尼森·戴恩科特（Eustace Tennyson D'Eyncourt）档案[8]：戴恩科特曾于1924年至1928年间担任阿姆斯特朗公司首席舰船设计师，他的档案中包括有“肇和”号巡洋舰的设计资料和一系列未成的中国军舰设计方案。

三、阿姆斯特朗公司的武备专册：阿姆斯特朗公司在大约1890年代后会为每一型出口军舰的武备印制一本说明书，附带有武备图纸，“海天”级、“肇和”级巡洋舰都有火炮、鱼雷专册。[9]

四、阿姆斯特朗公司军舰设计手册：阿姆斯特朗公司设计师记录的手稿，其中有“肇和”舰的设计资料。[10]

五、“肇和”舰设计说明书。[11]

六、阿姆斯特朗公司舰船相册：海事博物馆保存的一本阿姆斯特朗公司原厂相册中有数张“致远”舰建造和下水的照片；[12]另外，彼得·布鲁克先生生前收藏的数本阿姆斯特朗军舰相册中也有许多“致远”“海天”“飞霆”等军舰的照片。

七、“艾塔”号（Eta）“蚊子船”回航日志：[13]1879年随“艾塔”号“蚊子船”回航中国的佚名军官的日记手稿。

泰恩-威尔郡档案馆（Tyne & Wear Archives）

纽卡斯尔的泰恩-威尔郡档案馆位于纽卡斯尔探索博物馆（Newcastle Discovery Museum）中，须预约进入。馆中藏有大量关于阿姆斯特朗公司的珍贵档案，卷宗号为130，其中值得一提者如阿姆斯特朗公司的董事会会议纪要簿[14]，时间跨度为1882年至1929年，对埃尔斯威克船厂（Elswick Shipyard）、下沃克船厂（Low Walker Shipyard）等处的舰船建造情况均有大致记录。

另外，该馆所藏伦道尔档案（Rendel papers）为英国下议院议员、阿姆斯特朗公司副总经理斯图尔特·伦道尔（Stuart Rendel）生前的信函、文件，由于他与中国购舰代理人赫德（Robert Hart）、金登干（James Duncan Campbell）等人过从甚密，因此其中有大量关于购买“字母炮艇”（Alphabetical gunboats）和“超勇”级巡洋舰的原始文件。[15]

纽卡斯尔市立图书馆（Newcastle City Library）

该图书馆中保存有数本阿姆斯特朗公司的原厂相册，包括造船、火炮等方面内容。另有关于阿姆斯特朗公司造船业务剪报等资料。

纽卡斯尔探索博物馆（Newcastle Discovery Museum）

该博物馆也拥有数本阿姆斯特朗公司原厂相册，内有“致远”“靖远”等舰照片。不开放参观，但可通过电子邮件联系馆员扫描。

剑桥大学图书馆（Cambridge University Library）

阿姆斯特朗公司于1927年与维克斯公司合并，维克斯-阿姆斯特朗公司（Vickers-Armstrongs Limited）驻伦敦办事处的档案后来转移至剑桥大学图书馆。在这部分档案中有许多阿姆斯特朗公司的原始文件，如埃尔斯威克船厂报告书（1883年至1913年）[16]、埃尔斯威克的早期历史[17]、“镇北”级“蚊子船”蓝图[18]等。须办理阅览证调阅。

诺桑伯兰郡档案馆（Northumberland County Council Archives）

伍德豪恩（Woodhorn）的诺桑伯兰郡档案馆保存有2册阿姆斯特朗公司下沃克船厂原厂相册[19]，内有大量“镇中”级“蚊子船”、“超勇”级巡洋舰的照片。已经电子化，可通过网络阅览。[20]

坎布里亚郡档案馆（Cumbria Archive and Local Studies Centre）

巴罗因弗内斯（Barrow-in-Furness）的坎布里亚郡档案馆保存有大量维克斯-阿姆斯特朗公司档案，其中包括数张“致远”舰模型照片等。须办理阅览证进入。

怀特岛郡档案馆（Isle of Wight County Record Office）

纽波特（Newport）的怀特岛郡档案馆保存有J. 萨缪尔·怀特

公司（J. Samuel White & Co.）的档案，其中有一些关于"海蛇"号（Sea Serpent）鱼雷艇驱逐舰的档案[21]，该舰后来被阿姆斯特朗公司买下，改造成"飞霆"号鱼雷炮艇。须办理阅览证进入。

皇家海军博物馆图书馆（Royal Navy Museum Library）

朴次茅斯（Portsmouth）的皇家海军博物馆图书馆保存有英国海军情报部关于中国海军舰船的报告（Naval Intelligence Department Report）。须预约进入。

正是这些珍贵史料的发现，促使我决定撰写一部关于阿姆斯特朗建造的中国军舰的专著。然而提笔方知其难，首先，以上这些英国档案多为手稿，要辨识龙飞凤舞的英文草书着实需要花上一番工夫；再者，准备仅靠在英国档案馆中发现的内容还远远不够，还有更多的资料需要发掘整理。本书的史料来源也是在撰写过程中逐渐丰富的，主要来自以下几个方面：

一、已公开出版的档案和史料集。如《李鸿章全集》[22]、《中国海关密档——赫德、金登干函电汇编》[23]、《中国近代史资料丛刊——洋务运动》[24]、《清代军机处电报档汇编》[25]等。

二、未刊档案。如中国第一历史档案馆藏宫中档朱批奏折、军机处录副奏折，台湾军事主管部门史政编译局档案，台湾所藏蒋介石的档案，台湾"中研院"近史所所藏总理衙门档案，台北故宫博物院所藏军机处档案，上海图书馆所藏盛宣怀档案，日本防卫省防卫厅所藏旧日本海军档案，日本外务省外交史料馆所藏外务省档案，日本国立公文书馆所藏内阁档案，等等。以上许多档案已经在网络上提供电子化查阅，但仍有不少档案尚未电子化，须前往档案馆查阅。

三、古旧报纸杂志。著名而重要者如《北华捷报》（*The North-China Herald and Supreme Court & Consular Gazette*）、《申报》、《泰晤士报》（*The Times*）、《工程师报》（*The Engineer*）等，都已电子化，不难通过网络或图书馆数据库查阅。另外，在写作中，还使用了中国、英国、美国、中国香港、新加坡、法国、奥地利、德国、意大利、俄罗斯、希腊等国家和地区的其他许多古旧报刊数据库，为本书提供了极其丰富的史料来源。

四、古旧书籍。许多19世纪和20世纪出版的书籍已超过版权期限，并已被电子化，可通过网络下载阅读，这方面一些欧美国家做得比较完善，其网络图书馆中较著名者有谷歌图书（Google books）、网络档案（Internet Archives）、（日本）国立国会图书馆、高卢（Gallica）等。国内古旧书籍也有部分已被电子化，但电子化比例和开放度尚比较低，大部分古旧书籍仍须前往图书馆调阅。

五、当代研究著作、论文。

在撰写本书的过程中，我试图尽可能多而全地挖掘相关史料，以夯实研究的基础。但是一方面，由于频遭变迁，以及档案保存的疏忽，阿姆斯特朗公司的大部分档案如今已经难以寻觅；而中国由于在20世纪频遭战火、动乱，大量海军档案也已经散佚，要做到非常全面实无可能。另一方面，我的能力、水平也比较有限，许多档案罗之未尽，如英国国立档案馆、美国国立档案馆保存的相关海军档案，美国肯顿县历史学会（Camden County Historical Society）保存的纽约造船公司档案等都未能加以系统性搜集，实属遗憾。因此我能够收集到的资料，恐怕也只是历史拼图中的一小块而已。我试图从浩繁的史料中抽丝剥茧，努力拼凑出一些模糊的历史图像，只期站在前人的肩膀上，向海军史研究的前沿迈上一小步。其中错漏自然难免，恳请读者朋友们批评指正。

本书撰写过程中，多蒙同好及友人的帮助和支持，姜鸣先生向三联书店推荐了本书，并在出版过程中给予诸多关心，在此特别致谢；刘烜赫、方禾先生为本书绘制了许多线图，令其增色不少；马幼垣先生一直关心本书的写作，提供了许多宝贵的资料，并为本书赐序；此外，陈一川、陈悦、戴维、胡劲草、胡臻杭、胡卓然、吉辰、邝智文、李玉生、刘致、林育圣、瞿文超、萨苏、邵必任、王鹤、吴立新、余锴、张义军、周春水、周政纬等朋友都提供了各种研究上的启发或资料上的支持，在此一并致谢。还须感谢的是英国国立海事博物馆、泰恩-威尔郡档案馆、纽卡斯尔市立图书馆、纽卡斯尔探索博物馆、剑桥大学图书馆、坎布里亚郡档案馆、怀特岛郡档案馆、皇家海军博物馆图书馆、中国第一历史档案馆、南京图书馆、上海图书馆等单位的工作人员，他们在我查档时提供了许多宝贵的帮助。

谨希望本书能够成为引玉之砖，唤起更多读者对于中国海军史和中外交流史的兴趣，并在此课题上进一步深入研究，获得更多新的发现。

注　释：

［1］ the World Ship Society.

［2］“北洋水师”网站，www.beiyang.org，访问时间：2012 年。

［3］《北洋海军舰船志》曾先后有三个版本，分别为《现代舰船》杂志社 2006 年度增刊，山东画报出版社 2009 年版，及山东画报出版社 2014 年版。

［4］ 山东画报出版社 2011 年版。

［5］ 山东画报出版社 2012 年版。

［6］ 山东画报出版社 2013 年版。

［7］ 档案号 MSS/72/017。

［8］ 档案号 DEY/1-DEY/108。

［9］ 书刊号 623.94:623.422.24,623.94。

［10］ 档案号 VNEB0001。

［11］ 书刊号 623.822.34。

［12］ 照片号 L5536-L5541。

［13］ 档案号 RUSI/NM/167。

［14］ 档案号 130/1264-130/1270。

［15］ 这部分档案主要分布于档案号为 31-4889 至 31-5130 的卷宗中。

［16］ 档案号 Vickers Archives 1157, 1158。

［17］ 档案号 Vickers Archives 1170。

［18］ 档案号 Vickers Archives 555。

［19］ 档案号 NRO-0594-01, NRO-0594-02。

［20］ 网址为 http://www3.northumberland.gov.uk/catalogue/Quicksearch.htm。

［21］ 档案号 JSW 35-12, JSW 38, JSW 40-15。

［22］ 安徽教育出版社 2008 年版。

［23］ 中华书局1990—1995年版。其英文版为*Archives of China's Imperial Maritime Customs: Confidential Correspondence Between Robert Hart and James Duncan Campbell, 1874-1907*, compiled by Second Historical Archives of China, Institute of Modern History, CASS, Foreign Languages Press, 1990-1993。

［24］ 上海书店出版社、上海人民出版社2000年版。

［25］ 中国人民大学出版社2005年版。

第一章　阿姆斯特朗公司简史

一、早期历史

纽卡斯尔简史

泰恩河上的纽卡斯尔，隶属于英格兰东北部的泰恩 - 威尔都市郡（Tyne & Wear metropolitan county），也是英格兰北部最重要的城市。该市距离北海 13 公里，北临诺桑伯兰郡（Northumberland），东接北泰恩赛德（North Tyneside），泰恩河（River Tyne）从其城南经过，将纽卡斯尔与南岸的盖茨黑德（Gateshead）分开。虽然位于北纬 54 度，接近高纬度地区，但因为受北大西洋暖流的影响，纽卡斯尔的气候比较温和，年平均气温一般在 0—20 摄氏度，非常适合人类居住。

纽卡斯尔的历史最早可以追溯至罗马帝国时代。2 世纪，哈德良皇帝（Emperor Hadrian）统治时期，占领了不列颠岛的罗马人为防御北方的苏格兰人而沿英格兰北部修筑了著名的“哈德良长城”，其东端起于泰恩茅斯（Tynemouth），一路经过现在的纽卡斯尔位置，横亘整个英格兰北部，至今还在纽卡斯尔附近留下了许多遗迹。与此同时，罗马人还在现在的纽卡斯尔和盖茨黑德之间建造了一座桥，以哈德良皇帝的姓氏将其命名为“波斯 · 艾利”（Pons Ælii），即“艾利之桥”［哈德良皇帝姓艾利乌斯（Ælius）］。后来罗马人又在桥附近修筑城堡，也沿用了“波斯 · 艾利”之名。

随着罗马帝国的没落，罗马人逐渐从不列颠岛撤离，取而代之的是来自丹麦半岛的盎格鲁人，大约 6 世纪，他们在英格兰东北部

纽卡斯尔基普城堡

登陆，并在纽卡斯尔附近的不列颠东海岸建立了伯尼西亚（Bernicia）和德伊勒（Deira）两个王国，7 世纪，两国又合并为诺桑伯利亚王国（Northumbria）。在这个时期，泰恩河是该区域的一条重要贸易河流，其周边兴建了许多教堂与修道院，因此这个时期也被称为诺桑伯利亚的黄金时期。但好景不长，接下来的数百年里维京人和诺曼人接踵而至，对诺桑伯利亚的文化造成了极大的破坏。1066 年，诺曼底公爵“征服者威廉”（William the Conqueror）入侵不列颠，很快便横扫了整个英格兰，并扑灭了盎格鲁－撒克逊人的反抗。1080 年，威廉之子，罗伯特・科特豪斯（Robert Curthose）为抵抗北方的苏格兰人而在泰恩河边建造了一座“新堡”（New Castle），这就是“纽卡斯尔”名字的由来。这座木质城堡后来几经改造重建，成为一座石砌诺曼式城堡，并保留至今，现在的游客仍能看到的圣尼古拉斯路（St. Nicholas Road）上的黑门（the Black Gate）和基普城堡（Castle Keep），是纽卡斯尔城内最古老的建筑和著名的景点之一。

在漫长的中世纪，纽卡斯尔是英格兰和苏格兰边境战争的前沿，这种情况一直持续到 16 世纪的都铎王朝时期。此后该地区逐渐发展成为重要的煤港和贸易港口，城镇规模也逐渐扩充。至 18 世纪，纽卡斯尔的印刷业和玻璃制造业都获得了很大的发展。但这座城市取得真正翻天覆地的变化还是在 19 世纪工业革命之后，由于纽卡斯尔附近的诺桑伯兰 - 杜伦（Durham）地区是重要的煤炭产地，纽卡斯尔又毗邻泰恩河和北海，有着便利的航运条件，为其发展重工业创

1880 年代的纽卡斯尔
从南岸的盖茨黑德向北鸟瞰，左侧为埃尔斯威克，右侧为纽卡斯尔市区，可见高桥，以及正在沿河下驶的一艘“浪速”级巡洋舰（*the Graphic*）

造了得天独厚的条件。1814 年，纽卡斯尔人乔治·史蒂芬孙（George Stephenson）设计了第一台火车头，之后又在纽卡斯尔设立工厂，将火车这项革命性的发明推广到了全英国，乔治·史蒂芬孙和其子罗伯特·史蒂芬孙（Robert Stephenson）也因此成为纽卡斯尔工业革命的象征。

纽卡斯尔的另一工业巨头就是威廉·乔治·阿姆斯特朗（William George Armstrong），他创办的阿姆斯特朗公司一开始以水压机械起家，克里米亚战争后开始从事火炮装备的生产，后来又涉足造船等领域，是 19 世纪末英国最重要的军工制造厂。除了阿姆斯特朗公司，19 世纪纽卡斯尔附近的泰恩河畔还兴起了一系列的船厂，如查尔斯·米切尔公司（Charles Mitchell & Co.）、斯旺·亨特公司（Swan Hunter Ltd.）、帕尔默公司（Palmer's Shipbuilding & Iron Co.），等等，泰恩河流域由此成为英国船舶制造业的中心之一。

工业的繁荣为纽卡斯尔带来了大量的财富。19 世纪也是纽卡斯尔城市面貌成形的时期，开发商理查德·格林格（Richard Grainger）和建筑师约翰·道伯森（John Dobson）一同主导了纽卡斯尔市的规划和建设，如市中心的格雷街（Grey Street）、格林格街（Grainger Street）和克莱顿街（Clayton Street）等新古典主义的街区都出自他们的手笔。像纽卡斯尔这样在一位开发商的推动下进行大规模改造的情况在英国是不多见的。罗伯特·史蒂芬孙、阿姆斯特朗等工业巨头也在泰恩河上兴建了高桥（High Level Bridge）、旋转桥（Swing Bridge）等数座壮观的桥梁，连通了南岸的盖茨黑德。纽卡斯尔还是世界上第一座采用电气化路灯照明的城市。

20世纪初的纽卡斯尔仍是英国最重要的工业城市之一。“二战”以后，伴随着大英帝国的解体和去工业化的浪潮，纽卡斯尔的航运业和制造业逐渐衰退，原先烟囱林立、煤烟缭绕的景象早已不再。现今的纽卡斯尔正在适应新的时代并逐渐转型，它仍保留了一部分制造业，而商业、金融业、旅游业、教育产业则逐步兴起。这既是一座富有历史底蕴的古城，也是一座富有时代活力的都市。

泰恩河水静静东逝，100多年前，阿姆斯特朗的工业帝国从此启航。

阿姆斯特朗公司的创立[1]

威廉·乔治·阿姆斯特朗于1810年11月26日生于纽卡斯尔东北的小村希尔德菲尔德（Shieldfield），其父为威廉·阿姆斯特朗，其母为安妮·阿姆斯特朗（Anne Armstrong），他还有一个比他大8岁的姐姐安妮，后来英年早逝。童年的阿姆斯特朗多病而孤独，经常与父母一同去北方诺桑伯兰郡的小村罗斯伯里（Rothbury）疗养——数十年之后阿姆斯特朗事业有成，就在这里建起了他名冠英伦的别墅，并在此度过了余生。

尽管阿姆斯特朗的父亲是谷物商人出身，后来又进入政坛，成为纽卡斯尔的名流，但年幼的阿姆斯特朗似乎对经商和从政都不感兴趣，仿佛是天赋使然，他在很小的时候就迷上了机械。在接受了初级教育后，阿姆斯特朗于1826年进入了毕晓普奥克兰（Bishop Auckland）的文法学校就读。他对机械的爱好也与日俱增，但这些知识显然没法从枯燥而刻板的课堂学习中得到，于是阿姆斯特朗便利

青年时代的阿姆斯特朗

用一切业余的时间学习和实践。他经常去参观附近的一家机械工厂，厂主名叫威廉·兰肖（William Ramshaw），兰肖对这位充满热情的年轻人印象不错，便请他到家里做客。阿姆斯特朗因此认识了兰肖的女儿——比他大3岁的玛格丽特（Margaret），后来她成了他的妻子。

虽然阿姆斯特朗是个十足的机械迷，他的父亲却有着自己的打算——他希望阿姆斯特朗成为一名出人头地的律师，因此他把阿姆斯特朗介绍给了自己的一位朋友——阿莫尔·唐金（Armorer Donkin）。唐金当时是一名成功的律师，在纽卡斯尔享有很高的声望。1828年，阿姆斯特朗开始跟随唐金研习法律，随后他被送往伦敦著名的林肯律师学院（Lincoln's Inn），在那里接受了为期5年的正规法律教育，直到1833年返回纽卡斯尔，加入了唐金的律师事务所。虽然律师不是阿姆斯特朗自己选择的职业，但这个聪明的年轻人显然也干得不错。阿姆斯特朗很受唐金的器重，除了唐金和其合伙人斯特布尔（G. W. Stable）外，阿姆斯特朗就是这个事务所的第三块牌子。阿姆斯特朗多年后回忆自己的这段生涯时说道：

> 当然，法律不是我自己的选择；我的假期是由我自己来安排的，在很多年里，我除了忙于法律的时间外，业余时间都用在了机械方面。但那环境也是很特殊的……当我加入他（指唐金）的事务所时，他非常器重我；我将成为他的接班人。这样

的未来显然是非常具有吸引力的；似乎我的职业生涯已经被安排好。当然，如果我做出改变的话，就意味着浪费了生命中最宝贵的十年或十一年的时光——可能也不是完全浪费，因为我的法律训练和知识在很多方面促进了我的事业。[2]

如其所言，阿姆斯特朗在从事律师职业期间仍不遗余力地钻研机械技术，他的兴趣逐渐锁定在了液压技术和电学上。1838 年，他受水车的启发设计了一台“旋转式液压机”，并在当地的工厂把它建造了出来；到 1840 年代，他已经设计出了一系列蒸汽发电装置，发表了数篇相关论文，在学术圈内造成了不小的轰动。1845 年，他将之前的旋转式液压装置改为活塞式，设计了一种新型液压吊臂。他的合伙人唐金和斯特布尔十分支持阿姆斯特朗的机械事业，在他们的推荐下，阿姆斯特朗前往纽卡斯尔市政府游说，最终政府接受了他的这一设计，阿姆斯特朗的吊臂将在泰恩河畔的码头区被建造出来。

这时，另一位阿姆斯特朗生涯中的重要人物出现在了他的身边——著名土木工程师詹姆斯·麦道斯·伦道尔（James Meadows Rendel），他此时已是皇家学会会员（阿姆斯特朗也于 1846 年被选为皇家学会的成员），因参与泰恩河道的整治工程而结识了阿姆斯特朗。两人一见如故，伦道尔也积极鼓励阿姆斯特朗成立自己的公司，

詹姆斯·麦道斯·伦道尔

将他的液压吊车发明付诸生产。阿姆斯特朗最终辞去了在唐金事务所的合伙人职务。1847年元旦，一个新的机械公司在纽卡斯尔西郊的埃尔斯威克（Elswick）宣告成立。这个不起眼的小公司以其创立者的名字命名——W. G. 阿姆斯特朗公司（W. G. Armstrong & Co.），在中国近代文献里，它也被译作“阿摩士庄”“阿模士庄”或“阿姆斯脱郎”等。当时怎会有人想到，数十年之后，它将成为这个日不落帝国最重要的工业重镇。

阿姆斯特朗公司的早期业务[3]

1847年阿姆斯特朗公司成立伊始，阿姆斯特朗同其他4个股东在埃尔斯威克购买了6英亩土地，开始建造厂区。埃尔斯威克距离纽卡斯尔城区约2英里，位于纽卡斯尔到卡莱尔（Carlisle）的铁路支线上。厂区南临泰恩河，地势北高南低。新厂接到的第一笔订单来自爱丁堡和北方铁路公司，不久之后，诸如利物浦船坞（Liverpool Dock）、阿尔伯特船坞（Albert Dock）、伦敦帕丁顿车站（Paddington Station）等纷至沓来，阿姆斯特朗设计的液压吊臂一炮走红。

在液压吊臂大卖的同时，阿姆斯特朗也在积极开拓新的领域，但这样的尝试并不都是成功的。1848年，公司设计了一型机车，却找不到任何买家，以至于让公司损失了前两年的全部利润。尽管如此，阿姆斯特朗公司在最初几年中的上升势头可谓非常强劲，它的业务拓展到了机车、锅炉、船坞闸门、挖泥船、桥梁构件等诸多领域，尤其是在1857年赢得了当时世界上第二长的桥梁——印度索恩（Soane）大桥的投标，使得阿姆斯特朗公司获得了一笔价值68000英镑的大单。尽管如此，阿姆斯特朗公司仍旧只能算是闻名纽卡斯尔一隅的普通小厂，真正关键性的改变发生于1850年代中期，一个偶然的契机使得阿姆斯特朗公司从一个生产民用机械的工厂摇身一变成为生产杀人机器的兵工厂，而阿姆斯特朗本人的名声也随之响彻了整个大英帝国。

1854年，英、法介入克里米亚战争，这是英国在拿破仑战争后数十年内面对的首次大规模战争，对于军队的装备是一次真正的

阿姆斯特朗公司制造的第一门火炮的复制品（张黎源摄）

考验。战争的事实证明，英国军队装备的传统熟铁铸造的前装滑膛炮已经在现代战争中显得力不从心，亟须对火炮设计进行改进。是年 11 月发生的因克曼战役（Battle of Inkerman）给阿姆斯特朗留下了深刻的印象。在遭遇俄军强大攻势的情况下，英军靠两门 18 磅前膛重炮的加入而避免了覆没的厄运，但搬运这两门重炮花费了大量的人力。消息传回国内，立即引起了阿姆斯特朗和麦道斯·伦道尔等人的注意。阿姆斯特朗认为，如果利用现代制造技术，将火炮设计得更加轻便，那么惨烈的因克曼战局或许能有较大的改观。在麦道斯·伦道尔的鼓励下，阿姆斯特朗公司于 1854 年底开始进行新型野战炮的研发工作。他们的策略十分大胆，意图一改此前前装滑膛炮的设计，而采用与小口径步枪类似的后装线膛炮设计，并创新性地采用了缠绕法工艺（built-up gun），即区别于之前的整体生铁铸造式火炮，而使用熟铁的外套包裹钢制的内筒，极大地增加了炮身的强度和韧性，可在承受相同膛压的条件下减小炮身的重量。1855 年中期，阿姆斯特朗公司的第一门火炮终于成功问世，这门火炮口径为 1.75 英寸，弹头重 5 磅。它的尾闩非常独特，采用立式闭气结构（vent piece），并用被称为"阿姆斯特朗螺丝"（Armstrong Screw）的螺栓顶紧。这种炮能够被 2 到 3 名士兵轻易抬起，并且在 1500 码的距离上获得极高的命中率。

1857 年，阿姆斯特朗公司又在 5 磅炮的基础上研制了 18 磅野战炮。次年 1 月，阿姆斯特朗式 18 磅炮在舒伯里内斯（Shoeburyness）

靶场进行了测试，结果显示其性能大大优于陆军装备的 32 磅、18 磅或 12 磅前膛炮。8 月，战争部（War Department）成立了一个委员会，对 7 种新发明的火炮进行评估，结果阿姆斯特朗炮以绝对的优势胜出。

1858 年底，阿姆斯特朗炮击败了另一个强劲的对手约瑟夫·惠特沃斯（Joseph Whitworth）发明的六角膛火炮，最终被英国军队接受。阿姆斯特朗随即慷慨地决定将他的火炮专利无偿献给英国政府，战争部决定同时在埃尔斯威克和伦敦伍尔威治的皇家兵工厂（Royal Arsenal, Woolwich）生产阿姆斯特朗炮，将其作为英国军队的制式火炮，阿姆斯特朗本人也被任命为线膛火炮总工程师（Chief Engineer of Rifled Ordnance），任期为 7 年，不久之后他又被任命为伍尔威治兵工厂的总监。1859 年，为表彰阿姆斯特朗在火炮设计上的贡献，英国王室册封他为骑士。随着这一连串令人目不暇接的胜利，阿姆斯特朗登上了其人生的高峰。

根据阿姆斯特朗与英国政府的协议，当他担任皇家兵工厂总工程师之后，他在纽卡斯尔的工厂将继续为英国军队生产火炮，但由于他已为政府服务，因此不得在埃尔斯威克的火炮生产中享有利益。于是，埃尔斯威克的火炮生产业务被从原公司中剥离，专门成立了新的埃尔斯威克火炮公司（Elswick Ordnance Company），阿姆斯特朗仍在其他的机械制造部分享有利益。根据与英国政府签署的合同，埃尔斯威克火炮公司只能为英国军队制造火炮，而不得将之用于出口。在此后的几年中，由于英国政府的扶持，埃尔斯威克火炮公司的业务量急剧增长，泰恩河畔逐渐成为世界上首屈一指的军工重镇。

埃尔斯威克公司的管理和技术事务主要依赖阿姆斯特朗的两位挚友和晚辈，其中之一便是极富才华的年轻工程师乔治·怀特威克·伦道尔（George Wightwick Rendel）。他是阿姆斯特朗好友詹姆斯·麦道斯·伦道尔的儿子，从小便跟随其父亲和阿姆斯特朗学习工程技术，此时虽然还不到而立之年，却已是独当一面的机械和火炮专家了。另一位则是年轻的炮兵上校安德鲁·诺布尔（Andrew Noble），他是英国炮兵军官中的佼佼者，对炸药和火炮制造有着深

乔治·怀特威克·伦道尔

安德鲁·诺布尔

入的研究，在阿姆斯特朗的劝说下，他于1860年从军队退伍，加入了埃尔斯威克公司。1870年代之后，诺布尔开始接手公司的所有日常事务，在阿姆斯特朗晚年淡出公司事务之后，他便成了公司的实际掌控者和接班人。

此后的几年中，阿姆斯特朗奔走于伦敦和纽卡斯尔。一方面，他倾力整顿陈旧的伍尔威治兵工厂，使其能够适应现代化军火的制造；同时，他也继续关心着埃尔斯威克工厂的方方面面。在英国政府的推动下，从陆军使用的6磅、9磅和12磅野炮到海军使用的20磅、40磅和110磅舰炮，新的后装线膛火炮型号不断涌现。受当时的技术所限，大型后膛炮的尾闩很容易损坏，因此阿姆斯特朗在更大口径火炮的设计中重新转向前膛炮，但与传统的前装滑膛炮不同，阿姆斯特朗选择的是缠绕法制造的前装线膛炮。这些新型火炮很快便在实战中得到了检验，1860年8月，第二次鸦片战争中的第三次大沽口之战，从北塘登陆的英法联军首次使用了阿姆斯特朗炮向清军阵地发动炮击，对清军阵地造成了严重的破坏，并一举攻占了大沽炮台。1863年的萨英战争中，英国军舰也使用阿姆斯特朗炮向鹿儿岛炮台轰击，摧毁了萨摩藩的炮台和工厂。此战使得日本人对阿姆斯特朗炮惊羡不已，后来采购并仿制了大批这种火炮，并在明治初年的战争中发挥了很大作用，它因此被称为“维新第一功臣炮”。

然而好景不长，埃尔斯威克与伍尔威治不稳定的联姻很快便走到了尽头。作为一位非军队背景的工程师，阿姆斯特朗与英国军队内部的关系远非融洽，而阿姆斯特朗炮作为一种新式武器，其性能自然未达到尽善尽美的程度，比如鹿儿岛炮击时，就有110磅火炮发生炸膛事故，造成了英军炮手的伤亡。与此同时，阿姆斯特朗炮还被一次又一次地拿出来与惠特沃斯炮做比较，英军甚至设立了一个“阿姆斯特朗—惠特沃斯委员会”（Armstrong Whitworth Committee），专门对两种火炮进行各种比较测试；而军队中的保守主义者则更鼓吹后膛炮的不稳定、价格高昂且难以维护，主张重新使用前膛炮。在一片聒噪声中，阿姆斯特朗炮的各种瑕疵被有意无意地放大，成为舆论攻击的靶子，许多批评的声音甚至直指阿姆斯特朗本人，令他十分愤懑。

阿姆斯特朗与英国政府的合作关系彻底破裂发生在1862年底，由于火炮需求量的减少和伍尔威治产能的增加，加上阿姆斯特朗炮的造价过于高昂，英军决定之后的火炮将全部在伍尔威治生产，埃尔斯威克将失去所有的订单！这对于生产规模已经很大的埃尔斯威克火炮公司来说无疑是釜底抽薪般的打击。阿姆斯特朗得知此事后写信给陆军部，表示自己希望辞去在政府中的职务，返回纽卡斯尔，帮助埃尔斯威克公司渡过难关。1863年2月，陆军部批准了阿姆斯特朗的辞呈，阿姆斯特朗于是结束了他短暂的政府服务生涯，回到了自己的朋友们中间。

对于埃尔斯威克火炮公司的处置问题，英国政府一度希望将之收归国有，但最后因收购价格问题而未能达成一致，最终英国政府以支付一笔补偿金的方式了结了此事。此后，阿姆斯特朗与合伙人决定将火炮公司和机械公司合并，成立新的威廉·乔治·阿姆斯特朗爵士公司（Sir W. G. Armstrong & Co.），合并协议于1864年1月1日签署，失去了政府后盾的阿姆斯特朗公司不得不独立摸索前方的道路。

在失去了英国政府的火炮订单后，摆在阿姆斯特朗眼前的最佳选择当然是转向争取海外订单。虽然在1863年之前阿姆斯特朗炮已经在法国、意大利、俄国等地进行了试验，但由于英国政府的限制，

斯图尔特·伦道尔

埃尔斯威克公司不能对外国出口军火。变故发生后，最早向阿姆斯特朗提出应积极开拓海外市场的是乔治·伦道尔的弟弟——斯图尔特·伦道尔（Stuart Rendel）。与他的几位哥哥不同，出身工程师世家的斯图尔特并没有潜心于机械设计，而是有着卓越的经营头脑和政治天赋，后来他一直做到自由党国会议员，并被册封爵位。当斯图尔特向阿姆斯特朗提出这个建议时，阿姆斯特朗一开始不置可否，只是让他放手去试，并答应给他百分之五的佣金。凭借着年轻、干劲与广泛的人脉关系，斯图尔特·伦道尔几乎以一己之力打开了阿姆斯特朗军火的海外市场。在英国政府的默许下，阿姆斯特朗炮最先被出口到了内战中的美国南北双方，其后是埃及和土耳其，再之后是智利和俄国……远东的日本和中国不甘落后，为了自强以御外侮，也纷纷对阿姆斯特朗炮青眼有加。很快，埃尔斯威克制造的大炮就成了世界军火市场上的抢手货。

但阿姆斯特朗炮并非没有竞争对手，最强劲的对手来自欧洲大陆上的普鲁士。在鲁尔河畔的埃森（Essen），矗立着19世纪的另一个军火帝国——克虏伯公司（Krupp Gussstahlfabrik）。克虏伯公司最初是一家经营钢铁制造的小厂，在阿尔弗雷德·克虏伯（Alfred Krupp）的努力下，公司扩大了生产规模，并于1847年研制成功了

阿姆斯特朗公司制造的100吨前膛炮（Northumberland County Council Archive）

第一门铸钢前膛火炮，在1851年的世界博览会上进行了展示。此后，克虏伯公司又研制了横楔式炮闩的后膛钢炮，以其优越的性能出口到了俄国与土耳其。1859年克虏伯炮列装了普鲁士陆军，并在普法战争中大显神威，名声大噪。此后，克虏伯炮被出口到了世界上许多的国家。中国也是它忠实的拥趸，从1860年代末开始，采购了大量的克虏伯炮，用于近代化陆军和海军的建设。

在世界军火市场竞争日益激烈的情况下，阿姆斯特朗公司为了开拓市场，不断地进行技术革新。1876年，阿姆斯特朗公司制造出了世界上最大的100吨18英寸前膛炮，装备于意大利铁甲舰“杜里奥”号（Duilio）和“丹多洛”号（Dandolo）上，轰动了世界。在火炮材质方面，早先的贝氏转炉炼钢法所制钢块中容易混入气泡，在铸造火炮时容易令炮身产生瑕疵，影响其质量，因此阿姆斯特朗公司并不倾向于制造全钢火炮；但1860年代发明的西门子-马丁（Siemens-Martin）平炉炼钢法改进了这一缺陷，钢的质量逐步提升，于是阿姆斯特朗公司也开始转向全钢火炮制造。另一方面，安德鲁·诺布尔与伍尔威治的化工专家弗里德里克·阿贝尔（Frederick Abel）一同研制出了慢燃发射药，这使得炮弹能够获得更大的初速度，拥有更强的穿甲能力。英国军队虽然于1864年后开始重新转向前膛火炮，但 1879 年发生的“雷神”号（H. M. S. Thunderer）铁甲舰舰炮炸膛事故使得军方对前膛炮的安全性提出了质疑，同时慢燃药的发明和火炮制造技术的改进也使得火炮的身管越来越细长，前膛装填的方式已不再适用，因此阿姆斯特朗公司也重新开始关注后膛炮。起先他们采用的是被称为“埃尔斯威克杯”（Elswick cup）式的断隔螺纹尾闩，但实验发现其气密性并不理想；而法国军官杜斑鸠（De Bange）发明的“蘑菇头”式断隔螺纹炮闩则更为优越，阿姆斯特朗公司很快也将这种尾闩应用到了他们的火炮上。在炮架方面，以液压机械见长的阿姆斯特朗公司大胆地将各种液压装置应用到了他们的火炮，尤其是大口径舰炮系统上，极大地便利了火炮的装填、俯仰、旋回、驻退、复进等操作。

1863 年后，阿姆斯特朗公司与英国政府仍保持着一定的联系，重新争取政府订单的努力一直持续着。然而除了为海军制造了一艘“坚定”号“蚊子船”，并提供了一些火炮液压系统外，阿姆斯特朗炮始终没有能获得英国军队的青睐。直至 1879 年，在火炮技术经历了深刻变革的情况下，皇家海军才开始重新采购阿姆斯特朗公司的火炮。在接下来的岁月中，阿姆斯特朗的军火帝国与快速膨胀的英国海上力量相得益彰，加上源源不断的海外订单，阿姆斯特朗公司步入了真正的黄金时代。

二、巅峰与衰落

从 1880 年代开始，阿姆斯特朗公司逐渐成为一个成熟的、世界顶尖的军火公司，公司的组织架构也在此期间发生了变化。

1880 年，曾为阿姆斯特朗公司的海外业务打出一片天地的斯图尔特·伦道尔辞去了伦敦办事处主任的职务，成为自由党国会议员，尽管此后他仍是阿姆斯特朗公司的合伙人，但对公司事务的参与程度已经大不如前。1882 年，乔治·伦道尔也离开公司前往海军部任职，伦道尔家族的影响力再次被削弱了。但虽有旧人的离去，也有新人的加入。例如，伦敦的瓦瓦司公司（Josiah Vavasseur & Co.）于

阿姆斯特朗勋爵的豪华乡间别墅——克拉格塞德

1883年被阿姆斯特朗公司并购，著名的火炮和炮架专家约西业·瓦瓦司（Josiah Vavasseur）代替斯图尔特·伦道尔成了伦敦办事处的负责人。1882年底，阿姆斯特朗公司与米切尔公司合并，成立阿姆斯特朗-米切尔公司（Armstrong, Mitchell & Co.），合伙人包括阿姆斯特朗、安德鲁·诺布尔、斯图尔特·伦道尔、汉密尔顿·伦道尔（Hamilton Rendel，液压机械部门的负责人）、查尔斯·米切尔、亨利·斯旺（Henry Swan，原米切尔公司的合伙人）、威廉·克鲁达斯（William Cruddas，财务总监）、威廉·西门子（著名的西门子-马丁平炉炼钢法发明人）和约西亚·瓦瓦司等。在新的公司中，安德鲁·诺布尔扮演了更加重要的角色，他虽然仍担任董事会副主席，但已经开始主持公司所有的日常事务。他是一个似乎有着无穷精力的人，他不仅在分内的工作中投入十二分的热情，还常常爱将分外之事也揽过来；但安德鲁·诺布尔是一位科学家，而并非企业运营方面的行家里手，他这种大包大揽的管理方式也为阿姆斯特朗公司后来的衰落埋下了伏笔。当时已年逾七旬的阿姆斯特朗也乐见诺布尔挑起重担，这样自己便可以将时间用在宏伟奢华的克拉格塞德（Cragside）别墅的营建和各种电气设施的试验上。

阿姆斯特朗公司的火炮生产车间之一

阿姆斯特朗公司的火炮生产车间之二

1883 年，合并后的阿姆斯特朗公司开始进行新造船基地的建设，埃尔斯威克造船厂于次年投入使用，此后阿姆斯特朗公司一跃成为英国最重要的舰船制造基地和舰船出口基地之一。1884 年，阿姆斯特朗公司开设了钢铁厂，建立了两座 12 吨西门子平炉，用于钢炮的制造。随着阿姆斯特朗公司在火炮技术上的突飞猛进，伍尔威治已经被远远地甩在了后头。1885 年，阿姆斯特朗被邀请参加一个后膛炮设计和制造委员会；次年，海军部批准直接购买阿姆斯特朗公司新研发的速射炮，英国政府终于完全打破了只在国有兵工厂生产火炮的桎梏，阿姆斯特朗公司由此成为英国军队火炮的重要供应商。

同时，阿姆斯特朗公司也在继续积极拓展海外业务，为争夺意大利市场，阿姆斯特朗公司于 1885 年在意大利的波佐利（Pozzuoli）建立了兵工厂和造船厂。1888 年，乔治・伦道尔因健康问题离开海军部，赴意大利疗养，因此阿姆斯特朗劝他重回公司，负责意大利分部的运营。此后，乔治・伦道尔担任波佐利工厂的负责人，直至 1902 年去世。

在 19 世纪的最后十年里，阿姆斯特朗工业帝国继续快速膨胀。1889 年，该公司是英国第六大工业企业，至 1900 年已成为全英国第一；1881 年，公司的雇员是 4000 多人，到 1900 年已经将近 25000 人；1883 年，公司的利润为 144000 英镑，到 1900 年已增加到了 664000 英镑。虽然此时的阿姆斯特朗公司如日中天，但一个强劲的对手——维克斯公司（Vickers Ltd.）正在迅速崛起。维克斯公司最初是谢菲尔德的一家炼钢厂，一直没有涉足军火生产领域，直到 1888 年才开始制造舰用全钢装甲板，并获得了英国海军部的认可；1890 年，该公司又接到了英国政府的火炮订单。1897 年，维克斯公司先后进行了两次重要的兼并：一方面，他们购买了巴罗因弗内斯的巴罗造船公司（Barrow Shipbuilding Company），开始涉足舰船制造领域；另一方面，他们还收购了著名的马克西姆・诺登菲尔德公司（Maxim Nordenfelt Guns and Ammunitions Company），一跃成为自动武器制造领域的佼佼者，公司也由此改名为维克斯父子 - 马克西姆公司（Vickers，Sons & Maxim）。维克斯公司这一系列雄心勃勃的扩张计划使得阿姆斯特朗公司如芒在背。

为防止维克斯公司收购另一家重要的军工企业——约瑟夫·惠特沃斯公司，阿姆斯特朗公司决定先下手为强。1897年，阿姆斯特朗公司完成了对惠特沃斯公司的并购，这个曾与阿姆斯特朗公司争的你死我活的老对手终于倒下了，而惠特沃斯本人已经于10年前去世。利用惠特沃斯公司在曼彻斯特奥本肖（Openshaw）的工厂，阿姆斯特朗公司也将业务拓展到了舰用装甲生产领域，公司也由此改名为阿姆斯特朗·惠特沃斯公司（Armstrong Whitworth & Co.）。

1900年12月27日，19世纪英国的工业之王威廉·乔治·阿姆斯特朗在克拉格塞德别墅与世长辞。阿姆斯特朗没有子嗣，他死后的巨额遗产由其外甥继承。而庞大的阿姆斯特朗工业帝国则继续由安德鲁·诺布尔掌管，诺布尔的两个儿子约翰和萨克斯顿（Saxton）担任他的左膀右臂。同时，阿姆斯特朗公司中另一个重要的家族伦道尔家族仍然占有重要的地位，斯图尔特·伦道尔仍是公司最大的股东，并有意重新夺回公司的掌控权。诺布尔和伦道尔这两大力量的矛盾很快激化，斯图尔特·伦道尔声称诺布尔多年来一直在公司里排挤自己的哥哥乔治·伦道尔，并警告如果诺布尔不改变对公司一言堂式的独裁统治，那么这个工业帝国的土崩瓦解便是指日可待之事。事实上也正如斯图尔特·伦道尔所说，在诺布尔家族的统治下，阿姆斯特朗公司这个硕大无朋的巨人开始僵化，逐渐积重难返：资本家与工人的关系对立，公司的决策一再出现失误，财务状况也漏洞频出……但由于此时英国正与德国展开军备竞赛，阿姆斯特朗公司仍保持着庞大的生产规模，这种颓势尚未完全显现。正如《维克斯厂史》（*Vickers, a History*）的作者、英国历史学家J. D. 斯科特（Scott）所说：

> 直到第一次世界大战前，阿姆斯特朗公司都十分强大，正如英国本身的强大一样，但相对地，维克斯公司已经从无到有发展成了一个对手，正如德国海军从无到有发展成了英国海军的对手一样。[4]

在随后的第一次世界大战中，阿姆斯特朗公司开足马力，为大英帝国的战争机器全力运转做出了极大的贡献。他们生产的产品包括战舰、火炮、弹药、装甲、飞机、飞艇、发动机、民用船舶、液压机械等，包罗万象。战后，阿姆斯特朗公司的雇员总数已达78000人，一周的工资支出就达100万英镑。但随着战争的结束，英国对武器的需求量骤减，这个英国最大的军火帝国将何去何从成了巨大的难题。

安德鲁·诺布尔于1915年去世，接替他担任公司董事会主席的是原股东之一——约翰·梅德·法尔科纳（John Meade Falkner）。法尔科纳原本是一位学者和小说家，后来在诺布尔家中担任家庭教师，命运将他推上了管理这一庞大军工帝国的高位，但这很难说是出自他自己的意愿。在法尔科纳任董事会主席期间，公司需要从军火工业向民用工业转型，首先，船厂中不再有大量的战舰等待下水，取而代之的是许多商船订单；公司还将位于盖茨黑德的斯科茨伍德（Scotswood）的炮弹工厂改为火车制造厂；另外，1919年，公司还收购了西德利-迪西（Siddeley-Deasy）汽车公司，开始涉足汽车制造业。1920年，法尔科纳辞去了主席的职务，接替他的是格林·H.韦斯特（Glyn H. West）爵士，他曾长期在阿姆斯特朗公司的军火部门任职。韦斯特是一个性格坚毅、永不妥协的人，但他也有独断专行、听不进意见的缺点。因此阿姆斯特朗公司再也未能像斯图尔特·伦道尔建议的那样进行管理上的改革，在军火需求量减少和即将到来的经济危机的情况下就显得适应能力不足。

1923年，阿姆斯特朗公司展开了一个雄心勃勃的计划，准备在加拿大纽芬兰（Newfoundland）建造一座造纸厂，同时开发一大片林区，建造一座水电站和港口，等等。由于这个计划缺乏周密的考虑，在冰天雪地中施工困难重重，因此给公司财务造成了极大的负担，但韦斯特缺乏对此问题严重性的认识。直到1925年，阿姆斯特朗公司的最大债主英格兰银行（Bank of England）向阿姆斯特朗公司委派了一位会计师詹姆斯·弗拉特·泰勒（James Frater Taylor）加入该公司董事会，弗拉特·泰勒富有挽救濒临危机的公司的经验，他组织了对该公司财务状况的全面调查，认识到阿姆斯特朗公司正处于极其糟糕的财务困境中，除了申请破产保护之外几乎别无他法。因此，韦斯特等5名股东成员辞去了董事会的职务，董事会主席一职由索斯伯勒勋爵［Lord Southborough，即弗朗西斯·霍普伍德爵士

(Sir Francis Hopwood)] 接任。

1926 年，同样面临困境的维克斯公司向弗拉特·泰勒提出建议，将维克斯与阿姆斯特朗的部分产业合并，以期共渡难关。事实上，这几乎是阿姆斯特朗公司避免破产命运的唯一方式。1927 年，阿姆斯特朗公司成立了一个委员会，开始进行公司合并的实质性操作。在 10 月 13 日的董事会议上，弗拉特·泰勒向所有董事提交了一份合并协议的草案。维克斯公司和阿姆斯特朗公司的全部武器制造和造舰业务将全部并入一个新的公司：维克斯 - 阿姆斯特朗有限公司 (Vickers-Armstrongs Limited)。相对而言，当时维克斯公司的财务状况和运营管理状况比阿姆斯特朗公司要好得多，因此在新的公司中维克斯占有股份上的优势。合并后，原阿姆斯特朗公司的民用工业和造船等部分则属于残留的阿姆斯特朗 - 惠特沃斯股份有限公司 (Armstrong-Whitworth Securities Company Ltd.)。1927 年 10 月 31 日，合并协议正式签署。

1928 年的元旦，维克斯 - 阿姆斯特朗公司正式成立；81 年前的同一天，心怀工业梦想的威廉·乔治·阿姆斯特朗在埃尔斯威克的泰恩河畔成立了他小小的液压机械公司。物换星移，阿姆斯特朗的

英国海军“坚定”号“蚊子船”(National Maritime Museum)

智利海军“翡翠”号防护巡洋舰（Northumberland County Council Archive）

工业帝国经历了初创、发展、辉煌、衰落的起起落落后，终于走到了寿终正寝的那一天。

三、阿姆斯特朗的造舰帝国[5]

虽然阿姆斯特朗公司以液压机械起家，埃尔斯威克兵工厂也毗邻泰恩河，但多年以来阿姆斯特朗公司一直与造船工业无缘。这一方面是由于当时泰恩河未经疏浚，埃尔斯威克附近水深较浅，且有桥梁阻隔，不适合造船；另一方面也是因为阿姆斯特朗公司尚没有舰船设计制造方面的专业人才。

令阿姆斯特朗公司转变为一个造船公司的肇端是在1860年代中期，由于该公司生产的火炮有时被装载到驳船上试验，令火炮生产部门的负责人乔治·伦道尔产生了一个有趣的想法：能否制造一种炮艇，装备新型的前膛重炮，作为一种进可攻退可守的水上炮台呢？这位自学成才的舰船设计师很快将他的想法付诸实施。1867年，阿姆斯特朗公司与纽卡斯尔下游下沃克（Low Walker）的造船企业查尔斯·米切尔公司签署协议，合作建造一艘载有9英寸重炮的小型

建成之初的埃尔斯威克造船厂。从河心的麦道斯岛上拍摄，船台上正在建造的是一艘“黑豹”级鱼雷巡洋舰（Northumberland County Council Archive）

炮艇，米切尔公司负责建造船体部分，阿姆斯特朗公司负责建造武备和液压机械。这艘小军舰随即得到了英国海军部的认可，将其编入皇家海军，命名为“坚定”号（H. M. S. Staunch）。不久之后，这种“小船扛大炮”的军舰便风靡一时，大量装备英国和世界各国海军，中国从1875年开始从阿姆斯特朗公司分批购入了4型共11艘这种炮艇，并将之形象地称为“蚊子船”[6]。

“蚊子船”的成功源于19世纪六七十年代火炮技术对装甲防护技术的超越，海军弱国可以依靠这种军舰威胁入侵的敌军铁甲舰；海军强国可以将其布置在军港要地附近，抵挡随时可能出现的敌军袭扰舰只，或者干脆将其推进到敌方海岸附近，集群轰击敌军炮台。这种廉价的军舰是世界上第一种成功的“岸防”概念舰，由此，阿姆斯特朗公司的造船业务开始蓬勃兴起。

在向本国和荷兰、中国等国家成功推销了大量“蚊子船”后，乔治·伦道尔的设计思路开始发生转变：如果装备重炮的非装甲军舰可以用于近海防御，那为何不能同样用于远海巡航呢？于是，1879年，乔治·伦道尔开始设计一型无装甲的远洋舰艇，后来海军界称之为无防护巡洋舰（unprotected cruiser），其特点是适于远航，装备重炮和撞角，能威胁主力舰，虽然没有装甲防护，但依靠通长的“水密甲板”（water tight deck）提高抗沉性。这在巡洋舰的发展史上具有划时代的意义，可以视作现代巡洋舰的雏形。智利和中国随即对其产生了兴趣，分别购买了一艘和两艘（智利的巡洋舰后来转售予日本）。

乔治·伦道尔的尝试并没有止步，1881 年，他在无防护巡洋舰的基础上增加了水密甲板的厚度，形成通长的“防护甲板”（protective deck）。米切尔造船厂随即为智利建造了“翡翠”号（Esmeralda）巡洋舰，这是世界上第一艘防护巡洋舰（protected cruiser），在此后的 30 多年时间里，这种类型的巡洋舰不断发展演变，繁盛一时，直到 1910 年代才被装备侧舷装甲的轻巡洋舰（light cruiser）取代。

乔治·伦道尔在为智利和意大利设计了两型防护巡洋舰后，于 1882 年接受了英国海军部的任命，离开阿姆斯特朗公司前往政府任职。接替他的是原英国海军主任设计师（Chief Naval Architect）威廉·亨利·怀特（William Henry White）。在此之前，怀特已经在舰船设计界享有盛名，来到阿姆斯特朗公司后，怀特将精力主要倾注于两件事上：为更多的海外客户设计军舰，以及在埃尔斯威克营建新的造舰基地。

1882 年底，阿姆斯特朗公司与米切尔公司合并，成立新的上市公司：阿姆斯特朗 - 米切尔公司。按照设想，在合并之后，原米切尔公司的下沃克船厂将主要承担商船建造的业务，而军舰的订单将由新的埃尔斯威克造船厂完成。在此前后，泰恩河进行了全面的疏浚改造工程，埃尔斯威克附近的河道被挖深，河心的麦道斯岛（King's Meadows）被挖除；之前横亘在泰恩河上的一座低矮的石桥也被拆除，取而代之的是阿姆斯特朗公司设计的旋转桥，这座设计精妙的桥梁能够通过液压机械旋转 90 度，转成与河道平行的方向，使得从上游埃尔斯威克下行的船舶顺利通过。这些改造使得在埃尔斯威克修建新的造船基地成为可能。1883 年 4 月，埃尔斯威克船厂开始建设，它毗邻兵工厂，从西向东共有 9 个船台，其中东侧的 3 个大型船台可以建造铁甲舰。阿姆斯特朗公司也由此成为当时欧洲唯一既能建造军舰，又能为其配备火炮的工厂。

菲利普·瓦茨

威廉·怀特在阿姆斯特朗公司主持设计的头两艘军舰是日本海军的“浪速”和“高千穗”号，二舰虽然在很大程度上延续了乔治·伦道尔的防护巡洋舰设计，但也结合了怀特在海军部设计“默西”级（Mersey class）巡洋舰的经验，比伦道尔的设计更为完善。这型巡洋舰后来广受好评。1884年9月，尚未完全建成的埃尔斯威克船厂为奥匈帝国承造了两艘鱼雷巡洋舰“黑豹”号（Panther）和“美洲豹”号（Leopard），此后，新船厂又为意大利、中国和西班牙等国建造了数艘巡洋舰，它们均出自怀特的设计，其中为意大利建造的“道加里”号（Dogali）防护巡洋舰是世界上第一艘装备三涨〔胀〕式蒸汽机的军舰，并在试航时跑出了19.66节的惊人航速，是同时代航速最快的巡洋舰。

1885年怀特从埃尔斯威克卸任返回海军部担任总设计师（Director of Naval Construction），后来他主导了1889年《海军防卫法案》（*Naval Defence Act*）发布后英国前无畏舰队的建造，成为英国历史上最负盛名的海军设计师。接替怀特的是海军部的另一位主任设计师菲利普·瓦茨（Philip Watts）。瓦茨入主埃尔斯威克之时正是海军装备经历了变革开始定型的时期，因此他为阿姆斯特朗公司设计的军舰技术成熟，性能优越，尤其是一系列高航速、装备速射炮的“埃尔斯威克巡洋舰”（Elswick cruisers）成了各国竞相抢购的热销产品。例如为意大利建造的“皮埃蒙特”号（Piemonte），为日本建造的“吉野”级、“浅间”级、“出云”级，为智利建造的“布

英国海军“维多利亚”号战列舰

日本海军“八岛”号战列舰
（Newcastle City Library）

兰科·恩卡拉达”号（Blanco Encalada），为阿根廷建造的“布宜诺斯艾利斯”号（Buenos Aires），为土耳其建造的“奥希金斯”号（O'Higgins）等都是名噪一时的著名巡洋舰。另外，阿姆斯特朗公司于1885年为英国海军建造了战列舰“维多利亚”号（H. M. S. Victoria），这是英国海军第一次将战列舰的订单交给民营船厂。此后，阿姆斯特朗公司也为日本建造了两艘战列舰：“八岛”号和“初濑”号。

1890年代是阿姆斯特朗公司的造船业务最辉煌的时期，这一方面是由于当时海军技术日新月异，许多无能力建造现代化军舰的国家自然对性能卓越的阿姆斯特朗军舰青睐有加；另一方面也是因为世界局势虽然总体和平，但区域战争和冲突仍时有发生，对军舰一直有需求，如1894年爆发的中日甲午战争和1904年爆发的日俄战争，阿姆斯特朗军舰都在其中发挥了重要的作用。

今日之埃尔斯威克，已难寻当年世界军火工厂的荣光（张黎源摄）

瓦茨于1902年离开阿姆斯特朗公司，接替怀特成为英国海军总设计师，后来主导了“无畏”型战舰（Dreadnought）和英国大洋舰队（Grand Fleet）的建造。接替瓦茨的是之前担任其助手的约西亚·佩雷特（Josiah Perrett）。佩雷特于1903年到1916年间主持阿姆斯特朗公司的舰船设计，此时期欧美列强正进行着激烈的“无畏”舰竞赛，南美洲的小强国也不甘落后，纷纷向欧洲发来“无畏”舰订单，因此佩雷特为智利和巴西设计了数艘“无畏”舰。这一时期的英国海军出于建造大洋舰队的需要，也开始将订单大量投放给民营造船厂，阿姆斯特朗公司也开足马力，为英国海军建造了大量战列舰、航空母舰、巡洋舰、驱逐舰和潜水艇。

随着“无畏”舰时期舰船体量的不断增大，狭小的埃尔斯威克船厂已经难以容纳大型舰船的建造，泰恩河上的桥梁也阻碍了大型舰船的通过，因此1910年阿姆斯特朗公司决定在下游的上沃克（High Walker）地区新建船厂。1913年，“伊丽莎白女王”（Queen Elizabeth）级战列舰“马来亚”号（H. M. S. Malaya）在上沃克船厂动工建造，从1913年到1929年，上沃克船厂作为阿姆斯特朗公司的主力船厂共建造各型舰船70余艘。阿姆斯特朗公司的最后一任造舰总监是尤斯塔斯·坦尼森·戴恩科特（Eustace Tennyson

D'Eyncourt)，他曾于1886年到1891年、1903年到1913年两度服务于阿姆斯特朗公司，直到被任命为英国海军总设计师，从海军部退休后他又返回阿姆斯特朗公司任总设计师至1928年。

1920年，因“一战”后业务量的缩减和不适应大型舰船的建造，埃尔斯威克船厂在建造了最后一艘“鹰”号（H. M. S. Eagle）航空母舰后被关闭，厂址上后来建立起了纽卡斯尔商业园（Newcastle Business Park）。1927年，由于经济萧条和经营不善，阿姆斯特朗公司与维克斯公司合并，成立维克斯-阿姆斯特朗有限公司。此时公司还有两个船厂处于运营状态：上沃克船厂在合并前两个月刚刚完成了其最后的华章——皇家海军“纳尔逊”号（H. M. S. Nelson）战列舰的建造，之后该船厂被作为维克斯公司在巴罗因弗内斯船厂的备份，在很长时间内处于关闭状态，直到1936年出于重新武装英国海军的需要才重新投产。“二战”以后因业务量的缩减，上沃克船厂于1968年被售予斯旺·亨特公司，最终该厂于1985年被关闭，原址上建起了纽卡斯尔海洋工程科技园（Offshore Technology Park）；下沃克船厂在1927年的并购后仍属于残存的阿姆斯特朗-惠特沃斯公司，因经济萧条，1930年至1942年间下沃克船厂都处于停产状态，“二战”期间曾短暂复工，最终于1948年关闭。目前下沃克厂址上仍有一些工业企业的厂房，原来的船台滑轨仍依稀可见，延伸向泰恩河，是这个造舰帝国最后的一点记忆遗存。

四、泰恩河上的黄龙旗

作为19世纪末20世纪初最重要的舰船出口企业，阿姆斯特朗公司也与近代中国海军结下了不解之缘。从1876年到1911年，阿姆斯特朗公司共为中国海军建造了19艘军舰，为中国海关建造了2艘巡船，总排水量达24000余吨，在舰船数量上仅次于该公司为英国海军建造的军舰，排水量方面位列英国、日本、智利、巴西之后，位居第五。中国海军更是两度组织大规模接舰团赴纽卡斯尔接收军舰，开中国海军访欧之先河。

北洋大臣李鸿章

在1860年代“阿斯本舰队”（Sherard-Osborn Flotilla）早产夭折之后，中国外购舰船的计划在很长时间内归于沉寂，在江南制造局和福建船政的努力下，中国依靠自建舰船形成了数支初具规模的近海防御力量。然而1874年的日本侵台事件令中国的海防建设者们认识到了自建舰船的不足，转而重新放眼欧美，希望能立即购买主力铁甲战舰，快速提升海防力量，但外购铁甲舰的努力却遭遇了重重阻力，最终搁浅。

在大举议购铁甲舰的背景之下，一种不起眼的小军舰“蚊子船”却经洋行推荐，进入了中国海防建设的视野。福建善后局首先向英国莱尔德公司（Laird Brothers）购买了两艘，即“福胜”“建胜”。几乎与此同时，中国海关总税务司赫德（Robert Hart）也注意到了这种小军舰，并委托海关驻伦敦办事处主任金登干（James Duncan Campbell）向英国厂商发出咨询，金登干随即找到了“蚊子船”的发明者——阿姆斯特朗公司股东乔治·伦道尔，是为中国海军与阿姆斯特朗公司殊缘之始。

经过赫德的游说，当时主管海防的总理衙门官员立即被这种“小船打大炮”的军舰吸引，并指示北洋大臣李鸿章具体操办，于海防专款中划款购买，第一批向阿姆斯特朗公司订购4艘，即“龙

中国驻英公使曾纪泽

骧”“虎威”“飞霆”“策电”。炮艇购到后引起了轰动，各省纷纷希望购买。因此李鸿章、赫德再次与阿姆斯特朗公司接洽，又为南洋水师购买了4艘“蚊子船”，即“镇北”“镇南”“镇东”“镇西”（后这4艘“蚊子船”加入北洋水师，第一批“蚊子船”转入南洋水师）。此后，又以各省分别集资认购的方式购买了最后一批共3艘“蚊子船”，即北洋的“镇中”“镇边”和广东省的“海镜清”。这4型11艘“蚊子船”因注册名为希腊字母而被称为“字母炮艇”（Alphabetical gunboats），这是中国政府第一次大规模外购军舰，也是阿姆斯特朗公司第一次大规模外销军舰，故对于双方的意义均非常重大。

在设计了“蚊子船”之后，乔治·伦道尔又设计了有通长水密甲板的无防护巡洋舰，赫德在得知消息后，再次极力怂恿总理衙门购买，中国方面遂于海防专款中调拨款项，购买两艘，命名为“超勇”“扬威”。这是中国第一次外购巡洋舰级别的军舰，并首度派出接舰团赴纽卡斯尔接收，如此庞大的中国海军官兵队伍出现在欧洲为当时空前之事，造成了不小的轰动。

这一阶段的购舰模式由总理衙门主导，北洋大臣作为中方的具体经办人，通过中国海关及驻伦敦办事处，与阿姆斯特朗公司直接

中国驻英公使龚照瑗

接洽。形成了总理衙门—北洋大臣—中国海关—阿姆斯特朗公司的四方联动模式。但在购买巡洋舰的过程中，赫德的野心膨胀，意欲担任“总海防司”，把持中国海防建设，自然遭到了以沈葆桢、李鸿章等为首的中国地方大员抵制。因此李鸿章在后来的购舰活动中有意绕开赫德和阿姆斯特朗公司，转而依靠其亲信、驻德公使李凤苞，向德国厂商投去青眼。

在李凤苞等人的努力下，中国于1880年至1883年间向德国伏耳铿造船厂（Aktien-Gesellschaft Vulcan Stettin）订购了“定远”“镇远”号铁甲舰和“济远”号防护巡洋舰。这一时期由于李凤苞与德国政府的紧密关系，英国造舰厂商基本被排除在选择范围之外，但赫德等人仍没有放弃通过阿姆斯特朗公司施加对中国海军的影响的努力，乔治·伦道尔在此期间为中国海军做了包括铁甲舰、巡洋舰、通报舰、炮艇等在内的许多方案，但均未付诸实施。乔治·伦道尔的继任者威廉·怀特也曾受金登干之托为中国海军做过整建方案。

1885年中法战争结束后，中国再次感受到海防建设之迫切，向欧洲发出了大量订单。总理衙门决定这次除了继续在德国伏耳铿造船厂订货外，也把英国厂商纳入朝廷的考虑范围。但李鸿章认为已完全能够自主操作购舰事务，因此并没有通过赫德，而是直接与驻英公使曾纪泽联系。曾纪泽向英国海军部进行了咨询，恰好新任海军部总设计师威廉·怀特尚未从阿姆斯特朗公司离职，加上阿姆斯特朗公司与中国海军的传统关系，因此便敲定在阿姆斯特朗公司订购两艘防护巡洋舰，即“致远”“靖远”。北洋水师也再次派出庞大的接舰团队前赴英国、德国接收这些军舰。这一时期购舰采用的是总理衙门—北洋大臣—驻英公使—阿姆斯特朗公司的操作模式，中国海关的影响力已经被排除在外。

1887年以后，阿姆斯特朗公司通过英商怡和洋行（Jardine Matheson）和德商载生洋行（J. J. Buchheister & Co.）[7]作为总代理，继续向中国推销军备。但1888年北洋海军建成后，中国海军的发展便停滞不前，再没有试图向欧洲订购新式军舰。直到1894年甲午战争爆发前夕，李鸿章才紧急通过驻外公使觅购军舰。英国方面，经过驻英公使龚照瑗的操作，最终从阿姆斯特朗公司购入鱼雷炮艇一艘，该舰在甲午战争结束后才得以解禁归国，命名为“飞霆”。

甲午战争的失败使得中国苦心经营的北洋海军全军覆没，“致远”“靖远”“超勇”“扬威”四艘阿姆斯特朗巡洋舰在海战中沉没，六艘“镇”字号“蚊子船”全部被日军俘获，大清帝国的阿姆斯特朗军舰几乎被一扫而空。甲午战争之后，清政府面对门户洞开的海防形势，不得不重新考虑外购军舰。1896年，李鸿章受命前往欧美各国考察，在英国期间也造访了阿姆斯特朗公司，但此时他已经失势，因此未签订任何购舰订单。这一时期的海防事务重新由恭亲王奕訢领衔的总理衙门主导，它首先通过驻德公使许景澄向伏耳铿厂商接洽，商讨购买铁甲舰的可能性，最终定为购买三艘防护巡洋舰：“海容”“海筹”“海琛”。为寻求英、德之间的平衡，总理衙门也通过阿姆斯特朗公司的驻华代表敦乐伯（Martin Julius Dunlop）和瑞生洋行在阿姆斯特朗公司订购了两艘防护巡洋舰，即“海天”“海圻”，这也是中国在阿姆斯特朗公司订购的吨位最大、威力最强的军舰。这一时期由于北洋大臣失势，购舰流程变为总理衙门—瑞生洋行—阿姆斯特朗公司的三方模式。

在甲午战争后短暂的重建北洋海军计划之后，由于发生了庚子事变，海军建设再次遭劫。但根据档案判断，从1906年开始，阿姆斯特朗、维克斯等英国造船厂商就一直没有间断过向中国政府推荐新军舰的努力，如阿姆斯特朗公司就曾为中国设计了包括战列舰、装甲巡洋舰等在内的十余型军舰方案，但最终皆成画饼。直至1907年清政府在陆军部下设立筹办海军处，重整海军军备的计划才被提上日程。1909年，筹办海军大臣载洵、海军提督萨镇冰等赴欧考察海军，也前往阿姆斯特朗公司参观，随即决定在该厂订购练习巡洋舰一艘，并于次年设计完成，签署合同。具体的联络事宜仍由瑞生洋行操办。这艘巡洋舰被命名为“肇和”，它也是中国海军在阿姆斯特朗公司购舰的绝唱。在此后的很长一段时间里，由于清廷覆亡，民初内乱，中国再也无暇顾及海军建设，给世人留下了深深的遗憾。

中国佬啊中国佬，
穿着一身蓝布袄，
你来找那英国佬，
前来向他问声好，
欢迎你来中国佬，
又买船来又买炮，
要是你肯掏腰包，
咱就请你吃薯条。
（John Chinaman，John Chinaman，
Dressed in yor suit ov blue，
Ye've cum te see John Englishman，
An'axee-how-he-doo.
Yor welcome here，John Chinaman，
Te buy yor guns an'ships，
An'if ye bring yor munny，John，
Ye'll find us jolly chips.）

——节选自纽卡斯尔民歌《中国水兵在纽卡斯尔》（“Chinese Sailors in Newcastle”）

阿姆斯特朗的工业帝国已成过眼云烟，大清帝国的黄龙旗也早已陨落，1881年接收“超勇”“扬威”时留下的这首民歌却犹在耳畔。当我们拿起历史的放大镜，重新探寻阿姆斯特朗公司与中国海军长

达30多年合作的点滴细节，那一只只威武庄严的海上精灵便相继登场，那一幕幕精彩绝伦的历史活剧便拉开了帷幕。

注 释：

［1］ 本小节主要参考：Henrietta Heald: *William Armstrong: Magician of the North*, Northumbria Press, 2010. Kenneth Warren: *Armstrong: The Life and Mind of an Armaments Maker*, Northern Heritage, 2010. Ken Smith: *Emperor of Industry: Lord Armstrong of Cragside*, Tyne Bridge Publishing, 2005。

［2］ Kenneth Warren: *Armstrong: The Life and Mind of an Armaments Maker*, Northern Heritage, 2010, p.7.

［3］ 本小节主要参考：Henrietta Heald: *William Armstrong: Magician of the North*, Northumbria Press, 2010. Kenneth Warren: *Armstrong: The Life and Mind of an Armaments Maker*, Northern Heritage, 2010. Kenneth Warren: *The Builders of Elswick: Partners, Managers and Working Men, 1847-1927*, Leazes Press, 2013. Marshall J. Bastable: *Arms and the State: Sir William Armstrong and the Remaking of British Naval Power, 1854-1914*, Ashgate Publishing Limited, 2004。

［4］ J. D. Scott: *Vickers, a History*, George Weidenfeld and Nicolson Ltd., 1962, p.93.

［5］ 本节主要参考：Peter Brook: *Warships for Export: Armstrong Warships 1867-1927*, the World Ship Society, 1999. Dick Keys and Ken Smith: *Armstrong's River Empire: Tyne Shipyards that Supplied the World*, Tyne Bridge Publishing, 2010. Fred M. Walker: *Ships and Shipbuilders: Pioneers of Design and Construction*, Seaforth Publishing, 2010. Philip Watts: "Elswick Cruisers", *Transactions of the Institution of Naval Architects, Vol. XLI*, 1899, pp. 286-308。"Tyne Built Ships" 网站：http://www.tynebuiltships.co.uk，访问时间：2015年5月。

［6］ 蚊子船，在英文文献中多将之称为flatiron gunboat、iron coastal gunboat、Rendel gunboat等，清末将其称为"蚊子船""蚊船""蚊炮船""水炮台""师丹炮船"等［须注意的是，清末所谓的"根钵（驳）""根婆子"为gunboat的音译，仅泛指炮艇，而不单指"蚊子船"］，现代学者也有根据其设计者之名称之为"伦道尔炮艇"的。现为行文统一，将之称为"蚊子船"。

［7］ 载生洋行原为德国人补海师岱（J. J. Buchheister）与英国人毕德卫（Henry Smith Bidwell）合股，名Buchheister & Bidwell，后来毕德卫退股，单独成立德生洋行，载生洋行改名为新载生洋行，后来又称瑞生洋行，英文为J. J. Buchheister & Co.。

第二章 “字母炮艇”

中国外购军舰的努力始于1862年的“阿斯本舰队”。该计划失败之后，清政府外购军舰的活动一度归于沉寂，直到1874年，日本侵台事件的发生，促使清政府重新考虑外购军舰的计划。总理台湾海防的船政大臣沈葆桢首先令船政正监督日意格（Prosper Marie Giquel）打探购买铁甲舰的可能性。而福建善后局则首先通过载生洋行（Buchheister & Bidwell）向英国伯肯黑德（Birkenhead）的莱尔德公司订购了两艘“蚂蚁”级（Ant class）改进型“蚊子船”——“福胜”“建胜”，拉开了中国新一轮对外购舰活动的序幕。而总理衙门通过中国海关向阿姆斯特朗公司订购的4级共11艘“蚊子船”［统称为“字母炮艇”（alphabetical gunboats）］则使此轮购舰活动达到了高潮。

这些阿姆斯特朗公司生产的“蚊子船”设计独特，性能可圈可点，在诞生时受到了世界海军界的广泛注意，却又成为后世研究者争论的焦点。它们长期活跃在中国南北洋海防一线，鞠躬尽瘁，最终命途各殊，令人嗟叹。

一、英国“蚊子船”的发展历史

“蚊子船”之前炮艇的发展沿革

在审视中国购买的“蚊子船”之前，有必要对这种构造特殊、使用方式独特的军舰追根溯源，廓清其在舰船发展史中的地位。

从字面来说，“炮艇”（gunboat）这种军舰在海军中的地位极不重要，因此对其的界定是非常不明确的。一般来说，在风帆海军时代，“炮艇”一词指代的主要是三种军舰：

1. 一种小型、无分层甲板的舰只，以桨或风帆为动力，可装有一至两根桅杆，武备通常则是一至三门火炮（通常为大型长炮，也有装备大口径短炮者）。这种舰型有可能是以当时通用的平底登陆艇（flat bottomed boats for the landing of men）改装而来，历史至少可追溯至英法七年战争期间。

2. 1794 年为抵抗法国入侵而建造的吃水较浅的帆船，装备有前向射击的长炮和侧向射击的短炮，通常装有两根桅杆。这种炮艇后来逐渐发展成为“双桅炮舰”（gunbrig/ brig），并成为后来蒸汽动力炮艇的直系祖先。

3. 在英法战争期间为抵抗入侵而改造的部分单桅舢板（hoy）、驳船（barge）等。[1]

进入蒸汽时代之后，英国建造了大量的明轮或螺旋桨蒸汽炮舰（steam gunvessel），主要区分于较大型的蒸汽巡航舰（steam frigate）和蒸汽护航舰（steam sloop）。[2] 而近代意义上的蒸汽炮艇（steam gunboat）则出现于 1854 年克里米亚战争期间。当时联军在进攻俄国沿海要塞的战斗中，亟需一种吃水浅、装备重型火炮且在水文条件复杂的近海或内河行动灵活的蒸汽军舰，执行传递情报、测量、突击、轰炸炮台等任务。因此，在 1854 年至 1856 年间，英国采取批量建造的方式，建造了 4 级共 166 艘炮艇。这种平底炮艇船体为木质，为使其适合沿岸航行，它们的主龙骨为凹进于船体内的平龙骨，并在船体两侧装有舭龙骨。舰内从艏至艉依次布置水手住舱、炮弹库、锅炉和轮机舱、火药库，以及军官住舱，在锅炉和轮机舱的两侧设置煤仓以为保护。该型舰为单层平甲板船型，主要武备为两门 68 磅或 32 磅炮，动力系统采用一台机车锅炉，两座卧式单涨蒸汽机驱动一个双叶螺旋桨推进。[3] 从舰型上看，这种“克里米亚”型炮艇已与后世的“蚊子船”非常接近，可以视为“蚊子船”的直系祖先。

这种炮艇的设计后来一再衍生发展，并在克里米亚战争、第二次鸦片战争、肃清海盗、英埃战争等军事行动和各种外交、科

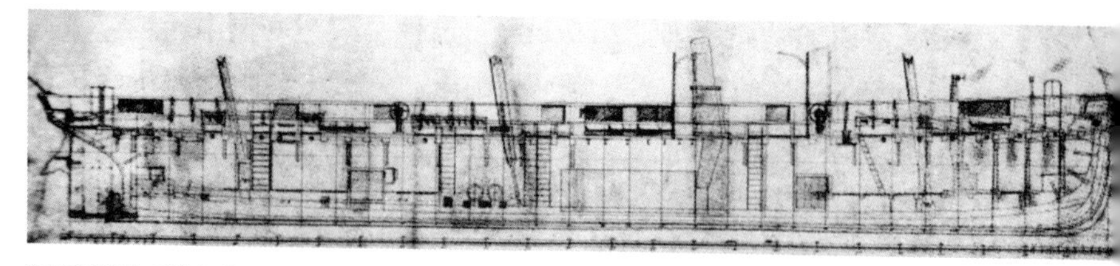

“克里米亚”型炮艇典型纵剖图（National Maritime Museum）

考等非军事行动中表现得极为活跃，以至于“炮舰外交”（Gunboat diplomacy）成了19世纪后期帝国主义外交政策的代名词。但值得注意的是，这种传统意义上的炮艇的主要作用是在敌方沿海执行复杂多样的军事行动，尤其是集中大量炮艇轰击敌军炮台和进入内河港汊攻击敌军舰船，这是其最为突出的战斗方式。而“蚊子船”的用途则与之大相径庭，无论是英国海军还是其他装备“蚊子船”的海军，对它的主要使用方式都是布置在己方的海岸线上，以其船小炮巨的特点弥补己方炮台之不足，威胁敌军的装甲主力舰。这种独特的用兵思路的产生需要从当时英国的主流海军理论和技术发展背景上去解释。

“蚊子船”诞生的背景：“英格兰堡垒”（Fortress England）理论和海军技术的革命

任何一种武器的产生都是与其所处时代的军事战略理论息息相关的，“蚊子船”诞生于19世纪60年代后期，也不可避免地受到了当时英国主流战略理论的巨大影响。

19世纪中期以后，蒸汽动力舰船的大规模应用使得原先的海军战略和战术不再适用。从当时大英帝国所处的外部环境来看，其假想敌仍是欧洲大陆上传统的陆权力量——主要为法国，而蒸汽动力舰船的出现使得英国长期保持的海上力量优势面临被打破的危险。蒸汽动力舰船弥补了法国等大陆国家水手航海技术的缺陷，且天气、潮汐等自然因素对其影响也较小，如果法国能够建立一支以大量小型蒸汽舰船为主力的舰队，越过英吉利海峡入侵英国就会比风帆时代容易得多。时任英国首相的巴麦尊勋爵（Henry John Temple，3rd Viscount Palmerston，今译“帕麦斯顿”，或“帕麦尔斯顿”等）就毫不掩饰地指出：“海峡已不再是一道屏障。蒸汽动力航行已使得原先陆军不可逾越的天堑变成了一条可被蒸汽动力架起桥梁的小河。”[4] 1844年，英国政府对不列颠岛的沿海防御进行了视察，结果令人大失所望，于是提出将退役的战列舰和巡航舰改造成浮动炮台，加强海岸防御。一些官方团体，如皇家联合王国防御委员会（Royal Commission on the Defence of the United Kingdom，1859）和下议院殖民防御特别委员会（House of Commons Select Committee on Colonial Defence，1861）也认为在蒸汽时代海军无法继续维护不列颠的安全，维持一支庞大的陆军和强大的海岸防御体系才是未来英国的主要战略方向，需要将不列颠岛本身建成一座防守严密的不沉堡垒。[5] 这就是“英格兰堡垒”这种与英国传统的“蓝水海军”理论背道而驰的战略在1840年代到1870年代的很长一段时间里占据了主导地位的原因。

需要指出的是，在19世纪中期以后，英国在很长时间内并没有系统完整的帝国防御战略的清晰思考，而陆军的改革和海军的技术变革更加强了这种战略的不确定性，尤其是蒸汽动力的使用成为海军发展的必然趋势之后，英国海军的全球部署遇到了前所未有的难题。后来曾任第一海务大臣的亚历山大·米尔恩（Admiral Sir Alexander Milne）就曾于1858年指出，蒸汽舰队在战时维持煤炭供应将是非常困难的事情，[6] 潜台词即是在现有的条件下英国海军不足以维护海外殖民地的安全。在政治上，1868年上台的格莱斯顿（William Ewart Gladstone）政府也倡导海外殖民地防御与英国本土防御的脱离，自由党的这种分离主义战略虽然可以为帝国节省极大的防御开支，但也显示出其对传统的海军优势和确保殖民地与贸易线路安全的信心的缺失。在这种背景下，加强不列颠本土防御的问题就摆到了自英国确立海上霸权之后前所未有的重要地位上。

在海军技术方面，19世纪60年代之后，火炮技术与装甲防护技术的发展此消彼长。1862年的汉普顿水道之战（Battle of Hampton Roads）证明了拥有良好装甲防护的铁甲舰可以有效地抵御传统前装

阿姆斯特朗公司驻伦敦办事处主任斯图尔特·伦道尔，乔治·伦道尔之弟，后为伦道尔勋爵

滑膛炮的攻击；而1860年之后火炮制造技术的迅速发展又反过来挑战了铁甲舰的地位。甚至在19世纪60年代末之后的相当长一段时间里，铁甲舰在重炮、撞角、鱼雷、水雷等新式海军武器的威胁下是否还拥有优势成了一个饱受争议的问题（中国“蚊子船”购买计划的直接推动者、海关总税务司赫德就是“铁甲舰无用论”的大力鼓吹者）。但在“蚊子船”诞生的1867年，鱼雷武器才刚刚出现，尚未经过实战的检验，全面水雷防御更是无从谈起，在近岸克制铁甲舰的最有效武器就是重炮和撞角。因此，英国皇家海军一方面建造了大量岸防铁甲舰，如“君主”号（H. M. S. Monarch）等低舷炮塔舰和“鲁莽”号（H. M. S. Hotspur）等撞击舰；另一方面，也推动了专用“水炮台”——“蚊子船”的诞生。

1874年前英国“蚊子船”的设计与发展

位于英格兰北部泰恩河畔纽卡斯尔的威廉·亨利·阿姆斯特朗公司（William Henry Armstrong & Co.）最早靠水压机械起家，并在克里米亚战争后的1858年开始进行火炮的研究和生产。当时其火炮试验场包括埃尔斯威克工厂对面泰恩河畔的泥滩、纽卡斯尔北面的杰斯蒙德迪恩（Jesmond Dene）和泰恩河口的惠特利贝（Whitley Bay）。由于当地居民对大炮轰鸣声的投诉，阿姆斯特朗公司不得不另寻他途。一种办法便是将大炮装上驳船，拖至海上试验。这给了阿姆斯特朗公司的工程师乔治·怀特威克·伦道尔以启示，能不能设计一种专用搭载重炮的小型炮艇，当作“水炮台”之用呢？[7]

乔治·伦道尔是与阿姆斯特朗公司关系极其密切的伦道尔家族的一员。其父詹姆斯·麦道斯·伦道尔为当时著名的工程师，在阿姆斯特朗公司创立之初给予了阿姆斯特朗莫大帮助。其兄亚历山大·麦道斯·伦道尔（Alexander Meadows Rendel）是伦敦船坞公司（London Dock Company）的工程师；乔治·伦道尔和他的两个弟弟汉密尔顿·欧文·伦道尔（Hamilton Owen Rendel）、斯图尔特·伦道尔都曾在阿姆斯特朗公司供职，其中汉密尔顿是阿姆斯特朗公司的资深工程师，参与了伦敦塔桥的液压机构设计，而斯图尔特则做过阿姆斯特朗公司驻伦敦办事处的负责人，后来一直当到自由党国会议员和阿姆斯特朗公司副总经理。他与赫德及中国海关驻伦敦办事处负责人金登干过从甚密，大量参与了包括订购军舰在内的中国事务。乔治则是一位天才的工程师，在液压机械、火炮炮架和舰船设计上都有着极高的造诣，曾设计了包括世界上第一艘防护巡洋舰“翡翠”号（Esmeralda）在内的许多著名舰船；而且因为阿姆斯特朗勋爵无子嗣，乔治还成了阿姆斯特朗的养子。他后来于1882年离开阿姆斯特朗公司入海军部供职，并于1885年辞职前往意大利，之后虽再度加入阿姆斯特朗公司但再也没有进行舰船设计。[8]应该说，乔治·伦道尔是19世纪后期世界上最杰出的舰船设计师之一，而“坚定”号（H. M. S. Staunch）“蚊子船”就是其最初的作品。

“坚定”号炮艇由阿姆斯特朗公司与下沃克的查尔斯·米切尔公司签订协议，由米切尔公司负责建造船体部分，阿姆斯特朗公司则提供火炮和液压设备。该艇于1867年6月17日开工，同年12月4日下水，[9]型长75英尺，宽25英尺，深6英尺6英寸，吃水5英尺10英寸至6英尺，满载排水量200吨。[10]这种炮艇最突出的特点就是其舰艏装备的一门9英寸12½吨阿姆斯特朗前装线膛炮。这种火炮装在传统的下方炮架上，两个小型蒸汽绞盘用来制退、复进和提升弹药，大大节省了操炮人员的数量。最为别出心裁的是，这种炮艇将火炮整体安装于一个可升降平台上，通过一组液压机械

“坚定”号“蚊子船”（*The Engineer*）

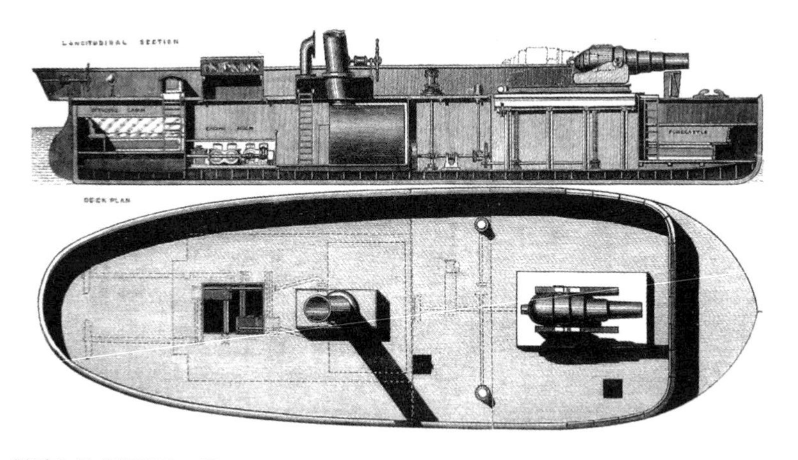

“坚定”号“蚊子船”二视图，可见其升降式火炮平台（*The Engineer*）

可将火炮平台降至船内，在平时航行中可增加舰只的稳定性；战时则将平台抬升至原始位置，升降过程需要约8分钟。火炮本身只能左右旋转各5度，主要采取“整船瞄准”的方法进行射击，因此这种炮艇需要有极好的操控性。在试航中双螺旋桨向前推进的情况下仅靠舵叶旋回，它可在2分15秒的时间内旋转一周，可以想象如果采用双螺旋桨差动的方式将能够更快地转向。该型炮艇使用罗伯特·史蒂芬孙公司（Robert Stephenson & Co.）提供的锅炉和轮机，标示功率为130匹马力，可以以最高7节的速度航行。[11]而且因为无须出海作战，这型炮艇还是英国海军中第一种完全取消风帆装置的军舰。[12]对于这种炮艇的发明动机，1868年5月1日出版发行的《工程师》杂志（*The Engineer*）曾指出，在“坚定”号之前的岸防炮艇设计中，如果将舰体做得非常小，而载一门如此巨大的火炮，在恶劣天候下其适航性就很成问题，而“坚定”号则很好地解决了适航性、小舰体和大火炮之间的矛盾。[13]

乔治·伦道尔的这种“蚊子船”设计在海军中得到了其好友、时任海军火炮总监（Director of Naval Ordnance）的凯古柏（Astley Cooper Key）[14]的支持，并将之推荐给了海军部。[15]在“坚定”号之后，英国海军又在朴次茅斯造船厂（Portsmouth Dockyard）订造了另一艘“蚊子船”的原型舰“大胆”号（H. M. S. Plucky），它与“坚定”号的设计非常接近，最明显的区别是“大胆”号的火炮可以在更大的范围内旋转，而不需要完全依靠整船瞄准，并且它也没有继续采用“坚定”号的绞盘制退复进方式。[16]在这两艘“蚊子船”获得成功后，英国海军随即于1870年到1879年间采购了24艘“蚂蚁”级“蚊子船”。这一型“蚊子船”可以称为英国海军“蚊子船”的定型之作，也与后来中国海军购买的“福胜”级“蚊子船”有着直接的渊源关系。

该型“蚊子船”在“坚定”“大胆”的基础上有所放大，型长85英尺，宽26英尺1½英寸，深6英尺，吃水5英尺9英寸至6英尺3英寸，满载排水量245吨，装备一门伍尔威治皇家兵工厂（Royal Arsenal，Woolwich）生产的10英寸18吨前装线膛炮，炮身装在下方的炮架上，采用了一组被称为“埃尔斯威克制退器”（Elswick compressor）的摩擦铁片制退，[17]炮架下的导轨允许火炮在60度的范围内旋回。与“坚定”号一样，“蚂蚁”级的火炮也整体装置于液压升降平台上，总体设计如下：

前甲板为一段龟背状锚甲板，装备两只海军锚（admiralty pattern anchor），之后是一段高起的舷墙，起到保护人员和防浪的作用，火炮前方部分围壁可以折倒。火炮平台左侧为水手卫生间，右侧为通往艏楼内部的出入口。火炮后方每舷分别有一个药包提升井和弹头

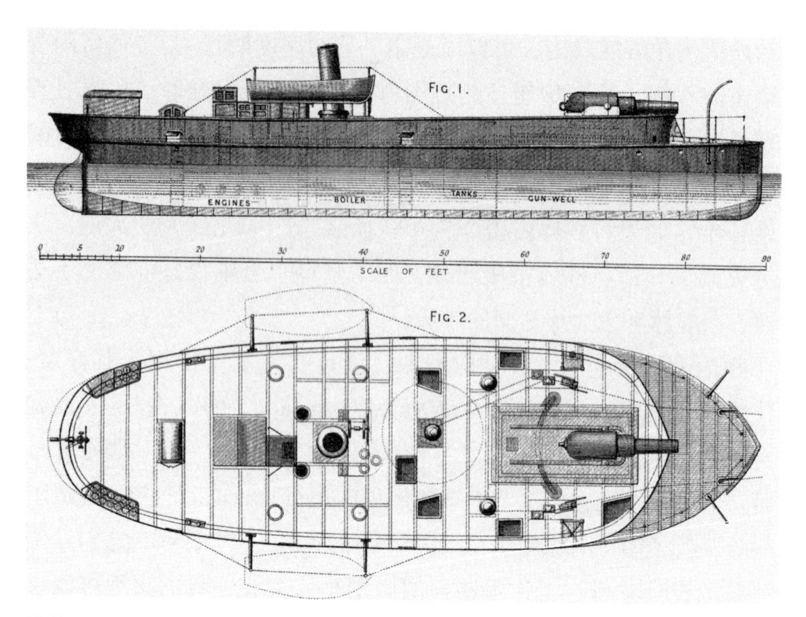

"蚂蚁"级"蚊子船"二视图（*The Artizan*）

提升井，中间是锚链绞盘和通往辅机舱的出入口。中部甲板上布置有一个高起的小型罗经舰桥，配有舵轮、罗经、车钟等设备，其后方为烟囱，烟囱右侧有一个手摇泵，两侧甲板上设有煤仓盖，烟囱后部有简易的厨房。后甲板上主要布置轮机舱口、信号桅杆、手摇泵、军官室天窗、出入口等。船艉左舷为军官卫生间，右侧为吊床柜。中部左舷载一艘 20 英尺纪格艇（gig），右舷载一艘 12 英尺定纪艇（dinghy）。[18]

底舱甲板最前部是水手住舱。后方为火炮平台升降井，其两侧为药包库，左舷还设有水箱。后方中部为辅机舱，主要操作锚绞盘和火炮平台的升降，左右两侧分别布置管轮住舱、炮手住舱和弹头库。中段舰体内布置锅炉、轮机舱，两侧设置煤仓和管轮库房。底舱最后部分为军官起居室和卧室。[19]

在为英国海军大批建造"蚂蚁"级"蚊子船"的同时，英国的一些造船公司也开始外销这种新型岸防军舰，如伯肯黑德的莱尔德兄弟公司为阿根廷海军建造了两艘放大型的"蚊子船""共和"级（Republica class），阿姆斯特朗公司也为荷兰海军建造了两艘"坚

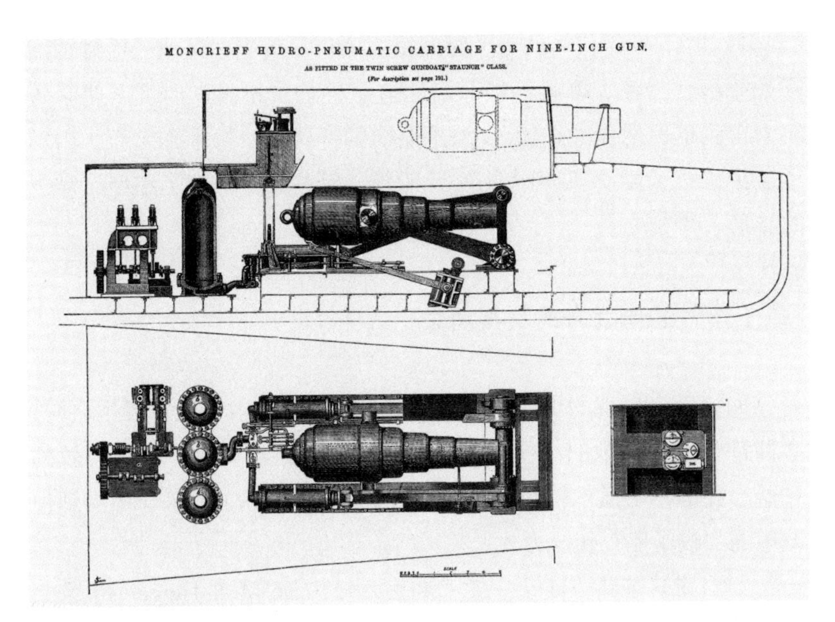

“九头蛇”号使用的蒙克里夫式液压炮架（*The Engineer*）

定”号的改进型“蚊子船”。比较值得注意的是其中的“九头蛇”号（Hydra），较之笨重的整体式升降平台，这种炮艇采用了一种被称为蒙克里夫式炮架（Moncrieff mounting）的全新火炮液压机构。这种炮架由英国炮兵军官亚历山大·蒙克里夫（Alexander Moncrieff）发明，是一种原始的隐现式炮架（disappearing gun），[20] 火炮通过一组连杆连接到一个液压筒上，在后坐时液压筒的活塞推挤后方的水通过一个阀门进入水箱，靠挤压水箱中的压缩空气吸收后坐能量实现制退的目的。同样，在水箱中储存的气压可以推动水经过另一条支路使火炮复位。[21] 使用这种炮架，在后坐的过程中，火炮会发生很大的垂直位移，因此火炮的装填工作可以在底舱进行，平常航行时也可以使火炮处于降低状态，这样就省去了“坚定”型炮艇的整体升降台。但在实践中发现，这种炮架需要精确地调节压缩空气的气压以使火炮下降到指定位置，而且在后坐的过程中会损耗很大的能量，后坐的能量也不足以使火炮复位，因此仍只能采用液压方式进行制退和复进。[22] 蒙克里夫炮架仅在“九头蛇”号上使用了一例后就再也没有应用在其他“蚊子船”上了。

19世纪70年代后的一段时间里，不仅是英国，其他一些海军国家如德国、丹麦、挪威等也开始建造这种造价不高，但可以使岸防实力得到迅速增强的炮艇。“蚊子船”的样式也一再推陈出新，出现了装甲“蚊子船”、专用火炮实验船等，有些甚至具有了小型巡洋舰的雏形。[23]

“蚊子船”的作战方式及其消亡

如同后来出现的鱼雷艇、导弹艇一样，在“蚊子船”诞生之初，这种背负巨大火炮的小艇也被认为是一种在近岸防御中极为有效的兵器。乔治·伦道尔曾在《泰晤士报》（*The Times*）的采访中提到他设想的“蚊子船”作战方式：

> 用这笔钱［建造一艘“海克力士”（H. M. S. Hercules）级铁甲舰的经费］我可以建造十到十二艘“坚定”型炮艇，将它们从海岸线上的一点移到另一点，防御敌人可能威胁的许多个港口。它们将作为浮动的炮台，甚至不止于此。它们不装备装甲，但它们极小的体型就是最好的防御。如果铁甲舰接近，它们就将占据铁甲舰无法进入的浅水阵位，然后从不同的方位对其装甲的薄弱部位进行集中打击。[24]

阿姆斯特朗勋爵也曾在1882年英国工程师协会（The Institution of Civil Engineers）的会议中发言谈及“蚊子船”的作战方式：

> 炮艇，仅作为浮动炮台建造，可以用来搭载最重的火炮。它们在敌军炮火下只会成为很小的目标，而且，它们在使用时距离多变，使其极难被命中。它们将会被分散使用，以使炮烟不会遮蔽彼此，并且能对一艘军舰投以集中炮火。它们在必要时可以撤入浅水，而且在许多情况下可以在防波堤后继续开火，而防波堤则能为其提供保护。与一座炮台只能固定于一点不同，它们能够追击，或撤退，或集合一处占据新阵位，它们还能够执行许多任务，辅助舰队的工作。若加上装备鱼雷的蒸汽舢板，它们将能提供一种灵活而强大的防御方式，而且或许在装甲炮台即便已经建立的情况下仍有必要采用。在任何情况

下，对于防御商港来说，炮艇，在鱼雷舰艇的协助下，将会比任何固定的炮台有效得多，因此使我们的商港脱离外海舰队的保护的第一步，应该就是为每个港口配备足够的这种舰艇，它们可以由受过训练的志愿民兵驾驶。[25]

不仅如此，有些英国军官甚至认为“蚊子船”有潜在的对岸攻击能力，在远洋舰队的保护下，如同克里米亚战争中的炮艇使用方式一样，它们能够集中火力对敌沿海炮台进行打击。[26]

评价一型舰艇成功与否，其攻击能力和生存能力是最值得考究的两个方面。在原先的设想中，“蚊子船”搭载的一门大口径火炮足以威胁铁甲舰的装甲，非装甲目标则更是不在话下；但正如一些英国海军军官所指出的，“蚊子船”事实上并非一个良好的火炮射击平台，因其主炮主要依靠“整船瞄准”，任何微小的摇动、震动或颠簸都有可能影响瞄准效果。再者，“蚊子船”主炮极其缓慢的射速在火炮技术普遍不发达、舰艇航速也不快的19世纪六七十年代或许还不是什么大问题，但随着19世纪八九十年代火炮射速和军舰航速的大幅提高，其笨重的单门大口径火炮还有多少实际意义就要打上一个大大的问号了（也正因为如此，后来英国的“蚊子船”大都换装了更轻便、快捷的火炮）。同时，19世纪80年代以后，随着新型炮架的应用，中口径以上火炮的射速获得了极大的提高，根据1890年在锡勒斯（Silloth）炮术试验场的测试，6英寸阿姆斯特朗速射炮发射一发炮弹平均仅需10秒钟左右。[27]可想而知，速射炮对于“蚊子船”这样行动缓慢的非装甲目标的威胁是极其致命的，“蚊子船”已不可能再依靠其体型较小的特点来获得较高的生存率。

在自身的攻击能力和生存能力都无法保证的同时，“蚊子船”还遭遇了更为有效的岸防舰艇——鱼雷艇的严峻挑战。19世纪70年代后，鱼雷兵器逐渐实用化，凭借着高航速的优势，鱼雷艇如果利用地形、依附其他军舰或利用夜色出击，其隐蔽性、生存能力以及强大的破坏力都是“蚊子船”望尘莫及的。鱼雷兵器的异军突起甚至促成了法国“青年学派”（Jeune École）的形成，该学派重视岸防和破交的作用，在19世纪后半叶海军战略理论中占据了重要的一席之地。

应该说，“蚊子船”是一种非常生不逢时的军舰，其体现的岸防思想固然有可圈可点之处，也以其低廉的造价使得许多原本海防羸弱的国家快速获得了一支可观的近岸防御力量。但是由于其本身的局限性以及 19 世纪后半期海军技术的飞速发展，使得它几乎刚刚诞生就开始处于濒临淘汰的境地。中国海军购买“蚊子船”的 1870 年代末至 1880 年代初正是“蚊子船”达到顶峰、开始走向衰落之时，但当时还没有人能预见这种军舰退出历史舞台的速度会如此之快，我们若以今天的眼光指摘当年的决策者购买这种军舰为愚蠢之行为，似乎未免有苛责之嫌。

二、“龙骧”“飞霆”级“蚊子船”

日本侵台事件与中国询购军舰的努力

中国近代外购军舰，始于中途夭折的阿斯本舰队，[28] 其后十余年中再未有大规模外购军舰的举动，蒸汽军舰主要依靠福建船政局自建。1874 年 5 月，日本以“牡丹社事件”为借口，由西乡从道率军悍然登陆台湾。日本这一突如其来的入侵行为，始让清政府感受到了自建军舰的不足，在一面全力调动福建船政和轮船招商局的现有舰船入台防御、运输的同时，总理台湾海防的船政大臣沈葆桢开始筹划直接向西方购买铁甲舰。他于赴台前一方面致函总理衙门，一方面令船政正监督日意格致函英国驻华公使威妥玛（Thomas Francis Wade）探询购买英国铁甲舰的可能性。据英国外交部档案中所藏日意格函件所载，其最初向英国询购的是“独眼巨人”级铁甲舰（H. M. S. Cyclops）。[29] 该级舰是英国最新建造的低舷炮塔舰，且英国向来没有将为本国海军建造的主力舰兼售他国的例子，因此该事件的结局便可想而知。

8 月以后，日意格继续在上海积极问询，德国、丹麦、美国等国均有出售铁甲舰的意向，[30] 但最后也因各种原因而纷纷流产。正是在大举议购铁甲舰的背景之下，一种并不起眼的小军舰“蚊子船”

开始悄然进入中国的海防视野。在载生洋行合伙人英国人毕德卫（Henry Smith Bidwell）的推荐下，福建善后局于1875年1月向英国默西河（Mersey River）畔伯肯黑德的莱尔德公司订购了两艘“蚂蚁”级改进型“蚊子船”，后命名为“福胜”“建胜”。这两艘“蚊子船”的采购因没有通过清廷高层，一直以来不为人所关注，却是中国海军史上成功地外购军舰的第一例。

在福建地方政府积极行动的同时，中央政府也在通过各种渠道探询外购军舰的可能性。在中国海关的居间操作下，大举购买“蚊子船”的行动悄悄拉开了序幕。

中国海关询购“蚊子船”的努力

早在日本侵台事件尚未正式落幕的1874年九十月间，中国政府高层就已通过多种渠道，注意到了“蚊子船”这种特殊的舰艇。一方面，载生洋行积极向李鸿章推荐这种舰艇，毕德卫通过江海关道沈秉成向李鸿章递呈了新式小轮船图说和报价单，[31]此即为后来“福胜”级的设计方案，李鸿章也将这些资料递交给了总理衙门；另一方面，时任中国海关总税务司的赫德也注意到了这种军舰，并与海关总理文案、曾在英国海军中服役，并随阿斯本舰队来华的英籍税务司葛德立（William Cartwright）进行了商议。[32]赫德认为其

中国海关总税务司赫德，他一手发起和推动了“字母炮艇”订购计划

中国海关驻英办事处主任金登干，
“字母炮艇”订购计划的执行者

比较适合中国海防的状况，并将其通报给了总理衙门，总理衙门也将此事告知了李鸿章。与此同时，在获得了总理衙门的首肯后，赫德也随即向他的亲信、中国海关驻伦敦办事处主任金登干发出电报，打听在英国订造“蚊子船”的事宜。

赫德给金登干的函电中首次提到“蚊子船”之事是在1874年10月2日的信中，然而赫德在此信中命金登干调查的并非后来订购的小型炮艇——“我要你不露声色，高度机密地为我搞清楚，买一条外观极为平和的轮船，时速15海里，安装一门能从500码的距离上穿透20英寸钢板的炮，要多少钱”，并希望将主炮安装在底舱前部。[33] 10月9日，赫德发给金登干的电报更明确指出希望这种炮舰载一门80吨火炮。[34] 赫德为何对当时史无前例的80吨巨炮产生了兴趣令人感到诧异，最有可能的解释是，他是在当时的报章上看到了英国陆军部进行试验的新闻，对武器技术属于门外汉的赫德也未加深究，便将这种过于超前的方案报告给了总理衙门。

80吨前装线膛炮为当时英国正在研制、尚未经过试验的型号，直至1875年9月14.5英寸的80吨火炮方才试验成功。后来经过修改设计，这种火炮的口径扩大至15英寸和16英寸，并于1876年再次试验定型。[35] 80吨16英寸Mark I型火炮身管长321英寸，膛长（包括药室）288英寸，药室长59.6英寸，药室口径18英寸，膛线 33 条。可以发射 1684 磅的穿甲弹、通常弹或榴霰弹，装药为 450 磅褐色火药。炮口初速每秒 1590 英尺，炮口动能 29530 英尺吨。[36] 这种火炮后来装备于英国海军“不屈”号（H. M. S. Inflexible）战列舰上，并且在“海军上将”级战列舰装备的 16.25 英寸 110 吨后装线膛炮之前，是英国战舰所装备的最强大的火炮。但在 1874 年 10 月之时，这种火炮非但没有研制完成，更没有装备在任何一型浅水炮艇上的先例。而且英国制造这种史无前例的重炮是出于克制法国和意大利铁甲舰的目的，而当时中国的主要假想敌日本根本没有这样的重装甲舰，如果购入了 80 吨火炮搭载舰，它也将陷入英雄无用武之地的尴尬局面。

10 月 22 日，赫德进一步要求同时调查 35 吨海军炮的价格，[37] 金登干接到电报后，立即就此事“开始悄悄地向海军部和陆军部打听此事的一般情况”[38]，而且，他还通过其好友，国民军团军官邓肯（Duncan）及邓肯的一位匿名炮兵朋友向阿姆斯特朗等公司打听建造炮艇的事宜。在英国泰恩河畔纽卡斯尔市的泰恩 - 威尔郡档案馆中的“伦道尔档案”（Rendel papers）里，[39] 保存有一份日期为 1874 年 10 月 30 日、署名为“阿姆斯特朗公司”的信件，该件未写明收信人，但联系前后事件看应是金登干无疑。而且该信的笔迹显然是金登干的，估计应是他的誊录。信中就金登干等人于“昨日”——1874 年 10 月 29 日——就“蚊子船”的咨询作了答复。信中还列出了 3 种型号炮艇的简要数据和报价：

> 第一种：搭载 26 吨火炮，航速 9 节，排水量 320 吨。售价 23000 镑，包括操作火炮的液压机械和全套弹药。需 5 个月建成，两艘需 8 个月建成。
>
> 第二种：搭载 38 吨火炮，售价 33400 镑，一艘需 9 个月建成，两艘需 10 个月建成。
>
> 第三种：搭载 80 吨火炮，航速 12 节，有水线带装甲，排水量 1800 吨。售价 93000 镑（其中武备 30000 镑），需 12 个月建成。[40]

可以发现，信中列出的第一种和第二种炮艇的数据与之后建成的“龙骧”级、“飞霆”级是较为接近的，可以视为二者的设计雏形，第三种炮艇则是赫德希望打听的载80吨火炮的炮艇。阿姆斯特朗公司给出的这种炮艇设计尤为引人注目，它与传统的“蚊子船”大不相同，不仅载有当时海军中绝无仅有的80吨巨炮，同时还装备有水线带装甲，给这型炮艇提供了优异的防护。1800吨的排水量和12节的航速（赫德原要求15节）则使其能够在近岸与铁甲舰相抗衡。阿姆斯特朗公司在信中不无骄傲地说：“其巨大的火炮威力和不同寻常的高速，加上较小的排水量，将使其成为最为可畏的战舰。”[41]事实上，这种装甲炮艇更类似于后来出现的岸防铁甲舰。[42]金登干根据这份估价单于1874年11月2日向赫德致电转述了情况，[43]并将此单附于1874年11月6日发给赫德的邮件中。[44]

事实上，26吨火炮搭载舰和38吨火炮搭载舰，即后来中国海军的“龙骧”级和“飞霆”级，并非阿姆斯特朗公司在金登干要求之后才做出的设计，而是在此之前就有的设计储备。阿姆斯特朗公司在设计并承建了“坚定”号炮艇之后，曾多次致信海军部，要求在火炮技术快速发展的情况下，继续设计建造改进型的“坚定”型炮艇。如阿姆斯特朗公司在一封致海军部的信函中指出的，在“坚定”型之后，该公司已能“将提升了的火炮威力与操纵火炮的方式更好地结合，并能够采用新的改进方式，使得舰船的推进力和推进效率大大提升”。建造这种军舰不仅能使海军的武备保持先进性还能够提供官兵操练炮术的优良平台。[45]此外，在“伦道尔档案”中还有一则炮艇设计性能数据手稿，但年份不详，只记载有8月23日的字样。这份记录涉及四种炮艇，分别命名为A、B、C、D型。通过比对可以发现，其中的A型与B型则分别为9英寸12½吨火炮搭载舰和10英寸18吨火炮搭载舰，即为“坚定”型和“蚂蚁”级的改进型版本，[46]而C、D型与日后建成的“龙骧”级、“飞霆”级的数据极为接近，但报价与二舰的实际报价略有出入。[47]由此判断，这份文件极有可能就是阿姆斯特朗公司推销给英国海军部的舰型清单，时间则应是1874年8月。其中38吨炮艇的设计后来被海军部采纳，但因预算原因未能建造，谁知最后竟成了中国海军的“飞霆”级“蚊子船”！[48]

在金登干向阿姆斯特朗公司询问了以上几种“蚊子船”的设计

情况的同时，赫德还要求金登干调查其他类型的舰只，其一是类似于“蚂蚁”级的载 18 吨火炮的“蚊子船”；另一型则是英国最新建造的头等铁甲舰“蹂躏”号（H. M. S. Devastation）。[49] 金登干询盘的范围也不止于阿姆斯特朗公司，至少还包括格拉斯哥的内皮尔公司（Robert Napier & Sons），该公司曾为英国海军建造过两艘“蚂蚁”级炮艇并正在建造“北安普顿”号（H. M. S. Northampton）装甲巡洋舰，因此金登干也向赫德推荐了这种装甲巡洋舰的设计，[50] 他还希望将投标范围扩大到整个英国的著名造船厂。[51]

海防大筹议与“蚊子船”建造合同的签署

1874 年 10 月 31 日，中日双方签订《北京专条》，宣告日本侵台事件暂时告一段落。加强海防、外购军舰的计划被正式提上了议事日程。11 月 5 日，总理各国事务的恭亲王等上奏，认为在这次侵台事件中，“明知彼之理曲，而苦于我之备虚……以一小国之不驯，而备御已苦无策，西洋各国之观变而动，患之濒见而未见者也”，“条请饬下南北洋大臣、滨海沿江各督抚将军详加筹议，将逐条切实办法限于一月内奏复，再由在廷王大臣详细谋议”。[52] 接下来颁布的上谕要求李鸿章等十五位督抚大臣将总署（总理衙门）所拟各条，于一个月内详细筹议复奏；[53] 与此同时，朝廷还收到了广东巡抚张兆栋转呈的在籍守制养病的前江苏巡抚丁日昌所拟的《海洋水师章程》，[54] 于是借题发挥，将这份奏折也转发各督抚，加入讨论范围，中国近代史上著名的“第一次海防大筹议”由此拉开了帷幕。

在接下来不到一个月的时间中，参与筹议的督抚们各自递上了对于海防建设的条陈，其中关于购置铁甲舰和“蚊子船”的动议，也有不少督抚发表了意见。但这些意见参差不齐，不得要领者有之，混淆概念者有之，说明当时即便是督抚一级的大员对于铁甲舰和“蚊子船”这样的新事物也了解甚少。如山东巡抚、漕运总督文彬将水炮台与铁甲舰二者的概念混淆；[55] 浙江巡抚杨昌濬则认为“或云铁甲船可以御炮，或云英国‘蚊子船’载巨炮，可以洞穿铁甲，皆洋人自相标榜”；[56] 两江总督兼南洋大臣李宗羲则认为，“近日英国复创蚊子小铁船，一名水炮台，长可十丈，能载数百磅巨炮，狙击铁船于三里之外，而铁甲船又为之灭色”[57]。这些看法对“蚊子船”的认识都只停留于表象。在这些奏折中，只有李鸿章对“蚊子船”的认识尚属切中要害。他自1874年九十月间开始收集“蚊子船”的情报以来，已经对这种舰型有了较为清晰、全面的认识。他说：

> 唯守口大炮铁船即所谓水炮台船，亦系西洋新制利器，以小船配极重之炮，辅助岸上炮台四面伏击，阻遏中流，能自行动，最为制胜。凡要口须添设一二艘。闻在国外订购，每船连炮约价银十余万两，但笨滞不能涉海，须将炮位、铁甲分拆运载来华装配，应俟委员到彼一并察办，如价省运便，陆续购造二十号，分布南、北各口，抑或由外洋购大炮，由华厂照式仿造铁船，更可次第添置。[58]

可以看出，李鸿章当时已清楚地认识到了这种军舰的作用和局限性，甚至考虑到了建成后运送到中国的方式。

但值得深思的一点是，包括李鸿章在内，参与第一次海防大筹议的督抚们对中国海防的着眼点均是以海岸炮台为海防基干来建设一支彻头彻尾的岸防海军，仅将铁甲舰或“蚊子船”作为弥补海岸炮台间空隙的辅助力量。如李鸿章就说：“中土陆多于水，仍以陆军为立国根基，若陆军训练得力，敌兵登岸后尚可鏖战，炮台布置得法，敌船进口时尚可拒守。”[59]又如李宗羲举了明代抗倭和普法战争的例子，认为“是水师足恃，尤宜亟练陆兵，况水师未足恃乎！”[60]。如此等等，不一而足。可以说，海防大筹议中表达的这些观点代表了后来清朝海防建设的核心思维，甚至于1888年成军的、装备了大量现代化远洋作战舰艇的北洋海军在作战思想上都未能脱离近岸防御的窠臼。而要建设一支岸防海军，“蚊子船”自然是必不可少的舰种。

在海防大筹议中，虽然大部分督抚认为铁甲舰是不可不办的军舰，但也有颇多质疑和反对的声音，主要是四个方面的原因：第一，造价太贵。沈葆桢、李鸿章等人此前多方询购的一些二等铁甲舰造价都在百万两白银左右，清廷当时的财政收入捉襟见肘，难以筹措购舰款项。第二，对铁甲舰作战效能的质疑，主要是沿承了欧美国家的铁甲舰在重炮威胁下生存能力堪忧的论调。第三，中国近海尚无容纳铁甲舰的深水港和修理船坞，购买后缺乏保养维护的能力。第四，缺乏大批能够驾驭铁甲舰这样最先进军舰的海军人才。因此，铁甲舰虽然美好，但对于刚刚起步的中国海军来说尚属遥不可及的事物，那么退而求其次，购买一批据称可以克制铁甲舰的“蚊子船”，就成了最优且唯一可行的选项。

朝堂上的议论热火朝天的同时，购买“蚊子船”的计划也悄然进入了实质性操作阶段。赫德在中日议和前就多次前往总理衙门，报告讨论购买“蚊子船”的各种细节问题。[61]他的计划获得了总理衙门大臣、大学士文祥的鼎力支持。[62]作为洋务派在中央的重要领导人，文祥对当前的海防形势洞若观火，而且他与赫德有着不错的私交，赫德曾称赞他“温厚”而有“才智”。[63]总理衙门于1874年11月27日以第221号公函的形式将赫德的报价发给了李鸿章考察。李鸿章考察后认为“价值尚不甚昂”，并提出因80吨火炮搭载舰吃水过深，建议先购买38吨和26½吨火炮搭载舰。[64]之后，李鸿章于1875年1月底晋见大行皇帝梓宫时，也与总理衙门“面订”了购船之事。[65]

1875年4月21日至26日，赫德赴天津与李鸿章当面商议购舰、炮的贷款和人员等事，[66]他向李鸿章面译了金登干1月底从伦敦寄来的正式报告。在金登干的这份报告中，开列了阿姆斯特朗公司对26½吨炮、38吨炮、80吨炮包括炮身、炮架机械和弹药的报价，以及三种炮艇的主要性能数据、造价和建造所需时间。另外，还有金登干询到的内皮尔公司的造价：该公司给出了两种炮艇的预算，38吨火炮载舰较阿姆斯特朗的设计为小（240吨），吃水较浅，航速较慢，价格也稍低；另外还有一种载18吨火炮的炮艇，排水量只有170吨，较“蚂蚁”级更小。李鸿章认为，“此船不能出海，又恐此家之炮，彼家之船，装配不能合式”[67]，遂决定用阿姆斯特朗公司的方案。李鸿章最初的考虑是购买80吨、38吨、26½吨火炮搭载舰各一艘，但80吨火炮尚不成熟，因此决定暂缓购买，而仅购38吨、26½吨火炮搭载舰各一艘又显得过于单薄，于是改为各购买一对姐妹舰。[68]

李鸿章、赫德还就此订立了购买船炮章程，章程共分二十六条，其中第一条开宗明义，说明了购买“蚊子船”的根本动机：

英国不能不用船，其水师如何得力，众人皆知。然内有两家说法，一家说尔之船无论如何坚固，我自有坏船之炮；一家说尔之炮无论如何利〔厉〕害，不能坏我之船，按此两家说法，若能购好船、好炮，自系上等办法。然新式铁甲船价银二百余万，若购办数只，似一时不便花此巨款，只得先按照炮家说法，既迅速且简便，日后再按照船家说法未为晚也。[69]

这段文字之坦诚直率令人啼笑皆非，它生动地反映了在购买“蚊子船”时中国方面的举棋不定。在海军技术大变革的环境下，购买铁甲舰更有利还是购买“蚊子船”这样的重炮非装甲舰更有利是世界各国海军共同的两难选择；况且中国本身更是经费拮据，又有加强海防的迫切需要，加之其海防战略理论建设尚且无从谈起，国内既无总领海军建设的专门机构又无对海军建设有着清晰概念的专门人才（包括文祥、李鸿章、赫德这样躬亲海防事务的官员其实都是海军事务的门外汉），在这种情况下，采用最稳妥的方式，先购“蚊子船”、再购铁甲舰，方为中国海防建设的最可行出路。

章程中的其他各条详细说明了购买数量、支付方式、购船价款、送船经费、送船人员遣散留用开支、合同中须注意问题、军舰回航所挂国旗、接舰水手、款项筹措等相关问题，可谓细致入微。按照章程规定，购舰费用计112800英镑，合银375960两，另加各种杂费合计45万两白银，从江海、江汉、粤海、九江、浙海五关关税中提取，在农历四五月间全数送至英国。另外80吨火炮搭载舰预计需银总共35万两，自光绪元年七月起，从江海、江汉、浙海、粤海、厦门、汕头六关关税中提取。[70]

1875年5月6日，总理衙门奕訢等上奏，正式请旨购买两艘38吨大炮搭载舰、两艘26½吨大炮搭载舰，并将李鸿章与赫德的商议结果择要报告，旋被批准。[71]

1875年5月31日，在与首次提出购买“蚊子船”意向时隔半年多之后，赫德正式向金登干发报购买四艘炮艇，[72]并于6月22日将公文寄往金登干处，授权其从阿姆斯特朗公司购舰。[73]金登干于8月17日收到公文，并于8月20日与乔治·伦道尔草签了一份协

中国海关驻伦敦办事处旧址，
斯托利门 8 号（张黎源摄）

议。[74] 1876 年 5 月 2 日，赫德将合同详细节略呈送李鸿章。[75] 非常有趣且耐人寻味的一点是，中国海关当时在伦敦的办事处斯托利门 8 号（8 Storey Gate）与阿姆斯特朗公司在伦敦的办事处圣乔治街 8 号（8 St. George Street）只相隔一个路口，步行一分钟即可到达。不仅如此，阿姆斯特朗公司办事处的隔壁圣乔治街 1 号即是英国皇家工程师协会的大楼，阿姆斯特朗勋爵和乔治·伦道尔都是这个协会的会员。可以想见，当时金登干要找阿姆斯特朗公司的人员商讨购舰事宜是多么便利！这或许也是中国最终将“蚊子船”订单交付阿厂的原因之一吧。

购舰的佣金问题

关于海关居间购舰的佣金问题，金登干也毫不避讳地多次与赫德谈及，“期望得到如同这些船是通过商业代理人卖给中国政府时所付的通常的佣金”。阿姆斯特朗公司随即答应按照商业惯例，从其利润中支付 2.5% 的佣金，作为给代理人的小费。阿姆斯特朗公司原来在中国的代理人为香港的夏普公司（Sharp & Co.），他们在得知“蚊子船”的生意直接被中国海关获得后，几乎向赫德提出了抗议。但阿姆斯特朗公司自然更愿意与中国政府的直接代理人做生意，有中国海关这样可靠的机构做中介何乐而不为。因此阿姆斯特朗公司随即终止了与夏普公司的合作，并且在此后的很长一段时间里，中国海关都是中国政府与阿姆斯特朗等军火公司之间交易的代理人，直到李鸿章后来绕过赫德，通过中国驻英公使直接向阿姆斯特朗公司订货为止。[76]

金登干在获悉阿姆斯特朗公司同意支付其2.5%的佣金后，立即建议了这笔钱的用途：如支付邓肯的咨询费，海关驻英办事处的一些开支，以及金登干自己的房租和税金等，但赫德随即直截了当地提出了反对。然而此时金登干已经使用了这笔佣金，退还已不可能，因此他于1876年7月3日专门写了一封长信向赫德做出解释。总而言之，他认为这笔佣金是从承包商的利润中扣除的，并没有损害中国政府的利益，即使不拿也不会给中国政府带来什么好处，只会增加阿姆斯特朗公司的利润而已。而且他表示这笔钱都用在了适当的开支上，向赫德表明了自己的诚实。赫德之后也没有表示更多的意见。[77]

此后，金登干均表明拒收阿姆斯特朗公司的佣金，甚至在“镇北”级的合同中，阿姆斯特朗公司曾在草拟的合同中写明在最后一次付款中提取1000英镑作为给金登干的小费，但在金登干的坚持下，这段被删除。

总的来说，赫德居间为中国购买炮艇是想更多地参与中国的海军事务，甚至使自己成为中国海军的“太上顾问”，他显然不愿在一开始就因为佣金问题被人抓住把柄。而且，赫德出于自身的道德和宗教信仰，也恪守清正廉洁的处事方式，对居中获利的行为有着本能的抵触。应该说，赫德确实保证了中国在这次购买行动中以最小的代价购买到了质量最上乘的军舰。

赫德对“蚊子船”设计的干涉

在确定了订造炮艇的数量和式样后，赫德还就炮艇的一些技术细节进行了指示。需要特别注意的是，赫德并非海军行家，对舰艇的了解仅限于海关缉私舰队的数艘税务巡船，从其函电的内容来看，他对“蚊子船”的了解是非常有限的。例如在这封信函中，他提出的一些细节不是无关紧要就是令人匪夷所思。比如他提出该舰的军官舱室应为哥特式风格，应安装双层天棚，应如海关税务巡船一样设置艏艉楼，并且应设置三根桅杆等，[78]完全将这种炮艇的作用与传统炮艇等同起来。而如上文所说，“蚊子船”的使用方法与传统炮艇相去甚远，它非但不具备传统炮艇较好的航海性能，而且即使让它承担普通的巡弋任务也是非常不经济的。1875 年 6 月 22 日赫德致金登干的电报中再次不合情理地提出这种炮艇“必须是优质航海的舰只”。[79]金登干与乔治·伦道尔为此大伤脑筋，经过他们的一番解释后，赫德为自己的言辞辩解道：“‘适于航海的’，我用这个词是指：‘不仅在好天气和平静水面上航行的江河船只，而且有机会出海从一港口到另一港口航行，并在微风中开炮的船只。’”[80]这仍然无法掩饰他对于海军新事物的无知。

虽然对于这种新式炮舰一窍不通，赫德还是在接下来的函电中继续指手画脚，1875 年 12 月 9 日，赫德再次致函金登干，对炮舰的一些设计问题提出了意见：

其一，厕所的位置不应在船艉而应在烟囱两侧。

其二，继续解释了双层天棚的构造。

其三，对锅炉顶位于吃水线以上提出了批评。[81]

其中一、二两条属于设计细节问题，但根据炮艇建成后的照片可以看出，赫德的这两条意见确实得到了贯彻。之前的“蚂蚁”级炮艇是将军官厕所设于舰艉舷侧，可想而知，在中国炮艇的最初设计中也是将厕所设于此位置上。但在赫德的干涉下，之后的中国炮艇均将厕所位置设在了烟囱两侧的甲板室里。第三条意见是非常重要的，因为这是涉及军舰总体设计的问题。之前的“蚊子船”设计均未将锅炉完全置于水线之下，中国订购的首批炮艇也不例外。但赫德就这一点提出了严厉的批评：“一艘军舰是不该把锅炉那样暴露的。”[82]“要是当初就知道锅炉是在吃水线之上的，我们就会订购较大的舰只了。”[83]根据现存的“飞霆”级总布置图可以看出，该型炮艇锅炉大约有 1/4 高度露出于水线之上，较之“蚂蚁”级炮艇几乎整个锅炉的储水室都暴露于水线之上已经有了较大的改进。金登干和乔治·伦道尔在复函中也辩解说："要把'坚定'型炮舰的锅炉放在吃水线以下是根本不可能的；……锅炉在吃水线以下或以上关系不大，因为假如这样一艘船被击中，它一定沉没。"但在设计时，乔治·伦道尔仍在锅炉两侧设计了煤仓以保护锅炉免被小口径子弹或弹片击中，并且在之后"镇北"级的设计中，他将锅炉彻底塞入水线以下的狭小空间，回应了赫德的诟病。

另外，经金登干的提议，赫德还一直想给这批"蚊子船"装备一种诺兰式（Nolan）火炮测距仪，[84]这种测距仪由英国皇家炮兵军官菲利普·诺兰（Philip Nolan）于1868年发明，最初使用在野战炮兵中，后来几经改进，推广到要塞炮兵中，但未见使用在海军舰船上的例子。这种测距仪的原理是应用三角函数，已知一边长度和两个夹角求另两边长度。在炮兵使用时，须预先测量成对的两门火炮之间的距离，作为基线长度；两门火炮各装备一组观测望远镜，可以读取火炮A、火炮B与目标间的夹角，将这两组数据输入一个机械式计算机即可得到火炮与目标间的大致距离。在1870年前的一系列试验中，发现这种测距仪可以在一分半钟的时间内测得目标距离，误差在1%左右，较之先前完全靠试射来校准测距的方法已有了质的飞跃。[85]但是，若将这种测距仪应用在海军舰船上，其缺陷也是明显的。首先，军舰通常是在航行中射击的，即使有一对姐妹舰可以作为测距基线的两端，其相对位置和距离也是在不断变化的，无法像野战炮兵那样有稳定的基线长度，这样一来，就需要不断测量两艘军舰之间的距离，给测量实际目标距离额外增加了一层难度。其次，一门炮的测距手需要同时了解两门炮与目标的夹角，在野战炮兵实战情况下，可以通过喊话通知彼此的角度，而在海军实战情况下，两艘军舰通常相距较远，彼此通信条件远没有陆地上好，要在较远的距离上通信较可行的办法只有通过旗语（手旗、摇臂信号机或信号旗），而这种方式造成的通信不畅和延误会极大地增加测距的困难程度。而且，舰船射击平台通常伴随有各种颠簸、摇晃，更给测距工作带来了相当的不便。因此，直至甲午战争期间，北洋海军采用的主要还是六分仪测距的方式，日本海军则少量采用了较为先

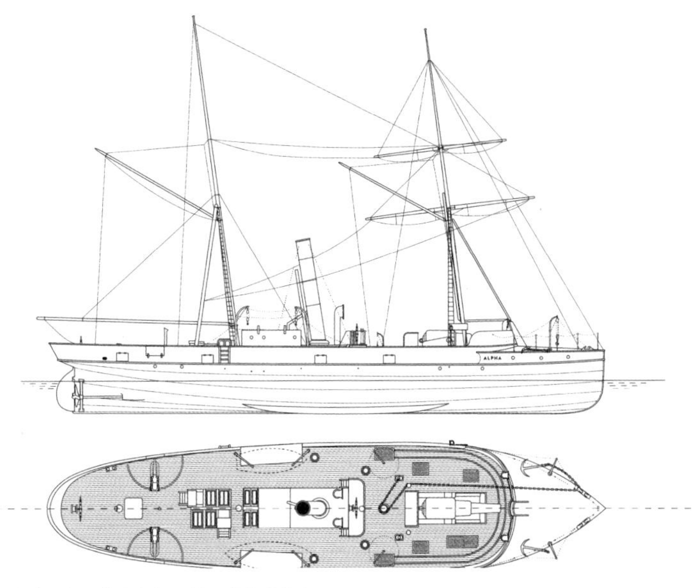

“龙骧”级“蚊子船”二视图（方禾绘）

进的巴尔—斯特劳德（Barr and Stroud）式测距仪，[86]但都没有使用诺兰的测距方式，当然最终也没有把它装备到“蚊子船”上。

“龙骧”级、“飞霆”级的技术性能

由于年代久远，“龙骧”“飞霆”两级的技术资料存世不多。首先，虽然这两级“蚊子船”建造于英国，但由于是外销舰艇，出于商业、外交机密的考虑，英国海军部不可能拥有这些炮艇的详细技术资料，而近现代的中国更是几经战乱，资料极难保存，迄今也没有发现较多相关的信息。阿姆斯特朗公司方面，在20世纪也经历了种种变迁，[87]而且作为一个商业公司，并不十分注意档案资料的保存，该厂19世纪的舰船设计资料大都已经散佚难寻。但幸运的是，在“伦道尔档案”中仍保存有一部分“飞霆”级炮艇的技术图纸和文件，英国海军情报部（Admiralty Intelligence Department）对中国海军的报告中也述及这两级炮艇的一些技术性能。以上两种档案为本小节的主要参考资料。

“龙骧”级炮艇舰体为铁质，柱间长118英尺，宽27英尺，深10英尺，艏艉吃水均为7英尺6英寸，排水量320吨。[88]采用两座海军型（Navy Type）锅炉[89]，直径为8英尺1½英寸，长度为14英尺1英寸；轮机为两座G. 汤普森公司（G. Thompson & Co.）生产的双汽缸复合轮机，汽缸直径均为14英寸，活塞冲程为16英寸，马力235匹，设计航速10节，在10节情况下续航力为2000海里。两个螺旋桨各有三片桨叶，直径为6英尺，桨距为7英尺。通常载煤量为40吨，满载煤量为50吨。[90]其船体重量分布与“坚定”型的对比参见下表：

表1 “坚定”级与“龙骧”级船体重量分布[91]

舰型	船体及设备	武备	轮机	燃料
坚定	135吨（54%）	60吨（24%）	35吨（14%）	20吨（8%）
龙骧	189吨（58.3%）	51吨（15.7%）	44吨（13.6%）	40吨（12.3%）

该艇设有五个纵向水密隔舱，[92]布置应与“蚂蚁”级类似，主要的不同是取消了火炮升降平台，因此可以加入水手住舱，并扩大弹药库的范围。“龙骧”级的外观特征目前只有一张照片可以作为参

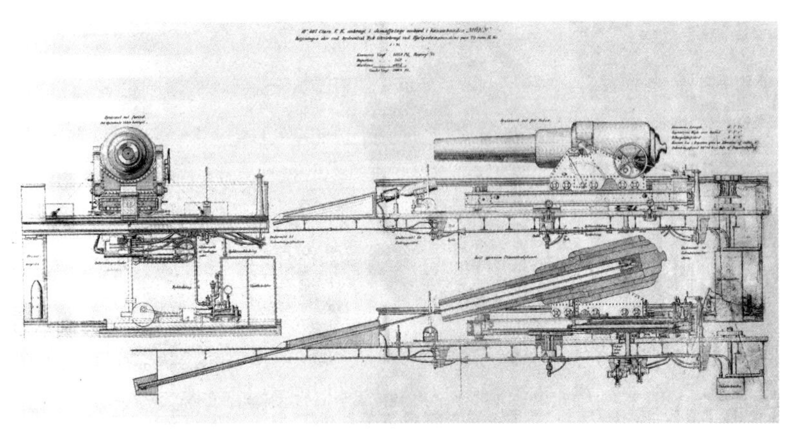

丹麦“蚊子船”“穆恩”号（Møen）10英寸主炮及液压机械图纸，该舰炮架结构与“龙骧”级非常类似

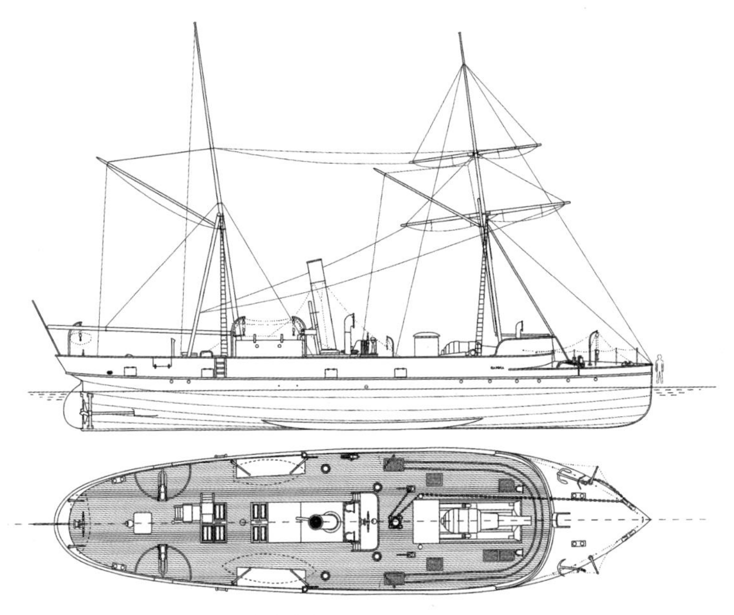

“飞霆”级“蚊子船”二视图（方禾绘）

考，[93] 从外形上看该艇船型设计与“蚂蚁”级较为类似，前甲板为龟背状甲板，有左右两个吊锚杆，后方是一段1/2英寸厚的舷墙，与“蚂蚁”级不同的是不再有可折倒的火炮挡板设计。主炮隐藏在防护板后，不再使用“坚定”等舰艇可升降平台的设计，而是直接采用上下方炮架，并将下炮架固定在主甲板上，不可转动。上炮架连接液压制退管，并用液压方式复进，《英国海军情报部报告》中将其称为“自动炮架”（automatic carriage）。火炮装弹时须将炮口低俯，朝向装设在龟背甲板下方的液压通条，通条起到擦洗炮膛和自动装填的作用。火炮后方是一个三面围合的操作台，由1/2英寸的挡板防护，内有操作火炮的各种液压控制杆及车钟等。左右两侧应如“蚂蚁”级一样有通往底舱的提弹口和人员出入口等。中部甲板上设置烟囱和风筒，烟囱前方为加高的罗经操舵平台，并如赫德所要求的将厕所布置在了烟囱两侧的甲板室里，烟囱后方布置简易的厨房。后甲板上设置轮机舱口、军官室的下舱口和采光天窗，人力舵轮，以及两门12磅炮。为回航中国，“龙骧”级安装了两根桅杆，均为三足桅样式，帆装为双桅横帆船式。艇上配备2艘20英尺救生艇和

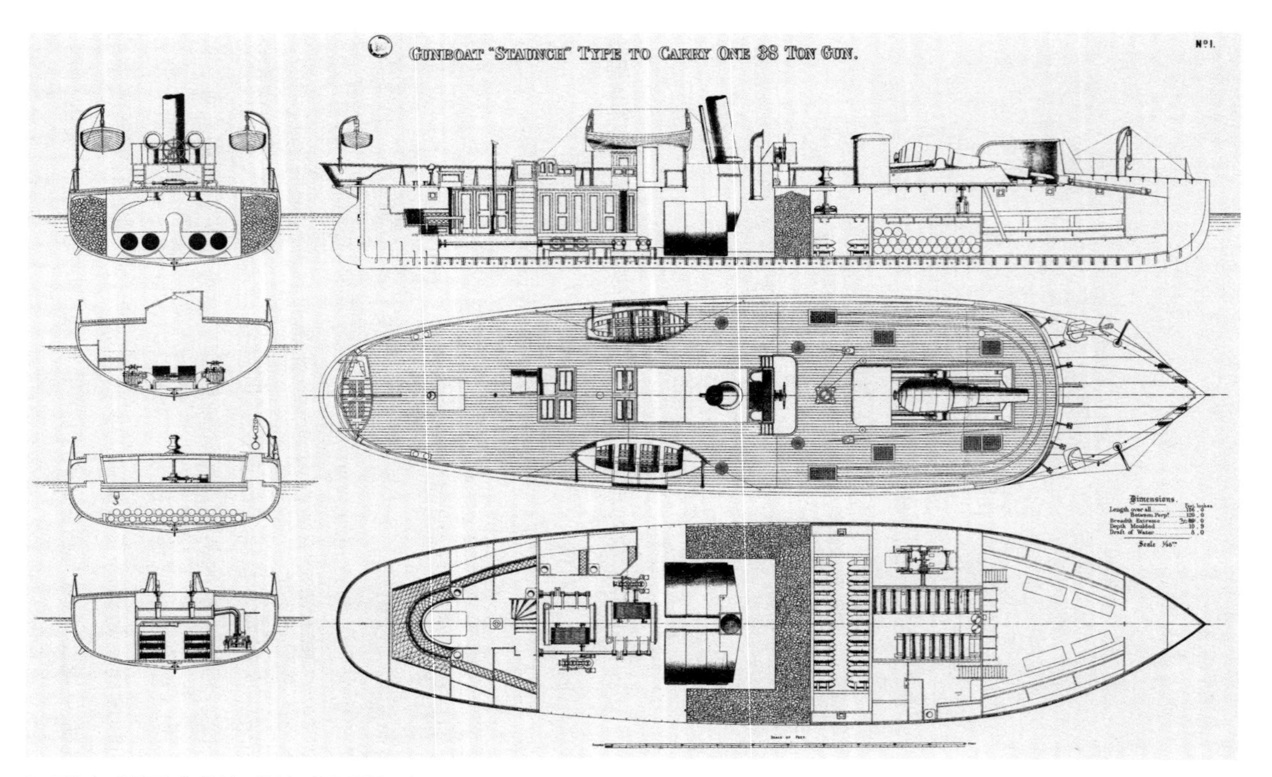

“飞霆”级“蚊子船”纵剖、横剖、各层甲板图（Tyne & Wear Archives）

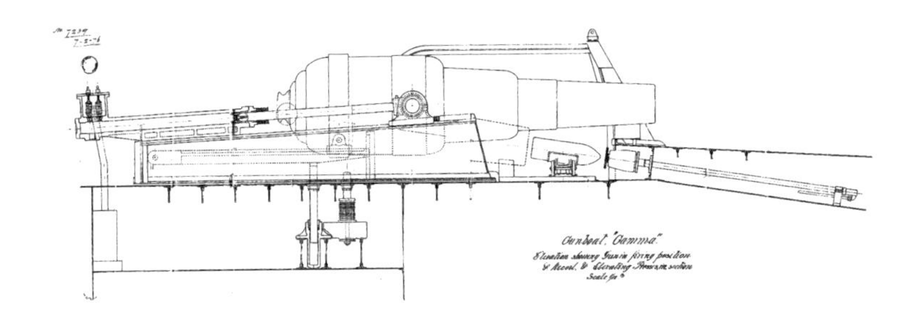

“飞霆”级主炮液压机构总图，包括驻退器、俯仰机、通条等（Tyne & Wear Archives）

1艘15英尺定纪艇。[94]

“龙骧”号配备的26½吨阿姆斯特朗炮口径为11英寸，身管总长为16英尺11英寸，膛长15英尺9英寸。弹头分为穿甲弹与通常弹（开花弹）两种。穿甲弹重533磅，装药6.5磅，发射药包重85磅；通常弹重536磅，装药29.7磅，发射药包重60磅。开炮时弹头初速为1400英尺/秒，炮口动能7203英尺吨。另外，“龙骧”级还装备有2门12磅艉炮和1门格林机关炮，左右两舷均有固定格林炮的炮架。[95]

“飞霆”级炮艇舰体也为铁质，全长126英尺，柱间长120英尺，宽30英尺，深10英尺9英寸，艏艉吃水均为8英尺，排水量400吨。[96]采用两座海军型锅炉，直径为7英尺6英寸，长度为13英尺；轮机为两座G.汤普森公司生产的双汽缸复合轮机，汽缸直径分别为16英寸和28英寸，活塞冲程为18英寸，马力270匹，设计航速9½节，在9½节情况下续航力为1900海里。两个螺旋桨各有三片桨叶，直径为6英尺，桨距为7英尺。通常载煤量为50吨，满载煤量为60吨。[97]

“飞霆”级的总体布置与“龙骧”级较为类似，其内部构造有“伦道尔档案”中的总布置图和火炮液压机构详图可供参考。[98]该艇设有七个纵向水密隔舱，[99]依次为艏尖舱、水兵住舱、药包库、弹头库、煤仓、锅炉轮机舱和军官及士官住舱。其中水兵住舱上方为液压通条箱；药包库左侧为水压机舱，右侧为药包提升操作室，上方为火炮俯仰机舱；弹头库左右两侧设有弹头提升操作室，上方为锚绞盘舱和锚链舱；煤仓包覆到锅炉两侧；轮机的左侧设有管轮住舱。

“飞霆”级的外观特征也类似“龙骧”，可以参照建成时所拍摄的两张照片，[100]该级艇载有一艘20英尺救生艇，一艘12英尺定纪艇和一艘15英尺定纪艇，其中12英尺定纪艇载于艇艉的吊艇架上，另两艘载于烟囱两侧的搁艇架上。[101]

“飞霆”号配备的38吨阿姆斯特朗炮是当时英国所制军舰上装备的威力最大的火炮，其口径为12.5英寸，身管总长为19英尺2英寸，膛长15英尺8英寸。弹头分为穿甲弹与通常弹两种。穿甲弹重800磅，发射药包重136磅；通常弹重728磅，发射药包重85磅。[102]炮弹初速为1500英尺/秒，曾在试验中穿透了19½英寸的熟铁装甲。[103]这种火炮采用的炮架在当时也堪称极为先进，它取消了上炮架，在下炮架上安装一对液压驻退筒，火炮的耳轴连接到液压筒内的活塞上。开炮时，活塞推动液压筒后方的水向后运动，在液压筒的末端上方连接有四个预先调节好的弹簧阀，这种弹簧阀类似于锅炉上的减压阀，当水压迫弹簧阀的活塞时阀门就打开，水由此流入下甲板的废水箱中，当后坐力不足以推动活塞时弹簧阀就关闭完成制退。可见在此过程中，火炮的后坐力转化为液压筒壁和弹簧阀活塞的压力。这种完全利用液压驻退的方式比之前依靠摩擦驻退的方式效率更高，并大大减轻了炮架的整体重量。但这种方式也并非没有缺陷，主要是在火炮后坐的开始和结束阶段压力过大，而且在减装药情况下火炮无法后坐到位，需要用液压推回到最末端才能进行装填。[104]这种炮架的复进则是在装填完毕后再用水泵向驻退管中注水来完成。从图纸上看，“飞霆”级的液压机构非常复杂，位于底舱甲板的蒸汽动力液压泵是其核心部分，如同人的心脏，连接着输入管路与输出管路，液压部件除驻退—复进机外，还包括火炮通条、俯仰机构和操舵机构，在装甲围壁保护的操作台内有控制火炮复进、俯仰的杠杆及车钟和液压舵轮，军舰和火炮的大部分操作都可以在这里完成，自动化程度极高。[105]另外，“飞霆”级的武备还包括2门12磅艉炮和1门格林炮。

总的来说，“龙骧”级与“飞霆”级“蚊子船”脱胎于“坚定”

和“蚂蚁”等早先型号，但设计更为完善，其装备的大威力火炮及操作火炮的液压机构更是极大的卖点，较之此前“蚊子船”装备的较为原始的火炮系统有了飞跃式的进步，连时任英国海军造船总监（Director of Naval Construction）的纳撒尼尔·巴纳贝（Nathaniel Barnaby）爵士都称赞其液压装置为“奢侈品”。[106]这两型炮艇，尤其是“飞霆”级的许多设计也为后来的“镇”字“蚊子船”所延续，而且其良好的适航性和坚固的艇体也使其后来成为中国海军史上的长命舰艇之一。

“龙骧”级、“飞霆”级的建造和试航

如同阿姆斯特朗公司之前的舰船一样，中国订购的这四艘“蚊子船”也由纽卡斯尔下沃克的查尔斯·米切尔造船厂负责建造船体部分，阿姆斯特朗公司负责总体设计，并提供武备和液压机构；四舰的轮机则由纽卡斯尔的G. 汤普森公司提供。1875年9月21日，两艘载26½吨炮的炮艇在米切尔船厂开工建造，船厂编号分别为327与328；12月27日，38吨火炮搭载舰也开工建造，船厂编号为334与335。[107]乔治·伦道尔原定于10月5日完成设计制图，但迟至12月才完成了26½吨火炮搭载舰的部分，1876年2月完成了38吨火炮搭载舰的部分，金登干将这些图纸和设计书均寄往中国数份。[108]

1876年2月18日，金登干在寄给赫德的信中提到了这四艘“蚊子船”的建造进度：两艘26½吨炮的炮艇已完成了船体部分的建造，正准备固定各种阀门；锅炉和轮机已经备妥，但尚未上舰；轴系已经安装到位。38吨炮的炮艇完成了骨架的建造，轮机汽缸已铸成，轮机平台已安装到位。[109]

1876年2月23日，第一艘26½吨炮的炮艇下水，同时，一门26½吨火炮也通过了试验；[110]4月13日，另一艘姐妹舰也下水。[111]至4月21日，两门26½吨火炮均已在埃尔斯威克工厂安装完毕。5月初，第一艘炮艇的液压装置和轮机检验合格，并将其送返米切尔船厂进行索具舾装；此时第二艘炮艇的炮架已装好，正等

停泊在泰恩河上的“伽玛”号“蚊子船”（Vickers Archives，Cambridge University Library）

待安装火炮。[112]

至6月初，两艘26½吨火炮搭载舰已经基本建造完毕，时任英国海军造船总监纳撒尼尔·巴纳贝爵士专程从伦敦赶到纽卡斯尔参观检验这两艘炮艇，称赞其设计非常出色。6月1日和7日，金登干也两次赶往纽卡斯尔参加这两艘炮艇的检验与试航。8日，两艘炮艇进行公试，参加公试的还有赫德的弟弟赫政（James Henry Hart）、海关职员屠迈伦（James Twinem）、海军部和皇家炮兵工厂的检察官，以及意大利和丹麦驻英武官等。第一艘炮艇首先进行了泰恩茅斯到桑德兰（Sunderland）的标柱间公试，航程为6½英里，测得平均航速10节左右；第二艘炮艇在标柱间公试时因未清理锅炉管道而未达到设计航速，金登干坚持进行了第二次试航，在泰恩河2½海里的航程上速度稍大于9节，也属于圆满成功。同时，这两艘“蚊子船”还进行了主炮试射和12磅副炮试射，结果也令人满意。[113]

此时中国政府尚未给这两艘炮艇命名，考虑到注册的需要，乔治·伦道尔一开始建议一艘叫“狮子”（Lion），一艘叫“独角兽”（Unicorn），但金登干认为这样的名字过于招摇，于是在“火车上半睡半醒地做梦”时想起了用希腊字母“阿尔法”（A /Alpha）和“贝塔”（B /Beta）命名，[114]从此，中国从阿姆斯特朗公司订购的所有“蚊子船”都采取在注册时用希腊字母命名的方法，所以它们在世界海军史上获得了“字母炮艇”的称号。

1876年6月14日与23日，两艘38吨火炮搭载舰分别下水，并被命名为“伽玛”号（Γ/Gamma）和“戴尔塔”号（Δ/Delta）。[115] 12月初进行了38吨火炮试射，结果令人满意。但恶劣的天气拖延了这两艘炮艇的建造，迟至1877年1月18日，两艘炮艇才进行了初次试航，平均航速超过9节。[116]两艇的泰恩茅斯标柱间公试分别在1月24日和25日进行，测得“伽玛”号航速为9.024节，“戴尔塔”号航速超过9.5节。同时两艇还进行了火炮的官方检验，“伽玛”号主炮分别以5度仰角、100磅装药和3½度仰角、130磅装药各发射一次，“戴尔塔”号如法炮制，实验结果令人满意。[117]两艘炮艇于2月10起起航离开纽卡斯尔，13日抵达英国南部军港朴次茅斯，准备接受中国新任驻英公使郭嵩焘和英国海军部人员的检验。在通过英吉利海峡时两艘炮艇经历了恶劣天气的考验。16日，金登干来到朴次茅斯，为郭嵩焘的检阅做准备。[118] 18日，郭嵩焘由伦敦滑铁卢（Waterloo）车站乘坐专列赴朴次茅斯，同车前往的还有英国海军部主计官休斯顿·斯图尔特（Houston Stewart）海军中将等海军部官员，法国、意大利、奥地利等国驻英武官，乔治·伦道尔、安德鲁·诺布尔、斯图尔特·伦道尔等阿姆斯特朗公司人员以及中国驻英使馆和中国海关的人员等。火车抵达朴次茅斯港车站后，检阅人员乘坐海军司令座舰“火皇后”号（H. M. S. Fire Queen）游艇前往停泊在港内的“蚊子船”。嘉宾登艇后，两艇升起龙旗，开往港外试炮。[119]指挥“伽玛”号的英国海军军官琅威理（William Metcalfe Lang，当时中文名为“浪为美”，后文将提及的劳伦斯·庆中文名为“静乐林”）在艇上为郭嵩焘设宴，并让郭嵩焘亲自发射了火炮。郭嵩焘在日记中说：

炮重三十八吨，炮子三百五十磅，火药一百三十磅，皆用机器运转。安炮船首，外设炮墙护之，内复施墙，置机器。进退高低各一机器，外推则进，内推则退，高低亦然。先推使退向内，低承前溜，而后转火药炮子以当炮口，前溜下复设机器，内推则机器直送入炮口，带水洗镗〔膛〕，次第送火药及炮子入，乃推置前溜下；乃复起炮使高，以度测之，而后推出炮墙外。又设电气线于机器墙内，引手按之，而声发子出，可及七千五百余步。但得一人，运机器有余，可云神妙。[120]

试炮过程中，炮艇前桅上升起一面红旗，装填时红旗降到一半高度，即将发射时便升至桅顶，以此告知姐妹艇己艇的火炮状态。“伽玛”号试射了两发主炮炮弹，第一发仰角为3度，后坐距离5英尺；第二发仰角为5度，后坐距离5英尺9英寸。另外“伽玛”号还发射了400发格林炮弹，郭嵩焘也亲自参与操纵。[121]

郭嵩焘视察完之后便乘坐傍晚5时50分的专列返回伦敦，[122]两艘炮艇继续开往不列颠西南部的普利茅斯（Plymouth），做南下回航前的最后准备，但一直被糟糕的天气拖延，直到2月28日方才离开英伦，踏上回归中国的漫漫航程。[123]

回航的准备工作

早在第一批“蚊子船”购置之初，中国政府和赫德、金登干就已开始为四舰的回航工作进行谋划。

从李鸿章1874年12月10日的《筹议海防折》中可以看出，李鸿章最初的观点是因“蚊子船”“笨滞不能涉海”，需要拆解运回组装，[124]但赫德与金登干考虑的仍旧是传统的自航回华形式。在李鸿章与赫德于1875年4月底签署的《购买船炮章程》中，已考虑到有关回航的细节就包括燃煤、保险、过苏伊士运河及红海费用、水手盘缠工钱、选雇送船官兵、所挂旗号等项。[125]其中雇用送船军官、水兵，以及挂中国或英国国旗两项是最主要也是讨论最多的问题。

首先是雇用官兵的问题，赫德与李鸿章原建议派海关巡船“飞虎”“凌风”舰的部分军官、水手去英国接收军舰，配合阿姆斯特朗公司选派的教习、轮机长、炮手等技术军官把船开回来。[126]但随即决定此事仍由金登干全权负责，在英国招聘驾舰回华的军官和水手。之前阿姆斯特朗公司为中国建造炮艇的行动一直是秘密进行的，而这样一来，秘密就无法保守了，因此总理衙门在1876年3月将此事通知了英国驻华公使威妥玛，并让威妥玛转知英国政府。[127] 5月，金登干和阿姆斯特朗公司拟定了头两艘炮艇的艇长人选为皇家海军退役军官克莱蒙特·勒·普里曼达吉（Clement La Primandage）和布莱尔·汉密尔顿（Blair Hamilton）。[128] 其中普里曼达吉上尉曾在皇家海军“西蒙”号（H. M. S. Simoom）运兵船和“瓦登勋爵”号（H. M. S. Lord Warden）铁甲舰上服役，在其服役记录中，可以发现他因导致“瓦登勋爵”号搁浅而受到过严惩，也因勇敢地营救溺水者而受到过表彰。他于1873年10月退役。在经过了驾驶“蚊子船”回航中国这一段小插曲后，勒·普里曼达吉后来长期服役于马耳他，最终于1910年去世。[129] 金登干在信函中多次称他是皇家海军退役舰长，实有言过其实之嫌。

1877年1月，两艘“伽玛”级炮艇的回航军官选定，指挥“戴尔塔”号的是英国海军现役军官劳伦斯·庆（Lawrence Ching），而指挥“伽玛”号的则是后来大名鼎鼎的北洋海军总查琅威理，这次驾驶炮艇回华的行动是他首次与中国结缘。琅威理1843年1月19日出生于伦敦格林尼治（Greenwich），1857年以14岁年龄进入海军，最初在“征服者”号（H. M. S. Conqueror）一等风帆战舰上做海军学员（Cadet），1859年升为候补生（Midshipman），1863年在“俄瑞斯忒斯”号（H. M. S. Orestes）护航舰上升为海军尉官（Lieutenant），1875年在“苍鹰”号（H. M. S. Goshawk）上升任中校（Commander），并负责指挥该舰。1882年9月17日，琅威理正式受聘于中国海军，并于1884年被授予皇家海军上校（Captain）军衔，1890年6月琅威理辞职回到英国，之后曾历任多艘军舰舰长，1898年退役，并分别于1899年和1904年晋升海军少将和中将，1906年12月15日去世，时年63岁。[130]

至于悬挂国旗问题，根据外交惯例，如果悬挂中国国旗回航，则需要有公使或领事在建造国，[131] 因此中国一度想让金登干充任领事。当赫德询问时，金登干一开始认为，挂英国旗较为不便，还冒险；挂中国旗较为便利且不致引起注意。[132] 而随后他询问了斯图尔特·伦道尔以及商务部和海关，进一步了解了两种情况的利弊：如果挂中国旗，一旦发生意外事件，或沿途遇到困难，由于中国当时外交体系极不完备，在各地没有外交官，将会遇到许多障碍；而如果挂英国旗，在申报所有权方面会遇到一些困难，因此他建议先以阿姆斯特朗公司的名义将炮艇申报。[133]而且当时发生了马嘉理事件，中英之间一旦爆发战争，则悬挂中国国旗的军舰必然在航程中受阻。权衡利弊，金登干等人认为挂英国国旗回航更为有利。赫德一开始也倾向于挂中国旗，随后他便允许金登干全权处理此事，[134]因此，后来的"蚊子船"回航全部采用先挂英国旗，在抵达中国交接后再改升中国旗的方式。

这些"蚊子船"因无法运走各艇全部的100发炮弹，因此两艘"阿尔法"级的备用炮弹由"尼日尔"号（Niger）轮装运；"伽玛"级的炮弹则由"额尔金"号（Elgin）装运，此后剩余的储备炮弹又分别由"密涅瓦"号（Minerva）和"佩里姆"号（Perim）装运来华。[135]中国政府为四艘炮艇都购买了全额保险。

回航及验收

26½吨火炮搭载舰，即"阿尔法"级炮艇于1876年6月8日完成泰恩茅斯的标柱间公试，18日，二炮艇整备完成，离开泰恩河，南下开往普利茅斯，并于22日抵达，金登干亲赴两地为炮艇送行。[136]在这一路上发生了一些令人颇不愉快的事情，勒·普里曼达吉因为酗酒和抗命而开除了一名副手；而汉密尔顿则因为水手和舵手的矛盾而不得不将水手全部解雇，重新聘用了一批水手。在经历了一番人事调整，并装载了补给品之后，二艇终于在24日晚8时离开普利茅斯回航中国。[137]

之后二艇每到一地金登干都会向赫德发电报告。7月2日，二舰抵达直布罗陀，10日抵马耳他，因英国海军认为其是海盗船而险被扣押，[138]21日抵塞得港，8月1日抵亚丁。因为强大的季风，二艇在亚丁滞留了一个多月，直到9月4日才离开，中间船员自然饱受红海的暑热之苦。9月19日，二艇抵达加勒，22日离加勒，并于10月3日至4日抵达新加坡。11月8日，二艇抵达上海，最终于11月

20日与21日分别到达目的地天津。赫德亲赴天津，于27日到29日与李鸿章一起检阅了这些炮艇。[139]

赫德在1876年12月3日寄给金登干的信函中提到了检阅的情况，他在信中称“它们到达时一切正常，使我们大为满意”[140]。但有趣的是，在1877年4月28日的信中，赫德的态度却截然一变。他首先谴责了两艘炮艇上水手的不懂礼貌，无精打采。“他们除了把这两艘炮艇安全地驶抵这里之外，并没有什么别的足资称道的事情。”他还提到在天津的检阅中一名水手走了火，差点击中李鸿章！[141]

而李鸿章在关于接收检阅炮艇的奏折中，对于它们是持肯定评价的，他说：“十月十二三日督同总税务司等将炮船驶赴大沽海口，亲加演试。所有炮位、轮机、器具等件均属精致灵捷……运炮装子全用水力机器，实系近时新式，堪为海口战守利器。”他将原先的“阿尔法”艇命名为“龙骧”，“贝塔”艇命名为“虎威”，分别派张成与邱宝仁管驾。在结束检阅后，二艇即赴福州，每舰只留英国教习三名，其余官兵全部遣散，并另在福建当地招募水兵、士官，换上中国海军旗，正式入役。[142]

38吨火炮搭载舰，即“伽玛”级于1877年1月底在泰恩茅斯完成公试，并于2月18日在朴次茅斯接受了驻英公使郭嵩焘的检阅，28日离开普利茅斯回航中国。一路上，指挥两艘炮艇的琅威理多次给远在英国的斯图尔特·伦道尔写信，描述航程中的经历，这些信件许多仍被保存在“伦道尔档案”中。如在1877年3月6日发自圣文森特角（Cape St. Vincent）的信中，琅威理称穿越比斯开湾的航程是“极为成功的”。起航第一日海波不兴，两艇肩并肩航行，在螺旋桨每分钟100转的情况下航速达到了8节。3月3日“伽玛”号左侧螺旋桨轮机的空气泵发生了故障，他们花了4个小时才排除了故障。4日，两艇首次张起风帆，借助西北风达到了8至9节的航速，但“伽玛”号轮机的抽气系统仍然故障频频，琅威理认为这是锅炉的蒸汽空间太小导致的。但他对这两艘炮艇的适航性也不乏褒奖，在强劲的北风下，两艇摇幅很小，而且艇上能保持干燥。为及早驶入地中海，躲开北大西洋的恶劣海况，琅威理将螺旋桨转速增至每分钟110转，他认为这是较为经济的转速。[143]

3月7日，二艇到达直布罗陀，并于16日抵达马耳他。[144]琅威理于15日给斯图尔特·伦道尔去信，信中不乏溢美之词，他称："在我能试验的范围内，您哥哥设计的小船在各方面都被证明是最完美的新型炮艇……我认为它基本上如同'妩媚'级炮舰[145]一样干燥。它动作敏捷，无论在何种恶劣的海况下我都惊讶地发现它的螺旋桨很少因颠簸而离开水面。""我可以自信地说我还没见过其他船，无论大船或小船能在这种海况中航行时保持如此平稳。"在二艇到达直布罗陀时，直布罗陀总督上艇进行了参观，他对火炮操作如此迅捷简便表示惊讶。14日，二艇在地中海上再次遭遇高海况，风速达到了7级，但二艇依然航行平稳。[146]

离开马耳他后，二艇于4月初抵达埃及，并于4日驶离苏伊士，在穿越了苏伊士运河和红海后于12日抵达亚丁，18日离开亚丁驶入印度洋。5月3日抵达锡兰，5日驶离。20日抵达新加坡，26日驶离，穿越马六甲海峡进入太平洋。6月4日，二艇到达香港，赫德此时刚好在香港，于是他视察了两艘炮艇，并发报给金登干告知。[147]

赫德在视察中对这两艘炮艇的状况大为不满，他抨击了艇上的卫生状况、水手仪表。他还对二艇的一些设计提出了批评，如他认为把所有操作机械都装在防护板后面的操作台上会造成一发炮弹打来就全部报销；他甚至认为乔治·伦道尔是因为计算失误才会让船在满载炮弹时要在船艉装上压载铁锭，以保证船头不没入水下。总而言之，赫德牢骚满腹，他在信中说："我决定不让它们去天津，它们绝不会给李留下什么特殊的印象。"[148]事实上，决定二艇不赴天津，直接在福州交付是李鸿章的建议，与赫德无关。

6月9日下午3时，二艇起碇离开香港，之后风平浪静，劳伦斯·庆称："我们从昨天（6月10日）中午以来已航行了208英里，这是我们整个航程中航行最快速的一段。"11日下午5时，一位引水员上艇将二艇带入闽江，二艇在江中碇泊过夜。翌日早晨8时二舰起碇继续上溯，并于11时到达福州，碇泊于闽海关大楼附近，由此结束了自普利茅斯起航以来103天的航程。[149]

6月25日是交接"伽玛"号和"戴尔塔"号的日子，琅威理后来于回程中的7月19日在香港给斯图尔特·伦道尔写信，详述了二艇交接的过程。他称“检阅的那天一切都很完美。中国官员和他们未来的艇长对它们都非常满意……他们都对一个人就能操船并操炮十分惊讶”。[150]这与赫德对二艇检阅的态度大相径庭，不知是出于琅威理的自信还是赫德的挑剔。

四艇均到中国后，赫德本提议由原管带“龙骧”“虎威”的张成、邱宝仁转带38吨炮艇，张成则建议由李田、李和管带“龙骧”“虎威”，[151]李鸿章又与福建船政大臣吴赞诚商议由邓世昌、李和、邱宝仁、吴梦良分别管驾四船，张成则转去管带“威远”。[152]最后此议也未执行，而由张成、邱宝仁转调“伽玛”级炮艇，“龙骧”级的原大副升任两艇管驾。[153]另外，李鸿章屡次督催吴赞诚为二艇拟定中文艇名，根据其信函来看，估计直至10到11月船政方面才拟定二艇中文艇名为“飞霆”“策电”。[154]

三、“镇北”级“蚊子船”

流产的1877年福建省订购计划

在中国购入四艘“蚊子船”的同时，中国海防的最大假想敌日本却在英国的萨姆达兄弟公司（Samuda Brothers）、厄尔斯船厂（Earle's Shipyard）和米尔福德港（Milford Haven）船厂一口气订造了三艘大型战舰，即“扶桑”号、“金刚”号和“比睿”号，共耗费60余万英镑，合银180余万两，为中国四艘“蚊子船”订单价值的4倍多。[155]刚刚经历了侵台之痛，又千方百计筹款询购铁甲舰未果，此时却突然得到了日本购买铁甲舰的消息，那些关注于海防事业的中国官员的心情可想而知。受到日本订购铁甲舰的刺激，外购军舰的行动更加刻不容缓。

在“龙骧”“飞霆”级建造完成后，斯图尔特·伦道尔曾向金登干报价，称如继续建造38吨炮艇，每艘可以降价近5000镑。[156]1877年6月，“飞霆”级“蚊子船”到闽，闽浙总督何璟、福建巡抚丁日昌等对其性能非常满意，又受到了大幅降价的激励，立即提出了续购“蚊子船”的计划。6月14日，丁日昌上《筹办台湾轮路事宜疏》，疏中称：“臣此次在澎湖阅看李鸿章所购三十八吨炮之铁甲蚊船二号，转动灵捷，费又不多，胜于前此福建所购之蚊船不啻十倍，若将前项中等铁甲船少购一二号，即可多买此起铁甲蚊船十余号，以之布置全台海口，实有裨益。”[157] 7月25日，总理衙门奕訢等上奏，亦延续丁日昌的思路，提出购买铁甲舰或续购“蚊子船”的问题。[158] 李鸿章得知此事后曾称赞丁日昌“见义必为，可称豪举”。[159] 福建方面初步计划购买四艘“飞霆”级“蚊子船”，但随后或许是出于资金方面的原因，改为仅购两艘，并通知赫德与阿姆斯特朗公司联系。

1877年8月31日，得知此消息的赫德电告金登干：“中国意欲续购两艘‘伽玛’型炮艇，阿姆斯特朗公司愿保证明年2月交货否？”接到赫德的询问，金登干立即回复说，配备100发炮弹和所有船上用具的炮艇价格为31000镑（“飞霆”级价格为33400镑，降价2400镑），并解释说，自己原先说降价5000镑是指只配备50发炮弹且不急于交货的情况下的价格。孰料赫德紧接着便发来回电说，因无法降价5000镑，订货取消。如此突然的180度转折几乎使金登干晕头转向，他之后屡次三番向赫德解释现在的报价已是多么优惠，并保证有可能说服阿姆斯特朗公司降价，但赫德再也没有给他任何肯定的答复。[160] 10月12日，李鸿章答复丁日昌道：“所订三十八吨炮船二号，可照减价，明年五月不能送到，已由电信回绝。”[161]

但此事非但没有就此而结束，反而发生了更具戏剧性的转折。10月初，正带领福建船政学生赴英留学并在英国查访购买铁甲舰的留学生监督李凤苞、日意格突然插手了“蚊子船”业务，他们绕开中国海关，直接来到阿姆斯特朗公司询问购买“蚊子船”的事宜。[162] 李、日二人显然也是受丁日昌所托，特意绕开海关，并访察之前的订购中是否有浮冒情形。丁日昌的这一后手让金登干大感意外，在致赫德的函电中，他对此大发了一通牢骚。在他看来，首先日意格希望将炮艇拆解后运输回中国，然后再由福州船政局重新组装，这样虽可以维持福州船厂的运营，但无法保证炮艇组装的质量。其次，他十分怀疑阿姆斯特朗公司给日意格的报价过高，其中包括给日意格私人的回扣。金登干还怀疑驻英副使刘锡鸿参与了此事，因此他于10月11日询问了刘锡鸿，但刘对此矢口否认（刘锡鸿此时已经与郭嵩焘闹翻，因此郭嵩焘可能对此事并不知情）。12日，阿姆斯特朗公司副总经理安德鲁·诺布尔和斯图尔特·伦道尔亲自来到海关驻伦敦办事处，与金登干就此事进行商谈。金登干了解到，李凤苞等人认为如果中国政府直接与阿姆斯特朗公司交易，将会降价20%，但阿姆斯特朗公司否认了这种可能性。阿姆斯特朗公司还透露给金登干，给日意格的报价中包括5%的回扣。而且，这次洽谈的炮艇是“伽玛”级炮艇的改进型，曾对欧洲一个国家投了标。改进包括船体材料由钢材替代生铁，将锅炉和轮机压缩在水线以下，并将航速提高到10节等，每艘舰造价大约33250英镑。[163]

与诺布尔、斯图尔特·伦道尔会谈后的第二天，金登干又分别给阿姆斯特朗公司和斯图尔特·伦道尔去信。他在信中说，在接到赫德的进一步指令之前不会采取行动，他还为自己下台阶说无论是日意格还是自己作为购买的代理人都是为中国政府服务，自己并不会在意。[164]但在接下来的一个月里，他还是屡次给赫德发去函电抨击李、日。而赫德则因为没有接到中国方面任何明确的购买意向，所以只是简单地回复：“这件事现在只能暂搁一下了。如果重新订购，你可以商定新条款。”[165]由此1877年度的购买计划便告一段落。

有趣的是，后来赫德写信给丁日昌谈及此事，信中不免发了李凤苞的牢骚。丁日昌却将此信转给了李鸿章，李鸿章又转述给了李凤苞，在李凤苞面前将赫德喜好揽权的形象揭示无遗，不知李凤苞读罢下文后做何感想：

> 顷阅赫德复雨帅书，云据金税司登干探明，五月内实不克赶到，且在英国有李某者，亦奉委办此船，拟做成后将船拆散，零片运回，再照原法装成。如此价值必倍，船体亦不坚固，其事究系委之李某，抑由总税务司办理，唯听贵中丞自行裁夺云云。[166]

但李鸿章也谆谆告诫李凤苞：“此次若由执事订购，不令金登干经手，价值能否较为便宜，该船厂有无掣肘，将来造成后，应派何人驾驶回华，经过南洋各埠，有无熟识行商，可以托令一律照料，不致半途阻滞，此等必应预为逐细筹及。至造成后将船拆卸零片一策，唯船价应否酌加，船身是否坚固，亦须博访周咨，得有确实把握。”并请李凤苞设法继续查询订购。[167]

“镇北”级“蚊子船”的订购

“龙骧”“飞霆”级“蚊子船”到华后，不仅是李鸿章、丁日昌，甚至连之前对“蚊子船”不屑一顾、一心只关注铁甲舰的沈葆桢（此时已任两江总督、南洋大臣）都对其称羡不已。1877年底，他在致李鸿章的信函中自我检讨道：“唯从前以铁甲舰横亘胸中，海防、江防一无措置，万一风涛起于意外，悔何可追！”并请李鸿章分拨或续购“蚊子船”，供长江口防务使用。[168]李鸿章接函后，于12月29日回复道：“承属提款另购两号，亦不敢辞，明春赴津后商定再行报命。”[169]

1878年6月，未等李鸿章将沈葆桢的计划上报，总理衙门已就此事函饬李鸿章，其中或与赫德的游说不无关系。李鸿章接函后，表示总署的建议正与自己和沈葆桢的意见相符，便痛快地承应了下来。但他也不忘在复函中无奈地加上一句：“唯‘霆’‘电’二号价目颇昂，海防存款尽敷购办养船只用，此后来源更绌，续解渐少，若欲再购铁甲，断无余力耳。”[170]可见当时的海防财力是多么窘仄。

此时赫德刚好赴欧洲休假，兼料理中国参加巴黎世博会的事务，原总理文案税务司裴式楷（Robert Edward Bredon）和管理汉文文案税务司葛德立共同护理总税务司一职。因此李鸿章便通过天津海关税务司德璀琳（Gustav von Detring）将此事通知了北京总税务司署。7月8日，裴式楷给赫德与金登干发电，询问“阿尔法”型和“贝塔”型炮艇当时的实价，表示中国政府可能会续订四艘。[171]接到电报后，金登干将这份指示送达阿姆斯特朗公司，并于17日收到阿姆斯特朗公司的复函。同日，乔治·伦道尔专程来到海关伦敦办事处，与金登干进行了商谈。阿姆斯特朗公司新提出的报价为：如购两艘“阿尔法”型炮艇，每艘价26150镑；如购四艘，每艘价25500

镑；如购两艘“伽玛”型炮艇，每艘价33300镑；如购四艘，每艘价32500镑。乔治·伦道尔同时表示，在新的炮艇设计中应用了一系列新技术，如将舰体由铁制改为钢制、加大轮机动力、改进火炮等。[172]金登干将以上条款电告了北京总税务司署。

至8月中旬，护理总税务司葛德立调任粤海关税务司，在启程赴广州的途中，他来到天津，一面视察了第一批购到的四艘“蚊子船”，一面在北洋大臣衙门与李鸿章面议了购买第二批“蚊子船”的细节条款。[173]李鸿章在致江海关道褚兰生的信中说道：

> 前购英商阿摩士庄新式炮船四只，现饬驻津训练，以不敷分派，拟再酌量添购，已由敝处札行赫总税司转饬金税务司，仍照前购三十八吨炮船加以新式，与阿摩士庄商厂克期订造四只。饬据津关德税务司由电信询明，共合价银十三万镑，并与代理总税司、现调粤海关葛税务司议明，此项船价应分三起汇付。照目下镑价核计，约合关平银四十四万五千余两。[174]

8月17日，金登干接到裴式楷来电，得知订购四艘“伽玛”型炮艇的计划已被确定。20日，赫德指示金登干可以在合同上签字。有了订购第一批“蚊子船”的经验，无论是中国政府还是中国海关对购造事宜都已经驾轻就熟。连赫德都惊叹道：“至于李，我没有料到订购指令来得这样快，我真不知道他们这一次怎么会这样迅速地下了决心！”而且因为购舰行动是直接通过自己，更令他大喜过望。但他仍对1877年订购过程中李凤苞、日意格等人横插一脚之事愤愤不已，于是他特意告诉金登干，希望对此事严格保密，最好只有阿姆斯特朗公司、丽如银行以及他们两人知道。[175]其实，赫德打的这个小算盘完全是自作聪明，早在7月18日，李鸿章就已经致函李凤苞，将此次由赫德经手订购的原委说得一清二楚：

> 至该监督复函赫德订购炮船一节，上年丁雨生（丁日昌乳名——编者注）面托该总税司代购二只，已允，复又翻悔，谓因李监督往该厂查询价目，并有拆散来华合拢之说，向敝处哓哓渎陈。是以此次蒙商添购，姑属德璀琳先由电报探问赫德，俟其回信若何再行酌定。[176]

赫德的这种鬼伎俩，连金登干都认为不可行，他估计李凤苞将会了解到订购炮艇的消息，而且郭嵩焘也定会就此事向他询问。

8月29日，改进型“伽玛”“蚊子船”，即后来的“镇北”级“蚊子船”正式签署合同，合同的原件现仍存于“伦道尔档案”中。合同共分十条，其中一至四条是对军舰性能的规定。如在第一条中写明了军舰所做的改进：舰体钢制、速度提升、轮机置于水线下、安装艏艉舵、采用新型火炮等；第二条是对军舰总体性能和舰载武备的规定；第三条是对一些细节性能的规定；第四条是对帆装的规定。第五至七条是对火炮检验、船体检验、图纸审核的规定，第八条是对建造时间的规定，第九至十条则是对支付费用的规定。耐人寻味的是，对初稿第十条的改动是最多的，首先，金登干不厌其烦地加入了“最低的净价”一词，以显示自己的大公无私；而且，原先阿姆斯特朗公司草拟的合同中写明在最后一次付款中提取1000英镑作为给金登干的小费，但这段被整体删除。赫德曾在第一次购舰过程中多次告诫金登干不要收取佣金，这显然是金登干对赫德告诫的回应。[177]

同日，金登干又致信阿姆斯特朗公司，称在第一批炮艇上每艘只装有一门格林炮，不敷使用，中国政府希望能再加一门，并且他希望阿姆斯特朗公司能免费赠送一门，“鉴于你们现在的报价已向他们（中国政府）电告，我希望避免再提出价格问题”[178]。阿姆斯特朗公司随即同意了金登干的要求，赫德高兴地称赞阿姆斯特朗公司此事办得“慷慨大方”。[179]

合同既已签订，还有几个需要解决的问题。其一是二舰交付的时间问题。赫德原拟四舰应在1879年2月底前造成，以便获得较为充裕的回航时间（赶在台风季节之前）。[180]经乔治·伦道尔极力争取，在合同第八条的初稿中，拟为如无特殊情况，炮艇应于1879年4月中旬进行试航；后金登干将其改为4月上旬。[181]这样算来，阿姆斯特朗公司尚有七到八个月的时间进行建造。但阿姆斯特朗公司仍认为建造时间过于紧张，因为应用了许多新技术，如果过于仓促很可能会出质量问题。而且参考“飞霆”级的建造时间长达13个月，这次的建造时间确实显得过短。9月24日，在得到了李鸿章的准许后，赫德致电金登干，准许将建造时间适当延长。[182]后来“镇北”级四舰均于1879年7月初进行公试，建造时间为10个月。其二是“镇北”级改用新式火炮的问题。因为新舰火炮由原来的38吨改为35吨，口径也由12.5英寸缩小为11英寸，因此赫德担心给中国人造成火炮威力减小的印象。为此金登干专门与阿姆斯特朗公司主管火炮设计的副总经理、火炮专家安德鲁·诺布尔通信，了解到新式35吨炮无论是装药量、穿甲能力和爆炸力均大大优于旧式38吨炮。于是他于1878年9月24日致长信予赫德，详细解释了这方面的问题。赫德令裴式楷亲赴天津面见李鸿章，向李说明炮艇的新改进。裴式楷大约在10月底或11月初向李鸿章报告了炮艇合同细节，基本得到了李的首肯。[183]

赫德、葛德立对“镇北”级设计的改进意见

与订购第一批“蚊子船”时一样，赫德在订购第二批“蚊子船”时仍旧提出了一些他自己认为必要的修改意见：“在炮弹室前面为管轮们设计的那间小舱室在中国是不需要的，而烟囱两侧的房舱要延长。”[184]对照“飞霆”级的图纸，赫德所指的“为管轮们设计的那间小舱室”指的应是设在弹头库之前、药包库右舷的管轮住舱。在后来“镇北”级的设计中，可以发现除舰长住舱外，其他军官、炮手、管轮的住舱均移到了烟囱两侧的甲板室里。赫德的这条建议得到了良好的贯彻。

另外，阿姆斯特朗公司还要求中国方面告知检验“飞霆”级炮艇后的改进意见。[185]1878年8月14日，护理总税务司葛德立在大沽口参观了“飞霆”号炮艇，他于21日从上海给阿姆斯特朗公司去信，详述了他的这次视察经过。

首先，他肯定了“飞霆”舰当前的状态：“我看见这艘军舰状况极好，并且非常整洁，秩序井然，很有效率，基本可以赶上英国海军的军舰。”在1877年6月交付后，该舰共计发射了15枚主炮炮弹，主炮机械状况良好。当时“飞霆”与“虎威”二舰驻防大沽、“策电”与“龙骧”驻防北塘，每逢农历初一和十五,四舰便一齐开往大沽口外会操。葛德立发现，此时“飞霆”仍能以8节到8.5

节的航速航行，但“虎威”的航速已经掉到了4节以下。另外，统带四艘炮艇的“飞霆”号管带张成和“飞霆”号炮术教官吉布森（Gibson）提出了一些对于炮艇改进的建议，葛德立也向阿姆斯特朗公司进行了转达：

一、因主炮火门后方紧挨一道炮箍，因此用炮绳发火极为不便。建议为了在电发火无法使用的情况下能够使用炮绳，须在火门前加设一个导向盘，以使炮绳能够牵引到后方。

二、张成建议以一门30磅或40磅炮取代现在的两门12磅艉炮，这样可以节省5到6名人员。但葛德立认为这样的改进有可能会与军官舱天窗冲突，并且无法抵挡从两舷同时接近的敌人。

三、李鸿章希望每船能装备两门格林炮，张成则认为装备一门格林炮也可以，但需要装在轮式炮架上，以便快速从一舷移到另一舷。

四、希望能将火炮挡板延伸到炮尾部分。

五、吉布森建议连接弹药库的通语管须稍稍做成弧形，并有闭锁装置，以防火星沿通语管进入弹药库。

六、建议舰桥抬高至少一英尺，舵轮前的舰桥空间加大。

七、希望加大水兵生活区空间。“飞霆”现编有44名水兵，包括厨子、仆人等，其中32人须睡在舰艏的水兵舱里。此处通风尚好，但即便一半人睡在吊床里、一半人睡在地板上仍然十分拥挤。[186]

这些意见于1879年1月由金登干转达给了阿姆斯特朗公司，[187]在之后的“镇北”级设计中既有得到执行的，也有未能执行的。如舰桥有了一定的抬高，水兵住舱也较之前有所放大，格林炮则增加到两门；主炮由于经过了重新设计，就没有必要采用导向盘牵引炮绳的设计，副炮也仍保持两门12磅炮的设计，主炮挡板也没有进一步延伸（后经金登干和琅威理建议，舷墙整体抬高，也达到了加强炮手防护的目的）。

“镇北”级的技术性能[188]

金登干曾在给赫德的信函中透露，1877年阿姆斯特朗公司为欧

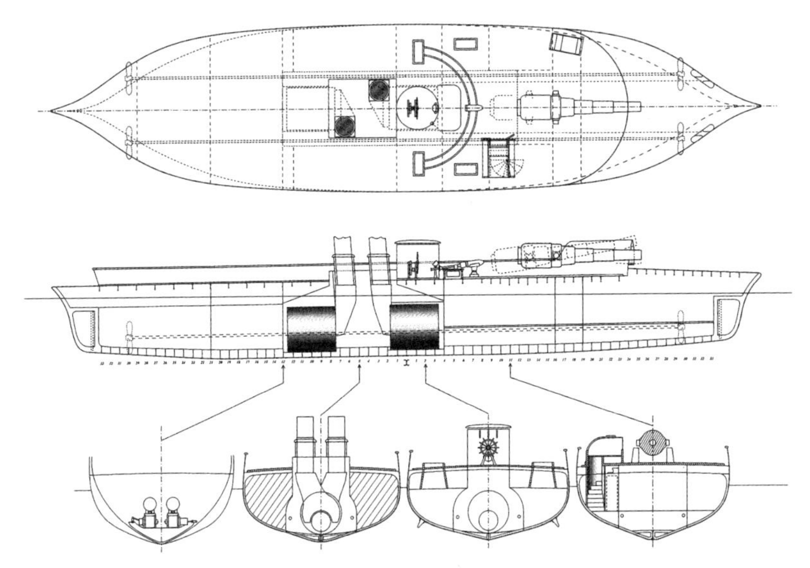

乔治·伦道尔设计于 1877 年的“双头炮艇”（刘烜赫绘）

洲某国海军做过一型炮艇的投标方案。[189] 至今为止尚未发现这次投标的具体内容，但在“伦道尔档案”中，保存有一张绘于 1877 年 6 月 7 日的“载 40 吨后膛炮的双头炮艇”（Double Ended Gunboat for 40 Ton B. L. Gun）草图，按照时间和舰型推测，这张图纸极有可能就是阿姆斯特朗公司的投标方案，它与“镇北”级的设计也颇有渊源。

图纸上的炮艇水线长 128 英尺，型宽 30 英尺，吃水 9 英尺，与“飞霆”“镇北”的尺寸较为接近，该炮艇载一门阿姆斯特朗公司新研制的 40 吨 12 英寸口径后膛炮。这种火炮膛长 264 英寸，发射 700 磅炮弹，药包重 190 磅，弹头初速为每秒 1637 英尺，炮口动能 13007 英尺吨。[190] 因主炮为后膛炮，因此液压通条不再设置在舰艏甲板下，而是设在火炮后方、火炮操作台前方。该舰的动力布置极为特别，采用两座位于水线下的圆形锅炉，呈纵向前后排列，每个锅炉只有一个炉门，各连接一个烟囱，因此甲板上有两座呈斜对角布置的烟囱。轮机则采用两座双缸蒸汽机，每个轮机连接前后两个轴系，可以在前进或倒车的情况下分别驱动后部或前部螺旋桨；舵叶亦有前后两个；船体线型基本前后相同，这些设计都是为了在前

“麦地那”级“蚊子船”半船模，可见其艏艉舵布局（National Maritime Museum）

进或倒车的情况下能有基本相同的航行性能。[191]

其实当时的一些撞击舰、鱼雷艇为了提高敏捷性，在舰艏安装舵叶的例子也并不鲜见。而“蚊子船”为保证在浅水航行的灵敏性，以及采用边后退边炮击的作战方式，也需要提高倒车状态下的舵效，因此也有安装舰艏舵的例子，如英国海军于1876年到1877年间建造的“麦地那”级（Medina class）。作为“坚定”“蚂蚁”等“蚊子船”的发展型号，“麦地那”级并没有延续以往“蚊子船”只装备一门大口径火炮的传统，而改为装备三门6英寸64磅前装线膛炮，并且装配了三根帆桅。[192]中国人在这种炮艇诞生不久后就敏锐地察

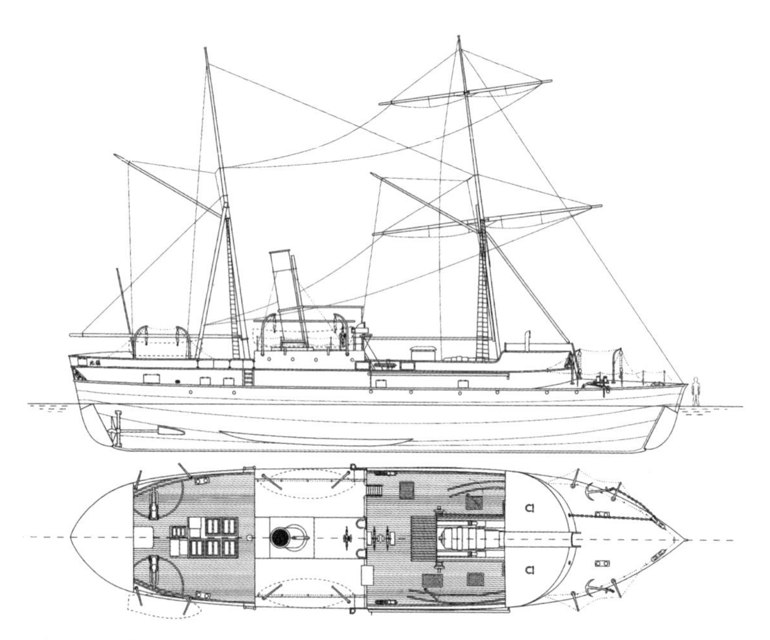

“镇北”级“蚊子船”二视图（方禾绘）

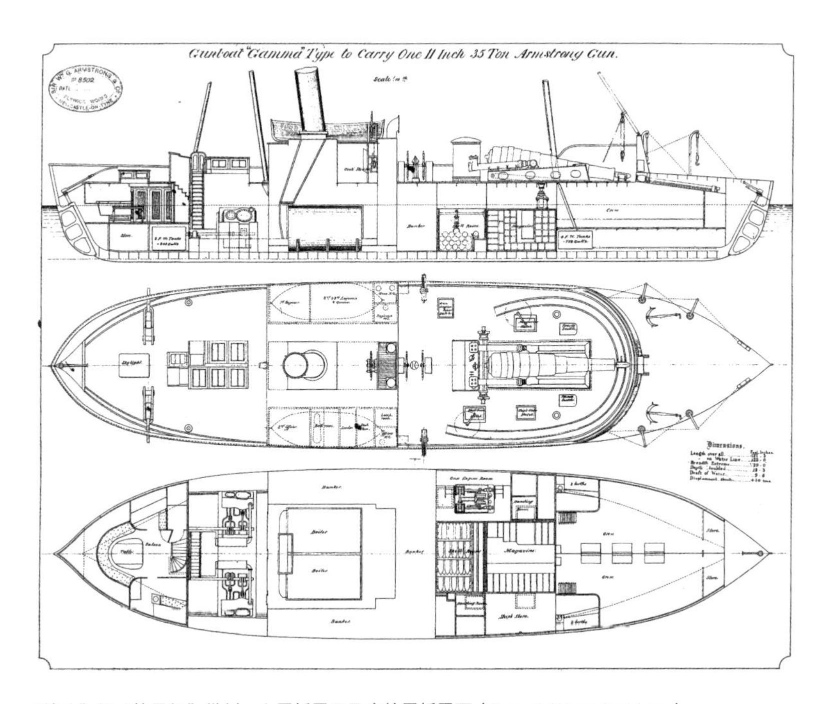

“镇北”级“蚊子船”纵剖、上甲板平面及底舱甲板平面（Tyne & Wear Archives）

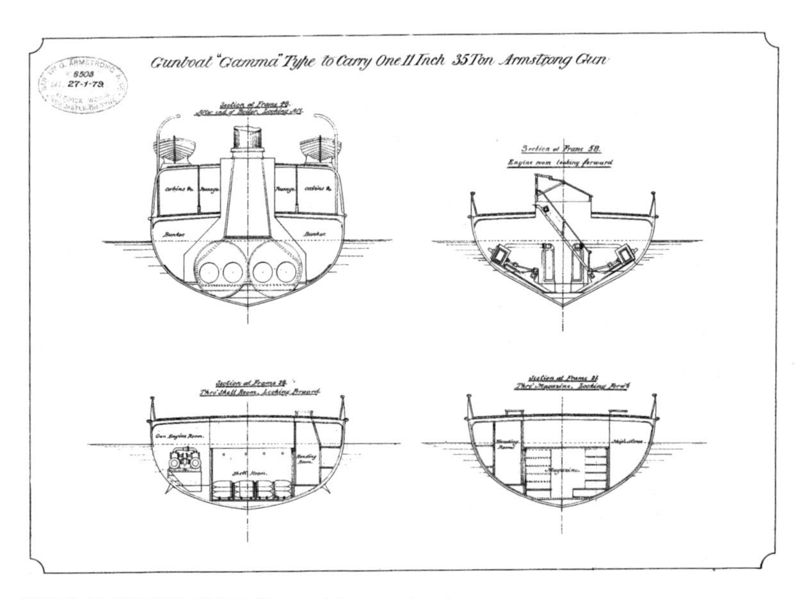

“镇北”级“蚊子船”横剖图（Tyne & Wear Archives）

觉到了其优良特性。李鸿章在1878年1月致李凤苞的信中就提到："其'迈氏那'式之浅水炮船，较蚊船为小而灵便过之，每点钟行九海里半，于中国港道尤为相宜，英人甚秘其法，现与罗委员（罗丰禄）密查造法，果真知确见，不妨再与议购。"[193] 其实"麦地那"级"灵便"的秘诀也没有那么神秘，阿姆斯特朗公司紧跟潮流，在1877年的投标方案中就已经加入了艏艉舵的设计。

总的来说，"镇北"级从原"飞霆"级的设计中脱胎而来，又加入了阿姆斯特朗公司1877年设计的这款炮艇的一些特征，并参考了赫德等人提出的一些修改意见，形成了较为完善、优良的设计。

对于"镇北"级的船体、轮机和火炮设计数据，保存在"伦道尔档案"中的船体设计书、轮机设计书和火炮设计书，以及舰体总体布置图和火炮详图能够给出最准确、最直观的描述。[194]

该型舰设计全长为127英尺，水线长125英尺，全宽29英尺，型深12英尺3英寸，吃水9英尺6英寸，设计排水量约440吨。舰体为钢制，此为米切尔船厂第一次用钢制造军舰，所有钢材都经过英国海军部规定的测试检验。该型舰的龙骨以24英寸×5/8英寸或20英寸×5/8英寸的板材制成；艏艉骨架以碎钢锻造，铆接在龙骨板上。肋骨则以3英寸×2½英寸×9/32英寸的角钢制成，每道肋骨间距21英寸；肋板以14英寸深、3/16英寸厚的板材制成，连接到每条肋骨和反肋骨上。一般位置上的甲板梁以6英寸×4½英寸×3/8英寸的角钢制成，每两根龙骨处铺设一根梁，火炮底部和火药库顶的横梁进行特别加强。该型舰也设计有舭龙骨，用30英尺长、中央部分18英寸宽、1/4英寸厚的钢板制成。船体列板则为交替的9/32英寸和5/16英寸钢板；甲板板材为3/16英寸厚，火炮底板和前部防浪甲板板材为特制的，较厚；并在钢甲板上铺设2½英寸厚、5英寸宽的柚木甲板，艏楼甲板和舱房上部平台则以红松木板铺砌。

该舰共有四个3/16英寸厚的横向水密舱壁，从艏至艉分为艏尖舱、水手住舱、弹药库（左舷为操纵火炮的液压机）、锅炉舱（为煤仓包覆）、轮机舱和军官住舱。其中水手住舱中布置有暖炉、储物柜、餐桌、凳子、武器架等；火药库和弹头库墙壁覆以东印度柚木板材，并有专门的操作室用以提升弹药，在紧急情况下有阀门可向弹药库中注水；军官住舱中家具一应俱全，沙龙的家具选用上好的深色西班牙桃花心木制作，沙龙中设置一个暖炉和一个天文钟柜，并铺有地毯。艏楼底舱还设有一个镀锌水柜，可以储存1500加仑的淡水，舰上的冷凝器每日可以过滤200加仑淡水。

上甲板艏部为防浪甲板，设置四个吊锚杆，用以收放两个9英担[195]的海军锚，以及一个2英担的副锚。上层甲板除防浪甲板外均以舷墙环绕，高度为3英尺2英寸（后经琅威理、金登干建议，高度提高2英尺），厚1/4英寸；其中火炮挡板部分高为6英尺，厚3/8英寸，舷墙上均以柚木包边。火炮挡板后即是“镇北”级装置在液压炮架上的主要武器——35吨火炮；火炮两侧是通往水兵住舱的舱口和弹药提升口等舱口。炮架后方有一个卧式锚机；火炮炮架一直向后连接到操作室里，火炮操作室有6英尺高、1/2英寸厚的钢板防护，并有一块垫高9英寸的格栅地板，以提供较好的观察视野，操作室顶部盖板为1¼英寸厚。操作室后方为两副人力舵轮，分别操纵艏艉舵；两舷布置两门0.45英寸10管格林炮，以及上煤口。

中部甲板两舷设有舱房，左舷为水兵厕所、管轮厕所、管轮住舱；右侧为军官厕所、灯具室、储藏室、浴室和大副住舱。中部为烟囱通道和厨房，烟囱直径为3英尺6英寸。舱房的上部平台布置了一个小型的罗经舰桥，有罗经、液压舵轮、海图架、望远镜等设施。

后部甲板则为轮机舱天窗和军官住舱天窗，以柚木制造，包以铜边；两侧布置两门12磅副炮，炮门可以开闭。全舰共配备三艘小艇，其中两艘为20英尺的救生艇，放置在中部舱房上的搁艇架上，另一艘为12英尺定纪艇，用后甲板上的吊艇柱收放。该型舰还配有前后两座三足桅，与“龙骧”“飞霆”等类似，采用双桅横帆船式帆装。

“镇北”级拥有两座13英尺长、直径7英尺6英寸的圆形直焰式锅炉，每个锅炉有两个5英尺长、直径2英尺10英寸的火管，以及177根5英尺长、外径2½英寸的烟管。锅炉受热面积总共为1400平方英尺，可承受65磅每平方英寸的工作压力。轮机由两座霍索恩公司（R. & W. Hawthorn）生产的卧式双缸蒸汽机组成，标称马力为70匹，指示马力为280匹。高压汽缸直径16英寸，低压汽缸直径28英寸，活塞冲程18英寸，并连接一个冷凝面积700平方英

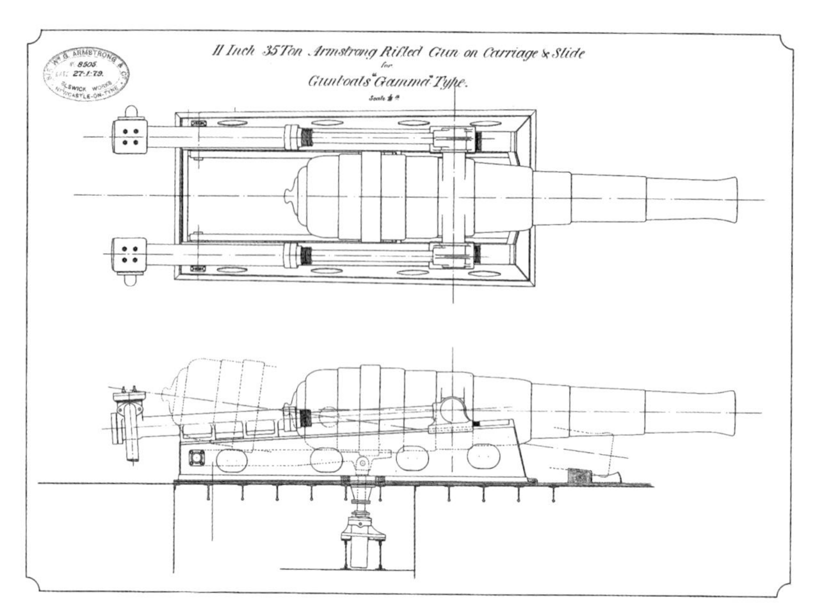

“镇北”级装备的35吨11英寸阿姆斯特朗炮线图（Tyne & Wear Archives）

尺的冷面凝水器。轮机通过一个直径5英寸的轴和曲轴连接螺旋桨。两具螺旋桨相距8英尺6英寸，各有三片桨叶，直径约7英尺。艄艉各有一个舵叶，舵叶框架以碎钢锻造，舵面为3/16英寸的板材，并有辅助索具以转动或固定艄艉舵。前进最大航速为10节，倒退最大航速为9节。煤仓最大储煤量70吨，以最大航速航行时每小时消耗燃煤1/2吨，可持续航行1400海里。

“镇北”级的主要武器为一门35吨阿姆斯特朗前装线膛炮，内管为钢制，外套为熟铁制。其口径为11英寸，药室口径14英寸，总长274.5英寸，膛长255英寸。与“飞霆”的38吨炮相比，它扩大了药室，装药量从原先的130磅提高到235磅。该炮可发射535磅重的穿甲弹，弹头初速为每秒1810英尺，炮口动能为12200英尺吨。发射通常弹和榴霰弹时装药为183磅。采用的液压式炮架与“飞霆”级的相仿。35吨炮每门备弹50发，另外阿姆斯特朗公司在交货时提供每门额外50发的备用弹药。

“镇北”级的副炮采用12磅阿姆斯特朗后膛炮，内管和尾闩为钢制，外套为熟铁制。相比“龙骧”“飞霆”级装备的旧式12磅炮，它扩大了药室，威力更大。发射药包重3½磅。每门炮备弹200发。每舰还装备两门10管0.45英寸格林炮，每门备弹10000发。

除此之外，阿姆斯特朗公司还随舰附赠一些轻型武器，包括16杆马梯尼-亨利步枪（Martini-Henry rifles）、6把左轮手枪、15把海军短剑、15杆长矛、6把登船斧等。

在“镇北”级下水后的舾装过程中，琅威理、金登干又提出了一些修改意见，主要包括以下三点：

一、在火炮挡板上方增设一块水平防浪板。

二、舷墙增高2英尺。

三、舰艉亦增加一块水平防浪板。[196]

这些改进使得“镇北”级的适航性进一步增强。“镇北”级作为中国“字母炮艇”中的定型之作，堪称一型设计较为完善、优秀的“蚊子船”，其大部分设计细节都为后来的“镇中”级“蚊子船”所继承。

“镇北”级的建造和试航

四艘载35吨火炮的“伽玛”改进型“蚊子船”于1878年9月9日在下沃克的米切尔造船厂铺设龙骨，船厂编号为374至377。[197] 10月4日，米切尔公司致信阿姆斯特朗公司，说明了对设计细则的一些改动，如霍索恩公司不能提供冷面凝水器等。[198] 11月17日，金登干委派他聘用的航运代理塔拉克（Tallack）先生赴纽卡斯尔，为其监督炮艇建造进程。[199] 四舰的建造一切顺利，分别于1879年1月20日、2月5日、3月22日和3月27日下水。[200] 金登干按照之前四艘炮艇的命名规则，将四艘舰分别命名为“埃普西隆”号（E/Epsilon）、“基塔”号（Z/Zeta）、“艾塔”号（H/Eta）和“西塔”号（Θ/Theta）。

作为这批炮艇建造中的一个插曲，1879年1月2日，英国海军“雷神”号（H. M. S. Thunderer）[201] 铁甲舰的前主炮发生了爆炸事故。因其装备的也是38吨炮，与“飞霆”级的主炮类似，而且其液压旋转、装填装置正是由乔治·伦道尔所设计，[202]因此导致了赫德和金登干一阵紧张。后经询问，此炮乃是伍尔威治所造，虽然阿姆斯特朗公司参与了设计，但与“飞霆”装备的并不相同，这才让二人松了一口气。[203]而且后来经过调查，此炮的爆炸完全是由于重复装填所导致，是彻底的人为事故。

1879年4月下旬，阿姆斯特朗公司对“埃普西隆”号进行了首次试航，发现航速未能达到规定的10节，经分析是螺旋桨的问题。[204]5月25日，金登干与曾带领“飞霆”级回华的琅威理同赴纽卡斯尔，视察了炮艇的建造情况并提出了修改意见。[205]28日，更换了螺旋桨的“埃普西隆”号再次进行了试航，乔治·伦道尔、查尔斯·米切尔、金登干、琅威理、塔拉克等人均出席。据乔治·伦道尔事后寄给斯图尔特·伦道尔的信中说，由于该日天气恶劣，引水员本不建议炮艇出海，试航中刮起了强劲的东北偏北风，海面波涛汹涌，当迎风航行时大量海水越过舰艏防浪板灌入甲板，而当舷侧迎风时横摇有时甚至超过20度。但他也发现该舰倒车与前进时的航行性能几乎一样好。试航中主炮共试射三次，一发为减装药，两发为强装药。在高海况下，如果炮门打开就会导致严重进水，因此只能等装填完毕后再将炮门打开发射，但严重的摇摆并没有影响主炮的工作。[206]这次试航也给金登干留下了深刻的印象，以至于他因为颠簸得太厉害不得不去马特洛克（Matlock）就医疗养。[207]

在此之后，阿姆斯特朗公司又对四艘“埃普西隆”级“蚊子船”进行了一系列的试航和火炮试验。7月上旬，四艘“蚊子船”分别进行了公试，并接受了英国海军部的官方检验。其中航试部分在泰恩河上进行，在一段距离3海里的航道上，每艘炮艇来回全速航行至少4次，并计算平均航速。测得“埃普西隆”号航速为10.165节，“基塔”号为10.097节，“艾塔”号为10.141节，“西塔”号为10.000节，[208]四舰均达到了合同书上规定的最大航速。航行中锅炉压力平均为每平方英寸65磅，轮机平均转速为每分钟153转，平均指示马力430匹。尤其值得一提的是，因为是在繁忙的泰恩河航道上航行，须不时避让来往船只，达到这样的航试成绩更为不易。[209]

火炮试验则在泰恩茅斯进行，情况可参见下表：

表 2 “镇北”级的火炮试验（1879 年 5 月 28 日—7 月 8 日）[210]

日期	炮艇	火炮	装药（磅）	弹头		驻退弹簧荷载（磅/英寸）	仰角	后坐距离（英寸）
				种类	重量（磅）			
5月28日（初试）	埃普西隆	11英寸	185	通常弹	508	1100	5°	24
			235	穿甲弹	535	950	8°	51
			235	穿甲弹	535	950	8°	50
6月6日（初试）	基塔	11英寸	185	通常弹	508	1000	-1°	36
			235	穿甲弹	535	1000	8°	53
			235	穿甲弹	535	950	11°	53
7月3日（公试）	基塔	11英寸	185	通常弹	508	950	0°	40
			235	穿甲弹	534	950	10°	52
			235	穿甲弹	534	950	5°	63½
		12磅①	3½	通常弹	13½		1°	
			3½	通常弹	13½		1°	
		12磅②	3½	通常弹	13½		7°	
			3½	通常弹	13½		7°	
7月3日（公试）	西塔	11英寸	185	通常弹	508	950	2°	38½
			235	穿甲弹	534	950	7°	56
			235	穿甲弹	534	950	10°	54½
		12磅①	3½	通常弹	13½		2°	
			3½	通常弹	13½		2°	
		12磅②	3½	通常弹	13½		2°	
			3½	通常弹	13½		2°	
		一门格林炮发射一个弹鼓（240发子弹）						
7月8日（公试）	埃普西隆	11英寸	185	通常弹	508	950	0°	42
			235	穿甲弹	535	950	5°	58
			235	穿甲弹	535	950	10°	53½
		12磅①	3½	通常弹	13½		2°	
			3½	通常弹	13½		7°	
		12磅②	3½	通常弹	13½		2°	
			3½	通常弹	13½		7°	
		一门格林炮发射一个弹鼓（240发子弹）						
7月8日（公试）	艾塔	11英寸	185	通常弹	508	950	0°	42½
			235	穿甲弹	535	950	5°	56½
			235	穿甲弹	535	950	10°	53½
		12磅①	3½	通常弹	13½		2°	
			3½	通常弹	13½		7°	
		12磅②	3½	通常弹	13½		2°	
			3½	通常弹	13½		7°	
		一门格林炮发射一个弹鼓（240发子弹）						

公试进行得一切顺利，金登干、琅威理等人均参加，海军部检验官贝克威尔（H. J. Bakewell）和阿灵顿（J. Allington）均在检验报告中对这些炮艇做了高度评价。[211]中国方面派了译员凤仪和两名参赞参加，但因没有航海经验，他们严重晕船且非常害怕。[212]

公试完毕后，迫在眉睫的就是即将在朴次茅斯进行的官方检阅，包括中国新任驻英公使曾纪泽在内的一系列高官显贵都将参加，斯图尔特·伦道尔作为这一盛事的主要组织者忙得不亦乐乎，在“伦道尔档案”中，这一时期出现了他与相关各方的大量往来函电。7月17日，四艘“蚊子船”离开米切尔船厂，并在下游的诺桑伯兰船坞（Northumberland dock）对面装载了火药；[213]18日下午驶向泰恩茅斯准备南下，乔治·伦道尔等人随舰同行。[214]但22日英吉利海峡忽然风雨大作，中午传来了糟糕的消息，琅威理电告，一艘炮艇的艏楼漏水严重，预定于24日进行的检阅恐怕无法正常进行。[215]好在故障很快得到解决，晚上7时四舰终于驶抵朴次茅斯。[216]1879年7月24日中午时分，曾纪泽一行乘坐从伦敦滑铁卢车站出发的专列来到朴次茅斯，先期到达的金登干等人已在车站迎候。一时间朴次茅斯高官云集。同时参加检阅的还有第一海务大臣、曾积极推动英国海军装备“蚊子船”的凯古柏，以及多位海军部官员和陆军部官员，意大利、西班牙和葡萄牙的驻英武官，乔治·伦道尔、安德鲁·诺布尔和斯图尔特·伦道尔等阿姆斯特朗公司的工作人员，中国海关人员以及多家报纸的记者等。下车后，曾纪泽等乘坐悬挂着龙旗的英国海军准将座舰，英国嘉宾则乘坐海军司令座舰“火皇后”号登上停泊在港口内的四艘“埃普西隆”级“蚊子船”。12时整，四舰开出朴次茅斯口外，午饭后在外海试炮。[217]曾纪泽在日记中记录道：

> 炮重三十五吨，吨合中国一千八百斤，计重六万三千斤，炮子重五百三十五斤，食药二百三十五斤。炮之进退高下以及装药盛子，皆以汽机运之，启闭其机极为灵便，不过用斤许力耳。第一炮装药、盛子、进炮，皆余自启其机。船进退各燃一炮。燃炮以电机，炮声不甚震耳。子出，高者行三十余里乃濡于水，复奋起三、四次，乃落海中。第二船之炮燃二次，皆金登干之妻持电发机。古人称妇人在军，兵气不扬，英人殆无是

说。四船进退，各燃二炮。毕，余船磨旋三次，第一次专使暗轮，第二次专使前舵，三次专使后舵。计方边或圆径三十丈之地，足以旋舟。舟旋一次，时表三分五秒。水兵再加练习，当更速也。[218]

对于这次盛大的检阅，多家英国报纸都进行了报道，如7月25日的《泰晤士报》就在第三版刊登了一篇专文，除对检阅过程进行了详细描述外，还特别比较了“埃普西隆”级装备的35吨炮和英国海军当时装备威力最大的38吨炮的参数：

表3 “埃普西隆”级与“无畏”（H. M. S. Dreadnought）级铁甲舰主炮性能对比[219]

	“蚊子船”	“无畏”
火炮重量	35吨	38吨
口径	11英寸	12½英寸
药包重量	235磅	160磅
弹头重量	536磅	818磅
初速	1820英尺	1445英尺
总炮口动能	12311吨	11727吨
每英寸炮口动能	358吨	303吨

该报评论道：“虽然新型炮的口径和重量较小，但它们的威力和射程却大大增加了，并比‘无畏’号上的火炮，即现在英国海军拥有的最强大的武器超出百分之十五的穿甲能力……中国人作此突然的冒险一跳，已经跳到我们的前面去了。”[220]艳羡之情溢于言表。

检阅在下午4时许结束，曾纪泽返回伦敦后，马不停蹄地踏上了前往法国的班轮；[221]四艘“蚊子船”则继续前往普利茅斯，准备回航中国。

回航及验收

在订购第二批“蚊子船”之初，李鸿章曾考虑让正在英国留学的福建船政学生担任“蚊子船”管带，并招募中国水手，驾驶回华，并通过裴式楷告知了赫德和金登干。但金登干非常防备日意格介入此事，也考虑中国留学生可能经验不足，又不好直接违反李鸿章的意愿，因此他建议可以让中国留学生在炮艇上担任编外人员，沿途实习，并可招募一些中国水手。[222]赫德对招募中国水手的提议表示反对，但没有明确反对让留学生任编外人员的计划，只是表示“等到这些炮艇启航到东方之前一个月时再办理这事，时间完全来得及”。[223]但他们也同时准备等待正在英国海军服役的琅威理回国，让他再次负责驾驶“蚊子船”回航。

琅威理在结束了驾驶“飞霆”回华的航行后，在1877年6月9日调赴“喜鹊”号（H. M. S. Magpie）炮艇任舰长，1878年11月1日调任“拿骚”号（H. M. S. Nassau）炮艇舰长（当时该舰已作为测量船使用），[224]1879年3月，“拿骚”号返回英国，随即被拖往希尔内斯（Sheerness）除役。[225]琅威理于4月15日转入预备役，不久又结了婚。[226]但随即他便接受了金登干的要求，担任四艘炮艇舰队的指挥。为挽留琅威理，金登干同意支付给他双倍工资。[227]

与此同时，金登干与李凤苞进行了交流，李凤苞一开始坚持贯彻李鸿章的意见，派中国留学生随舰，但金登干对此极为反对，表现出对中国人能力的极大不信任，最终使李凤苞放弃了意见。[228]因此第二批炮艇仍采用从英国海军中雇员运送的方法，指挥四舰的舰长分别为海军中校琅威理（“埃普西隆”）、海军尉官保罗（R. Paul）（“基塔”）、海军尉官沃克（F. E. Walker）（“艾塔”）、海军尉官贝尔（J. J. Bell）（“西塔”）。[229]李鸿章听说炮艇回航时没有中国军官同来时非常生气，直到赫德对他做出了解释才作罢。[230]

原定合同中，这批炮艇应于1879年4月进行试航，以便赶在季风季节之前回到中国。但建造进程还是被大大拖延了，直到7月才进行了公试并接受了驻英公使曾纪泽的检阅，返航中国。赫德一开始并没有发表什么意见，但在8月12日的信函中，他突然以极其严厉的语气申斥了金登干：“鉴于你容许炮艇这样晚才启航，我预料非要给你发一个申斥训令不可。这些炮艇原应不迟于6月30日出发，迟一天也不行。它们势必在中国海遇到恶劣天气，势必在严寒季节到达天津。该死的！！！”[231]随后他多次指责小舰队航行太慢，督

“埃普西隆”级舰队（*The Illustrated London News*）

催琅威理从速赶回。

小舰队在接受了曾纪泽的检阅后于1879年7月25日抵达普利茅斯，并于30日启航。“埃普西隆”号在比斯开湾打掉了一片螺旋桨叶。[232] 8月5日抵达直布罗陀，接受了总督奈皮尔（Napier）的参观；12日抵达马耳他。在马耳他期间“埃普西隆”号入坞更换了螺旋桨，同时因为天气炎热，各舰都在舰体上打了一些通气孔，以改善通风。16日离开马耳他，22日进入苏伊士运河，31日抵达亚丁。在这段航程中，“艾塔”号上的一位不知名军官在他的笔记本上留下了一些有趣的记录，这份资料曾是英国皇家联合军种协会（Royal United Service Institution）的档案，后转入国家海事博物馆。如他在笔记中多次抱怨“埃普西隆”号（琅威理座舰）指挥失当，挂出不必要的旗号，甚至有一次没有发出警示就突然在别的“蚊子船”前头打横，几乎与后续舰相撞，后来搞清那样做是为了避开浅水区。笔记的作者将这次事件评价为“‘埃普西隆’号的孩子气更甚了”。[233]

琅威理在1880年返回英国后，也写了一封信给阿姆斯特朗公司，综述了小舰队的回航经历，[234] 另外金登干与赫德的函电中也多次提及航程中的一些情况，这些记录可以与海事博物馆的这份档案互为参照。小舰队在到达亚丁后招募了一些当地的伙夫，并接受了英国东印度舰队司令的检阅，9 月 4 日启航。此时印度洋上刮起了强烈的西南风，风力达到 7 至 8 级，“蚊子船”挂起风帆，一路借风航行，于 16 日到达加勒。20 日离开加勒，在强劲的西南偏西风中驶入了马六甲海峡，28 日到达新加坡。四舰在新加坡上坞，因“艾塔”和“基塔”的螺旋桨叶也发生了断裂，因此更换了新螺旋桨，[235]并油漆一新，进行移交前的最后准备。10 月 4 日离开新加坡，沿巴拉望水道进入南中国海，14 日抵达香港。赫德派其弟，江海关税务司赫政赴广州，视察小舰队并与其一同北上。[236]同时两广总督刘坤一对这批新建的“蚊子船”产生了很大的兴趣，于是琅威理派“埃普西隆”和“西塔”上溯珠江驶至广州，[237]刘坤一会同广州将军长善等一起进行了勘验，他对这些新式“蚊子船”的性能非常满意，称其“轻快灵巧，迥异寻常，虽不足以驰骋大洋，与人角胜，而用以防守海口，操纵自如，且足以洞穿敌人铁甲兵船，诚为海防第一利器”，并筹划在黄埔机器局仿造一艘，即为后来的“海东雄”号“蚊子船”。[238]

10 月 21 日，在接受了香港总督的视察后，四舰继续北上，前往天津。当驶近厦门时，小舰队遭遇了强劲的东北风，琅威理形容海浪打在舷墙上时“浪花飞溅到前桅一半的高度，军舰完全被海浪所覆盖”，为避免军舰被风浪打坏，他选择了贴近岛屿的内海航道，一路避风航行，夜间则就近驻泊，直到小舰队抵达上海附近风力才稍减。[239]

11 月 11 日，小舰队抵达大沽，19 日后接受了李鸿章的检阅。每舰各发射两发主炮炮弹，射击一个 2000 码外的海上浮靶（木桶制成，上插一面小旗），而“基塔”发射的第一枚炮弹就将浮靶摧毁了。李鸿章对这批炮艇也较为满意，认为“轮机、炮位、器具、船式均尚精坚灵捷，驶出洋面演试，大炮药力加多，亦有准头，与前购三十八吨炮船大致相同”。[240]其后四舰上赴天津，琅威理记录此时炮艇仍能达到 10.2 节的平均航速。[241]

30 日，琅威理写信给金登干，叙述了检阅的过程：

> 当总督听说我们以6.5节的航速迎潮从大沽驶来时，他非常高兴……三天后赫德先生从北京前来，并在“埃普西隆”上参观了一下，27日我们将军舰转交给中国政府。赫德先生和丁提督在中午时登上军舰，进行了换旗仪式……与总督的会谈持续了2个小时。在告别时他非常热情地与我握手，这对于中国人来说是极不寻常的。[242]

因其为南洋所购，故还在这批“蚊子船”的回航途中，沈葆桢便接李鸿章函，希望沈葆桢为其任命管带并命名。适逢福建船政留学生中的刘步蟾、林泰曾、何心川三人已回国，沈葆桢便提出将此三人派任“蚊子船”管驾；同时，沈葆桢将新购四舰拟名为“镇东”“镇西”“镇南”“镇北”。[243]

因这批“蚊子船”一开始便是以南洋的名目所购，李鸿章只是经手人，因此沈葆桢以为其会像第一批“蚊子船”一样，驶来福州交接，然后可以在船政配齐人员，来南洋入役即可。但李鸿章在这批“蚊子船”订购之初就决定将其直接在天津交付，[244]不知是出于故意还是无心，他并未将此事与沈葆桢沟通，致使这批“蚊子船”回华时沈、李二人间发生了颇多龃龉。

1879年11月初，沈葆桢致函丁日昌，称“伯相代南洋购蚊子船四号，以为如前次先抵闽也，故札刘（步蟾）、林（泰曾）驾之来江，近闻已越福州北驶矣”。[245]在致江南提督李朝斌的信中，他也说：“伯相代购‘蚊子船’，闻已径驶入津，有无变卦，亦未易知。”[246]说明沈葆桢此时产生了对李鸿章是否会失信于前的担忧。当然，他也致函李鸿章，直接询问了此事：“承代购之‘蚊子船’，闻前次在闽交割，故令管驾在罗星塔守候。比获咨示，饬令径驶津、沽，俟亲研其美善毕臻，乃付南洋。知大君子之用心，突出寻常万万也。”[247]信中虽用语颇圆滑，但显然是希望李就此事做出解释。

李鸿章接函后于11月30日复信道：

> 新购蚊船四只，早与总税司约定，来津交收。执事未询原委，遽檄闽局接替，非鄙人所能反汗。且六月间即咨请春帆派员来津接管，尊意或虑其无意予璧，前言具在，岂遂失信耶。今拟令龙、虎、霆、电四船赴麾下调遣。一该船在北洋两年，

咸水浸渍，底有杂物粘连，必须赴沪修洗，借省往返；一尊处奏明分防江阴、吴淞二处，风浪少平，龙、虎形制尤宜。敝处四船来年拟令常往大连湾巡泊，取其船舨加高，可破巨浪，非敢择利以自卫也。[248]

12月7日，李鸿章又复信一封，讨论新购“蚊子船”的人员问题。[249]但这两封信沈葆桢均未读到或未能回复，因为他在18日去世了！

平心而论，李鸿章固然有“事先约定”“赴沪修洗，借省往返”“船舨加高，可破巨浪”等理由，但未与沈葆桢商议便以新船换旧船实在不是君子行为。虽然李、沈二人在许多海防的重大问题上攻守一致，结成了紧密的同盟关系，但在有限的海防经费下，为争夺最新式的军舰还是有着各自的小算盘。沈葆桢会如何回应李鸿章已随着他的去世成了永远的问号，于是“镇北”级就此被李鸿章留在北洋，成为北洋海防早期的中坚力量。

四、“镇中”级“蚊子船”

1879年的海防讨论

在“镇北”级“蚊子船”建造期间，发生了几件影响中国海防决策的大事：

其一是日本吞并琉球事件。1879年3月，日本“琉球处分官”松田道之率领军警强行进入琉球都城首里城，废“琉球藩”而置“冲绳县”。从而将1872年开始的吞并琉球计划正式画上了一个句点。琉球一直以来是中国朝贡体系中的一员，琉球被吞并，使得台湾的处境更为危险，中国海防无疑又增加了一层压力，且对于海防建设更是一种莫大的刺激。李鸿章在陛见时所说“惜我无铁甲船，但有二铁甲，闯入琉球，倭必自退”[250]当是肺腑之言。

其二是赫德在1879年8月底向总理衙门陈递了一份《试办海防章程》，此条陈虽迄今未见其原本，但根据赫德的信件和一些中国官员的评论也能知其大略。首先，赫德大肆宣扬铁甲舰无用论，主张建设一支以“蚊子船”和撞击舰为主干的海军，并添置一艘运兵船；其次，他希望中国海军的主力军舰（如准备购买的两艘新式巡洋舰，即后来的“超勇”级）全部聘用洋员作为高级军官；第三，中国新组建的舰队将采用以一位中国官员和一位外籍海防司共同指挥的方式，恰如海关实行的海关道和税务司共同管理的形式；第四，设立总海防司署，由其担任总海防司；第五，他选择了南洋的南关（今沙埕港，在福建省福鼎市）和北洋的大连湾作为南北洋两支舰队的基地。[251]赫德的这份条陈随即被总理衙门转递南北洋大臣，征求李鸿章和沈葆桢的意见。

其实明眼人都可以看出，赫德的这份条陈是要将中国的海军置于英国的掌控之下，几乎就是十多年前的阿斯本舰队的翻版！作为亲历者之一的赫德不可能忘记阿斯本舰队是如何失败的，而此时他自己却抛出了这样一个野心勃勃的计划，一方面是出于成功购买了两批“蚊子船”之后的信心膨胀，另一方面则是看到了琉球事件之后总理衙门急于加强海防的迫切心情，同时也是出于对中国海防建设踟蹰不前的恼火和对中国人能力的极大不信任。而总理衙门则以“中国创办水师，久无成效，而倭人发难，擅废琉球，外侮日迫，亟图借才异国，迅速集事，殆有不得已之苦衷”[252]为由，草草与赫德定议。但当这份条陈到了身处海防第一线的南北洋大臣手里时，毋庸置疑地遭到了极大的抵触。

李鸿章的重要幕僚薛福成首先提出了强烈反对，直截了当地抨击赫德“阴鸷而专利，怙势而自尊，虽食厚禄，受高职，其意仍内西人而外中国”。他指出赫德如果集财权、兵权于一身，则“数年之后，恐赫德不复如今日之可驭矣”，且“赫德长于理财，本不以知兵名。中国初振武备，所倚唯一赫德，恐为东西洋各国所窃笑”。遂建议李鸿章进行反击。[253]李鸿章“踌躇数日”后，于1879年9月3日致函总理衙门，初议了赫德海防条陈，信中虽未敢遽然将其全盘推翻，但已有“唯既设海防大臣，又添派督办监司大员，亦不可全置不问，太阿倒持。谨就鄙见所及，于稍可迁就处概不置议，以免掣肘”等语。[254]而沈葆桢回复总理衙门的公函虽然至今未见，但可以想见其言辞更为激烈。[255]

同时，李鸿章私下与沈葆桢交换了意见，一致认为应限制赫德的权力，且不可偏废铁甲舰而只购买“蚊子船”、撞击舰。[256]在与沈葆桢达成默契后，李鸿章于10月3日再次致函总理衙门，继续与总理衙门打起了太极。此后，总理衙门再未提及设立“海防司”一事，此事件中，李、沈二人一唱一和，彻底粉碎了赫德的计划。

另一方面，通过第一批、第二批“蚊子船”的购买，李鸿章、沈葆桢等人都已经对这种军舰有了非常全面的认识，如李鸿章在致总理衙门的信中指出：

> 查蚊子船炮大船小，舨浅底平，西国用为守港利器，行驶既缓，风浪宜避，只能在海口及沿岸浅水处驰逐接战，似不宜于大洋……若恃为洋面制敌之具，未必确有把握。[257]

沈葆桢也说：

> 蚊子船在内河与铁甲船互击，未见其必败。其炮巨，其底浅，蚊子船所到之地铁甲船未必能到，此其所以恃者也。倘在外洋，铁甲船一点钟行四十余里，蚊子船一点钟行十余里。铁甲船最耐风涛，蚊子船最畏风涛，有炮巨底浅之利，即不能无炮巨底浅之害也。海与陆不同，非能战断不能守。自奉天以至广东海口，更仆难数，安得处处购蚊子船以守之？且无蚊子船之口，铁甲固可长驱直入，有蚊子船之口，但以铁甲船踞其外海，运兵运饷便步步戒心。诚以蚊子船不能舍所长用所短，出外海与铁甲争衡。[258]

而另一方面，赫德、金登干也为“蚊子船”的性能继续申辩，主张继续购买这种军舰。如金登干就沈葆桢的责难辩解道：

> 至于说炮艇若不是在风平浪静的水面行驶，就无法操纵大炮，我们从经验中得知，情况并非如此。比这种炮艇小得多的同一类型小艇在恶劣天气中尚可驶往怀特岛（Isle of Wight）外面的海域去做炮战演习。沈葆桢的埋怨只能证明，不论中国人多聪明，这些炮艇还是需要由欧洲人去监督管理。[259]

但他似乎忘记了，在1879年5月28日“埃普西隆”号的试航中，因为浪大而无法在炮门打开的情况下装填的事实。而且在高海况下，“蚊子船”很难作为一个稳定的射击平台使用，“能够操纵大炮”与“有效地进行实战”之间显然是不能够画等号的。即便是航海性能较好的“埃普西隆”级尚且如此，其他较小的“蚊子船”能否在大洋中对抗铁甲舰就可想而知了。

综上所述，“蚊子船”虽然是一种优秀的岸防武器，但远未达到能够取代铁甲舰的程度。正因为如此，以李鸿章、沈葆桢为代表的部分官员从未放弃购买铁甲舰的意图。除由李凤苞继续在英国议购原土耳其的铁甲舰“佩克伊谢里夫”号（Peyk-i Şeref）和“布鲁奇乌泽夫”号（Büruç-u Zafer）[后为英国海军购入，改名“柏尔来”（H. M. S. Belleisle）、“奥利恩”（H. M. S. Orion）号]外，还开始在德国另辟蹊径，查访购造铁甲舰的可能性。1879年底，在购到“镇北”级“蚊子船”后，李鸿章曾认为购买铁甲舰的时机已经成熟，于是向总理衙门提议“拟尽敝处存款先购一船来华操演，以为始基”，[260] 但总理衙门此时深受赫德的铁甲舰无用论影响，未予批准。李鸿章后来在致丁日昌的信中对此感慨道：“鄙意先尽存款购一铁甲，竟动色相争，可为浩叹。”[261] 总理衙门的这一态度决定了接下来的购舰计划仍不能以铁甲舰为核心，而赫德所推荐的撞击巡洋舰和“蚊子船”则依然是各方能够接受的选择。

巴林公司（Barings Brothers & Co.）的炮艇方案招标

作为“镇中”级购买前的一段插曲，1879年末到1880年初英国著名商业银行巴林公司为中国海军“蚊子船”所做的方案招标几乎为所有的海军史研究者所忽视，并且其真相至今仍笼罩在重重疑团之中。

巴林公司是当时英国一家著名的商业银行，其在1880年左右的主要经营范围包括欧洲、美洲、印度、澳大利亚等地，并未在中国设立分号，但与旗昌洋行（Russell & Co.）等驻华洋行的关系较为密切。[262]1879年11月23日，巴林公司突然致信查尔斯·米切尔公司，向其提供了一型“蚊子船”的技术指标和图纸，希望其就此方案做出报价。[263] 巴林公司提出的这一炮艇方案主要武器为一门26吨炮，可以用水压机械升降，主尺度类似于“猎犬”级（Bloodhound class）炮艇，[264]但船体容积接近“镇北”级，这显然是大有问题的。大约在同一时间接到投标邀请的还有英国其他一些著名造船厂，如格拉斯哥的英格利斯公司（A. & J. Inglis Ltd.）、克莱德河畔的汤姆森公司（James & George Thomson）、泰恩河畔的帕尔默兄弟公司（Palmer Brothers & Co.）等，它们都先后向阿姆斯特朗公司发出了为其提供武器系统的邀请。[265]26日，米切尔公司的合伙人亨利·弗里德里克·斯旺（Henry Fredrick Swan）前往阿姆斯特朗公司，就这一问题进行商讨。在进行了讨论后，阿姆斯特朗公司与米切尔公司分别致信正在伦敦的斯图尔特·伦道尔，请其就此事进一步与巴林公司方面接触，并深入了解情况。[266]30日，斯旺前往伦敦，与巴林公司进行了接触，并了解到探询是来自香港。他将此事也告知了阿姆斯特朗公司方面。[267]

米切尔公司在接到投标邀请后于12月3日进行了回复，对巴林公司提出的方案进行了修改。米切尔公司提出了两种设计方案，第一型是载9英寸18吨火炮的方案，该型舰全长88英尺6英寸，全宽26英尺，型深9英尺，吃水6英尺3英寸，排水量253吨，基本上就是“蚂蚁”级炮艇的修改型号。同时米切尔公司认为通过之前的经验已证明升降式火炮平台纯属多此一举，目前的设计已不再采用。该型方案装配两座蒸汽机，汽缸直径分别为12英寸和22英寸，活塞冲程15英寸，推进双螺旋桨，航速为8节；锅炉工作气压为70磅每平方英寸。米切尔公司估计此型造价为19000英镑。另一型则为载10英寸25吨火炮的方案，相当于“龙骧”级“蚊子船”，估计造价为21000英镑，如须增加帆装和小型武器则须另加价。[268]

同日，金登干也从阿姆斯特朗公司处获悉了这一情况，并致电赫德，告诉他这是来自中国的订货或探询。12月6日，金登干又发电一封，说明招标方案的详细情况，并指出“目前的订货单只是要建造一艘炮艇”。26日，赫德复电，称对金登干的这一消息“迷惑不解”，自己并未授权通过巴林公司进行任何探询，并怀疑此事是日意格所为，同时指示金登干对此事不要提供任何帮助。[269]经过进一步的调查，金登干于1880年1月15日电告赫德，询问乃是由香港的旗昌洋行发出的，但无论是阿姆斯特朗公司的武器投标还是米切尔公司的舰体投标均未被接受。[270]于是此事就此告一段落。

但倘若细究此事，尚有许多疑问未能得到解答：在旗昌洋行的背后，究竟是谁提出了这一询问？是日意格还是另有其人？其提出询问的目的又何在？

首先，日意格有着深厚的法国海军背景，私下在英国提出这一招标探询的可能性实在不大；况且他此时身在欧洲，[271]更无理由绕道香港的旗昌洋行提出探询。其次，中国的中央政府一直依靠赫德作为购买军舰的中介，李鸿章虽一面让李凤苞等人在各国查访订购铁甲舰，但在订购“蚊子船”一事上，他的态度也是依靠赫德。他曾在致总理衙门的信中有过如下议论：

> ……且此件（蚊子船）必仍由赫德经手为妥，缘丁雨生前属丹崖（李凤苞的字）于出洋时探询阿摩士庄蚊船价式，该厂即告知赫德，大抱不平，谓中国有猜疑彼人之见，丹崖遂不肯涉手。盖赫、金等与该厂交情已深，一切均易顺手，若另派他人觅订，必致掣肘，转恐糜费。[272]

那么，最大的可能就是某地方政府发起了这一探询。结合后来购买“镇中”级的过程来看，当时有意向购买“蚊子船”的省份无非山东、浙江、福建、广东四省，其中山东与北洋步调一致，似无另辟蹊径的可能；浙江则财力过窘，后来勉强承购的一艘也因经费问题而告吹，此时单独觅购也无可能；福建确有紧迫的海防需要，之前也有通过载生洋行和李凤苞、日意格觅购“蚊子船”的先例，但第一次是因为无经验，第二次则事先与李鸿章通过气，且已惹恼赫德，此时再绕过李鸿章和赫德，通过洋行打探也说不通。综合看来，为此事者以广东的嫌疑最大。

首先，探询是通过香港的旗昌洋行发出的，两广与香港近在咫尺，且旗昌洋行在广州也设有分号，以之作为代理人较合情理；其次，广东当时确有加强海防的强烈意愿，其时主政两广的刘坤一就多次上奏，强调广东海防的重要性以及财政的窘迫。如在1879年10月13日的《筹办海防事宜并请截留饷项折》中，刘坤一就提出“蚊船、水雷等项，先行购置一二，余令本省机器局自行仿造”，更提出

“南、北洋办理海防多年，诸事应有头绪，可否准由广东截留粤海关原解南、北洋四成洋税改解本省司局”。[273]他在1879年12月26日致丁日昌的信中也说：“购买船械，外间所请必从，无奈经费为难，遂亦无可方略。”[274]似透露了已经向外国打听购买船械的迹象。其三，广东与南、北洋海防建设并不和衷，向来保有一支较为独立的海防力量，且多有小轮船向外国购买。刘坤一在海防问题上与李鸿章也不和衷，独立行动的可能性很大。其四，广东此时也对“蚊子船”充满兴趣，刘坤一曾先后查验过“福胜”级、“镇北”级“蚊子船”，并提出由黄埔机器局在本省自行仿造。不久之后，刘坤一便因继母年老体弱申请告假回籍，在交卸之前，他又呈上一份《筹备蚊船以固海防折》，表示外购“蚊子船”实无财力，并已由黄埔机器局自行开工建造一艘。此折递呈的时间是1880年1月15日，正是金登干告诉赫德投标未成之时，其中的联系引人遐想。

作为此事的注脚，1880年5月14日，乔治·伦道尔在致斯图尔特·伦道尔的信中再次提起了这一事件：

> 广东的总督肯定就是那个让巴林公司来询问的人，你记得他们发来了图纸。他们或许想要如图所示的炮艇，但如你所知这是非常不同的。你无法反驳这样的人，如赫德先生所说，“随他们去就是了”（give them rope enough）。[275]

“镇中”级“蚊子船”的订购

1879年10月，总理衙门致函李鸿章，提出了续购“蚊子船”的问题。李鸿章在25日复函进行了答复。他认为，“蚊子船”虽然“若恃为洋面制敌之具，未必确有把握”，但“南北海口甚多，防不胜防，若财力有余，尽可添购……似应由各省大吏自行酌量筹购”。[276]首次提出由地方主导续购“蚊子船”的设想。11月30日，他再次向总理衙门提出这一想法。[277]

12月7日，朝廷密谕李鸿章、沈葆桢等，就整顿水师、择将购船等事命其妥议具奏。[278]11日，李鸿章上《筹议购船选将折》，提出组建海军，利于海面攻取者有铁甲船、快船、水雷船等；防守海岸，则须有“蚊子船”，而对于续购“蚊子船”一事，他仍坚持与总理衙门讨论时的意见，主张由各省独立购买：

> 臣愚以为广东、台湾海口至少须各有二只，浙江宁波、山东烟台海口至少须各有一只，平时与南、北洋现有蚊船互调会操，有事则各防各口，借杜窥伺。每只约需银十五万两，在各该省力所能办。两广督臣奏称拟先购置一二，自必筹有的款。臣面询升任江宁藩司前署福建藩司卢士杰，据称闽省藩运各库，尚积存数十万；又询前任浙江藩司任道镕，谓浙力十余万尚可筹凑；山东各库另存银百余万，则远近皆知。拟请敕下各该督抚臣，先其所急，迅速照议筹办，不准借辞诿延，并截留海防协款。径请总理衙门转饬赫德，克期定购，明年秋冬即可来华。其隶南洋者，由沈葆桢会商调度；隶北洋者，由臣会商调度。庶众擎易举，声势相联，必于海防全局有裨。[279]

李鸿章亦深知暂时放弃购买铁甲舰，而让各省独立购买“蚊子船”是“不得已而思其次”[280]的行为，他的这种谋划应当主要是出于几个方面的考虑：其一，之前购买“蚊子船”的经费都在“海防经费”中开支，所谓“海防经费”是由各省在厘金、洋税中提取，统一报解户部，再由户部拨给南北洋应用的，是一种国家性质的统一海防开支。但事实上各省报解的款项从来就没有足额过，因此“饷不应手，断难为无米之炊”。[281]在李鸿章的设想中，北洋现有的海防经费应主要供购买铁甲舰之用，退而求其次也应用来购买巡洋舰，继续购买“蚊子船”意义实在不大。其二，各省既然拖欠海防经费，便干脆将购船的事务分派给各省，反而更有针对性；而且他事先查清一些省份的财政状况，继而直接上奏的做法相当于断掉了某些省份虚与委蛇的后路，不得不说下手老辣。其三，“蚊子船”既然只能用来守口，那么由各省独立运作也是恰当合理的，并不影响海防的大局。其四，李鸿章还提出各省的“蚊子船”购到后由南北洋大臣统一会商调度，其实又给这些“蚊子船”后来划入国家统一管理埋下了伏笔。其五，李鸿章后来还打算将各省购买“蚊子船”的款项转用于购买铁甲舰，变相解决购买铁甲舰问题。

当然，李鸿章的这一谋划不是没有受到各省督抚的抵触，如新任两江总督、南洋大臣刘坤一就曾抱怨道：

> 合肥平日尽天下之财力，此时仅以津沽一路责之，大属便宜……前此合肥购买蚊子轮船多号，靡费近二百万，尚欲闽、粤续办；当经坤一会同裕泽帅（裕宽，时任广东巡抚，署理两广总督）奏驳，朝廷深以为然，而仍不免迁就。此次道出天津，与合肥议论铁甲船不合，似此情状，南、北洋何能和衷。[282]

12 月 12 日，朝廷在收到李鸿章的这份奏折后谕军机大臣等，认可了李鸿章的这一建议："其广东、台湾、浙江宁波、山东烟台各海口均须筹备蚊船与南北洋互调会操，借杜窥伺，均着照所议办理。该督抚当仰体朝廷宵旰焦劳之意，共矢公忠，先其所急，迅速筹办，不得借辞诿延。"[283] 13 日，又谕总理衙门，表达了类似的意思。[284] 25 日，总理衙门回奏，建议此事仍全权由李鸿章经办。[285] 1880 年 1 月初，总理衙门函饬李鸿章继续经办各省续购"蚊子船"事务，李鸿章则表示此事仍转饬赫德、金登干经手较妥。[286]

与此同时，各省也就承购"蚊子船"一事进行了回复。最先承购的是闽浙总督何璟和山东巡抚周恒祺，1880 年 1 月 20 日、21 日，两人分别上奏，愿意购买两艘（福建）和一艘（山东）；[287] 而总理衙门在讨论后认为，应将海防购舰通盘考虑，除北洋、南洋已有的八艘"蚊子船"和北洋已订购的两艘巡洋舰外，南洋亦应购买两艘巡洋舰，福建则应购买两艘巡洋舰和四艘"蚊子船"。[288] 李鸿章则建议将福建省用来购买"蚊子船"和巡洋舰的款项加上南洋购买巡洋舰的款项合并用作购买一艘铁甲舰，但总理衙门认为福建购买"蚊子船"不必因购买铁甲舰而中止。同时，李鸿章还说服周恒祺将山东省的订购数量增加到两艘。另外，浙江巡抚谭钟麟则考虑购买一艘；署理两广总督裕宽则延续前任刘坤一的思路，主张在本省建造"蚊子船"，但也在准备购买经费。至此，第三批"蚊子船"暂定福建省两艘、山东省两艘、浙江省一艘。[289] 李鸿章便以这个方案通报了赫德。

3 月 18 日，赫德致电金登干，告知李鸿章获准再订造五艘"埃普西隆"级"蚊子船"，令金登干向阿姆斯特朗公司询价。[290] 4 月 7 日，诺布尔赶来伦敦的中国海关办事处，与金登干协商了炮艇报价，同意在1881年3月中旬交货，每艘价格32500镑。接到金登干的回复后，赫德又发出一份内容更详细的电报，请金登干回复：

> "埃普西隆"型炮艇：速复所附三问题，（1）如5月订购两艘，每艘造价若干？（2）如7月前订购第三艘，造价若干？（3）如第三艘后在8月前再订购两艘，即第四、第五艘，造价若干？[291]

赫德之所以让金登干进行三个报价，很可能是出于李鸿章对他的回复：5月前订购两艘，指山东省的两艘，这是最为明确无疑的；7月前订购第三艘，或指浙江省的一艘；8月前订购的两艘，则应指福建省的两艘。考虑到浙江尚未筹齐款项，而福建的购舰计划则被总理衙门严重扩大，经费也一时难以筹措，因此李鸿章考虑分批购买这些"蚊子船"。金登干就这一询问也写信咨询了诺布尔，并致函电回复了赫德。[292]

但到了4月，浙江巡抚谭钟麟却因经费过绌而通知李鸿章取消了订购计划，[293]于是可以敲定的数量暂时只有山东省的两艘。5月5日，赫德致函电予金登干，令其签署订购两艘"蚊子船"的合同。[294]但仅过了6天，赫德便又告知金登干，第三艘已为广东承购。[295]应是此时署理两广总督的裕宽确定并上报了购买计划。[296]

收到电报后，金登干立即联系了阿姆斯特朗公司方面，乔治·伦道尔建议暂缓签订协议，因为按照惯例，随协议需要附上设计说明，而在"镇北"级基础上进行的改进方案尚未定议。[297]琅威理结束了在英国的休假后，本准备乘坐5月12日的邮轮返回皇家海军东方舰队（China Station）服役，但金登干认为应让他与乔治·伦道尔进行一次会晤，谈一谈他所建议的炮艇改进方案，于是金登干劝他延后了邮班。琅威理于14日来到纽卡斯尔，与乔治·伦道尔详议了"镇中"级炮艇的改进方案。[298]随后又经过了一番讨价还价之后，金登干与阿姆斯特朗公司于22日签订了三艘"镇中"级"蚊子船"的协议，规定每艘价格为33000英镑，仍按三期支付，并定于1881年1月31日前建成。[299]

克虏伯公司“蚊子船”的模型照片（Pictures of Krupp）

插曲——德国克虏伯公司推荐的“蚊子船”方案

1880年4月，正在“镇中”级“蚊子船”的订购计划紧锣密鼓地进行时，赫德突然致信金登干，称克虏伯公司在中国的代理人向李鸿章推荐了一型“蚊子船”，航速为14节，吃水7英尺，载有一门30吨克虏伯后膛炮。金登干随即与乔治·伦道尔进行了商讨，结论是对克虏伯的方案不以为意。[300]此事之后便没有了下文。克虏伯公司究竟向中国推荐的是何种“蚊子船”也一直隐藏在重重迷雾之中。

其实早在1878年11月，驻德公使李凤苞就曾接到克虏伯公司的推荐，希望建造一种小型炮艇，长100英尺，宽18英尺，吃水7英尺，轮机450匹马力，航速为20节，乘员为50人，装备150毫米克虏伯炮一门，“其炮不用时，可藏伏舱下，又可周转开放，数秒时即已旋转一周，不必挪动其船也”。同时这种船还可以注水以增加吃水，使“船身露出水面不多，可避敌炮”。李凤苞称“今克鹿卜议造此船，已领德国之保凭矣”。[301]

从李凤苞的描述中看，这种船型完全不同于伦道尔式的“蚊子船”，具有很大的长宽比，较小的吃水和很高的航速，应该类似于鱼雷艇的船型。这种独特的军舰若无图片佐证，很难想象其样貌将有多么古怪。所幸在克虏伯公司的档案中还保留有一张1878年拍摄的该型“蚊子船”的模型照片，从图上看，这种炮艇外观与鱼雷艇十分相似，只是在后甲板上装备了一门大口径火炮，而无鱼雷发射装置。[302]

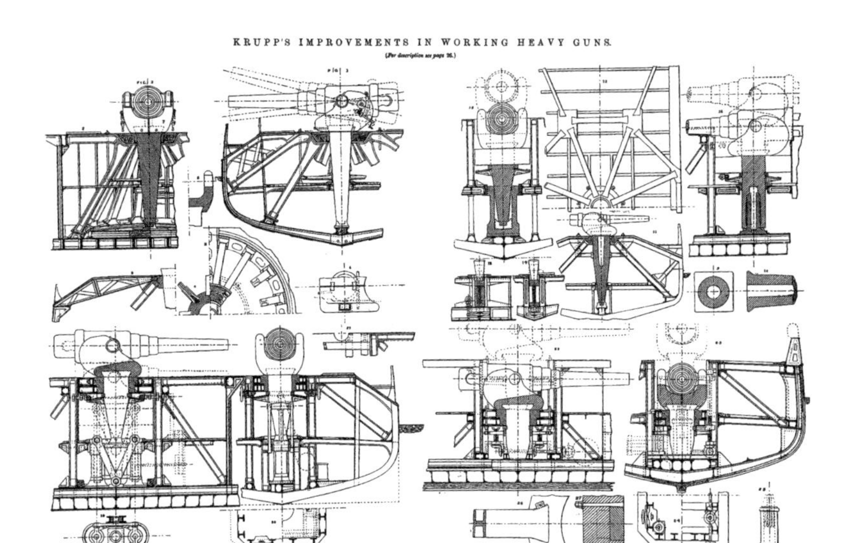

克虏伯“蚊子船”火炮安装结构设计图（*The Engineer*）

1879年1月10日的《工程师报》曾以“克虏伯对操作重炮的改进”（Krupp’s Improvements in Working Heavy Guns）为题对这种炮艇进行了专题报道，其最大的特点是其火炮安装方式不同于普通的架退炮，克虏伯公司的设计是直接将火炮枢轴连接到船体上，并设置许多斜向支撑，靠加强船体本身的结构来吸收后坐力。这种火炮安装方式的好处有三：一、由于无须后坐——复进，简化了操作流程，提高了射速；二、火炮可以围绕枢轴全向旋转，无须像英国“蚊子船”一样整船瞄准；三、火炮可以上下升降，不用时置于船体内，降低重心，以应对恶劣海况。在克虏伯公司的设想中，一艘1000吨级的小艇即可以这种方式装备400毫米口径的80吨火炮，并可安装4000匹马力的强劲轮机，达到18节的高航速，造价仅为80000英镑。显然，就纸面数据而言，这种兼具大火炮、小体型和高航速的军舰将成为十分诱人的武器。[303]

事实上，这种“蚊子船”仅仅停留在纸面上，从未被建造过。可以猜想的原因是这种炮艇与伦道尔式“蚊子船”相比，航海性能将会更差，如果稍有风浪，毫无遮蔽的龟背状甲板上将很难站人，更不用说操作发射火炮了。其较高的航速虽然能够吸引买家的眼球，但可以想象在如此高航速下娇小的舰体将成为多么恶劣的火炮射击平台，高航速与火炮射击在这种炮艇身上将成为一对矛盾的组合。因此，这种炮艇虽然表面上具有一定的吸引力，却是一种不切实际的设计。所幸李凤苞和李鸿章没有被克虏伯公司标新立异的设计迷惑，为了赶时髦而多花一份冤枉钱。

琅威理对“镇中”级炮艇的改进意见及“镇中”级的技术性能[304]

1880年5月14日，琅威理在与乔治·伦道尔的会谈中，详细列举了他所发现的“镇北”级炮艇的不足之处，会后两人拟就了一份备忘录，共提出了21点改进意见：

一、尽可能增大12磅炮的后向射界。

二、在侧向强风下，轻载的军舰很难操纵，建议将舭龙骨后移，并调整重量，使得在载煤的情况下维持平衡。

三、主帆似无实际用处，建议废除；纵帆向后延伸太远；舰艏三角帆在浪埋舰艏时无法张挂。

四、建议艉楼以一块平顶覆盖，给操炮等工作留出更多空间。

五、未考虑弹药库的通风，且弹药库中易积水，子弹易受潮。

六、舱房内部上煤经过的地方需要填隙。

七、（原文缺）

八、为舷侧通道和厨房增加顶部通风口，并在通道中设置钢制烟囱隔墙。

九、军官住舱现用多层圆形舷窗（scuttle），建议以优质的有遮罩的窗户（window）取代舷窗。

十、罗经的质量很差，建议设置在较高处；推荐采用伦敦芬切奇公司（Fenchurch & Co.）生产的罗经。

十一、舷侧开口安装得很糟糕，应能良好地开合，并增加两个。

十二、排水孔太小，排水不够快。

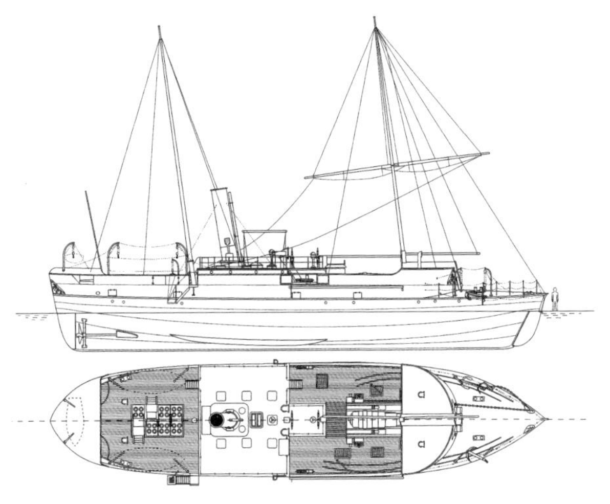

“镇中”级“蚊子船”舾装图（方禾绘）

十三、天窗口在装运货物等情况下是薄弱环节，应予以加强以防万一。

十四、轮机舱天窗很容易破裂，建议采用木质的小圆窗，也可以提供足够的照明，且更安全。

十五、连接水压机和锚机的蒸汽管没有排水阀门。

十六、轮机舱需要设置风筒。

十七、舵轮需要遮蔽。

十八、如有可能，为舵轮增加蒸汽或液压装置。

十九、建议舢板移到舰桥后的吊艇架上。

二十、“埃普西隆”号上的机械开炮装置经常失效。

二十一、在厨房中增加蒸锅，因为需要蒸煮大量的米饭，可能空间不够。[305]

关于琅威理着重指出的在侧向强风条件下操纵性差的问题，乔治·伦道尔认为完全是因为抬高了舷墙，增加了侧向受风面积，他认为解决方法是将舢龙骨后移并降低主龙骨的高度。对此，琅威理提出加长军舰的长度，在轮机舱后再设置一个弹药库，通过转运弹药的方式来配平前后的重量，伦道尔认为此举太不实际。[306]琅威理还认为“镇北”级水密隔舱过少，但伦道尔也认为无法再做增加。[307]在了解了伦道尔对改进的初步设想后，金登干也发表了一些意见，如他认为出于外观考虑，也应保持双桅杆的设计，[308]但从后来北洋海军和日本海军的使用情况来看，一般是将“镇中”级的前桅废除不用的。

从现有的资料判断，琅威理的提议中，第一、二、四、八、十四、十六、十七、十八、十九条得到了贯彻，还有几条得到了部分贯彻。应该说，这些提议是“镇中”级在“镇北”级基础上改进的最主要依据。

根据现存的“镇中”级的技术说明书，可以将其与“镇北”级进行比较。[309]从船型上看，“镇中”级与“镇北”级极为相似，但“镇中”级采用了飞剪艏式样，前后舵叶的形状也与“镇北”级有所不同，舭龙骨的位置也较靠后。舰体前部吃水与“镇北”级一样，为9英尺6英寸，后部吃水则增加到了10英尺3英寸。排水量与“镇北”级相当。

从外观看，“镇中”级的前后桅杆不再采用三足桅式样，也没有斜桁，且在不用时都可以折倒，前桅前方还附有一根用以折倒时支承的起重杆；烟囱也可以折倒，以减小挂帆航行时的影响。舷墙经过了整体设计，舢板均被移到了后甲板的吊艇架上。另外，舰桥部分向前延伸，将“镇北”级的舵轮移到了舰桥上，并配备有液压助力装置，操舵的视野也更加良好。

应该说，经过了这些改进，“镇中”级成了一型非常完善的设计，是中国“蚊子船”的收官之作。

“镇中”级的建造、回航及验收

三艘“镇中”级“蚊子船”于1880年6月2日在米切尔造船厂开工，船厂编号分别为411、412和413，临时舰名延续“字母炮艇”的传统，分别为“伊奥塔”（Ι /Iota）、“卡帕”（Κ /Kappa）和“拉姆达”（Λ /Lambda）。[310]7月中旬，阿姆斯特朗厂的设计完稿。[311] 9月，因中俄在伊犁谈判中僵持不下，随时有爆发战争的危险，因此赫德电告金登干，要求阿姆斯特朗公司于次年1月将船建成。但因为米切尔造船厂发生了严重的罢工，因此阿姆斯特朗公司否决了提前交货的可能。[312]1880年12月9日、22日、31日，三艘炮艇分别下水，[313]但随着严冬的到来，工期进一步被延误。阿姆斯特朗公司通过代理人布里奇福德（S. T. Bridgeford）询问了李鸿章，李向他表示炮艇并不急需，因此赫德也没有在建造问题上再加催促。[314]

1881年2月10日，为接收“超勇”“扬威”两艘巡洋舰先期赴英的北洋水师督操丁汝昌和洋教习葛雷森（William Hughes Clayson）抵达伦敦，14日，金登干陪同二人一起赴纽卡斯尔，参观了正在建造中的巡洋舰和炮艇，历时一周方返回伦敦；25日，丁汝昌一行再次前往纽卡斯尔，参加火炮检验等事。[315]4月22日，第一艘炮艇进行了非正式试航；27日至29日，三艘炮艇分别进行了公试，诺布尔和金登干都亲自参加，但尚不清楚丁汝昌等人是否出席了炮艇的公试（此时搭载着接收“超勇”号、“扬威”号的中国官兵的“海镜”号轮船也已抵达了纽卡斯尔）。[316]试航、试炮一切顺利，在进行了一些回航前的准备后，三艘“蚊子船”于5月18日驶离纽卡斯尔。[317]

在“镇中”级建造之初，赫德曾指示金登干：“现正建造的那几艘船建成后，在它们驶回时，你务必不要多花1便士不必要的钱，不要多雇一个绝非必需的人手。”[318]因此金登干设想，这三艘炮艇不再雇用海军官兵驾驶，而采用商业方式运送。他询问了英国著名航运公司大英火轮船公司（Peninsular & Oriental Steam Navigation Company），该公司向其推荐了一位罗斯（John Ross）船长，由他以个人名义签订合同，在商务部的许可下将炮艇送出。[319]经过一番讨论，赫德同意了这种运送方式。1881年4月，金登干最终与罗斯拟定了协议，由其负责招募炮艇船员。最终选定三舰的指挥官分别为：罗斯（“伊奥塔”号）、鲍威尔（Powell）（“卡帕”号）、哈夫纳（Haffner）（“拉姆达”号）。[320]值得一提的是，这三艘炮艇上的厨子和服务人员都是中国人，或是来自于“海镜”号上接舰团的人员。[321]

炮艇驶离纽卡斯尔后，在英吉利海峡遇风，因此小舰队驶入迪尔（Deal）港避风，至5月20日晨前往普利茅斯，并于21日抵达。丁汝昌、葛雷森、金登干等均来到普利茅斯送行。24日小舰队离开普利茅斯；6月4日，抵达马耳他，翌日离马耳他继续前行；11日

舾装完成后在船台上做最后整备的“拉姆达”号“蚊子船”

(Northumberland County Council Archive)

停泊在泰恩河上、准备回航中国的“拉姆达”号“蚊子船”

(Northumberland County Council Archive)

“拉姆达”号前甲板与主炮（Northumberland County Council Archive）

“拉姆达”号后甲板与副炮（Northumberland County Council Archive）

抵达塞得港，同日驶离；12日抵达苏伊士，13日驶离；20日抵亚丁，23日驶离；7月4日抵加勒，5日驶离；13日抵新加坡，15日驶离；22日抵达香港。一路上虽然不乏风高浪急的恶劣天气，但罗斯几乎马不停蹄，全速航行。相比于“飞霆”级从普利茅斯到香港的97天航程和“镇北”级的76天航程，“镇中”级的这段航程仅用时56天，以至于金登干怕他航行过快，轮机损耗太严重。[322]

小舰队到达香港时，当时正在东方舰队“红隼”号（H. M. S. Kestrel）炮舰担任舰长的琅威理参观了这些军舰，他后来在致金登干的信中写道：“我看到了许多小改进。我希望您能因将这些小而强大的军舰建成为精良的战斗机器而受到应有的赞誉。‘伽玛’级作为战斗和航海的舰艇，是无法与‘埃普西隆’级相提并论的。”[323]之后，“拉姆达”号驶离编队，直接前赴广州交付。两广总督张树声不久后亲往察验，称其“工料坚固，机器灵捷，所载大炮亦属精良，洵足备海疆缓急之用”。并取名为“海镜清”，委派都司陈良杰管带。[324]“伊奥塔”号和“卡帕”号继续北上。在北上过程中，罗斯为讨好李鸿章派出迎接的官员而演放了大炮，孰料发射了三发炮弹都没能击中目标，致使官员们都很不满意。赫德对此事大发雷霆，又听说炮艇移交的时候极脏，罗斯酗酒，还在猴矶岛附近擦伤了船，因此他建议金登干不要发给罗斯奖金。[325]8月11日，“伊奥塔”等二舰驶抵大沽口，李鸿章派水师营务处道员许钤身、督操炮船游击刘步蟾、洋员哥嘉和津海关税务司德璀琳验收了炮艇，并于数日后亲往查勘，称其“轮机、炮位、船式均尚精坚利用，与前购各船相同”。他将二舰延续“镇北”级的命名方式，定名为“镇中”“镇边”，并派留英归国的守备林永升、叶祖珪管带。李鸿章还与新任山东巡抚任道镕面晤商定，将山东的这两艘“蚊子船”与北洋前购的“镇北”级“蚊子船”在一处驻泊操演，而二舰的弁勇薪粮则由山东拨款，相当于借山东省的名目达到了充实北洋海防的目的。任道镕由直隶按察使调山东巡抚，自然不敢对老上司的这一决定有什么意见。[326]于是，北洋的“蚊子船”总数达到了六艘之多，并在巡洋舰、铁甲舰到来之前成为北洋海防的柱石。

对于在“蚊子船”、巡洋舰购买过程中做出贡献的赫德、金登干等人，清廷批准了李鸿章的奏议，予以嘉奖。其中赫德赏给头品顶戴，金登干赏给二品衔，阿姆斯特朗勋爵亦被授予三等宝星。[327]然而，此后李鸿章购舰的主要方向便转向了德国，赫德和金登干的购舰中介角色也就此失落。

“镇中”级订购的余音——阿姆斯特朗公司推荐的新型“蚊子船”

1881年3月，米切尔船厂中的“镇中”级“蚊子船”和“超勇”级巡洋舰已经下水，正在舾装等待着最后的检验交付，因此阿姆斯特朗公司开始考虑向中国政府推荐新的舰船。11日，诺布尔致信伦敦办事处的斯图尔特·伦道尔，信中开列了一型“超勇”级放大型巡洋舰的技术数据；25日，阿姆斯特朗公司又追加了一封信件，列出了放大型巡洋舰的航速和续航力数据。[328]4月6日，诺布尔在回复斯图尔特·伦道尔的信中，更加上了阿姆斯特朗公司新设计的两型“希腊字母”（Greek type）型“蚊子船”，并附上了图纸。此两型“蚊子船”的主要技术数据如下表：

表4 1881年阿姆斯特朗公司推荐的新型“蚊子船”技术指标[329]

型号	A	B
航速	12节	10节
型长	140英尺	115英尺
型宽	27英尺	25英尺
型深	12英尺3英寸	12英尺3英寸
吃水	9英尺6英寸	9英尺6英寸
武备	10英寸后膛炮×1（前） 6英寸后膛炮×1（后）	8英寸后膛炮×1（前） 6英寸后膛炮×1（后）
建造周期	10个月	10个月
造价	41550英镑	27150英镑

斯图尔特·伦道尔在接到诺布尔的信后，于4月8日致信金登干，向其详述了这两型“蚊子船”的性能，他特别指出，随着火炮制造技术的发展，原先笨重的前膛炮已被更轻便先进的后膛炮取

代，且穿甲能力有过之而无不及。新型“蚊子船”的前主炮能够在一定的范围转动，并有1英寸的挡板防护；艉炮则安装在“阿尔比尼”（Albini）式液压炮架上，有着很大的旋转范围，且有炮盾防护。为鼓动金登干，他还说阿姆斯特朗公司准备开工一艘12节型“蚊子船”作为外贸军舰，如中国政府希望购买可以优先考虑。[330]在接到斯图尔特·伦道尔的这封信和图纸后，金登干于4月22日写信告知了赫德，并附上阿姆斯特朗公司的来信和图纸。[331]赫德6月11日复函说：“那几张比中国订购的舰船更大以及更全面改进了的炮舰的新图纸很有趣，这种船看来更坚固，驾驶起来更灵便。但我猜想中国不会立即订购另外的舰船了。”[332]于是这次推销计划便告一段落，中国后来也没有再订购任何“蚊子船”。

然而此事还有后续。1882年，阿姆斯特朗公司向澳大利亚殖民地政府推销了一揽子的军舰建造计划，从“蚊子船”到“超勇”放大型巡洋舰共有10型之多，其中的B1型和D型方案便是之前向中国推荐的10节型和12节型“蚊子船”。澳大利亚当局对这些军舰产生了很大的兴趣，并最终决定建造一艘B1型“蚊子船”、一艘D型“蚊子船”和一艘F1型小型巡洋舰。1882年9月和12月，三舰相继开工，后来成为维多利亚州的“阿尔伯特”号（Albert）、“维多利亚”号（Victoria）和“保护者”号（Protector）；1883年，昆士兰州也订购了两艘B1型“蚊子船”，即“帕鲁玛”号（Paluma）和“伽云达”号（Gayundah），阿姆斯特朗公司向中国推荐的这两型“蚊子船”终于在澳大利亚结出了果实。[333]

五、“字母炮艇”在中国的服役经历

1877—1913年间的“龙骧”级、“飞霆”级“蚊子船”

“龙骧”级“蚊子船”回到中国后，在天津接受了李鸿章的检阅，并拟定了中文舰名，随后至福州配齐人员，分别由张成、邱宝仁管驾，1877年2月，因中西关系紧张，福建巡抚丁日昌准备将刚

航行中的“飞霆”级“蚊子船”（*The Pictorial World*）

刚到华的两艘“龙骧”级“蚊子船”派赴台湾加强防务。[334]此事后来以外交途径解决，两舰便由吴世忠督操，在澎湖一带操演。[335]“飞霆”级炮艇则直接在福州交付，四舰到齐后，张成、邱宝仁调赴“飞霆”“策电”，原二舰大副升任管带。但李鸿章对四舰管带均不满意，首先，他与丁日昌一致认为邱宝仁此人“颇软弱”；[336]而且四舰管驾“均非锐意向上之人”。[337]他们本想延请驾驶“伽玛”（“飞霆”）号回航的琅威理担任四舰教官，但琅威理因在英国海军中还担任职务，无法就任，因此四舰仍由张成负责指挥操演。[338]1877年秋冬，四舰均留在台湾、澎湖海域巡操。1878年春，四舰本应在海河解冻后北返，加入北洋海防，但时任闽浙总督的何璟屡次与李鸿章商议，请求将两艘“飞霆”级留用在福建，李鸿章以“现需合操，必应聚于一处”为由，[339]仍于4月底由道员许钤身统带，将四船全部调回北洋。途中遇风，在上海受阻多日，终于6月中旬先后到达天津。[340]8月14日，护理总税务司葛德立在大沽口视察了这些“蚊子船”，并听取了张成等人对“蚊子船”的改进意见。是年冬，四舰便在海河中守冻。[341]

中法战争前夕一艘“龙骧”级“蚊子船”正在进行整修（*The Illustrated London News*）

1879年5月27日，美国前总统格兰特来华访问，抵达大沽口，包括四艘“蚊子船”在内的北洋军舰均行升桅礼，并鸣礼炮二十一响。[342] 7月19日到21日，李鸿章亲赴大沽，会同许钤身和张成等查勘了“飞霆”级“蚊子船”，称其“轮机器具等件尚精致灵捷，演试大炮亦有准头”。“随令驶出沽口洋面，往返两时，顺水逆风，每点钟行二十一里有奇。若开满轮机，速率当可略加……今察看该船巨炮，实足可以制铁甲，守护海口最为得力”。[343]

1880年春，因“镇北”级“蚊子船”购到，李鸿章便履行事先与总理衙门的约定，将“龙骧”级和“飞霆”级“蚊子船”派赴南洋。4月3日，四舰在管带沈有恒、许寿山、陈锦荣、何心川的驾驶下起碇南下，到达上海后即入江南制造局修理。[344] 11月初，南洋大臣刘坤一会同彭玉麟、李朝斌等视察了长江口防务情况，他在9日的《派员统带蚊船责成操练片》中称：“……蚊子轮船‘龙骧’‘虎威’两号，尚在机器局修理未竣。当经先调已经修竣之‘飞霆’‘策电’两号前来，公同试验，如法装足药铅，饬令各放三炮，子路平出尚远，船身尚不挫退；唯该船并未勤加操演，是以行走颇嫌迟笨，而装子尤觉纡缓，约计一刻始放一炮，恐不足以应敌。”并派记名提督杨明海为“蚊子船”统带。[345]“龙骧”“飞霆”级“蚊子船”自此开始了漫长的长江下游驻防生涯。

1884年中法战争爆发，法国远东舰队封锁中国沿海一带，长江口防务亦吃紧。其时四艘“蚊子船”均停泊于吴淞口，后“虎威”“策电”二舰随大队移驻崇宝沙（现已湮没，位置在崇明岛西端，与吴淞口隔江相望），“龙骧”“飞霆”与“金瓯”一同仍驻泊吴淞口张华浜一带。[346]此时“龙骧”号管带仍为沈有恒，“虎威”号为虞庆堂，“飞霆”号仍为陈锦荣，“策电”号为史建中。[347]1885年，四舰又移泊江阴黄田港附近。[348]中法战争结束后，四舰仍回上海停泊。[349]1891年夏秋，长江沿岸爆发大规模教案，“飞霆”“策电”二舰奉命上溯至芜湖，后又驶往武汉，停泊江中，以资镇压。[350]是年10月12日，总理海军事务大臣奕劻上奏，鉴于南洋海军经费不敷，建议将“飞霆”等四艘“蚊子船”暂行裁撤，“所配员弁仍令驻泊沿江要隘，依附炮台，酌留弁兵看守该船，操练炮位”。[351]

1894年中日甲午战争爆发，四艘南洋“蚊子船”重新募齐人员，披挂上阵。根据时任南洋大臣刘坤一的布置，“龙骧”“虎威”与“开济”“南琛”一起驻防江阴，“飞霆”“策电”与“寰泰”“镜清”“保民”一同驻防崇宝沙一带。[352]1895年初北洋海军覆灭后，日军加紧了南下侵台的步伐，南洋防务骤然吃紧，暂署两江总督的张之洞又调整了长江口防务，拟将四艘“蚊子船”与“南瑞”“开济”“寰泰”“镜清”“保民”等全部移驻崇宝沙尾。[353]其时南洋大部分军舰都驻泊江阴，只有“飞霆”“策电”在崇宝沙，接到电令后二舰即赴江阴，与其他军舰会齐，随后于4月19日全行移驻崇宝沙一带。[354]南洋的四艘“蚊子船”便在此平静地度过了甲午战争的最后时光。

甲午战争后，“飞霆”“策电”还参与了陆军的遣散工作，[355]此后四舰仍驻泊长江中下游。1898年四艘“蚊子船”共更换了6门江南制造局制造的速射炮。[356]1903年1月11日，时任两江总督张之洞上奏，请将四艘“蚊子船”裁停：“蚊船四号，曰‘龙骧’，曰‘虎威’，曰‘飞霆’，曰‘策电’，皆系购造多年，机老钢薄，式旧行迟。蚊船一项，短笨濡滞，尤不适用……‘龙骧’‘虎威’‘飞霆’‘策电’四蚊船，拟即一律裁停。”[357]即将四艘“蚊子船”停泊于江南制造局前，等待承买。是年6月，护理江西巡抚柯逢时致函继任两江总督魏光焘，请将“龙骧”舰拨往江西省差遣；

而江南提督李占椿亦请将“策电”舰拨驻松江；“飞霆”舰则改为仪征盐栈缉私舰，驻泊三江口查缉枭匪；“虎威”仍停泊制造局前。[358] 1905年8月13日晚9时，“飞霆”在江面停泊时，因气温过高，引起舰内存储的无烟火药自燃爆炸，造成五人死亡、三人受伤，军舰烧毁沉没，随即打捞拆解。[359] 而该舰专管官陈世贞、郑严林自掏腰包，将原准备裁停拍卖之“虎威”舰抵押赎回，二人终于得以开复释放。[360] 同年，“龙骧”由赣回沪，充当海军管轮学生的训练舰。[361]

1906年3月22日，时任两江总督周馥上奏，再次提出裁停老旧军舰，其中“龙骧”“虎威”二舰是属于“或朽坏过甚，不值修理；或费煤行缓，不合调用，应即分别裁撤，或变卖，或收坞”之列的，并拟将“虎威”舰变卖一万元洋银，用作海军经费。而舰况尚好的“策电”舰则用作苏狼福三镇巡洋之用。[362] 但二舰后来均未裁撤。12月，“龙骧”舰被调至安徽省差遣，据勘验，此时该舰逆水航速为2节，顺水航速为5节。[363] 1907年5月，安徽省认为该舰“年久失修，已多锈坏”，“不合巡缉长江之用”，仍将其调回江苏，估计不久之后即被裁撤。[364] 1909年，清政府着手重整海军，将全国舰况较好的军舰划分为巡洋、长江两个舰队，“策电”舰亦被编入长江舰队。[365]

1911年，辛亥革命爆发。据时任“策电”号大副的林舜番回忆，该舰在辛亥革命前人事严重老龄化，“舰长叶大俊、二副阮纬之、大伴庄金旺和炮首林应时等，都已年近六十，其他官兵也多是老人”。1911年9到11月，“策电”号停泊在吴淞口，与陆上炮台一起担负防卫任务，11月1日夜革命机关上舰联系起义事宜，林舜番作为大副代舰长决定即行易帜；2日一早该舰便挂白旗为号，响应起义，成为辛亥革命中海军举义首舰。[366]

1912年，因舰况较差，仍在长江舰队编制中的“策电”“虎威”与“登瀛洲”三舰被从海军编制中裁撤，饷项至该年10月底截止。[367] 但“策电”和“虎威”因在辛亥革命中表现舰况尚好，经权衡予以保留。1913年2月22日，民国内务部颁布长江及其他水师改组令：“长江及其他水师改为水上警察，设水上警察厅管辖。”根据同年5月13日颁布的《江苏暂行水上警察组织条例》，原长江、外海等水师划归江苏水上警察第一分厅，驻防吴淞，其中仅有的可出海舰艇“策电”“虎威”专门划归第一外海专署，负责外海的巡防。[368]“策电”和“虎威”就此开始了其作为警舰的新生。

1913—1936年间的“策电”舰和“虎威”舰

“策电”“虎威”在作为警舰的生涯中，多次参与捕盗、救援等行动，表现十分活跃。如1913年“策电”舰在陈钱山（属嵊泗列岛）洋面捕获海盗陈阿福等人；[369]1916年10月“策电”“虎威”二舰赴崇明县大小黑沙参加了对徐老窝子、管大肚子等匪徒的围剿；[370]1917年12月“策电”舰参加了对革命党人蒋尊簋、周凤岐、将介石等所乘“江天”轮船的拘扣；[371]1918年1月5日“普济”轮失事，“策电”舰参加了救援、捞尸；[372]4月29日“策电”舰赴马迹山岛（属嵊泗列岛）捕缉海盗，捕获临海盗贼陈四仁等八人；[373]1926年1月“策电”舰参与了对浒浦枭匪刘庆裕等的围剿；[374]1928年6月“策电”舰在北鼎星岛附近与匪徒鏖战，击毙、捕获匪徒王龙秋等多名；[375]又如1929年在会剿南通海匪潘开渠的战斗中，“策电”舰亦被派往开赴灵甸、青龙等港一带巡弋截击，潘死后，又被派往启东一带追缴残匪。[376]如此种种，不胜枚举。

与此同时，作为具有一定战斗力的准军舰，“策电”“虎威”二舰也成为民初内战中各方争先抢夺的目标。1913年爆发“二次革命”，6月“虎威”受命赴瓜洲运送陆军士兵赴上海填防。[377]7月吴淞炮台一度被革命军占领，停泊在炮台附近的“虎威”“策电”舰亦被拘困。后北洋军连日攻击炮台，“虎威”“策电”遂自拔来归。[378]1916年4月，护国战争期间，孙中山派革命党人王统招募了一批日本海军退役军人，计划夺取停泊在吴淞口外的“策电”“虎威”，以及停泊在江南制造局前的“舞凤”三舰，成功后以舰炮攻击江南制造局，配合陆上起义部队夺取上海。5月5日凌晨3时50分，以姜永清为首的革命党人和日本军人租用数艘小轮船，驶往吴淞口，靠近“策电”舰后即有六人登上该舰。但革命党人的这一图谋早已被当局获知，江苏水上警察第一厅厅长温朝诒已令各舰注意巡防，因此“策电”舰立即做出反应，擒获登舰者两名，并向汽船开炮轰击，击毙多人，汽船随即全速逃走。之后“策电”又抓获浮水逃走者四人，交由“虎威”舰解回吴淞第一厅收押。袭击“策电”舰计划即以失败告终。[379]

1923年8月，“虎威”舰在巡洋途中遇风，在泗礁山附近触礁沉没，后经打捞，拖回上海上坞，但因经费缺乏，一直没有进行修复工作，至1925年2月决定裁撤变卖。[380]至此，留在长江流域的“蚊子船”仅剩下“策电”号一艘。

北伐战争中，“策电”号被吴佩孚征调，重新披挂上阵。1926年9月，北京政府海军总司令杨树庄调集“应瑞”“楚谦”“永健”“建威”“江利”“利通”“海凫”“策电”等舰，在湖口至九江一带备战，准备阻击北伐军，[381]但不久后“策电”仍调回上海驻泊。1927年3月，杨树庄率领海军起义，归附革命；同时已经进占上海，控制了长江流域的北伐军亦将南通附近的“策电”舰收回。[382]“策电”继续在江苏省充当警舰。

1927年南京国民政府成立后，江苏水警第一厅被裁撤，改设水上公安队，“策电”舰隶属水上公安第四区，驻吴淞、高桥。[383]难能可贵的是，这一时期的“策电”舰仍有数张照片存世，从照片上看，该舰的外观变化比较大，舰艏仍有一圈舷墙，但主炮似已拆除，甲板室前部两舷设置了两个小型耳台，或为装设小型枪炮之用，甲板室亦较原先有所加长。原来的两座三足桅已被拆除，取而代之的是一座轻型前桅。[384]

1933年5月，“策电”舰在吴淞停泊时被商轮“懋华”号冲撞，艏部和舷侧炮位被撞坏，艏舱进水，险些沉没，终在海关河泊司“镜涵”轮的援助下堵住破口，转危为安。[385]1936年7月，因舰龄过老，江苏省水上公安队决定将“策电”舰废置，舰上武器移置“连云”渔轮。[386]然而该舰并未就此消亡，据许多亲历过电雷学校的学员回忆，该舰此后转入该学校，成为一艘训练舰。[387]

1937年全面抗战爆发。当年10月2日，从日军“神威”号水上飞机母舰等军舰上起飞的水上侦察机对江阴进行了一次空袭，停泊在南岸萧山江面的“策电”舰被炸沉没，从而结束了该舰在中国海军、水警中长达60年的服役生涯。[388]

1879—1894年间的北洋“镇”字“蚊子船”

“镇北”级于1879年11月抵达大沽加入北洋海防，由水师督操许铃身会同新留任北洋海防的记名提督丁汝昌统带，是为丁汝昌效力北洋海防之始。[389]“镇北”级是年冬便在海河中守冻。在天津时，“基塔”号曾与一艘商船发生了擦碰事故，撞掉了部分船壳板，险些沉没。[390]1880年5月13日，四艘“镇北”级“蚊子船”及“操江”舰在由大连湾驶往海洋岛的途中因海图问题，“镇南”舰不慎触礁，经海关“飞虎”巡船抢救出险，随后赴上海修理。当时的“镇南”舰管带邓世昌及救援不力的“镇东”舰管带邱宝仁分别被处以“撤革摘顶”的处分。[391]

“镇中”级“蚊子船”于1881年8月分别到达广州和天津，其中山东省购买的两艘加入北洋海防调遣，使北洋的“蚊子船”达到了六艘之多。在接下来的数年中，这六艘“蚊子船”频繁巡弋于大沽口、旅顺口、大连湾、威海卫、烟台等北洋口岸。当时旅顺、大连、威海等地的防御设施尚未开始营建，“蚊子船”等军舰的驻扎可以视为这些地方的近代化海防之始。

1884年，中法战争爆发。6月22日到25日，李鸿章会同张之洞、吴大澂、张佩纶等视察北洋海防，六艘“蚊子船”亦悉数参加。[392]7月，“镇西”“镇南”“镇北”“镇边”被留在大沽、北塘驻防，“镇东”“镇中”则驻防于旅顺口，丁汝昌积极奔走，为各“蚊子船”备齐弹药、员弁、军饷等，并将驻旅顺的两艘“自水线以上皆油瓦灰色……使敌不易窥见”。[393]“镇西”“镇北”在校阅时用国产火药开炮，后坐力太大，导致“炮之接节处震有微缝”，[394]后经修理、试放尚无大碍。但二舰管带“既不回明中堂，又不禀请统领”，直到多日之后才由丁汝昌转为补禀，“粉饰因循，可胜浩叹”。[395]1884年12月朝鲜爆发甲申事变，北洋水师派多艘军舰在丁汝昌的率领下赴朝待命，其中“镇北”“镇边”等“蚊子船”也被派作通信船使用。[396] 1885年5月，战争结束后，丁汝昌始率领北洋水师赴旅顺口合操。[397]

1886年5月，醇亲王大阅北洋海防，六艘“镇”字“蚊子船”亦悉数参加。同年6月，“镇西”“镇北”二舰被派赴朝鲜仁川，接替“威远”舰驻防，丁汝昌在致驻朝鲜总理通商事宜大臣袁世凯的信中不无担心地说：“唯‘西’‘北’两船，力小质薄，难膺重任，此行往仁，第能为贵署在海口稍壮声势。若以跑差，恐途中遇风，无大船以左右之，致遭不测。”[398] 同年9月，二舰结束在朝鲜的驻防，回大沽上坞修理。[399]

随着北洋购置的主力舰的陆续到来，“蚊子船”在北洋海防中已不再担任举足轻重的角色，加上节省经费的考虑，北洋开始将“蚊子船”分批收入大沽的泥坞保存，最早收坞的两艘是“镇南”和“镇东”号，时间应在1886年大阅海军之后不久；同年9月“镇中”“镇边”二舰亦入坞存放，于是尚在服役的“蚊子船”仅剩下“镇西”和“镇北”两艘。[400] 李鸿章曾在1887年4月10日给两江总督曾国荃的信中写道：“现拟仿照西国办法，将六镇守口蚊船，收四船入坞，以两船轮操，酌裁弁兵，以节饷费，昨已咨复海署。此事发端，本由于粤、南、北洋各船之不能裁剪，固实在情形也。”[401] 1888年左右，又将“镇北”号收坞，并将“镇南”号调出使用；1891年以后又换为“镇中”“镇边”，二舰一直服役到甲午战争时。在此期间，北洋的“蚊子船”一般仅用以从事通信、运输等杂役，频繁活动于渤海、黄海各口岸。

甲午战争中的北洋“镇”字“蚊子船”

1894年夏，中日甲午战争一触即发，收坞的4艘“蚊子船”先后启封。首先调出的是“镇北”“镇东”二舰，二舰装载供威海卫防御使用的水雷设备于6月30日抵达威海卫。[402] 据记载，北洋海军一度打算用该二舰执行向朝鲜输送水雷的任务，后因局势变化而没有实现。[403] 临时调出的“蚊子船”的状况，可以从曾任“镇北”舰水手的苗秀山的口述中窥见一斑。他回忆称：“‘镇北’船很老，船里帮的铁板都生了锈，一放炮铁锈簌簌往下掉。”可见该舰在坞内保养的情况不佳。他还回忆了“镇北”舰当时武备的变化，除舰艏的10英寸主炮和舰艉的两门12磅炮外，左舷前部为10管格林炮，右舷前部为4联诺登菲尔德（Nordenfelt）炮，后部舷侧应为两门哈乞开斯（Hotchkiss，今译“哈齐开斯”）37毫米炮。[404]

7月25日，日本海军在朝鲜丰岛海域袭击中国舰队，战争随即爆发。7月26日、8月2日、8月9日，丁汝昌数次率领北洋舰队主力往返索敌，4艘“蚊子船”则被留在威海卫防守。8月10日日本舰队来到威海卫附近，与炮台进行了短暂对射，港内留驻的北洋军舰均未参加战斗。

8月26日，丁汝昌以公文的形式对威海卫的防御进行了布置，经海关巡船“飞虎”舰长倪额森（A. Nielsen）提议，威海卫的防御被划分为三个区域，刘公岛到日岛之间为一区，由“威远”“镇中”二舰负责；日岛到南帮之间为二区，由“镇东”“镇边”二舰负责；西口从刘公岛到北山嘴为三区，由“康济”“镇北”二舰负责。[405] 8月底，“镇西”“镇南”二舰亦修竣出坞，北洋的“蚊子船”至此全部投入现役。[406]

9月7日，“镇中”舰由威海前赴旅顺口修理；[407] 12日，北洋舰队主力亦拔锚前往旅顺口，“镇南”同大队一起开拔，并于13日早晨8时抵达。[408] 14日，“镇中”“镇南”二舰离旅顺口赴大连湾。[409] 16日，北洋海军主力由大连湾出发，护送铭军在鸭绿江口大东沟登陆，“镇中”“镇南”随同前往，负责大东沟口的警戒任务。17日爆发了震惊世界的黄海大东沟海战，两艘“蚊子船”一开始未直接参与海战，当日舰远去、北洋海军收队时，二舰才从近岸驶出，援救“超勇”舰官兵。[410] 据北洋海军总查汉纳根（Constantin Alexander Stephan von Hanneken）记载，大东沟海战的最后一炮“是由一艘字母炮艇在极远的距离上发射的”。[411] 随后两艘“蚊子船”与舰队主力一起回航旅顺口，并于18日中午11时30分抵达。[412] 19日，“镇南”随“济远”“金龙”等舰前往大连湾拖带在三山岛搁浅的“广甲”舰，未能成功而于20日返回旅顺。[413] 10月18日，丁汝昌带领修理完毕后的北洋舰队驶离旅顺口，前往威海，“镇中”“镇南”

二舰亦一同离开。[414]

1894年11月，旅顺失守，北洋海军全军退守威海。12月4日，丁汝昌将防御威海的军舰重新划分为七个小队，分防威海湾各处，其中第三分队编有“来远”“镇北”和“镇西”；第四分队编有“济远”“镇中”和“镇东”；第五分队编有“广丙”“镇南”和“镇边”。[415]

1895年1月20日，日本第二军登陆荣成湾，山东战役开始。30日，抵达威海卫外围的日军开始进攻南帮炮台，其中左纵队负责攻击凤林集方向，切断南帮至威海卫的退路。上午10时许，从南岸沟北村方向退却而来的巩军经过凤林集附近，日军第十六联队第一大队立即派出第二、第三中队，阻击这股正沿海岸退却的中国军队，大队主力及炮兵第六中队亦随后跟进，但日军刚靠近海边便遭到了以“定远”舰为首的中国军舰的猛烈炮击，日本炮兵立即退却，而步兵则停止向海岸方向前进，改向杨家滩方向遥追中国军队，而有的中国军舰竟进一步驶近岸边射击，使得日军第一大队死伤惨重，不得不于12时许放弃追击，向凤林集方向退却。[416]在日本陆军的战史里，没有写明抵近岸边攻击的军舰名字，但综合其他资料来看，其中应包括北洋海军的“镇”字“蚊子船”。如苗秀山在回忆中说：“正月初五，日军打南帮炮台时，我们的船随丁统领开到杨家滩海面，炮击日本陆军，帮助巩军突围，打死不少日本兵。”[417]一些西方的报刊媒体也敏锐地注意到了中国海军这次颇为精彩的作战，对其进行了报道，如《北华捷报》在1895年3月15日的报道中以“最严重的损失”（The Heaviest Loss）为标题写道：

> 一艘字母炮舰注意到了一队正沿着海岸行军的士兵，驶近到距其100码处，然后以其巨炮向他们发射了一发炮弹；士兵们都仰面趴下；炮弹无害地从他们头上飞过；然后他们跳起来，以其步枪向炮舰发出一阵准确的齐射。这样来回进行了五次，直到炮舰觉得厌烦并退却了。[418]

《布莱克伍德爱丁堡杂志》（*Blackwood's Edinburgh Magazine*）对此则有截然不同的描述：

> ……这使得日本人暴露于一片能够从海湾中发现的空地上，对此丁提督进行了一次精彩的攻击。他派了一艘吃水较浅的

前往“松岛”舰洽降的北洋海军“蚊子船”（*The Graphic*）

“字母炮舰”驶近岸边，并以其机关炮狠狠地教训了日本人。[419]

无论真相到底如何，这都可以称作中国“蚊子船”最为精彩的一次战斗，它充分发挥了“蚊子船”吃水浅、利于近岸战斗的特点，抓住日军暴露于岸边空旷地带的时机对其发动猛烈攻击，迫使其退却，掩护了中国军队的撤退。此后几日，“蚊子船”继续在威海湾中频繁参与对陆上日军的炮击，在战斗中，各艘“蚊子船”均有人员伤亡，其中“镇北”船重伤2人，轻伤1人；“镇南”船阵亡1人，重伤2人，轻伤6人；“镇东”船重伤2人，轻伤1人；“镇西”船阵亡1人，轻伤5人；“镇中”船阵亡2人，轻伤5人；“镇边”船阵亡1人。[420]

2月5日凌晨，日本鱼雷艇突破防材，进入威海卫湾内偷袭，据“镇北”水兵苗秀山回忆，当时“来远”“镇北”“镇西”（第三分队）正在日岛附近担任警戒，呈三角形排列，但未能及时发现入港偷袭的日本鱼雷艇，导致“定远”舰被击沉。在6日的夜袭中，与“镇北”同一分队的“来远”舰中雷沉没，“镇北”因开航及时而幸免中雷。[421] 7日，北洋海军鱼雷艇队从威海卫西口出逃，六艘“镇”字“蚊子船”亦同时向西口开去，几乎要随鱼雷艇逃离，后见黄岛炮台向鱼雷艇开炮，无法逃脱而折回。[422]

2月12日，上午8时许，在阴山口锚地负责警戒的日本“山城

运送北洋海陆军官兵出岛的“镇”字“蚊子船”(《日清战争写真帖》)

丸”号辅助巡洋舰看见一艘悬挂白旗的中国军舰驶来，便立即向旗舰“松岛”号发出信号。来者正是北洋海军的“蚊子船”“镇北”，舰上载着前来洽降的程壁光等中国军官。日本联合舰队参谋岛村速雄立即乘坐第五号鱼雷艇上前迎接。程壁光等人随即递上了降书，联合舰队司令长官伊东祐亨送还了复信。13日早晨，程壁光又乘坐“镇中”舰前来，递上复信；下午5时30分，牛昶昞、程壁光等再次乘坐“镇中”号前来，商谈投降引渡事宜，直至晚上10时20分。[423]

1895年2月17日上午，日本联合舰队正式驶入威海卫港，陆战队登陆刘公岛。从10时40分开始，原北洋海军的残存军舰陆续在桅顶升起旭日旗，北洋海军全军覆没。同日下午，六艘“镇”字“蚊子船”将刘公岛上的原北洋海陆军官兵运送出岛。据记载，最后担任六“镇”管带的分别为吕文经（“镇北”）、蓝建枢（“镇南”）、陈镇培（“镇东”）、潘兆培（“镇西”）、林文彬（“镇中”）、黄鸣球（“镇边”）。

日本海军时期的“镇”字“蚊子船”

原北洋海军的“镇”字“蚊子船”在被日军俘获后，日军对这些军舰进行了初步的检试，甚至有部分原北洋的官兵被留用了一段

编入日本海军的“镇东”号“蚊子船”（福井静夫《写真日本海军全舰艇史》）

编入日本海军的“镇北”号“蚊子船”（福井静夫《写真日本海军全舰艇史》）

编入日本海军的“镇边”号“蚊子船”（福井静夫《写真日本海军全舰艇史》）

时间，帮同日军接收官兵检查、测试军舰。[424]六艘“镇”字“蚊子船”在威海卫充当了数个月的杂役舰，1895年6月23日至7月1日，六舰先后抵达旅顺口修理，6月30日至7月20日从旅顺出发前往日本。其中“镇东”“镇北”二舰航向横须贺，“镇中”“镇边”航向吴，“镇南”“镇西”航向佐世保。7月27日至8月16日，各舰先后抵达，加入当地的镇守府。[425]

在之后的服役过程中，日本海军对“镇”字“蚊子船”进行了一些小范围的改造。例如1900年“镇东”“镇北”增设了海图台、投锚台、信号旗格纳所、吊床格纳所等设施。[426]根据1898年3月21日颁布的《海军军舰及水雷艇类别标准》，六艘“镇”字“蚊子船”被定级为二等炮舰。[427]

1900年庚子事变爆发，6月北京使馆区局势急遽恶化，6月11日，日本海军决定派遣“镇中”“镇边”二舰赴中国沿海担任警戒任务，当时二舰尚为吴镇守府的第三预备舰，负责海军学员的训练任务，接到命令后随即整备就绪，14日离吴，19日离佐世保驶往大沽，一路经巨文岛、所安岛、西草岛、青岛、荣成湾、威海卫、芝罘、庙岛，分别于29日和30日到达大沽口，驶入白河警戒。时隔5年多，“镇”字“蚊子船”的身影再次出现在中国沿海，却是作为日本海军的一员，其中的荣辱兴衰令人唏嘘。7月，日常备舰队司令官东乡平八郎又令二舰转往牛庄驻扎，保护当地日本人员并观察俄军、清军动向，“镇中”“镇边”先后于7月8日、12日由大沽拔锚前往牛庄。8月18日，因俄军已占领牛庄，形势趋稳，加之舰上爆发赤痢，二舰经由芝罘、木浦、马山浦、釜山回航日本，“镇中”于10月2日抵吴，“镇边”于10月4日抵达严岛。[428]

1902年7月，“镇西”由佐世保调赴舞鹤；[429]同年8月，“镇北”由横须贺调赴吴，与“镇边”一同成为江田岛海军兵学校的练习舰。[430]

1903年2月6日“镇南”在巡航途中在水俣港触礁，舰艉受损，但不影响航行，仍自航出险。[431]

1903年8月21日，海军大臣颁布训令，将六艘“镇”字“蚊子船”统一除去舰籍，定级为杂役船，其中“镇东”隶属横须贺海兵团，“镇中”舰隶属吴海兵团，“镇北”舰隶属吴海军港务部，“镇边”隶属吴海军兵学校，“镇南”隶属佐世保海兵团，“镇西”隶属舞鹤海兵团。[432]同年10月，六舰的旧式火炮陆续撤除起岸。[433]

1906年3月，吴镇守府请示海军大臣斋藤实，因“镇中”“镇北”朽坏严重，修理不经济，请求将其报废；4月，舞鹤镇守府亦请示将“镇西”报废，作为教育材料。6月8日，海军省决定将“镇东”“镇中”“镇北”三舰报废，其中“镇东”舰变卖后其轮机被拆下作为横须贺海兵团的教学用具；同年9月14日决定将“镇中”“镇北”的舰体作为吴水雷团的鱼雷标靶，“镇中”的轮机和锅炉则交予机关术练习所教学使用。[434]

同年6月22日，司法省提出将“镇边”转移该省，用以关押惩治人和幼年囚（少年犯）。30日“镇边”从海军除籍，7月16日移交司法省监狱局，由海军将其航行至大阪使用，之后经历不详。[435]

1908年2月，文部省向海军提出拨一艘旧军舰给新创的岛根县立隐岐商船学校作为练习船，在咨询了舞鹤镇守府后，海军大臣于5月23日决定将“镇西”舰引渡该学校，文部省于7月收讫该舰。[436] 1908年5月15日，“镇南”舰宣告报废，旋作为佐世保镇守府的仓库船，用以堆放军需物资，1913年2月12日，佐世保镇守府请示海军大臣将该舰变卖。[437]至此，“镇”字“蚊子船”全部退出日本海军。

广东水师的“海镜清”号“蚊子船”

“海镜清”舰于1881年8月抵达广东，大部分时间在珠江流域从事缉私、运输等杂役。清末调查海军舰艇时该舰仍在列，其结局不详。

六、小结

中国在19世纪七八十年代购买了5级共13艘“蚊子船”，成为世界上仅次于英国的拥有“蚊子船”最多的国家。这些“蚊子船”的航迹遍布北洋、南洋、福建、广东，甚至及于朝鲜、日本，无疑在中国海军史上具有极其重要的意义：首先，这是中国中央政府第一次成功地向国外购买军舰的实例；其次，“蚊子船”虽是小舰，却包含了一些当时造船、火炮等工业中最先进的技术，西方最前沿的海军科技由此首次进入中国；第三，中国海防，尤其是北洋海防随着“蚊子船”的购入得到了一次极大的加强，北洋水师初具雏形；第四，在“蚊子船”购买过程中伴随的一系列海防讨论极大地深化了中国政府的海防意识和海防观念；第五，“蚊子船”对于北洋水师的人才培养具有非常重要的意义，后来在甲午海战中担任指挥的主战舰艇管带几乎都有管驾“蚊子船”的经历；第六，随着“蚊子船”的到来，带来了包括后来成为北洋海军总查琅威理在内的大批洋员教习，这是中国海军引入洋员较早和规模较大的一次；第七，购买“蚊子船”为中国政府和李鸿章积累了宝贵的外购军舰经验，虽然这次购舰活动以海关作为中介，但之后羽翼渐丰的李鸿章便有能力绕过赫德，直接与英、德等国的厂商接洽了；第八，这批“蚊子船”首次向世界展示了中国海军的形象，如在朴次茅斯举行的检阅仪式、回航途中在各港口的展示等都在向世界昭示：中国海军即将在世界上崛起。

另一方面，向中国外销“蚊子船”对于英国方面也是有着重要意义的，虽然这是私人企业行为，但英国政府亦视之为打开中国市场和控制中国海军的重要举措，始终予以全力配合，赫德为首的中国海关作为购舰的中介更是不遗余力。对于阿姆斯特朗公司来说，这也是该公司自成立以来接到的最大一笔造船订单，对于公司早期造船业务的开拓是具有极其重要意义的。阿姆斯特朗公司后来成为全世界最成功的外销军舰建造厂，而中国的“蚊子船”对其来说无疑就是掘到的第一桶金。

对于这些“蚊子船”的成败，自其购买以来就一直争议不断。如美国海军总工程师詹姆斯·威尔森·金（James Wilson King）就曾在其报告中这样评价“伽玛”级“蚊子船”：

> 对这些军舰的优点有些估计过高了。它们并非没有缺点，

其中的一项就是其原本希望在军舰不移动的情况下火炮能够横向旋转，为此其需要以最大的效率操纵，海面也需要相对平静；在这种时刻，装甲舰要以小型线膛炮击中其中的一艘，将其送入海底也就十分容易了。因此，除非是在特定的情况下，它们只适合进行防御任务，战争状况下在这些舰上工作需要担负极大的风险。[438]

英国政治家、著名海军评论家托马斯·布拉西爵士则说：

就装备38吨火炮而言，中国的炮舰显然过于易受攻击了。三艘“彗星”（Comet）型炮舰[439]每艘载一门18吨火炮，价格与一艘“埃普西隆”级持平。结论即“彗星”型是最好的型号。[440]

赫德在事后（1883）回过头来评价“蚊子船”和巡洋舰的交易时，也持较为客观的态度：

它们（指“蚊子船”和巡洋舰）确是装有大炮，但每艘船是一个马口铁罐子，很容易被打得尽是窟窿。这些舰船除非管理特别得当，就不可能有效，无论如何，这些舰艇的价值比它们的买价高得多，这项试验的好处远比害处为多。[441]

历来对于这批“蚊子船”在中国近代海防中所具有的意义，贬议远多于褒议，但笔者认为结合当时的实际情况而言，购买“蚊子船”的行动是有许多合理性、必然性的，其中的技术原因与经济原因上文已多次提及，不再赘述。

“蚊子船”在近代保卫海防、抵御外侮的战争中起到了一定的作用，但未竟全功，令人扼腕。这一方面是由于这种舰只本身战斗力有限，且技术很快过时，对其报以过高的期望本来就是不实际的；另外也有一些使用失当的战略、战术原因，未能扬其长、避其短。然而戏剧性的是，一些未在战争中损失的“蚊子船”后来却成了著名的“寿星”军舰，长期顽强地战斗在海防前线发挥余热，这或许是当时购买“蚊子船”的决策者们没有料到的，也算是一个意外的收获吧。

1937年，当60多岁高龄的“策电”号“蚊子船”最终在抗战的硝烟中消逝时，那个曾倚之为海防柱石的大清王朝早已成为历史，孕育了她的阿姆斯特朗公司也已辉煌不再，文祥、李鸿章、沈葆桢、赫德、金登干、乔治·伦道尔、斯图尔特·伦道尔、琅威理……一个个曾与它关联的人物早已作古。物换星移，只有“蚊子船”这个名词将被保存在中国海军史的辞典里，并永远地流传下去。

注　释：

［1］ David Lyon: *The Sailing Navy List: All the Ships of the Royal Navy, Built, Purchased and Captured 1688-1860*, Conway Maritime Press, 1993, p. xiii.

［2］ David Lyon and Rif Winfield: *The Sailing and Steam Navy List: All the Ships of the Royal Navy 1815-1889*, Chatham Publishing, 2004, pp. 162, 218.

［3］ D. K. Brown: *Before the Ironclad: Development of Ship Design, Propulsion and Armament in the Royal Navy, 1815-60*, Conway Maritime Press, 1990, pp. 145-148.

［4］ Hansard 3rd ser. Vol.82, col. 1224.

［5］ Roger Parkinson: *The Late Victoria Navy: the Pre-Dreadnought Era and the Origins of the First World War*, The Boydell Press, 2008, pp. 10-11.

［6］ Option of the Law Officers of the Crown on the Supply of Coal from Neutral Ports to Her Majesty's Vessels in Time of War, June 10th, 1858, National Maritime Museum: MLN/142/3(3).

［7］ Peter Brook: *Warships for Export: Armstrong Warships 1867-1927*, The World Ship Society, 1999, p. 22.

［8］ Rendel papers, Tyne & Wear Archives.

［9］ Peter Brook: *Warships for Export: Armstrong Warships 1867-1927*, The World Ship Society, 1999, p. 24.

［10］ David Lyon and Rif Winfield: *The Sailing and Steam Navy List: All the Ships of the Royal Navy 1815-1889*, Chatham Publishing, 2004, p. 279.

［11］ *The Engineer*, May 1st, 1868, p.321.

［12］ David K. Brown: *Warrior to Dreadnought: Warship Development 1860-1905*, Chatham Publishing, 1997, p. 122.

［13］ *The Engineer*, May 1st, 1868, p. 321.

［14］ 后其曾在 1879 至 1882 年间担任第一海务大臣，任职期间重视海军新技术的应用。

［15］ Peter Brook: *Warships for Export: Armstrong Warships 1867-1927*, The World Ship Society, 1999, p. 22.

[16] David Lyon and Rif Winfield: *The Sailing and Steam Navy List: All the Ships of the Royal Navy 1815-1889*, Chatham Publishing, 2004, p. 279. "大胆"号的图纸见 National Maritime Museum DR2780。

[17] George Wightwick Rendel: *Gun-Carriages and Mechanical Appliances for Working Heavy Ordnance*, printed by William Clowes and Sons, 1874.

[18] National Maritime Museum NPA 6000-6003.

[19] Ibid.

[20] 中国文献亦将隐现式岸防炮称为"地阱炮"。

[21] *The Engineer*, September 19th, 1873, p. 191.

[22] George Wightwick Rendel: *Gun-Carriages and Mechanical Appliances for Working Heavy Ordnance*, printed by William Clowes and Sons, 1874, p. 18.

[23] Richard M. Anderson: *Flatirons: the Rendel Gunboats*, Warship International, Vol. XIII, No.1, 1976, pp. 49-78.

[24] *The Times*, July 25th, 1879.

[25] *Minutes of Proceedings of the Institution of Civil Engineers; with Other Selected and Abstracted Papers*. Vol. LXVIII, the Institution, 1882, pp.43-44. 另外阿姆斯特朗勋爵还曾致信《泰晤士报》，讨论"蚊子船"与近海防御问题，内容大同小异，见 *The Times*, May 22nd, 1869。

[26] *Report of the Committee Appointed by the Lords Commissioners of the Admiralty to Examine the Designs upon Which Ships of War Have Recently Been Constructed with Analysis of Evidence*, Cmnd London 1872, pp.53-54.Quoted in Peter Brook: *Warships for Export: Armstrong Warships 1867-1927*, The World Ship Society, 1999, p. 22.

[27] *Modern Naval Artillery*, printed by W. P. Griffith & Sons, 1891, pp.56-59.

[28] 此前虽然某些省份也有购买少量武装轮船的举措，但不成系统，且难以成为真正军舰。亨利·华尔亦在太平天国战争期间代购过一批轮船，但也最终流产。参见马幼垣：《亨利·华尔代沪所购美舰考》，载《靖海澄疆——中国近代海军史事新诠》，中华书局 2013 年版，第 33—46 页。

[29] F.O. 17/674, Foochow, June 3rd, 1874, Giquel to Wade. 转见王家俭：《李鸿章与北洋舰队——近代中国创建海军的失败与教训》，生活·读书·新知三联书店 2008 年版，第 127 页。唯王家俭先生只列出了这些铁甲舰的英文名字，却未能对这些铁甲舰的性能进行进一步考究，殊为遗憾。

[30] 据沈葆桢、李鸿章等人信函记载，通过容闳向美国打探的为"荷波根"船厂所造之新铁甲船。当时美国海军正处于"黑暗时代"，除了一型浅水重炮舰（后来的"安菲特

律特”级，Amphitrite class）之外，再无生产其他铁甲舰。该级四舰中，容闳所指或为菲涅斯·伯格斯（Phineas Burgess）船厂所建的一艘。后来美国海军一度取消建造计划，竟使得该公司破产。

［31］ 国家清史编纂委员会编：《李鸿章全集》（信函三），安徽教育出版社 2008 年版，第 105 页。

［32］ 魏尔特：《赫德与中国海关》（下册），厦门大学出版社 1993 年版，第 45 页。

［33］ 中国第二历史档案馆、中国社会科学院近代史研究所合编：《中国海关密档——赫德、金登干函电汇编》（第一卷），中华书局 1990 年版，第 140 页。

［34］ 中国第二历史档案馆、中国社会科学院近代史研究所合编：《中国海关密档——赫德、金登干函电汇编》（第八卷），中华书局 1995 年版，第 20 页。

［35］ *Treatise on the Construction and Manufacture of Ordnance in the British Service Prepared in the Royal Gun Factory*, Secretary of State for War, 1879, pp. 86-87.

［36］ G. Mackinlay: *Text Book of Gunnery, 1887*, Printed by Harrison and Sons, 1887, pp. 312-313. 英尺吨为动能单位，等于将 1 吨重物提高 1 英尺所需的能量。

［37］ 中国第二历史档案馆、中国社会科学院近代史研究所合编：《中国海关密档——赫德、金登干函电汇编》（第八卷），中华书局 1995 年版，第 21 页。

［38］ 中国第二历史档案馆、中国社会科学院近代史研究所合编：《中国海关密档——赫德、金登干函电汇编》（第一卷），中华书局 1990 年版，第 160 页。

［39］“伦道尔档案”为阿姆斯特朗公司董事、英国国会议员斯图尔特·伦道尔生前所藏函电、档案，因其为阿姆斯特朗公司对外接揽业务的重要经手人，其兄乔治·伦道尔为阿姆斯特朗公司著名设计师，因此档案中包括有大量涉及中国事务的档案资料。该档案于 1963 年存于纽卡斯尔市档案馆，1974 年转入泰恩 - 威尔郡档案馆。

［40］ Tyne & Wear Archives 31-5086.

［41］ Ibid.

［42］ 如北洋海军的“平远”舰就是一例。

［43］ 中国第二历史档案馆、中国社会科学院近代史研究所合编：《中国海关密档——赫德、金登干函电汇编》（第八卷），中华书局 1995 年版，第 24 页。

［44］ 中国第二历史档案馆、中国社会科学院近代史研究所合编：《中国海关密档——赫德、金登干函电汇编》（第一卷），中华书局 1990 年版，第 166 页。

［45］ Tyne & Wear Archives 31-5105.

［46］ Tyne & Wear Archives 31-5093.

［47］ 手稿中记录 C 型报价为 24000 镑，D 型报价为 31000 镑，“龙骧”级实际价格为 23000 镑，“飞霆”级实际价格为 33400 镑。

[48] *The Times*, January 29th, 1877.

[49]《中国海关密档——赫德、金登干函电汇编》中将此型舰翻译为“劫掠”号，现根据一般翻译将其译为“蹂躏”号。

[50] 中国第二历史档案馆、中国社会科学院近代史研究所合编:《中国海关密档——赫德、金登干函电汇编》(第一卷)，中华书局1990年版，第26页。

[51] 同上书，第168页。金登干写信时“北安普顿”号尚未命名，但结合他的描述看显然是这艘军舰无疑。

[52]《筹办夷务始末》，同治卷九十八，叶十九至二十。

[53] 同上书，叶二十一。

[54] 同上书，叶二十三。

[55] 同上书，叶三十一。

[56]《筹办夷务始末》，同治卷九十九，叶三十四。

[57] 中国史学会主编:《中国近代史资料丛刊——洋务运动》(第一册)，上海书店出版社2000年版，第73页。

[58] 国家清史编纂委员会编:《李鸿章全集》(奏议六)，安徽教育出版社2008年版，第163页。

[59] 同上书，第160页。

[60] 中国史学会主编:《中国近代史资料丛刊——洋务运动》(第一册)，上海书店出版社2000年版，第72页。

[61] 中国史学会主编:《中国近代史资料丛刊——洋务运动》(第二册)，上海书店出版社2000年版，第336页。

[62] 李鸿章曾在给沈葆桢的信中写道:“文相急欲购办守口小铁船，属赫德由电信问价”等言，可见文祥是购买“蚊子船”一事赫德的主要联系者，也是在中央的实际推动者。见国家清史编纂委员会编:《李鸿章全集》(信函三)，安徽教育出版社2008年版，第171页。

[63] 凯瑟琳·F.布鲁纳、约翰·K.费正清、理查德·J.司马富编，陈绛译:《赫德日记——赫德与中国早期现代化》，中国海关出版社2005年版，第231页。

[64] 国家清史编纂委员会编:《李鸿章全集》(信函三)，安徽教育出版社2008年版，第140页。

[65] 同上书，第203页。

[66] 中国第二历史档案馆、中国社会科学院近代史研究所合编:《中国海关密档——赫德、金登干函电汇编》(第八卷)，中华书局1995年版，第39页。

[67] 国家清史编纂委员会编:《李鸿章全集》(信函三)，安徽教育出版社2008年

版，第198页。

［68］ 同上书，第202页。

［69］ 同上书，第198页。

［70］ 同上书，第198—200页。

［71］ 中国史学会主编：《中国近代史资料丛刊——洋务运动》（第二册），上海书店出版社2000年版，第336页。

［72］ 中国第二历史档案馆、中国社会科学院近代史研究所合编：《中国海关密档——赫德、金登干函电汇编》（第八卷），中华书局1995年版，第42页。

［73］ 同上书，第46页。

［74］ 同上书，第54页。

［75］ 国家清史编纂委员会编：《李鸿章全集》（奏议七），安徽教育出版社2008年版，第211页。

［76］ 中国第二历史档案馆、中国社会科学院近代史研究所合编：《中国海关密档——赫德、金登干函电汇编》（第一卷），中华书局1990年版，第274、295、279页。

［77］ 同上书，第96、387、419页。

［78］ 中国第二历史档案馆、中国社会科学院近代史研究所合编：《中国海关密档——赫德、金登干函电汇编》（第一卷），中华书局1990年版，第260页。

［79］ 中国第二历史档案馆、中国社会科学院近代史研究所合编：《中国海关密档——赫德、金登干函电汇编》（第八卷），中华书局1995年版，第46页。

［80］ 中国第二历史档案馆、中国社会科学院近代史研究所合编：《中国海关密档——赫德、金登干函电汇编》（第一卷），中华书局1990年版，第346页。

［81］ 同上书，第330页。

［82］ 同上。

［83］ 同上书，第349页。

［84］ 金登干第一次向赫德提议使用测距仪是于1874年11月5日的53号电报中，后赫德几经重申，但最后因为价格较贵且没有应用于舰船上的经验而没有购买，赫德对此表示遗憾。见《中国海关密档——赫德、金登干函电汇编》（第一卷），第387、433、464页；（第八卷），第24、74、87页。

［85］ Philip Nolan: *Ranges, and Nolan's Range-finder*, The Journal of the Royal United Service Institution, Vol. 14, 1871, pp. 1-18.

［86］ 巴尔—斯特劳德式测距仪在日本海军中被称为“武式1.5米测距仪”，中日双方在甲午战争时期的观瞄技术参见李玉生、李钢：《甲午战争时期海军观瞄射控技术及中日海军炮战运动》，未刊稿。

[87] 阿姆斯特朗公司于1927年被维克斯公司收购，而维克斯公司在20世纪后半叶国有化，被肢解后各个子公司由其他公司并购。因此现在在剑桥大学图书馆和巴罗因弗内斯的坎布里亚郡档案馆（Cumbria Archive Service）等地保存的维克斯档案中都能看到一部分原属于阿姆斯特朗公司的档案。

[88] *China: War Vessels and Torpedo Boats*, Admiralty Intelligence Departments, October 1891, p. 16.

[89] 海军型锅炉全称海军部型直管锅炉（Admiralty type direct-tube boiler），中国当时又称之为矮式锅炉，为一种直焰式圆形锅炉，在炉膛与烟管之间有一个燃烧室。

[90] *China: War Vessels and Torpedo Boats*, Admiralty Intelligence Departments, October 1891, pp. 62-63.

[91] Naval Architect's Notebooks belonging to Sir George Thurston, National Maritime Museum MSS/72/017.

[92] *China: War Vessels and Torpedo Boats*, Admiralty Intelligence Departments, October 1891, p. 62.

[93] USN: NR&L(O) 12208.

[94] *China: War Vessels and Torpedo Boats*, Admiralty Intelligence Departments, October 1891, p. 62.

[95] Ibid., p. 9.

[96] Ibid., p. 16.

[97] Ibid., pp. 64-65.

[98] Tyne & Wear Archives 31-5110 – 31-5119, 31-5130.

[99] *China: War Vessels and Torpedo Boats*, Admiralty Intelligence Departments, October 1891, p. 64.

[100] Newcastle City Library G7613, Vickers Archives 2585.

[101] *China: War Vessels and Torpedo Boats*, Admiralty Intelligence Departments, October 1891, p. 64.

[102] Ibid.,p. 9.

[103] *The Times*, January 29th, 1877, February 20th, 1877.

[104] W. G. Armstrong: *The Application of Hydraulic Power to Naval Gunnery*, 1887, pp.3-4.

[105] “飞霆”级的液压系统参考“伦道尔档案”中的图纸：Tyne & Wear Archives 31-5110 – 31-5119。

[106] 中国第二历史档案馆、中国社会科学院近代史研究所合编：《中国海关密

档——赫德、金登干函电汇编》(第一卷)，中华书局 1990 年版，第 409 页。

[107] Peter Brook: *Warships for Export: Armstrong Warships*, the World Ship Society, 1999, p. 30.

[108] 中国第二历史档案馆、中国社会科学院近代史研究所合编:《中国海关密档——赫德、金登干函电汇编》(第一卷)，第 334 页；(第八卷)，第 57、66 页。

[109] 中国第二历史档案馆、中国社会科学院近代史研究所合编:《中国海关密档——赫德、金登干函电汇编》(第一卷)，中华书局 1990 年版，第 357 页。

[110] 同上书，第 360 页。

[111] Peter Brook: *Warships for Export: Armstrong Warships*, the World Ship Society, 1999, p.30.

[112] 中国第二历史档案馆、中国社会科学院近代史研究所合编:《中国海关密档——赫德、金登干函电汇编》(第一卷)，中华书局 1990 年版，第 391、397 页。

[113] 中国第二历史档案馆、中国社会科学院近代史研究所合编:《中国海关密档——赫德、金登干函电汇编》(第一卷)，第 409、412 页；(第八卷)，第 79 页。

[114] 中国第二历史档案馆、中国社会科学院近代史研究所合编:《中国海关密档——赫德、金登干函电汇编》(第一卷)，中华书局 1990 年版，第 411 页。

[115] Peter Brook: *Warships for Export: Armstrong Warships*, the World Ship Society, 1999, p. 30.

[116] 中国第二历史档案馆、中国社会科学院近代史研究所合编:《中国海关密档——赫德、金登干函电汇编》(第一卷)，第 469、489 页；(第八卷)，第 102 页。

[117] *The Times*, January 29th, 1877.

[118] 中国第二历史档案馆、中国社会科学院近代史研究所合编:《中国海关密档——赫德、金登干函电汇编》(第一卷)，第 495、506 页；(第八卷)，第 106、107 页。

[119] *The Times*, February 20th, 1877.

[120] 钟叔河主编:《郭嵩焘日记》(第三卷)，湖南人民出版社 1982 年版，第 146 页。

[121] *The Times*, February 20th, 1877.

[122] Ibid.

[123] 中国第二历史档案馆、中国社会科学院近代史研究所合编:《中国海关密档——赫德、金登干函电汇编》(第一卷)，中华书局 1990 年版，第 511 页。

[124] 国家清史编纂委员会编:《李鸿章全集》(奏议六)，安徽教育出版社 2008 年版，第 163 页。

[125] 国家清史编纂委员会编:《李鸿章全集》(信函三)，安徽教育出版社 2008 年版，第 200 页。

[126] 在李鸿章与赫德所签的《购买船炮章程》中，双方即拟“就近挑选中国水手八十名，陆续分起赴英国，运船来至中国”。见国家清史编纂委员会编:《李鸿章全集》(信函三)，安徽教育出版社 2008 年版，第 200 页。赫德在给金登干的信中也提到想派海关巡船船长哥嘉和葛雷森及中国船员去英国接舰。见中国第二历史档案馆、中国社会科学院近代史研究所合编:《中国海关密档——赫德、金登干函电汇编》(第一卷)，中华书局 1990 年版，第 342 页。

[127] 中国第二历史档案馆、中国社会科学院近代史研究所合编:《中国海关密档——赫德、金登干函电汇编》(第一卷)，中华书局 1990 年版，第 365 页。

[128] 同上书，第 401 页。

[129] 英国海军部档案 ADM/196/36。

[130] 英国海军部档案 ADM/196/15，ADM/196/36。

[131] 国家清史编纂委员会编:《李鸿章全集》(信函三)，安徽教育出版社 2008 年版，第 203 页。

[132] 中国第二历史档案馆、中国社会科学院近代史研究所合编:《中国海关密档——赫德、金登干函电汇编》(第一卷)，中华书局 1990 年版，第 372 页。

[133] 同上书，第 378 页。

[134] 中国第二历史档案馆、中国社会科学院近代史研究所合编:《中国海关密档——赫德、金登干函电汇编》(第八卷)，中华书局 1995 年版，第 76 页。

[135] 同上书，第 82、118、133、140 页。该书将 Minerva 译为“矿工”，实误，现根据英文原文重译。

[136] 同上书，第 80 页。

[137] 中国第二历史档案馆、中国社会科学院近代史研究所合编:《中国海关密档——赫德、金登干函电汇编》(第一卷)，中华书局 1990 年版，第 418 页。

[138] Robert Ronald Campbell: *James Duncal Campbell, A Memoir By His Son*, Harvard University Asia Center, 1970, p. 42.

[139] 中国第二历史档案馆、中国社会科学院近代史研究所合编:《中国海关密档——赫德、金登干函电汇编》(第一卷)，第 427—468 页;(第八卷)，第 80—91 页。

[140] 中国第二历史档案馆、中国社会科学院近代史研究所合编:《中国海关密档——赫德、金登干函电汇编》(第一卷)，中华书局 1990 年版，第 464 页。

[141] 同上书，第 534 页。

[142] 国家清史编纂委员会编:《李鸿章全集》(奏议七)，安徽教育出版社 2008 年版，第 211 页。

[143] Tyne & Wear Archives 31-5089.

［144］ 中国第二历史档案馆、中国社会科学院近代史研究所合编:《中国海关密档——赫德、金登干函电汇编》(第八卷)，中华书局 1995 年版，第 110 页。

［145］ H. M. S. Coquette，一般称此级为“爱俪儿”(Ariel)级，琅威理曾担任该级的“苍鹰”号舰长。

［146］ Tyne & Wear Archives 31-5090.

［147］ 中国第二历史档案馆、中国社会科学院近代史研究所合编:《中国海关密档——赫德、金登干函电汇编》(第八卷)，中华书局 1995 年版，第 117—118 页。另外值得一提的是，在“飞霆”级“蚊子船”的回航途中，英国下议院议员托马斯·布拉西(Thomas Brassey，即后来《布拉西海军年鉴》的创始人)曾为此事撰文，讨论了“蚊子船”等海军建设问题，*The Times*, May 30th, 1877。

［148］ 中国第二历史档案馆、中国社会科学院近代史研究所合编:《中国海关密档——赫德、金登干函电汇编》(第一卷)，中华书局 1990 年版，第 561 页。

［149］ Tyne & Wear Archives 31-5091.

［150］ Tyne & Wear Archives 31-5092.

［151］ 国家清史编纂委员会编:《李鸿章全集》(信函四)，安徽教育出版社 2008 年版，第 14 页。

［152］ 同上书，第 40 页。

［153］ 同上书，第 143 页。

［154］ 李鸿章督催拟定二舰舰名的信函，见国家清史编纂委员会编:《李鸿章全集》(信函四)，安徽教育出版社 2008 年版，第 69、137 页。

［155］ 钟叔河主编:《郭嵩焘日记》(第三卷)，湖南人民出版社 1982 年版，第 320 页。“扶桑”舰制造费为日元 21301.771 円，“金刚”“比睿”均为 15976.338 円，参见海军大臣官房编:《海军军备沿革》，大正十一年(1922)版，第 19 页。

［156］ 中国第二历史档案馆、中国社会科学院近代史研究所合编:《中国海关密档——赫德、金登干函电汇编》(第八卷)，第 109 页;(第一卷)，第 516 页。

［157］ 赵春晨编:《丁日昌集》(上)，上海古籍出版社 2010 年版，第 174 页。

［158］ 中国史学会主编:《中国近代史资料丛刊——洋务运动》(第二册)，上海书店出版社 2000 年版，第 373 页。

［159］ 国家清史编纂委员会编:《李鸿章全集》(信函四)，安徽教育出版社 2008 年版，第 89 页。

［160］ 中国第二历史档案馆、中国社会科学院近代史研究所合编:《中国海关密档——赫德、金登干函电汇编》(第八卷)，第 125—128 页;(第一卷)，第 588、602 页。

［161］ 国家清史编纂委员会编:《李鸿章全集》(信函四)，安徽教育出版社 2008 年

版，第137页。

［162］ 郭嵩焘在光绪三年八月廿四日（1877年9月30日）日记中这样记述："晚间，丹崖（李凤苞的字）偕日意格复至，为往纽开斯安密斯登（纽卡斯尔阿姆斯特朗）炮局，并托函告外部。"见钟叔河主编：《郭嵩焘日记》（第三卷），湖南人民出版社1982年版，第146页。可见李凤苞、日意格前往纽卡斯尔应是在10月初，而金登干直到10月12日才得知此事。

［163］ 中国第二历史档案馆、中国社会科学院近代史研究所合编：《中国海关密档——赫德、金登干函电汇编》（第一卷），第608、611页；（第八卷），第130页。

［164］ Tyne & Wear Archives 31-4897, 31-4898.

［165］ 中国第二历史档案馆、中国社会科学院近代史研究所合编：《中国海关密档——赫德、金登干函电汇编》（第一卷），第614—636页；（第八卷），130—135页。

［166］ 国家清史编纂委员会编：《李鸿章全集》（信函四），安徽教育出版社2008年版，第241页。

［167］ 同上。

［168］ 沈葆桢撰，林海权整理点校：《沈文肃公牍》，福建人民出版社2008年版，第484页。

［169］ 国家清史编纂委员会编：《李鸿章全集》（信函四），安徽教育出版社2008年版，第178页。

［170］ 同上书，第327页。

［171］ 中国第二历史档案馆、中国社会科学院近代史研究所合编：《中国海关密档——赫德、金登干函电汇编》（第二卷），第44页；（第八卷），第155页。

［172］ 中国第二历史档案馆、中国社会科学院近代史研究所合编：《中国海关密档——赫德、金登干函电汇编》（第二卷），第51、54—55、63页；（第八卷），第157页。

［173］ 国家清史编纂委员会编：《李鸿章全集》（信函四），安徽教育出版社2008年版，第353页。

［174］ 同上书，第351页。

［175］ 中国第二历史档案馆、中国社会科学院近代史研究所合编：《中国海关密档——赫德、金登干函电汇编》（第二卷），中华书局1990年版，第93页。

［176］ 国家清史编纂委员会编：《李鸿章全集》（信函四），安徽教育出版社2008年版，第340页。

［177］ Tyne & Wear Archives 31-4910, 31-4912. 其中31-4912为初稿修改件，并有阿姆斯特朗和金登干的签名，31-4910为正式稿复件。

［178］ Tyne & Wear Archives 31-4911.

［179］ 中国第二历史档案馆、中国社会科学院近代史研究所合编:《中国海关密档——赫德、金登干函电汇编》(第二卷)，中华书局 1990 年版，第 110 页。

［180］ 中国第二历史档案馆、中国社会科学院近代史研究所合编:《中国海关密档——赫德、金登干函电汇编》(第八卷)，中华书局 1995 年版，第 158 页。

［181］ Tyne & Wear Archives 31-4912.

［182］ 中国第二历史档案馆、中国社会科学院近代史研究所合编:《中国海关密档——赫德、金登干函电汇编》(第八卷)，中华书局 1995 年版，第 162 页。

［183］ 中国第二历史档案馆、中国社会科学院近代史研究所合编:《中国海关密档——赫德、金登干函电汇编》(第二卷)，第 122、125 页；(第八卷)，第 163、165 页。

［184］ 中国第二历史档案馆、中国社会科学院近代史研究所合编:《中国海关密档——赫德、金登干函电汇编》(第二卷)，中华书局 1990 年版，第 90 页。

［185］ 中国第二历史档案馆、中国社会科学院近代史研究所合编:《中国海关密档——赫德、金登干函电汇编》(第八卷)，中华书局 1995 年版，第 160 页。

［186］ Tyne & Wear Archives 31-4908.

［187］ Tyne & Wear Archives 31-4916.

［188］ 本小节主要参考 *Detailed Specification*, Tyne & Wear Archives 31-5094；Tyne & Wear Archives 31-5095；Gunboat “Gamma” Type Plan, Tyne & Wear Archives 31-5121；Gunboat “Gamma” Type Plan, Vickers Archives 555, Cambridge University Library。

［189］ 中国第二历史档案馆、中国社会科学院近代史研究所合编:《中国海关密档——赫德、金登干函电汇编》(第一卷)，中华书局 1990 年版，第 611 页。阿姆斯特朗公司曾把这种方案推荐给李凤苞和金登干。

［190］ Thomas Brassey: *The British Navy: Its Strength, Resources, and Administration*, Longmans, Green & Co., 1882, p. 94.

［191］ 该种炮艇图纸见 Tyne & Wear Archives 31-5120。

［192］“麦地那”级的图纸和技术数据参见 David Lyon and Rif Winfield: *The Sailing and Steam Navy List: All the Ships of the Royal Navy 1815-1889*, Chatham Publishing, 2004, pp. 281-282。

［193］ 国家清史编纂委员会编:《李鸿章全集》(信函四)，安徽教育出版社 2008 年版，第 188 页。

［194］ Tyne & Wear Archives 31-5094, 31-5122,31-5130.

［195］ 重量单位，1 英担约等于 50.8 千克。

［196］ 中国第二历史档案馆、中国社会科学院近代史研究所合编:《中国海关密档——赫德、金登干函电汇编》(第二卷)，中华书局 1990 年版，第 182 页。

［197］ Peter Brook: *Warships for Export: Armstrong Warships*, the World Ship Society, 1999, p. 30.

［198］ Tyne & Wear Archives 31-4915.

［199］ 中国第二历史档案馆、中国社会科学院近代史研究所合编:《中国海关密档——赫德、金登干函电汇编》(第二卷),中华书局1990年版,第127页。

［200］ Peter Brook: *Warships for Export: Armstrong Warships*, the World Ship Society, 1999, p. 30.

［201］《中国海关密档——赫德、金登干函电汇编》中将其翻译为“朱庇特”号,现根据一般翻译将其译为“雷神”号。

［202］ *The Illustrated London News*, 25th Jan, 1879.

［203］ 中国第二历史档案馆、中国社会科学院近代史研究所合编:《中国海关密档——赫德、金登干函电汇编》(第二卷),第158、159、162页;(第八卷),第168—170页。

［204］ 中国第二历史档案馆、中国社会科学院近代史研究所合编:《中国海关密档——赫德、金登干函电汇编》(第二卷),中华书局1990年版,第188页。

［205］ 同上书,第182页。该书中将金登干寄给赫德的Z/86号信的时间注为1879年3月29日,但金登干写此信是在马特洛克疗养时,对照他写于同年6月6日的Z/87号信,内有“我只能在马特洛克逗留三天”的语句;以及乔治·伦道尔写于5月29日的记录“埃普西隆”号首航的信件(Tyne & Wear Archives 31-4926),可以发现Z/86号信的写作时间实际应为1879年5月29日。这是《中国海关密档——赫德、金登干函电汇编》一书整理档案时发生的错误。

［206］ Tyne & Wear Archives 31-4926.

［207］ 中国第二历史档案馆、中国社会科学院近代史研究所合编:《中国海关密档——赫德、金登干函电汇编》(第二卷),中华书局1990年版,第182页。

［208］“西塔”舰实测航速为9.994节,与合同航速稍有差距,但因差距不大公试航速被修改为10.000节,也获得了检验通过。航速修改情况可见海军部检验员阿灵顿(J. Allington)的报告:Tyne & Wear Archives 31-4936.

［209］ Tyne & Wear Archives 31-4933.

［210］ Ibid.

［211］ Tyne & Wear Archives 31-4935, 31-4936.

［212］ 中国第二历史档案馆、中国社会科学院近代史研究所合编:《中国海关密档——赫德、金登干函电汇编》(第二卷),中华书局1990年版,第210页。“伦道尔档案”中的炮艇试航报告(Tyne & Wear Archives 31-4933)中称两位中方随员为“attaches”,即参赞;而金登干在信中则称其为“students”,即学生,《中国海关密档》将其翻译成留学生,

容易令人联想起当时正在英国受训的福建船政留学生，但根据他们晕船且害怕的情况看，是参赞的可能性比较大。

［213］ *Journals Kept by An Anonymous Lieutenant*, National Maritime Museum, RUSI/NM/167.

［214］ Tyne & Wear Archives 31-4941.

［215］ Tyne & Wear Archives 31-4950, 31-4954.

［216］ *Journals Kept by An Anonymous Lieutenant*, National Maritime Museum RUSI/NM/167.

［217］ *The Times*, 25th July, 1879.

［218］《曾纪泽日记》（中册），岳麓书社 1998 年版，第 897 页。

［219］ *The Times*, 25th July, 1879.

［220］ Ibid.

［221］《曾纪泽日记》（中册），岳麓书社 1998 年版，第 897 页。

［222］ 中国第二历史档案馆、中国社会科学院近代史研究所合编：《中国海关密档——赫德、金登干函电汇编》（第二卷），中华书局 1990 年版，第 163 页。

［223］ 同上书，第 166 页。

［224］ 英国海军部档案 ADM/196/15。

［225］ *The Times*, March 31st, 1879.

［226］ 中国第二历史档案馆、中国社会科学院近代史研究所合编：《中国海关密档——赫德、金登干函电汇编》（第二卷），中华书局 1990 年版，第 187 页。

［227］ 中国第二历史档案馆、中国社会科学院近代史研究所合编：《中国海关密档——赫德、金登干函电汇编》（第二卷），第 196 页；（第八卷），第 174 页。

［228］ 中国第二历史档案馆、中国社会科学院近代史研究所合编：《中国海关密档——赫德、金登干函电汇编》（第二卷），第 185、188 页；（第八卷），第 173 页。

［229］ *The Times*, July 25th, 1879. *China Mail*, October 18th, 1879.

［230］ 中国第二历史档案馆、中国社会科学院近代史研究所合编：《中国海关密档——赫德、金登干函电汇编》（第二卷），中华书局 1990 年版，第 219 页。

［231］ 同上书，第 220 页。

［232］ 同上书，第 222 页。

［233］ *Journals kept by an anonymous lieutenant*, National Maritime Museum, RUSI/NM/167.

［234］ Tyne & Wear Archives 31-4974, 31-4999.

［235］ 更换螺旋桨一事，琅威理报告中并未提到，但金登干致赫德的函电中曾提及，

见中国第二历史档案馆、中国社会科学院近代史研究所合编:《中国海关密档——赫德、金登干函电汇编》(第二卷),中华书局1990年版,第241页。

[236] 同上书,第260页。

[237] *China Mail*, October 21st, 1879.

[238] 中国科学院历史研究所第三所主编:《刘坤一遗集》(第二册),中华书局1959年版,第552页。

[239] Tyne & Wear Archives 31-4974, 31-4999.

[240] 国家清史编纂委员会编:《李鸿章全集》(奏议八),安徽教育出版社2008年版,第503页。

[241] Tyne & Wear Archives 31-4974, 31-4999.

[242] Robert Ronald Campbell: *James Duncan Campbell, A Memoir By His Son*, Harvard University Asia Center, 1970, p. 44.

[243] 吴元炳辑:《沈文肃公(葆桢)政书》,沈云龙主编《近代中国史料丛刊第六辑》,文海出版社1967年版,第121页。值得注意的是,沈葆桢的命名并不是与这批"蚊子船"的原名"埃普西隆""基塔""艾塔""西塔"一一对应的。李鸿章曾在"验收续购船炮折"中说:"该四船系接前购四船,编为五、六、七、八号,仍照沈葆桢所拟船名,曰'镇北''镇南''镇东''镇西',以资号召。"因此最终的英文舰名与中文名对应关系应以李鸿章所说为准。见国家清史编纂委员会编:《李鸿章全集》(奏议八),安徽教育出版社2008年版,第503页。

[244] 李鸿章决定于天津交接,应是在1878年11月与裴式楷会面时。裴式楷发给赫德的电文中有"炮艇能在初秋到天津即可"一句,见中国第二历史档案馆、中国社会科学院近代史研究所合编:《中国海关密档——赫德、金登干函电汇编》(第八卷),中华书局1995年版,第165页。

[245] 沈葆桢撰,林海权整理点校:《沈文肃公牍》,福建人民出版社2008年版,第822页。

[246] 同上书,第825页。

[247] 同上书,第823页。

[248] 国家清史编纂委员会编:《李鸿章全集》(信函四),安徽教育出版社2008年版,第493页。

[249] 国家清史编纂委员会编:《李鸿章全集》(信函四),安徽教育出版社2008年版,第497页。

[250] 同上书,第429页。

[251] 综合自中国第二历史档案馆、中国社会科学院近代史研究所合编:《中国海关

密档——赫德、金登干函电汇编》(第二卷),中华书局1990年版,第231页;国家清史编纂委员会编:《李鸿章全集》(信函四),安徽教育出版社2008年版,第473、484—485页;沈葆桢撰,林海权整理点校:《沈文肃公牍》,福建人民出版社2008年版,第798—800页。丁凤麟、王欣之编:《薛福成选集》,上海人民出版社1987年版,第125—127页。

[252] 丁凤麟、王欣之编:《薛福成选集》,上海人民出版社1987年版,第125页。

[253] 同上书,第125—126页。

[254] 国家清史编纂委员会编:《李鸿章全集》(信函四),安徽教育出版社2008年版,第473页。

[255] 如李鸿章于1879年10月3日"复总署论海防"一函中有"尊处意在必行,唯幼丹(沈葆桢的字)所见未恰"等语,可见沈葆桢对此的反对是十分坚决的。见国家清史编纂委员会编:《李鸿章全集》(信函四),安徽教育出版社2008年版,第485页。

[256] 同上书,第484—485页;沈葆桢撰,林海权整理点校:《沈文肃公牍》,福建人民出版社2008年版,第798—800页。

[257] 国家清史编纂委员会编:《李鸿章全集》(信函四),安徽教育出版社2008年版,第489页。

[258] 沈葆桢撰,林海权整理点校:《沈文肃公牍》,福建人民出版社2008年版,第799—800页。

[259] 中国第二历史档案馆、中国社会科学院近代史研究所合编:《中国海关密档——赫德、金登干函电汇编》(第二卷),中华书局1990年版,第270页。

[260] 国家清史编纂委员会编:《李鸿章全集》(信函四),安徽教育出版社2008年版,第489页。

[261] 同上书,第496页。

[262] 巴林公司与一些驻华洋行的关系往来参见巴林公司档案:The Baring Archive HC6: Indian Sub-continent, Far East and Australasia。

[263] Tyne & Wear Archives 31-4975.

[264] "猎犬"级"蚊子船"是"蚂蚁"级"蚊子船"的小改型号,许多文献将其作为一级。

[265] 中国第二历史档案馆、中国社会科学院近代史研究所合编:《中国海关密档——赫德、金登干函电汇编》(第二卷),中华书局1990年版,第270页。

[266] Tyne & Wear Archives 31-5096, 31-5097.

[267] Tyne & Wear Archives 31-5101.

[268] Tyne & Wear Archives 31-4975.

[269] 中国第二历史档案馆、中国社会科学院近代史研究所合编:《中国海关密

档——赫德、金登干函电汇编》(第八卷),中华书局 1995 年版,第 189、190、192 页。

[270] 同上书,第 195 页。

[271] 徐建寅:《欧游杂录》,湖南人民出版社 1980 年版,第 10 页。

[272] 国家清史编纂委员会编:《李鸿章全集》(信函四),安徽教育出版社 2008 年版,第 504 页。

[273] 中国科学院历史研究所第三所主编:《刘坤一遗集》(第二册),中华书局 1959 年版,第 544 页。

[274] 中国科学院历史研究所第三所主编:《刘坤一遗集》(第四册),中华书局 1959 年版,第 1875 页。

[275] Tyne & Wear Archives 31-5008.

[276] 国家清史编纂委员会编:《李鸿章全集》(信函四),安徽教育出版社 2008 年版,第 489 页。

[277] 同上书,第 494 页。

[278]《清实录》(第五三册)《德宗实录》(二),中华书局 1987 年版,叶五二三。

[279] 国家清史编纂委员会编:《李鸿章全集》(奏议八),安徽教育出版社 2008 年版,第 512 页。

[280] 国家清史编纂委员会编:《李鸿章全集》(信函四),安徽教育出版社 2008 年版,第 516 页。

[281] 国家清史编纂委员会编:《李鸿章全集》(奏议八),安徽教育出版社 2008 年版,第 514 页。

[282] 中国科学院历史研究所第三所主编:《刘坤一遗集》(第四册),中华书局 1959 年版,第 1890 页。

[283]《清实录》(第五三册)《德宗实录》(二),中华书局 1987 年版,叶五二七。

[284] 同上书,叶五二九。

[285] 中国史学会主编:《中国近代史资料丛刊——洋务运动》(第二册),上海书店出版社 2000 年版,第 427 页。

[286] 国家清史编纂委员会编:《李鸿章全集》(信函四),安徽教育出版社 2008 年版,第 504 页。

[287] 中国史学会主编:《中国近代史资料丛刊——洋务运动》(第二册),上海书店出版社 2000 年版,第 436—437 页。

[288] 同上书,第 438—439 页。

[289] 国家清史编纂委员会编:《李鸿章全集》(信函四),安徽教育出版社 2008 年版,第 508、514、516—518 页。

［290］ 中国第二历史档案馆、中国社会科学院近代史研究所合编：《中国海关密档——赫德、金登干函电汇编》（第八卷），中华书局 1995 年版，第 201 页。

［291］ 同上书，第 204 页。

［292］ 中国第二历史档案馆、中国社会科学院近代史研究所合编：《中国海关密档——赫德、金登干函电汇编》（第八卷），第 205 页；（第二卷），第 329 页。阿姆斯特朗公司的报价单见 Tyne & Wear Archives 31-5001。

［293］ 国家清史编纂委员会编：《李鸿章全集》（信函四），安徽教育出版社 2008 年版，第 538 页。

［294］ 中国第二历史档案馆、中国社会科学院近代史研究所合编：《中国海关密档——赫德、金登干函电汇编》（第二卷），第 334 页；（第八卷），第 208 页。

［295］ 中国第二历史档案馆、中国社会科学院近代史研究所合编：《中国海关密档——赫德、金登干函电汇编》（第八卷），中华书局 1995 年版，第 209 页。

［296］ 广东省的订购过程参见张树声于 1880 年 7 月 26 日（光绪六年六月二十日）的奏疏，见中国史学会主编：《中国近代史资料丛刊——洋务运动》（第二册），上海书店出版社 2000 年版，第 456 页。另参见张树声、裕宽 1880 年 8 月 19 日筹解第一期船款的奏疏，见《稿本总理衙门档案》（四），《晚清四部丛刊》第九编第 47 卷，（台湾）文听阁图书有限公司 2013 年版，第 2093—2098 页。

［297］ Tyne & Wear Archives 31-5003.

［298］ 中国第二历史档案馆、中国社会科学院近代史研究所合编：《中国海关密档——赫德、金登干函电汇编》（第二卷），中华书局 1990 年版，第 340 页。

［299］ 中国第二历史档案馆、中国社会科学院近代史研究所合编：《中国海关密档——赫德、金登干函电汇编》（第八卷），中华书局 1995 年版，第 210 页。

［300］ 中国第二历史档案馆、中国社会科学院近代史研究所合编：《中国海关密档——赫德、金登干函电汇编》（第二卷），中华书局 1990 年版，第 332、366、372、382 页。

［301］ 李凤苞：《使德日记》，商务印书馆 1936 年版，第 33 页。

［302］ *Pictures of Krupp: Photography and History in the Industrial Age*, Philip Wilson Publishers Ltd., 2005, p.51.

［303］ *The Engineer*, January 10th, 1879.

［304］ 本小节主要参考自《翻译英商阿摩士庄海镜清船只大概情形原来详单》，南京图书馆藏本 GJ/EB/3013797。*China: War Vessels and Torpedo Boats, Admiralty Intelligence Departments*, October 1891, pp. 69-71.

［305］ Tyne & Wear Archives 31-5009.

［306］ Tyne & Wear Archives 31-5008.

[307] 中国第二历史档案馆、中国社会科学院近代史研究所合编:《中国海关密档——赫德、金登干函电汇编》(第二卷),中华书局1990年版,第350页。

[308] 同上书,第408页。

[309] 参见《翻译英商阿摩士庄海镜清船只大概情形原来详单》,南京图书馆藏本GJ/EB/3013797。

[310] Peter Brook: *Warships for Export: Armstrong Warships*, the World Ship Society, 1999, p. 31.

[311] Tyne & Wear Archives 31-5026.

[312] 中国第二历史档案馆、中国社会科学院近代史研究所合编:《中国海关密档——赫德、金登干函电汇编》(第八卷),中华书局1995年版,第225—226页。

[313] Peter Brook: *Warships for Export: Armstrong Warships*, the World Ship Society, 1999, p. 31.

[314] 中国第二历史档案馆、中国社会科学院近代史研究所合编:《中国海关密档——赫德、金登干函电汇编》(第八卷),中华书局1995年版,第234页。

[315] 中国第二历史档案馆、中国社会科学院近代史研究所合编:《中国海关密档——赫德、金登干函电汇编》(第八卷),第242—243页;(第二卷),第515、518页。

[316] Tyne & Wear Archives 31-5047.

[317] 中国第二历史档案馆、中国社会科学院近代史研究所合编:《中国海关密档——赫德、金登干函电汇编》(第二卷),中华书局1990年版,第558页。

[318] 同上书,第372页。

[319] 中国第二历史档案馆、中国社会科学院近代史研究所合编:《中国海关密档——赫德、金登干函电汇编》(第二卷),第416页;(第八卷),第225页。关于炮艇注册的资料参见英国商务部档案MT10/321。

[320]《北华捷报》还开列了三舰的军官名单如下:"伊奥塔"号——舰长:Ross,大副:McKenzie,二副:Payne,炮手:Marshall,管轮:Montgomery;"卡帕"号——舰长:P. A. Powell,大副:H. Pybus,二副:Thompson,炮手:Patey,管轮:Soulsby;"拉姆达"号——舰长:Haffner,大副:Smith,炮手:Andrews,管轮:Harper。*The North China Herald and Supreme Court & Consular Gazette*, August 8th, 1881.

[321] 中国第二历史档案馆、中国社会科学院近代史研究所合编:《中国海关密档——赫德、金登干函电汇编》(第二卷),中华书局1990年版,第558页。

[322] 赫德在书信中说"镇中"编队驶抵香港的时间是1881年7月28日,而张树声在奏报中称驶抵粤东的时间是7月25日,而《北华捷报》则称抵达香港时间为7月22日,这里从《北华捷报》说。见中国第二历史档案馆、中国社会科学院近代史研究所合

编:《中国海关密档——赫德、金登干函电汇编》(第二卷),中华书局 1990 年版,第 606 页。《中国近代史资料丛刊——洋务运动》(第二册),上海书店出版社 2000 年版,第 513 页。*The North China Herald and Supreme Court & Consular Gazette*, August 8th, 1881.

[323] Robert Ronald Campbell: *James Duncan Campbell, A Memoir By His Son*, Harvard University Asia Center, 1970, p. 45.

[324] 中国史学会主编:《中国近代史资料丛刊——洋务运动》(第二册),上海书店出版社 2000 年版,第 513 页。

[325] 中国第二历史档案馆、中国社会科学院近代史研究所合编:《中国海关密档——赫德、金登干函电汇编》(第二卷),中华书局 1990 年版,第 615、620 页。

[326] 国家清史编纂委员会编:《李鸿章全集》(奏议九),安徽教育出版社 2008 年版,第 477 页。

[327] 同上书,第 510、532 页。

[328] Tyne & Wear Archives 31-5041.

[329] Tyne & Wear Archives 31-5043.

[330] Tyne & Wear Archives 31-5044.

[331] 中国第二历史档案馆、中国社会科学院近代史研究所合编:《中国海关密档——赫德、金登干函电汇编》(第二卷),中华书局 1990 年版,第 543 页。

[332] 同上书,第 574 页。

[333] Peter Brook: *Warships for Export: Armstrong Warships*, the World Ship Society, 1999, pp. 32-36, 214-216.

[334] 赵春晨编:《丁日昌集》(上),上海古籍出版社 2010 年版,第 151 页。

[335] 赵春晨编:《丁日昌集》(下),上海古籍出版社 2010 年版,第 946 页。

[336] 国家清史编纂委员会编:《李鸿章全集》(信函三),安徽教育出版社 2008 年版,第 520 页。

[337] 国家清史编纂委员会编:《李鸿章全集》(信函三),安徽教育出版社 2008 年版,第 520 页;《李鸿章全集》(信函四),安徽教育出版社 2008 年版,第 137 页。

[338] 国家清史编纂委员会编:《李鸿章全集》(信函四),安徽教育出版社 2008 年版,第 240 页。

[339] 同上。

[340] 同上书,第 304、324 页。

[341]《申报》,1878 年 11 月 29 日。

[342]《申报》,1879 年 6 月 3 日。

[343] 国家清史编纂委员会编:《李鸿章全集》(奏议八),安徽教育出版社 2008 年

版，第 109 页。

［344］ 国家清史编纂委员会编：《李鸿章全集》（奏议九），安徽教育出版社 2008 年版，第 23 页。

［345］ 中国科学院历史研究所第三所主编：《刘坤一遗集》（第二册），中华书局 1959 年版，第 583 页。

［346］《申报》，1884 年 8 月 12 日、8 月 15 日、8 月 20 日。

［347］《申报》，1884 年 10 月 5 日。

［348］《申报》，1885 年 3 月 10 日、3 月 21 日、4 月 16 日。

［349］ 如日本防卫省防卫研究所档案《内外国艦船外国港湾出入／上海に碇泊せる各国軍艦の義に付御届の件》记载，1888 年 7 月时四艘“蚊子船”均停泊于上海东（董）家渡。见防卫省防卫研究所档案，海军省 - 公文杂辑 -M21-7-51。

［350］《申报》，1891 年 7 月 10 日、8 月 1 日、9 月 29 日、10 月 5 日、11 月 4 日，1892 年 1 月 10 日。

［351］《奕劻等奏遵议南洋水师拟请变通办理折》，张侠等编：《清末海军史料》，海洋出版社 1982 年版，第 83 页。

［352］ 中国科学院历史研究所第三所主编：《刘坤一遗集》（第二册），中华书局 1959 年版，第 818 页。

［353］ 苑书义、孙华峰、李秉新主编：《张之洞全集》（第二册），河北人民出版社 1998 年版，第 953、957 页。

［354］ 苑书义、孙华峰、李秉新主编：《张之洞全集》（第八册），河北人民出版社 1998 年版，第 6230、6231、6287 页。

［355］ 同上书，第 6595 页。

［356］《江南机器制造局公牍》，哈佛燕京图书馆藏本 T 4664.88 3446。魏允恭编：《江南制造局记》，《近代中国史料丛刊第四十一辑》，文海出版社 1969 年版，第 667—671 页。根据曾任“策电”舰大副的林舜番回忆，“策电”号更换的是 6 英寸速射炮，见《回忆辛亥革命——海军“策电”炮舰起义》，张侠等编：《清末海军史料》，海洋出版社 1982 年版，第 714 页。

［357］ 苑书义、孙华峰、李秉新主编：《张之洞全集》（第三册），河北人民出版社 1998 年版，第 1517 页。

［358］《申报》，1903 年 6 月 19 日。

［359］ 魏光焘：《奏报仪征盐栈缉私“飞霆”蚊船失慎烧毁沉没事折》，台北故宫博物院文献处藏 163039。《申报》，1904 年 8 月 28 日。

［360］ 中国第一历史档案馆编：《光绪朝朱批奏折》第 76 辑，中华书局 1996 年版，

第527页。

［361］《申报》，1905年12月4日、12月8日。

［362］《周悫慎公全集》（第五册），民国十一年（1922）周氏刻本，叶十一至十三。

［363］《申报》，1906年12月10日。

［364］《申报》，1907年5月5日。另，1906年广东省建成一艘内河小轮船，也命名为“龙骧”，一直服役至1930年代，须注意与南洋的“蚊子船”区分。参见李准：《任庵年谱》，手稿影印件。

［365］ 张侠等编：《清末海军史料》，海洋出版社1982年版，第893—897页。

［366］《回忆辛亥革命——海军“策电”炮舰起义》，张侠等编：《清末海军史料》，海洋出版社1982年版，第712—715页。

［367］ 杨志本主编：《中华民国海军史料》，海洋出版社1987年版，第97页。

［368］《江苏省志：公安志》，群众出版社2000年版，第212页。

［369］《裁判录上：上海地方审判厅刑事判词：第一百五十八号，判决同级检察厅起诉海军总司令咨送“策电”舰在陈钱山洋面拿获海盗陈阿福一案判词》，《上海法曹杂志》1913年第11期，第38—43页。

［370］《申报》，1916年10月6日、10月7日、10月19日、10月28日。

［371］《申报》，1917年12月2日。

［372］《申报》，1918年1月7日、1月19日。

［373］ 政协嵊泗县委员会文史委员会编，郭振民著：《嵊泗渔业史话——嵊泗文史资料第三辑》，海洋出版社1995年版，第8页。

［374］《申报》，1926年1月16日。

［375］《申报》，1928年6月13日。

［376］ 中国人民政治协商会议江苏省南通市委员会文史资料研究委员会编：《南通文史资料选辑》（第四辑），1984年版，第139、145页。

［377］《申报》，1912年6月16日、6月28日。

［378］《海军大事记（1912—1941）》杨志本主编：《中华民国海军史料》，海洋出版社1987年版，第1015页。

［379］《申报》，1916年5月6日—1916年5月9日。另，小野信尔所著《“策電”艦襲撃事件——第三革命と日本海軍傭兵》一文对此事前后所述较详，见花园大学文学部编：《花園大学文学部研究紀要（34）》，2002年，第47—76页。

［380］《申报》，1925年3月11日。

［381］《申报》，1926年9月24日、9月28日。

［382］《海军大事记（1912—1941）》，杨志本主编：《中华民国海军史料》，海洋出版社

社 1987 年版，第 1057 页。

［383］《江苏省志：公安志》，群众出版社 2000 年版，第 213—214 页。《宝山县志》，卷二十二，http://www.shtong.gov.cn/node2/node4/node2250/node2673/node13699/node14962/node61276/userobject1ai4713.html，访问时间：2013 年 9 月。

［384］“楚宝兵轮”，中国国家图书馆，船舶 J424 U674。该舰实际应为“策电”。

［385］《申报》，1933 年 5 月 19 日。

［386］《申报》，1936 年 7 月 9 日。

［387］谢晏池：《位于黄山港的海军电雷学校》。

［388］《南京江阴区抗日作战经过案》，台湾军事主管部门史政编译局档案，档案号 B5018230601/0026/543.64/4022。

［389］国家清史编纂委员会编：《李鸿章全集》（奏议八），安徽教育出版社 2008 年版，第 503 页。

［390］中国第二历史档案馆、中国社会科学院近代史研究所合编：《中国海关密档——赫德、金登干函电汇编》（第二卷），中华书局 1990 年版，第 297 页。

［391］国家清史编纂委员会编：《李鸿章全集》（奏议九），安徽教育出版社 2008 年版，第 152、425 页。

［392］国家清史编纂委员会编：《李鸿章全集》（奏议十），安徽教育出版社 2008 年版，第 480 页。

［393］戚俊杰、王记华编校：《丁汝昌集》，山东大学出版社 1997 年版，第 11 页。

［394］同上书，第 2 页。

［395］《申报》，1884 年 7 月 27 日。

［396］李鸿章 1885 年 2 月 3 日电报中说：“旅顺袁道保龄本日申刻来电：刻‘镇边’船回旅，得丁镇函，朝防无事，吴帅乘‘康济’，巩绥军分乘‘利运’‘普济’，约二十一二启行运。”应能证明“镇边”去过朝鲜，见国家清史编纂委员会编：《李鸿章全集》（电报一），安徽教育出版社 2008 年版，第 424 页。与“镇边”编为一队的“镇南”在甲申事变后也与“镇边”一同上坞修理，说明该舰也有可能被派赴朝鲜。

［397］戚俊杰、王记华编校：《丁汝昌集》，山东大学出版社 1997 年版，第 46 页。

［398］同上书，第 56 页。

［399］戚俊杰、王记华编校：《丁汝昌集》，山东大学出版社 1997 年版，第 67 页。

［400］同上书，第 68 页。

［401］国家清史编纂委员会编：《李鸿章全集》（信函六），安徽教育出版社 2008 年版，第 190 页。

［402］戚俊杰、王记华编校：《丁汝昌集》，山东大学出版社 1997 年版，第 200 页。

《B 清艦の移動、所在、挙動状況（2）》，防衛省防衛研究所藏：海軍省 - 日清 -M27-9，C08040477100。《第 5 節　清国北方の状況》，防衛省防衛研究所藏：海軍省 - 日清 -M27-57，C08040560700。

［403］《清国の海岸防禦（1）》，防衛省防衛研究所藏：海軍省 - 日清 -M27-9，C08040476500。

［404］《苗秀山口述》，载戚其章：《北洋舰队》，山东人民出版社 1981 年版，第 221—222 页。

［405］《A 清国南北洋の艦隊戦略司令長官の命令（1）》，防衛省防衛研究所藏：海軍省 - 日清 -M27-9，C08040476700。

［406］ 戚俊杰、王记华编校：《丁汝昌集》，山东大学出版社 1997 年版，第 215 页。

［407］《B 清艦の移動、所在、挙動状況（5）》，防衛省防衛研究所藏：海軍省 - 日清 -M27-9，C08040477400。

［408］《B 清国南北洋の艦隊戦略司令長官の命令（2）》，防衛省防衛研究所藏：海軍省 - 日清 -M27-9，C08040476800。

［409］《B 清艦の移動、所在、挙動状況（5）》，防衛省防衛研究所藏：海軍省 - 日清 -M27-9，C08040477400。

［410］《冤海述闻》中记录道："二雷艇往救'扬威'弁兵，炮船往救'超勇'弁兵"，见《近代中国史料丛刊第四辑——中日战争资料》，（台湾）文海出版社 1967 年版，第 133 页。

［411］ 张黎源译：《汉纳根上校的记录》，《甲午战争研究》2015 年第 3 期，第 59 页。

［412］ 国家清史编纂委员会编：《李鸿章全集》（奏议十五），安徽教育出版社 2008 年版，第 448—450 页；（电报四），第 344 页。《B 清艦の移動、所在、挙動状況（5）》，防衛省防衛研究所藏：海軍省 - 日清 -M27-9，C08040477400。

［413］《C 国外より得たる海洋島海戦に関する記事（1）》，防衛省防衛研究所藏：海軍省 - 日清 -M27-14，C08040487700。《B 清艦の移動、所在、挙動状況（5）》，防衛省防衛研究所藏：海軍省 - 日清 -M27-9，C08040477400。

［414］《B 清艦の移動、所在、挙動状況（5）》，防衛省防衛研究所藏：海軍省 - 日清 -M27-9，C08040477400。

［415］《B 清国南北洋の艦隊戦略司令長官の命令（2）》，防衛省防衛研究所藏：海軍省 - 日清 -M27-9，C08040476800。

［416］（日本）参谋本部编：《明治二十七八年日清戦史》（第 6 卷），第 106—107 页。

［417］《苗秀山口述》，戚其章：《北洋舰队》，山东人民出版社 1981 年版，第 223 页。

［418］ *The North China Herald and Supreme Court & Consular Gazette*, March 15th, 1895.

［419］ *Blackwood's Edinburgh Magazine*, July-December 1895, p. 618.

［420］ 王文韶：《奏为北洋弁兵自光绪二十一年正月初五日起至二十三日止殉难阵亡衔名籍贯应给恤银清单》，光绪十一年七月初六日，中国第一历史档案馆藏军机处录副奏折 03-5906-020。王文韶：《北洋海军接仗受伤官弁兵勇衔名籍贯及应给养伤银数清单》，光绪十一年七月初六日，中国第一历史档案馆藏军机处录副奏折 03-5906-021。

［421］《苗秀山口述》，戚其章：《北洋舰队》，山东人民出版社 1981 年版，第 224 页。

［422］ 卢毓英：《卢毓英海军生涯忆旧》，孙建军整理校注《中国海军稀见史料——北洋海军官兵回忆辑录》，山东画报出版社 2017 年版，第 37 页。

［423］《連合艦隊出征第 24 報告》，防衛省防衛研究所藏：海軍省 - 日清 -M27-11，C08040482200。

［424］《第 3 節——6 鎮砲艦（2）》，防衛省防衛研究所藏：海軍省 - 日清 -M27-59，C08040563100。

［425］《第 4 節——鎮遠、6 鎮砲艦及水雷艇の本邦回航》，防衛省防衛研究所藏：海軍省 - 日清 -M27-59，C08040563200。

［426］《横須賀鎮守府所管軍艦修理改造新設（6）》，防衛省防衛研究所藏：海軍省 - 公文備考 -M33-11-363，C06091268500。

［427］ 该标准参见（日本）海軍大臣官房编：《海軍制度沿革．卷 8》，1940 年版，第 54 页。

［428］ 参见《鎮辺鎮中の派遣、牛荘警備》，《明治 33 年清国事変海軍戦史抄》，海军大臣官房编，1904 年刊。

［429］《艦船行動簿明治 35 年 7 月分》，防衛省防衛研究所藏：艦船行動 -M35-15-15，C10100043500。

［430］《艦船行動簿明治 35 年 8 月分》，防衛省防衛研究所藏：艦船行動 -M35-16-16，C10100044000。

［431］《艦船衝突触礁其他遭難及損傷等の件（2）》，防衛省防衛研究所藏：海軍省 - 公文備考 -M36-16-486，C06091473900。

［432］《36 年 8 月 21 日——旧軍艦鎮東を雑役船とし横須賀海兵団附属と定むる件》，防衛省防衛研究所藏：海軍省 - 公文雑輯 -M36-2-377，C10127870700。

［433］《36 年 10 月 22 日——兵器廃品処分の件——佐世保鎮守府》，防衛省防衛研究所藏：海軍省 - 公文雑輯 -M36-6-381，C10127898100；《36 年 11 月 4 日——軍艦鎮南撤去陸揚の件》，防衛省防衛研究所藏：海軍省 - 公文雑輯 -M36-6-381，C10127898600。

［434］《売買、譲与（2）》，防衛省防衛研究所藏：海軍省 - 公文備考 -M39-25-650，C06091752000；《売買、譲与（3）》，防衛省防衛研究所藏：海軍省 - 公文備考 -M39-25-

650，C06091752100。

［435］《備付、使用、引替（管理替、保管転換）(2)》，防衛省防衛研究所藏：海軍省-公文備考-M39-25-650，C06091751500；《備付、使用、引替（管理替、保管転換）(3)》，防衛省防衛研究所藏：海軍省-公文備考-M39-25-650，C06091751600。

［436］《傭入使用貸下搭載及保管転換（2）》，防衛省防衛研究所藏：海軍省-公文備考-M41-15-816，C06092002900；《傭入使用貸下搭載及保管転換（3）》，防衛省防衛研究所藏：海軍省-公文備考-M41-15-816，C06092003000。

［437］《売却其他諸処分（2）》，防衛省防衛研究所藏：海軍省-公文備考-M41-15-816，C06092003500；《貸借充用及使用（1）》，防衛省防衛研究所藏：海軍省-公文備考-M42-19-928，C06092164400；《亡失、売却及撤去、処分（3）》，防衛省防衛研究所藏：海軍省-公文備考-T2-22-1542，C08020260400。

［438］ Thomas Brassey: *The British Navy: Its Strength, Resources, and Administration*, Vol. 2, Longmans Green and Co. publishing, 1883, p.396.

［439］ 即“蚂蚁”级炮艇。

［440］ Thomas Brassey: *The British Navy: Its Strength, Resources, and Administration*, Vol. 2, Longmans Green and Co. publishing, 1883, p. 396.

［441］ 中国第二历史档案馆、中国社会科学院近代史研究所合编：《中国海关密档——赫德、金登干函电汇编》(第三卷)，中华书局1992年版，第237页。

第三章　“超勇”级巡洋舰

1879 年，已经购买了数艘“蚊子船”的中国政府开始着手外购更先进、更强大的军舰，在中国海关的再度牵线下，阿姆斯特朗公司最新设计的无防护巡洋舰[1]成为中国政府最早的外购巡洋舰。本章试图从设计渊源、订购过程、服役经历等几个方面出发，重新审视“超勇”级巡洋舰的成败得失；同时，也将目光投向日本购买的同型舰“筑紫”号［前智利巡洋舰“阿图罗·普拉特”号（Arturo Prat）］和这一时期阿姆斯特朗等英国公司向中国政府推销的其他铁甲舰、巡洋舰、通报舰等方案，作为对“超勇”级巡洋舰这一段历史的补充。

一、1880 年代前的巡洋舰与撞击舰

1880 年代前近代巡洋舰的发展[2]

一般认为，近代巡洋舰（cruiser/ cruizer）这一舰种是从风帆战舰时代的巡航舰（frigate）和大型护航舰（sloop）发展而来，这两型军舰一般被划分为 5 级或 6 级［6 级大型护航舰后来被称为“轻型巡航舰”（corvette）］，载炮从 24 门到 44 门不等，通常从事巡逻、护航、破交等任务，或在舰队决战时作为战列舰队的外围侦察兵力。1878 年，英国海军第一次正式将巡航舰和轻型巡航舰合称为“巡洋舰”，但直到 1880 年代这一称谓都不具有垄断性的地位，巡航舰、轻型巡航舰、护航舰、炮舰（gun vessel）、炮艇（gunboat）等称谓仍频繁被作为此类军舰的代称。[3]因此在讨论巡洋舰的发展时也常用

“巡航军舰”（cruising vessel）或“非装甲军舰”（unarmoured vessel）等概念指代。“cruiser”一词在传入中国后最初被译为“巡海快船”，或简称为“快船”，清末新建海军时代引入日本式译法，始称之为“巡洋舰”。

在进入蒸汽时代之后，巡航舰和轻型巡航舰也成为最早装上蒸汽动力的舰种之一，1830年代末至1840年代中期，英国海军建造了一系列明轮动力的“一等蒸汽舰”（steam vessel first class），主要装备为6至10门重型火炮，这些军舰后被重新定级为“蒸汽巡航舰”（steam frigate）或“蒸汽护航舰”（steam sloop）。1840年代中期以后，舰船动力开始由明轮向螺旋桨转变，此时期建造的蒸汽巡航舰一般装备20至50门9英寸以下口径的舷侧火炮，仍保留全套帆装，蒸汽只作为辅助动力（因当时煤炭供给尚难维持世界范围的巡航），使用蒸汽动力时航速一般在8至13节不等，舰体材料为木质，设计风格基本为风帆巡航舰的延续。

1860年代后，主力舰的设计进入了铁甲舰时代，巡洋舰的设计也在这一时期被赋予了全新的定义。美国内战中，在英国建造的邦联海军“阿拉巴马”号（C. S. S. Alabama）、“佛罗里达”号（C. S. S. Florida）等蒸汽护航舰作为贸易袭击舰对联邦的海上交通造成了很大的打击，证明了破交战术在蒸汽时代的有效性。为应对邦联海军的这些神出鬼没的袭击舰，联邦海军于1863年开始建造一系列的新型高速巡航舰，首舰“万帕诺亚格”号（U. S. S. Wampanoag）尽管存在着种种设计缺陷，但在试航中居然跑出了17.75节的惊人高速［此航速直到10年后才为英国海军的“墨丘利”号（H. M. S. Mercury）所打破］。为应对美国海军的这些新型高速军舰，英国海军开始对巡洋舰的设计进行全面重新考虑，新任海军总设计师爱德华·詹姆斯·里德（Edward James Reed）为了实现巡洋舰的高速而将其设计得尽量窄长，而为了令其船体达到需要的强度，又首次采用了铁木混合结构的船壳。1868年下水的“无常”号（H. M. S. Inconstant）排水量达5328吨，在试航中达到了16.5节的高速，同时装备有10门9英寸炮、6门7英寸炮的强大武备。在“无常”号成功后，英国海军又以之为蓝本建造了几级类似的铁木混合结构巡洋舰，航速基

英国“无常”号蒸汽巡航舰（King’s College Collection）

英国“爱丽丝”号通报舰

本都在15节以上。

1875年，英国开始建造一型新颖的通报舰（despatch vessel，后被重新归类为二等巡洋舰），由海军总设计师纳撒尼尔·巴纳贝和其助手威廉·亨利·怀特设计。建成后的“爱丽丝”号（H. M. S. Iris）和“墨丘利”号是英国海军的第一型全钢制军舰，在试航中分别取得了17.5节和18.6节的优异成绩，成为当时最快的军舰。

然而，“爱丽丝”和“墨丘利”的高航速是通过减少武备和防护取得的，该型舰没有装备任何装甲，仅靠煤仓和划分水密区域来实现一定的防护。在“爱丽丝”级之后，英国海军开始尝试给非装甲巡洋舰增加一定的防护甲板。1878年下水的“科摩斯”级（Comus class）轻型巡航舰（后被归类为三等巡洋舰）第一次在锅炉舱和轮机舱的上方、低于水线3英尺处设置了一道1½英寸厚的装甲甲板，其余部分则仍用煤仓保护。

1880年，英国开始建造一型新型二等巡洋舰，即后来的“利安德”级（Leander class）。这型军舰由“墨丘利”型通报舰改进而来，设计航速为16.5节，略低于“墨丘利”号，但增强了防护和武备，并在锅炉和轮机舱上方设置了一道1½英尺的装甲甲板，其不同于“科摩斯”级的平甲，为一个三段式的穹甲，其顶部略低于正常水线，两侧斜向下，末端低于水线4英尺。但其穹甲总长度仅为165英尺，约占军舰全长的1/2，仍不能算是成熟的防护巡洋舰（protected cruiser）。但“利安德”级的设计比较成熟，各方面性能均衡，可以视为后世巡洋舰的直接鼻祖。

与此同时，世界各国也在探索为巡洋舰增加水线装甲带的尝试。1865年，法国开始建造一系列的巡洋铁甲舰（cuirassés croisières），或称为二等铁甲舰。1870年，俄国建成了世界上第一型装甲巡洋舰（amoured cruiser[4]）“海军上将”号（Генерал-Адмирал），这些续航力大，火力、防御突出的军舰对英国的海上交通和殖民地防御构成了潜在的威胁。作为应对，英国也于1873年开始建造第一型装甲巡洋舰“香农”号（H. M. S. Shannon），之后又于1874年建造了“纳尔逊”号（H. M. S. Nelson）和“北安普顿”号（H. M. S. Northampton）。这些装甲巡洋舰设置有9英寸的装甲带，只防护舰体

英国“利安德”号巡洋舰

中部的重要部位，其余部分敷设装甲甲板，武备为10英寸和9英寸火炮，航速在12至14节。这些大型战舰对于贸易保护而言成本太高，又不适合编入战列舰队进行决战，因此这一时期的英国海军对于装甲巡洋舰并不热衷。

纵观巡洋舰的设计历史，1880年前后恰好是一个拐点，巡洋舰的设计开始呈现十分不同的面貌。全钢舰体的应用，更轻、更强大的轮机的发明，累赘帆装的弃用，火炮技术的快速发展，成熟的通长装甲甲板和“装甲盒”式防护设计的出现……都赋予了巡洋舰全新的意义。“超勇”级处在这一重要的历史拐点，也注定将成为异军突起的一枝独秀。

撞击战术与撞击舰[5]

近代海战中撞击战术的复兴是与铁甲舰的诞生同步到来的。尽管在蒸汽时代到来后，海军中对于复兴撞击战术的提议就一直不断，但直到铁甲舰出现后，这一想法才被真正地付诸实践。这一方

利萨海战中，“斐迪南·马克斯大公”号撞沉“意大利”号

面是由于设计者相信铁甲舰的结构足够坚固，能够适应撞击战术的要求；另一方面也是由于在铁甲舰出现的同时，各国海军便开始寻找克制之道，其中的一种方法无疑就是复兴撞击战术，利用整舰的动能撞破敌舰的水下部分，使其沉没。英国海军于1859年动工的首艘铁甲舰“勇士”号（H. M. S. Warrior）虽然从外观看仍采用飞剪艏，但其对舰艏进行了特别加固，并装置了一个坚固的铸铁撞角，隐藏在舰艏悬伸木（knee of head）后方。随后建造的“防御”级（Defence class）铁甲舰更是设计了一个水线下凸出的撞角，在之后各国的铁甲舰设计中，舰艏撞角基本上成为不可或缺的设计要素。

很快，第一批适合撞击的铁甲舰便在实战中找到了自己的舞台。1862年在美国内战的汉普顿锚地之战（Battle of Hampton Roads）中，装备了撞角的邦联铁甲舰“弗吉尼亚”号（C. S. S. Virginia）就撞沉了联邦巡航舰“坎伯兰”号（U. S. S. Cumberland），令撞击战术受到了广泛的注意。而1866年的意奥利萨海战（Battle of Lissa）则是首次蒸汽铁甲舰队之间的大海战，奥地利舰队司令特格霍夫海军上将（Wilhelm von Tegetthoff）根据己方实力整体不如意大利舰队的实

法国“地狱犬”级撞击舰（Northumberland County Council Archive）

际情况，制定了以三叠楔形横队冲锋，利用近距离炮火和撞击迅速击沉数艘意舰的“混战”（melée）战术。在混战中奥地利海军的旗舰“斐迪南·马克斯大公”号（Erzherzog Ferdinand Max）撞入了意大利旗舰“意大利”号（Re d'Italia）的轮机舱，造成了300平方英尺的破洞，令其迅速沉没。这次海战使得撞击战术名声大噪，世界各海军国家均将其作为主要战术加以研究，甚至设计了一批专门用于撞击的军舰。

内战中的美国海军十分热衷于建造撞击舰，如邦联海军的“马纳萨斯”号（C. S. S. Manassas）铁甲撞击舰，是由一艘俘获的破冰船改造而来，水线上的外观被改为龟背形，覆以1¼英寸的铁甲，只有一根烟囱和一门64磅达尔格伦（Dahlgren）前主炮露出龟背之外，整艘军舰形似一艘潜水艇。世界上第一艘专门设计的撞击舰是法国海军于1863年开始建造的“金牛座”号（Taureau），设计者为法国当时的造舰总监（Directeur du Matériel）亨利·迪皮伊·德·洛梅（Henry Dupuy de Lôme）。该舰为木质舰身，干舷内倾，造型也类似潜艇。在水线下8英尺3英寸处装有一个尖锐的撞角，并有6英寸的水线装甲带和2英寸的装甲甲板防护。紧随其后，法国又建造了4艘“地狱犬”（Cerbère）级铁甲撞击舰。

英国海军不甘落后，同样于1868年开始建造第一型铁甲撞击舰“鲁莽”号（H. M. S. Hotspur），该舰排水量为4331吨，主要武

英国“鲁莽”号撞击舰，北洋海军“济远”舰曾参考其设计（Naval History and Heritage Command）

备为舰艏水线下10英尺长的撞角和一门安装在炮廓里的12英寸火炮，通过炮廓上的4个开口射击（但没有向正前方的射击孔），其航速也仅有12节左右，与普通铁甲舰无异，很难想象凭借如此航速能否在开阔海面上追赶并撞沉敌舰。之后英国又建造了一艘类似的铁甲撞击舰“鲁伯特”号（H. M. S. Rupert），不同于“鲁莽”号的炮廓，“鲁伯特”号采用的是一个科尔斯炮塔（Coles turret），装备2门10英寸火炮，航速也比“鲁莽”号提高了1节（但实际情况是该舰轮机长年达不到要求）。这些专用撞击舰在后来的服役过程中基本上被作为炮塔舰使用，撞击的功能逐渐退化。

1870年代后半期，因为白头自航鱼雷（Whitehead self-propelled torpedo）的应用所带来的冲击，“铁甲舰无用论”一度甚嚣尘上，撞击战术自然也是导致这种混乱的原因之一。例如撞击战术的鼓吹者，英国海军元帅乔治·罗斯·萨托利斯（George Rose Sartorius）就坚持应建造一批高航速、无装甲的小型撞击舰，认为足以克制当时的任何铁甲舰。虽然当时其他的英国海军高层官员对于这种看法大都不以为然，但最终还是决定建造一艘试验性的舰艇。1878年动工的“波吕斐摩斯”号（H. M. S. Polyphemus）堪称英国维多利亚时代最怪异的军舰，该舰兼具鱼雷舰与撞击舰的功能，排水量为2640吨，上部舰体覆以3英寸厚的穹形装甲。主要武备除舰艏的撞角外还有

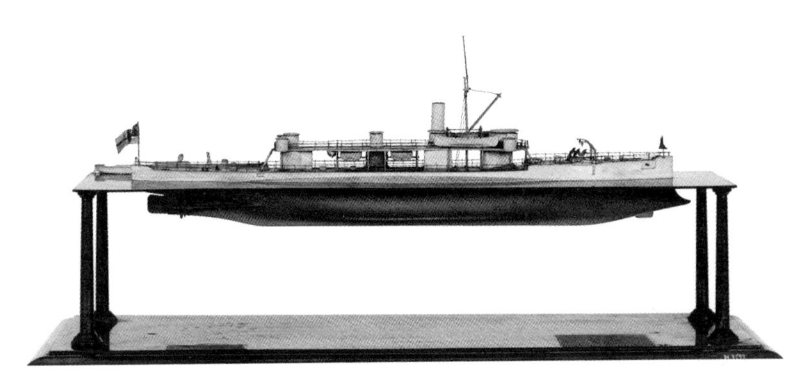

“波吕斐摩斯”号模型，可见其尖锐的撞角、低矮的干舷和艏艉舵的怪异设计（National Maritime Museum）

5 具白头鱼雷发射管，全速可达 18 节。然而这样的装甲鱼雷撞击舰造价达到了一艘一等铁甲舰的 1/3，战斗力却远不如后者；加上进入 1880 年代后火炮射速的提高和穿甲能力的增强，全凭鱼雷和撞角这样的近战武器进行攻击需要冒极大的风险；而且如“波吕斐摩斯”号这样的军舰除了战时能够发挥效用之外，在和平时期很难执行贸易保护的任务。因此英国海军在建造了“波吕斐摩斯”号之后就再也没有建造类似的军舰。

撞击战术直到 20 世纪初都在海军中保留了一席之地，甚至在 1890 年代之后各国还建造了一些“回光返照”式的撞击舰。如美国海军于 1893 年建造的“卡塔丁”号（U. S. S. Katahdin）撞击舰，其基本思路脱胎于“波吕斐摩斯”号鱼雷撞击舰，但取消了鱼雷兵器，以撞击为唯一进攻手段。该舰排水量为 2190 吨，侧舷和甲板都敷有 2 至 6 英寸的镍钢装甲，能够在其进行冲锋时提供良好的防护。英国海军受此影响，也于 1895 年开始建造一型舰队撞击舰（fleet ram），即“骄傲”级（Arrogant class）二等巡洋舰。不同于纯粹的撞击舰，采用巡洋舰舰体的“骄傲”级在平时还可以执行贸易保护的任务，但与其他巡洋舰相比，它增加了一个辅助舵，并缩短了长宽比，提高了转向灵活性，更有利于撞击；它还在舰艏敷设了 2 至 3 英寸的竖向装甲，作为冲锋时的保护，这也是对撞角艏的一种加强。

撞击战术作为 19 世纪后期海军的重要战术之一，各国均对其十分重视。但 19 世纪后期世界上的一系列海战则证明，撞击战术的实

美国“卡塔丁”号撞击舰

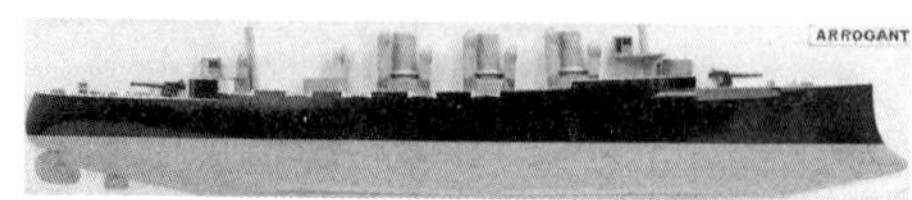

“骄傲”级半船模，可见其舰艉辅助舵（National Maritime Museum）

施至少不像表面看上去那么容易，[6]要追赶并撞沉一艘运动中的军舰需要足够的航速和灵活性。世界上最后一次经典意义上的撞击战术的成功应用是1879年的伊基克海战（Battle of Iquique）中秘鲁海军的“胡阿斯卡”号（Huáscar）铁甲舰撞沉了智利海军的轻型巡航舰“翡翠”号（Esmeralda Ⅱ）。1894年的中日黄海大东沟海战中，北洋海军的“来远”“致远”等多艘军舰都试图对日舰发起冲锋撞击，但均未能奏效，说明撞击战术至此已经过时。

“超勇”级巡洋舰也被称为“撞击巡洋舰”（ram cruiser），但这个称谓是否得当，学界一直以来存在着争议。事实上，“撞击巡洋舰”仅仅是撞击战术与巡洋舰平台结合后不久产生的一个特殊概念（因之前的撞击舰基本是基于装甲舰的平台），这一称谓存在的时间很短，随即便因为撞角艏已成为巡洋舰的标配而被淡化了。1885年1月伦敦《晨报》（*Morning Post*）上的一篇文章或许可以释疑：这篇题为“鱼雷撞击巡洋舰”（Torpedo-ram Cruisers）的文章认为这类军舰的雏形为丹麦海军1879年开始建造的“托登肖尔”号（Tordenskjold）鱼雷撞击舰，不过，虽然它装备有撞角艏和鱼雷，但因航速太慢（13节），而不能被归为真正的“鱼雷撞击巡洋舰”。该文认为世界上第一型真正的这类军舰就是“超勇”级巡洋舰，但该

伊基克海战中，“胡阿斯卡”号撞沉“翡翠”号

文还列举了中国的“济远”“南琛”，日本的“筑紫”“亩傍”，智利的“翡翠”（Esmeralda Ⅲ），法国的“斯芬克斯”（Sfax），意大利的“乔万尼·鲍桑”（Giovanni Bausan）、“埃特纳”（Etna），英国的“默西”（H. M. S. Mersey），俄罗斯的“骑士”（ВИТЯЗЬ）等型巡洋舰，认为它们均可以归入“鱼雷撞击巡洋舰”的范畴。由此可见，在1880年代前期，这类军舰的定义是十分宽泛的，基本上只要配备有鱼雷和撞角的巡洋舰就能被归入其中，因此过分纠结于这个称谓意义不大。[7]

二、“超勇”级巡洋舰

“超勇”级的设计渊源

至1879年，位于泰恩河畔纽卡斯尔的威廉·乔治·阿姆斯特朗公司已经成功建造了一系列的“蚊子船”。由该公司著名工程师乔治·怀特威克·伦道尔设计的这种载有巨炮的小艇以其价格低廉、利于岸防而受到多国海军的青睐，其中就包括中国政府从该公司购买的4级共11艘“字母炮艇”。在乔治·伦道尔的构想中，其搭载的巨炮能够对铁甲舰造成极大的威胁，并且建造一艘铁甲舰的经费能够建造十多艘这种非装甲炮艇，其效费比显然较铁甲舰更为经济。

乔治·伦道尔将其构想推而广之：在火炮技术已取得长足进步的条件下，非装甲舰艇能否在远海同样对铁甲舰构成优势？大约1879年年中，他撰写了一份备忘录，叙述了他构想的新型无装甲巡洋舰。

在这份备忘录中，乔治·伦道尔首先指出了目前铁甲舰存在的不足之处，主要包括以下几点：（一）即便当前最厚的铁甲舰装甲仍难以阻挡火炮所发射的穿甲弹和半穿甲弹；（二）为军舰装备装甲极大地提升了其造价和建造时间，如果不为军舰敷设装甲，则可以在小得多的舰体上安装相同口径的火炮，并获得同样的航速；（三）由于铁甲舰建造周期很长，火炮技术则发展迅速，因此铁甲舰被淘汰的速度很快；（四）由于铁甲舰的高造价，因此任何的损失对于一个海军国家而言都是惨重的，且铁甲舰即使不被火炮击沉也经常因撞击、鱼雷或事故而沉没。

基于以上原因，乔治·伦道尔断言：“铁甲舰即便不是全部，也将会大部分被淘汰；军舰需要采用其他可行的防护方式。”接着，他开始描绘他的非装甲舰的设想：

> 在非装甲军舰上，轮机和弹药库可以安设在水线以下加以保护。现在的问题是：能够采取何种方式保护军舰不会轻易被火炮击沉。
>
> 最佳的办法是在军舰上采用一个水密甲板（water tight deck），布置略低于水线，并防止水进入轮机舱。
>
> 在水密甲板上方，到水线这段距离之间是另一层甲板，此空间被分作许多隔舱，通常储满煤或储备品，若要击沉这艘船，需要用炮弹打在水线上或水线附近，穿透许多个这样的隔舱。这即便在长时间的激烈海战中可能性也是微乎其微的。
>
> 这种军舰的武备是无防护的，但它有液压操作系统，只需要很少的人操纵，因此伤亡的人就少得多。如果一门火炮失效

了其他的仍能使用，而如果所有的火炮都被击毁则军舰在轮机能使用的情况下仍能退出战场。还需要指出的是，虽然火炮的威力极大地提升了，但每艘军舰装备的火炮数量减少的也多，因此未来海战中发射的弹药数量将会大大少于以往。

根据以上原则，所建造的无装甲巡洋舰的大致尺寸和性能如下：

排水量：1200—1400吨，吃水15英尺，航速15节，两套独立的轮机和双螺旋桨。

武备：两座25吨新型阿姆斯特朗炮，后装或前装，能够全向射击，不受军舰运动限制，此外还有四门小型的大威力火炮，格林炮，蒸汽雷艇，等等。

舰艏经过加固，适合撞击。

造价约为80000到100000英镑。

建造时间约为15到18个月。

最后，乔治·伦道尔解释了这种军舰并非取代了炮艇，而是海军中独立的一种舰只，与炮艇的任务类型并不重合。“这种大型舰只能够利用其高航速和火炮威力追赶并搜索铁甲舰，并选择其方式和时机进行攻击。……一艘铁甲舰的造价能够建造五艘这种新型军舰，而这五艘舰的总战斗力却大大高于一艘铁甲舰。……这种新的军舰永远也不会像铁甲舰那样过时或无用，它们维护方便，并可以被转为和平用途。”[8]

从这份备忘录中可以看出，出身于“火炮大王”阿姆斯特朗公司的乔治·伦道尔十分坚信火炮对于装甲的绝对优势，并提出了在火炮技术超越装甲技术的条件下另一种可行的“无装甲”防御方式，即通过设置一道通长的“水密甲板”来保持进水状态下的浮力，水线上则通过设置水密隔舱来保证不失去储备浮力。此“水密甲板”并非装甲，因此乔治·伦道尔将其设置在略低于水线的位置以防止被击穿。这种设计形成了近代防护巡洋舰的雏形，在之后设计的“翡翠”号巡洋舰上，他通过增加水密甲板的厚度进一步达到了防御弹片的目的，形成了第一个真正意义上的防护甲板。

然而，乔治·伦道尔的构想有些过于理想化，后来的事实证明，铁甲舰/战列舰还远未到濒临淘汰的境地，即使装备大口径火炮的巡洋舰也无法与铁甲舰/战列舰正面对抗。这一方面是由于铁甲舰/战列舰防护设计的进一步优化，另一方面也是由于火炮技术、弹药技术和观瞄射控技术的进一步发展——在铁甲舰/战列舰的重炮和大量速射炮面前，巡洋舰的生存能力极为脆弱；而巡洋舰又并非重型火炮的良好平台，很难有效威胁防御极为完善的铁甲舰/战列舰。尽管如此，这份构想仍然是近代巡洋舰发展史上的关键一步，为此后十多年间巡洋舰的快速发展铺平了道路。

阿姆斯特朗勋爵后来在英国工程师协会的讲话中，也谈到了这种无防护巡洋舰的作战方式构想。首先，他继续强调了巡洋舰相对于铁甲舰优良的性价比，以及其克制铁甲舰的两种方式——撞击和火炮，随后他又补充道：

> 最近我国为外国政府建造了由乔治·伦道尔先生设计的轻型无防护军舰，其排水量为1300吨，能够达到16节的航速。它们载煤可以航行4000英里，并且事实上已经有过航行3500英里而没有上煤的经验。它们载有两门10英寸的新型火炮，几乎能够全向射击，并能穿透18英寸的铁甲；并有四门40磅侧舷炮。严重的问题是，如果有许多这种军舰攻击我国的贸易，我们将如何应对。目前，英国海军还没有一艘军舰装备有能与之抗衡的火炮，也无法追赶上它们，或在撤退中躲开它们。我们总是自信地认为我们的商船能够在紧急状况下被改装成巡洋舰；但在我们的商船或客轮里哪能找到一艘拥有16节航速，轮机和锅炉位于水线以下，并拥有一个位于水线下的甲板，使其在水线处或水线下被弹药击穿时免于沉没的船呢？[9]

阿姆斯特朗勋爵这番略嫌浮夸的演说生动地说明了其另一种主要用途——破交。为此，它们需要拥有尽可能快的航速和尽可能强大的火力，从而在远程破交战中从容应对。事实上，后来阿姆斯特朗公司夺目的“埃尔斯威克巡洋舰”（Elswick cruisers）系列也正是秉持了这两条原则，成为世界军舰出口市场上最炙手可热的“明星”，而“超勇”级巡洋舰，正是这一系列传奇的序章。

首批“超勇”级巡洋舰的订购

乔治·伦道尔关于无装甲巡洋舰的报告很快传到了与阿姆斯特朗公司关系密切的中国海关驻伦敦办事处主任金登干的手上。1879年6月15日，他致电身在北京的中国海关总税务司赫德，向他简述了这型巡洋舰的技术性能，并阿谀道：“这是您理想的从炮艇级扩展到巡洋舰级，如在别国政府之前被中国政府所采用，您将再一次在海军科学方面居于领先地位。”[10] 6月20日，金登干随函将乔治·伦道尔的备忘录附上，中国海军外购巡洋舰的计划悄然开始。[11]

时值日本吞并琉球事件发生不久。继1874年日本侵台事件后，1879年3月发生的吞并琉球事件又一次将中日关系推到了危机的边缘，中国的海防压力再度骤增。然而，中国政府从1874年后筹购铁甲舰未果，仅从英国购入了数艘“蚊子船”，而日本则已经从英国订购了“扶桑”“金刚”“比睿”三艘装甲军舰，中日双方海军实力的差距非但没有缩小，反而进一步拉大了。

赫德在琉球事件后便一直筹划进一步插手海防，他收到金登干寄来的新型巡洋舰报告和图纸后非常满意，借此良机在8月底向总理衙门呈送了一份条陈《试办海防章程》，提出了一个野心勃勃的计划。条陈中除了设立海防司等关于制度建设的建议外，在舰船购造层面，他主张继续购买“蚊子船”，并推荐中国政府购买两艘“碰船”。总理衙门对此未置可否，将赫德的这份条陈转递南北洋大臣详议。在李鸿章与沈葆桢之后的回复中，他们对于条陈中给予赫德过多权力的条款进行了攻击，终于使其不了了之；但对于赫德提出不购铁甲舰而购“蚊子船”和碰船的建议，沈、李二人则进行了讨论。经过前两批的购买，沈、李二人已经对“蚊子船”有了比较全面的认识，而“碰船”对于他们来说则是全新的事物。对此，沈葆桢在9月9日致李鸿章的信中说：“查碰船即锥船，闻其可以摧木壳船，未闻其能摧铁甲船。西人心计最精，锱铢必较，如果锥船可破铁甲，岂有尚汲汲焉于巨费之铁甲，以待锥船之破之耶？”[12]李鸿章对此于9月26日回复道：“铁甲船多有锥者，未闻无铁甲而专有碰船名目，赫必另有所本。”[13]可见沈、李二人此时对于赫德提出的“碰船”计划均没有什么好感。然而平心而论，无论沈葆桢还是李鸿章，对于“碰船”的议论都属于隔膜之谈，说明他们对于这种新事物并没有什么了解。

赫德此处说的“碰船”，即撞击舰，亦即金登干向他推荐的无装甲巡洋舰，至于赫德是如何将这型巡洋舰定义为“撞击舰”的，目前无从得知（金登干在之前发给他的信函中均用的是“巡洋舰”一词，即 cruiser）。李鸿章并不清楚赫德所说的“碰船”到底是一种什么军舰，而此时从英国留学归来的刘步蟾、林泰曾通过船政提调吴惟允呈寄李鸿章《西洋兵船炮台操法》折中只提到了“铁甲冲船”，即“鲁莽”号这样的铁甲撞击舰；李鸿章又向英国东方舰队（China Station）司令古德（Robert Coote）询问，对方也说仅有铁甲撞击舰。[14] 由于李鸿章不明就里，赫德购买“碰船”的动议便暂时被搁置了。

直到 1879 年 11 月 25 日，四艘“镇北”级“蚊子船”到华，赫德专程从北京前往天津视察。他此行还带上了无装甲巡洋舰的图纸和说明与李鸿章商讨。赫德进呈的这些直观的文件立即打动了李鸿章，他当即决定订购两艘这种军舰。30 日，李鸿章致函总理衙门，说明了他的这一决定：

> 赫德于十月十二日抵津谒晤，面呈碰船图式，逐细考究，即是闽厂出洋学生刘步蟾等前寄节略内所称巡海快船、钢壳快船之类，其宽长尺寸、行海里数大致相仿，唯首尾设炮位二尊较大，船头吃水之下暗设冲头，可以碰坏敌船，并带水雷小划艇一只。该总税司所称新式者在此。丹崖等所称快船图式每点钟仅行十二海里，此则行十五海里，照中国里核计，每点钟可四十五里，甚为迅疾，实闽、沪现造各船所未有，加以巨炮冲头，据云可保碰伤铁甲船。但船舷未被铁甲，故每只价银仅三十余万两，遂属总税司译送节略备案，谨照抄呈览。船既得用，事不可缓，拟即与赫德妥商，照议先定购二只，卓裁以为然否。此船约期七年夏间到华，届时再酌商分拨。[15]

在李鸿章的考虑中，这种巡洋舰可以作为铁甲舰的辅助——“若铁甲无快船辅佐，则孤注而已”，[16] 同时，李鸿章手握北洋海防专款，总理衙门又不同意立即购买铁甲舰，因此权衡之下，购买这种新式的巡洋舰不啻为较好的选择。在致函总理衙门的同时，他也函寄南洋大臣沈葆桢、会办南洋海防的丁日昌、船政大臣吴赞诚等人，向他们告知了这一重要的决定。[17]在写给驻英公使曾纪泽的信中，他首次将这种军舰称为“碰船兼快船”，[18]在此后的许多公文中，更进一步被简化为“碰快船”，这一独特的舰种称谓便由此而来。

12月11日，李鸿章上《筹议购船选将折》，正式向朝廷上报了这一订购计划，[19]清廷于次日密谕军机大臣及沿海各省督抚，对海防全局再次进行了通盘布置，并首肯了购买巡洋舰的方案。[20]与此同时，赫德返回北京后，立即给金登干发去电函，订购两艘“最优良的坚固、快速、配备重武器的撞碰巡洋舰”。[21]金登干接电后，立即与乔治·伦道尔以及阿姆斯特朗公司驻伦敦办事处负责人、乔治·伦道尔的弟弟斯图尔特·伦道尔进行了联系，与之协商各项事宜。数日后，阿姆斯特朗公司提出了合同初稿共10条，金登干又针对初稿条目进行了修改，如原文中为“提供给中国政府两艘无装甲巡洋舰，每艘载有两门装载于旋转炮架上之25吨大炮”，金登干将其修改为“两艘快速无装甲撞击巡洋舰（swift unarmoured ram cruisers）”，突出了速度和撞击的作用；又如对撞角，加上了更为详细的要求：“每艘舰的舰艏须适合撞击，为此须制造得极为坚固，加以纵横水密隔舱，外侧装备有钢铸件，能够切开敌舰的舰体，而本身不受伤”；又如对操舵装置提出了更详细的要求：“提供操舵的机械装置，在上甲板的瞭望塔（look out tower）中既可以用液压也可以用蒸汽操舵。”又如增加了对扬锚装置的要求：“提供一个蒸汽绞盘，用以扬锚，如需要应可用人力在上甲板操作”，等等。[22]

经过修改后的合同于1879年12月18日签字，正式合同共分14条，大致内容如下：

1. 综述。

2. 对总体性能的规定，包括14点：A. 对适航性的要求；B. 钢制舰体；C. 主尺度；D. 对动力的总体要求：双螺旋桨，双轮机，1200匹马力，16节航速等；E. 对锅炉的要求：采用4座“改进型机车锅炉”，提供90磅每平方英寸压力；F. 动力系统须低于水线，并被水密甲板覆盖；G. 水密甲板上方以隔舱划分，储备煤炭等；H. 动力舱端两侧也设置煤仓增强防护；I. 对储煤和续航力的规定；J. 对撞角艏的规定；K. 对操舵装置的规定；L. 对扬锚装置的规定；M. 对蒸汽杆雷艇收放装置的规定；N. 对其他舢板的规定。

3. 对帆装和舾装件的规定。

4. 对武器系统的规定，包括10点：A. 2座25吨炮；B. 4座40磅炮；C. 2门9磅炮；D. 2门格林炮；E. 对25吨炮炮架的规定；F. 对40磅炮炮架的规定；G. 对9磅炮炮架的规定；H. 对格林炮炮架的规定；I. 对备弹的规定；J. 对轻武器的规定。

5. 对武器检验的规定。

6. 对军舰用料的规定。

7. 金登干及其委任者在建造期间可进入工厂和军舰。

8. 金登干可任命监理检查建造质量。

9. 提供、修改图纸和说明的规定。

10. 建成时间的规定，须在1881年3月25日之前。

11. 船只检验的规定。

12. 军舰付款的规定，商定两舰总价为160000英镑，分3期支付。

13. 对最低净价的声明。

14. 合同对任何金登干的继任者仍然有效的声明。[23]

在这厢金登干与阿姆斯特朗公司签订合同的同时，赫德又收到了李鸿章的一封来信，向他提出了两点要求：

1. 要求每艘撞击舰再配备一艘鱼雷艇，可额外付款；

2. 指出在巡洋舰回航后仍须有15节航速。

对于鱼雷艇一点，李鸿章特地附上了一封约翰·艾萨克·桑尼克罗夫特公司（John Isaac Thornycroft & Co.）于1879年6月11日写给中国驻英使馆的信，此信应是由驻英公使曾纪泽于6月底转发给李鸿章的。[24]在这封信中，桑尼克罗夫特公司称其已为英国海军建造了一种鱼雷艇，长60英尺，宽7英尺6英寸，航速超过16节，排

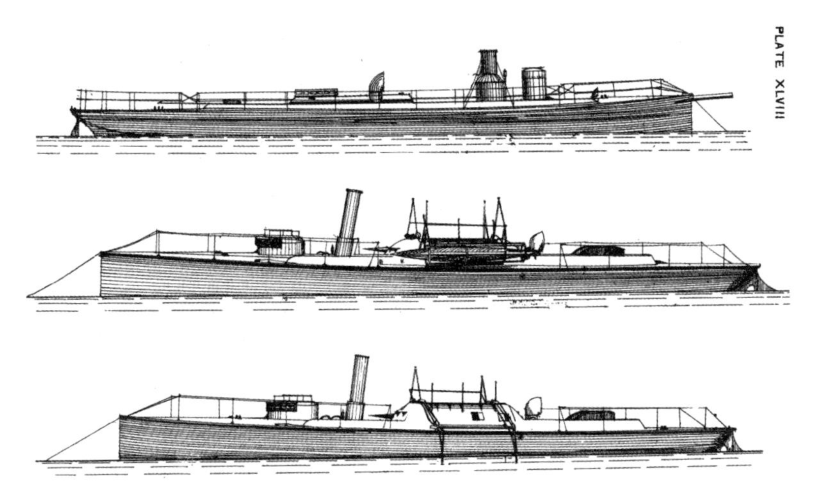

桑尼克罗夫特公司的二等鱼雷艇（Torpedoes and Torpedo Warfare）

水量约为10.2吨，并装备有吊钩，能够从铁甲舰或其他军舰上收放，并装备有可以投放白头鱼雷的设备或杆雷设备。该公司表示这种鱼雷艇已经在地中海上经过了“赫克拉”号（H. M. S. Hecla）鱼雷艇母舰的测试，每艘价格约为2800镑。李鸿章在给曾纪泽的复信中写道：“莎尼克罗布水雷艇船，自是利器，丹崖 前曾叙及，拟俟留嬴[25]雷艇到后，学生练习有效，再图扩充。寄来图说，暂存备核。”[26]

1876年，桑尼克罗夫特公司开发出第一艘能够发射“白头”型自航鱼雷的鱼雷艇“闪电”号（H. M. S. Lightning），此后，该公司又为英国海军和欧洲许多国家建造了一批体型较小的“二等鱼雷艇”（second class torpedo boat）。从桑尼克罗夫特公司这封信中的描述看，这种鱼雷艇指的就是他们于1878年到1879年间为英国海军建造的TB-51型二等鱼雷艇。[27]值得一提的是，这种鱼雷艇“发射”白头鱼雷的方式尤为特别，它在舰体中部两舷各装有一套桑尼克罗夫特专利的吊杆系统，平时将鱼雷固定在两舷，作战时即用这套吊杆将鱼雷放入水中，然后依靠鱼雷自航前进攻击敌舰。[28]显然，李鸿章对桑尼克罗夫特的这种鱼雷艇非常感兴趣，希望能在新订购的巡洋舰上也装备两艘。他在1880年1月7日致总理衙门的公函中也说：“鸿章以所定快船内仅带小水雷船一只，尚嫌其少，续商赫德添备一只，可以左右匀带，在洋面轰击大船更觉得劲。”[29]但他显然对巡洋舰娇小的体型没有概念，也不清楚伦道尔之前答应装备的杆雷艇和桑尼克罗夫特的这种鱼雷艇体量上的差别。赫德将李鸿章的要求写信通知了金登干。[30]

另外，赫德还希望巡洋舰采用前膛炮而非后膛炮，或许是他认为前膛炮更为安全，中国人也有更多前膛炮的操作经验。[31]

对于这些新增的要求，赫德于1879年12月10日寄给金登干一份公函，着重说明了一些设计要点，包括以下7点：

> 1．必须保证15节的航速，即在静水中标柱间航试须超过15节。
>
> 2．舰体须制造极为坚固，前端特别加强，并装备有一个撞角：其撞击力必须保证能撞毁其遭遇的任何铁甲舰。
>
> 3．必须尽可能多地增加水密舱，以保证其尽可能在敌舰的打击下不沉。
>
> 4．轮机舱、锅炉舱、弹药库等必须位于水密甲板下，水密甲板位于水线下，上层还有一层甲板保护，两层甲板间的部分分以隔舱，储存煤炭或补给品。
>
> 5．该舰的武备须包括4门格林炮，6门新式12厘米侧舷炮，2门新式9磅炮，2门新式前膛25吨炮，可全向射击，以液压操作，并有良好的防护。
>
> 6．须有两个独立的轮机和双螺旋桨，舰体尺度应为200英尺×30英尺×5英尺，排水量约为1400吨。
>
> 7．须提供一艘最新式、最优良的鱼雷艇，这艘鱼雷艇的航速须达到17到18节。[32]

收到这些新增的要求后，乔治·伦道尔与金登干于1880年2月3日进行了一次磋商，他对赫德的这些要求分别进行了回复。例如针对第1点，备忘录规定在正常天气条件下，以海军部规定的试航距离测试航速应达到16节；针对第2点，规定钢制撞角须比一般同级别的军舰坚固得多，阿姆斯特朗公司不保证撞击一定能够摧毁铁甲舰，但撞击应能对铁甲舰造成极大损伤或使之瘫痪，并继而用持续的撞击或炮击将之摧毁，假舰艏（false bow）用以在战斗中被摧毁，而不至于使军舰本身受到损伤；针对第5点，规定装备4门侧舷炮，而不是6门，又因为各种设计因素的限制，将采用后膛炮而非前膛炮；针对第6点，规定实际主尺度为220英尺×32英尺×15英尺，排水量1350吨；针对第7点，认为新型的可使用白头鱼雷的艇不适合装备在巡洋舰上，但阿姆斯特朗公司将提供最快速、尺寸合适的杆雷艇。[33]

可以发现，无论是赫德的公函还是这份备忘录对于撞击功能都进行了着重强调。应该说，在乔治·伦道尔1879年年中的那份最初的设计备忘录中，主要考虑的是火炮的作用，撞击功能只居于次要地位；但通过这份备忘录，这型舰已经成了一型名副其实的"撞击巡洋舰"了（需要指出的是，与其说这是从伦道尔的第一份备忘录到这份备忘录以来设计上的改变，不如说这只不过是一种解释上的改变而已）。这种对于撞击要求的强化很可能是受到了那时一些战例的影响。1879年5月21日智利与秘鲁之间的伊基克海战中，秘鲁海军的"胡阿斯卡"号铁甲舰通过反复撞击，撞沉了智利海军的轻型巡航舰"翡翠"号，说明了撞击战术依然有效。

对于撞击巡洋舰选择前膛炮还是后膛炮，阿姆斯特朗公司又于1880年2月6日形成了另一份备忘录，备忘录中说明随着火炮制造技术的提高，火炮的药膛逐渐增大，炮身逐渐增长，这些改进都更有利于后膛装填的采用。在这型巡洋舰上，采用后膛装填有以下4个理由：1. 火炮射击方向无须像"蚊子船"那样限制在舰体中线上；2. 火炮较"蚊子船"装置位置为高，这样如果采用前膛装填，装填装置就会更加暴露，易于损伤；3. 如果采用前膛装填火炮就须退回发射位置装填，这样将导致装填位置前移，带来炮廓的增大；4. 如采用前膛装填须额外增加位置锁定装置。采用后膛装填，火炮就可以在任何位置上进行装填。[34]对此，赫德未再表示异议。新式巡洋舰的技术细节至此基本敲定。

"超勇"级巡洋舰的续购计划

在签署了两艘撞击巡洋舰的合同后，赫德继续向总理衙门和李鸿章推销他的海防计划。在他的构想中，北洋、南洋、福建各须购备“蚊子船”四艘、巡洋舰两艘，方可组成一支初具规模的海军。其中北洋已经订购四艘“蚊子船”、两艘巡洋舰，无须添购；南洋也已订购四艘“蚊子船”，尚须添购两艘巡洋舰；福建则尚须添购“蚊子船”四艘、巡洋舰两艘。他于1880年1月29日写信给李鸿章阐述了这一计划，李鸿章认为以“蚊子船”、巡洋舰来对付铁甲舰“未有把握”，仍坚持立即购买铁甲舰的主张，并继续将精力集中在议购英国为土耳其建造的铁甲舰“佩克伊谢里夫”号和“布鲁奇乌泽夫”号上（详见本书第99页）。[35]

而另一方面，赫德的方案却在总理衙门这边获得了突破。1879年12月13日，在首批订购的巡洋舰刚刚成议之时，奕訢等便上奏，建议南洋也应“照北洋定购新式快船两只”；[36]次日朝廷颁发上谕，着沈葆桢迅速筹办购船事宜，并延续总理衙门的思路，提出“如铁甲船一时无力购办，应否先购兼碰快船两只，或添购‘蚊子船’数只，借资策应”。[37]沈葆桢于12月19日去世，江苏巡抚吴元炳署理两江总督、南洋大臣，他接旨后便立即表示愿购两艘巡洋舰。[38]福建方面的经费极其有限，无法独立承担如此庞大的购舰计划，但经总理衙门尽力调拨，基本上也凑足了购舰款项。于是，向阿姆斯特朗公司订购的下一批舰船暂定为巡洋舰四艘、“蚊子船”四艘。总理衙门以此方案于1880年3月8日上奏，同日朝廷下旨，批准了这一海军扩充计划。[39]

早在2月16日，赫德已经通过电报向金登干进行了询问，阿姆斯特朗公司能够同时建造几艘“蚊子船”和巡洋舰，这显然是为了此一计划而做出的打探。[40]金登干接电后立即向赫德进行了报告。3月20日，赫德在公函中向金登干信心满满地透露道：“……除这五艘（蚊子船）外，我想还能批准再订造五艘这种船和四艘巡洋舰。”[41]

然而仅仅过了一个星期，事情便发生了戏剧性的转折。对“蚊子船”和巡洋舰并没有多少兴趣的李鸿章于1880年3月15日、3月21日两次致函总理衙门，提出了以“蚊子船”、巡洋舰换铁甲舰的方案。他的计划是将福建省购买“蚊子船”和巡洋舰的100余万两白银用来将“柏尔来”号立即买下，所缺款项也可以从南洋购买巡洋舰的费用中分拨；另一艘铁甲舰“奥利恩”号的价款也可以逐步筹集。[42]3 月 29 日，他又将此计划上奏朝廷。[43]须注意的是，李鸿章此时已经被任命全权负责购舰事宜，在购买何种军舰、如何调配南北洋购舰款项等问题上他均具有第一位的发言权。因此，朝廷本着“放手让李鸿章去干”的态度，对于他的这一新提议也没有表示什么异议。这样一来，等于之前添购“蚊子船”、巡洋舰的计划全部被搁置（后来“蚊子船”的购买通过各省自筹款项的方式得以部分地实现，即“镇中”级“蚊子船”）。

由此可以看出，这一时期中国政府的购舰计划并没有什么连续性，而且非常易受外部因素的干扰。这一方面是由于“总理衙门—北洋大臣—海关”这种三方决策体系的自相矛盾和不成熟，另一方面也是由于中国政府对于海防观念的懵懂，导致其缺少战略层面的规划；而海军技术的快速演进也加剧了这一混乱状况。后来“柏尔来”号和“奥利恩”号的购买也因为种种原因而流产，中国人的目光又被新的精彩所吸引，这为不久之后首艘伏耳铿铁甲舰“定远”号的诞生埋下了伏笔。

“超勇”级的技术性能[44]

“超勇”级巡洋舰的舰体和轮机设计说明书，以及一张总体布置蓝图至今仍保存在“伦道尔档案”中，这些应是阿姆斯特朗公司与金登干签订合同时所提供的原始档案，为描述这型军舰各方面的设计细节提供了最直接最准确的依据。

该级舰总长 220 英尺，水线长 210 英尺，全宽 32 英尺，型深 18 英尺 9 英寸，吃水 15 英尺，排水量约 1300 吨。舰体为钢制。[45]该舰采用平甲板船型，干舷非常低矮，也说明了其设计与“蚊子船”的继承关系。《北华捷报》（*North China Herald and Supreme Court & Consular Gazette*）在 1881 年 12 月 13 日的长篇报道中描述道：“该舰有着平直的舰艏，圆拱形的舰艉，艏艉部分线形内凹，舯部舰体则应用了傅汝德（Froude）[46]的方案，即纵向的线形没有两条是平行的，竖直向肋板部位有着很大的舭部升高角（dead rise）。”[47]该舰最大的特点就是设置了从艏至艉通长的“水密甲板”，厚度为 3/8 英

“超勇”级巡洋舰设计蓝图（Tyne & Wear Archives）

“超勇”级巡洋舰舾装图（方禾绘）

寸。从厚度上来说，这层甲板与普通的舰体钢板并无区别，但纵贯全长和保持水密的概念却与后来的防护甲板一脉相承，可以说是防护甲板的雏形。将其置于水线下是因为这层甲板还不具备后来穹形防护甲板加厚的防弹倾斜段，因此会被炮弹甚至弹片击穿，于是不得不借助海水形成一道防护（当时的海战限于火炮操瞄技术，交战距离通常较近，炮弹弹道因此比较平直，如果击中海面极易形成跳弹而难以形成水中弹，对舰船水线下部位的威胁很小，海水为军舰提供了一道天然的防弹屏障）。这层甲板在烟道和轮机舱口处有较大开口，周边用双层钢板内填旧帆布等材料，构成 3 英尺 6 英寸高的“围堰”。水密甲板上方、主甲板下方的“围堰”四周的空间用以储存煤炭或补给品，以加强防护。此部分空间又被舱壁分成许多个水密隔舱，以保证在被击穿若干个舱室的情况下仍保有储备浮力。锅炉舱、轮机舱、弹药库、主炮液压机械等均置于水密甲板下方。

出于撞击的考虑，该舰舰艏部分建造得非常坚固，在水线下方拥有一个尖锐的撞角，并通过增加一个“假舰艏”，使撞角不突出艏柱，以免造成过大的兴波阻力。假舰艏内以纵横隔壁分成若干隔舱，使得撞击时即便该部分损毁也不至于导致军舰进水。在航速 12 节的情况下，“超勇”级撞角的冲击力相当于 9062 英尺吨。

该舰的龙骨以高 42 英寸、厚 2 英寸的钢板制成，其中轮机舱部分加高到 50⅞ 英寸或 53⅞ 英寸。艏柱和艉柱以熟铁锻造，以三行铆钉和双搭板连接到龙骨板上，其中艏柱前端为钢制撞角部分，以三行铆钉连接到艏柱上。肋骨以 3½ 英寸 ×3 英寸 ×3/8 英寸或 3½ 英寸 ×3 英寸 ×5/16 英寸的角钢制作，两根肋骨间距 23 英寸；反肋骨以 2½ 英寸 ×2½ 英寸 ×5/16 英寸角钢制成，均铆接在主龙骨上。肋板以 27 英寸深、1/4 英寸厚的板材制成（轮机舱部分为 3/8 英寸厚），连接到主龙骨、肋骨和反肋骨上。下甲板横梁以 5 英寸 ×3 英寸 ×5/16 英寸角钢制成，上铺 3/8 英寸的水密甲板。主甲板横梁角钢尺寸各部位不等，位于炮塔下方的横梁经过特别加强，上铺 3/8 英寸至 7/16 英寸厚的钢板。上甲板在两个炮廓之间有一条 24 英寸宽、1/4 英寸厚的纵桁板，上甲板横梁为 5 英寸 ×3 英寸 ×5/16 英寸的角钢。水密甲板与主甲板间的船舱壁厚 3/16 英寸，水密甲板下的船舱壁厚 1/4 英寸。龙骨翼板在中部厚 7/16 英寸，至艏艉两端渐减至 3/8 英寸；船壳列板在中部厚 3/8 英寸，至艏艉两端渐减至 5/16 英寸。舭龙骨长约 40 英尺，中部宽约 24 英寸。上甲板铺以 2½ 英寸厚 5 英寸宽的柚木甲板；艏艉楼甲板铺以 2½ 英寸厚的松木板，主甲板铺以 6 英寸宽 3 英寸厚的松木板。

从蓝图上看，“超勇”级的水密甲板下方共有 8 个横向隔舱，推测分别为艏尖舱、前部库房、前部液压机舱 / 弹药库、锅炉舱、轮机舱、后部液压机舱 / 弹药库、后部库房、艉尖舱。其中火药库内衬一层 2 英寸的东印度柚木，地板敷以铅条；弹头库有 4 英尺高的柚木墙裙，提弹井也有 2 英寸的柚木包覆。弹药库在紧急状况下均可注水。因为强压通风的需要，锅炉舱的所有开口均做成气密，锅炉舱向轮机舱和前部液压机舱均开有高 5 英尺、宽 1 英尺 8 英寸的水密门，门上安装有气密阀门。锅炉舱和轮机舱两侧均设置煤仓包覆，在军舰舷侧设有 3 对输煤口，在前炮廓的后方、后炮廓的前方角部还各设有 2 个 18 英寸直径的上煤口。另外，底舱中还设有可储存 4000 加仑淡水的水箱，并有每日可生产 200 加仑淡水的蒸馏装置。

水密甲板前后部均为水兵和司炉住舱，内有两排储物柜、可收起的餐桌、轻武器架等，并有供水兵取暖的暖炉。水密甲板中段为煤仓、库房、烟道、提弹井、通风井、锚链舱等，其中锚链舱环绕在前部舱口周围，起到一定的保护作用。

主甲板前段为水密的锚甲板。“超勇”级配备有 1 只 15 英担的马丁锚（Martin’s anchor），1 只 18 英担的特罗特曼锚（Trotman’s anchor，为海军锚的一种），以及一只 5 英担的小型海军锚（kedge）。[48] 在前部炮廓立柱上设有左右两个轻型吊锚杆。

主甲板前后各有一个炮廓，内径为 26½ 英尺，周圈以 3/8 英寸厚钢板建造，顶板以 3/16 英寸板材建造，以软木和沥青覆盖，并有一个 6 英尺 ×3 英尺 6 英寸的通风天窗。每个炮廓上有 3 个射击口，朝前后两端的射击口范围为 44 度，朝左右两侧的射击口范围为 70 度，并可使火炮作正 10 度至负 3 度的俯仰。炮廓开口处带有可向上翻折的盖板，盖板厚度为 1/4 英寸，以柚木镶面，在盖紧时能与炮廓上下沿密缝，做到水密。此盖板一方面有防止在恶劣海况下炮廓进水的功能，另外应该也有在交战中尤其是撞击行动中防弹片的考虑。前后炮廓顶盖上各设有一个起重吊臂，用来收放这些盖板。[49]

主甲板中间舱段被隔墙分成两个区域，前部布置有厕所、厨房、医院、蒸汽锚绞盘、烟囱烟道等，后部两侧主要为军官和管轮的住

“超勇”级装备的霍索恩卧式复合蒸汽机[50]

舱，内中床铺、橱柜、桌椅、洗面盆、暖炉等家具一应俱全。其中沙龙、管带和大副住舱、会议厅家具用西班牙深色桃花心木制作，并铺有地毯，管带住舱门外还设有一个传唤钟。除此之外，主甲板上还布置有 4 门阿姆斯特朗 4.7 英寸副炮，副炮的射击孔同样有可向上翻折的盖板保护。

上甲板前后两端设有吊床柜，以厚 3/16 英寸钢板制成，盖以帆布罩。上甲板前部为探照灯台、前桅、人力锚绞盘、通风筒、厨房天窗等；中部有烟囱、通风口、通风筒等；后部为指挥塔、后桅、轮机舱天窗、罗经台等。其中指挥塔的板壁厚度仅有 1/2 英寸，只能防御弹片和子弹，指挥塔底板垫高 6 英寸，内有车钟、通语管、舵角指示器、蒸汽舵轮和人力舵轮等。上甲板的两侧和后部还有 5 艘小艇，包括 1 艘 23 英尺的舰长纪格艇（captain's gig）、2 艘 26 英尺的蒸汽卡特艇（steam cutter）、1 艘 26 英尺的捕鲸艇（whale boat）和一艘 16 英尺的定纪艇（dinghy），其中蒸汽舢板由亚罗公司（Alfred Yarrow & Co.）制造，航速为 9 节。[51] 另有用来收放小艇的轻型吊艇杆。

“超勇”级虽然拥有高航速和较长的续航力，但依然保留了轻型帆装。两根桅杆均可悬挂纵帆和三角帆。

该级舰拥有 4 个长 18 英尺 6 英寸、直径 9 英尺 3 英寸的西门子—马丁钢（Siemens Martin steel）制锅炉，每个锅炉有 2 个长 6 英尺 6 英寸、内径 3 英尺 8 英寸的炉膛，并有 296 根长 8 英尺、外径

“扬威”舰 10 英寸主炮（Northumberland County Council Archive）

2½ 英寸的黄铜烟管，锅炉受热总面积为 7000 平方英尺，可承受 90 磅每平方英寸的工作压力。[52]“超勇”级使用了刚在舰船上应用不久的强压通风技术，在轮机舱中装有蒸汽离心式鼓风机，通过一个管道将空气输入锅炉舱，烟囱内也装有排风扇。在强压通风状态下，锅炉舱的所有开口均关闭，通过鼓风机向其中鼓入空气，以增加燃烧效率，当然随之带来的也是煤耗的大量增加。据称“超勇”级的强压通风工作压力为 1 英寸水压。[53]

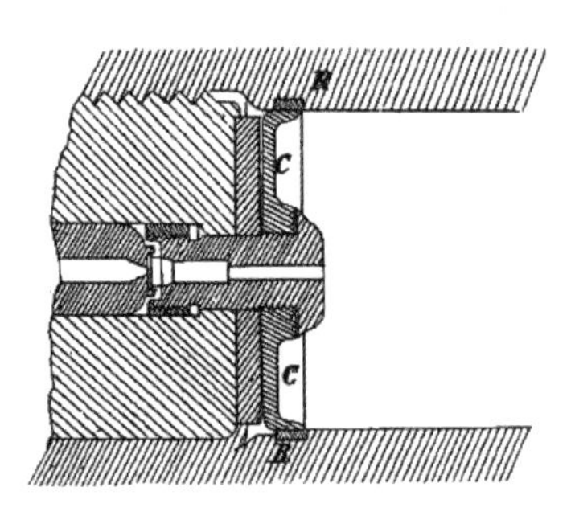

“埃尔斯威克杯”式尾闩闭气结构，C 为杯状圆环，R 为铜圈（*Naval Gunnery*）

“超勇”级装备2座霍索恩公司生产的卧式复合蒸汽机，标称马力500匹，指示马力2700匹。[54]其中高压汽缸直径30英寸，低压汽缸直径60英寸，活塞冲程36英寸，轮机连接一个冷凝面积2000平方英尺的冷面凝水器，并通过直径10英寸的轴和曲轴连接螺旋桨。两具希尔施（Hirsch）式螺旋桨相距13英尺，各有3片或4片桨叶，桨盘直径12英尺，桨距15英尺6英寸。艉舵框用碎钢打造，舵面为3/16英寸厚的板材，舵头上装有一个直径6英尺的链鼓轮，舵索通过链鼓轮连接到轮机舱中的蒸汽舵机上。除了指挥塔中的蒸汽舵轮和人力舵轮外，舰艉还配有一副舵杆，可以通过一组滑轮操纵。该级舰设计最大航速为16节。煤仓正常储煤250吨，最大储煤300吨，在15节的情况下可航行3日，在12节的情况下可航行6日，在10节的情况下可航行9½日，在7节的情况下可航行22日。在8节状况下续航力为5380海里。

“超勇”级在最初设计阶段并没有考虑电气设备，但在建造过程中增设了1台发电机，以独立的辅助锅炉驱动，可提供2000支烛光的电力。舰内以电灯照明，并配有1部探照灯。

“超勇”级的主炮为2门25吨的阿姆斯特朗10英寸后装线膛炮，身管总长23英尺6英寸，为25.7倍口径。发射400磅的穿甲弹或通常弹，其中发射穿甲弹时装药180磅，发射通常弹装药140磅，穿甲弹弹头装药4磅，通常弹弹头装药20.2磅，穿甲弹发射初速1976英尺/秒，通常弹发射初速1700英尺/秒。穿甲弹炮口动能为10850英尺吨，能够贯穿19.1英寸的熟铁甲，主炮在15度仰角下射程为12000码，穿甲能力甚至强于当时英国铁甲舰装备的38吨火炮。[55]火炮采用断隔螺纹炮闩，闩头的气密部分则采用一种被称为“埃尔斯威克杯”的结构，不同于后来广泛应用的蘑菇头式炮闩，这种气密结构是由闩头上的一圈中凹的杯状圆环和圆环外侧的铜圈组成，火炮发射时燃气顶住圆环边缘，进而将铜圈顶在炮膛内的凹槽中，以实现气密。但试验中发现这种结构的气密性能仍不尽如人意，而且铜圈非常容易损耗，且更换困难，必须小心维护，因此这种结构的炮闩只存在了很短的时间便被法国军官杜斑鸠（De Bange）发明的蘑菇头式断隔螺纹炮闩取代了。[56]“超勇”的主炮安装在乔

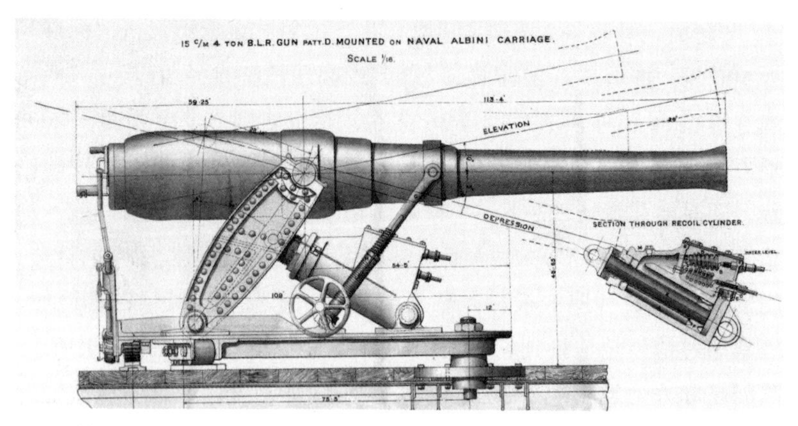

阿姆斯特朗公司生产的一型阿尔比尼炮架和液压装置图纸（Armstrong ordnance books）

治·伦道尔专利的液压炮架上，与“蚊子船”的液压炮架类似，即将上炮架连接在下炮架的液压筒上，液压筒尾部安装一组弹簧阀制退，复进则通过蒸汽泵向液压筒中注液实现。采用液压炮架的好处主要是能够减小火炮后坐的行程，减轻炮架的总体重量。火炮的旋回则通过安装于底舱的蒸汽绞盘带动炮盘上的链条实现。10 英寸炮随船附带 34 发通常榴弹（common shell）、10 发榴霰弹（shrapnel shell）、36 发坚头榴弹（chilled shell）、6 发霰弹（case shot），以及 14 发坚头穿甲弹（chilled shot），总共 100 发炮弹，平均每炮备弹 50 发。

“超勇”的副炮采用 4 门 1.32 吨阿姆斯特朗 120 毫米新型后装线膛炮，身管总长 9 英尺 11 英寸，为 22 倍口径。发射 40 磅的通常弹时使用 10 磅发射药，弹头装药 2.23 磅，弹头初速为 1575 英尺/秒，炮口动能 688 英尺吨。这种火炮装备在新颖的“阿尔比尼”炮架（Albini Mounting）上，这种炮架与隐现式炮架的原理类似，依靠液压筒制退，在火炮后坐过程中发生较大的垂直向位移，然后靠火炮自身势能复进。其中液压制退筒由活塞筒和阀门室两个部分组成。在后坐的过程中，活塞筒中的水被活塞向后推挤，通过弹簧阀进入阀门室，活塞头前端形成真空空间，水又可通过阀门室连通活塞筒前端的瓣阀和活塞头上的小孔流入活塞头前端，这样后坐力就被逐渐消解；复进时活塞又被火炮自身重力推动，水通过活塞两侧和活塞头上的小孔流回活塞后方。这种炮架的优点是后坐距离小，且无须外源复进，缺点则是火炮在后坐过程中产生较大的纵向位移，且液压装置过于复杂，因此装备数量不大，只存在了很短的时间便被瓦瓦司炮架（Vavasseur Mounting）取代了。[57] 120毫米炮随船附带130发通常弹、30发破片弹（segment shell）、30发榴霰弹，以及10发霰弹，总共200发炮弹，平均每炮备弹50发。

每舰还有2门5英担的9磅炮，配有装置在舢板上的炮架和陆用炮架，炮口径2.6英寸，身管长29倍径。火炮发射药重2¼磅，弹头初速1550英尺/秒，炮口动能150英尺吨，每炮备弹100发。另有4门0.45英寸10管格林炮，共备弹40000发，并配有1副陆用炮架。[58] 在建造过程中，"超勇"级还加装了2座4管1英寸诺登菲尔德机关炮。

另外，"超勇"级还配有一些轻武器，包括40杆马梯尼·亨利步枪、[59] 20把左轮手枪、40把海军短剑、40杆长矛、10把登船斧等。

1881年7月26日的《泰晤士报》（*The Times*）这样评论"超勇"级巡洋舰：

> 需要指出的是，根据官方标准的测试，其火炮的穿甲能力和射程超过了所有其他的舰载火炮，除了英国的"不屈"号和意大利的"杜里奥"号的主炮之外。目前其他的非装甲舰的火炮都无法与之相比，也没有装甲舰能在航速上与之竞争。最接近的是"杜里奥"号，为其排水量的9倍。因此，优越的火炮能够令它们对最大型的非装甲舰造成威胁，而高航速和大射程、大威力的火炮能够使它们在某种程度上与铁甲舰相对抗，因为它能够选择自己的攻击距离，而它们较小的舰体又很难被击中；而且由于水线下和其他重要部位的防护，单独的一发炮弹也无法将之击沉。如同游击队开展进攻，又如同骑兵的袭扰或撤退，它们能够成为一支头等海军的良好辅助，而且在火炮的发展威胁着昂贵而小规模的铁甲舰队时，它们也不可能很快落伍。[60]

《英国海军情报部报告》（*Admiralty Intelligence Department Report*）中对"超勇"级巡洋舰有着这样的评论：

> 在近距离作战中，舰体显然会被机关炮弹打成筛子。任何

从前方射入舰艏的炮弹都会被火炮下方的储备品弹起，如果炮弹在此爆炸的话就可能会将火炮毁坏，同时令海水灌入甲板之上，影响军舰的平衡，并造成蒸汽动力的损失。[61]

作为阿姆斯特朗公司设计的首型大于炮艇级别的军舰，“超勇”级采用了许多崭新的设计理念，也有许多未尽完善之处。例如其首次在小型巡洋舰平台上搭载10英寸口径的火炮，与英国本国同时期设计的巡洋舰仅搭载6英寸以下口径火炮的思路迥然不同，但这样小的舰体是否为大口径火炮的良好射击平台值得怀疑。又如其引入了通长“水密甲板”的概念，但此甲板厚度与普通钢板无异，对机舱等关键部位的防御甚至不如更早之前的“科摩斯”级三等巡洋舰。其航速与其他三等巡洋舰相比尚属突出，但与许多一、二等巡洋舰相比也无优势。其在设计初衷中有作为撞击舰的考虑，但后来的事实证明了撞击战术的不切实际。中国海军之所以购入这样一型小而“时髦”的军舰，更多的是出于性价比的考虑，其性能到底是优是劣，自有十余年后爆发的大海战去检验。

“超勇”级的建造

1880年1月15日，“超勇”“扬威”二舰在纽卡斯尔下沃克的查尔斯·米切尔船厂开工，船厂编号为406、407，[62]而关于巡洋舰各种细节的讨论则仍在继续。5月，李鸿章收到驻德公使李凤苞的来信，信中说到日意格专程访问柏林向李凤苞进言，认为巡洋舰所配主炮太大，建议采用11吨级8英寸主炮。李鸿章对此回复李凤苞道：“快船不宜过重之炮，言人人同，赫德当与英厂商改也。”[63]同时将此事函告赫德。但赫德在接到李鸿章的信后，对此表示不以为然：

我回复李说，在我敢于建议购买这种巡洋舰之前，除了李凤苞和日意格外，其他人曾充分研究了设计图纸并进行了计算。……为什么日意格如此反对呢？在他的意见中有多少正当的道理？有时自动提出劝告的人可归入“即使希腊人还带着礼物来”的居心叵测之类。在这件事上我把日意格一伙归到这一类。[64]

金登干于7月下旬得知此事，随后便联系了阿姆斯特朗公司，乔治·伦道尔、斯图尔特·伦道尔均对此做出了答复，阿姆斯特朗公司副总经理，火炮专家安德鲁·诺布尔也专门写信给斯图尔特·伦道尔，纠正他在对金登干的解释中的一些偏差。[65]阿姆斯特朗公司的意见很明确，考虑到8英寸炮穿甲能力的不足，仍坚持在巡洋舰上采用10英寸炮。[66]“超勇”级的设计初衷便是在小型的巡洋舰舰体上装备大口径火炮，日意格提出的这一建议有悖乔治·伦道尔的设计初衷，显然是不可能被同意的。

另一个问题是巡洋舰上到底应装备何种雷艇，自从1879年12月赫德应李鸿章的要求，提出为每艘巡洋舰配备1到2艘鱼雷艇以来，这一问题一直悬而未定。在赫德的督促下，金登干一直在探寻为巡洋舰装备真正的快速鱼雷艇的可能性，而乔治·伦道尔则对此十分为难。1880年9月，乔治·伦道尔再次向金登干提出是否可以放弃鱼雷艇而采用杆雷艇，而金登干则认为伦道尔在最初的备忘录（1879年年中的备忘录）中提到可以装备鱼雷艇，而这可能是中国购买此种巡洋舰的动机之一，如果最终只能装备杆雷艇则会使李鸿章大失所望，因而继续坚持为其装备鱼雷艇。为此，乔治·伦道尔特地询问了伦敦波普勒（Poplar）的亚罗公司和泰晤士河上游彻特西（Chertsey）的德·维格纳斯公司（Des Vignes & Co.），这两个公司都曾为英国海军建造过鱼雷艇，[67]但他最后给出的答复依然认定：在如此小型的舰体上不适合配备高速鱼雷艇。[68]10月23日，赫德给金登干去信，表示他已与李鸿章谈过，决定为每艘船配备2艘小型杆雷艇。[69]这一决定终于使冗长的关于雷艇的讨论尘埃落定，对于金登干和乔治·伦道尔来说这无疑是一种解脱。

1880年11月4日和12月9日，两艘巡洋舰分别下水。[70]金登干原拟以黄道十二宫的“白羊座”（Aries）和“金牛座”（Taurus）作为其下水注册名，但李鸿章已将其拟名为“超勇”“扬威”。[71]此时阿姆斯特朗公司告知金登干，交货时间需要比合同日期晚9周，[72]赫德在得知这一情况后非常惊愕，考虑到当时中国与俄国之间的边界谈判陷入僵局，随时有爆发战争的危险，他期望巡洋舰能够早日交货的心情是可以理解的。为此，金登干又与阿姆斯特朗

“超勇”舰在沃森德船厂（Wallsend slipway）做回国前的最后修理，1881 年 8 月摄（Northumberland County Council Archive）

沃森德船台上的“超勇”号巡洋舰（Northumberland County Council Archive）

“超勇”号上甲板（Northumberland County Council Archive）

“超勇”舰更换螺旋桨，此时螺旋桨是三叶式（Northumberland County Council Archive）

公司进行了磋商，阿厂同意将为智利建造的同型舰“阿图罗·普拉特”号上的部分部件拆下来，先安装到中国巡洋舰上，以节省建造时间，并预计第一艘巡洋舰可比合同规定提前一个月，第二艘准时（1881年3月25日）完成，[73]但建成之后试验和整备尚需一个多月的时间。

然而是年冬季，两舰的建造进度便受到了罢工和冬季恶劣天气的影响，似乎预示着这之后的种种不顺利。巡洋舰建造和测试的一拖再拖使得远在中国的李鸿章和赫德极为恼火。赫德原期待巡洋舰能在5月底前离英，7月12日以前到华，[74]但直到6月底二舰连公试都还没有进行。6月25日，赫德向金登干发电，质问：“巡洋舰何时启航？”7月5日，赫德在电报中命令：“请立即把船派出，如再拖延，恐将下令不予提货。”13日，赫德以极为严厉的口吻质问道：“巡洋舰是否将永不启航？”21日，赫德再一次发电：“巡洋舰究竟何时启航？每拖延一天都是极危险的事，绝对须立即派出。”[75]可以想见，这样每隔一周一封的催促电报必然使得金登干和阿姆斯特朗公司如坐针毡。

7月14日、15日，“扬威”“超勇”终于分别进行了正式航速和射击测试，测得“超勇”舰在常压下输出马力为1912匹，航速14.3节，强压通风条件下输出马力为2887匹，航速16.5节。[76]并测得从全速到停轮航行距离为3½个舰身长度，如反转螺旋桨则航行距离为1½个舰身长度；若双螺旋桨反转，则军舰可在近似于舰身长度的距离内旋回；以水压机械辅助的舵轮从左满舵改到右满舵的时间仅为8秒。测试还包括以主炮和副炮进行各种方向和仰角的射击，以及军舰在作150码半径的连续回转航行的同时以机关炮射击一个浮靶。[77]测试的结果令人满意。

在进行了最后的整备工作后，两艘崭新的中国巡洋舰已经做好了回航的准备，但这次驾驶军舰回华不再像之前的“蚊子船”那样，需要雇用英国海军或商船的官弁、水手，因为一支庞大的中国接舰队伍已经在北洋水师督操丁汝昌、总教习葛雷森的率领下来到了纽卡斯尔，巡洋舰将在这里挂上龙旗，第一次由中国海军的官兵自己驾驶回华。

北洋水师首任总教习葛雷森

中国海军在纽卡斯尔

早在订购“镇北”级“蚊子船”之时，李鸿章就认为雇用英国海军官兵驾驶回华“不特需费较多，且沿途风涛沙线情形、驾驶要诀以及洋面如何操练、机器如何使用，中国弁兵均未曾亲历周知，殊非造就将材之道”。[78] 且悬挂英国国旗“实非国体所宜”，[79] 建议用中国军官和水手将船带回，但因赫德、金登干未作考虑而没能实现。此次订购两艘巡洋舰，李鸿章再次提出了让中国海军官兵接舰的计划。时值1880年冬季，北洋水师的“蚊子船”在白河内守冻，李鸿章便调“蚊子船”的官兵赴英。他在1880年12月3日致李凤苞的信中就提到：“续订碰快船将成，弟已派丁提督、葛雷森及林泰曾等，带员弁水手二百余人赴英验收，升龙旗回华。此次如办理妥洽，嗣后当可预筹照办。”[80] 8日，得到消息的赫德也转告金登干，请他对此暂时保密，并帮助照顾丁汝昌和葛雷森。[81]

葛雷森，北洋水师的首任总教习，1841年3月3日出生于肯特郡坎特伯雷（Canterbury）的利特尔本（Littlebourne），早年曾做过英国商船军官并通晓中文，1869年6月进入中国海关，1872年任“飞虎”号巡船管驾。1880年春，赫德推荐他加入北洋水师担任总教

丁汝昌在门德尔松照相馆拍摄的一张肖像照（*The Graphic*）

习，协助丁汝昌指挥新从英国购入的"镇北"级"蚊子船"，丁汝昌称"时予方带领各兵舰初次巡洋，葛君偕予行，予实奉为指南"[82]。但在这次巡洋中"镇南"舰遭遇了触礁的事故，葛雷森力排众议，令"飞虎"拖带"镇南"出险。此后葛雷森又协助丁汝昌赴英接舰，处理朝鲜壬午兵变等，并被赏予总兵衔。1883年初，因琅威理获得北洋水师总查一职，葛雷森遂从北洋水师辞职，返回英国休假2年。回到中国海关后，他于1887年2月被任命为委办缉私船税务司（Coastguard Commissioner），1889年因病回国，1890年10月6日在怀特岛赖德（Ryde）去世，时年49岁。[83]

1880年12月6日，中国接舰团从天津出发，登上轮船招商局的"丰顺"号轮船，启程前往上海。队伍中除了丁汝昌、葛雷森外，还有洋管驾章师敦（Somerset James Johnstone）[84]，管带林泰曾，副管带邓世昌，大副蓝建枢、李和等官兵共224人。队伍于10日抵达吴淞口，并被分派上南洋水师"驭远"舰借宿。丁汝昌、葛雷森等5人于23日乘坐法国轮船先期赴英，料理前期事宜，接舰团的其他官兵则暂时在吴淞待命。[85]27日，李鸿章上《派丁汝昌赴英收船片》，正式将赴英接舰计划上报朝廷。[86]

丁汝昌一行于1881年2月10日抵达伦敦，入住波特兰大街49

号（49 Portland Place）的中国驻英公使馆，并见到了金登干。14日丁汝昌等来到纽卡斯尔，视察了舾装中的“超勇”级巡洋舰和“镇中”级“蚊子船”，丁汝昌等人均对参观的结果表示非常满意，并于16日向国内的接舰团发出了出发指令。18日丁汝昌一行返回伦敦。[87]

2月25日，中国公使馆人员将丁汝昌介绍给英国外交大臣格兰维尔勋爵（Sir Granville George Leveson Gower），双方在外交部进行了会见。28日，丁汝昌一行再次前往纽卡斯尔，参加巡洋舰火炮的检验工作，约一周后返回伦敦。[88]3月12日，驻英公使曾纪泽从欧陆返回伦敦，丁汝昌、葛雷森等“迎于车栈”，之后几日曾纪泽与丁汝昌多次见面长谈。[89]15日，丁汝昌由在英休假的中国海关税务司葛德立陪同，参观了议会下院，据报载，他对议会投票的过程表现出了极大的兴趣。[90]18日，葛雷森前往纽卡斯尔处理一些事务，22日返回伦敦，丁汝昌在此期间又参观了格林尼治海军医院、天文台和水晶宫等伦敦名胜。[91]29日，维多利亚女王在白金汉宫举行名流聚会，许多王室成员、社会政要和外国使节参加，丁汝昌代表中国参加了聚会，同时参加宴会的还包括日本驻英海军武官黑冈带刀等人。[92]

4月1日，丁汝昌和葛雷森离伦敦赴欧陆参观，此时“定远”号铁甲舰已在德国伏耳铿船厂开工，丁汝昌等人也赴士旦丁（Stettin，即今波兰什切青）参观了在建中的铁甲舰，并造访了埃森的克虏伯公司。随后丁汝昌一行途经意大利、法国，于19日返回伦敦，22日金登干与其一同前往海军部，将其引见给第一海务大臣凯古柏（Astley Cooper Key）、海军部主计官（Controller of the Navy）威廉·休斯顿·斯图尔特（William Houston Stewart），以及海军总设计师纳撒尼尔·巴纳贝。这三个人是当时主导英国海军技术变革的关键人物，且都对中国订购的“蚊子船”和巡洋舰抱有极大的兴趣。他们还向丁汝昌展示了一型“阿贾克斯”（H. M. S. Ajax）缩小型铁甲舰方案，该型舰尺寸与“定远”舰相仿，显然有争取第二艘中国铁甲舰订单之意。[93]

那厢在吴淞待命的接舰团大队于1881年2月14日移驻招商局轮船“海琛”号，船长为桔棒（Gibbon）。20日接到丁汝昌的电报命令立即赴英，于是“海琛”轮于27日由吴淞启航，3月3日抵达香港稍作修理，6 日离香港；12 日抵新加坡，28 日过亚丁，4 月 4 日抵苏伊士运河，16 日抵直布罗陀，22 日抵英国多佛尔（Dover），24 日驶入泰恩河，在米切尔船厂所在的下沃克下锚。[94]

4 月 25 日，丁汝昌等登上“海琛”号，看望了接舰团的官兵。30 日，“海琛”号移泊埃尔斯威克，途经纽卡斯尔市区，观者如堵。这么多中国人集中出现，在纽卡斯尔甚至英国历史上恐怕都是首次，因此在纽卡斯尔城内引起了轰动。由于巡洋舰建造的拖延，估计还需要好几个月才能接收，于是接舰团的官兵便驻在“海琛”号上，平时利用埃尔斯威克附近泰恩河河心麦道斯岛训练，无须训练时则成群结队登岸参观游览，每每被好奇的纽卡斯尔市民围得水泄不通。在接舰团中担任文案的池仲祐在赴英过程中记有《西行日记》，是观察这次中国海军访英的重要史料。他的日记记载他们参观了纽卡斯尔市内的阿姆斯特朗工厂、埃尔斯威克公园、利兹公园、市政厅、画廊、博物馆、教堂、马戏团、煤矿等多处名胜，还在闲暇之时多次乘火车出游，及于伦敦、惠特利贝、杰斯蒙德迪恩（Jesmond Dene）、霍尼韦尔迪恩（Holywell Dene）、安尼克古堡（Alnwick Castle）等处。在纽卡斯尔期间，池仲祐还结识了众多英国好友，如汤麦士·汤木顺（Thomas Thompson）[95]、玛其梨·宋特（Margaret Fenwick）[96]、意腻·宋特（Annie E. Fenwick）[97]、意楣·无夷罗顺（Amy Jane Wilson）[98]等，他们都对池仲祐等中国远客以诚相待，关怀备至。池仲祐曾在日记中感慨道：“彼其之子，实获我心。如汤、宋诸友，余不能忘情矣。”“计余到英以来，如汤麦士、意楣、玛其梨、意腻诸人，谊订友朋，情同兄弟，远客风土，诸所不习，而其关护之处，无微不至。匆匆一别，再晤何期，未免有情，谁能遣此矣！”[99]

与此同时，纽卡斯尔市民也在好奇地观察着这些东方的远道来客，当地报章上也不时出现有关中国海军的新闻。如 1881 年 5 月 13 日的《纽卡斯尔新闻报》（*The Newcastle Courant*）就报道了一位在“海琛”号上参观的当地人看见一位中国水兵因过失而被打板子的情景。该报还称赞中国水兵“形容整洁干净，他们在各种场合表现的精神饱满的样子可以与英国陆军或海军陆战队的任何

纽卡斯尔圣约翰公墓的中国水兵墓地原状

2012 年的中国水兵墓地，其中三座墓碑已倒伏（张黎源摄）

2017 年由中国文物保护基金会和英国北部华人企业家协会发起，对中国水兵墓地进行整修，图为基本整修完毕的水兵墓地

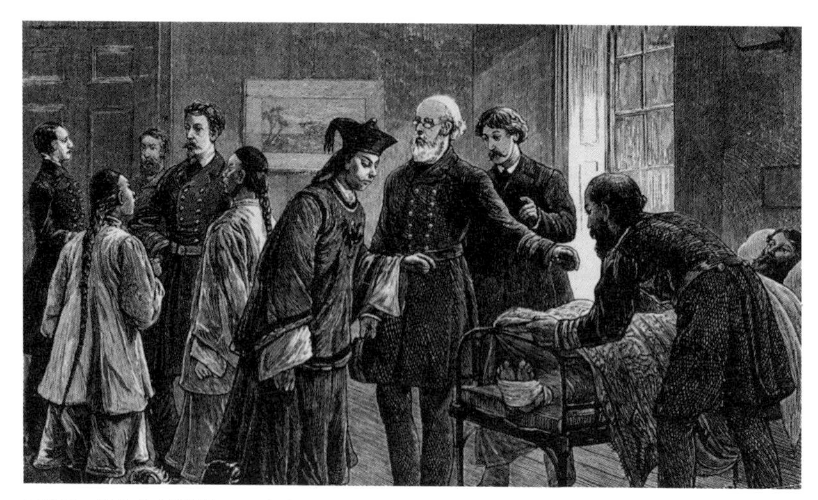

丁汝昌一行参观哈斯勒海军医院（*The Graphic*）

一员媲美”。[100] 又如1881年5月27日的《纽卡斯尔日报》（*The Newcastle Daily Journal*）详细报道了中国水兵袁培福的葬礼。150人左右的送葬队伍于26日清晨5时从“海琛”舰出发，经由格鲁豪斯巷（Glue House Lane）前往埃尔斯威克公墓，一路上焚烧纸钱。到达墓地后，下葬棺椁，焚香祭拜，历时约15分钟。该报特别说明了中国人选择墓地为东北—西南朝向，这样死者的头就可以指向山坡顶的方向（东方）。[101] 同一天，又有一名中国水兵顾世忠去世，同样葬在埃尔斯威克公墓内，与袁培福墓比邻。后来1887年中国海军再次来到纽卡斯尔接收“致远”等舰时，又有三名中国水兵客死他乡，亦下葬同一处。1911年“海圻”号巡洋舰访英时，将中国水兵墓地重加修缮。后来年久失修，三座墓碑倒伏，2017年再次由中国文物保护基金会修缮完成，它是中国海军与纽卡斯尔这段殊缘的历史见证。

与此同时，丁汝昌一行也继续在英伦各地考察。5月10日，丁汝昌来到英国军港朴次茅斯，首先在军港司令阿尔弗雷德·菲利普斯·赖德（Alfred Philips Ryder）的陪同下参观了英国海军最新型的“不屈”号铁甲舰；12日用一整天参观了戈斯波特（Gosport）哈斯勒（Haslar）的皇家海军医院和博物馆，13日又登上炮术练习舰“卓越”号（H. M. S. Excellent），观摩了电控舷侧齐射的表演，随后又来到“弗农”号（H. M. S. Vernon）鱼雷学校[102]，观摩了鱼雷、水雷的操演；14日赖德司令邀请丁汝昌一行参加晚宴；17日丁汝昌等结束在朴次茅斯的访问返回伦敦。[103]27日，丁汝昌等又来到普利茅斯，为三艘“镇中”级“蚊子船”回航中国送行。[104]其余时间，丁汝昌基本都在其下榻的伦敦中国公使馆办公。

1881年7月9日是火车之父乔治·史蒂芬孙百年诞辰纪念日，作为史蒂芬孙的故乡，纽卡斯尔市举行了盛大的庆祝活动，中国海军也幸运地赶上了这一难得的庆典。是日，池仲祐在斋·宋特家观摩游行：“车马尽饰以五彩，或装以花，千数百辆，络绎不绝。近午，迎各色机器及人物等杂戏，又以大幅锦缎绘实提生顺父子之象〔像〕……其他幅山水等物，亦璨然可观。佐以鼓乐，夹道喧阗，士民不远千里，咸来游观。”[105]丁汝昌也从伦敦赶到纽卡斯尔参加庆典。晚间，他与林泰曾一同代表中国海军来到纽卡斯尔大礼堂（Assembly Rooms）参加晚宴。宴会由纽卡斯尔市长主持，同时参加的还有史蒂芬孙的后裔、英国多地的市长和政要、铁路企业家、工程师和社会名流等共200多人。在晚宴上，包括阿姆斯特朗勋爵在内的许多来宾都进行了发言，最后，阿姆斯特朗勋爵说道：“在今晚的来宾中还有两位特殊的来自中国的客人（鼓掌）——‘海琛’号的提督和管带，今晚出席的来宾们请尽情地表达您对于他们到来的欣喜之情。”[106]随后，林泰曾代表中国海军用英文致辞：

> 主席，先生们，我谨向我们今夜和我们到达以来受到的友善招待表示感谢。虽然我们来自异国，但我们感到到处都是朋友（干杯）。纽卡斯尔市政府和人民竭尽所能对我们殷勤照顾（干杯）。我们为今夜能够出席一位为贵国铁路事业做出良多贡献人士的纪念晚会而感到非常荣幸，我们希望不久之后铁路也能大规模地进入中华。我们已介绍过，丁军门是第一位来到英国的中国水师提督（干杯）——他来到纽卡斯尔的目的是驾驶一艘在纽卡斯尔建造的军舰回航中华；我们希望不久后我国就能有更多的军舰巡航在中国海上，并且在下一个史蒂芬孙百年诞辰之前，我们的舰队就能与贵国的舰队一同驰骋大洋，

这将极大地促进中国与世界各国的友好交流和商贸往来（干杯）。[107]

时光流转，两艘巡洋舰于7月14日、15日顺利通过了航试；8月2日，中国海军官兵分派登船；[108]同日，曾纪泽晚饭后由伦敦启程，同驻英使馆洋员马格里（Halliday Macartney）、船政留学生正监督日意格一同赴纽卡斯尔，2日夜间抵达，应邀至安德鲁·诺布尔的别墅留宿。3日上午曾纪泽携丁汝昌等坐火车抵达泰恩河畔，与金登干、乔治·伦道尔、英国海军部主计官休斯顿·斯图尔特等乘领港船同赴泰恩河口，中午12时30分抵达，校阅二舰，曾纪泽"亲引龙旗悬挂"，并试轮试炮。[109]下午4时校阅完毕后，二舰驶回泰恩河，仍停泊于杰罗斯雷克（Jarrow Slake）。

8月6日，应纽卡斯尔市政府之邀，丁汝昌、葛雷森、金登干等来到纽卡斯尔市政厅（Town Hall）议会大厅，在市长的一番讲话后，纽卡斯尔市书记员（Town Clerk）代表该市政府进行了正式致辞：

> 丁提督，葛雷森上校，以及大清帝国海军"超勇""扬威"号巡洋舰的军官们，我们，纽卡斯尔市长、参议员、市民们，希望表达我们对你们造访泰恩给纽卡斯尔市民带来的快乐，以及对于当中国商船"海琛"号在纽卡斯尔停泊期间，在你们的指挥下，中国水兵所表现的出色的、模范的行为的满意。我们期望此次中国船只首访泰恩期间与纽卡斯尔人民建立的友谊能够得以延续，泰恩与大清帝国之间开始的贸易往来能够随着时间持续和发展。——以纽卡斯尔政府之名，1881年8月6日，市长乔纳森·安格斯（Jonathan Angus），秘书长希尔·莫顿（Hill Motum）。

随后，丁汝昌代表中国海军致答谢词，由葛雷森翻译：

> 目前，在中国政府官方工程师金登干的监督下，已经在泰恩此地的阿姆斯特朗公司建造了十一艘炮艇。它们都是由英国的官兵挂英国旗送回中国的。首批军舰曾因经历了如此长距离的远航，并在抵达后仍能良好地使用而在当时的海军界引起了强烈反响。由于其性能优良，我们随后从泰恩订购了更多军舰，并且凭借贵市公民乔治·伦道尔先生的技术和经验，之后的每一型炮艇

即将启程离开泰恩河的“扬威”舰，炮门打开状态，1881年8月摄
(Northumberland County Council Archive)

即将启程离开泰恩河的“扬威”舰，炮门关闭状态，1881年8月摄
(Northumberland County Council Archive)

都进行了改进，最后的三艘已于大约三个月前离开，它们被认为几乎是完美无缺的。中国政府现在正进行重要的一步，派其海军的一部分来到此地，以接收其在泰恩订造的最新的两艘军舰。此二舰将成为最先从英国就挂上龙旗回航远东的军舰。它们的使命将是和平的。它们的任务将是保护中国的海岸，其他于之前回航的军舰任务也是如此。就我所确信，天朝的准则正如你们志愿

军的座右铭，“防御，而不是挑战”（Defence, not defiance）（鼓掌）。我现在代表中国政府感谢纽卡斯尔的政府和人民当我们在此期间，对于我们官兵的友善和照顾（鼓掌）。[110]

1881年8月7日，“海琛”号离开泰恩河，前往其建造地格拉斯哥的英格利斯造船厂进行大修，更换轮机。[111]同日晚间，丁汝昌随金登干赴伦敦，做行前的最后准备。[112]8日，纽卡斯尔市长再次来到停泊在诺桑伯兰船坞（Northumberland Dock）对面的两艘巡洋舰上，为中国海军官兵送行，葛雷森和林泰曾在“超勇”号上接待了市长一行。该市委员会还向“超勇”舰的军官们赠送了《泰恩河：历史与资源》（*The River Tyne: Its History and Resources*）一书，葛雷森和林泰曾感谢了委员们的好意，对即将告别表示遗憾，并期望将来能有重逢的一天。[113]

9日下午3时，两艘巡洋舰结伴驶离泰恩河，从是年4月24日抵达此地以来，中国海军官兵已在纽卡斯尔度过了三个多月的时光。这是中国海军第一次如此大规模、长时间、全方位、近距离地接触西方现代社会，无论他们对于这种截然不同的文明是接受还是排斥，这三个多月的时光对于他们来说想必都是终生难忘的；在临别之时，他们的内心也一定不会平静——“追想旧游，不胜离思”。[114]

11日下午3时许，二舰抵达普利茅斯，丁汝昌在料理完善后事后从伦敦赶来，加入舰队。12日，中国巡洋舰与普利茅斯炮台和普利茅斯港司令查尔斯·埃利奥特（Charles Gilbert John Brydone Elliot）的旗舰“皇家阿德莱德”号（H. M. S. Royal Adelaide）互致礼炮；次日，埃利奥特等英国军官访问了二舰。在进行了最后的整备工作后，17日凌晨，二舰离开普利茅斯，告别了英伦故土，踏上远赴中国的迢迢航程。[115]

“超勇”级的回航和验收

在“超勇”“扬威”二舰还在建造时，赫德和金登干就开始筹划二舰的回航事宜，讨论的一个关键点就是是否需要给二舰买保险。

刚刚回归国内，在上海的船坞中修洗的“超勇”级巡洋舰（Royal Collection Trust）

1880年3月5日，在巡洋舰刚刚起工之时，金登干就建议：如果挂中国国旗驶回，则可以考虑不购买保险。[116] 1881年5月14日，赫德向金登干转达了李鸿章的意见：“李认为这么好的船，船上又有中国船员，无须给船买保险，但如果能按3%的费率保险，他让丁和葛雷森他们自己来决定。”[117] 在了解了情况后，丁汝昌和葛雷森认为保险并非必不可少，而最终没有为巡洋舰购买保险。金登干揣测他们的这一决定是为了讨李鸿章的欢心。[118]

“超勇”“扬威”二舰在丁汝昌和葛雷森的指挥下启程回国，担任二舰管带的分别为林泰曾（“超勇”）和章师敦（“扬威”）。二舰于1881年8月17日离开普利茅斯后，径直驶往塞得港，而不在中途港口做任何逗留。二舰开始一直结伴而行，20日“扬威”舰忽然失散，这似乎预示着这趟航程注定不会一帆风顺。“超勇”舰于22日驶过直布罗陀，进入地中海，26日二舰相遇。29日，“扬威”舰再次掉队。9月1日，抵达了塞得港的“超勇”号接到“扬威”号电报，称该舰煤水告罄，不得不在亚历山大港外80海里处下锚，“超勇”旋返回救援。2日下午二舰相遇，“超勇”遂将煤、水、粮食盘运于“扬威”，二舰于3日中午抵达塞得港。[119]

“扬威”舰的霉运接踵而至，9月9日，二舰在补给完毕后驶入苏伊士运河，而“扬威”舰却于10日折断了螺旋桨，不得不由拖轮拖出运河，在苏伊士上坞。14日，“扬威”舰修竣，二舰首尾相随，以10节航速向亚丁航行，于21日过亚丁，未停留便直接驶入印度洋，向加勒前进，一路风高浪急。27日，“扬威”舰轮机发生故障，停轮修理，旋即修竣开船。30日，二舰抵达加勒，进行煤水补给。10月2日，二舰离加勒前往新加坡，在这段行程中，二舰采用了12节的高速，于8日抵达新加坡，抵达时与康宁炮台（Fort Canning）互致礼炮。次日，丁汝昌在驻新加坡领事左秉隆的陪同下拜访了英国海峡殖民地总督，总督下午又回访了“超勇”舰，因当天是礼拜日，在总督的要求下“超勇”舰未致礼炮。[120]10日，二舰离新加坡前往香港，并分别于15日、16日抵达，在青洲附近下锚，随即沿珠江上驶广州，接受两广总督张树声的校验。17日，“扬威”舰开到广州城南大石附近突然搁浅，幸好夜间水涨，该舰方才起浮，总算有惊无险。[121]一路上，“扬威”舰险情不断，不禁让人对管带章师敦的能力产生怀疑。

10月18日，二舰抵达广州城外下锚，次日，两广总督张树声前来参观，“犒赏合军，午刻乃去”。二舰返回香港后，丁汝昌于21日拜访了香港总督和“维托里奥·埃马努埃莱”号（H. M. S. Victor Emmanuel）战列舰（当时作为医院船和接待船使用）。[122]24日二舰开行北上直驶上海，于11月1日到达，分别至虹口老船厂与祥生船厂修洗，期间接受了许多中外市民的参观。[123]随后二舰装添煤炭，于13日北上天津，并于18日到达，至此完成了自离开普利茅斯以来94天的航程。[124]

22日，李鸿章与随员周馥、马建忠、黄瑞兰、章洪钧、薛福成、周盛传、刘盛休、唐仁廉等从天津乘坐“操江”号轮船，在“镇海”号炮舰的伴随下前往大沽口，六艘先前购到的“蚊子船”已由刘步蟾指挥，在大沽口内迎候，行升桅礼，炮台与军舰齐鸣礼炮。随后所有军舰一起驶出沽口，李鸿章换乘蒸汽舢板前往停泊在灯塔船边的“超勇”“扬威”二舰，六艘“蚊子船”呈一字横队排开，面向两艘巡洋舰下锚，两艘巡洋舰以侧舷120毫米炮鸣礼炮19响。李鸿章登上“超勇”舰后，二舰随即起锚，以15节的高速航向旅顺口。谁知天有不测风云，23日晚10时左右，忽然东北风大作，雪雹交加，海面波涛汹涌，二舰将航速降至12节，即便如此，大量的海水还是涌上甲板，飞溅的浪花高可及烟囱，二舰不得不将螺旋桨转速降至每分钟70转。[125]李鸿章后来心有余悸地回忆道：“月初往大沽验船，适值风日晴煦，遂乘兴驶往旅顺，不期向晦起碇，半夜飓风大雪，掀天揭地。洋弁谓海外十数年仅见之风。薪如（周盛传）、琴生（章洪钧）及德璀琳等皆呕吐不止。鄙人伏枕展转，幸可勉支。”[126]但“坐客多晕吐而弁兵操作如常，溅水已满舱而机器运动不息，则其船身之精利与官弁之熟习可知”。[127]

二舰出色的航海性能终于使得这趟航程有惊无险，24日下午，二舰终于抵达旅顺口，入港下锚。旅顺口英文名为亚瑟港（Port Arthur），以首次勘察此地的英国海军尉官威廉·亚瑟（William C. Arthur）命名，自1880年10月德国退役军官汉纳根等人受李鸿章之命查勘此地以来，旅顺口就已经被作为北洋水师未来的基地进行建设了，此时已有挖泥船在港中作业，西方甚至已开始将此地称为“李港”（Port Li，或因“李”与“旅”谐音）。25日，风浪少歇，李鸿章即“踏冻登山，周览形势”，这是他第一次亲临旅顺口，之后这座军港将在他的努力下被建成为“东方的直布罗陀”，而李鸿章的命运也将与这座军港的命运紧密地联系在一起。

晚间，李鸿章结束在旅顺口的查勘，返回巡洋舰。此时二舰打亮舰上装备的西门子（Siemens）探照灯，“超勇”照亮港内，“扬威”照亮出港航道，港内一切皆亮如白昼，李鸿章也饶有兴致地亲自操纵起了探照灯。在2个小时的灯光操演后，二舰于晚上11时升火出港，虽然天气已放晴，但海面依然波涛起伏，二舰的航速丝毫不受海况的影响，一直保持着15节的高速，于次日10时25分抵达大沽口。“行不及六时，驶七百余里，可谓速矣。”[128]

值得一提的是，此行中丁汝昌还带给李鸿章一份特殊的礼物：一套锃光透亮的英式茶具，而这套茶具正是用斯旺西的兰多尔西门子钢厂（Landore Siemens Steel Co.）生产的“超勇”级巡洋舰船用钢制作的，经过精细的打磨后其质地如银器般精美。不知此后每当李鸿章使用这套茶具时，脑海中是否会浮现“超勇”“扬威”的倩影？[129]

巡阅归来之后，12月2日，李鸿章上《订购快船来华折》，详细奏报了二舰建成回航以及校阅的过程。在这份奏折中，李鸿章对“超勇”级巡洋舰持以高度的评价：“窃查此项快船洵为出奇新式，其妙用有三：船小、炮大、行速也。船小，则价不甚昂；炮大，则能御铁甲；行速，则易于进退。”对于驾船来华，李鸿章称之为“实为中国前此未有之事，足以张国体而壮军声”。[130]同时奏保丁汝昌为北洋水师统领，并奏请给予丁汝昌、葛雷森以下数十位接船有功官弁嘉奖，[131]金登干也因订购军舰出力而被赏予二品官衔。[132]

此后，“超勇”“扬威”二舰协同新购到的“镇中”“镇边”开始在旅顺口驻守，成为北洋海防最早的远洋机动力量。

三、从智利的“阿图罗·普拉特”到日本的“筑紫”

“阿图罗·普拉特”号的订购与建造[133]

在“超勇”“扬威”二舰的合同签署之时，已经有一艘同型舰在下沃克米切尔公司的船台上铺下了龙骨，这就是智利海军所订购的“阿图罗·普拉特”号。

“阿图罗·普拉特”号的订购是与当时的南美局势密切相关的。1874年，阿根廷海军向英国造船厂订购了4艘“蚊子船”，即“皮科马约”号（Pilcomayo，伦尼造船厂，J. & G. Rennie）、“贝尔梅霍”号（Bermejo，伦尼造船厂）、“共和”号（República，莱尔德造船厂）和“宪法”号（Constitución，莱尔德造船厂）。这种新颖的炮艇也引起了邻国智利的很大兴趣，1879年初，智利派遣路易斯·阿尔弗雷多·林奇（Luis Alfredo Lynch）上校和其弟路易斯·安格尔·林奇（Luis Angel Lynch）上尉赴欧洲，协助智利驻英法公使阿尔伯托·布莱斯特·加纳（Alberto Blest Gana），负责询购“蚊子船”事宜。

不久后，智利与秘鲁、玻利维亚之间因硝石开采问题而爆发了太平洋战争（Guerra del Pacífico），在5月21日的伊基克海战中，秘鲁海军的“胡阿斯卡”号撞沉了智利海军的“翡翠”号，解除了伊基克港的封锁。其后，“胡阿斯卡”、“联合”（Unión）等秘鲁军舰继续在智利海岸制造麻烦，不断炮击港口、袭掠商船、破坏电缆……而智利海军用尽手段，却仍无法摧毁或捕获这些军舰。

由于“胡阿斯卡”等舰在智利沿海兴风作浪，林奇兄弟在欧洲的购舰目标很快发生了变化。之前的“蚊子船”已无法满足智利海军的现实需求，他们亟需一种军舰，兼具高机动性、大续航力，并装备足以克制“胡阿斯卡”号装甲的火炮。正如布莱斯特·加纳后来写的那样：

> 智利与秘鲁于是年（1879）4月宣战，秘鲁的“胡阿斯卡”号和“联合”号等军舰开始在智利海岸袭扰，我们之前认为需要许多适合近海作战的炮艇，后来发现仅控制海岸和近海是不现实的，我们需要的是快速的、适合远海航行的、载有强大的火炮、足以克制敌军铁甲舰的军舰。这种军舰还需要快速建造、交货，而且价格也不能太昂贵，因为我国的资源有限，战争期间需要合理分配。
>
> 这些理由导致了“阿图罗·普拉特”号的建造，它能够达到每小时16节的巡航速度，并载有两门加大了药室的24吨的火炮，威力获得了全面的提升，足以穿透敌舰的装甲，并且火炮以液压机作为驱动力，运转异常敏捷。其建造时间也相对较短，且合同造价仅为80750英镑。
>
> 这种军舰非常好地满足了当时的需求，公使馆人员和海军武官商议后认为只有一个问题，即为这艘军舰召集船员，使其能够作为军舰运作。
>
> 这种军舰只能进行高效的进攻，除非以其出众的高速保持与敌军的距离，除此之外对舰上人员的安全没有任何的考虑。

> 换言之，这是一种能够立即终结“胡阿斯卡”号和“联合”号的袭掠行动的军舰，可是无法避免我方海军官兵的伤亡。购买这种军舰是中央政府和整个国家民众意志的迫切要求。[134]

事实上，“阿图罗·普拉特”号的订购还与另一个人有着密切的关系。英国著名的舰船设计师爱德华·里德，在1863年至1870年间曾担任过英国海军总设计师，离开海军部后，他仍热衷于作为外国海军的顾问或设计出口军舰，例如他曾经为智利海军设计过“海军上将科克伦”级（Almirante Cochrane）铁甲舰。在南美太平洋战争一开始，里德便被布莱斯特·加纳聘为智利政府的海军顾问。在智利转向购买一艘快速无装甲的军舰后，林奇等人也前去咨询了里德的意见。同时，他也直接联系了阿姆斯特朗公司和乔治·伦道尔，目前尚不清楚乔治·伦道尔于1879年年中所作的备忘录与智利海军前往询购之间的前后因果关系。但智利海军正式签订订购协议应是在1879年9月左右。[135]值得一提的是，智利的订购之举是秘密进行的，阿姆斯特朗公司也没有将之通知英国政府，考虑到英国当时严守中立，如果外交部得知此事，那么在战争状态下将不可能把此舰送出。

1879年10月2日，这艘船厂编号为399的智利巡洋舰在下沃克的船台上开始建造，后来它以伊基克海战中阵亡的智利海军英雄阿图罗·普拉特的名字命名。然而，这艘军舰从建造的一开始就失去了其对手。8日，智利海军终于在安加莫斯角（Punta Angamos）附近发现了老冤家“胡阿斯卡”号和“联合”号的踪迹，在智利铁甲舰“海军上将科克伦”号、“布兰科·恩卡拉达”号（Blanco Encalada）的夹攻下，“胡阿斯卡”号受重创被俘。至此，秘鲁海军对智利海岸的袭扰作战宣告终结，智利海军完全掌握了制海权。

失去了假想敌的“阿图罗·普拉特”号不再是智利海军的急需，因此建造进度放缓，让位于要求更加迫切的中国巡洋舰。1880年8月11日，该舰下水；[136]约11月底，该舰完工并进行了试航，但是航速没有达到设计要求（仅15节），智利方面对此并不满意，乔治·伦道尔认为主要是螺旋桨的问题。[137]1881年3月5日，在更换了螺旋桨后该舰再次进行了试航，这一次航速终于达到了规定的16节，同时该舰还进行了火炮测试，也达到了设计要求。[138]

悬挂智利国旗的“阿图罗·普拉特”号巡洋舰想象图（La Ilustracion Española Y Americana）

在智利秘密建造“阿图罗·普拉特”号的同时，秘鲁的驻外官员也在欧洲四处购舰，事务的主要负责人为秘鲁驻巴黎公使托里比奥·桑茨（Toribio Sanz）和海军上校亚雷汉德罗·穆诺兹（Alejandro Muñoz），他们选中了德国基尔（Kiel）的霍华德造船厂（Maschinenbauanstalt und Eisengießerei Schweffel & Howaldt），秘密购买了两艘原为希腊订造的商船“苏格拉底”号（Socrates）和“第欧根尼”号（Diogenes）。1880年10月，穆诺兹上校前往纽卡斯尔的阿姆斯特朗公司，准备为这两艘船购置火炮，将其改装成巡洋舰，然而他意外地发现下沃克船厂的船台上居然正在建造着一艘智利的军舰。他立即将此消息和该舰的技术细节告知了秘鲁驻英公使胡塞·胡拉·阿尔蒙特（José Jara Almonte），后者于16日将之转告本国外交部。[139]1881年1月，托里比奥·桑茨前往伦敦，向英国外交部呈递了抗议书。[140]21日，金登干在致赫德的信中说，他收到英国外交部常务次官朱利安·庞斯福德爵士（Sir Julian Pauncefote）的私人信函，告诉他此事已提交王室法官，并将以阿姆斯特朗公司担保该舰不会用于违反《外国服役法案》（*Foreign Enlistment Act*）的方式得到解决。[141]这样一来，除非战争结束，否则“阿图罗·普拉特”号是永远无法离开英国了。[142]

随着外交上的曝光，该舰的建造已经成了公开的新闻。1881年

3月4日秘鲁首都利马（Lima，当时已被智利占领）发行的《新闻报》（*La Actualidad*）就对该舰的性能和试航成绩进行了报道。[143]同时，为“阿图罗·普拉特”号募集舰员的工作还在继续。7月12日，另一份利马发行的报纸《形势报》（*La Situación*）称：一旦形势改观，新任的“胡阿斯卡”号舰长卡洛斯·康德尔（Carlos Condell）上校将被派往英国接收该舰。[144]

由于该舰无法立即交付智利，因此中国方面甚至打过将该舰的零部件拆下来，安装到中国军舰上以加快建造进度的主意，当然后来因为怕引起利益纠纷而没有这么做。[145]

与此同时，智利政府又在阿姆斯特朗公司订购了第二艘巡洋舰，即乔治·伦道尔设计的世界上第一艘防护巡洋舰“翡翠”号，“翡翠”号的设计相比于“阿图罗·普拉特”号显然更完善。由于“阿图罗·普拉特”号迟迟不能送出，加上财政上的原因，智利开始打算出售这艘军舰。1881年12月3日，得到消息的金登干便通知赫德，称智利政府愿以90000镑出售该舰，并愿意优先卖给中国。[146]但中国当时正在士旦丁建造铁甲舰，并没有继续购买无防护巡洋舰的打算，因此“阿图罗·普拉特”号不得不继续孤独地停泊在泰恩河边，等待着自己的归宿。

日本购买秘鲁巡洋舰计划的搁浅

中国的“超勇”“扬威”二舰建成之后，一直以中国为假想敌的日本立即感到了不安。1881年8月19日，日本海军卿川村纯义写信给爱德华·里德，希望他在将来能够继续为日本设计军舰或提供将商船临时改造为军舰的信息。[147]川村纯义的信函寄到之时，里德恰好在美国出差，因此他在伦敦的助手弗兰·埃尔加（Fran Elgar）便于11月11日写信回复川村纯义。在信中，埃尔加向日本海军推荐了两艘军舰，即建成后未交付的秘鲁巡洋舰，作为希腊商船的注册名为“苏格拉底”号和“第欧根尼”号，他称“这种军舰将是现今最强大和最快速的巡洋舰之一”。12月2日，埃尔加又寄上了一张这种巡洋舰的武备布置设想图，基本模仿“超勇”级巡洋舰，载有2门10英寸25吨阿姆斯特朗炮、4门120毫米4吨阿姆斯特朗炮。[148]

川村纯义的此次问询与日本海军1881年提出的扩张计划有关。是年12月20日，海军省提出一份军舰建造和造船所建筑议案，建议自1882年起每年建造3艘新舰，以20年为计划，届时可以组成一支60艘军舰规模的海军，预计需费4000多万日元，但刚刚购买了"扶桑"等三艘大型军舰之后，日本实无财力立即购买新舰，因此该计划未被批准。[149]当时阿姆斯特朗公司也向远东派遣了一位专员布里奇福德（S. T. Bridgford）上校，负责中国与日本的事务。他曾于1882年7月写信给阿姆斯特朗公司，报告他对日本市场的观察，他在信中也说："目前在日本无事可做。他们没有钱，现在的执政集团也不会左右政府，使其拿国家的信誉做担保再次举借外债。"[150]

事情的转机是1882年7月底爆发的朝鲜壬午事变。8月，中日两国同时派遣海陆军赴朝，北洋水师最新锐的"超勇""扬威"二舰也出现在朝鲜海域，中日两国随时有因为朝鲜问题而爆发冲突的危险。备感压力的日本政府决定立即在欧洲询购军舰和武备。8月18日，日本外务卿井上馨致电驻英公使森有礼，令其秘密询问爱德华·里德，目前欧洲是否有三艘新建的现货军舰可售，电报中的要求是超过10节的炮艇（gun boats）型军舰。25日，日本驻英海军武官黑冈带刀与里德进行了面谈。次日，里德回复森有礼，称目前欧洲有三艘军舰可售：其一为智利政府订购的军舰（"阿图罗·普拉特"号），"与托马斯·布拉西勋爵书第一卷第547页所载中国军舰完全相同"，价格为90000镑；[151]其余为两艘在基尔建造的军舰（"苏格拉底"号和"第欧根尼"号），即去年埃尔加在给川村纯义信中提到的军舰，价格为每艘60000镑。[152]得到里德答复的森有礼和黑冈带刀分别向外务省和海军省进行了汇报。29日，驻德公使青木周藏又致电外务部，称在基尔的两艘军舰能够以总价108000镑拿下。[153]海军省对此非常感兴趣，于是让正要前往柏林参观刷次考甫公司（Eisengießerei und Maschinen-Fabrik von L. Schwartzkopff）询购鱼雷的黑冈带刀顺道去基尔考察这两艘军舰。[154]黑冈带刀于9月18日回到伦敦后，向国内发回电报，称在检查了两艘军舰后，认为其适合作为巡洋舰，武备则可以从阿姆斯特朗公司或克虏伯公司购买。[155]

随着壬午事变被中国军队迅速平定，中日两国短期内爆发战争的危险性已经降低，但日本并未停止购买这两艘军舰的努力。10月18日，川村纯义正式致函太政大臣三条实美，认为由于此次朝鲜事件的影响，必须紧急购入优良军舰，而这两艘军舰质优价廉，预计军舰本身需费256200日元，火炮及其他属具需费150000日元，回航需费50000日元，共计需费456200日元，请其定夺。[156]

11月15日，川村纯义在内阁会议上提出了1882年度的海军扩张议案，认为在远东新形势下，1881年度计划（被否决）已经不适用，须以每年6艘军舰的速度连续添购军舰8年，届时将添置军舰48艘。12月25日，三条实美向各省卿传达了明治天皇关于陆海军整备的御沙汰（官报），认为在现金财力有限的情况下无法满足海军省提出的庞大购舰计划，但受形势所迫，每年须拨付300万日元用以购舰。[157]30日，三条实美致函海军省，表示购买基尔港两艘军舰的款项可以从300万日元的年金中支付，至此购舰费用问题得到圆满解决。[158]

与此同时，二舰的购买行动也进入实质性操作阶段。12月15日，外务省致电森有礼，令其与里德一同努力，争取以总价100000英镑的价格将两舰买下。23日，森有礼回复称二舰已从德国到达英国，但船东坚持每舰售价须55000英镑。经过一番谈判，1883年1月5日森有礼称已成功将总价砍至102000英镑，外务省随即表示如无法继续降价，此价格也可以接受，但须在最终签订合同前确定要进行哪些维修措施。10日，森有礼又接到电报指示，购买之前须对二舰进行航速测试，是否能够达到预期的15节。[159]

1883年2月23日，在里德的安排下，“第欧根尼”号在英国南安普顿（Southampton）附近的伊坎河（River Itchen）进行了轻载状态试航，测得轮机马力为1900匹（原定至少2200匹），螺旋桨每分钟72转（原定至少82转），平均航速仅为14¼节，低于原定的15节。显然，这是一个无法令人满意的结果，即便是一开始极力推荐二舰的里德也对此相当失望，他认为无论做何改进，该舰的航速也难以达到14½节。因此，他建议日本政府取消购买或争取降价的可能。森有礼立即致电日本国内，请求指示是否中止此次购买行动。[160]此时，购买二舰的经费已经汇到了伦敦联合股票银行（London Joint Stock Bank），国内也已拟定了二舰名称：原“第欧根尼”号被命名为“筑紫”，原“苏格拉底”号被命名为“笠置”。[161]

另一方面，为巡洋舰配备武备的调查研究也在进行中。1883年2月10日，森有礼致电外务部，称10英寸火炮须6个月才能提供，而且里德认为这种火炮不适合装在巡洋舰上，推荐采用8英寸的火炮。12日，专程前往英国负责购舰事务的海军省主船局造船课长佐双左仲少匠司到达伦敦。3月23日，佐双左仲收到外务省转达的海军省意见，认为或可采用2门210毫米和4门150毫米的克虏伯短管炮。[162]而里德则认为如搭载大量重炮，军舰结构须重新加强，需要额外费用，因此推荐该舰仅搭载1门210毫米炮和4门120毫米炮。[163]

3月13日，里德致信船东代表兰伯特（Lambert），询问因航速没有达到标准，是否有降价的可能性；次日，兰伯特回信，认为无法进一步降价。[164]22日，共同运输会社社长海军少将伊藤隽吉和佐双左仲赴南安普顿检查了两艘军舰，他们认为其只有通报舰的水平，且不适合搭载重炮，因此建议放弃购买此二舰，转而购买纽卡斯尔的巡洋舰（“阿图罗·普拉特”号）。川村纯义得知此消息后，于29日致电伊藤隽吉与佐双左仲，同意取消购买计划。至此，购买秘鲁巡洋舰的计划宣告搁浅。[165]

这两艘秘鲁军舰可谓命途多舛，“苏格拉底”号直到1889年才被秘鲁接收，更名为“利马”（Lima），一直服役至1940年。而“第欧根尼”号则因为秘鲁无法支付船价而一直滞留英国，1894年甲午战争前夕，日本一度有意再次从泰晤士造船厂（Thames Ironworks and Shipbuilding and Engineering Company）购入该舰，作为通报舰使用，后因战争爆发，英国保持中立而作罢。[166]甲午战争期间，中国驻英公使龚照瑗也曾提出过购入该舰，但朝廷认为该舰航速过缓，否决了购买计划。[167]后来该舰于1898年美西战争爆发前被美国购入，改名为“托皮卡”号（U. S. S. Topeka），并定级为巡逻炮舰，最终于1929年除役。

“阿图罗·普拉特”号的转售

在取消购买秘鲁军舰计划的同时，川村纯义也指示伊藤隽吉和佐双左仲实地考察纽卡斯尔的巡洋舰，调查清楚其结构、速度、马力等，如果可谈判将总价减至80000镑，则准许购买。[168]收到电报后，伊藤隽吉、佐双左仲立即于1883年3月29日晚赶赴纽卡斯尔检查了“阿图罗·普拉特”号。4月8日，驻英公使森有礼致电外务省，称该舰能够以82000英镑买下，其中不包括两艘蒸汽舢板的价格。同日，佐双左仲也致电海军省，称该舰能够航行15节，轮机马力为2200匹，总体性能类似于中国“超勇”级巡洋舰，如果试航结果令人满意的话则强烈推荐购买。此后，日本国内又与驻英使馆方面进行了一系列的沟通，澄清了电气设备、蒸汽舢板、小型武备等一系列价格问题。5月1日，川村纯义致信太政大臣三条实美，说明了放弃购买秘鲁军舰、准备购买智利军舰的情况，请其裁夺，旋即得到批准。4日，川村纯义致信外务省，决定以82000英镑的价格将“阿图罗·普拉特”号买下，但不准备购买蒸汽舢板和电气装置。[169]

日本购入智利巡洋舰的消息很快被中国方面得知。5月18日，金登干致信赫德，称他从斯图尔特·伦道尔处得到消息，日本已从智利方面购买了第一艘撞击舰，此事并未经过阿姆斯特朗公司，该厂“对价格或条件一概不知，并且没从这件事上得到一便士的好处”。[170]

6月18日，川村纯义致信三条实美，表示决定将智利巡洋舰冠以原为“第欧根尼”号准备的舰名，即“筑紫”号。[171]同日，森有礼致电国内，称能够以1200镑的优惠价格购买到两艘蒸汽舢板和电气装置，请予裁夺是否购买。海军省随即决定在购买秘鲁巡洋舰的差价余额（102000镑已支付智利船价82000镑，余20000镑）中拨款，将蒸汽舢板和电气装置买下。因此，日本最终为购买“筑紫”舰支付了83200英镑，合506500日元（较“超勇”“扬威”二舰单价贵3200英镑）。[172]

起初，为接收两艘秘鲁巡洋舰，日本海军决定派遣洋员约翰·马修斯·詹姆斯（John Matthews James）赴英。约翰·詹姆斯于1839年出生于英国，他的一生与日本有着紧密的联系。他于1866年

准备回航日本的“筑紫”号巡洋舰，可见其舰艏仍有智利海军纹饰
(Northumberland County Council Archive)

作为怡和洋行长崎分社的人员来日，明治维新后进入日本海军作为造船、航海教习，后于1908年在日本去世。现在东京品川还有一处以他的名字命名的地名“ゼームス坂”。当时他担任共同运输社的轮船“明治丸”号船长，接到命令后，他于1883年2月动身。[173]随后订购计划发生变更，他的任务也从率领两艘秘鲁军舰回航变成了驾驶“筑紫”号回航。7月11日，“筑紫”舰终于离开纽卡斯尔，返航日本，随舰还载有两名英国制铁工，作为横须贺造船所的铁舰制造教习，回航途中该舰悬挂的是日本国旗。[174]从当时拍摄的照片上看，“筑紫”号回航时与“超勇”“扬威”有一点显著不同，即将舰艏甲板增加了一层，形成了一个艏楼结构，这个艏楼遮挡了前主炮的前向射界，但有利于军舰的适航性；锚机也被转移到了艏楼之上，以有利于起锚的便捷性。由于艏楼上还有智利海军的纹章，因此这一改造应当是在转卖日本之前就已进行的。

7月13日，“筑紫”号抵达普利茅斯，添加淡水、煤炭，据称该舰人员由欧洲人和中国人组成，共计75人。[175]该舰随即由普利茅斯出发，径直航向马耳他。25日，该舰抵达马耳他，8月30日抵达新加坡，9月4日离开新加坡，15日离开长崎，19日抵达横滨，总共航程为70天。[176]

四、1880—1884年阿姆斯特朗公司向中国推荐的其他军舰方案

1880—1881年的快速通报舰计划

在为中国海军建造“镇中”“超勇”等舰的同时，阿姆斯特朗公司也在向中国兜售其他类型的军舰。如改进型“蚊子船”方案（见“字母炮艇”一章）、快速通报舰方案、铁甲舰方案、改进型巡洋舰方案等。这些最终流产的造舰计划长期以来为研究者所忽视，但如果对其进行仔细观察，也是别有趣味的——它们从另一个方面反映了阿姆斯特朗公司与中国业务来往之频密，以及中国早期发展海军可能性之多元。

建造通报舰的计划可以追溯至1880年4月，两艘“超勇”级正在船台上建造之时。4月23日，赫德给金登干写信，称李鸿章想购买“一艘递送公文的小船（despatch boat），一小时要走20到25海里，对这艘船的主要考虑是速度而不是火炮”，并请金登干向英国的几家主要造船厂进行询问，以确定造价、尺寸及吃水深度等。[177]

顾名思义，“通报舰”是一种在缺乏远距离通信手段的时代负责在舰队和基地之间传递信息的军舰，一般以小型战斗舰只充任，不归为专门的舰种。风帆时代通报舰的职能通常以等外的护航舰或双桅、单桅帆船执行；进入蒸汽时代后，最成功的通报舰无疑是英国海军于1870年代建造的“爱丽丝”号和“墨丘利”号，二舰虽然没有重型的武备和防护，但18节左右的高速超过当时其他的大部分铁甲舰、巡洋舰3节以上，令其足以胜任侦察和通信任务。李鸿章的探询，显然也令人联系到这型军舰身上。然而，李鸿章对于航速的要求（20到25节）令人匪夷所思。在巡洋舰级别的军舰中，最早突破20节的是1888年下水的英国海军的“美狄亚”级（Medea class）和意大利海军的“皮埃蒙特”号，突破25节的直到“无畏”舰时代才出现；较小级别的军舰中，“闪电”号鱼雷艇于1877年的试航中达到了20节的航速，达到25节则一直要到1890年代蒸汽轮机应用

之后，而小型军舰通常续航力也较小，且难以适应复杂海情，用以连续往返于舰队和基地之间，从事侦察、传递情报等任务力不从心。由此可以看出李鸿章提出的这一计划极为不切实际——能够满足他的要求的军舰差不多要20年后才能诞生！

由于在李鸿章现存的信函、公文中，并没有发现他询购通报舰的任何线索，因此最初的动机也就不得而知，也不清楚是什么原因导致了他做出如此不切实际的要求。不过李鸿章对于订购军舰性能的“瞎指挥”并非头一次（如他坚持为“超勇”级巡洋舰配备舰载鱼雷艇），也绝不是最后一次（如他后来对“济远”级后续舰性能做出的不切实际的规定等）。这事实上说明了一个问题：李鸿章作为一个传统官僚和海军外行，容易脱离当时的实际技术背景而提出过于主观的要求，而且容易受多方面的外来因素影响而难以做出正确的判断。进一步说，这也是当时中国的海军建设决策机构缺乏技术能力的直接体现（其他参与海军建设的机构，如中国海关、福建船政、总理衙门、南洋、广东等地方政府亦然，甚至更为糟糕），这样的状况显然将使中国的海军建设走上许多弯路。

金登干在接到赫德的来信后，立即去海军部访问了巴纳贝。巴纳贝向其推荐了“爱丽丝”级通报舰，并向其推荐了6家造船厂，其中包括阿姆斯特朗公司、伦敦的萨姆达兄弟公司、格拉斯哥的内皮尔父子公司、伯肯黑德的莱尔德公司等。但是这些船厂的反馈意见基本都是要求太不明确，或者认为20节的航速要求过高。乔治·伦道尔更是认为这样的军舰不仅花费巨大且作用有限（不能作为战斗舰只），因此不建议建造。[178]

尽管如此，各公司还是根据自己的理解对中国的这一询问进行了投标。如下表：

表1　1880年5月英国各造船厂对中国通报舰的投标[179]

造船厂	续航力（小时）	吃水（英尺）	造价（镑）
内皮尔	48	17	93000
萨姆达	37	14	130000
莱尔德	60	17	141000

另外，米切尔公司也于7月对通报舰进行了报价：18节的价格为72000镑，19节的77000镑，20节的82000镑。[180]

5月20日，赫德再次致电金登干，对通报舰的性能作出了更详细的要求：用途为递送公文和作为总督游艇（yacht），吃水须小于11英尺（因为须进入大沽口），需要有优良的适航性和高速度，续航力须达到1500英里。他还举了往来于都柏林和霍利黑德（Holyhead）之间的邮轮（mail ship）"阿尔斯特"（S. S. Ulster）和"芒斯特"号（S. S. Munster）的例子，并希望航速尽可能达到20节。[181] 6月22日，赫德再次指示，明确要求"不要一艘'爱丽丝'型的船，而是要一艘快艇"，并要求排水量为500至1000吨，吃水12至15英尺，航速15至20节。[182] 可以看出，对于通报舰的要求几乎是朝令夕改，极不明确，这说明即使是李鸿章和赫德也不知道到底需要什么样的船。

7月，正在寻求为"超勇"级配备舰载鱼雷艇的金登干又得到消息，彻特西的德·维格纳斯公司为南美的交战国之一建造了两艘鱼雷艇，每艘价格为5250英镑，船长98英尺和94英尺，他认为其可以用作通报舰。[183] 赫德听说后十分感兴趣，认为如果这种艇能达到20节的航速，则李鸿章将批准购买。[184] 由此，事情又发生了奇妙的转变，通报舰计划居然缩水成了购买鱼雷艇！

可是时隔不久，购买德·维格纳斯公司鱼雷艇的计划再度搁浅，这一方面是由于德·维格纳斯与英国海军部发生了矛盾，起因很可能是该厂的TB-21号鱼雷艇因性能不满足要求而被海军部拒收一事；[185] 另一方面，德·维格纳斯本人又因为在泰晤士河上撞沉了一艘舢板，淹死了4个人而吃了官司。[186] 因此金登干转而不推荐向该厂购买鱼雷艇，而又去与桑尼克罗夫特公司和亚罗公司进行洽谈，桑尼克罗夫特公司于1881年2月提出的计划是一型双螺旋桨小艇，航速20节时续航力500海里，12节时1500海里，吃水小于6英尺，排水量222吨，报价为27500镑。[187] 但赫德并未对此再有任何回复，因此此事终于不了了之。

1880年至1881年的快速通报舰计划，是中国近代海军建设缺乏技术规划、缺乏政策连续性的集中体现。在后来的甲午战争中，日

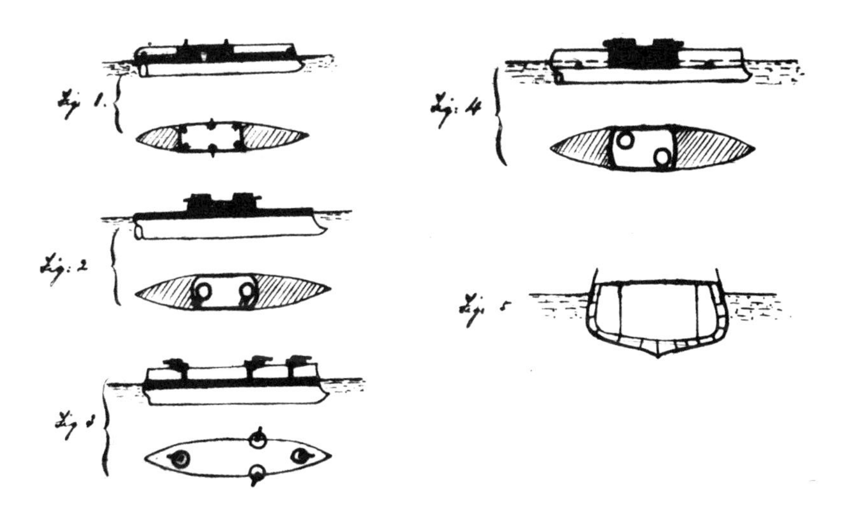

乔治·伦道尔备忘录中所附铁甲舰方案草图。图 1 为中央炮房舰，图 2 为围堰式装甲炮塔舰，图 3 为露炮台舰，图 4 为中央装甲堡舰，图 5 为伦道尔设想的双层船舷板结构（Tyne & Wear Archives）

军的“八重山”号通报舰表现十分活跃，而中国海军缺乏快速侦报舰艇的弊端则暴露无遗。此次购买计划的搁浅，以及后来对于此类舰艇的重视程度不够令人深感遗憾。

1880—1882 年的铁甲舰计划

从涉足海军领域的一开始，赫德就是“铁甲舰无用论”的鼓吹者，而阿姆斯特朗公司也从炮艇制造起家，从未涉足铁甲舰设计领域，但中国海军当时的决策者们——尤其是沈葆桢和李鸿章——却一刻也没有放弃购买铁甲舰的雄心。当李鸿章屡次被赫德浇了冷水后便索性绕开赫德，在德国另辟蹊径。1880 年 12 月 2 日，驻德公使李凤苞奉李鸿章之命，与德国士旦丁的伏耳铿造船厂签订了一艘铁甲舰的建造合同，即后来的“定远”号。这对一直鼓吹“铁甲舰无用论”并且企图控制中国海军大权的赫德来说，无疑是当头一棒。

12 月 10 日，金登干致电赫德，表示他已了解到中国订购了铁甲舰。乔治·伦道尔打算寄上一份关于铁甲舰的简短备忘录。[188] 1881

年4月，时隔半年后，乔治·伦道尔终于从意大利给金登干寄来了备忘录。备忘录中首先对当前世界上几种主流铁甲舰类型进行了介绍，即中央炮房舰（central battery ship）、炮塔舰（turret ship）和露炮台舰（barbette battery ship）。乔治·伦道尔认为这几种舰型各有优劣：中央炮房舰干舷较高，适航性和居住性较好，但需要的装甲防护面积更大，且火炮射界受到炮房的限制；炮塔舰干舷较低，适航性和居住性较差，但防护面积较小，可装备大口径火炮，火炮的旋转射界也较大；露炮台舰干舷也较高，适航性和居住性也较好，防护面积小于炮塔舰，并且也可以装备大口径火炮，但火炮本身缺乏防护，且火炮与下部舱室仅靠有垂直装甲的提弹井连接，较为不便。接着，伦道尔阐述道，设计师当然希望自己设计的铁甲舰攻击力、防御力、航速等面面俱佳，但这需要花费极大的代价。因此，中国建造铁甲舰应具有针对性，例如目标为超过邻国的某型军舰。最后，伦道尔表示中国可以秘密地将他们的假想敌舰告知自己，自己也可以秘密地向中国提供设计，否则设计就无法成立。[189]

5月24日，阿姆斯特朗公司给伦敦办事处的斯图尔特·伦道尔寄来了第二份乔治·伦道尔关于铁甲舰的设计备忘录和图纸，请其转呈金登干。[190]这份资料目前并未被发现，但根据金登干信中的描述可以发现，这应是一型中央炮房铁甲舰的方案。[191]7月，乔治·伦道尔又呈上第三份备忘录和图纸，为一型露炮台铁甲舰方案。综合金登干和后来李鸿章信函中的描述，可以大致还原这些方案的样貌：中央炮房铁甲舰长度为200英尺，宽50英尺，吃水21英尺，排水量约为5500吨，载有4门26吨火炮（应为10英寸），5门6.4吨6英寸副炮，[192]水线装甲厚10英寸，炮房装甲厚9英寸，轮机马力6000匹，航速15节，续航力可达2个月之久。乔治·伦道尔还创造性地将双层底结构向上延伸，形成了一种双层船舷板的结构，这对于鱼雷防御来说很有必要。露炮台铁甲舰可能类似于英国最新型“海军上将”级（Admiral class）铁甲舰的缩小版，排水量约9000吨，武备采用与“定远”相似的305毫米主炮，装甲则比“定远”更厚，达到17英寸，动力方面为3轴推进（这在当时的铁甲舰上是绝无仅有的设计），航速可达16节。下表显示了阿姆斯特朗公司方案与当时比较著名的几型铁甲舰的性能对比：

表 2　阿姆斯特朗公司铁甲舰方案与其他铁甲舰数据比较[193]

舰名	排水量（吨）	主炮	装甲（英寸）	航速（节）	造价（英镑）
“不屈”（英）	10880	16 英寸 ×4	24	14	812000
“阿贾克斯”（H. M. S. Ajax，英）	8510	12.5 英寸 ×4	18	13	548000
“海军上将”级（英）	10000	13.5 英寸 ×4	18	17	660000
“杜里奥”（意）	11317	17.7 英寸 ×4	22	15	700000
“定远”（中）	7335	12 英寸 ×4	14	14.5	370000
阿姆斯特朗公司露炮台舰方案	9000	12 英寸 ×4	17	16	500000
阿姆斯特朗公司中央炮房舰方案	5500	10 英寸 ×4	10	15	300000

仅从数据上看，乔治·伦道尔的铁甲舰方案较重视高航速和大续航力，价格也较为公允，应该属于上乘的设计。其中 5500 吨级中央炮房舰方案较“定远”级铁甲舰为小，但正如乔治·伦道尔所设想的那样，足以克制日本的“扶桑”级二等铁甲舰，并能与英国东方舰队的旗舰“铁公爵”号（H. M. S. Iron Duke）匹敌，比较经济适用。赫德对这些设计非常满意，并将之译出呈送李鸿章，但仍有所保留而未将图纸附上。李鸿章阅后也非常满意，随即将其转送给远在德国的李凤苞，希望他将“如何制胜争奇之处详确开示”，即提出意见与建议，再与阿姆斯特朗公司讨论。[194]

1882 年对于阿姆斯特朗公司的造船业务来说是具有转折意义的一年，当年较晚时候，阿姆斯特朗公司与查尔斯·米切尔公司宣布合并，成立新的阿姆斯特朗·米切尔公司（Armstrong Mitchell & Co.），然而从乔治·伦道尔、斯图尔特·伦道尔等人的信函中可以发现，他们对于这一合并计划是不认同的。“在收购下沃克一事上，我们将上百万不必要的钱装入了米切尔和斯旺的腰包，而只不过发现下沃克是个严重的损失和不断的尴尬。”[195] 随后，阿姆斯特朗公司开始在埃尔斯威克营建新的造船基地，为将来承造更大型的铁甲舰和巡洋舰做准备，下沃克则主要承担商船业务。

另外，1882 年春天，乔治·伦道尔同意了新任海军部大臣（First Lord of the Admiralty）托马斯·乔治·巴林（Thomas George Baring）的请求，离开他工作了 20 多年的阿姆斯特朗公司去海军部服务，作为海军部文职官员（Civil Lord of Admiralty）。乔治·伦道尔离开的原因是多方面的，在 1870 年代后期，乔治·伦道尔的健康已经开始出现问题，1878 年其第一任妻子病故，也对他的精神造成了很大的打击，1880 年他与意大利籍的第二任妻子里奇尼亚·皮奈丽（Licinia Pinelli）结婚，因为妻子不适应在英格兰北部的生活，乔治·伦道尔经常与妻子一起待在意大利。加上与米切尔公司的矛盾，导致了乔治·伦道尔最终的离开。

同样在 1882 年，朝鲜爆发壬午事变，中日关系再次被推上了风口浪尖，中日双方均立即开始向欧洲询购军舰。是年 9 月，结束了三个多月在籍守制，返回天津的李鸿章致信赫德，询问巡洋舰和铁甲舰的价格。[196] 在得知消息后，金登干立即与乔治·伦道尔进行了商谈，考虑到乔治·伦道尔此时已不供职于阿姆斯特朗公司，即由斯图尔特·伦道尔将设计送达阿姆斯特朗公司进行估价。10 月 18 日，金登干电告赫德，称中央炮房舰价格为 400000 镑，露炮台舰价格为 650000 镑，如果多购买一艘，则可分别降价 7000 镑和 10000 镑。[197] 可见，价格较最初的预估已有所上涨。为此，金登干前往海军部，向巴纳贝咨询了“海军上将”级“本鲍”号（H. M. S. Benbow）铁甲舰的价格；阿姆斯特朗公司的安德鲁·诺布尔和斯图尔特·伦道尔也专门前往金登干处进行了解释，“本鲍”号与乔治·伦道尔的露炮台舰方案造价对比可见下表：

表 3 “本鲍”号与阿姆斯特朗公司露炮台铁甲舰造价对比（单位：英镑）[198]

舰名	舰体及炮塔	轮机	武备	附具及其他	总价
“本鲍”	472000	107000	100000	25000	704000
阿姆斯特朗公司方案	453000	92000	100000	25000	670000

然而，随着壬午事变的平息，李鸿章对于购舰的热情又迅速降

低了。1882年底，赫德通知金登干，中国暂时无意购买铁甲舰，于是乔治·伦道尔为中国所做的铁甲舰方案就此湮没在了历史的尘埃之中。[199]该计划的流产，除了局势使然之外，也有其他一些原因，如李鸿章最重要的购舰事务参谋李凤苞对于与阿姆斯特朗公司合作并不感冒（其中不乏他与赫德的私人恩怨原因），铁甲舰的造价太贵，建造周期太长，等等。

总的来说，1880—1882年间阿姆斯特朗公司向中国推荐的铁甲舰方案是在中国已经向德国购买了两艘铁甲舰，且没有进一步购舰的迫切需求的情况下做出的一次不合时宜的尝试，无论其方案的优劣如何，失败都是必然的。

1881—1883年的改进型巡洋舰计划

在"超勇"级巡洋舰成功的基础上，乔治·伦道尔开始了新型巡洋舰的设计工作。1881年初，新型巡洋舰方案已经基本成形，现在伦道尔档案中保存的一张蓝图是这型巡洋舰现存唯一的技术档案。蓝图上标注绘图时间为1881年2月12日，设计编号为10190。从图纸上看，这型巡洋舰的外观与"超勇"级十分相似，因此可以称为"超勇"放大型巡洋舰。该舰柱间长230英尺，宽37英尺，深17英尺，排水量约1900吨。该舰前部增加了一个艏楼（类似于"筑紫"

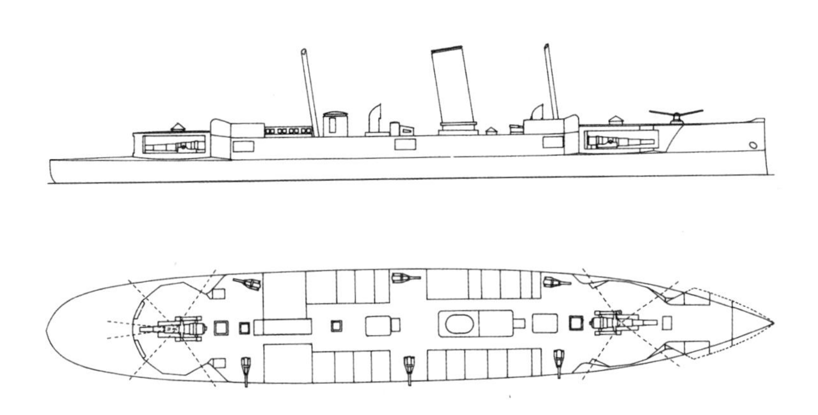

"超勇"放大型巡洋舰线图（*Warship for Export*）

舰回航时的状态），因此前部干舷为17英尺，后部为8英尺，较“超勇”级有很大提高。舰艏部位干舷的提高也解决了上浪的问题，因此无须将撞角设计成“超勇”级那样的隐藏式，新舰的撞角为凸出艏柱的通常式样。新舰的主炮与“超勇”级同为2门10英寸炮，但前主炮因为艏楼的遮挡而没有前向设计，改为在左右两舷各有90度射角的炮廓开口；副炮则为6门120毫米炮，比“超勇”级增加了2门。除了艏楼布局和火炮的不同外，该舰相较于“超勇”级最大的改进就是将水线下的“水密甲板”设计成了中央高起、两侧较低的穹拱形，亦即后来所称的“穹甲”。虽然目前没有证据表明这层水密甲板的厚度较“超勇”级有所增加，但其防护形式显然更为合理。换句话说，如果“超勇”级放大型巡洋舰得以实施，将取代后来的“翡翠”号成为世界上第一型防护巡洋舰。另外，这型巡洋舰还在主甲板上设置了一处发电机舱，而“超勇”级的发电机是在建造过程中增加的。[200]

1881年3月25日，或许是出于向中国推荐的需要，纽卡斯尔方面给伦敦办事处的斯图尔特·伦道尔寄来一封信件，答复他关于新型巡洋舰续航力的询问。

表4 “超勇”级与“超勇”放大型巡洋舰续航力比较[201]

舰名	载煤量	续航力			
		17节	16节	10节	8节
“超勇”（常载）	250	—	4天	16天	28天
“超勇”（满载）	300	—	4¾天	19½天	33⅘天
“超勇”放大型	400	4¾天	6天	20天	40天

4月6日，诺布尔又致信斯图尔特·伦道尔，表示目前建造一艘“超勇”放大型巡洋舰需15个月，造价将为122000镑，须注意到当时舰船的造价普遍上涨（主要是由于钢材的涨价），建造一艘“超勇”级的价格也已涨到约97000镑（当初购买时只需80000镑）。[202] 21日，阿姆斯特朗公司正式将“超勇”放大型巡洋舰方案呈交金登干，28日金登干将这些资料以850号公文邮寄给赫德。[203]

10月28日，金登干又在致赫德的信函中附上了另一型巡洋舰的

智利海军“翡翠”号巡洋舰，世界上首艘防护巡洋舰

(Northumberland County Council Archive)

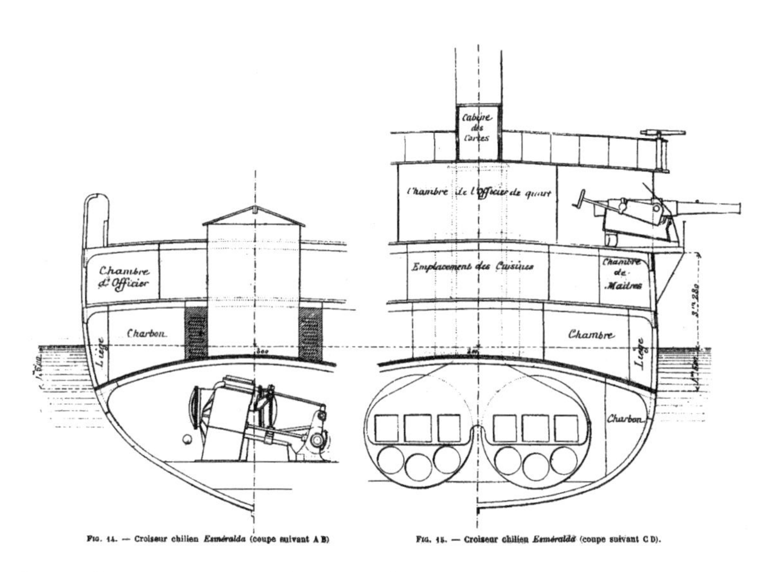

“翡翠”号横剖图，可见其低于水线的穹形防护甲板和单层船底结构 (*Le Genie Civil*)

图纸，他称这型巡洋舰“比他们（指阿姆斯特朗公司）在 4 月 21 日信中提到的那种型号更完善，是一种更理想威力更大的船”。[204] 事实上，这即是乔治 · 伦道尔所设计的世界上第一种真正意义上的防护巡洋舰，此时智利政府已订购了一艘，即“翡翠”号。

从外观看，“翡翠”号防护巡洋舰与“超勇”级巡洋舰有着明显的传承关系，二者同为平甲板船型，并都在艏艉配置液压驱动的重型火炮，带有明显的乔治·伦道尔风格。该舰柱间长270英尺，宽42英尺，深18½英尺，排水量2950吨，武备为2门10英寸30倍径主炮和6门6英寸26倍径副炮，未装备鱼雷发射管。该舰的穹形防护甲板仍位于水线以下，且厚度仅为1/2至1英寸，实际上只能防护弹片；该舰沿水线部位还有一层软木内衬，原本设想有防止进水的作用，但实际证明效用不大。该舰后来在试航中达到了18.29节的航速，是那个时代最快速的巡洋舰之一。[205]

相较于“超勇”级和“超勇”放大型巡洋舰，“翡翠”号的改进也是明显的：它的防御更完善，火力更强大，航速更快，续航力更大，适航性也更好。金登干称该型舰的造价将为155000镑，并且性价比远高于“超勇”放大型巡洋舰。[206]

1882年5月，金登干又告知赫德，意大利向阿姆斯特朗公司订购了一艘防护巡洋舰，“水下有一稍微厚些的甲板，煤及补给品储存量更多以及可以装载更多的舰艏发射鱼雷”。这其实就是意大利订购的“乔

意大利海军“乔万尼·鲍桑”号巡洋舰，为“翡翠”级的改进型（Northumberland County Council Archive）

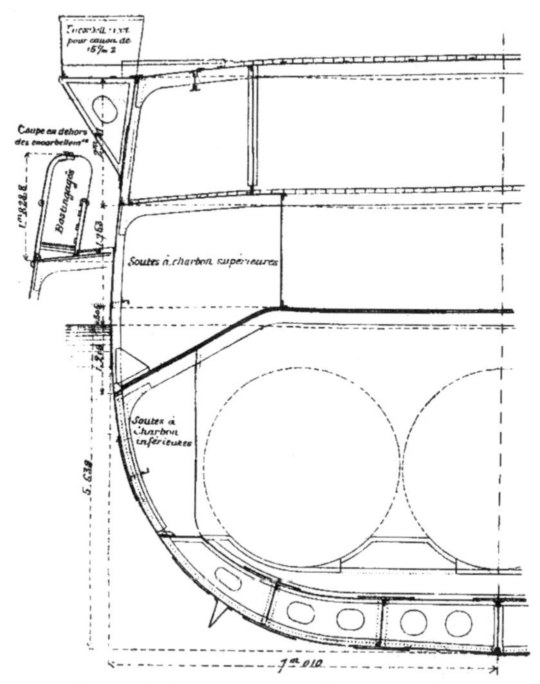

“乔万尼·鲍桑”号横剖图，可见其三段式防护甲板和双层船底结构（*Le Genie Civil*）

万尼·鲍桑”号巡洋舰。该舰是在“翡翠”号的基础上改进而成，主要将防护甲板的厚度增加到了 1½ 英寸，并在舰艏和侧舷安装了三具鱼雷发射管，价格约为 176000 英镑。[207]

李鸿章因母亲病故，于 1882 年 5 月 30 日南下回籍守制。他守制期间两广总督张树声署理直隶总督，并以雷霆手段一举平定了朝鲜壬午事变。9 月，结束守制回任直隶总督的李鸿章写信给赫德，表示有意续购数艘巡洋舰，并询问改进的巡洋舰价格，希望“比前两艘（指‘超勇’‘扬威’）大，沙龙和居住设施更好”。[208] 金登干得知消息后立即询问了伦道尔，后者推荐中国购买“超勇”型或“翡翠”型，而不建议购买“超勇”放大型或“乔万尼·鲍桑”型。[209]

与此同时，李鸿章又于 10 月 20 日电询驻德公使李凤苞：

拟添购快船二只，赫德呈英厂图式，系照前订碰快船加长加大，每点钟十七海里，炮二十七吨，首尾二尊，装煤六百吨，吃水十八尺六寸，约价十四万镑，望速向英、德各厂查询，似此新式可用否，抑另改何式，价目若干？[210]

从李鸿章的这份电报中可以看出，他令李凤苞询问的应是“翡翠”型巡洋舰。同日，李鸿章还给李凤苞写了一封信，对于购舰的原委说得更加清楚：

前在英订购碰快船二只，此次赴援神速，颇资得力。廷议有欲乘势进图日本，责问球案者。鄙意师船太单，铁舰未到，尚难跨海远征，且碰快船亦嫌稍小，拟再筹款添制快船二号，属赫德寄送图说，另照单抄呈核。……又，“定远”“镇远”两舰在德定购，英人颇滋疑怨，添购快船似以英厂为妥。[211]

可见，在壬午事变中，“超勇”“扬威”二舰起到的关键性作用给李鸿章留下了非常深刻的印象，且这次的“胜利”令中央政府十分振奋，甚至有“进图日本”，一雪琉球被吞并之耻的打算。但李鸿章考虑“铁舰未到”，远征日本时机尚不成熟，因此准备继续添购两艘改进型巡洋舰，并且出于平衡英、德利益的考虑，希望巡洋舰能在英国购买。

10月24日，李凤苞回电，出乎意料的是，他的意见却是并不赞成购买：

示添快船，向海部熟商，决不能与铁舰交锋，宜改三寸厚龟甲，方合英、德新式，俟呈图说。[212]

李凤苞的理由很简单：“超勇”这样的无防护巡洋舰，其生存能力是堪忧的。1882年左右，各国已经开始转而建造穹甲防护巡洋舰，继续建造无防护巡洋舰意义确实不大。但李凤苞不知道的是，赫德推荐的“翡翠”型和“乔万尼·鲍桑”型正是加装了穹甲的典型的防护巡洋舰。在未收到这些新型巡洋舰的图纸前，李凤苞仅凭想象便将之否决，实在有些武断。无论如何，李凤苞的回复直接断送了续购阿姆斯特朗巡洋舰的计划。

1883年1月2日，在收到了李凤苞呈送的伏耳铿厂防护巡洋舰图说后，李鸿章决定听从李凤苞的建议，将购买巡洋舰的目标转向德国，他致电李凤苞，询问“龟甲快船试订一只，几月可成”。[213]

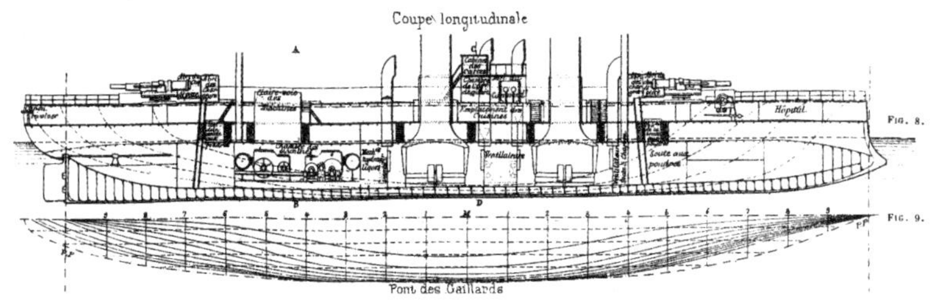

“翡翠”号巡洋舰纵剖图（*Le Genie Civil*）

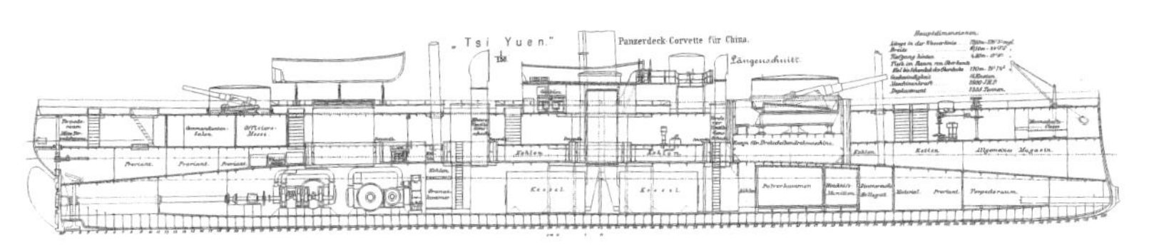

北洋海军“济远”号防护巡洋舰纵剖图（Verhandlungen des Vereins zur Beförderung des Gewerbefleißes，1896）

在得到李凤苞的回复后，李鸿章于10日决定“龟甲快船连炮三尊，价三百十一万七千马，望妥议合同，定购一只”[214]。3月16日，李鸿章上《续造钢甲快船折》，表示经李凤苞考较，赫德呈送的“翡翠”型巡洋舰方案“一遇风浪，则炮难取准，偶受小炮，即船已洞穿，徒欲击敌而不能防敌击，终不足恃”，且李凤苞已与伏耳铿厂签订合同，在该厂订造防护巡洋舰一艘（后来的“济远”舰）。[215]至此，订购防护巡洋舰的英德之争（或者说是赫德与李凤苞之争）以德国的完胜而告终。

孰料在1883年年中，订购英国防护巡洋舰一事再起波澜。6月1日，金登干在致赫德的信中称：“我在A/261号及以后的通信中谈到的那艘改进了的智利新巡洋舰（‘翡翠’号），日本人目前对此‘显出有意接受的样子’。”[216]由于智利和秘鲁仍处于战争状态，该舰无法立即交付，因此金登干建议为了防止日本人抢购该舰，应立即将此舰买下。果不其然，2日，日本海军省通知在英负责购舰事务的伊藤隽吉和佐双左仲，表示已决定在欧洲订购铁甲舰和鱼雷炮舰，令其询问有关厂家。[217]16日，驻英公使森有礼向外务省发电，称伊藤和佐双在考察后认为可以直接向阿姆斯特朗公司购买“翡翠”号巡洋舰

（该舰刚刚于6日下水），总价为176000镑。[218]

赫德在得到了金登干的建议后，立即反馈给了总理衙门，不置可否的总理衙门随即致函李鸿章，询问此事的可行性。17日，李鸿章复信总理衙门，表明了他的态度：

> 赫德商购碰快船一节，查阿摩士庄前代智利国所订碰快船一只，与北洋前购“超勇”“扬威”同式而价稍昂，曾求售于敝处，当属丹崖在洋查询。据复称，与德海部细商，该船一遇风浪则炮难取准，偶受小炮，即船已洞穿，徒欲击敌而不能防敌击，恐不足恃。盖其船通身用五六分钢片镶成，而首尾之炮过大，遇风颠簸，施放无准；初试洋时，每点钟尚行十五六海里，久则滞涩，仅驶十二三海里。“超勇”二船正坐此病。丹崖劝勿再购，是以回绝，即被日本买去亦不足惜。赫德称此次该厂又造一船，[219]比中国原有碰船稍大，似仍照前式扩充者，索价七十万两，适符前购两船之价，未免太昂。殊不若现在德厂续造穹面钢甲快船，炮台机舱等处皆有厚十寸及三寸钢甲遮护（一名龟甲快船，本年二月曾奏明订购一只），价仅六十余万，可在大洋御敌交锋，为西洋最新之式；俟法、越事少定，宜筹款照式再订购一二艘，其得力固远胜阿摩士庄之碰快船也。唯英人知敝处在德厂购船，忌嫉实深，赫德亦颇恨丹崖之洞察其弊，望以现在无此巨款，婉言复之为幸。[220]

可见，此时李鸿章的态度已是完全倒向德国，对阿姆斯特朗公司的设计根本不以为然了。22日，总理衙门上奏，表示宜购德造快船。[221]赫德随即电告金登干，请其婉谢购买智利防护巡洋舰。[222]

最终因为智利政府拒绝出售该舰，日本与阿姆斯特朗公司商购“翡翠”号的谈判也未能成功。甲午战争中，亟需添购军舰的中日两国再次向智利政府争购该舰，最终日本得手。该舰在编入日本海军后被命名为“和泉”，一直服役至1912年，此为后话。[223]

综观1881年至1883年间的改进型巡洋舰计划，阿姆斯特朗公司一共向中国推荐了三型军舰，最后却无一成功，李鸿章反而听从了李凤苞的意见而从德国购买了“济远”舰。以舰船设计的角度而论，“济远”舰与“翡翠”舰价格相近，但从火力角度讲，“济远”

仅装备210毫米炮2门，150毫米炮1门，而“翡翠”则装备10英寸（约254毫米）炮2门，6英寸（约152毫米）炮6门，后者火力几乎是前者的2倍。从防护角度讲，“济远”舰的穹甲（3英寸）大大厚于“翡翠”舰（1/2至1英寸），且有厚重的舱口立甲防御炮台、轮机舱口等关键部位，但这种穹甲、立甲兼用的防护方式非但不能防御水线，反而使得军舰重心上升，已为后世学者普遍诟病（“济远”这种拙劣的防护方式仅出现了一例便被弃用了）。相比二者的水下防御，都没有设计双层船底，轮机舱也均为大通舱，可谓半斤八两，但“翡翠”号的锅炉舱被一分为二，而“济远”舰则未作划分。二者的航速相比，“济远”仅能航行15节，而“翡翠”则能航行18节以上。总的来说，“翡翠”舰在火力和航速方面大大优于“济远”舰，而在防护方面较逊，要说“济远”“得力固远胜”“翡翠”显然是没有根据的。

1882年前后，近代防护巡洋舰刚刚走出襁褓，在逐步完善的过程中，英、德两国的设计显然都有许多未善之处，但“济远”舰上的不成熟之处比阿姆斯特朗巡洋舰更多。在第一艘防护巡洋舰的购造上，中国人算是交了一笔惨痛的学费。此事其实在很大程度上应归咎于李凤苞对英国公司的成见和对德国公司的偏袒，正如继任驻德公使许景澄后来指出的那样：“十八子（‘李’字的拆写，指李凤苞）偏执，致‘济远’误。”[224]另外，李鸿章过于倚重和听信李凤苞，而对赫德持有偏见和疑虑也是造成他误判的主要原因。后来李凤苞遭到言官群起弹劾，“济远”舰价昂质劣很大程度上也是把柄之一。言官们抨击李凤苞人品低劣、收受贿赂等虽然基本上是捕风捉影，但是“济远”舰购买的失误，李凤苞确实难辞其咎。[225]

随着乔治·伦道尔的离开和改进型巡洋舰购买计划的搁浅，这位近代军舰设计界的鬼才与中国的殊缘也就此画上了句号。从1874年到1879年，乔治·伦道尔为中国海军设计的“蚊子船”、巡洋舰达5级13艘之多，更有许多未能付诸实施的纸面方案。在离开阿姆斯特朗公司后，乔治·伦道尔便淡出了舰船设计界，后来再未有新的作品问世。而阿姆斯特朗公司为填补他留下的空缺而从海军部聘来了大名鼎鼎的主设计师威廉·亨利·怀特担任新的造舰总监，由此，阿姆斯特朗公司更为辉煌的“怀特时代”拉开了序幕。

五、“超勇”级巡洋舰的服役经历

1882—1885年间的“超勇”级巡洋舰

“超勇”级巡洋舰于1881年11月18日驶抵大沽，22日接受了李鸿章的检阅，遂编入北洋水师。

1882年，朝鲜在中国的斡旋下准备与美国签署通商条约，马建忠、丁汝昌等率“威远”“扬威”“镇海”三舰于5月7日起碇东驶。“各距八百码，鱼贯而进，速率每小时行八迈半，前舟昼于横桅悬速率表，夜缀灯球，以属后舟耳目。”[226]次日抵达仁川口外，与日舰“磐城”号比邻下锚。12日，美国修约特使海军准将薛斐尔（Robert Wilson Shufeldt）随护航舰“斯瓦塔拉”号（U. S. S. Swatara）亦驶抵仁川。22日，朝美双方在《朝美修好通商条约》上签字，6月5日又签订《朝英修好通商条约》。6月8日，中国舰队从朝鲜归国。

1882年6月下旬，德国又欲与朝鲜修约，因此马建忠、丁汝昌等再次率“威远”“超勇”“扬威”“登瀛洲”等舰前往朝鲜。30日，朝德双方在条约上签字，7月2日中国舰队归国。

是年7月23日，汉城爆发壬午兵变，日本公使馆遭袭。事件发生后，马建忠、丁汝昌、葛雷森等于8月9日再次率领“威远”“超勇”“扬威”三舰出动，于10日抵达仁川；与此同时，日本陆海军也立即开始向朝鲜增兵。8月7日，“金刚”号装甲巡洋舰先期赴朝；随后，海军少将仁礼景范率“比睿”“清辉”“日进”“天城”四舰，护送运输船“明治丸”“品川丸”“和歌浦丸”载运小仓驻屯军一个大队1500人于10日从马关出发，12日抵达仁川。马建忠与丁汝昌在考察了形势后，决定由丁汝昌于12日乘“威远”回津向张树声汇报局势，并请求增援，马建忠则同“超勇”“扬威”二舰坚守仁川。马建忠在日记中记录道：“亭午热甚，‘扬威’快舰以铁叶制成，舱位逼仄，已极蒸郁，加以机舱留火，如坐甑中，寒暑表升至九十六度（约摄氏35.5度）。”[227]可见该型舰居住性并不好。

因马建忠、丁汝昌等先期议定中国军队应由南阳（在仁川以南）登陆，因此“超勇”“扬威”分别于8月17日和18日移泊南阳。19日，丁汝昌、庆军首领吴长庆终于率“威远”“日新”“泰安”“镇东”“拱北”载庆军2000人抵达。26日，中国军队将朝鲜大院君扣押，并交“登瀛洲”舰押送回中国软禁，壬午兵变遂被镇压。9月7日，丁汝昌率领各舰返回天津。

镇压壬午兵变是“超勇”级巡洋舰参与的首次准军事行动，在海军实力的对比上，中国仅有“超勇”“扬威”“威远”三艘军舰，而日舰则多达五艘，“金刚”和“比睿”更是新锐装甲舰，最终日军未敢遽然开战，这与马建忠和二舰官兵临危不惧、沉着应对的表现是有密切关系的（此时“超勇”“扬威”二舰管带分别为林泰曾和章师敦，不久后章师敦卸任，邓世昌始转为“扬威”舰管带）。诚如马建忠所说：“陆军为其显，水师为其隐，其劳亦足相当。”[228]

1882年10月7日，李鸿章致信赫德，称“碰快舡适因朝鲜有事，巡防鲜暇，拟即令赴沪修洗，以利行驶”。[229]当时由于旅顺大坞尚未建造，巡洋舰又因为吃水较深而无法驶入大沽口，因此二舰每年的例行修洗不得不借助上海的祥生船厂或江南制造局等船坞。1883年，越南局势吃紧。5月，上谕命李鸿章前往广东，督办越南事宜，李鸿章在到达上海后请署理直隶总督张树声派遣“威远”“超勇”“扬威”三舰南下候派，丁汝昌遂于28日从大沽出发，经威海赴沪，旋前往祥生船厂修理。《申报》在报道中称：“该船（指‘超勇’舰）规例俱照西律，有兵丁某不告假而擅自出去至前日回船，船上兵官声其罪，执而鞭之，盖以代西法之监禁也，似此认真严肃，中国之兵庶有豸乎？”[230]其间丁汝昌又乘“威远”舰南下广西廉州（今北海市）、海南岛侦察，并未发现法国军舰。[231]7月5日，李鸿章启程返津，丁汝昌亦率麾下三舰北返。回到北洋后，丁汝昌和新任北洋海军总查琅威理“督率各管带在沿海操演泰西各种水师阵法，军容荼火，士卒熊罴”。[232]

1884年6月中旬，李鸿章邀请新任会办福建海防的张佩纶、会办北洋海防的吴大澂、新迁两广总督张之洞一同校阅北洋水师。李鸿章调“超勇”“扬威”“威远”“康济”及六艘“蚊子船”齐集大沽口外，22日“放洋操演雁行、鱼贯各阵式，帆缆、灯旗各号令”。[233] 23日抵达旅顺口，24日过烟台，拜访法国远东舰队司令利士比（Sébastien-Nicolas-Joachim Lespès），《北华捷报》对此有详细报道：“李鸿章大人乘坐‘康济’号巡航舰，由炮塔巡洋舰‘超勇’‘扬威’护卫，随同‘镇海’‘扬武’和‘威远’舰，由北洋水师的丁提督指挥，舰上搭乘着太后任命的钦差大臣。”法国司令利士比先登上中国军舰拜会，下午4时，李鸿章、张之洞、吴大澂、登莱青道刘含芳等前往法国铁甲舰“拉加利桑尼亚”号（La Galissonnière）回访，由“凯旋”（Triomphante）、“窝尔达”（Volta）等舰组成的法国舰队亦鸣礼炮、行升桅礼，军乐队奏乐，水兵高呼“共和国万岁”（Viva la République）。在向李鸿章等人展示了军舰内部之后，法国官兵又演放了排枪、哈乞开斯机关炮和主炮。随后中国官员又登上“凯旋”号，并观摩了白头鱼雷演习。[234] 李鸿章后来在奏折里说：“其船坚炮巨，实较北洋为雄大，而操法尚不甚相远也。”[235] 在中法战争一触即发之时，双方仍在进行着冠冕堂皇的仪式，却也都在紧张地打量着对手。

7月5日，丁汝昌率领“康济”“威远”“超勇”“扬威”各舰由威海赴旅顺，“超勇”“扬威”停泊于白玉山前。[236] 在旅顺各船，“每日上午操大小各炮，下午登岸操枪，逐日一船轮流打靶”，积极进行战争准备，并且将“蚊子船”、巡洋舰“自水线以上皆油瓦灰色，舢板及舱面呈露各件，亦油与船身一色，使敌不易窥见”。[237] 李鸿章称“天津镇总兵丁汝昌带蚊船两号、快船两号，并道员刘含芳带鱼雷艇弁兵，与宋庆等表里依护（旅顺口）。如敌船游弋外海，可相机伺便狙击，冀以牵制其北攻津沽，且借卫奉省门户”。[238] 可见北洋的战备已基本就绪。

在中法马江海战之前，李鸿章都以北洋舰船有限为由不肯拨舰援闽。福建船政水师在马江海战覆师之后，清廷屡次催促南北洋拨舰，在上海会齐后增援闽台，李鸿章只得命丁汝昌率领“超勇”“扬威”二舰南下。此时琅威理已辞去总查一职，恰好李凤苞雇用的德籍洋员式百龄（Sebelin alias Wallison）[239]到达天津，李鸿章遂派其统带“超勇”“扬威”二舰南下。11月20日夜二舰到达上海，23日赴祥生船坞修洗。式百龄与江苏候补道龚照瑗、统带南洋兵轮总兵吴安康进行了商议，并提出统一南北洋军舰旗号、加强协同操练等建议。[240]二舰的南下令法国人大感紧张，法国海军及殖民地部长就在信中指示远东舰队司令孤拔（Anatole-Amédée-Prosper Courbet）：“（法国）政府和公众很担心我们的运兵船遭受中国巡洋舰的攻击。这将产生极坏的后果。应不惜一切代价，捕获或击毁这些中国军舰；不然，从西贡开始就要对我们的运输舰进行护航，而对台湾的封锁将受到影响。”[241]而孤拔则以兵力有限为由表示对该二舰束手无策。二舰在上海期间，法国人还通过各种渠道打探其修理的情报，据称二舰在机舱上方加装了2法寸（约为2英寸）厚的装甲板，在烟囱附近的两舷也加装了2米高、1法寸（约为1英寸）厚的装甲板，还加装了4门哈乞开斯机关炮，火力和防护都得到了一定的提升。[242]

然而未等二舰修竣，12月4日，朝鲜又爆发甲申事变，开化党人刺杀亲华官员并控制王宫，中国驻朝军队发起反攻并与守卫王宫的驻朝日军交火，中日关系再度紧张。李鸿章闻讯后，认为“此事较援台尤急”，立即致电总理衙门请求将“超勇”等二舰调回，连同南洋的五艘援台军舰一起赴朝鲜弹压。[243]未等总理衙门回复，二舰即于15日拔锚北返，错过了与法国海军交手的机会。[244]

20日夜，丁汝昌会同式百龄带领“超勇”“扬威”“威远”三舰护送庆军方正祥一营由旅顺开往朝鲜马山浦（位于南阳外海），并于22日下午到达，“超勇”“扬威”停泊于口门，“威远”舰停泊于港内。[245]在此之前，日本已有“日进”“海门”二舰在仁川停泊，事变发生后日本又增派“比睿”“金刚”“春日”等舰赴朝，狭窄的朝鲜近海再度挤满了中日双方的战舰。[246]但甲申事变随即以外交方式解决，式百龄担心法国军舰北犯，建议派“超勇”“扬威”“威远”离开朝鲜，出巡洋面，随后回防旅顺。1885年2月，二舰先后返回旅顺口。[247]

1885年2月13日，南洋援闽的“驭远”“澄庆”二舰被法舰包围于石浦港。事件发生后，署理两广总督的张之洞再次建议调两艘

停泊在巨文岛的各国军舰，最右侧的两艘就是“超勇”“扬威”（*The Graphic*）

北洋巡洋舰赴援，南洋大臣曾国荃则致电李鸿章，亦委婉地表达了希望李鸿章拨派二舰的想法：“北洋两船，闻尚在朝鲜，一时难来救援，且两船亦未能横行洋面。亦不敢奏请，上烦宸虑。”[248]李鸿章随即回复道：“即添北洋两船亦不足敌法之多舰，况两船冲冰多损，亟须修理。若奉旨调，恐难速往。”[249]可见在黄、渤海冰封的冬季出航对于北洋军舰来说的确是一种考验。不久中法战争结束，“超勇”“扬威”终于未能与法国海军交手。

中法和议甫成，谁料一波未平一波又起，1885年4月，英国为制衡俄国在远东的扩张而占领了朝鲜半岛南部的巨文岛。李鸿章得信后，立即电调丁汝昌来津，饬其于5月5日率领“超勇”“扬威”秘密前往朝鲜。[250]二舰于8日抵达马山浦，10日丁汝昌觐见朝鲜国王，13日回船，“小民瞻望丰采，填街盈巷不下万人”[251]。16日，舰队抵达巨文岛，丁汝昌偕朝鲜官员严世永、穆麟德（Paul Georg von Möllendorff，德国人，受李鸿章之托监管朝鲜海关和外交）等登岸了解情况。[252]舰队随即拔锚赴日本长崎，并于18日晨抵达，“即与炮台及各国兵船升炮致意”，“寄碇三日，游人纷纷上船观览，不独船坚炮利，且纪律严明，毫不滋事，洵节制之师也”。[253]在长崎期间，丁汝昌等人晤见了英国东方舰队司令陶威尔（William Montagu Dowell）。21日午刻舰队离开长崎返回朝鲜。[254]31日，丁汝昌由朝鲜返津。[255]6月中旬，丁汝昌再次率领“康济”“超勇”“扬威”“镇东”“镇海”等舰东驶，巡防北洋、朝鲜各海口，7月11日方返回烟台。[256]

当时庆军从朝鲜撤防，需要多艘北洋军舰担任护航、警戒工作，因此“超勇”“扬威”二舰仍回朝鲜，驻巡仁川。时帮办福建军务杨岳斌奏请拨巡洋舰到台湾备用，李鸿章以“超勇”等二舰须巡防朝鲜，“借资镇压，稍作声势”为由驳回。[257]此后数月，二舰频繁往返于仁川、烟台、营口等北洋口岸。

1885 年 11 月，中国在德国订购的“定远”“镇远”“济远”三舰回国，北洋水师实力大增，“超勇”管带林泰曾亦调赴“镇远”舰，该舰管带由叶祖珪接任。是年冬季，丁汝昌督率“定远”“镇远”“济远”“超勇”“扬威”等舰“前赴厦门、澎湖一带和暖之处，逐日勤操”。[258]“超勇”“扬威”因连月在北洋、朝鲜各口岸往返，因此先在上海进坞修理。舰队甫抵上海，李鸿章突然接到密报，金玉均等流亡的开化党人准备潜回朝鲜起事，于是他急调“超勇”“扬威”二舰，于 12 月 19 日北上赴朝增援。[259]是年冬季，二舰都驻于仁川，《北华捷报》在 1886 年 6 月 19 日的文章中写道：“这两艘阿姆斯特朗巡洋舰冬季驻于济物浦（仁川的别称），即朝鲜首都汉城的港口，在那里，它们勇敢的舰长、彬彬有礼的军官，以及出色的水兵们总是为人们所津津乐道。”[260]“超勇”“扬威”二舰 1882 年至 1885 年间在朝鲜的一系列眼花缭乱的“炮舰外交”行动助益了远东局势的稳定，也为新生的中国海军赢得了声誉，是应当充分肯定的。

1886—1894 年间的“超勇”级巡洋舰

1886 年 4 月中旬，“定远”“镇远”“济远”等舰南巡北返，“超勇”“扬威”也经由烟台、旅顺，与之会齐于大沽。[261]5 月 1 日至 10 日丁汝昌会同南洋水师总兵吴安康率领北洋“定远”“镇远”“济远”“超勇”“扬威”、南洋“南琛”“南瑞”“开济”等八舰前往旅顺、大连操演，此行颇有为新任海军衙门大臣醇亲王奕譞的校阅预演的意思。[262]16 日，醇亲王抵达天津，18 日乘坐“海晏”轮在南北洋军舰的护卫下驶赴旅顺口，20 日醇亲王在旅顺观看南北洋各舰演阵打靶，“各船旋转离合，皆视统领旗语为号，无不如响斯应”。[263]此后南北洋军舰又前往威海卫、大沽口继续操演。28 日，

在摩阔崴的中国水兵进行射击训练（*The Graphic*）

醇亲王结束了对北洋海防的校阅回京。

1886年7月18日，丁汝昌率领“定远”“镇远”“济远”“威远”“超勇”“扬威”六舰从威海卫出发，前往日本海巡航。舰队于21日抵达朝鲜釜山，23日抵达元山（位于朝鲜半岛东部永兴湾内）测量港道，[264]因俄国军舰那一段时间在永兴湾出没，北洋水师主力的出现颇具针锋相对的震慑意味。《申报》记载道：“一时岸上观者如堵，第三日（25日）系礼拜，各船管驾及买办等于是日登岸购买食物，并到各处游玩，先后约有一二百人，街市陡然热闹。”[265]31日，舰队前往海参崴，并于8月1日到达，俄国官员应邀参观了北洋“定远”等军舰。参加中俄勘界谈判的钦差大臣吴大澂记述道：“是夜俄船悬灯数千，各俄馆及商家亦悬灯数千，我船以电气灯照耀海滨，光芒四射。海若有灵亦当凌波一笑也。”[266]8月6日舰队将吴大澂送至摩阔崴（位于图们江口以北，现名波西耶特，Посьет），次日“定远”等四舰赴长崎进坞，留“超勇”“扬威”二舰在海参崴等候吴大澂。[267]其间发生了中日军警冲突的长崎事件，“超勇”“扬威”因不在长崎而未卷入。10月21日，二舰送吴大澂返回烟台。[268]

1886年冬季，北洋舰队“定远”“镇远”“济远”“威远”“康济”“超勇”“扬威”等舰南下上海停泊，直至1887年2月27日才由沪北上，3月4日到烟台，6日到旅顺，8日抵达天津。[269]是年春，北洋水师为接收在英、德新购的巡洋舰而派遣管带赴欧洲，“超勇”舰管带叶祖珪、“扬威”舰管带邓世昌也在接舰团之列，因此二舰的管带分别由黄建勋、林履中接任。5月，“济远”“威远”“超勇”“扬威”四舰赴朝鲜海岸巡航，经马山浦、巨文岛等地返回威海。[270] 7月21日，招商局“保大”轮船在成山头触礁沉没，丁汝昌派“超勇”“扬威”二舰帮助救捞。[271]然而当地村民捞取了部分失物，并与当地官匪发生了利益冲突，事情闹大后，登莱青道盛宣怀向李鸿章请示，派“超勇”“扬威”“泰安”三舰载陆军兵勇于8月18日驶抵龙须岛弹压，在武力威慑下将此事件平息。舰队于21日返回烟台。[272]

11月16日，丁汝昌率领“定远”“镇远”“济远”“超勇”“扬威”“威远”“康济”等舰抵达朝鲜仁川，19日离仁川南下香港、厦门等地越冬。[273]12月10日，琅威理统带从欧洲归来的“致远”“靖远”“经远”“来远”四艘巡洋舰和“左队一号”鱼雷艇抵达厦门，与丁汝昌率领的大队会合。“遥见北洋各船满挂彩旗，继闻‘定远’舰中军乐迭奏”[274]。1888年2月4日舰队前往福州过年，4月8日方才返回旅顺口。[275]随着新型巡洋舰的到来，此时的北洋水师实力已如日中天，“超勇”“扬威”的主力位置也渐渐失落。

1888年7月，朝鲜爆发教案，各国均派军舰前往朝鲜沿岸，北洋亦派出“超勇”“扬威”二舰赴仁川驻扎。[276]8月，“济远”同“超勇”“扬威”三舰巡阅北洋各口。[277]根据当年10月奏准的《北洋海军章程》，“超勇”“扬威”二舰也被列入北洋海军编制。是年冬季，舰队前往上海、福州、澎湖、香港、厦门等地越冬，至1889年3月方才北返。6月，南北洋军舰共15艘离开威海卫举行会操，“舰队组成单纵队离开港湾，在收紧队形命令下每艘军舰相距2链，舰队总长度为3000码；在散开队形命令下距离为4链，总长度6000码，真是威风堂堂”。身处舰队中的英国洋员查理士·池舍（Charles Cheshire）感慨地如是说道。[278]此后舰队分为两部分，A舰队“定远”“致远”“靖远”“经远”“来远”“开济”“镜清”“寰泰”八舰由丁汝昌率领前往朝鲜半岛及海参崴，B舰队“镇远”“济远”“超勇”“扬威”“南琛”“南瑞”“保民”七舰由林泰曾率领巡航北洋各口，两支舰队于8月底返回威海集结。[279]北洋海军有过中元节的习俗，因此8月26日“超勇”舰赴烟台采购物品，觅雇僧人，舰队从8月28日开始补过当年的中元节（当年中元节为8月11日）。[280]

1889年11月28日北洋舰队南下越冬，“济远”“超勇”“扬威”与主队分开行驶，由“济远”舰管带方伯谦率领绕胶州湾到上海，之后巡航闽、浙海口，过福州到香港与大队会合。[281]“超勇”“扬威”到港后入黄埔船坞油修，其间发生了激化琅威理与闽党矛盾的“撤旗事件”。[282]此后丁汝昌、琅威理率领北洋舰队主力前往西贡、新加坡、马尼拉等南洋口埠访问，“超勇”“扬威”二舰并未随行，单独经厦门、福州等地返回威海。

1890年9月4日，“定远”“济远”“开济”“寰泰”“超勇”“扬威”等舰赴朝鲜仁川、天冠山、釜山等地巡航。[283]当年的南巡，“超勇”“扬威”并未参加，由“致远”管带邓世昌督率在威海操练，“以省靡费”。[284]1891年开春后二舰前往旅顺口上坞，例行修理。[285]5月，李鸿章、张曜等赴旅顺、威海等地对南北洋海军进行三年一度的校阅，“超勇”“扬威”二舰亦参加。[286]

1892年10月8日，“济远”“平远”“扬威”三舰由威海出洋，绕巡烟台、庙岛、大沽、营口、旅顺等地，至大连湾参加大操。[287]是年底，因二舰前后主炮操放年久，膛内铜环松溢，[288]由“致远”舰带同赴上海江南制造局修理。[289]1893年3月11日，“致远”“超

1893年访问日本长崎的“超勇”舰（《藤木军舰写真集》）

勇”“扬威”三舰由上海到达日本长崎访问。“唯闻炮声如巨霆，中外人□趋至大浦眺望，遥见‘致远’船上高揭副统领旗号，及入港悬日本国徽，燃炮二十一门以伸敬意。日本兵船‘海门’舰即悬旗燃炮答之。”[290]三舰在长崎停泊至3月19日，旋赴朝鲜釜山、巨文岛、仁川等地，返回国内。[291]当年的冬季南巡，“超勇”“扬威”二舰没有参加。

1894年5月，南北洋海军又迎来了三年一度的校阅。9日，李鸿章抵达大沽口，丁汝昌已率包括“超勇”“扬威”在内的北洋九舰，并南洋六舰在大沽口会齐。演习一直持续到27日，李鸿章对校阅结果非常满意。但他也敏锐地察觉到北洋海军的老态龙钟：“中国自十四年北洋海军开办以后，迄今未添一船，仅能就现有大小二十余艘勤加训练，窃虑后难为继。”[292]这是北洋海军最后一次接受校阅，此时在黄海的另一边，朝鲜已经爆发了“东学党之乱”，中日战争的导火索已经点燃，北洋海军即将驶向其最终的归宿。

甲午战争中的“超勇”级巡洋舰

1894年春，朝鲜爆发“东学党之乱”，北洋海军在结束校阅后即派舰前往朝鲜沿海，巡逻警戒并保护载运淮军的招商局轮船。6月4日，“济远”“扬威”二舰在方伯谦的率领下从威海卫出航前往仁川，二舰于5日下午抵达，与已在此地的“平远”号合为一队。7日，“超勇”号也从威海卫出发，于8日抵达牙山，护卫“图南”号轮船装载的淮军聂士成部在此地登陆。[293]

6月14日早晨5时30分，北洋海军营务处道员龙殿杨搭乘“扬威”号由仁川赴牙山，与“超勇”会合；16日，停泊在牙山附近丰岛海域的日舰“赤城”号当值士官访问了“超勇”舰管带黄建勋，双方的问答记录仍保存在日本防卫省防卫厅的档案里：

（“赤城”士官）问：“朝鲜国内乱的情况如何？”

（黄建勋）答：“没什么事，已经趋于平稳。”

问：“我舰队为保护人民而派遣五百陆战队至京城，一切无事，前日归舰。贵国之兵是往京城吗？”

答："不是，都在牙山。我军将依照来自天津的电报归国，两天内将有船来迎。"

问："丁大人要率舰队来吗？"

答："不会。"

（"赤城"士官）说："我舰队本应航向北洋，因为此事件而暂留朝鲜海面。"

（黄建勋）说："朝鲜有事之时，贵国与我国都应尽力。本港（牙山）煤水粮食缺乏，有所不便，我舰不日即将归国。"

（黄建勋）问："贵舰从何而来？"

（"赤城"士官）答："从仁川。"

（黄建勋）问："丰岛海面有军舰吗？"

（"赤城"士官）答："没有。本舰即将出港，舰长他日当来访。"[294]

同日，因为仁川与中国国内电报线不通，"济远"舰由仁川前往牙山，方伯谦令驻牙山的"超勇"号立即回航威海卫，向丁汝昌禀报军情。[295]

北洋海军首批赴朝舰队兵力不足，难敷调遣，李鸿章对此非常不满，他在寄丁汝昌的电报中严厉斥责道："倭兵船在仁七只，华兵船本只'济''平''扬''操'，而'扬'昨托故赴牙未回，'济''平'又均赴牙，尚成何事！"[296]进而要求丁汝昌增派兵力。于是丁汝昌又调派"镇远""超勇""广丙"三舰，由林泰曾率领，作为第二批入朝舰队于6月21日由威海卫开拔，22日下午3时到达仁川。6月底，北洋海军决定暂时将驻朝军舰撤回，待整备完成后再以大队进军朝鲜。7月1日，林泰曾率"镇远""济远""超勇""平远"等舰回航威海卫，3日，"扬威"舰亦返回威海卫，至15日又再次前往仁川驻扎，这段时间里，"扬威"成为北洋海军驻朝的唯一主力军舰。[297]

7月20日，丁汝昌致电李鸿章，决定派"济远""广乙""威远"三舰赴牙山护送"爱仁""飞鲸""高升"等运兵船，并由"威远"舰换回"扬威"。[298]22日他再次发电报告，拟率北洋大队随后前往牙山，"威防无船，请帅饬'扬威'速回，与'平远'、四炮船、二雷艇聊辅炮台御守。”[299]李鸿章随即批准道：“‘扬威’可即调回。”[300]“扬威”遂返回威海卫，幸运地与7月25日爆发的丰岛海战擦肩而过。

丰岛海战后，丁汝昌立即率北洋九舰前往汉江外海寻敌，未遇敌舰而返。[301]8月1日午后，北洋舰队再次出海，“丁军门自坐‘定远’铁甲兵舰，统率‘经远’‘来远’‘扬威’‘超勇’‘广甲’‘广丙’六艘，随带水雷船四艘，是为前矛；左翼总兵林君泰曾自坐‘镇远’铁甲兵舰，统率‘致远’‘靖远’‘平远’‘威远’四艘，随带水雷艇四只，是为后劲，结队东行”。[302]这次巡航的目的地为大同江附近，同样未能发现日舰。9日上午，北洋海军“定远”“镇远”“致远”“靖远”“经远”“来远”“平远”“广甲”“广丙”“扬威”十舰及“福龙”“左一”两鱼雷艇赴大同江、海洋岛等地巡击，仅留“超勇”及三艘“蚊子船”防御威海。[303]主力舰队又一次扑了个空，而日本联合舰队却于10日突然出现在威海湾外，并与刘公岛炮台进行了对射。受此事件的影响，北洋舰队十舰于13日回到威海后，直接赶添煤炭，次日再度出发巡航渤海湾内各口，以肃清洋面，后于23日返回威海。[304]29日，丁汝昌再度率北洋舰队出发，巡逻海洋岛、大鹿岛、大连湾等处。[305]舰队于9月1日到达旅顺口，“扬威”号遂进入旅顺大坞进行修理，2日主力舰队返回威海。“扬威”于3日出坞，6日傍晚同“镇南”“镇西”“左一”“福龙”等舰艇一同返回威海。[306]

综观北洋海军从7月25日战争爆发到9月以来的5次巡航，兵锋从未敢指向日本海军出没的仁川、牙山湾一带，遑论其根据地隔音岛或长直路，而是一直无关痛痒地在渤海湾内外梭巡，这固然有8月10日日军袭扰威海卫后，光绪皇帝严令北洋海军只得在北洋各要隘、门户间梭巡，不得远离的谕旨精神作祟，但也反映出许多北洋海军的高层将领只顾明哲保身，不敢也不愿稍有进取的鸵鸟心态。然而无论情愿与否，战争都会自动找上门来。

9月12日晚，“定远”“镇远”“靖远”“经远”“济远”“平远”“超勇”“扬威”“广丙”“镇南”及五艘鱼雷艇从威海卫出发，前往旅顺口，准备护送铭军刘盛休部在鸭绿江口大东沟登陆。舰队随后与护送吴大澂赴津的“致远”“来远”“广甲”三舰会合，[307]北洋海军的主力全部到齐。13日午后，丁汝昌接威海电报称有两艘日舰在威海卫附近出没（为日军派出侦察的“吉野”“高千穗”二舰），遂带领大队返回山东半岛巡航，但并未发现日舰。14日中秋节夜晚，北洋舰队在山东成山角附近集结，随后返回辽东半岛，15日到达大连湾进行添煤作业。丁汝昌原计划派“超勇”“扬威”“平远”“广丙”“镇中”“镇南”和2艘鱼雷艇护送商船赴大东沟登陆，主力则赴成山、大同江等地巡航，18日在大鹿岛会合，但随即改变计划，决定以北洋海军全军护送商船，随后再南下巡弋大同江等处。[308]

9月16日半夜1时，北洋海军从大连湾启航，10艘主力舰组成的舰队以双纵队航行，5艘运兵船以单纵队尾随舰队航行。“超勇”“扬威”两艘姊妹舰被编为第五小队。下午2时，舰队抵达大东沟外，碇泊于大东沟西南方约12海里处。

17日上午约10时30分，北洋舰队发现了从西南方向逼近的日本联合舰队12艘军舰，中午12时后起锚迎敌。根据当事者回忆，北洋海军以双纵队起锚后，右翼总兵刘步蟾在“定远”舰上下令变阵为小队横阵（夹缝雁行阵），这是早在琅威理时代就已既定的北洋海军基本战斗阵型。但由于起锚的仓促，处于队末的“超勇”“扬威”一开始就遥遥落后，而二舰又需要航行最长的距离才能到达右翼阵脚的既定位置，而二舰的航速又因为动力系统老化的原因而极为迟缓，英国《布莱克伍德爱丁堡杂志》后来报道称，由于保养不善，二舰的锅炉基本报废，烟管上结了硬壳，原本16节的航速降到了11节，[309]因此在12时50分海战爆发前，二舰都没能就位。

与此同时，日军却针锋相对地采取了“邀击右翼之敌军”的战术，即由先头精锐的第一游击队首先击破北洋右翼最弱的“超勇”“扬威”二舰。12时30分左右，第一游击队加速至10节，航向北洋右翼。12时40分左右，日舰观察到落后的“超勇”“扬威”做出了一个左转的动作，意在拉开与第一游击队的距离，随即二舰又拨回原航向，这显然是一种避害举动。[310]

12时50分，随着“定远”舰的开火，黄海大东沟海战爆发。12

时55分，日本第一游击队旗舰“吉野”号在3000米距离上开始向“超勇”“扬威”射击，随即第一游击队纷纷向二舰倾泻弹雨。第一游击队与“超勇”“扬威”的火力完全不在同一等级上，不仅炮位数量远远多于二舰，且装备的大量速射炮发射爆破榴弹，能够对二舰的无装甲舰体结构造成极大破坏，并引发火灾等二次损害。

13时05分，第一游击队已逼近到距离二舰2000米以内，几乎弹无虚发，“超勇”“扬威”在猛烈的炮火下先后发生了火灾。据“镇远”舰上的美国洋员马吉芬（Philo Norton McGiffin）回忆，两舰上层的军官住舱涂着厚厚的油漆，且连接舰艏艉的走廊汇聚了气流，因此一旦中弹火势便很快蔓延。[311]日本“高千穗”舰此时也观察到“超勇”号向右舷倾斜，无法运动，但仍用前主炮向右舷方向射击。随后第一游击队边右转边射击，将该舰火力完全压制。同时“扬威”舰转舵向后方遁走。[312]二舰在海战爆发仅十余分钟后就丧失了战斗力。

13时30分，日舰观察到“超勇”号严重右倾，火势无法控制，停止航行，随后沉没。日军本队于14时20分左右驶近“超勇”号的沉没地点，从约300米内外通过。“松岛”舰上的联合舰队航海长高木英次郎观察到，“超勇”舰上过半数的官兵跳入海中，向海岸方向（北方）游去，有些向日舰呼救，有一名士官急忙向反向逃离，还有的残留在舰上的水兵用步枪向日舰射击。[313]最终“超勇”舰沉没在距离大鹿岛约6海里处，[314]成为大东沟海战中第一艘沉没的中国军舰。“超勇”舰管带黄建勋及以下125人战死，后来“镇南”号“蚊子船”赶到救援，救起30余人，其中有17人不同程度负伤。[315]

“扬威”舰在发生火灾后并未立即沉没，之后又被“济远”舰误撞，进一步恶化了伤情。[316]14时20分左右，该舰横过日军本队前方，全速向大鹿岛方向航行，最终在大鹿岛西南约3海里处搁浅，[317]管带林履中及以下57人阵亡。《申报》后于9月29日登载了一篇报道，称有“扬威”舰落水水兵被救起带回烟台，回忆了该舰的作战经过：“本船与‘超勇’首先开仗，故受伤较早，各兵勇气百倍，仍燃炮击敌，奈炮身重大，燃放时不免震动，船遂沉没。”[318]另有“扬威”舰幸存者回忆，该舰管带林履中头部、脚部均负伤，仍忍痛指挥一个小时，之后由先任士官接替指挥，方才驶离战场。[319]

分析“超勇”“扬威”二舰之快速沉没的原因，主要应归结于以下几个方面的问题：（一）二舰军官舱室位于上甲板中部，木质舱房和油漆极易燃烧，中央通道的气流更助长了火势，且使得弹药供应断绝；（二）二舰无防护甲板，锅炉、轮机、弹药库等舱室防御非常脆弱，“超勇”舰很早便丧失了动力，可能就与轮机部分受损有关；（三）二舰火炮过大，发炮的震动造成了损管的困难。大东沟海战中二舰实际有效的战斗过程很短，而且其主炮炮闩铜环虽曾经江南制造局修理，但“由于不到位的工艺和铜质的低劣，炮尾在战斗中故障”；另外二舰火炮的火药也陈旧老化，经常不起作用，甚至损伤火炮。[320]因此二舰主炮发挥的效力非常有限，也没有击中日舰的明确记录。

次日，日本舰队再次返回原战场，14 时 15 分发现了前日搁浅的“扬威”舰残骸，17 时联合舰队司令伊东祐亨命令“千代田”舰将之破坏，“千代田”先以练习弹向“扬威”射击数发，确认无人后派舰载蒸汽舢板将棉火药罐安置在“扬威”右舷侧，17 时 45 分起爆炸药，将“扬威”彻底炸毁。“千代田”号上的水兵登上“扬威”号后，观察到该舰呈左倾状，上下甲板木材基本烧尽，仅剩肋骨，只有烟囱前部的上甲板部分残余，舰体扭曲，密布大小弹洞，仅左舷的弹孔就有 11 个，烟囱等处的机关炮弹孔状如蜂巢；水密甲板下方进水，锅炉和火药库均未发生爆炸；火炮基本完好，只有前主炮的尾闩被销毁；在前部副炮附近发现一具尸体。[321]9 月 26 日，“千代田”舰又受命返回战场，从“扬威”号上带走了 10 管格林炮 2 门、步枪 3 支、手枪 2 支等战利品。[322]

甲午战争结束后，日本又多次组织了对“超勇”“扬威”等舰的打捞，1896 年海军省将打捞“超勇”“扬威”的权利授予鹿儿岛县和熊本县的山本盛房、西之原铁之助、川村俊秀、浅山知定、高田露、木村万作等人。从该年 4 月至 10 月，高田露组织捞起“扬威”舰主炮 2 门、大小锚 3 只、吊艇杆 5 具、卷扬机 1 个等物品，均移交海军省。[323]

1900 年，受权人之一高田露将打捞权转让给旅顺的宫田仁吉，此后由宫田仁吉等人又对“超勇”“扬威”进行了多次打捞，“一战”

爆发后1916年铁价暴涨，受权人之一的木村万作又欲重新开始打捞二舰，却听说宫田也在打捞，大惊之下将宫田告上了法庭，此事最后以和解协议的方式得到解决。1918年，大孤山商务会的孙廷梅在得到奉天督军的许可后，也开始对二舰进行打捞，日本政府得知后，以二舰是被日军击沉，应视为日本战利品为由提出了抗议。最后由大孤山商务会赔偿六百元，并放弃打捞权了结了此事。[324]

2014年，甲午战争120周年之际，中国国家文物局水下文化遗产保护中心又赴黄海海战故地组织了一次对沉舰的调查工作，除在《明治二十七八年海战史》中"致远"舰沉没坐标位置处发现了较完整船体残骸外，在"超勇""扬威"沉没位置均未发现大面积残骸。由此证明，在经历了甲午战后至20世纪初的多次打捞之后，"超勇""扬威"的残骸均已荡然无存了。

日本海军的"筑紫"号巡洋舰

"筑紫"号巡洋舰于1883年9月19日抵达横滨，10月27日定级为三等舰，编制人员中佐舰长及以下186人，[325]11月9日正式移交东海镇守府（位于横滨）。[326]该舰随即进行了一些改造工作，最

在长崎的"筑紫"号巡洋舰

大的变化就是拆除了艏楼，成为与其姊妹舰“超勇”“扬威”一样的平甲板船型。[327]

1884年5月30日，“筑紫”被编入中舰队；1885年12月，编入常备小舰队。[328]作为日本海军最初的机动舰队，常备小舰队逐年操练演习，强化航海与战斗素养。如1888年6月17日“高千穗”“浪速”“扶桑”“筑紫”“海门”“武藏”六舰在伊东祐亨的率领下从品海出发，经长崎、冲绳和中国台湾基隆等地，于7月14日到达长江口，8月16日抵达芝罘，恰逢丁汝昌率领麾下“定远”“致远”“靖远”“来远”“威远”五舰从旅顺口前来，两国舰队进行了友好互访。舰队赴大沽后分头航行，“筑紫”“海门”二舰经由山海关、大连湾、旅顺口、海洋岛抵达仁川，拜谒了朝鲜国王及世子。之后舰队六舰又于釜山重新集结，9月17日驶往元山、海参崴等地，30日抵达隐岐西乡港，随后又经由舞鹤、小滨、敦贺、佐世保、长崎、鹿儿岛、神户等地，于11月11日返回品海。[329]

1889年3月9日，“筑紫”舰从常备小舰队中撤编，改隶吴镇守府作为警备舰，[330]8月该舰被派往朝鲜护侨，经由马关、长崎、釜山等地到达仁川，1890年1月返回横须贺，[331]5月24日转入预备役。[332]根据当年8月23日颁布的军舰种别文件，“筑紫”被定级为第一等舰。[333]

1892年12月8日“筑紫”舰重新入役，作为吴镇守府警备舰。[334]1893年2月28日该舰从吴港出发，前往中国保护侨民，经由长崎、佐世保，3月11日抵达上海。[335]7月该舰抵达芝罘、旅顺口、威海卫、天津、牛庄等北洋口岸，在天津时该舰军官还拜访了李鸿章及盛宣怀等人。9月抵达朝鲜仁川，11月返回日本。[336]

1894年4月4日，“筑紫”舰编入常备舰队。[337]由于朝鲜爆发“东学党之乱”，4月21日，该舰再次被派赴朝鲜仁川保护侨民，[338]6月，中日两国分别开始向朝鲜增兵，当“图南”轮载着中国第一批入朝的聂士成部进入牙山湾时，即被正在此处的“筑紫”舰侦知。[339]6月底，日本海军进行战备，舰队在佐世保集结，驻朝的“松岛”“吉野”“千代田”“高雄”“筑紫”“大和”等舰亦先后返回日本国内。[340]7月10日，日本海军颁布新的战时舰队编制，分为常备舰队与警备舰队，“筑紫”舰作为常备舰队附属舰，在必要时可作为鱼雷艇队母舰使用。[341] 19日，警备舰队改称西海舰队，并与常备舰队合编为联合舰队。22日，联合舰队作战序列制定，“筑紫”舰作为本队的成员，与“桥立”“严岛”同编为第二小队。[342] 同日，“筑紫”“赤城”二舰作为先遣部队，离开佐世保，前往朝鲜忠清道西岸浅水湾测量水道，为设置联合舰队前进基地做准备。[343] 25日日本第一游击队在朝鲜丰岛海域偷袭中国运兵船队，甲午战争爆发。同日联合舰队主力进抵群山锚地，“筑紫”“赤城”亦前来与主力会合。[344] 31日，联合舰队在隔音岛锚地进行改编，“筑紫”与“松岛”“千代田”“严岛”“桥立”“扶桑”等舰一同编入本队。[345]

8月10日，联合舰队意欲引诱北洋海军出战而全军出动，炮击威海卫，“筑紫”舰从早晨7时10分开始在5500米距离上炮击，至29分炮击停止，共消耗10英寸炮弹3发、120毫米炮弹1发；有部分威海卫东泓炮台发射的炮弹在其周围100至200码处坠落。[346] 招摇过市一番后，联合舰队即返回隔音岛锚地。

此后，联合舰队又将根据地转移至朝鲜半岛南端的长直路，并进行了再一次改编，“筑紫”舰从本队调入第三游击队，下辖“大岛”“摩耶”“爱宕”“鸟海”“赤城”等炮舰。[347] 8月下旬第三游击队参与了援助野津道贯第五师团一部在仁川登陆的任务，9月上旬又参与护送山县有朋第一军剩余部队在仁川登陆。15日，为配合陆军平壤作战，第三游击队的“筑紫”“鸟海”“摩耶”等舰被派往大同江铁岛附近警戒。17日中日两国海军主力在黄海大东沟爆发决战，“筑紫”舰未能参加。次日，在得到平壤之战结束和黄海海战的消息后，“筑紫”等舰才从大同江中驶出。[348]

1894年10月底，日本发动辽东半岛战役，第二军在貔子窝登陆，“筑紫”等舰被编为第四游击队，主要从事登陆场警戒、援助工作。11月21日联合舰队配合陆军总攻旅顺口，第四游击队负责牵制旅顺口炮台，与旅顺最东面的崂嵂嘴（又称老蛎嘴）炮台展开对射，并炮击陆上集结的中国军队。[349]

占领旅顺口后，日军又发动旨在一举歼灭北洋海军的山东半岛战役，“筑紫”舰随后参加了荣成登陆的护航行动。1895年1月30

1895 年 1 月在威海卫港外拍摄到的“筑紫”舰（*Phillimore papers*）

日，日军开始向威海卫发动攻击，联合舰队亦于同日出现在威海湾外，支援陆军作战。“筑紫”舰于早晨 7 时从鸡鸣岛启航，率领第四游击队的“赤城”“鸟海”“爱宕”“摩耶”，并会合第三游击队的“大和”“武藏”“葛城”，列成单纵队向阴山口进航。7 时 40 分开始，威海卫陆路的杨峰岭、谢家所炮台开始向日舰射击；8 时 05 分该舰驶抵距杨峰岭 5000 米，距谢家所 3000 米内外，开始还击，直至 11 时方才停止炮击，傍晚 5 时 50 分返回鸡鸣岛锚地。[350] 31 日，“筑紫”舰长三善克己向联合舰队司令长官伊东祐亨请示，希望于是夜尝试派海军陆战队占领日岛，但入夜后天气转恶，因此这一大胆的计划未能执行。[351]

2 月 3 日，天气转好，联合舰队开始对刘公岛和北洋海军发动总攻，“筑紫”舰与“大和”“武藏”“葛城”一同从刘公岛、日岛的正面发动攻击，并试图派遣海军陆战队登陆日岛；但炮台对其进行了猛烈的还击，一发刘公岛炮台发射的 280 毫米炮弹从“筑紫”舰左舷中甲板射入，从右舷穿出落入海中，打死 3 人，打伤 5 人，因此该舰不得不早早退出战斗，返回阴山口修理。[352]

7 日，在夜袭击沉了北洋海军的数艘军舰后，联合舰队再次于昼间发动了总攻，第二、第三、第四游击队在西海舰队司令相浦纪道的率领下于东口外展开炮击，上午 8 时 20 分“筑紫”舰在 5000 米距离上开始射击，不久后由于日岛炮台已被击毁，北洋鱼雷艇队出逃而炮击中止。[353]入夜后，第四游击队被派去搜索、拖弋出逃途中搁浅的北洋鱼雷艇。8 日上午，“筑紫”拖带“福龙”“左三”“定一”三艘返回。[354]

12 日，北洋海军遣使前来洽降；16 日，“筑紫”“赤城”等舰作为联合舰队的先导，率先驶入威海卫港警备；17 日，联合舰队大队进入威海卫，陆战队登陆刘公岛，北洋残存军舰升起旭日旗，日本海军终于取得了全歼宿敌北洋海军的大胜利。[355]

27 日，伊东祐亨率领常备舰队主力南下侵略澎湖，“筑紫”等舰则继续留在威海卫。5 月 8 日中日烟台换约之际，“筑紫”等舰驶往长山列岛附近显示存在，并测量此处水文情况。[356]此后“筑紫”返回日本国内，转为吴镇守府警备舰。[357]

纵观甲午战争期间的“筑紫”舰表现，并无太多可圈可点之处，仅有与炮台的几次对战尚可一书；该舰也仅有一次中弹，并没有造成大的损失。值得注意的是其轮机曾于 1894 年 3 月 12 日进行过常压状态的测试，仍能跑出 13.47 节的航速，与设计时常压通风航速仅相差 1 节多。但战争中该舰并没有使用过 10 节以上的航速。[358]另外值得一提的是，甲午战争时在该舰上担任航海士的是后来日本联合舰队的著名参谋、司马辽太郎小说《坂上之云》的主人公——秋山真之。

1895 年 7 月 24 日该舰在从长崎返回吴港的途中突遭飓风，骤雨巨浪铺天而来，军舰数次横摇达到 45 度，好在有惊无险，在与暴风搏斗了一天之后并未触礁或有大的损失。[359]此后该舰转为非役舰。

1897 年 4 月 12 日，“筑紫”“鸟海”“赤城”三舰再次被编入常备舰队，至次年 4 月 29 日撤编。1899 年 10 月 18 日，根据海军省颁布的《军舰及水雷艇类别等级》规定，“筑紫”舰被定级为一等炮舰。[360]1900 年，中国义和团运动蜂起，1 月 12 日，“筑紫”编入常备舰队，次日被派往中国东南部保护日本侨民。[361]当该年年中庚子之役爆发时，“筑紫”舰正在华南沿海巡航警戒。6 月至 9 月该舰基本都在台湾、福建沿海活动，监视清军的举动，9 月 21 日从上海启

甲午战后的“筑紫”号巡洋舰（光村利藻《日本海軍》写真集）

“筑紫”舰装备的5管哈乞开斯机关炮（光村利藻《日本海軍》写真集）

航返回日本本土。[362]10月10日“筑紫”舰从常备舰队中撤编。[363]

1903年12月下旬，为对俄备战，日本海军解散常备舰队，转而编制联合舰队第一、第二、第三舰队，“筑紫”舰于1904年1月14日编入联合舰队第三舰队第七战队（“扶桑”“平远”“海门”“磐城”“鸟海”“爱宕”“济远”“筑紫”“摩耶”“宇治”）。[364]1月30日，第七战队离开对马竹敷港前往釜山，从事对马海峡一线的警戒任务。[365]3月初，该战队前出至大同江渔隐洞，随后支援了第一军近卫师团、第二师团在镇南浦的登陆行动。[366]4月下旬，“筑紫”舰又开赴鸭绿江口、大洋河口一带，支援第一军的鸭绿江战役。5月上旬，第二军第二批部队在大连盐大澳（今大连猴儿石）登陆，第七战队负责登陆场的警戒、掩护任务，随后返回大同江镇南浦锚地；5月中下旬又前往庄河南尖子，掩护第十师团在此登陆，任务完成后前往里长山列岛的联合舰队锚地。[367]5月24日，“筑紫”“平远”“赤城”“鸟海”等舰受命前往苏家屯（今大连市苏家村），攻击俄军炮垒，支援南山战役；26日，“筑紫”等舰抵达苏家屯附近，于上午10时开始以前10英寸主炮向俄军炮击，至11时许，俄军炮垒全部沉默，于是“筑紫”“平远”舰于11时25分退出战斗，次日该舰返回里长山列岛。[368]

7月底，“筑紫”“爱宕”“宇治”等舰从里长山列岛锚地出发，前往辽河口，监视停泊在河内的俄国“海狮”号（Сивуч）炮舰，并防止俄军利用此处运送军需物资。31日，“筑紫”等舰抵达辽河口，随即上溯至牛家屯附近停泊。8月2日“海狮”号自沉，随后“筑紫”支队对辽河的水文情况进行了调查，并为辽阳会战运输粮秣的船只提供警戒。11月初，辽河上游开始封冻，“筑紫”舰遂结束辽河警戒任务，返回大连湾。[369]

11月20日，“筑紫”启航前往朝鲜仁川，接替“松岛”舰进行仁川警备任务，并看管战利舰[370]“瓦良格”号（Варяг），直至1905年2月12日，方才由“高雄”舰接替其任务，“筑紫”舰回航大阪，进行修理。4月18日，“筑紫”舰出港试航，次日前往吴港入坞，5月3日前往竹敷港，9日前往本州西南端的油谷湾角岛锚地，之后逐日进行炮术训练，为截击俄国第二太平洋舰队的决战做准备。[371]

日俄战争中从事牛庄警备任务的“筑紫”舰

1905年5月拍摄的“筑紫”舰，后桅已加装了无线电天线
（福井静夫《日本海軍艦艇写真集·巡洋艦》）

5月27日早晨5时10分，第三舰队接到发现俄国第二太平洋舰队的电报，第六战队、第五战队、第七战队先后驶出角岛锚地。中午12时40分，第七战队与旗舰“扶桑”号会合，担任夜间对马海峡神崎、鸿岛间的警备工作。次日下午2时许，日本联合舰队主力与俄国第二太平洋舰队在对马海峡爆发决战，经过一个下午的战斗，

训练有素的日本海军基本已经取得了压倒性的优势。29日凌晨3时30分，第七战队接到命令，返回主战场歼灭残敌，于是以9节航速驶向冲之岛海域，但除了发现丧失战斗力的俄国装甲巡洋舰“纳西莫夫海军上将”号（Адмирал Нахимов）之外并未发现其他敌舰。29日返回三浦湾锚地。[372]9月，“筑紫”舰在神户港迎来了日俄战争的终结。[373]

1906年5月28日，“筑紫”舰除役，定级为吴镇守府杂役舰。[374]1911年12月21日作为废船处理，[375]1912年3月变卖。[376]

六、小结

“超勇”级巡洋舰作为中国海军的第一型外购巡洋舰、第一型现代化巡洋舰，在中国海军史上占有十分重要的地位。

购买“超勇”级巡洋舰，虽然也由中国海关经手，但也为李鸿章等中国官员积累了宝贵的购舰经验，因此这也成为通过中国海关购舰的绝唱。二舰在回航过程中首次采取派遣中国海军官兵接舰的方式，也开中国海军欧洲—中国远航之先河。

从技术上来讲，“超勇”级巡洋舰运用了许多当时最新涌现的先进技术，成为令列强侧目的现代化军舰，将中国海军的装备水平大大提高了一个档次。然而，由于乔治·伦道尔的设计带有许多试验性质，因此“超勇”级远非一型完善的巡洋舰，虽然在最初的数年挑起了北洋海防的重担，但种种弊病也在1894年甲午海战中暴露无遗。日本虽也跟风购买了一艘同级的“筑紫”号巡洋舰，但很快由于此舰任务潜力小而将之作为二线辅助舰艇，甲午、日俄战争中均没有过多的表现。

综上所述，“超勇”级巡洋舰在设计上固然有许多值得商榷之处，但其在黄海海战中未能发挥较大作用，主要应归于以下几个方面的原因：（一）该型军舰本身战斗力有限，潜力较小；（二）在1880、1890年代海军技术快速革新的背景下，该型军舰被快速淘汰；（三）北洋海军自成军以后便停滞不前，再无装备更新，以至于到甲午战争时装备水平相较于日军已全面落伍。（四）由于落后的社会体制原因和海军内部管理因素，导致军舰保养不善，在战争中战斗力无法充分发挥，甚至很难胜任战斗。“超勇”“扬威”与“筑紫”三姐妹，源出同门而命途各殊，个中故事，不亦发人深省吗？

注　释：

［1］ 对于“超勇”级的称谓，从功能、防护方式等角度分类，有撞击巡洋舰（ram cruiser）、无防护巡洋舰（unprotected cruiser）、无装甲巡洋舰（unarmoured cruiser）等称谓。需注意的是，在设计购造阶段，使用的称谓大多为“无装甲巡洋舰”，以与有装甲防护的舰艇相区别；而“无防护巡洋舰”则是在后世防护巡洋舰（protected cruiser）出现后，为与之区别而产生的称谓。本文中三种称谓均根据情况使用。

［2］ 本小节主要参考 Norman Friedman: *British Cruisers of the Victorian Era*, Seaforth publishing; 2012; D. K. Brown: *Before the Ironclad: Development of Ship Design, Propulsion and Armament in the Royal Navy, 1815-60*, Conway Maritime Press, 1990; David K. Brown: *Warrior to Dreadnought: Warship Development 1860-1905*, Chatham Publishing, 1997; David Lyon and Rif Winfield: *The Sailing and Steam Navy List: All the Ships of the Royal Navy 1815-1889*, Chatham Publishing, 2004; Thomas Brassey: *The British Navy: Its Strength, Resources, and Administration*, Longmans Green and Co. publishing, 1882。

［3］ 如“超勇”级在设计建造之初就常常被称为“炮舰”（gun vessel）、“炮艇”（gunboat）等。

［4］ 早期的装甲巡洋舰只敷设水线带装甲，并未与装甲甲板形成“装甲盒”结构，因此这一时期的装甲巡洋舰后来也被称为“装甲带巡洋舰”（belted cruiser）。

［5］ 本小节主要参考 David K. Brown and Philip Pugh: “Ramming”, *Warship* 1990, pp.18-34; Edward James Reed: *Our Iron-clad Ships: Their Qualities, Performances, and Cost*, John Murray publishing, 1869; *Conway's All the World's Fighting Ships 1860-1905*, Conway Maritime Press, 1979; John F. Beeler: *Birth of the Battleship: British Capital Ship Design 1870-1881*, Naval Institute Press, 2001, pp.143-151; Thomas Brassey: *The British Navy: Its Strength, Resources, and Administration*, Longmans Green and Co. publishing, 1882。李玉生：《中央装甲堡军舰的兴衰——19 世纪后期英国主力舰设计思想的曲折探索》（上）（下），《现代舰船》杂志 2013 年 7B、8B 刊。

［6］ 据英国海军史学者 David K. Brown 统计，1861 年到 1879 年，世界海战中总共发

生撞击战术 74 次，有 38 次奏效，成功率为 51%；其中发生在开阔海域的撞击战为 37 次，成功 10 次，成功率仅为 27%。见 David K. Brown and Philip Pugh: “Ramming”, *Warship* 1990, pp.31-32。

［7］ 见 *The Iron*, January 9th, 1885。

［8］ Tyne & Wear Archives 31-5080.

［9］ *Minutes of Proceedings of the Institution of Civil Engineers; with Other Selected and Abstracted Papers*, Vol. LXVIII, the Institution, 1882, pp.40-42.

［10］ 中国第二历史档案馆、中国社会科学院近代史研究所合编:《中国海关密档——赫德、金登干函电汇编》(第八卷)，中华书局 1995 年版，第 177 页。

［11］ 中国第二历史档案馆、中国社会科学院近代史研究所合编:《中国海关密档——赫德、金登干函电汇编》(第二卷)，中华书局 1990 年版，第 204—205 页。

［12］ 沈葆桢撰，林海权整理点校:《沈文肃公牍》，福建人民出版社 2008 年版，第 799 页。原书中未写此信日期，但结合李鸿章回信中有“连奉七月十二、二十三日手教……”语，沈葆桢信中又有“十二日肃玒寸笺，未卜何时入览”等语，说明这封信是在七月十二日之后寄去，即七月二十三日寄去者，西历为 1879 年 9 月 9 日。

［13］ 国家清史编纂委员会编:《李鸿章全集》(信函四)，安徽教育出版社 2008 年版，第 484 页。

［14］ 同上书，第 490 页。

［15］ 同上书，第 494 页。

［16］ 同上。

［17］ 同上书，第 492、493、495 页。

［18］ 同上书，第 497 页。

［19］ 国家清史编纂委员会编:《李鸿章全集》(奏议八)，安徽教育出版社 2008 年版，第 511 页。

［20］《清实录》(第五三册)《德宗实录》(二)，中华书局 1987 年版，叶五二七。

［21］ 中国第二历史档案馆、中国社会科学院近代史研究所合编:《中国海关密档——赫德、金登干函电汇编》(第八卷)，中华书局 1995 年版，第 190—191 页。

［22］ Tyne & Wear Archives 31-4985, 31-4989.

［23］ Tyne & Wear Archives 31-4986, 31-4988.

［24］ 李鸿章曾在光绪五年七月八日“复曾劼刚(曾纪泽的字)星使”信中称“六月十八、七月初三迭奉五月上中旬两书……”，时间即为西历 6 月底或 7 月初。可惜曾纪泽的去函并未留存。

［25］ D. J. Lewin’s Works, Fulham。该公司或为 Poole 的 Stephen Lewin 公司的子公司，

曾为英国海军建造一艘鱼雷艇 TB-16，但后因技术问题取消建造。参见 *The Sail and Steam Navy List*, Chatham Publishing, 2004, p.309。留嬴公司当时正为中国海军建造一艘杆雷艇，见李凤苞：《使德日记》，商务印书馆 1936 年版，第 1—2 页；*The Times*, August 19th, 1879。

［26］ 国家清史编纂委员会编：《李鸿章全集》（信函四），安徽教育出版社 2008 年版，第 470 页。

［27］ *The Sail and Steam Navy List*, Chatham Publishing, 2004, p.313.

［28］ C. W. Sleeman: *Torpedoes and Torpedo Warfare*, Griffin & Co. publishing, 1880, pp.140, 169-170.

［29］ 国家清史编纂委员会编：《李鸿章全集》（信函四），安徽教育出版社 2008 年版，第 504 页。

［30］ 赫德致金登干信见中国第二历史档案馆、中国社会科学院近代史研究所合编：《中国海关密档——赫德、金登干函电汇编》（第二卷），中华书局 1990 年版，第 275 页。赫德另一封公函见 Tyne & Wear Archives 31-4987。该文件为抄件，原件上未写收信人名字，结合信的内容来看，应为金登干。此信未收入《中国海关密档》。

［31］ 中国第二历史档案馆、中国社会科学院近代史研究所合编：《中国海关密档——赫德、金登干函电汇编》（第二卷），中华书局 1990 年版，第 271 页。

［32］ Tyne & Wear Archives 31-5069。这份公函并未收入《中国海关密档》中。

［33］ Tyne & Wear Archives 31-5062.

［34］ Tyne & Wear Archives 31-4997.

［35］ 国家清史编纂委员会编：《李鸿章全集》（信函四），安徽教育出版社 2008 年版，第 516 页。李鸿章原文为："……每处应设练兵五千，载兵大轮船一只、碰船一只、蚊子船四只，计共船十五只。"按李鸿章的描述，似应为共计 18 艘。而之后总理衙门所报方案则为每处设"蚊船四只、碰船两只"，已与李鸿章的描述有所出入。具体情况有待考证。

［36］ 中国史学会主编：《中国近代史资料丛刊——洋务运动》（第二册），上海书店出版社 2000 年版，第 426 页。

［37］《清实录》（第五三册）《德宗实录》（二），中华书局 1987 年版，叶五二九。

［38］ 同上书，叶五九四。

［39］ 中国史学会主编：《中国近代史资料丛刊——洋务运动》（第二册），上海书店出版社 2000 年版，第 439 页。《清实录》（第五三册）《德宗实录》（二），中华书局 1987 年版，叶五九八。

［40］ 中国第二历史档案馆、中国社会科学院近代史研究所合编：《中国海关密档——赫德、金登干函电汇编》（第八卷），中华书局 1995 年版，第 197 页。

［41］ 中国第二历史档案馆、中国社会科学院近代史研究所合编：《中国海关密

档——赫德、金登干函电汇编》(第二卷),中华书局1990年版,第317页。

[42] 国家清史编纂委员会编:《李鸿章全集》(信函四),安徽教育出版社2008年版,第517、520页。

[43] 国家清史编纂委员会编:《李鸿章全集》(奏议八),安徽教育出版社2008年版,第19页。

[44] 本小节主要参考Tyne & Wear Archives 31-5063, 31-5064, 31-5065, 31-5085, 31-5129; *China: War Vessels and Torpedo Boats, Admiralty Intelligence Departments*, October 1891; Naval Architect's notebooks belonging to Sir George Thurston, National Maritime Museum MSS/72/017; *North China Herald and Supreme Court & Consular Gazette*, December 13th, 1881。

[45]《北洋海军章程》中载:"超勇""扬威"二舰为木身外包钢板,实误。可见该章程的编撰者对于军舰的技术性能也不熟悉。见《北洋海军资料汇编》(下),中华全国图书文献缩微复制中心1994年版,第799、805页。

[46] 指William Froude(1810—1879),船舶流体动力学的先行者。

[47] *North China Herald and Supreme Court & Consular Gazette*, December 13th, 1881.

[48] 这是设计说明书中描述的锚配置,从建成后的照片上看,实际似配备2只马丁锚和1只特罗特曼锚。

[49] 此吊臂并未见于设计说明书和蓝图中,估计为建造阶段添加。

[50] 印有"超勇"级巡洋舰轮机照片的霍索恩公司原厂摄影集在华辰2014年春季拍卖会中拍出,为霍索恩公司赠送给北洋水师总教习葛雷森的原物。池仲祐《西行日记》中曾对这本影集有记载:"又制轮机人何逊Howthorn奉送丁林诸色机器照本各一册,工致精亮,阅之爽目,可宝也。"见池仲祐:《西行日记》,陈悦主编《龙的航程:北洋海军航海日记四种》,山东画报出版社2013年版,第59页。

[51] 此为设计说明书中原载情况,与最终建成情况或有出入。根据《英国海军情报部报告》的描述,"超勇"级载1艘26英尺的蒸汽卡特艇、1艘26英尺的卡特艇、1艘26英尺的捕鲸艇、1艘23英尺的乔利艇(jolly boat)和1艘16英尺的定纪艇。*China: War Vessels and Torpedo Boats, Admiralty Intelligence Departments*, October 1891, p. 56. 而《北华捷报》则记载其装备了2艘蒸汽中型艇(pinnace)、2艘卡特艇、1艘纪格艇和1艘乔利艇。*North China Herald and Supreme Court & Consular Gazette*, December 13th, 1881.

[52]《海军情报部报告》称安全阀压力为95磅。*China: War Vessels and Torpedo Boats, Admiralty Intelligence Departments*, October 1891, p. 56.

[53] 当时强压通风压力的测量手段是以一个U形玻璃管一端连接锅炉舱,一端连接室外空气,读取U形管中水柱的涨落数字。参见J. Langmaid and H. Gaisford: *Elementary Lessons in Steam Machinery and the Marine Steam Engine with a Short Description of the*

Construction of a Battleship: Compiled for the Use of Junior Students of Marine Engineering, Macmillan and Co., London, 1893, pp. 158-159。

［54］《北华捷报》称在 128 转情况下马力为 2760 匹。*North China Herald and Supreme Court & Consular Gazette*, December 13th, 1881.

［55］《北华捷报》称穿甲弹初速为 2010 英尺 / 秒，通常弹初速为 1950 英尺 / 秒，炮口动能 11205 英尺吨。炮口处穿甲能力为 18.8 英寸，3000 码上穿甲能力为 13.8 英寸。*North China Herald and Supreme Court & Consular Gazette*, December 13th, 1881.

［56］ H. Garbett: *Naval Gunnery, a Description and History of the Fighting Equipment of a Man-of-War*, George Bell & Sons, 1897, p.86.

［57］ 阿尔比尼炮架的原理，参见 *15c/m Gun on Naval Albini Carriage*, Armstrong Elswick works, National Maritime Museum, Caird Library, 623.94: 623.422.2。

［58］ 从原定合同附件《武备与弹药清单》(Schedule of Armament and Ammunition) 上看，原拟配格林炮数量为 2 门，并配有 4 个炮架固定点位。但综合其他一些资料来看，最后装备的格林炮数量似应为 4 门。

［59］ 后经中国方面要求增加为 60 杆，见中国第二历史档案馆、中国社会科学院近代史研究所合编:《中国海关密档——赫德、金登干函电汇编》(第二卷)，中华书局 1990 年版，第 511 页。

［60］ *The Times*, July 26th, 1881.

［61］ *China: War Vessels and Torpedo Boats, Admiralty Intelligence Departments Report*, October 1891, p. 56.

［62］ Peter Brook: *Warships for Export: Armstrong Warships*, the World Ship Society, 1999, p.48.

［63］ 国家清史编纂委员会编:《李鸿章全集》(信函四)，安徽教育出版社 2008 年版，第 551 页。

［64］ 中国第二历史档案馆、中国社会科学院近代史研究所合编:《中国海关密档——赫德、金登干函电汇编》(第二卷)，中华书局 1990 年版，第 345—346 页。

［65］ Tyne & Wear Archives 31-5031.

［66］ 中国第二历史档案馆、中国社会科学院近代史研究所合编:《中国海关密档——赫德、金登干函电汇编》(第二卷)，中华书局 1990 年版，第 385—386、389 页。

［67］ 德 · 维格纳斯公司是一个名不见经传的小厂，曾为英国海军建造过一艘 TB-21 鱼雷艇，但因质量未达到英国海军要求而未被接收。据金登干说该厂还为南美某国建造了两艘鱼雷艇，但未交付。

［68］ 中国第二历史档案馆、中国社会科学院近代史研究所合编:《中国海关密

档——赫德、金登干函电汇编》(第二卷),中华书局1990年版,第438—439页。

[69] 同上书,第444页;(第八卷),第230页。

[70] Peter Brook: *Warships for Export: Armstrong Warships*, the World Ship Society, 1999, p.48.

[71] 池仲祐:《西行日记》,陈悦主编:《龙的航程:北洋海军航海日记四种》,山东画报出版社2013年版,第23页。

[72] 中国第二历史档案馆、中国社会科学院近代史研究所合编:《中国海关密档——赫德、金登干函电汇编》(第八卷),中华书局1995年版,第229页。

[73] 中国第二历史档案馆、中国社会科学院近代史研究所合编:《中国海关密档——赫德、金登干函电汇编》(第二卷),第471页;(第八卷),第234、235页。

[74] 中国第二历史档案馆、中国社会科学院近代史研究所合编:《中国海关密档——赫德、金登干函电汇编》(第二卷),中华书局1990年版,第556页。

[75] 中国第二历史档案馆、中国社会科学院近代史研究所合编:《中国海关密档——赫德、金登干函电汇编》(第八卷),中华书局1995年版,第249—251页。

[76] *China: War Vessels and Torpedo Boats, Admiralty Intelligence Departments*, October 1891, p.56.

[77] *The Times*, July 26th, 1881. *Van Nostrand's Engineering Magazine*, volume 25, July-December 1881, D. Van Nostrand, New York, pp. 348-349.

[78] 国家清史编纂委员会编:《李鸿章全集》(奏议九),安徽教育出版社2008年版,第237页。

[79] 同上书,第507页。

[80] 国家清史编纂委员会编:《李鸿章全集》(信函四),安徽教育出版社2008年版,第633页。

[81] 中国第二历史档案馆、中国社会科学院近代史研究所合编:《中国海关密档——赫德、金登干函电汇编》(第二卷),中华书局1990年版,第465页。

[82]《申报》,1883年3月11日。

[83] 主要参考贾熟村:《赫德与葛雷森的恩怨》,《东方论坛》2012年第4期,第27—31页。Ancestry网站:http://trees.ancestry.co.uk/tree/11573530/person/13939162190/facts,访问时间:2014年5月。*North China Herald and Supreme Court & Consular Gazette*, October 10th, 1890.

[84] 池仲祐《西行日记》将其中文名作"章斯敦",但根据海关Service List看,他的正式汉名应为"章师敦"。其1846年8月29日出生于南非开普敦,早年曾为英国海军尉官,可能曾随"福胜"号"蚊子船"来华。1880年3月加入中国海关,历任"并征""飞

虎”“凌风”等舰管驾副，离开中国海关后曾任埃及海岸警备部海事顾问（Marine Director of the Egyptian Coastguard Administration）等职，1942年9月5日于赫特福德郡的沃特福德（Watford，Hertfordshire）去世。享年96岁。主要参考 *China Imperial Maritime Customs Service List 1887*, printed by Statistical Department of the Inspectorate General; *The Times*, November 24th, 1897; www.ancestry.co.uk 网站，访问时间：2014年5月。

［85］池仲祐撰：《西行日记》，陈悦主编《龙的航程：北洋海军航海日记四种》，山东画报出版社2013年版，第23—25页。

［86］国家清史编纂委员会编：《李鸿章全集》（奏议九），安徽教育出版社2008年版，第238页。

［87］中国第二历史档案馆、中国社会科学院近代史研究所合编：《中国海关密档——赫德、金登干函电汇编》（第八卷），第242页；（第二卷），第517页。

［88］中国第二历史档案馆、中国社会科学院近代史研究所合编：《中国海关密档——赫德、金登干函电汇编》（第二卷），中华书局1990年版，第517—518页。

［89］《曾纪泽日记》（中册），岳麓书社1998年版，第897页。

［90］*The London and China Telegraph*, March 23rd, 1881.

［91］中国第二历史档案馆、中国社会科学院近代史研究所合编：《中国海关密档——赫德、金登干函电汇编》（第二卷），中华书局1990年版，第527页。

［92］*The Times*, March 30th, 1881.

［93］中国第二历史档案馆、中国社会科学院近代史研究所合编：《中国海关密档——赫德、金登干函电汇编》（第二卷），中华书局1990年版，第536、541—543页。

［94］池仲祐：《西行日记》，陈悦主编：《龙的航程：北洋海军航海日记四种》，山东画报出版社2013年版，第27—31页。

［95］为曾任中国“镇北”级“蚊子船”管轮的租士·汤木顺（Joseph Thompson）和簪士·汤木顺（James Thompson）之弟。

［96］为汤麦士·汤木顺姐夫斋·宋特（John Grahamsley Fenwick）之妹，1850年生，《西行日记》中她31岁。其父 Thomas J. Fenwick 当时为服装批发公司职员，居住于埃尔斯威克的圣保罗台地7号（7 St. Pauls Terrace），池仲祐曾多次造访其家。参考 ancestry 网站：www.ancestry.co.uk，访问时间：2014年6月。

［97］玛其梨·宋特之妹，1860年出生，《西行日记》中她21岁，池仲祐描写她“着淡红服，善周旋”。其卒于1930年。参考 ancestry 网站：www.ancestry.co.uk，访问时间：2014年6月。

［98］为汤麦士·汤木顺之友，1865年出生，《西行日记》中她16岁，池仲祐描写她“年少而娇憨，喜余过从，形于辞色，令人生感”，其父 Matthew H. Wilson 为纽卡斯尔公

共图书馆（Public Library）的门卫。后来她成为一名音乐教师，1900 年 35 岁时嫁予 Davis Collie Spark。参考 ancestry 网站：www.ancestry.co.uk，访问时间：2014 年 6 月。

［99］ 池仲祐：《西行日记》，陈悦主编：《龙的航程：北洋海军航海日记四种》，山东画报出版社 2013 年版。

［100］ *The Newcastle Courant*, May 13th, 1881.

［101］ *The Newcastle Daily Journal*, May 27th, 1881. *Shields Daily Gazette and Shipping Telegraph*, May 16th, May 27th, 1881.

［102］ 最早为一艘教练舰的名字，后来移驻岸上，但仍保留舰名。皇家海军中有不少这样以军舰命名的岸上设施。

［103］ *The Times*, May 16th, 1881. *The London and China Telegraph*, May 23rd, 1881.

［104］ 中国第二历史档案馆、中国社会科学院近代史研究所合编：《中国海关密档——赫德、金登干函电汇编》（第二卷），中华书局 1990 年版，第 565 页。

［105］ 池仲祐：《西行日记》，陈悦主编：《龙的航程：北洋海军航海日记四种》，山东画报出版社 2013 年版，第 44 页。

［106］ *Shields Daily Gazette and Shipping Telegraph*, June 10th, 1881.

［107］ 池仲祐：《西行日记》，陈悦主编：《龙的航程：北洋海军航海日记四种》，山东画报出版社 2013 年版，第 44 页。《西行日记》中有这段发言稿的翻译，但记录不全，现根据英文原文重新翻译，见 W. M. Duncan: *The Stephenson Centenary 1881*, E. W. Allen publishing, 1881, pp. 101-102。

［108］ 同上书，第 57 页。

［109］ 国家清史编纂委员会编：《李鸿章全集》（奏议九），安徽教育出版社 2008 年版，第 507 页。《曾纪泽日记》（中册），岳麓书社 1998 年版，第 1092—1093 页。

［110］ *The Newcastle Daily Journal*, August 8th, 1881.

［111］ *Shields Daily Gazette and Shipping Telegraph*, August 8th, 1881.

［112］ 中国第二历史档案馆、中国社会科学院近代史研究所合编：《中国海关密档——赫德、金登干函电汇编》（第二卷），中华书局 1990 年版，第 611 页。

［113］ *The Newcastle Daily Journal*, August 9th, 1881. *The London and China Telegraph*, August 17th, 1881.

［114］ 池仲祐：《西行日记》，陈悦主编：《龙的航程：北洋海军航海日记四种》，山东画报出版社 2013 年版，第 59 页。

［115］ 同上书，第 60—61 页。*Western Daily Mercury*, August 13th, 1881.

［116］ 中国第二历史档案馆、中国社会科学院近代史研究所合编：《中国海关密档——赫德、金登干函电汇编》（第二卷），中华书局 1990 年版，第 309 页。

［117］ 中国第二历史档案馆、中国社会科学院近代史研究所合编:《中国海关密档——赫德、金登干函电汇编》(第二卷)，中华书局1990年版，第553页。

［118］ 同上书，第588页。

［119］ 池仲祐:《西行日记》，陈悦主编:《龙的航程：北洋海军航海日记四种》，山东画报出版社2013年版，第61—62页。

［120］ *The North China Herald and Supreme Court & Consular Gazette*, November 1st, 1881.

［121］ 池仲祐:《西行日记》，陈悦主编:《龙的航程：北洋海军航海日记四种》，山东画报出版社2013年版，第62—65页。

［122］ *The London and China Telegraph*, November 30th, 1881.

［123］《申报》，1881年11月10日。

［124］ 池仲祐:《西行日记》，陈悦主编:《龙的航程：北洋海军航海日记四种》，山东画报出版社2013年版，第65—67页。

［125］ *The North China Herald and Supreme Court & Consular Gazette*, December 13th, 1881.

［126］ 国家清史编纂委员会编:《李鸿章全集》(信函五)，安徽教育出版社2008年版，第89页。

［127］ 国家清史编纂委员会编:《李鸿章全集》(奏议九)，安徽教育出版社2008年版，第507页。

［128］ 同上。

［129］ *The North China Herald and Supreme Court & Consular Gazette*, December 13th, 1881.

［130］ 国家清史编纂委员会编:《李鸿章全集》(奏议九)，安徽教育出版社2008年版，第508页。

［131］ 同上书，第508—509页。

［132］ 同上书，第532页。

［133］ 本节主要参考 *El buque construido para capturar al Huáscar y a la Unión*, John Rodríguez Asti, Artículo publicado en: Revista de Marina, Ed. Nº3, 2007. pp. 126-145。

［134］ Archivo Histórico Nacional de Chile (ANC). Serie Ministerio de Relaciones Exteriores.- Inventario de la Legación de Chile en Francia y Gran Bretaña (1819-1907), 2º serie. Oficios de la Legación de Chile en Francia.V. 411.Doc. Nº 64.

［135］ 参考中国第二历史档案馆、中国社会科学院近代史研究所合编:《中国海关密档——赫德、金登干函电汇编》(第二卷)，中华书局1990年版，第239页。金登干于1879

年 9 月 26 日的信中提到阿姆斯特朗公司“已同一个外国政府签订了提供一艘新设计的巡洋舰的合同”。

［136］ Peter Brook: *Warships for Export: Armstrong Warships*, the World Ship Society, 1999, p.48.

［137］ 中国第二历史档案馆、中国社会科学院近代史研究所合编:《中国海关密档——赫德、金登干函电汇编》(第二卷)，中华书局 1990 年版，第 239 页。“超勇”级的建造合同中并没有明确规定应采用三叶桨还是四叶桨，而且从后来的“超勇”级建造照片来看，船台上的军舰既配备过三叶桨也配备过四叶桨。

［138］ 中国第二历史档案馆、中国社会科学院近代史研究所合编:《中国海关密档——赫德、金登干函电汇编》(第八卷)，中华书局 1995 年版，第 243 页。

［139］ Archivo del Ministerio de Relaciones Exteriores del Perú. (AMRREE).

［140］ AMRREE.Diplomatic Service of Peru Series in England. 5-17 C-Bundle. Letter Sanz Julio Toribio Rico Pflucker and dated January 22, 1881, ff. 47-49.

［141］ 中国第二历史档案馆、中国社会科学院近代史研究所合编:《中国海关密档——赫德、金登干函电汇编》(第二卷)，中华书局 1990 年版，第 490 页。

［142］ 值得一提的是，智利派往欧洲的海军专员林奇兄弟也发现并阻止了秘鲁海军一系列的秘密购舰计划，如秘鲁海军意图购买法国“光荣”号(Gloire)和“索尔菲里诺”号(Solferino)铁甲舰，以及土耳其“伟大征服”号(Feth-i Bülend)铁甲舰，均被曝光和阻止；秘鲁在德国霍华德造船厂购买的“苏格拉底”号和“第欧根尼”号原准备作为商船送出，也于 1881 年被发现，在智利的抗议之下滞留英国而无法返回。参考智利海军网站：http://www.armada.cl/armada/tradicion-e-historia/biografias/l/luis-alfredo-lynch-zaldivar/2014-01-16/124211.html，访问时间：2014 年 8 月。

［143］ *La Actualidad*, 4 de marzo de 1881.

［144］ *La Situación*, 12 de Julio de 1881.

［145］ 中国第二历史档案馆、中国社会科学院近代史研究所合编:《中国海关密档——赫德、金登干函电汇编》(第二卷)，中华书局 1990 年版，第 471 页。

［146］ 中国第二历史档案馆、中国社会科学院近代史研究所合编:《中国海关密档——赫德、金登干函电汇编》(第八卷)，中华书局 1995 年版，第 258 页。

［147］ 爱德华·里德一直与日本有着十分密切的交往，他不仅曾为日本海军设计过“扶桑”“金刚”“比睿”等战舰，还曾于 1879 年访问过日本，并根据此次访问的所见所闻撰写了一部关于日本的书籍:《日本的历史、传统和宗教》(*Japan: Its History, Traditions, and Religions: With the Narrative of a Visit in 1879*)。

［148］《2. 軍艦筑紫、浪速、高千穂購入関係 / 明治十五年分》，JACAR(アジア歴

史資料センター）Ref.B07090360400、各国へ軍艦建造並二購入方交渉雑件／英国　第一卷（B-5-1-8-0-1_2_0_01）（外務省外交史料館）。埃尔加所寄草图见：《購入回航手続（2）》，JACAR（アジア歴史資料センター）Ref.C11081467000、公文備考別輯　新艦製造部　筑紫艦購入　明治15～16（防衛省防衛研究所）。

［149］《海軍軍備沿革》，海軍大臣官房編，1922年版，第5—6页。

［150］ Tyne and & Archives 31-4190.

［151］ 里德这里指的是 Thomas Brassey 所著 *The British Navy: Its Strength, Resources, and Administration*, Vol.1。该书中载有“超勇”级巡洋舰的性能数据和图纸。

［152］《2. 軍艦筑紫、浪速、高千穂購入関係／明治十五年分》，JACAR（アジア歴史資料センター）Ref.B07090360400、各国へ軍艦建造並二購入方交渉雑件／英国　第一卷（B-5-1-8-0-1_2_0_01）（外務省外交史料館）。

［153］《購入回航手続（1）》，JACAR（アジア歴史資料センター）Ref.C11081466900、公文備考別輯　新艦製造部　筑紫艦購入　明治15～16（防衛省防衛研究所）。

［154］《15年8月31日　外務省へ依頼　黒岡少佐へ電報魚形水雷は大小何れか利あるや取調電答すへし○キール軍艦云々》，JACAR（アジア歴史資料センター）Ref.C11081448300、公文備考別輯　完　新艦製造部　魚形水雷及諸典砲製造注文書　明治15～18（防衛省防衛研究所）。

［155］《購入回航手続（1）》，JACAR（アジア歴史資料センター）Ref.C11081466900、公文備考別輯　新艦製造部　筑紫艦購入　明治15～16（防衛省防衛研究所）。

［156］《購入回航手続（2）》，JACAR（アジア歴史資料センター）Ref.C11081467000、公文備考別輯　新艦製造部　筑紫艦購入　明治15～16（防衛省防衛研究所）。

［157］ 海军省后计划以每年333万日元年金连续建造/购买军舰8年，建成大舰5艘、中舰8艘、小舰7艘、水雷炮舰12艘，共需费2664万日元。此次准备购买的巡洋舰即属于造舰计划中的中舰。见《海軍軍備沿革》，海軍大臣官房編，1922年版，第9页。

［158］ 同上书，第7—9页。

［159］《購入回航手続（2）》、《購入回航手続（3）》，JACAR（アジア歴史資料センター）Ref.C11081467000、Ref.C11081467100、公文備考別輯　新艦製造部　筑紫艦購入　明治15～16（防衛省防衛研究所）。

［160］《2. 軍艦筑紫、浪速、高千穂購入関係／明治十六年分》，JACAR（アジア歴史資料センター）Ref.B07090360500、各国へ軍艦建造並二購入方交渉雑件／英国　第一卷（B-5-1-8-0-1_2_0_01）（外務省外交史料館）。

［161］《造船所於て新造及神戸キルビー社へ注文の軍艦并欧州より購入2艘の軍艦命名の件》，JACAR（アジア歴史資料センター）Ref.C11018647900、明治16年　普号通

覧　卷9　普591号至680号　2. 3月分　本省公文（防衛省防衛研究所）。“筑紫”为日本古国名，位置在现在北九州福冈市一带；“笠置”为山名，位置在京都府和岐阜县一带。

［162］《購入回航手続（4）》，JACAR（アジア歴史資料センター）Ref.C11081467200、公文備考別輯　新艦製造部　筑紫艦購入　明治15 ~ 16（防衛省防衛研究所）。

［163］《購入回航手続（5）》，JACAR（アジア歴史資料センター）Ref.C11081467300、公文備考別輯　新艦製造部　筑紫艦購入　明治15 ~ 16（防衛省防衛研究所）。

［164］《購入回航手続（8）》，JACAR（アジア歴史資料センター）Ref.C11081467600、公文備考別輯　新艦製造部　筑紫艦購入　明治15 ~ 16（防衛省防衛研究所）。

［165］《購入回航手続（5）》，JACAR（アジア歴史資料センター）Ref.C11081467300、公文備考別輯　新艦製造部　筑紫艦購入　明治15 ~ 16（防衛省防衛研究所）。

［166］《外国軍艦購買に関する照会往復　終に廃止に帰する分（1）》，JACAR（アジア歴史資料センター）Ref.C11081485400、公文備考別輯　完　新艦製造部　外国艦船購入終に廃止に帰する分　明治29 ~ 34（防衛省防衛研究所）。

［167］国家清史编纂委员会编：《李鸿章全集》（电报四），安徽教育出版社2008年版，第295、296页。

［168］《購入回航手続（5）》，JACAR（アジア歴史資料センター）Ref.C11081467300、公文備考別輯　新艦製造部　筑紫艦購入　明治15 ~ 16（防衛省防衛研究所）。

［169］《購入回航手続（5）》、《購入回航手続（6）》、《購入回航手続（8）》，JACAR（アジア歴史資料センター）Ref.C11081467300、C11081467400、C11081467600、公文備考別輯　新艦製造部　筑紫艦購入　明治15 ~ 16（防衛省防衛研究所）。

［170］中国第二历史档案馆、中国社会科学院近代史研究所合编：《中国海关密档——赫德、金登干函电汇编》（第三卷），中华书局1992年版，第268页。

［171］《造船所於て新造及神戸キルビー社へ注文の軍艦并欧州より購入2艘の軍艦命名の件》，JACAR（アジア歴史資料センター）Ref.C11018647900、明治16年　普号通覧　卷9　普591号至680号　2.3月分　本省公文（防衛省防衛研究所）。

［172］《購入回航手続（9）》，JACAR（アジア歴史資料センター）Ref.C11081467700、公文備考別輯　新艦製造部　筑紫艦購入　明治15 ~ 16（防衛省防衛研究所）。

［173］《購入回航手続（10）》JACAR（アジア歴史資料センター）Ref.C11081467800、公文備考別輯　新艦製造部　筑紫艦購入　明治15 ~ 16（防衛省防衛研究所）。

［174］《購入回航手続（11）》，JACAR（アジア歴史資料センター）Ref.C11081467900、公文備考別輯　新艦製造部　筑紫艦購入　明治15 ~ 16（防衛省防衛研究所）。

［175］*The London and China Telegraph*, July 16th, 1883. 舰上有中国人较为费解，估计是报道之误。

［176］ 同上。

［177］ 中国第二历史档案馆、中国社会科学院近代史研究所合编:《中国海关密档——赫德、金登干函电汇编》(第二卷),中华书局1990年版,第327页。

［178］ 同上书,第335—336、340页。

［179］ 中国第二历史档案馆、中国社会科学院近代史研究所合编:《中国海关密档——赫德、金登干函电汇编》(第八卷),中华书局1995年版,第209页。

［180］ 同上书,第217页。

［181］ 同上书,第344—345页。

［182］ 中国第二历史档案馆、中国社会科学院近代史研究所合编:《中国海关密档——赫德、金登干函电汇编》(第二卷),中华书局1990年版,第368页。

［183］ 中国第二历史档案馆、中国社会科学院近代史研究所合编:《中国海关密档——赫德、金登干函电汇编》(第二卷),第362页;(第八卷),第216页。

［184］ 中国第二历史档案馆、中国社会科学院近代史研究所合编:《中国海关密档——赫德、金登干函电汇编》(第八卷),中华书局1995年版,第219页。

［185］ *Conway's All the World's Fighting Ships 1860-1905*, Conway Maritime Press Ltd., 1979, p.102.

［186］ 参见*The Times*, July 27th, 1880。

［187］ 中国第二历史档案馆、中国社会科学院近代史研究所合编:《中国海关密档——赫德、金登干函电汇编》(第八卷),中华书局1995年版,第241页。

［188］ 中国第二历史档案馆、中国社会科学院近代史研究所合编:《中国海关密档——赫德、金登干函电汇编》(第二卷),中华书局1990年版,第467页。

［189］ Tyne & Wear Archives 31-5046.

［190］ Tyne & Wear Archives 31-5048.

［191］ 中国第二历史档案馆、中国社会科学院近代史研究所合编:《中国海关密档——赫德、金登干函电汇编》(第二卷),中华书局1990年版,第570页。

［192］ 李鸿章1882年1月11日致李凤苞信函中称其副炮为"船面六十四吨炮五尊",显然有误,推测应为6.4吨炮5门。

［193］ 综合自中国第二历史档案馆、中国社会科学院近代史研究所合编:《中国海关密档——赫德、金登干函电汇编》(第二卷),中华书局1990年版,第596—597页。国家清史编纂委员会编:《李鸿章全集》(信函五),安徽教育出版社2008年版,第96页。但金登干的说法与李鸿章的说法并不吻合,金登干称露炮台舰的方案载有43吨(12英寸)火炮4门,装甲厚17英寸,航速为16节,而李鸿章则说露炮台舰载有26吨火炮4门,装甲厚10英寸,航速为15节。两人说的显然不是同一个方案,出入原因不详,此处暂从金登

干说。但金登干称露炮台舰排水量仅有 5500 吨，颇为奇怪（按他的描述该舰排水量非大于 8000 吨以上不可），因此猜测 5500 吨是中央炮房舰方案的排水量。

［194］ 国家清史编纂委员会编：《李鸿章全集》（信函五），安徽教育出版社 2008 年版，第 96 页。

［195］ Kenneth Warren: *The Builders of Elswick – Partners, Managers & Working Men, 1847-1927*, Kenneth Warren, 2013, p.56.

［196］ 中国第二历史档案馆、中国社会科学院近代史研究所合编：《中国海关密档——赫德、金登干函电汇编》（第三卷），中华书局 1992 年版，第 128 页。

［197］ 中国第二历史档案馆、中国社会科学院近代史研究所合编：《中国海关密档——赫德、金登干函电汇编》（第八卷），中华书局 1995 年版，第 279 页。

［198］ 中国第二历史档案馆、中国社会科学院近代史研究所合编：《中国海关密档——赫德、金登干函电汇编》（第三卷），中华书局 1992 年版，第 145 页。

［199］ 同上书，第 148、175 页。

［200］ “超勇”放大型巡洋舰图纸见：Tyne & Wear Archives 31-5127。综合自 Peter Brook: Armstrongs’ Unbuilt Warships, *Warship 1997-1998*, Conway Maritime Press, p.26。

［201］ Tyne & Wear Archives 31-5041.

［202］ Tyne & Wear Archives 31-5043.

［203］ 中国第二历史档案馆、中国社会科学院近代史研究所合编：《中国海关密档——赫德、金登干函电汇编》（第二卷），中华书局 1990 年版，第 644—645 页。目前金登干致赫德 805 号公文尚未发现。

［204］《中国海关密档——赫德、金登干函电汇编》一书将这种军舰译为“精良型巡洋舰”（perfected cruiser），殊为费解。*Archives of China's Imperial Maritime Customs: Confidential Correspondence between Robert Hart and James Duncan Campbell 1874-1907* 一书为《中国海关密档》的英文原文，该书是将保存在伦敦大学亚非学院（University of London, the School of Oriental and African Studies）和中国第二历史档案馆中的赫德、金登干往来函电辨识后编撰而成，因二人信函笔迹潦草，故常有辨识失误之处。此处很有可能是“protected cruiser”（防护巡洋舰）辨识之误。

［205］ Peter Brook: *Warships for Export: Armstrong Warships*, the World Ship Society, 1999, p.52.

［206］ 中国第二历史档案馆、中国社会科学院近代史研究所合编：《中国海关密档——赫德、金登干函电汇编》（第八卷），中华书局 1995 年版，第 257 页。

［207］ Peter Brook: *Warships for Export: Armstrong Warships*, the World Ship Society, 1999, pp.56-57. 中国第二历史档案馆、中国社会科学院近代史研究所合编：《中国海关密

档——赫德、金登干函电汇编》(第八卷)，中华书局1995年版，第276页。

[208] 中国第二历史档案馆、中国社会科学院近代史研究所合编:《中国海关密档——赫德、金登干函电汇编》(第三卷)，中华书局1992年版，第128页。

[209] 同上书，第141页。

[210] 国家清史编纂委员会编:《李鸿章全集》(电报一)，安徽教育出版社2008年版，第31页。

[211] 国家清史编纂委员会编:《李鸿章全集》(信函五)，安徽教育出版社2008年版，第171页。

[212] 国家清史编纂委员会编:《李鸿章全集》(电报一)，安徽教育出版社2008年版，第31页。

[213] 同上书，第34页。

[214] 同上书，第35页。

[215] 国家清史编纂委员会编:《李鸿章全集》(奏议十)，安徽教育出版社2008年版，第159页。

[216] 中国第二历史档案馆、中国社会科学院近代史研究所合编:《中国海关密档——赫德、金登干函电汇编》(第三卷)，中华书局1992年版，第278页。

[217]《エスメラルダ号購入手続　全　但中途廃止(1)》，JACAR(アジア歴史資料センター)Ref.C11081462800、公文備考別輯　完　新艦製造部　エスメラルダ号購入中止　明治15～17(防衛省防衛研究所)。

[218] 同上。

[219] 此处应指“乔万尼·鲍桑”型方案。

[220] 国家清史编纂委员会编:《李鸿章全集》(信函五)，安徽教育出版社2008年版，第230页。

[221]《宜购德造快船》，(台湾)“中研院”近史所档案馆，馆藏号01-24-006-02-028。

[222] 中国第二历史档案馆、中国社会科学院近代史研究所合编:《中国海关密档——赫德、金登干函电汇编》(第八卷)，中华书局1995年版，第298页。

[223] 关于甲午战争期间争购智利军舰事，见马幼垣:《甲午战争期间李鸿章谋速购外舰始末》，载《靖海澄疆——中国近代海军史事新诠》(上册)，中华书局2013年版，第253—338页。

[224] 沈云龙编:《许文肃公(景澄)遗集——近代中国史料丛刊183》，文海出版社1968年版，日记第叶十四。

[225] 李凤苞被弹劾事，详见任燕翔:《李凤苞“购舰贪渎”说的形成源流探析》，《兰台世界》2014年5月上，第28—30页。李喜所、贾菁菁:《李凤苞贪污案考析》，《中国

近代史》2011年第1期，第3—11页。

[226]《东行初录》，载《马建忠集》，中华书局2013年版，第139页。

[227]《东行三录》，载《马建忠集》，中华书局2013年版，第179页。

[228] 同上书，第197页。

[229] 国家清史编纂委员会编:《李鸿章全集》(信函五)，安徽教育出版社2008年版，第167页。

[230]《申报》，1883年6月13日。

[231] 国家清史编纂委员会编:《李鸿章全集》(电报一)，安徽教育出版社2008年版，第63页。

[232]《申报》，1883年8月13日。

[233] 国家清史编纂委员会编:《李鸿章全集》(奏议十)，安徽教育出版社2008年版，第480页。

[234] *North China Herald and Supreme Court & Consular Gazette*, July 4th, 1884.

[235] 国家清史编纂委员会编:《李鸿章全集》(奏议十)，安徽教育出版社2008年版，第480页。

[236] 戚俊杰、王记华编校:《丁汝昌集》，山东大学出版社1997年版，第1页。

[237] 同上书，第11页。

[238] 国家清史编纂委员会编:《李鸿章全集》(奏议十)，安徽教育出版社2008年版，第533页。

[239] 对于式百龄（汉文名万里城）的生平，为德国学者Elisabeth Kaske（白莎）所著*Bismarcks Missionäre: Deutsche Militärinstrukteure in China 1884-1890*一书考证最详。此人未受过正规海军教育，但于1861年至1865年间参加过美国内战，1867年归国后加入德国海军，官阶为少校（Korvettenkapitän)，许多中文文献称其为“提督”实有夸大。1884年刚刚退役便被李凤苞聘雇，准备驾驶“镇远”舰回华，并指挥该舰三年，后因“定远”舰无法按期回华而先来华，在华服役至1886年6月。见Elisabeth Kaske: *Bismarcks Missionäre: Deutsche Militärinstrukteure in China 1884-1890*, Harrassowitz Verlag, 2002, pp.97-98。李鸿章曾在给许景澄的信中说:“式百龄虽曾在德管驾小船，实非学堂出身，来津数月，闽厂管带、员弁皆有后言，若照约委带‘镇远’，未卜能否得力。”并称其“夜郎自大”。见国家清史编纂委员会编:《李鸿章全集》(信函五)，安徽教育出版社2008年版，第501页。另据曾服役于南洋海军的洋员阿林敦（Lewis Charles Arlington）回忆，式百龄因近视眼而得名“万里镜”的绰号，且酗酒、爱挖鼻子、好吹牛。见阿林敦著，叶凤美译:《青龙过眼》，中华书局2011年版，第45—46页。

[240]《曾国荃全集》(第二册)，岳麓书社2003年版，第287—288页。国家清史编

纂委员会编:《李鸿章全集》(电报一),安徽教育出版社 2008 年版,第 351 页。

[241]《海军及殖民地部长致孤拔电》,1884 年 12 月 11 日,张振鹍主编:《中国近代史资料丛刊续编——中法战争》(第六册下编),中华书局 2017 年版,第 1091 页。

[242]《巴诺德致茹费理》,1884 年 12 月 23 日,张振鹍主编:《中国近代史资料丛刊续编——中法战争》(第六册下编),中华书局 2017 年版,第 1132—1135 页。

[243] 国家清史编纂委员会编:《李鸿章全集》(电报一),安徽教育出版社 2008 年版,第 363 页。

[244] 同上书,第 367、369 页。

[245] 同上书,第 382、395 页。

[246]《朝鮮国へ全権大使差向に付護衛として金剛艦報知艦として春日艦発航の件》,JACAR(アジア歴史資料センター)Ref.C11019277100、明治 17 年 普号通覧 正编 卷 51 自普 3501 号至普 3580 号 12 月分(防衛省防衛研究所)。

[247] 国家清史编纂委员会编:《李鸿章全集》(电报一),安徽教育出版社 2008 年版,第 421—422、424 页。

[248]《曾国荃全集》(第四册),岳麓书社 2006 年版,第 527 页。

[249] 国家清史编纂委员会编:《李鸿章全集》(电报一),安徽教育出版社 2008 年版,第 440 页。

[250] 国家清史编纂委员会编:《李鸿章全集》(信函五),安徽教育出版社 2008 年版,第 487 页。

[251]《申报》,1885 年 6 月 13 日。

[252] 国家清史编纂委员会编:《李鸿章全集》(电报一),安徽教育出版社 2008 年版,第 531 页。

[253]《申报》,1885 年 5 月 28 日。

[254] 同上。

[255] 国家清史编纂委员会编:《李鸿章全集》(信函五),安徽教育出版社 2008 年版,第 499 页。

[256] 戚俊杰、王记华编校:《丁汝昌集》,山东大学出版社 1997 年版,第 49 页。《申报》,1885 年 7 月 27 日。

[257] 国家清史编纂委员会编:《李鸿章全集》(奏议十一),安徽教育出版社 2008 年版,第 151 页。

[258] 同上书,第 232 页。

[259] 国家清史编纂委员会编:《李鸿章全集》(电报一),安徽教育出版社 2008 年版,第 622 页。《申报》,1885 年 12 月 22 日。

［260］ *North China Herald and Supreme Court & Consular Gazette*, June 19th, 1886.

［261］ 同上。

［262］ 戚俊杰、王记华编校：《丁汝昌集》，山东大学出版社 1997 年版，第 53 页。

［263］ 周馥：《醇亲王巡阅北洋海防日记》，《北洋海军资料汇编》，中华全国图书馆文献缩微复制中心 1994 年版，第 676 页。

［264］ 戚俊杰、王记华编校：《丁汝昌集》，山东大学出版社 1997 年版，第 66 页。

［265］《申报》，1886 年 8 月 14 日。

［266］ 吴大澂：《皇华纪程》，《中国边疆研究文库——东北边疆卷七》，黑龙江教育出版社 2014 年版，第 296 页。

［267］ 国家清史编纂委员会编：《李鸿章全集》（电报二），安徽教育出版社 2008 年版，第 83 页。

［268］《申报》，1886 年 10 月 26 日。

［269］ 戚俊杰、王记华编校：《丁汝昌集》，山东大学出版社 1997 年版，第 74 页。Charles Cheshire: *Journal kept in the Chinese Navy*, National Maritime Museum, MSS/78/153.0.

［270］《普第 3065 号　明治 20 年 6 月 9 日　米清鲁 3 国軍艦出入港御届の件》，JACAR（アジア歴史資料センター）Ref.C10100021300、明治 20 年　外国航海附外国艦船（防衛省防衛研究所）。

［271］ 戚俊杰、王记华编校：《丁汝昌集》，山东大学出版社 1997 年版，第 83 页。

［272］“保大”轮失事事件，可参考孙建军：《“保大”沉船案始末》，《北洋海军研究探微》，苏州大学出版社 2010 年版，第 65—74 页。

［273］《申报》，1887年 12月 12日。

［274］《航海琐记》，吉辰译注：《龙的航程：北洋海军航海日记四种》，山东画报出版社 2013 年版，第 191 页。

［275］《申报》，1888 年 2 月 20 日。Charles Cheshire: *Journal kept in the Chinese Navy*, National Maritime Museum MSS/78/153.0.

［276］ 国家清史编纂委员会编：《李鸿章全集》（电报二），安徽教育出版社 2008 年版，第 346 页。

［277］ 方伯谦撰：《益堂年谱》，《中日甲午海战中方伯谦问题研讨集》，知识出版社 1993 年版，第 536 页。

［278］ Charles Cheshire: *Journal kept in the Chinese Navy*, National Maritime Museum MSS/78/153.0.

［279］ 国家清史编纂委员会编：《李鸿章全集》（电报二），安徽教育出版社 2008 年版，第 495 页。

[280]《申报》，1889 年 9 月 11 日。Charles Cheshire: *Journal kept in the Chinese Navy*, National Maritime Museum MSS/78/153.0.

[281] 国家清史编纂委员会编：《李鸿章全集》（电报二），安徽教育出版社 2008 年版，第 556、568 页。方伯谦：《益堂年谱》，《中日甲午海战中方伯谦问题研讨集》，知识出版社 1993 年版，第 537 页。

[282] 国家清史编纂委员会编：《李鸿章全集》（电报三），安徽教育出版社 2008 年版，第 11、19 页。

[283] 方伯谦：《益堂年谱》，《中日甲午海战中方伯谦问题研讨集》，知识出版社 1993 年版，第 537 页。

[284] 国家清史编纂委员会编：《李鸿章全集》（电报三），安徽教育出版社 2008 年版，第 129 页。

[285] 戚俊杰、王记华编校：《丁汝昌集》，山东大学出版社 1997 年版，第 151 页。

[286] 方伯谦：《益堂年谱》，《中日甲午海战中方伯谦问题研讨集》，知识出版社 1993 年版，第 538 页。

[287] 国家清史编纂委员会编：《李鸿章全集》（电报三），安徽教育出版社 2008 年版，第 303 页。

[288] 此铜环就是前文中所说“埃尔斯威克杯”式炮闩的气密铜环，非常容易损耗。

[289] 戚俊杰、王记华编校：《丁汝昌集》，山东大学出版社 1997 年版，第 172 页。

[290]《申报》，1893 年 3 月 22 日。

[291]《申报》，1893 年 3 月 23 日。

[292] 国家清史编纂委员会编：《李鸿章全集》（奏议十五），安徽教育出版社 2008 年版，第 335 页。

[293]《方管带驻韩日记并条陈防倭事宜》，中国史学会主编：《中国近代史资料丛刊——中日战争（六）》，上海人民出版社 2000 年版，第 91—92 页。

[294]《B　清艦の移動、所在、挙動状況（1）》，JACAR（アジア歴史資料センター）Ref.C08040477000、明治 27・8 年　戦史編纂準備書類　9（防衛省防衛研究所）。

[295]《方管带驻韩日记并条陈防倭事宜》，《中国近代史资料丛刊——中日战争（六）》，上海人民出版社 2000 年版，第 93 页。

[296] 国家清史编纂委员会编：《李鸿章全集》（电报四），安徽教育出版社 2008 年版，第 66 页。

[297]《B　清艦の移動、所在、挙動状況（2）》，《B　清艦の移動、所在、挙動状況（3）》JACAR（アジア歴史資料センター）Ref.C08040477100、Ref.C08040477200、明治 27・8 年　戦史編纂準備書類　9（防衛省防衛研究所）。另参考孙建军：《〈“镇远”舰长林

泰曾在韩观察复命书〉笺注》,《北洋海军研究探微》,苏州大学出版社 2010 年版,第 80—114 页。

[298] 国家清史编纂委员会编:《李鸿章全集》(电报四),安徽教育出版社 2008 年版,第 145 页。

[299] 同上书,第 157 页。

[300] 同上书,第 158—159 页。

[301] 根据"广甲"舰大副卢毓英回忆,参加此次巡航的北洋军舰为"定远""镇远""致远""靖远""经远""来远""济远""平远""广甲""广丙"十舰,但"济远"在丰岛海战重伤后能否立即出航存疑。卢毓英回忆录中存在错误不少,此处仅录之备考。卢毓英:《卢毓英海军生涯忆旧》,孙建军整理校注《中国海军稀见史料——北洋海军官兵回忆辑录》,山东画报出版社 2017 年版,第 18 页。

[302]《字林沪报》,1894 年 8 月 5 日。

[303] 国家清史编纂委员会编:《李鸿章全集》(电报四),安徽教育出版社 2008 年版,第 217 页。

[304] 同上书,第 233、265 页。

[305] 同上书,第 283、293—295 页。李鸿章电报原文中并未指出"超勇""扬威"是否在参加巡航之列,但从旅顺口进出船只的明细表中可以发现,1894 年 9 月 1 日"超勇""扬威"二舰是与其他主力舰一同驶入旅顺口的,因此可以推想二舰也参加了这次巡航。见《B 清艦の移動、所在、挙動状況(5)》,JACAR(アジア歴史資料センター)Ref.C08040477400、明治 27・8 年 戦史編纂準備書類 9(防衛省防衛研究所)。

[306]《B 清艦の移動、所在、挙動状況(4)》,《B 清艦の移動、所在、挙動状況(5)》,JACAR(アジア歴史資料センター)Ref.C08040477300、Ref.C08040477400、明治 27・8 年 戦史編纂準備書類 9(防衛省防衛研究所)。

[307] 北洋海军派送吴大澂的军舰为哪三艘说法不一,据《盛档》中电报载,为"致远""靖远""来远"三艘,见《中日甲午战争(下)——盛宣怀档案资料选辑之三》,上海人民出版社 1982 年版,第 552 页。另据日本防卫省防卫厅档案中丁汝昌手令记载,为"致远""来远""广甲"三舰,见《A 清国南北洋の艦隊戦略司令長官の命令(2)》,JACAR(アジア歴史資料センター)Ref.C08040476800、明治 27・8 年 戦史編纂準備書類 9(防衛省防衛研究所)。

[308] 国家清史编纂委员会编:《李鸿章全集》(电报四),安徽教育出版社 2008 年版,第 338 页。《B 清艦の移動、所在、挙動状況(5)》,JACAR(アジア歴史資料センター)Ref.C08040477400、明治 27・8 年 戦史編纂準備書類 9(防衛省防衛研究所)。

[309] "The Chinese Navy I.–The Battle of the Yalu", *Blackwood's Edinburgh Magazine*,

Vol. CLVIII, July – December 1895, William Blackwood & Sons, p.471.

[310]（日本）海軍軍令部编:《征清海戦史巻 10（黄海海戦）》，第 12 页。

[311] Philo Norton McGiffin: "The Battle of the Yalu", *The Century Illustrated Monthly Magazine*, Vol.50, May-October 1895, p.597.

[312]（日本）海軍軍令部编:《征清海戦史巻 10（黄海海戦）》，第 56 页。

[313] 同上书，第 19 页。

[314] 据日军战后记载，"超勇"舰沉没位置在东经 123 度 32 分 1 秒、北纬 39 度 35 分，见（日本）海军军令部编《征清海戦史巻 10（黄海海戦）》。但日本战后记载的北洋军舰沉没位置有较大问题，此处依据 1910 年代打捞者记载。

[315]（日本）海軍軍令部编:《征清海戦史巻 10（黄海海戦）》，第 69 页。

[316] 对于"济远"撞上"扬威"一事，曾有为方伯谦翻案者质疑其真实性，如刘志坚:《"济远"撞坏"扬威"之辨析》，见《中日甲午海战中方伯谦问题研讨集》，知识出版社 1993 年版，第 186—195 页。但也有学者撰文证实了其真实性不容置疑，见孙建军:《"济远"撞坏"扬威"考正》，见《北洋海军研究探微》，苏州大学出版社 2010 年版，第 141—150 页。

[317] 据日军战后记载，"扬威"舰搁浅位置在东经 123 度 40 分 9 秒、北纬 39 度 39 分 3 秒，见（日本）海军军令部编《征清海戦史巻 10（黄海海戦）》。但日本战后记载的北洋军舰沉没位置有较大问题，此处依据 1910 年代打捞者记载。

[318]《申报》，1894 年 9 月 29 日。

[319]《山東角燈台に於て押収せし書状の訳文ほか》，JACAR（アジア歴史資料センター）Ref.C11080920200、雑報告　第 2 冊　明治 27 年 11 月至明治 28 年 2 月（防衛省防衛研究所）。

[320] "The Chinese Navy I.–The Battle of the Yalu", *Blackwood's Edinburgh Magazine*, Vol. CLⅧ, July – December 1895, William Blackwood & Sons, p.471.

[321]《清艦の破損及修理》，JACAR（アジア歴史資料センター）Ref.C08040485300、明治 27・8 年　戦史編纂準備書類　12（防衛省防衛研究所）。

[322]《27.9.30 佐世保鎮守府司令長官捕獲品目保管の儀に付報告抜粋》，JACAR（アジア歴史資料センター）Ref.C06060108300、明治 27・8 年「戦役戦利兵器関係書類」（防衛省防衛研究所）。

[323]《沈没軍艦引揚に関する件（1）》、《沈没軍艦引揚に関する件（2）》，JACAR（アジア歴史資料センター）Ref.C08040757000、Ref.C08040757100、明治 27・8 年　戦時書類　巻 1　明治 29 年（防衛省防衛研究所）。

[324]《6. 元清国軍艦揚威及超勇引揚ニ関スル件　大正七年七月》，JACAR（アジア歴史資料センター）Ref.B12081829300、内外国難破沈没船処分一件　附神戸港沖合ニ於

テ沈没セシ米国風帆船「クラリザ、ビー、カーバー」号処分ノ件（B-3-6-7-22）（外務省外交史料館）。

［325］ 相比之下,《北洋海军章程》编制"超勇""扬威"舰各137人，远不如"筑紫"舰富余。

［326］《記録材料.海軍省報告書》（明治十六年）,JACAR（アジア歴史資料センター）Ref.A07062092500、記録材料.海軍省報告書（国立公文書館）。

［327］《筑紫艦上甲板模様換相成度件》，JACAR（アジア歴史資料センター）Ref.C11018858000、明治16年　普号通覧　巻45　普2831号至2880号　12月分　本省公文（防衛省防衛研究所）。

［328］《海軍制度沿革.巻4》，海軍大臣官房1939年印刷，第8页。

［329］《第一編総叙　軍制艦船》，JACAR（アジア歴史資料センター）Ref.A07062099600、記録材料.海軍省明治二十一年年報（国立公文書館）。

［330］《海軍制度沿革.巻4》，海軍大臣官房1939年印刷，第8页。

［331］《第二軍艦附船艇》，JACAR（アジア歴史資料センター）Ref.A07062101500、記録材料.海軍省明治二十二年度報告（国立公文書館）。

［332］《第四軍艦役務》，JACAR（アジア歴史資料センター）Ref.A07062103400、記録材料.海軍省明治二十三年度報告（国立公文書館）。

［333］《海軍制度沿革.巻8》，海軍大臣官房1939年印刷，第59页。

［334］《海軍省報告（年報）.明治二十五年度》，第14页。

［335］ 同上书，第18页。

［336］《軍艦内外各地回航并派遣の命令及派遣に係る往復（2）》,《軍艦内外各地回航并派遣の命令及派遣に係る往復（3）》，艦船内外各地巡航記事及報告（4），JACAR（アジア歴史資料センター）Ref.C06090980300、Ref.C06090980400、Ref.C06090980900、明治26年　公文備考　艦船上巻3（防衛省防衛研究所）。

［337］《警備艦大和筑紫赤城ヲ常備艦隊ニ編入ス》，JACAR（アジア歴史資料センター）Ref.A01200782300、公文類聚·第十八編·明治二十七年·第三十二巻·軍事門四·海軍·雑載（国立公文書館）。

［338］《軍艦内外各地回航滞泊派遣并帰朝命免及巡航報告（3）》，JACAR（アジア歴史資料センター）Ref.C06091008800、明治27年　公文備考　艦船上巻2（防衛省防衛研究所）。

［339］（日本）海军军令部编:《征清海戦史巻3（開戦前海軍の動作）》，第4页。

［340］ 同上书，第23页。

［341］（日本）海军军令部编:《征清海戦史巻4（艦隊の編成）》，第17页。

［342］（日本）海军军令部编：《征清海戦史巻 4（艦隊の編成）》，第 20、23 页。

［343］（日本）海军军令部编：《征清海戦史稿本巻 5（豊島海戦）》，第 9 页。

［344］（日本）海军军令部编：《征清海戦史稿本巻 8 上（豊島開戦後艦隊の動作）》，第 1 页。

［345］ 同上书，第 11 页。

［346］（日本）海军军令部编：《征清海戦史稿本巻 8 下（豊島開戦後艦隊の動作）》，第 11、20 页。

［347］（日本）海军军令部编：《廿七八年海戦史（上巻）》，1905 年版，第 124 页。

［348］（日本）海军军令部编：《征清海戦史巻 10（黄海海戦）》，第 5 页。

［349］（日本）海军军令部编：《廿七八年海戦史（上巻）》，1905 年版，第 380 页。

［350］（日本）海军军令部编：《廿七八年海戦史（下巻）》，1905 年版，第 68—69 页。

［351］ 同上书，第 74 页。

［352］ 同上书，第 85 页。

［353］ 同上书，第 99 页。

［354］ 同上书，第 103 页。

［355］ 同上书，第 114 页。

［356］ 同上书，第 403 页。

［357］《海参第 18 号　28 年 6 月 25 日　艦隊艇隊編制及軍艦水雷艇配備》，JACAR（アジア歴史資料センター）Ref.C11080778400、海軍報告　　第 6 册（防衛省防衛研究所）。

［358］《諸表》，JACAR（アジア歴史資料センター）Ref.C08040532100、日清戦史編纂委員撰　日清戦役艦艇機関大要　巻 12　海軍軍令部（防衛省防衛研究所）。《軍艦　筑紫》，JACAR（アジア歴史資料センター）Ref.C08040518300、日清戦史編纂委員撰　日清戦役艦艇機関大要　巻 7　海軍軍令部（防衛省防衛研究所）。

［359］（日本）水路部：《明治二十八年七月軍艦筑紫遭颶記事》，1895 年 9 月刊行。

［360］《海軍制度沿革 . 巻 8》，海軍大臣官房 1939 年印刷，第 60 页。

［361］《海軍制度沿革 . 巻 4》，海軍大臣官房 1939 年印刷，第 11 页。《軍艦八重山、筑紫、大島、大和、富士、高雄、愛宕、鳥海、葛城、須磨、和泉、清国警備派遣并帰朝命免付派遣人員通牒の件》，JACAR（アジア歴史資料センター）Ref.C06091263800、明治 33 年　公文備考　艦船 1 巻 8（防衛省防衛研究所）。

［362］《明治 33 年 9 月中福建省方面に於ける現況及之に対する措置》，JACAR（アジア歴史資料センター）Ref.C08040847700、明治 33 年　清国事変海軍戦史抄　巻 5（防衛省防衛研究所）。

［363］《海軍制度沿革 . 巻 4》，海軍大臣官房 1939 年印刷，第 12 页。

［364］ 同上书，第15页。

［365］《筑紫戦時日誌1（1）》，JACAR（アジア歴史資料センター）Ref.C09050409200、筑紫戦時日誌 （1） 明治37.1～37.2（防衛省防衛研究所）。

［366］《筑紫戦時日誌1（2）》，JACAR（アジア歴史資料センター）Ref.C09050409300、筑紫戦時日誌 （1） 明治37.1～37.2（防衛省防衛研究所）。

［367］《筑紫戦時日誌1（3）》，JACAR（アジア歴史資料センター）Ref.C09050409400、筑紫戦時日誌 （1） 明治37.1～37.2（防衛省防衛研究所）。

［368］ 同上书。

［369］《筑紫戦時日誌1（8）》，JACAR（アジア歴史資料センター）Ref.C09050409900、筑紫戦時日誌 （1） 明治37.1～37.2（防衛省防衛研究所）。

［370］ 战利舰，即成为战利品的敌舰，"瓦良格"号巡洋舰于仁川海战中被日军击沉，后被日军打捞，修理后编入日本海军。

［371］《軍艦筑紫戦時日誌2（1）》、《軍艦筑紫戦時日誌2（2）》，JACAR（アジア歴史資料センター）Ref.C09050410200、Ref.C09050410300、軍艦筑紫戦時日誌 （2） 明治38（防衛省防衛研究所）。

［372］《軍艦筑紫戦時日誌2（2）》，JACAR（アジア歴史資料センター）Ref.C09050410300、軍艦筑紫戦時日誌 （2） 明治38（防衛省防衛研究所）。

［373］《軍艦筑紫戦時日誌2（3）》，JACAR（アジア歴史資料センター）Ref.C09050410400、軍艦筑紫戦時日誌 （2） 明治38（防衛省防衛研究所）。

［374］《海軍制度沿革．巻8》，海軍大臣官房1939年印刷，第69页。

［375］《売却払下廃却処分（3）》，JACAR（アジア歴史資料センター）Ref.C07090178300、「公文備考　艦船4 0　巻56」（防衛省防衛研究所）。

［376］《売却払下（1）》，JACAR（アジア歴史資料センター）Ref.C08020047500、明治45年—大正1年　公文備考　巻33　艦船7（防衛省防衛研究所）。

第四章 “致远”级巡洋舰

1885年，在遭受了中法战争中福建船政水师全军覆没的刺痛后，清政府掀起了新一轮建设海军的热潮，建设的重点放在孤悬海外的台澎防御上。以此为契机，总理衙门委托北洋大臣李鸿章重启对外购舰计划，在驻德、驻英公使的直接操作下，分别向德国购入两艘装甲巡洋舰，向英国购入两艘防护巡洋舰和一艘鱼雷艇。其中向阿姆斯特朗公司购买的两艘防护巡洋舰“致远”“靖远”性能先进，成为中国海军耀眼的新星。这两艘军舰后被李鸿章留用，成为北洋海防的中坚力量。最终二舰在甲午战争中双双战沉，尤其是“致远”舰与邓世昌的英雄故事，更是对后世产生了深远的影响。

一、1885年之前防护巡洋舰的探索[1]

非装甲军舰的发展在经历了很长一段时间的停滞后，于1870年代后期驶入了快车道，全钢舰体的应用和防护甲板的出现使得非装甲巡航军舰（unarmoured cruising vessel）的面貌为之一新，并逐渐固化为了“巡洋舰”（cruiser）这一特定的舰种。

在真正意义上的防护巡洋舰出现之前，阿姆斯特朗公司设计师乔治·怀特威克·伦道尔设计的“阿图罗·普拉特”级巡洋舰（中国的“超勇”级巡洋舰）可以视为这一全新舰种的先声。这级巡洋舰创新性地设计了位于水线以下，从舰艏至舰艉通长的“水密甲板”，虽然这层甲板厚度与普通钢板无异，但其首次将通长水密甲板的概念引入非装甲军舰的防护之中，这也就是后来防护巡洋舰所

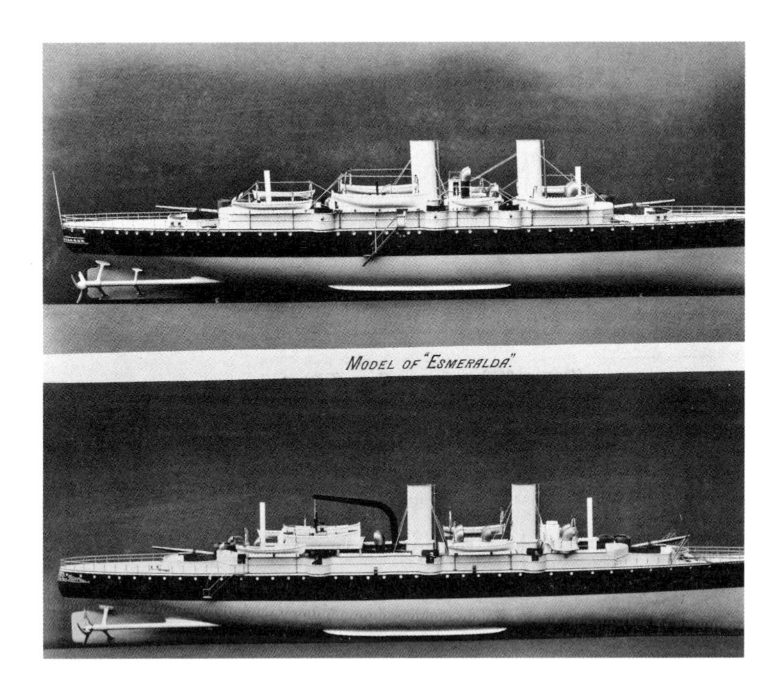

"翡翠"号与"乔万尼·鲍桑"号的原厂模型（Newcastle City Library）

安装的防护甲板的雏形。按照伦道尔的设想，在火炮技术突飞猛进的情况下，装甲军舰不但造价昂贵，而且生存能力也值得怀疑，不如采用设置水密甲板和多划分水密隔舱这样的间接防护方式来得经济有效。

1881年，乔治·伦道尔进一步发展了他的"水密甲板"概念，将这层甲板略微加厚，并在横截面上设计为中间高、两侧低的穹隆形。穹形防护甲板的侧向投影面积更大，较之水平防护甲板能够更好地防御从水线处射入的炮弹。此前英国"利安德"级（Leander class）巡洋舰已经采用了这种防护方式，但只局限于在锅炉舱、轮机舱和弹药库部分使用，乔治·伦道尔则第一次采用了纵贯全舰的穹形防护甲板设计。他于该年设计的"阿图罗·普拉特"放大型巡洋舰和"翡翠"号巡洋舰都采用了横截面为拱形的穹甲（"利安德"级的防护甲板则是中段水平、两侧倾斜向下的三段式）。"阿图罗·普拉特"放大型巡洋舰永远停留在了纸面，而"翡翠"号则于1883年6月下水，成为智利海军的一员，并摘得了世界上第一艘纯种防护巡洋舰的桂冠。

“翡翠”号沿袭了“阿图罗·普拉特”型巡洋舰装载重炮的特点，载有2门阿姆斯特朗10英寸口径火炮，这是它威胁铁甲舰的有力武器。其航速也较为突出，达到18节。其纵贯全舰的防护甲板位于水线以下，厚度虽比“阿图罗·普拉特”级的3/8英寸有所增加，但也仅有1/2至1英寸厚，仅比普通钢板的防御能力稍强而已。该舰没有设计双层船底，水下防护能力也较弱。

在“翡翠”号的成功之后，乔治·伦道尔又为意大利海军设计了一型更加完善的防护巡洋舰，即后来的“乔万尼·鲍桑”号。从外观看，它与“翡翠”号非常相似，但它首次装备了当时颇为流行的白头自航鱼雷，并将防护甲板的厚度增加到了1½英寸，样式也改为更加合理的三段式，防护甲板水平段略高于水线。另外，“乔万尼·鲍桑”还设计了完整的双层底，大大改善了水下防护性能。

阿姆斯特朗公司的防护巡洋舰异军突起，令英国海军部的设计师们也感受到了压力。1882年，由主设计师威廉·亨利·怀特主持，英国海军开始设计一型装载白头鱼雷的改进型“利安德”级巡洋舰。为了使这型军舰能够突入距铁甲舰较近的距离发射鱼雷，特别将防护甲板在“利安德”级1½英寸的基础上加厚，达到了水平段2英寸、倾斜段3英寸的水平。防护甲板的水平段也高于水线，这使得军舰在进水后仍能保证充足的浮力。武备除了2门8英寸、10门6英寸火炮外，还包括4具水上鱼雷发射管。这型巡洋舰后来均以英国著名的河流命名，并以其首舰之名而被称为“默西”级（Mersey

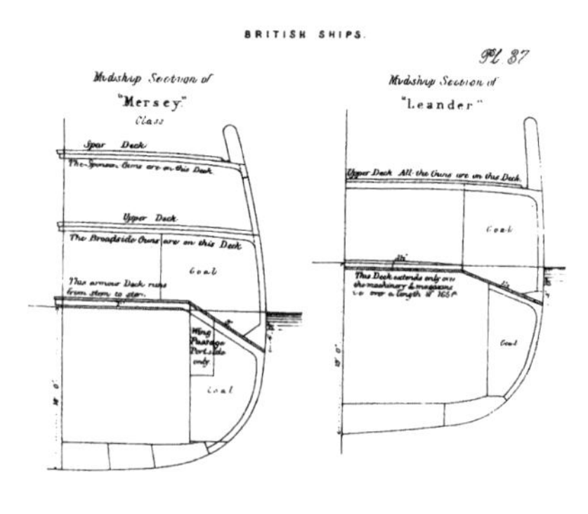

“默西”级（左）与“利安德”级的横剖对比，可见防护甲板安装方式的差异（*Brassey's Naval Annual, 1886*）

日本“浪速”号巡洋舰（Northumberland County Council Archive）

class）。

总的来说，在这些最初的英式防护巡洋舰上，乔治·伦道尔的设计重视火力和航速，防护水平则比较一般，平甲板的船型适合搭载大口径的主炮，但在恶劣的海况下适航性和火炮的操纵性就会受到很大的影响；而英国海军部的设计在火力、航速和防护各项上比较均衡，艏艉楼船型也使得适航性比较有保证。乔治·伦道尔的设计适合那些需要用巡洋舰来以小博大的二流海军；英国海军部的设计则适合以巡洋舰保护贸易线、进行全球部署的大英帝国海军。

威廉·怀特于1882年至1885年间短暂担任阿姆斯特朗公司造舰总监，在这段时间，他共设计了两型先进的出口防护巡洋舰。第一型是应日本海军的订货，怀特综合了此前阿姆斯特朗公司的“乔万尼·鲍桑”和英国海军的“默西”型的设计，为日本人设计了“浪速”级巡洋舰。从外观看，“浪速”基本就是“乔万尼·鲍桑”的放大完善型，布局与武备和前者一脉相承，而其装甲甲板设计则与“默西”级如出一辙，为“三段式”拼接，水平段顶端高于常载水线1英尺，厚度为2英寸，倾斜段边缘则位于水线以下4英尺，厚度为3英寸。

怀特设计的第二型防护巡洋舰体型较小，排水量仅有2000

吨，但也装备了1至2英寸的通长防护甲板。该舰还首次装备了卧式三涨蒸汽机，在试航中达到了19.66节的高航速，成为当时航速最快的巡洋舰。该舰后来被意大利买下，命名为“道加里”号（Dogali）。

英国新颖的防护巡洋舰设计立即引来了其他国家的注意。深受“青年学派”（Jeune École）影响的法国海军也于1882年开工了其第一型防护巡洋舰：“斯芬克斯”号（Sfax），该舰拥有纵贯全舰的防护甲板，厚度为60毫米。虽然其沿用了保守的钢-熟铁混合舰体，并保留了老旧的帆装，但它仍是法国海军在现代化巡洋舰领域迈出的重要一步，只可惜该舰建造进度被一再拖延，直到1887年才完工。1885年，法国又开工了一艘防护巡洋舰“塔霍”号（Tage），但该舰也耽搁到1890年才完工。此外，热衷于鱼雷的法国人还建造了4艘1200吨级的“秃鹰”级（Condor class）巡洋舰，带有40毫米厚的防护甲板，但一般只将其归类为鱼雷炮艇（torpilleur aviso）或鱼雷巡洋舰。

虽然法国海军自身的防护巡洋舰颇为难产，但1884年地中海造船厂（Forges et Chantiers de la Gironde）却为日本海军建造了一艘防护巡洋舰“亩傍”号，该舰因为搭载过重的武备，导致稳性不佳，在从法国回航日本的途中意外失事。

意大利在购入了“乔万尼·鲍桑”号后立即着手对其进行仿制，先后建成4艘，均以该国境内著名火山命名，称为“埃特纳”级（Etna class）。

中国曾考虑过购买阿姆斯特朗公司的防护巡洋舰，但最后改在德国订造，即“济远”舰。该舰除了采用75毫米厚的钢面铁甲作为防护甲板外，还有8至10英寸的舱口立甲，显示出该舰作为早期防护巡洋舰不成熟的“混搭”特征。

阿根廷海军在奥匈订购的“帕塔哥尼亚”号（Patagonia）巡洋舰排水量仅有1450吨，性能平平，但也装备了1¼英寸厚纵贯全舰的防护甲板，勉强能称为防护巡洋舰。

除了上述军舰之外，其他的海军国家对于防护巡洋舰的建造都有些后知后觉。俄国海军热衷于建造装甲巡洋舰，对于非装甲巡洋舰的改良反应迟钝。该国1883年开工的“骑士”级（Витязь）巡洋

意大利“道加里”号巡洋舰

法国“斯芬克斯”号巡洋舰

日本“亩傍”号巡洋舰

意大利“埃特纳”号巡洋舰

中国“济远”号巡洋舰

阿根廷“帕塔哥尼亚”号巡洋舰

舰仍只是部分防护巡洋舰，直到1886年才从法国订购了第一艘纯种防护巡洋舰“柯尼洛夫海军上将”号（Адмирал Корнилов）。

德国除了为中国建造了一艘“济远”号防护巡洋舰以外，本国却迟迟没有装备这种舰只。该国首艘防护巡洋舰“伊伦娜”号（Irene）直到1886年才开始建造。

美国海军在内战结束后长时间处于停滞状态，该国于1883年建造的“亚特兰大”级（Atlanta class）和“芝加哥”号（U. S. S. Chicago）巡洋舰都只采用了覆盖动力舱段和弹药库的部分防护甲板。直到1887年引进阿姆斯特朗公司技术建造了“查理斯顿”号（U. S. S. Charleston）和“巴尔的摩”号（U. S. S. Baltimore），才为美国纯种防护巡洋舰的建造拉开了序幕。

总体而言，至“致远”级订购前夕，世界防护巡洋舰的发展已经逐渐走出襁褓，迈向成熟。虽然还有不少国家没有开始建造这一全新的舰种，但在阿姆斯特朗公司和英国海军的推动下，大部分国家已经认识到了其优越性。尤其是一些二流海军国家，更是因其相对低廉的价格和优越的性能对其产生了浓厚的兴趣。中国海军正处于起步阶段，在财力有限，无法购置大量铁甲舰的情况下，建造新颖的防护巡洋舰不失为一个上佳的选择，“致远”级巡洋舰便应运而生。

二、1884年威廉·怀特的中国海军整建计划

在中国向德国先后订购了“定远”“镇远”两艘铁甲舰后，日本切实感受到了压力，1883年2月6日，海军卿川村纯义提出在8年内建造新舰32艘的海军扩张计划。根据该计划，须添置大舰5艘、中舰8艘、小舰7艘、水雷炮舰12艘。5月25日，川村纯义上书奏请新舰建造经费，旋得到批准。[2]日本一开始希望购买阿姆斯特朗公司为智利建造的“翡翠”号防护巡洋舰，但未能如愿。时任阿姆斯特朗公司造舰总监的威廉·亨利·怀特转而向日本推荐改进型的英国“默西”级巡洋舰，双方的谈判从1883年10月开始，至1884年3月22日签署了建造合同，这就是后来的“浪速”号和“高千

穗”号防护巡洋舰。[3]

另一方面，在为中国购买了“蚊子船”和“超勇”级巡洋舰后，虽然遭遇了铁甲舰和防护巡洋舰的生意被德国人抢走的挫败，但中国海关总税务司赫德却仍对海军事务保持着密切的关注。在日本人与阿姆斯特朗公司就巡洋舰合同开始谈判后不久，1883 年 12 月 28 日，一直担任赫德与阿姆斯特朗公司之间中介的海关驻伦敦办事处主任金登干致信赫德，称阿姆斯特朗公司已收到两艘来自日本的撞击巡洋舰订单。[4] 虽然此时与金登干有着密切私人联系的乔治·怀特威克·伦道尔和斯图尔特·伦道尔均已从阿姆斯特朗公司离职，但金登干仍与实际负责公司事务的副总经理安德鲁·诺布尔和新任造舰总监威廉·怀特之间保持着一定的联系，虽然远不如前者那样紧密。出于金登干的要求，怀特于 1884 年 4 月 23 日撰写了一份备忘录，提出了他对中国海军整建计划的设想。

首先，他认为中国的海军建设应基于对其假想敌的考虑。欧洲列强在中国海域的军舰主要包括：（1）二等装甲巡洋舰；（2）防护或部分防护巡洋舰；（3）各类无防护军舰。此外，还有日本海军和俄国的远东舰队。俄国拥有装甲巡洋舰和非装甲舰，日本也开始建造强大的快速巡洋舰，同时其逐渐增加的庞大商船队也有可能在战时被转化为辅助海军力量。因此，日本并未建造许多非装甲军舰，而是着力建造装甲舰和防护军舰。

当时中国海军除了在德国建造的铁甲舰和防护巡洋舰外，完全由小型无防护军舰构成，因此怀特建议中国也建造装甲舰和防护军舰。他向中国推荐了数型新式军舰设计，包括：（1）改进型的“科林伍德”（H. M. S. Collingwood）级战列舰；[5]（2）基于“科林伍德”缩小的二等战列舰；（3）类似“浪速”级的一等巡洋舰；（4）类似“超勇”级的二等巡洋舰，在“超勇”级的基础上加强了防护，减轻了武备；（5）头等和二等鱼雷艇，其中二等鱼雷艇可由军舰搭载；（6）为意大利海军设计的，类似后来英国海军“法尔坎”型（H. M. S. Vulcan）的鱼雷母舰。

5 月 5 日，怀特又对备忘录进行了补充，为奥匈帝国建造的“黑豹”级（Panther）鱼雷巡洋舰也被加入了推荐行列，同时他还建议中国增强商船力量。同日，他将备忘录寄给安德鲁·诺布尔，并附信一封。信中提到他对头等战列舰的武备估价为166000英镑，主炮与“罗德尼”（H. M. S. Rodney）和“豪”（H. M. S. Howe）的主炮相同，为63吨13.5英寸后膛炮；二等战列舰武备估价110000英镑；头等巡洋舰武备估价等同“浪速”级，为57000英镑；二等巡洋舰武备估价35000英镑。[6]

由于1882年11月时乔治·伦道尔也曾为中国做过一份海军建设备忘录，因此怀特特别表示自己的备忘录与伦道尔的并无“继承”（tail on）关系。金登干随即将这份备忘录转寄给了赫德。[7]

但这份计划没有激起任何波澜。中法冲突在当年年中升级，8月23日，福建船政水师在马江之战中惨遭全歼，中法正式宣战，已没有人关注如空中楼阁般的海军扩建计划了。

三、“致远”级巡洋舰

第二次海防大筹议与续购“济远”级巡洋舰

1885年4月，中法签订停战协定；6月9日，《中法新约》签署，历时一年多的中法冲突归于平息。在战争中再次痛感海军实力之弱的清政府痛定思痛，决心惩前毖后，大办海军。21日，在收到督办闽海军务的左宗棠关于拓增船炮大厂一折和北洋大臣李鸿章关于创设武备学堂一折后，清廷就此借题发挥，慈禧太后颁布懿旨：“自海上有事以来，法国恃其船坚炮利，横行无忌，我之筹画备御，亦尝开设船厂，创立水师，而造船不坚，制器不备，选将不精，筹费不广……当此事定之时，惩前毖后，自以大治水师为主，船厂应如何增拓，炮台应如何安设，枪械应如何精造，均须破除常格，实力讲求。”并着各沿海省份督抚大员各抒己见，确切筹议，迅速具奏。[8]如此兴师动众地筹议海防，只有十年之前——1874年日本侵台事件后的海防大筹议能够与之相比，因此这次事件被后世史家称为“第二次海防大筹议”。

当这份懿旨还在以六百里加急的快马在帝国沿海的各处驿站间

传递时，朝廷又收到帮办福建军务杨岳斌等的上奏，要求南北洋各分拨一艘巡洋舰，福建船政拨给两艘运输船，到台湾备用。对于南北洋水师并无多少实际掌控能力的中央政府只得转谕南北洋大臣及船政大臣，询问是否能够派船前往台湾。[9]在经历了福建船政水师全军覆没的创痛之后，孤悬海外的台湾、澎湖呈现出一种令人担忧的防护真空状态。清政府尽管也略能预料到固守畛域之见的南北洋大臣对此建议并不会热衷，但显然也切实感受到了台澎防务之危，重建该地区的海防力量已经刻不容缓。

7月28日，总理衙门寄给北洋大臣李鸿章一份公函，函称：

> 沿海万里必须有大支水师方能相机策应，且台、澎孤悬海外，防守尤难，目前亟须添备船只，应先添兵船几只，或铁舰、或快船，以何项为宜，于何国订购，约需费若干，酌夺函知，以便请旨由部拨款，一面会商出使大臣订明购买。[10]

当时总理衙门仍是清廷中央负责海军事务的机构，而李鸿章从订购“蚊子船”开始就是外购军舰事务的直接经办人，这次也不例外。在接到总理衙门的公函时，前驻德公使李凤苞恰好卸任回国，道出天津，于是李鸿章与其进行了商议，于两天后写就回信。

根据李鸿章的观点，如“定远”之式的铁甲舰虽然威力强大，但“经费太巨，骤难多备”；如巡航舰（frigate，corvette）或护航舰（sloop）之类的“巡海快船”不适合中国国情；“超勇”之类的巡洋舰较为适合，但只能辅助铁甲舰，而不能独攻铁甲舰；称为“捷报舸”的通报舰（despatch vessel）可以探敌船行踪，但也只是辅助舰艇；“蚊子船”只能守口。总而言之，只有如“济远”之式的防护巡洋舰“尚可兼铁甲及快船之用”。在不知能够拨款若干的情况下，与其订购2艘铁甲舰，不如订购6艘防护巡洋舰，“以济急用”。至于在何国购买，这次或许是出于利益平衡的考虑，将德国和英国均列入考虑之列，但李鸿章很清楚的是，这次在英国购舰绝不会再通过野心勃勃、意欲成为中国海军总顾问的赫德了。[11]

朝廷的批准似乎比以往任何一次都要雷厉风行。8月4日，朝廷令总理衙门电谕李鸿章，基本肯定了他购买防护巡洋舰的主张，但将6艘的订购计划缩水到了4艘，并令“即电商英、德大臣妥办。

船价户部有的款可拨”[12]。同日，李鸿章致电驻德公使许景澄和驻英公使曾纪泽：“着照前购钢面铁甲快船定购四只，备台、澎用。”（第二日又加入“济远式”三字）在发给曾纪泽的电报中，李鸿章特别说明将会把“济远”级的原图、合同、价值寄给他参考，在英国订购的2艘巡洋舰将配备德国的火炮和鱼雷，以归一律。由于此时曾纪泽已被谕令召回国供职，驻英公使一职将由原署理江西巡抚刘瑞芬接替，因此李鸿章特别叮嘱曾纪泽“主裁”购舰事务，随后再移交刘瑞芬办理。[13]新的一轮购舰行动正式启动。

在电告驻英、德公使的同时，李鸿章还写信向他们说明了具体情况。这些信件并未收录在后世编撰的任何李鸿章文集中，但时任驻英使馆参赞的英国人马格里保留了李鸿章寄给曾纪泽信的英文翻译件，后来收入他的传记中。李鸿章在这封信中对新购巡洋舰的技术性能做出了初步的，也几乎是唯一的规定，因此极具指导意义。翻译如下：

> 我昨日收到了一封来自总理衙门的电报，称接到谕旨订购4艘“济远”式快船，备台、澎之用，并要求驻英、德公使向该两国商议。船价户部有的款可拨。我立即就此向您致电，并要求您在英国订购两艘。请向驻柏林公使要求图纸、技术说明和合同。我希望您已经在很久之前得到这些文件了（在收到此信之前很久）。
>
> 现在朝廷极力希望加强海军力量，特别是铁甲舰。台湾位于海中，澎湖是其门户，没有铁甲舰的话我们无法进行防御。如果中国要对抗西洋的侵略，它们的火炮不可小于8至9英寸，装甲不可薄于12英寸，航速不可低于15节。最困难的问题是吃水，不得大于18英尺。通常吃水较浅的军舰无法搭载大口径火炮或重甲，也无法快速航行。去年李凤苞搜集了各种军舰的设计，并向我报告了他考察的细节。我仔细地进行了研究，发现近年来英国和德国的新发明包括在水线下设计一道3英寸厚的装甲甲板，状如龟背。如此即便此甲板上方的结构被摧毁，军舰仍能航行和使用火炮。第二，装甲使用钢面装甲。英国铁甲舰“不屈”号一开始想用14英寸的熟铁装甲，后改为10英寸的钢面装

甲——减薄了4英寸。在西洋发现10英寸的钢面装甲能够等同于15英寸的熟铁装甲。这是确实的。最好的英国钢面装甲板为卡梅尔公司（Cammell）制造，德国的苏林根（Sulingen）装甲也同样不错。布朗（Brown）的装甲板不太好。您会发现这些装甲板是很难制造的。钢与铁的比例从一比三到二比三不等。它们被紧密地焊接在一起。钢面的质量取决于其中的碳含量。德国海军部发现60%到65%[14]的碳含量是最适宜的比例；如果太多就太脆；如果太少就太软，易使弹穿过。因此，在德国建造军舰时，我们派了魏瀚驻在卡梅尔公司监督装甲板的制造，并在板的4个面上钻出小洞，取下材料送往德国海军部的化学家那里进行了测试。如此检测出有7块板未能合格，并被替换。那时德国海军部派官员前往英国海军部，将德国与英国的装甲检测工具进行了比较。从此您可以看出英国海军部一定对此问题非常了解。

阁下的声望和在科学上的造诣在英国极受尊重，您与英国议员的友好关系也使您能够获得英国军官来检查装甲板。我认为他们会乐意为此的。不仅钢面装甲须被测试，军舰其他部分的铁也须被测试。它们应符合英国海军部的测试。前年，当我们在德国订购军舰时，我们派了船政学生驻厂，检查材料是否符合规范。

现在船政想要造船，我不知道是否还有任何学生能够参加监造。如果您能够在询问海军部后获得一些英国军官来检测就太好了，他们是能够被信任的。

我听说英国的造船企业都很骄傲，为他们本国监造的军舰和给外国建造的是不同的。如铁甲，给英国政府使用的是一流的，给外国政府就用二流的。如果我们想检查他们的材料他们会觉得受到了侮辱。即便是在纽卡斯尔我们也发现如此。阁下的忠心和正直广为人知，我希望造船商能让我们的人检查材料。

中国海军中使用着英国和德国的火炮；在“济远”型军舰上须装备既轻且强的火炮；因此我们买了克虏伯炮。我们应会在其他军舰上也用这种炮。新的克虏伯21厘米口径35倍径炮相当于8½英寸，威力相当于25倍口径的10英寸炮。这已在试验中得证。

（中略）

中国已购入磷铜鱼雷。这种材料不易锈蚀。它们很容易操作，比怀特海德（Whitehead）的钢制鱼雷更好。因为鱼雷须在德国制造，因此鱼雷管和气罐也应在那里制造。[15]

简而言之，李鸿章只规定了新舰主炮口径不得小于8至9英寸，装甲不得薄于12英寸，航速不得低于15节，吃水不得深于18英尺，并希望能装备钢面铁甲、克虏伯炮和刷次考甫磷铜鱼雷。有趣的是，这些在“济远”型巡洋舰上几乎全部能符合的要素却与英系防护巡洋舰的设计思路多有冲突，这也为之后方案的争论和修改埋下了伏笔。当然，当远在欧洲的许景澄、曾纪泽收到这封信件时，已是一个多月以后的事了。

“济远”改进型巡洋舰

1885年8月5日，曾纪泽在日记中写道：“辰正起，查李相来电误字，核公文三件。……清臣（马格里字）来谈极久。……茶食后，看小说，查许竹筠（许景澄字）来电，编电答之。”[16]虽未明写一字的购舰之事，却看得出他已为此事忙碌了起来。清臣即马格里，早年

中国驻英公使曾纪泽，“致远”级订购计划的主要执行者

曾纪泽（左二）与马格里（左三）的合影，马格里是“致远”级订购的直接经办人

曾创办上海洋炮局，督办金陵机器局，后来成为驻英使馆参赞，是曾纪泽身边少有的洋务人才和军事顾问。在这次购舰事务中，马格里担负了谋划和与阿姆斯特朗公司接洽的重要角色。因此曾纪泽从一开始，就似乎比“于船械制造素不谙习”的许景澄更加成竹在胸。

8月15日，总理衙门收到曾纪泽来电，称之前在德监造军舰的船政学生刘步蟾曾告诉他，“济远”舰有上重下轻的毛病，因此曾纪泽为谨慎起见，建议等该舰抵达后，“察其利弊，乃定新舰”。[17]接到曾纪泽的来电后，李鸿章的态度却与之相反，认为刘步蟾之语不可靠，订购不必拖延。[18]20日，他在给许景澄的电报中也表示希望许景澄能够催促曾纪泽“赶速考究定造”，似乎对曾的拖延极不放心。但他也表示，英、德所购之舰式样可不尽相同，亦没有坚持必须按照“济远”样式仿造。[19]

与此同时，曾纪泽着手在英国海军部和各大船厂中寻求技术支持。根据他的探访，前任海军部总设计师爱德华·詹姆斯·里德的顾问费用太高，现任总设计师纳撒尼尔·巴纳贝则因为英国新订法律的原因，不能为外国海军进行参谋。恰在此时，阿姆斯特朗公司

威廉·亨利·怀特像（National Maritime Museum）

与英国海军部达成了协议，威廉·怀特将辞去阿姆斯特朗公司的职务，赴海军部担任总设计师，但考虑到他的原合同还没有到期，海军部也同意在原合同期内，在不影响其正式工作的情况下，他可以在剩余时间继续照顾阿姆斯特朗公司的业务。同时，怀特还推荐了原海军部主设计师菲利普·瓦茨作为他的继任。[20] 8月中旬，怀特给马格里写信道：

> 上周五我在伦敦与纳撒尼尔·巴纳贝爵士碰了面，并向他转达了您希望获得他对德国为中国建造的铁甲舰的意见。纳撒尼尔·巴纳贝爵士让我转告您，直到他的退休事宜于9月末结束之前，他都无法来执行此事；如果您能等待的话，那么此后他很乐意考虑此事。如果您无法等待，而依然希望获得我的意见的话，我会在9月份去海军部之前给出意见。[21]

这样一来，找怀特和阿姆斯特朗公司参谋新舰方案就成为了可行的选项。

另一方面，曾纪泽还派出了公使馆随员，铁匠出身的王世绶、谢先任前赴英国各港口、船厂探访，在纽卡斯尔期间，他们数次前往阿姆斯特朗公司，并访问了怀特，故意透露了中国的购舰计划，在得知阿姆斯特朗公司造舰、造炮最为出色，而且估价基本公允之后，曾纪泽遂打定了向该厂订购的主意。[22]

在得知怀特可以帮助参与谋划之后，马格里随即向他进行了咨询，怀特直言不讳地指出"济远"之弊，认为"济远""名快船而不快，有铁甲而不能受子"。[23]但此时曾纪泽仍没有打定主意变更设计，另起炉灶，而是顺着李鸿章的意思，表示将"译合同，择厂定制，勿须道谋耳"（否定"济远"舰的设计、另起炉灶即是对李凤苞之前工作的否定，甚至是对李凤苞本人的否定，亦即对李鸿章用人的质疑，这是曾纪泽须三思而行的原因）。[24]

然而，"济远"作为一型不完善的实验舰，确实有诸多未尽如人意之处，该舰与"定远""镇远"一同于1885年7月3日起航回国，但在回航途中已经暴露了煤仓狭小、续航力低等毛病。当驶到马耳他时，"济远"舰的轮机发生故障，不得不与"定远""镇远"分离，停泊修理。以至于连李鸿章都不得不承认："（'济远'）煤柜小，机舱窄，诚病。"[25]而此时伏耳铿公司也意识到了"济远"设计上的不足，着手修订新舰的设计。9月1日，李鸿章再次致电曾纪泽，称已电令许景澄与伏耳铿厂协商修改"济远"舰的设计，待议定之后再由英厂仿照建造。[26]

9月2日，李鸿章收到许景澄来电，称已与伏耳铿厂商定两种修改方式，主要针对"济远"舰的防护设计和载煤量，见下表：

表1　1885年9月"济远"改进型巡洋舰设计方案比较[27]

	"济远"	改进方案一	改进方案二
垂直装甲	轮机舱口、烟囱开口、通风筒开口围壁10英寸	水线带装甲8—6英寸 铁甲堡前横壁10英寸 铁甲堡后横壁5英寸	同"济远"
水平装甲	3英寸	1英寸	同"济远"
载煤	通常载煤100吨，满载250吨	通常载煤260吨，满载280吨	通常载煤150吨，满载300吨

可见，第一种改进方案彻底修改了"济远"型的防护方式，成

为了一型装甲巡洋舰（此即为“经远”级装甲巡洋舰最早的线索）；而第二种则是在“济远”基础上修改的完善型方案，仍为防护巡洋舰。李鸿章对此非常满意，立即回电，表示可按照方案二在英、德各自订造。[28]

经过一番谈判，至9月16日，许景澄向李鸿章表示可与伏耳铿厂订立合同。[29] 18日，草合同签署，规定中国在伏耳铿造船厂订购2艘“济远”改进型巡洋舰，相较于“济远”，其改进主要有：

> 主尺度增加为74.5米×10.8米×7.3米（“济远”主尺度为72米×10.5米×7.2米）；
>
> 吃水增加为（舯）4.68米，（艉）4.88米，（艏）4.48米（“济远”吃水为4.8米）；
>
> 排水量增加为2470吨（“济远”排水量为2355吨）；
>
> 航速增加为15¼节（“济远”为15节）；
>
> 穹甲中部升高130厘米；
>
> 穹甲以下煤仓可多装煤54.9吨；
>
> 舵机舱改设在穹甲以下；
>
> 指挥塔装甲增加至18厘米（“济远”为5厘米），并增加保护电线、通语管等的管道；
>
> 锅炉舱增加强压通风风扇；
>
> 火炮旋回、提升弹药、收放舢板、转舵等都改用液压机械；等等。

合同还规定了两艘新舰价格：第一艘价300万马克，第二艘船价290万马克，分为5期支付。[30]

次日，许景澄电告李鸿章草合同已订立。值得一提的是，他在电报中写道：“伏谓底板已铸，不能加大炮。”[31] 有些海军史学者将其作为“经远”级巡洋舰无艉炮的根源，[32] 其实这里有两个误区：一、“底板已铸”与“不能加大炮”并无因果关系，“底板已铸”是针对李鸿章于9月3日“唯船底钢板宜略加厚”[33] 建议的回复，“不能加大炮”则应是出于设计和经费的通盘考虑；二、这是针对“济远”改进型巡洋舰的回复，与后来“经远”级巡洋舰的设计并无直接联系。

合同虽已签订，事情却注定不会如此简单，新舰的设计方案还将经历另一轮的修改。

阿姆斯特朗公司的新式防护巡洋舰方案及“致远”级合同的签署

约在1885年8月底，中国驻英使馆将“济远”舰的合同译成英文后，即将合同、图纸等文件交给阿姆斯特朗公司的诺布尔、怀特等人。当时怀特表示将仔细审阅并提出修改备忘录，而诺布尔则直接指出了“济远”舰穹盖式炮罩的缺陷：“有一大端可望图而知者，掩口之圆炮台徒致上重，全无益处，此层炮台断不能防开花子。开花子入内掩口，则力更凶，炮台中之人必致全数糜碎，是不唯无益，且有害也。”[34]从1894年7月25日丰岛海战中“济远”舰被击中前主炮塔，造成大量人员伤亡的情况来看，诺布尔的评判极有预见性。

9月25日，在许景澄与伏耳铿造船厂签订“济远”改进型巡洋舰合同草案一周后，怀特如约向曾纪泽递交了两份备忘录以及部分技术图纸。其备忘录之一为《阿模士庄米纪勒公司厂水师匠师槐特批评“济远”炮船说帖》，专论“济远”之弊；之二为《槐特论造新舰说帖》，专论其新设计的舰型之优。在第一份备忘录中，怀特直言不讳地指出了“济远”级舰的9点缺陷，分别为：

1．分舱问题：“济远”级锅炉舱、轮机舱均为大通舱，未再划分为更小的水密区隔，无双层底，一旦进水极易沉没；

2．防护甲板问题：“济远”级防护甲板位于水线以下，一旦水线处进水难以保证军舰浮力；

3．舵机问题：“济远”级舵机舱位于防护甲板以上，缺乏防护；

4．指挥塔问题：“济远”级指挥塔位置过于暴露，且装甲太薄；

5．垂直装甲问题：“济远”级垂直装甲属于过度防御，不如改用水平防护。

6. 火炮炮罩问题：“济远”级炮罩厚度过薄，易被击穿；

7. 轮机问题：“济远”级轮机式样不够先进，航速过低；

8. 储煤问题：“济远”级煤仓储煤量太小；

9. 稳性问题：由于垂直装甲的问题，使得“济远”级稳性必然较差。[35]

平心而论，根据现有的“济远”级图纸资料分析，[36] 怀特所指出的这9点问题可谓针针见血。

而在第二份备忘录中，怀特则勾画出了新型巡洋舰的技术特征，这便是后来“致远”级巡洋舰的设计雏形。相较于“济远”，新舰的主要改进有：

1. 以“蜂巢法”分舱，使用双层底，增加抗沉性；

2. 防护甲板上端高出水线，保证军舰浮力；

3. 舵机置于防护甲板以下；

4. 指挥塔装甲较“济远”舰加厚，为3英寸；

5. 取消垂直装甲；

6. 采用艏艉楼船型，使得主炮位置较高；

7. 21厘米主炮虽与“济远”舰相同，但炮架采用瓦瓦司中央枢轴炮架，以液压旋回、扬弹，并改用后敞式炮盾；

8. 艉炮拟改为双联6英寸炮，并拟在舰舯部耳台处增加2门6英寸炮；

9. 鱼雷管改为舰艏艉各一具，舯部左右各一具；

10. 使用三涨式蒸汽机，较“济远”使用的复合蒸汽机马力更大；

11. 载煤量较“济远”更大，续航力更强。[37]

虽然阿姆斯特朗公司的设计过程并没有太多资料留存，但根据许多迹象可以看出，怀特应是从很早就开始了新舰的修订设计工作，从他已准备好的4张图纸（793至796号设计图，包括横剖图、侧视图、帆樯图等）来看，他已经对新舰的设计有了深入的考虑。事实上，怀特的设计虽然未跳出“济远”级的大框架，排水量、武备等都基本参考了“济远”级，但其实整个设计都是另起炉灶，与“济远”级并无传承关系。他的设计是在他之前为意大利海军建造的

“道加里”号巡洋舰基础上所做的改进型，并结合了他为英国海军设计的“默西”级巡洋舰的部分特征，又综合了中国方面提出的一些要求而产生的全新设计方案。[38]

曾纪泽从9月初开始便一直身体不适，此时他正在肯特郡的皇家顿布里奇威尔斯（Royal Tunbridge Wells）小镇养病。9月26日马格里从伦敦前来，与曾纪泽进行了长谈，内容想必不外乎怀特备忘录之事。[39]

就在收到怀特的这两份备忘录之前，曾纪泽也收到了许景澄寄来的“济远”改进型合同草案及图纸。面对这两份迥异的设计方案，曾纪泽显得举棋不定，他随即于28日回函许景澄：“我兄能与伏厂再商否？伏厂有说相驳辩否？……倘伏厂不能议改，英制、德制有不能一律之处，弟处、兄处有无不便？乞兄审思见复。”[40] 10月3日，许景澄给曾纪泽复信，请曾纪泽将怀特的两份备忘录示看。对此，曾纪泽于5日写信回复，表示怀特论“济远”之弊的备忘录可以寄送，但怀特论新舰设计的备忘录则必须等到合同签字之后方能提供给许景澄，以避免专利上的纠葛。且曾纪泽信心满满地透露：“合同二三日可订。”[41]

7日，曾纪泽在日记中写道：“清臣自伦敦来，谈极久，饭后复久谈。”[42] 9日，曾纪泽又记道：“清臣自纽卡塞尔来，久谈，饭后复谈甚久，申初去。”[43]一直在冷眼旁观着这次购舰行动的金登干后于12日写信给赫德，称：“马格里爵士上周曾去纽卡斯尔，在那里，他定购了两艘船——另外两艘已在德国定购”。[44]“致远”级巡洋舰的合同迄今未能发现，也不清楚签署的具体日期。不过，或许我们从马格里行色匆匆地从伦敦赶来皇家顿布里奇威尔斯拜访曾纪泽，随后便赶赴纽卡斯尔，两日后又从纽卡斯尔匆匆赶回这一连串的动作中分析，他前往纽卡斯尔的目的也应该不言自明了。

与此同时，李鸿章也已为新舰的购买准备好了款项，根据与阿姆斯特朗公司的商谈结果，两舰总价为285000英镑，第一批三分之一于订立合同之日支付，共95000镑。[45]

新舰设计的深入讨论

正当两位驻外公使为新舰的订购而忙碌时，清廷中央竟直接干涉了此事。事情的起因是驻德使馆参赞舒文、随员王咏霓等人给总理衙门官员写信，陈述了“济远”舰设计的种种问题。其中王咏霓函写于1885年8月19日，即订购计划开始之后不久，当时曾纪泽为谨慎起见，建议等“济远”等舰抵华验收后再订新舰，而李鸿章则认为“不必拖延”，王咏霓的态度显然是支持曾纪泽的。他的信中主要指出了“济远”的几个问题：1. 舱口垂直装甲西方并无此设计；2. 无水线带装甲，穹甲又低于水线，进水后易于失去浮力；3. 垂直装甲使得稳性变差；4. 机舱狭小，操作空间不足，且管路经常故障；5. 载煤量太小；6. 穹盖式炮罩使得炮烟无法散去；7. 指挥塔设计问题。[46] 基本上也都是切中要害的。而舒文函中除了指出“济远”舰的弊病外，还指出驻德使馆翻译金楷理（Carl Traugott Kreyer）在购买“济远”的过程中“大发财”，李凤苞“为其所愚”，并记录了一段许景澄与金楷理的对话：“昨闻星使（指许景澄）问及金楷理，据云‘定远’实未赚钱，‘镇远’时不能不教〔叫〕他多赚几个，又问‘镇远’既多赚了，何以‘济远’更贵，金亦不能答，只说‘济远’是多些是多些，闻之令人发笑。”[47]

事实上，早在此之前，许景澄也已经对李凤苞所办“济远”之事颇有微词了。如他在8月13日的日记中就写道：“致沈芸阁（沈镕经字，时任广东布政使），另启论十八子（李字的拆写，颇有贬义）”。[48] 他后来也多次给总理衙门官员钱应溥、袁昶等人写信，历数李凤苞的过失：“十八子偏执，致‘济远’误，积赀存银号，有物议”；“‘济远’穹甲太低，致英议。其人（指李凤苞）合肥相国（指李鸿章）信任，公函不及《师船图表》。稍用意述病，索户部出入表，托送丁卯同年仪”；“王通使（王咏霓）之议丹崖所办公事与自诩‘济远’之长，不能附和，尚无一言达署（指总理衙门），以尽前后任交谊。”[49] 舒文、王咏霓等使馆人员争相向总理衙门告状，恐怕与许景澄的支持不无关系。

10月15日一大早，在接到舒文、王咏霓等的来信后，总理衙门大臣庆郡王奕劻便登门拜访了醇亲王奕譞，将舒文等人的信件交示。此时恰值总理海军事务衙门成立，奕譞担任总理海军事务大臣刚刚 3 天。奕譞看后，对信中的内容深表认同，并致信军机处，称："新购四船，决不可照'济远'定造，而李凤苞承办不力之咎，亦应俟船到时设法查勘"（值得注意的是，此时李鸿章正在北京，当日午后便与奕譞在神机营碰面，开始了二人在海军事务方面长期的交谊，如果二人早一步就此事沟通，或许奕譞的判断就将改变也未可知）。[50] 在奕譞定下这一基调后，慈禧太后随即于次日颁布懿旨，令曾纪泽、许景澄暂缓订购新舰，并令奕譞、奕劻、李鸿章等人待"济远"抵华后详加查勘。[51] 总理衙门随即将这一旨意电告曾纪泽。接下来发生的事，恐怕当时谁都没有想到，一场涉及驻外使节、北洋大臣、海军衙门、总理衙门等清廷重要机构的海军技术大讨论居然上演了。

曾纪泽此时已病愈返回伦敦，他于第一时间进行了回复，坚决地表示："已交定钱，已起造，不能改。"随后又历数了新舰的优点。[52] 在得悉曾纪泽的电报后，清廷遂于 10 月 19 日颁布上谕："电寄曾纪泽，据电奏，现定之船新式最佳等语，此项新出之船式，必须查访确明，如业经试用有效，即着仿造。"[53] 总理衙门随即将此谕旨电达曾纪泽。对此，曾纪泽于 24 日复电总理衙门，进一步说明了新舰只用防护甲板，而不装备垂直装甲的原因：

> 海部论铁舰宜坚、快船贵速，不能兼美。泽所订全仿英快船，除穹甲外无甲。盖快船加厚甲则钝，薄甲反不如无甲，缘炮子遇无甲处穿圆孔而出，其孔易堵，遇薄甲则并甲送入，孔大伤多也。恐将来有不明此理者讥此二船无甲，故先电闻。阿厂所订虽不可中止，然圣意倘命加钱添甲，尚可与商，泽深以英海部不添甲之论为然。[54]

在收到曾纪泽的这份技术性颇强的电报后，对海军技术属于门外汉的奕譞反而感到有些无所适从了，他随即致函军机处：

> 轮船之制，苦不深悉。"济远"穹甲为议者所诮，今曾电谓无甲（是否并穹甲无之），果无穹甲，船内机器恃何遮护？若有穹甲，则所称无者，又系何甲？此节贵署或有深谙者，能决定

可否，请旨饬遵，固为甚善。若稍夷犹，将来船既归北洋编伍，自以垂询北洋，定一准式为妥。[55]

26日，在收到奕譞的建议后，清廷颁布上谕，将此事的决定权交给了李鸿章（此时李鸿章已由北京返回天津）：

> 李鸿章经办洋务多年，于轮船制造事宜平时必有考校，此项船只造成，即应归入北洋水师操练。着该督将曾纪泽所陈各节详加察核，是否确有把握，即将现订快船究以何式最为合宜，详晰电奏，再行谕令曾纪泽起造，以昭慎重。[56]

在收到总理衙门转达的上谕后，曾纪泽随即也致电李鸿章，坚持不改原设计："钢面快船泽订全穹甲，以滑力拒炮子，较升出中腰穹甲傅厚甲于外者坚稳相等，不改为妙。"[57]27日，李鸿章拟就回电，建议增加水线带装甲："穹甲以护机舱，高出水面，则两旁水线上下易被炮穿伤机，拟添水线甲十寸、八寸，约加银若干，吃水加深否，速仍十八海里否，乞速商电复"。[58]27日和28日曾纪泽又两次回电李鸿章，将防护甲板和侧舷煤仓的防护方式说明："穹甲边斜处正当水线上下，斜甲四寸，坚于竖甲十寸，机舱不危……穹甲斜处，上有分间舱盛煤，甚坚，如六寸甲，可护机舱。"[59]29日李鸿章又回电，仍担心防护甲板对水线处的防护不周："水线下一尺炮子能穿，穹甲斜至水线下尺许否，隔堵盛煤御炮，阿厂新法，或谓煤用尽则无蔽，又煤入子易燃。"[60]30日曾纪泽又回电，称："穹甲边低于（水）线四尺。非极远，不动边舱煤，煤焚缓，易浇。"[61]一来一回，曾纪泽将防护巡洋舰的特点、优势表述得非常清晰，令李鸿章心服口服。他于11月2日给总理衙门写信，表示："曾既称机舱不危，似可照式订造……此系仿英快船式，与德式微异，各有所长。"[62]3日，朝廷终于批准曾纪泽继续按原设计建造新舰，[63]"致远"级的设计基本敲定。

在与国内往返电商的同时，曾纪泽、许景澄两人也在进行着密切的交流，在"致远"级的合同签署后，曾纪泽随即将合同、图纸等寄给许景澄参阅。许景澄则将此询问了德国海军部，德国海军部的意见主要是针对"致远"级无舱口垂直装甲的质疑。许景澄于10月17日写信将此意见告知了曾纪泽。曾纪泽于20日回信，表示：

“经远”号装甲巡洋舰（Imperial War Museum）

“舱口铁甲即日当与阿厂商酌……然舱口有铁甲，究可以稍杀炮子之力，似胜于无。”这也是“致远”舰后来出现了在英式防护巡洋舰中较为少见的倾斜舱口装甲的原因。

而许景澄虽然已与伏耳铿厂签署了“济远”改进型防护巡洋舰的草合同，但他仍没有放弃装甲巡洋舰的想法。在10月16日清廷决定暂缓定造之后，许景澄便顺势重新提出了装甲巡洋舰的方案，称之为“现西国通行”之式。[64]22日，清廷电谕许景澄，命其“仿造西国通行有效船式定造”，[65]实际上就是肯定了他的装甲巡洋舰方案。许景澄随即于23日写信给曾纪泽，说明他准备将原“济远”改进型巡洋舰方案改为装甲巡洋舰方案。曾纪泽于26日复信，与许景澄深入讨论了穹甲与装甲的利弊问题，内容集中在几点：1. 穹甲与装甲防护方式的不同和利弊；2. 英式、德式舱口装甲的不同；3. “济远”舰与新舰火炮传动装置的不同，但他并没有对装甲巡洋舰的方案加以明确的否定或肯定。[66]11月2日，许景澄分别致电总理衙门和李鸿章，说明了他择定的装甲巡洋舰方案的基本特征，[67]朝廷于次日颁布上谕，命李鸿章将此方案“详加查复，即行电奏”。[68]4日，李鸿章回复总理衙门，对许景澄的新方案表示了首肯。[69]朝廷随即也批准了李鸿章的意见。[70]19日，许景澄与伏耳铿造船厂签署附加草合同，规定将“济远”改进型巡洋舰改为装甲巡洋舰，这就是后来“经远”级装甲巡洋舰的由来。[71]至此，关于购舰方案的大讨论终于尘埃落定。

这次关于订购“济远”后续巡洋舰的大讨论，历时三个多月，往来信函、电报，错综复杂，其时间之久、讨论之深入都是前所未有的。经此讨论，曾纪泽、许景澄等人从对海军技术知之甚少的门外汉成为专家，中国外购军舰的决策架构也日臻成熟。这种讨论自然也对改善军舰的技术性能帮助良多，中国政府能够通过讨论倒逼英、德厂商改进方案甚至变更方案，这也为“致远”级和“经远”级巡洋舰成为各具特色的优秀设计品打下了坚实的基础。

不过，以后世的眼光来看，这次大讨论也反映出中国各级海军建设决策者对于技术问题仍有许多隔膜，即便是李鸿章这样对海军建设用心多年的洋务官僚在面对“穹甲”“装甲”这样的专业性问题时也常常只能看到表象，而无法进行深入的研讨，最后只能说一些英、德设计“各有所长”之类的外行话糊弄过去；而清廷中央则更是只能以“西国通行有效船式”之类的含糊语句加以指示，对于防护巡洋舰和装甲巡洋舰的防护方式全无深入、本质的认识。从后来海军界的观点来看，那个年代的装甲巡洋舰实为“甲带巡洋舰”（belted cruiser），因其并未形成装甲盒结构，对于舰内动力舱室的防护与防护巡洋舰相比并没有什么优势，反而会导致价格上涨、航速下降等弊端，在小型军舰上使用更是颇为鸡肋的设计。许景澄所谓装甲巡洋舰为“西国通行之式”实为无稽之谈。当然，站在今天的角度批评那个时代人的判断确实有苛责之嫌，毕竟当时的中国官僚才刚刚接触海军技术问题，国内舰船设计人才都极为有限，更无专门研讨、谋划的机构，当时世界海军技术界也确实存在着诸多不同的声音。但此事的可惜之处在于，这样可贵的技术大讨论仅仅进行了一次就再也没有下文了，糊涂之事依旧糊涂，而且完全没有任何从根本上改变的想法。在购买了“致远”级、“经远”级等四舰后，发展海军的努力也被束之高阁，再也无人问津了。

“致远”级设计溯源

由于建造“致远”级巡洋舰的阿姆斯特朗·米切尔公司几经变迁，档案保存已不完整，因此目前尚未发现足以用来判明该型军舰结构的原厂图纸或技术说明书等文件，令人遗憾。但通过对近年来发现的部分英国、日本档案的分析，并结合部分中文史料的记载，也能够大致还原该型军舰的结构样貌。

根据海军史学者李玉生先生分析，“致远”级巡洋舰是从怀特设计的“道加里”号巡洋舰改进而来，而“道加里”又与他为奥匈帝国设计的“黑豹”（Panther）级鱼雷巡洋舰颇有渊源。

“黑豹”级的订购颇受当时兴起的“青年学派”的影响，奥匈海军也希望建造一型快速鱼雷巡洋舰，因此在英国各大船厂发起了投标。怀特于1884年4月收到了来自奥匈帝国驻英使馆随员冯·哈恩（von Haan）的来信，数日后，他已经准备好了一型排水量1500吨，常压马力4000匹，可以达到17节航速的鱼雷巡洋舰方案。怀特设想这型军舰是短艏楼船型，艉部则为龟背状甲板，配备有艏艉鱼雷

建造中的“黑豹”号巡洋舰（Northumberland County Council Archive）

管和舯部旋转鱼雷管，以及一些小型机关炮，军官能够在指挥塔中直接操作鱼雷管的发射。军舰不设装甲，只靠煤仓和划分水密隔舱提供基本的防护。新舰的设计难点是其动力系统，为了使如此小的军舰达到超乎寻常的高航速，怀特从一开始就将锅炉和轮机作为设计的重点，他与霍索恩·莱斯利公司（R. and W. Hawthorn Leslie & Co.）的工程师弗朗西斯·卡尔·马绍尔（Francis Carr Marshall）合作，他们选用的是 2 座 13 英尺直径的双头锅炉和 2 座 11 英尺直径的双头锅炉，大者两侧各有 3 个炉膛，小者两侧各有 2 个炉膛；轮机则为 2 座立式双涨蒸汽机（这是第一次在小型双螺旋桨军舰上使用立式蒸汽机）；并设计有一个烟囱。按照他的设想，新舰在强压通风状态的航速能够达到 19 节。

1884 年 6 月，奥匈驻英使馆通知阿姆斯特朗公司赢得了投标。但因增加了武备等原因，原设计需要加长舰体，并增加一个艉楼，烟囱也增加到 2 个。10 月，“黑豹”与“美洲豹”（Leopard）二舰于埃尔斯威克船厂开工建造，成为该船厂建造的第一批军舰。在后来的试航中，它们分别达到了 18.94 节和 18.593 节的高速，怀特的目标圆满达成。[72]

从现存的“黑豹”级设计图纸和照片来看，该型军舰有着与“致远”级相似的艏艉楼船型和舰体型线，舱室布局、舾装件细节也多有雷同之处。当然，二者之间也有许多差异，如“黑豹”级无防护甲板，锅炉舱和轮机舱的布置与“致远”级不同，且没有安装大口径火炮，等等，但这并不妨碍我们从“黑豹”级身上找到“致远”级设计的影子。

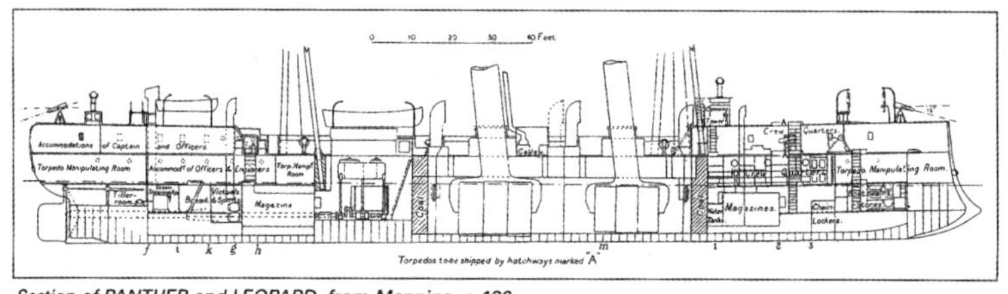

“黑豹”级纵剖图（*The Life of Sir William White*）

“道加里”号装备的卧式三涨蒸汽机（*The Engineer*）

在开建“黑豹”级巡洋舰后，怀特又拟就了一份二等巡洋舰的设计备忘录。这艘船厂编号为482号的二等巡洋舰于1885年2月开始建造，最初是作为一艘外贸巡洋舰而建，并未指定买家，建造过程中曾被希腊政府短暂购买，命名为“萨拉米尼亚”号（Salaminia），后又被土耳其政府短暂购买，最终被意大利政府买下，起初命名为“安吉洛·埃莫”号（Angelo Emo），后更名为“道加里”。

“道加里”号的舰型与“黑豹”级非常相似，它有着低矮的艏楼和艉楼，艏楼前段是龟背状甲板，主要武器是6门6英寸炮和4具鱼雷管。与“黑豹”级一样，这型舰也以轮机作为设计的重中之重，轮机同样由霍索恩·莱斯利公司设计；但与“黑豹”级不同的是，由于设计了通长的防护甲板，不能再安装整体高度较高的立式蒸汽机，因此只能设计短冲程的卧式蒸汽机。“道加里”号是世界上第一艘装备了三涨式蒸汽机的军舰，按怀特自己的话说：“当时的工程师们还没有准备好在如此小的船上使用高速短冲程的蒸汽机。但我们向前迈了值得称道的一步，将第一座三涨式蒸汽机装上了军舰，获得了效能上的提升，并取得了12%到15%的经济性。”[73]在后来的试航中，“道加里”号创下了19.66节的惊人航速，成为当时世界上最快的巡洋舰。

“致远”级与“道加里”号的舰体对比情况可从以下两表得知：

表2 “致远”级与“道加里”号舰体主尺度比较[74]

	柱间长	型宽	型深	舯部吃水
“致远”	250英尺	38英尺	21英尺	16英尺
“道加里”	250英尺	37英尺	20英尺6英寸	14英尺6英寸

建造中的“道加里”号巡洋舰，可见其舰体线型与“致远”级极为类似（Tyne & Wear Archives）

丹麦国家档案馆保存的“道加里”型巡洋舰帆檣图，推测为阿姆斯特朗公司向丹麦推销时提供的图纸（Rigsarkivet）

可见，二者长度完全一致，而“致远”级在宽度、深度和吃水方面较“道加里”号略有增加。

表 3 “致远”级与“道加里”号舰体重量分布比较[75]

	舰体与舾装件	设备	武备	轮机	载煤	总重
“致远”	1275.8 吨（55.0%）	136.0 吨（5.9%）	209.2 吨（9.0%）	500.0 吨（21.5%）	200.0 吨（8.6%）	2321 吨
“道加里”	1005.2 吨（49.0%）	136.0 吨（6.6%）	143.0 吨（7.0%）	608.5 吨（29.6%）	160.0 吨（7.8%）	2052.7 吨

可见，“致远”级是在“道加里”号的基础上增大了舰体，增强了武备，增加了载煤量，并适当精简了动力系统（也导致了航速的下降）而成的一型巡洋舰。

舰体概貌[76]

“致远”级巡洋舰为钢制，柱间长250英尺，全长267英尺，型宽38英尺，型深21英尺，艏吃水14英尺，艉吃水16英尺。该型巡洋舰线形优美，舰艏为撞角艏，前部两舷外飘明显，水线以下部分呈深V形；舯部线形饱满，为圆舭形，并设计有舭龙骨；后部有较长的艉鳍，双螺旋桨，艉舵为不平衡舵，舰艉为巡洋舰艉。《英国海军情报部报告》称其有着“修长俊秀的外形”（long rakish appearance）。[77]

“致远”级是典型的艏艉楼型巡洋舰，甲板和舱室布局也可以从一般的艏艉楼巡洋舰布局中推知。“致远”级甲板共分为4层，最上一层为艏楼甲板（forecastle）和艉楼甲板（poop），次一层为主甲板（main deck），再下一层为下甲板（lower deck），也即防护甲板（protective deck），最下层为底舱夹层（platform deck）和底舱（hold）。其中舰舯部主甲板距水线6英尺3英寸，装甲甲板中部平段高出水线约1英尺，两侧倾斜段最低点低于水线约18英寸。装甲甲板平段厚2英寸，[78]倾斜段厚4英寸，还有防护舱口的倾斜装甲，在同时代的防护巡洋舰中防御能力较为突出。“致远”级还有纵贯全舰的双层船底，水下防御能力也较强。

“致远”级除艏柱和艉柱外，另有肋骨249根，每根肋骨间距为2英尺。该级舰的纵向分舱情况可以从保存在日本东京大学平贺让档案中的一张简图中得知。[79]其前部舱段长72英尺（88号肋骨到艏柱），包括储备品库房、锚链舱、前部弹药库、主炮液压机舱等舱室；前部煤仓长4英尺（88号肋骨到第90号肋骨）；随后的2个锅炉舱各长30英尺（58号肋骨到73号肋骨，73号肋骨到88号肋骨），外部均有煤仓包覆；后部煤仓长8英尺（54号肋骨到58号肋骨）；2个轮机舱各长24英尺（42号肋骨到54号肋骨，30号肋骨到

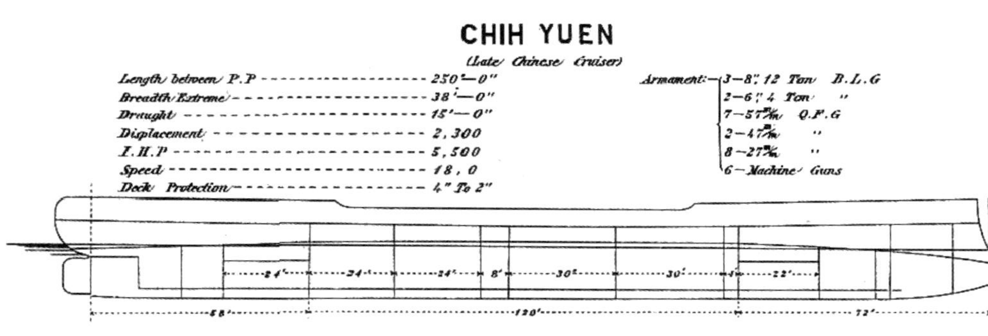

平贺让档案中的“致远”级纵剖简图

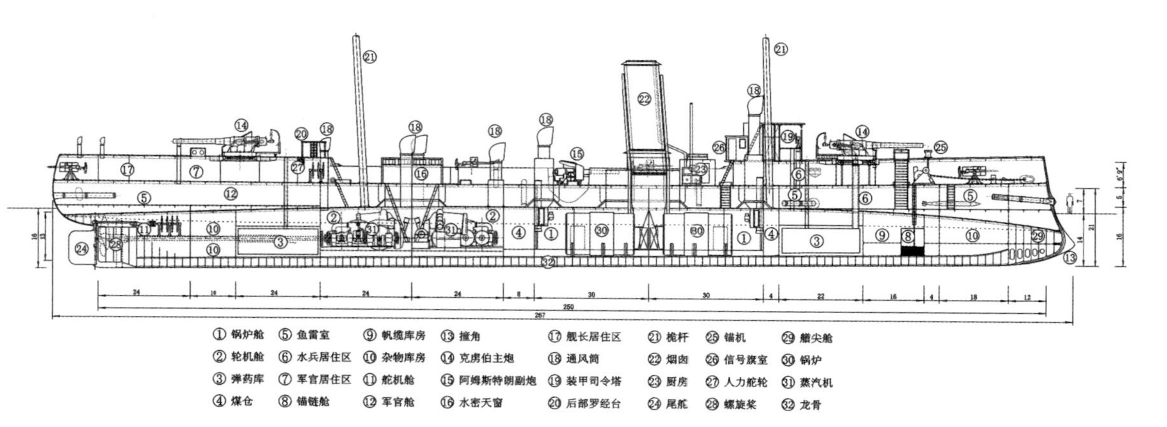

“致远”级纵剖推测图（刘烜赫绘）

42 号肋骨)，外部也有煤仓包覆；后部舱段长 59 英尺(艉柱到 30 号肋骨)，包括舵机舱、储备品库房、后部弹药库等舱室，其中后部弹药库长 16 英尺(22 号肋骨到 30 号肋骨)。整个防护甲板以下被划分为 60—70 个水密隔舱。

“致远”级的下甲板根据艏艉楼型巡洋舰布局的一般规律，前部为水兵住舱、前部和中部鱼雷室；中部为烟囱竖井、轮机舱舱口等，以及鱼雷检修室、技工车间等技术舱室，两侧布置煤仓；后部为军官、管轮住舱和后部鱼雷室。水兵住舱铺设柚木，军官、管轮住舱以桃花心木装饰。

“致远”级的主甲板前部为艏楼内部，布置士官、水兵住舱、病房等，并有哈菲尔德公司(Harfield & Co.)制造的蒸汽锚机等设备，左右各有 1 门哈乞开斯 6 磅速射炮，通过射击孔向外射击。

主甲板中部为露天甲板，前部为烟囱甲板室，包括烟囱竖井及厨房，烟囱甲板室两侧与舷墙之间有门式搁艇架，用以安放 2 艘 28 英尺蒸汽舢板(steam cutter)；烟囱甲板室侧后方各有 1 个水泵手轮[“致远”级水泵为伦敦斯通公司(Stone & Co.)制造]；烟囱甲板室后方为后部锅炉舱的通风筒，艏楼、烟囱甲板室与锅炉舱通风筒之间有飞桥连接(飞桥可拆卸)；后锅炉舱通风筒后是一大两小 3 个通风筒，估计通向前部轮机舱或下甲板的相应舱室；再向后为轮机舱天棚，呈双坡屋顶形，前后山墙面上有舱门，可沿梯下至轮机舱中。轮机舱天棚左右各有一通风筒，左前右后，分别为前后轮机舱通风之用；轮机舱天棚后方为后桅；中部主甲板最后方，艉楼甲板下方设置伦敦戴维斯公司(Davis & Co.)制造的人力舵轮。中部主甲板两侧有中空舷墙，内部可储存吊床；舷墙外侧固定有吊艇柱，从前向后依次挂有 28 英尺蒸汽舢板 2 只、26 英尺卡特艇 2 只、30 英尺纪格艇 2 只。[80] 中部主甲板两侧安设有各型火炮多门，从前向后分别为：1 磅哈乞开斯速射炮 2 门、6 磅哈乞开斯速射炮 2 门、6 英寸阿姆斯特朗炮 2 门(安装在舷侧耳台中)、6 磅哈乞开斯速射炮 2 门、10 管格林机关炮 2 门、1 磅哈乞开斯速射炮 2 门。

主甲板后部为艉楼内部，为沙龙、餐厅、舰长及军官住舱等，均以桃花心木装饰，横梁上未装饰线脚，而是敷以软木屑板外涂白漆。舰长住舱在艉楼最末端，内部左右两侧各有1门6磅哈乞开斯速射炮，通过射击孔向外射击。军官餐厅位于左舷，外侧有3个舷窗，顶部有两个棱镜天窗照明，餐厅的装修比较朴素，安装有一个设计精美的铸铁暖炉，上部为大理石面板。

艏楼甲板最前端可固定1门格林机关炮（用以在停泊时防御鱼雷艇），之后是各种锚缆设备。“致远”级装备有2只35英担的海军锚（Admiralty pattern anchor），1只12英担的辅锚和1只6英担的辅锚，共备有270节1⅝英寸直径的锚链；锚甲板后方为双联21厘米克虏伯前主炮塔；主炮塔后为装甲指挥室，“致远”级的装甲指挥室截面为椭圆形，内部尺寸为6英尺6英寸×5英尺6英寸，地板面积共29.26平方英尺，空间较为局促。指挥塔地板垫高，距离艏楼甲板6英尺3½英寸。指挥塔装甲及后部围壁装甲厚3英寸，底部设有1英寸厚的装甲管道，一直通到防护甲板层，保护通语管、液压管、电线等设备，指挥塔总重6.75吨。指挥塔观察窗约18英寸×4英寸，并有沿滑轨移动的薄板用以关闭。“致远”级的指挥塔内除液压舵轮、车钟等设备外，还装备有一套阿姆斯特朗公司发明的舰内通信系统（telegraph and communications），为此中国支付了400英镑的专利费。这套系统构成如下：舵轮前方设置有一个全舰火炮瞄准状态指示装置，由枪炮军官负责；左侧则为通语管和传令钟，枪炮军官以此与炮位上的军官进行交流，并纠正其瞄准中的错误，随后他可以下令同舷火炮齐射或单独发射。舰上的所有其他战位也通过此系统与指挥塔连接，包括鱼雷管在内，因此指挥塔内的军官也可以直接操控发射舰艏鱼雷。

指挥塔顶部为露天罗经舰桥，上有罗经、车钟、液压舵轮等航海设备，以及左右各1具直径60厘米、25000支烛光的曼金（Mangin）式探照灯，“电光巡灯照远二十海里”。[81]“致远”级共有3座维多利亚（Victoria）式电刷发电机，以3座托尔（Tower）式球形发动机驱动，设置在一个单独的隔舱中；一座发电机专门供给探照灯，另两座供应全舰电灯；全舰共有230盏（一说150盏）电灯，均为斯旺·埃德加（Swan Edgar）式，每盏16支烛光。指挥塔后方艏楼甲板上还布置有前桅、前锅炉舱通风筒、信号旗室等。其中信号旗室是应北洋水师总查琅威理的要求增加的，为指挥塔的后部钢板所保护，管旗军官可以在此处安全地整备、悬挂信号旗。艏楼甲板后方两侧还各有1门3磅哈乞开斯速射炮。

艉楼甲板前端为一标准罗经台，两侧各布置1门1磅哈乞开斯速射炮；罗经台后方为单联21厘米克虏伯后主炮塔；舰艉甲板上也可安装1门10管格林机关炮；舰艉还设有收放1只15英尺定纪艇的吊杆。

“致远”级的前后2根桅杆均设有战斗桅盘，前桅盘安装有2门1磅哈乞开斯速射炮，后桅盘上安装2门10管格林机关炮。两根桅杆均可悬挂三角帆与纵帆。

根据保存在英国国立海事博物馆（National Maritime Museum）、巴罗因弗内斯坎布里亚档案馆（Cambria Archive Service，Barrow in Furness）和纽卡斯尔探索博物馆（Newcastle Discorvery Museum）的“致远”级设计早期的原厂模型照片来看，[82]该舰在设计之初与建成状态至少有以下一些差异：

1. 模型上前主炮塔前方有较高的防浪板，建成状态没有。

2. 模型上没有信号旗室，建成状态有（琅威理要求增加）。

3. 模型上没有后部罗经平台，罗经直接放置在艉楼甲板上，建

“致远”舰原厂模型照片（Newcastle Discovery Museum）

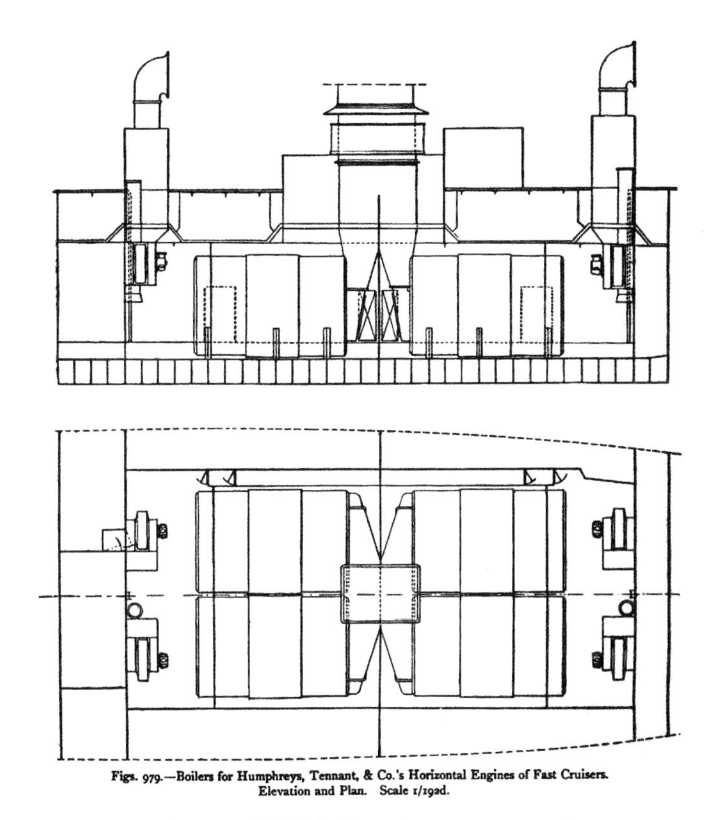

“致远”级锅炉舱纵剖、平面图（*The Steam Engine*）

成状态有罗经平台。

4. 模型上舢板为2艘蒸汽舢板、3艘纪格艇、1艘定纪艇，建成状态为2艘蒸汽舢板、2艘卡特艇、2艘纪格艇、1艘定纪艇（琅威理要求增加）。

动力系统[83]

“致远”级的动力系统由4座圆柱形海军型锅炉（Navy type boilers）和2座卧式三涨蒸汽机组成。

“致远”级的锅炉为4个直径11½英尺，长度18英尺的海军型锅炉（直焰锅炉，direct tube boiler），总重量260吨，布置于前后2

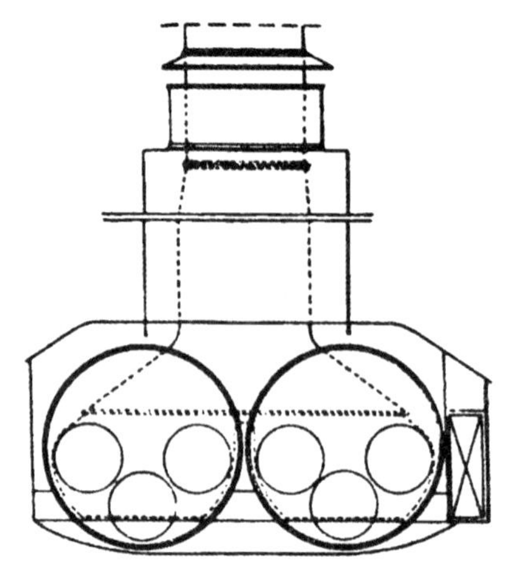

“致远”级锅炉舱横剖图
（*The Steam Engine*）

个锅炉舱中。锅炉的工作压力为135磅/平方英寸。每个锅炉有3个钢制炉膛，直径为3英尺8英寸，以及442条烟管，直径为2½英寸，长度为5英尺8英寸。每块炉篦宽3英尺8英寸，长7英尺4英寸，每个锅炉的炉篦面积为80½平方英尺，受热面积为2281平方英尺。每个锅炉舱与1个大通风筒连通，通风筒末端安装有强压通风使用的风扇。

“致远”级烟囱截面长8英尺5英寸，宽6英尺3英寸，高度从炉篦平面起算为50英尺10英寸。

“致远”级的三涨式蒸汽机分别安装在前后两个轮机舱中，任何一个锅炉都可直接驱动任何1座或2座轮机，这种锅炉——轮机间的切换可以在航行时进行，因此在数座锅炉损失的情况下也能由剩余的锅炉驱动轮机继续航行。锅炉舱与轮机舱之间以滑动式水密门相连，水密门可从底舱或甲板上操控开关，据称因水密门位置太低，两个轮机舱之间沟通较为不便。蒸汽机为伦敦亨弗利斯·泰南特公司（Messrs. Humphrys, Tennant & Co.）制造，总重量200吨，有高压、中压、低压3个汽缸，直径分别为30英寸、44英寸与68英寸，活塞冲程为3英尺，汽缸面积比为1∶2.15∶5.14；前两个汽缸中心轴间距为4英尺4英寸，后两个汽缸直径为5½英尺；三个汽缸紧密贴合，高压与低压汽缸的滑阀室位于其外侧，中压汽缸的滑阀室位于其顶部；三个汽缸的活塞杆直径均为6英寸，连杆长度为6英尺；曲轴

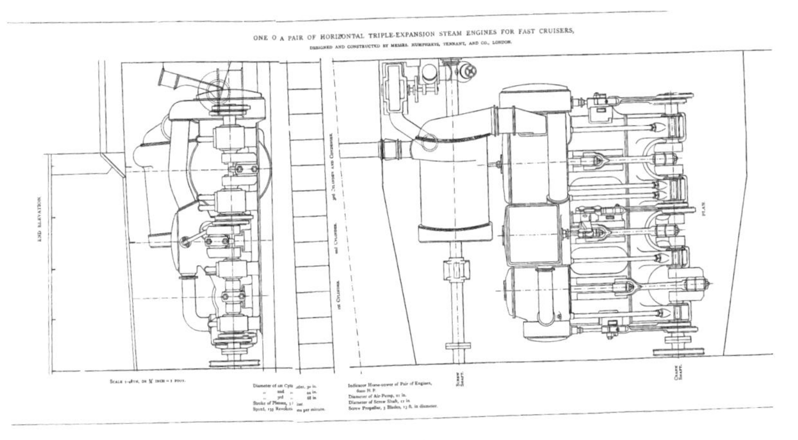

“致远”级轮机舱纵剖、俯视图（*The Steam Engine*）

直径为12英寸，被4个轴承支撑，其中高压汽缸两侧的轴承长17英寸，低压汽缸两侧的轴承长24英寸；曲柄销直径为12½英寸，长度为12英寸。曲柄销和曲轴均为中空，内径5英寸。螺旋桨轴为中空，外径11英寸，内径6英寸，两个桨轴间距17½英尺。

冷凝器材质为青铜，呈圆柱形，壁厚3/8英寸，外径为5¼英尺，两个凝水管基板间距为7英尺。一个冷凝器有2627根凝水管，凝水管外径为3/4英寸，壁厚0.05英寸。冷凝蒸汽的海水由一个直径3英尺的离心泵进行循环。底部有一个直径21英寸的空气泵，连接到低压汽缸活塞上，抽取冷凝器内的凝结水与空气。

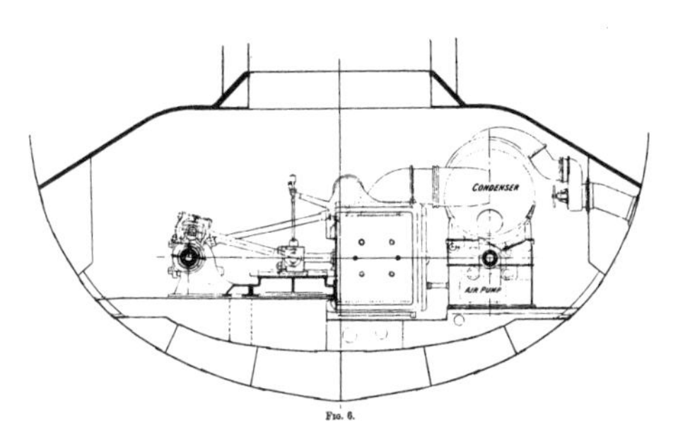

“致远”级轮机舱横剖图（*The Marine Steam Engine*）

“致远”级的轮机在指示马力为6000匹时，每分钟转速为135转，活塞速度为每分钟810英尺。在常压条件下，马力为2733匹；强压通风（2英寸水柱压力）条件下，马力可达到6892匹。设计常压条件航速为15节，强压通风航速为18节。

“致远”级的螺旋桨直径为13英尺，桨距为17英尺，每个螺旋桨有3片桨叶，桨叶斜度为17.5%，桨叶面积为48平方英尺，桨盘面积为132.7平方英尺，桨盘面积比为0.362。

“致远”级正常载煤200吨，满载煤量430吨（又有记载为450吨、520吨），在15.6节航速下200吨煤可航行840海里（54小时），430吨煤可航行1820海里（117小时）；在10节航速下200吨煤可航行4150海里（415小时），430吨煤可航行8900海里（890小时）。以经济航速航行每日耗煤18吨。

“致远”级的舵机位于装甲甲板以下，舵柄可向左右各转动32度。该舰在锅炉舱与轮机舱之间还安装有一个液压机，用以驱动舰上的液压设备，如液压舵轮、液压扬弹机、主炮旋回设备、收放舢板设备等。

武器系统[84]

“致远”级的武器系统包括火炮、鱼雷和撞角等。在怀特的最初设计中，主炮、副炮配置与“济远”级完全相同（前部21厘米双联主炮两座，后部单联15厘米/6英寸副炮一座），但后来进一步修改了设计，增加了1门21厘米炮和2门15厘米炮，以及各种速射炮、机关炮等，因此两艘“致远”级舰总价由285000镑涨为364110镑。[85]

修订设计后的“致远”级火炮系统包括1座双联装21厘米口径克虏伯前主炮，1座单装21厘米口径克虏伯后主炮，2座单装6英寸阿姆斯特朗侧舷炮，8门6磅哈乞开斯速射炮，2门3磅哈乞开斯速射炮，8门1磅哈乞开斯速射炮，以及6门格林10管机关炮；鱼雷管为4具14英寸刷次考甫鱼雷发射管。

“致远”级主炮为克虏伯21厘米口径后膛炮，与“济远”级、“经远”级装备的主炮相同，一座双联装炮塔安装在艏楼甲板上，炮

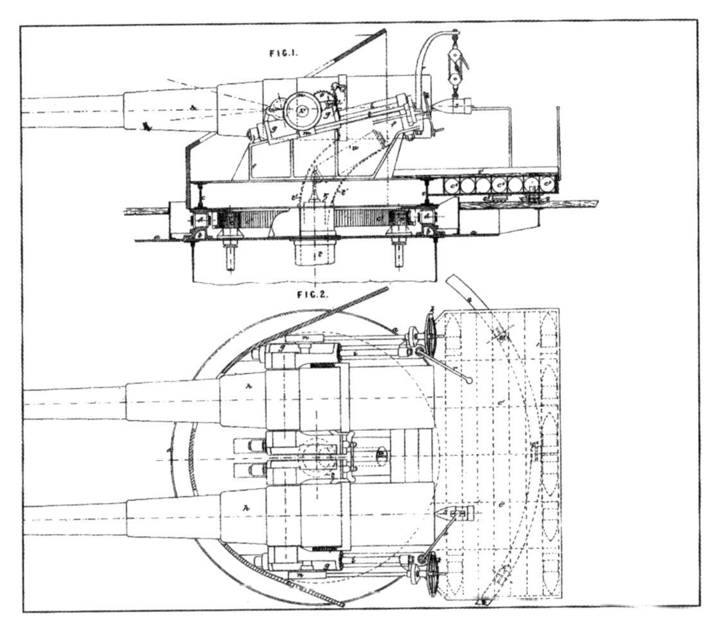

“致远”级主炮设计原图，注意图上绘制的仍是阿姆斯特朗式火炮（*Warships for Export*）

口距离水线约 19 英尺；一座单装炮塔安装在艉楼甲板上。火炮身管为 35 倍径，长 24 英尺，重 12.8 吨。[86] 全舰配备通常榴弹（common shell）45 发、钢榴弹（steel shell）15 发、榴霰弹（shrapnel shell）15 发、盒弹（case shell）6 发、穿甲弹（steel shot）69 发，共计备弹 150 发，平均每门炮备弹 50 发。其中钢铁榴弹重 308.6 磅，发射药重 99 磅，炮口初速为 1804 英尺 / 秒，炮口穿甲深度为 18.3 英寸，炮口动能为 6971 英尺吨。

“致远”级副炮为阿姆斯特朗 6 英寸后膛炮，安装在主甲板中段的左右舷侧耳台中，炮口距离水线约 10 英尺。火炮身管为 35 倍径，重 4.75 吨。炮弹重 100 磅，发射药重 50 磅。

21 厘米主炮和 6 英寸副炮均安装在新颖的瓦瓦司式中心枢轴炮架（Vavasseurcentre pivot mounting）上。这种炮架的原理是利用液压筒吸收火炮后坐时的动能：上炮架两侧各固定一个液压筒，下炮架与液压筒中的活塞相连（左侧活塞杆在后，右侧活塞杆在前），活塞头上有一个圆片，可绕液压筒内壁的来复线转动，活塞头和圆片上

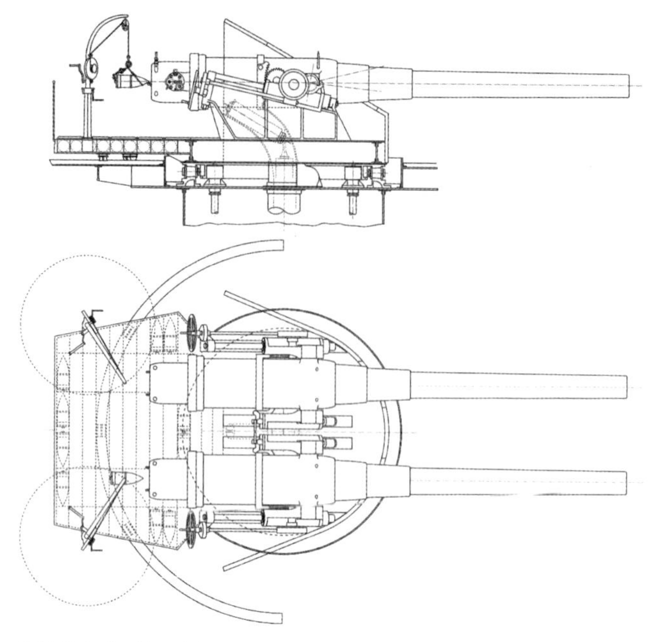

“致远”级前主炮图（方禾绘）

设有错开的缺口；在火炮后坐过程中，上炮架带动液压筒后退，左侧活塞头插入液压筒，右侧活塞头抽离液压筒，左侧液压筒内的液体通过管路流入右侧液压筒，同时两个活塞上的圆片绕来复线转动，缺口逐渐闭合，最终液体因无法流动而终止后坐。当后坐结束后，炮身在自身重力的作用下复进。在这一过程中，火炮的后坐力转化为液体在液压筒壁上的压力。这种独特的设计使得火炮的后坐行程在不同的装药量情况下基本一致，并且整个后坐行程比较平稳，炮手还可以在火炮后坐过程中持续操瞄。

“致远”级前主炮还采用了液压旋回系统，液压机安装在防护甲板下方的液压机舱里。双联前主炮中央有一个液压弹药提升装置，“水力机器并可用以由药房取弹子及火药至炮处，且可装运钢筒，自穹甲舱面通至前高舱，于交战时应用火药、弹子可由筒内运至炮处”[87]。后主炮以人力旋回，但也有液压弹药提升装置。前后21厘米炮炮盾厚度均为2英寸，前部炮塔后部还有供战时安放弹头的储弹格（每门炮储弹14发）和提弹吊臂。前后主炮均备有电气夜间操

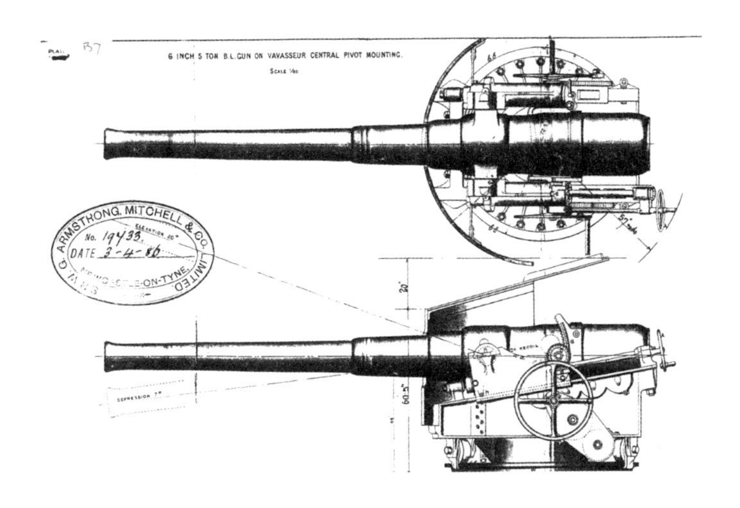

Six in BL on Vavasseur Centre Pivot Mounting. (Elswick Ordnance Plans.)

“致远”级副炮图纸（*Warship 2002–2003*）

瞄装置，这在当时的军舰上是绝无仅有的。

6英寸副炮最大仰角为20度，最大俯角为7度，炮身位于炮架最低点时炮身中轴线距离主甲板44英寸，上炮架的后坐行程长24英寸。炮盾厚度也为2英寸。

21厘米主炮射界为从船体龙骨线起算左右各135度，6寸副炮射界为垂直龙骨线左右各约80度。

“致远”级在琅威理的建议下安装了电控火炮齐射系统，价格为2200镑。[88]在火炮试验中，“致远”舰曾以主炮进行电控齐射试验，在1.6秒与3.8秒的时间里分别进行了一次强装药的射击。在

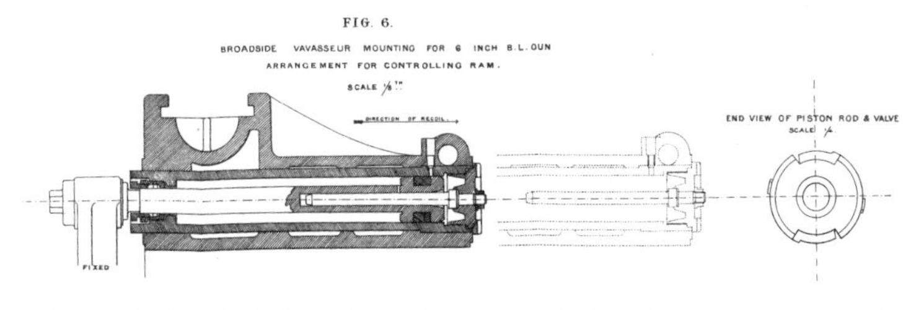

瓦瓦司炮架的液压驻退管和活塞头（*Transaction of the Institution of Naval Architects, 1887*）

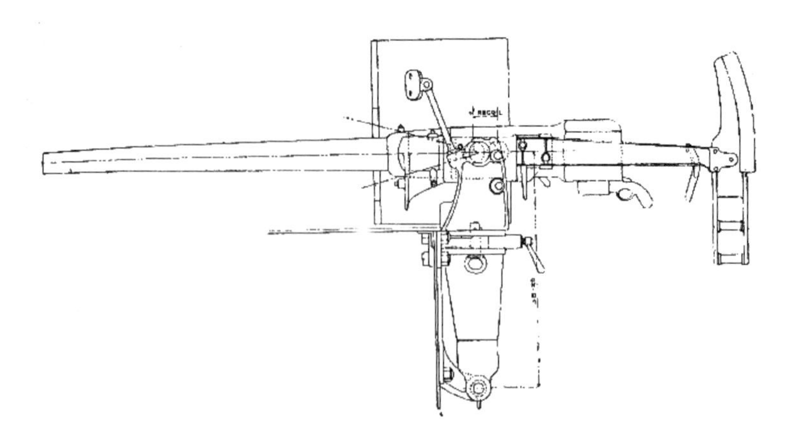

阿姆斯特朗公司生产的一种6磅速射炮，推测为“致远”级装备的型号

齐射中，舰体会有7至10度的倾斜，但对舰体结构并没有造成任何影响，舰上的电灯也几乎没有变暗。但《英国海军情报部报告》也指出，“致远”级的主炮过于暴露，尤其是前主炮塔将成为明显的目标。在高速航行时主炮可能无法操纵，即便是在静水中，前部鱼雷管造成的兴波也会严重妨碍主炮的射击。6英寸副炮则位置过低，易于进水。

“致远”级还有数量众多的小口径火炮。8门6磅哈乞开斯速射炮均布置在主甲板层：艏楼内左右各1门，舰体中段舷墙内左右各2门，艉楼内左右各1门。这种速射炮口径为57毫米，身管长8英尺3英寸，为40倍径，重805磅，安装在有液压驻退管和弹簧复进机的速射炮架上，可发射6磅的钢榴弹或通常榴弹。

2门3磅哈乞开斯速射炮布置在艏楼甲板装甲指挥塔的两侧。这种速射炮口径为47毫米，身管长6英尺8英寸，为40倍径，重507磅。可发射3.32磅的钢榴弹或通常榴弹。可以作为舢板炮使用。

8门1磅哈乞开斯速射炮的位置为：前桅战斗桅盘内2门，中段舷墙内左右各2门，艉楼甲板上左右各1门，其中艉楼上的2门在海战中会妨碍后主炮的射击，因此须被拆除。这种速射炮口径为37毫米，身管长2英尺9英寸，为17倍径，重72.7磅，可发射1.11

磅的钢榴弹或 1 磅的通常榴弹，可以作为舢板炮使用。

6 门 10 管格林机关炮的位置为：后桅战斗桅盘内 2 门，中段舷墙内左右各 1 门，另 2 门安装在舰艏和舰艉的炮架上，海战时须拆除。这种机关炮口径为 0.45 英寸，身管长 4 英尺 11 英寸，炮身重 444 磅，可发射 480 格令（grain，重量单位）的铅弹。“致远”级装备的是较新式的 1886 式格林炮，采用阿克尔（Accle）式弹夹供弹，在炮管外有水冷套筒设计。

“致远”级装备有 4 具 14 英寸刷次考甫鱼雷管，均安装在下甲板层。舰艏鱼雷管固定安装在舰艏水线偏上的位置；舰艉鱼雷管固定安装在舰长住舱以下的舰艉中线位置，可以在舰长室中以电控发射；两具舷侧鱼雷管安装在舰体偏前方的左右舷侧，射角为从垂直龙骨线起算向舰艏方向 45 度，在正上方位置的主甲板层有 2 个鱼雷瞄准窗口。该舰还配有一个可拆卸式鱼雷回收吊车，可装置于左舷。鱼雷管的发射气压为 90 磅至 150 磅每平方英寸。1884 式 14 英寸刷次考甫磷铜鱼雷长 14.5 英尺，射程约 400 码，航速 22 节，战斗部为 45 磅的湿棉火药。“致远”级共备雷 12 枚。

此外，“致远”级还配有马梯尼·亨利步枪 40 支、左轮手枪 15 支等轻武器。

总的来说，“致远”级巡洋舰虽然参照了“济远”级的标准，但通过怀特匠心独运的设计，在航速、武备、防护、续航力等诸多方面均超越了后者，因此安德鲁·诺布尔称其为“同级别、同排水量的军舰中最强大者”[89] 也并非吹嘘之词。在北洋海军的主力舰中，“致远”级技术先进、航速超群、火力强大，堪称最为耀眼的新星。英国《陆海军公报》（*Army and Navy Gazette*）曾如此评价“致远”级：“虽然这不啻一种耻辱，但事实是琅威理提督指挥下的中国舰队中的两艘巡洋舰结构之新颖性超过了我们同级别的任何军舰。在航速这一点上，这两艘埃尔斯威克公司建造的无装甲军舰无法被我们的任何快速巡洋舰追上。她们的航速接近 19 节。她们火炮的旋回性能和操作性能极为迅捷，当在朴次茅斯鸣礼炮时，火炮在射击间隙几乎没有时间进行擦拭，两门舰艏炮尤其是连续怒吼不停。”[90]

但“致远”级终究只是一型小型防护巡洋舰，虽然中国方面对其寄望颇高，怀特在设计时也煞费苦心，然而囿于排水量、吃水深度等指标的限制和经费的掣肘，这型军舰远不可能做到完美，最受诟病的一点就是其配备的火炮过重，而如此小的舰体绝非重型火炮的良好射击平台（相比于“致远”级齐射造成7至10度的倾斜，“经远”级主炮发射仅会造成1.5度的倾斜）。[91]在之后的小型防护巡洋舰设计中，阿姆斯特朗公司开始转向配备6英寸以下的速射炮，只有在部分3000吨以上的巡洋舰上才会安装8英寸炮。“致远”级应中方的要求，在增强了火力的同时精简了动力系统，令其航速甚至不如母型“道加里”号巡洋舰，这显然有悖于阿姆斯特朗公司一贯的“航速至上”原则，因此“致远”级在“埃尔斯威克巡洋舰”的大家族中，也注定是一个异类。

“致远”级的建造

两艘“致远”级巡洋舰分别于1885年10月20日和29日在阿姆斯特朗埃尔斯威克船厂开工建造，船厂编号为493、494。[92]根据合同，二舰将分别于18和21个月内建成。此时的埃尔斯威克船厂经过了两年多的建设，所有设施已经基本完备，菲利普·瓦茨也已经接替威廉·怀特，开始负责船厂工作。福建船政此次亦派出匠首陈和庆负责验料，艺徒张启正、林鸣埙（船政前学堂制造班第二届）二人驻厂监造。

据埃尔斯威克船厂1885年11月26日的报告称，该厂已与亨弗利斯·泰南特公司签署了二舰的轮机合同；此时二舰的放样工作已经完成，并已开始准备舰材，龙骨即将开始铺设。[93]两个月之后，1886年1月28日的船厂报告则记录道，两艘中国巡洋舰进展迅速，第一艘巡洋舰已经安装上了40吨的舰材，第二艘巡洋舰也在482号巡洋舰（后来的“道加里”号）下水后腾出的船台上铺设了龙骨。[94]

然而天有不测风云，1886年1月，埃尔斯威克船厂发生了“黑色小组”（black squad）罢工事件，所谓“黑色小组”指的是角铁工、板材工、铆钉工、錾工、舱工等。事情的起因是由于造船业的持续低迷，克莱德河（River Clyde）流域的造船厂家工资普遍比泰恩河流

“道加里”号的下水礼台，照片中可见三名中国人，推测即为监造“致远”级的陈和庆、张启正、林鸣埙三人（Tyne & Wear Archives）

域的低，因此阿姆斯特朗公司董事会决定从1月6日降低这些造船工人的工资。同日，埃尔斯威克船厂爆发了集体罢工，直到2月25日在工人与董事会达成了劳资协议后方才复工。但罢工平息后随之而来的又是大半个月的降雪，直到3月17日才停止，“致远”级的建造因此受到了严重影响。此后，埃尔斯威克船厂开始动员工人全力赶造二舰。

4月28日，中国继任驻英公使刘瑞芬抵达伦敦，曾纪泽随即卸任，但他并未立即返华。5月17日，他来到纽卡斯尔，第一次亲自验视自己一手订购的巡洋舰。他此行在纽卡斯尔逗留3天，其间在诺布尔、瓦茨、戴尔（Henry Dyer，阿姆斯特朗公司钢铁厂负责人）等人的陪同下参观了船厂、炮厂、炮架厂、绘图房等处；随后他又受阿姆斯特朗勋爵之邀，到克拉格塞德别墅做客两天，并在此观摩了格林炮和哈乞开斯炮的试射。[95]

5月27日，根据埃尔斯威克船厂报告的记录，第一艘巡洋舰的

“致远”舰下水礼台（National Maritime Museum）

准备下水的“致远”号巡洋舰（National Maritime Museum）

准备下水的“致远”舰（National Maritime Museum）

装甲甲板已经接近完工，舷侧列板基本铺设到了装甲甲板的位置，装甲甲板以上的骨架材料也已全部准备就绪，等待安装；第二艘巡洋舰装甲甲板以下的骨架也已全部完工，装甲甲板正在施工。[96]7月21日，曾纪泽又来到亨弗利斯·泰南特公司，查看了巡洋舰所用的锅炉："一具已成，未摩擦，一具半成。"[97]

7月29日，埃尔斯威克船厂报告记录道，第一艘巡洋舰已经在敷设干舷的板材，进展很快；第二艘巡洋舰的防护甲板也即将完工，板材已敷设到了舭部。[98]刘瑞芬于9月4日致电李鸿章，称第一艘巡洋舰将于9月初下水，请其酌定舰名，李鸿章于次日答复："新快船二，拟名'致远''靖远'"。[99]

1886年9月29日，被命名为"致远"号的493号巡洋舰做好了下水的准备。但不巧的是驻英公使刘瑞芬和前任驻英公使曾纪泽当时都不在英国（刘瑞芬在俄国；曾纪泽在法国马赛，准备回国），因此代表中方参加下水仪式的是参赞凤仪、李经方等6人。英方代表则包括萨德利勋爵（Lord Sudeley，即 Charles Hanbury-Tracy，第四代萨德利男爵，英国自由党政治家）、诺布尔、P. B. G. 威斯特马考特（Westmacott，默西船坞工程师）等人。下水仪式是中式的，下水礼台上陈设着香炉、烛台等物品。当工人们解开系缆，"致远"舰白色修长的舰体缓缓滑入泰恩河时，河边摆放的礼炮齐鸣。下水仪式结束后，礼宾们聚集在船厂的模型室，萨德利勋爵受邀致祝酒词，他首先举杯道："祝'致远'成功！"（Success to the *Chih Yuen*），然后接着说道：

> "致远"是一艘非常美的船，所有目睹她下水过程的在场来宾都不会否认这点。但她的名字有些特殊，意思是"去往远处并摧毁经过的一切"（Go to a far distance and demolish all you come across）。"致远"是埃尔斯威克公司长期以来主张的巡洋舰形式的又一作品。她排水量2300吨，航速约18节，装备3门8英寸炮、2门6英寸炮和许多小型火炮。无疑，在与她相似的尺寸和类型的军舰中，她的性能将是最为强大的。我很高兴地了解到，负责监造的中国监工称他们对这艘军舰完全满意。阿姆斯特朗·米切尔公司完成了一项伟大的任务。他们需要节

约劳动力；他们需要节约时间；他们还需要节约资本，而在这艘下水的军舰上我认为他们做到了所有以上这些。我们衷心地祝贺大清帝国，相信这艘军舰能为其带来荣耀。我肯定以上这些话足够让我们举杯，在欢呼声中一饮而尽。我相信未来，只有未来能够表达我的希望，这艘军舰将在以后许多年里令公司声名远扬，并成为中国海军强大力量的一部分。

凤仪则代表中方致答谢词，他早年曾就读于京师同文馆，随蒲安臣（Anson Burlingame）使团出访，后来长期担任驻英使馆翻译、参赞，英语极为娴熟。他首先感谢了英方对这艘巡洋舰和大清国的良好祝愿，他表示：没有国家像英国和中国一样如此和平友好地相处，他相信两国的友谊将地久天长。虽然中国建造的是军舰，但它将更多地用来防御，而非进攻。他同时也感谢了阿姆斯特朗·米切尔公司的工作；他相信当这艘巡洋舰回到中国后能够胜任所有任务。然后，他还纠正了萨德利勋爵对"致远"舰名字的翻译："这艘巡洋舰将无所不能及，有什么敌人是她不能打败的呢？"（There is no distance to which this cruiser cannot extend, and what enemies is she not

埃尔斯威克船厂的船台，最右侧一艘为建造中的"靖远"舰（National Maritime Museum）

“靖远”舰下水礼台，右四为中国驻英公使刘瑞芬，左三为马格里
(Newcastle Discovery Museum)

able to overcome? ）最后，他又举杯道：“祝威廉·乔治·阿姆斯特朗爵士·米切尔公司成功！”[100]

此时，“致远”舰的轮机已经从亨弗利斯·泰南特公司运来，下水后便立即开始了轮机的安装工作；而“靖远”舰的建造工作也进展顺利，至12月中旬，阿姆斯特朗公司已经做好了该舰的下水准备。这次刘瑞芬亲临纽卡斯尔，参加“靖远”舰的下水仪式。

12月13日，刘瑞芬率参随武弁六人赴纽卡斯尔。“阿厂总办诺布尔先在迎候，因同至其宅，寺筵钦享，其意甚殷。”14日，是“靖远”舰下水的日子，刘瑞芬在日记中记录道：

> 是日为中国定造之第二号快船名“靖远”下水之期，余应临厂观验。厂中设西乐，届时奏乐升炮，齐声喝彩。快船下水，试行如式。因遍观该厂千门万户，阔大无朋，每日工匠一万二千余人，制造各炮巧妙难状。

随后，刘瑞芬又前往克拉格塞德别墅做客，“阿（阿姆斯特朗）年已七十六，白发萧然，精神甚健，设筵钦待，备级敬恭”。刘瑞芬在克拉格塞德别墅小住一日，于12月15日返回伦敦。[101]

试航中的“致远”舰（Newcastle City Library）

对于“靖远”舰的下水，英国一些媒体也进行了报道，英国人将“靖远”舰的名字翻译为“令远方疆土安定和平之舰”（Tranquillizer and Peacemaker of distant regions）。[102]

1887年1月19日，“致远”舰首次试轮，结果令人非常满意；“靖远”舰下水后则停泊在泰恩河边，进行轮机的安装。[103]3月14日，北洋水师总查琅威理抵达伦敦，随即于16日至18日前往纽卡斯尔，视察了二舰的建造工作。此时“致远”舰已经基本完工，“靖远”舰则落后大约1个月的进度。16日和17日，“靖远”舰也在锚地进行了轮机测试，结果同样令人满意，并准备于29日出海进行初次试航。[104]

至1887年5月，两艘中国巡洋舰的舰体和轮机已经完全建成，并进行了所有项目的试验，但武备仍没有全部就绪。5月4日，泰恩河畔沃森德（Wallsend）的趸船和船坞公司的新船坞启用，“致远”舰有幸成为第一艘入坞整修的舰船。上午11时30分，“致远”舰旗幡招展，舰艉悬挂龙旗，抵达坞口。当该舰穿过坞门处的蓝色丝带时，丝带被礼宾剪断，“致远”舰遂缓缓进入船坞。[105]7月8日和9日，二舰分别进行了公试，军舰在顺流和逆流的情况下各航行两次，然后取其平均值，结果测得“致远”舰在常压情况下轮机马力为3733匹，航速15.26节；强压通风情况下测得马力6892匹，航速18.536节，比设计航速多出半节；二舰还进行了火炮测试，小口径火炮每门发射10发，大口径火炮每门发射7发。试航试炮圆满成功。[106]

远在北京的曾纪泽也在关心着两艘巡洋舰的进展，他此时已担任兵部左侍郎、帮办海军大臣。他于6月25日写信给马格里，信中说：

> 我非常高兴读到两艘阿姆斯特朗巡洋舰的良好状况。德国政府要订购阿姆斯特朗式巡洋舰的事非常奇怪。但无疑，大不列颠在舰船技术和其他许多方面居于领先地位。我认为，中国人再也不会订购德国军舰了。[107]

中国海军再赴纽卡斯尔

在巡洋舰仍在建造之时，如何将其驶回中国的问题就被提上了议事日程。北洋水师曾于1881年赴英接收“超勇”“扬威”，因此这次接舰自可仿照前例。1886年6月，许景澄写信给李鸿章，建议仍派遣北洋水师官兵赴欧接舰，但李鸿章不以为然：“现船管驾正不敷用，焉得大队可遣，恐须仍由该厂雇人包送，临时派数员随同学习照料。”[108]9月，他在寄给刘瑞芬的信中也说：“唯现在中国水师人才甚少，已来之舰，员弁尚不敷调遣，兵勇操练亦未甚精，实属无可分派……请由英、德两厂各订合同，包送来津。”[109]

直到11月，丁汝昌、琅威理赴津，与李鸿章面商了此事。根据丁、琅的建议，可由琅威理于次年春天请假回英之际，选派北洋水师官兵一同前往，将舰驶回，每舰另须雇洋管轮二三人帮驾。[110]李鸿章对此表示首肯，并致电许景澄、刘瑞芬。但或许是许、刘二人误解了李鸿章的意思，仍以为须在英、德觅雇船主。[111]李鸿章于是又致电已返回旅顺的丁汝昌，令其询问琅威理：“华员管驾，洋弁帮驾，究可靠否？”[112]在接到琅威理肯定的答复后，李鸿章方才定计，以中国军官担任管带，另添雇洋员管轮，共同将军舰驾驶回华。[113]1887年2月27日，李鸿章上《派员出洋验收驾驶订造快船回华折》，奏报由琅威理总理接船事宜，先行启程赴欧；原“扬威”舰管带邓世昌担任营务处并管带“致远”舰，原“超勇”舰管带叶祖珪、原“康济”舰管带林永升、原“镇中”舰管带邱宝仁分别管带“靖远”“经远”“来远”舰，官兵共400余名将于农历二月末由天津启程，前往英、德两国接舰。[114]

琅威理于1887年1月27日从上海先期启程前往英国，[115]并于3月14日抵达伦敦，随后他先后赴阿姆斯特朗公司与伏耳铿公司，查验四舰，并提出了改进意见。

另一方面，丁汝昌也在国内紧张地进行着大队人马出发前的筹备，“余上月廿四日（1887年3月18日）由沽起身，又到旅料理各事，住两日，昨日（1887年3月25日）带全军来威海，调度弁勇出洋之事”。[116]4月5日，轮船招商局“图南”轮驶抵威海，旋于10日起航，满载着500余名北洋水师官兵航向欧洲。[117]

1887年6月7日的《希尔兹每日公报》（*Shields Daily Gazette and Shipping Telegraph*）登出了一篇题为“泰恩河畔的天朝人——他们来自中华的旅程”（Celestrials on Tyne-side：Their Trip from the Flowery Land）的文章，文中称，“图南”号离开威海卫后，在罗伯特·安德任（Robert Andren）船长的指挥下，经过了新加坡、科伦坡、塞得港，一路风平浪静。但有两名中国水兵在途中去世，因中国无海葬传统，所以他们被分别安葬在红海中的一处小岛与苏伊士运河边的城市伊斯梅利亚（Ismailia）。经过了48天的航程后，“图南”号于5月28日抵达泰恩河，停泊于纽卡斯尔码头区对面的南岸。[118]中国人的到来迅速吸引了纽卡斯尔民众的注意，6月4日，中国人三五成群地走上街头，走进酒吧，一路招摇过市。《纽卡斯尔新闻报》（*The Newcastle Courant*）评论道：“他们的行为与他们的邻国日本人有着奇怪的不同，日本人总是保持着节制，并且普遍行动安静。”[119]

中国水兵中的“怪病”还在蔓延，6日和7日，又先后有两位中国水兵在纽卡斯尔医院（Newcastle Infirmary）去世，分别为连金源（21岁，福建闽县人）和陈受富（30岁，福建侯官人）。9日早晨4时，在叶祖珪、吴敬荣等军官的带领下，一队大约40名水兵来

纽卡斯尔泰恩剧院（张黎源摄）

到了医院，将死者的棺材从太平间抬到灵车上，随后队伍穿过城市，到达埃尔斯威克的圣约翰公墓（St. John’s Cemetery），此时已有大约200名纽卡斯尔市民闻讯赶来观看中国人的葬礼。在圣约翰公墓中，安葬着两位1881年接收“超勇”“扬威”过程中去世的中国水兵袁培福、顾世忠，此次去世的两位水兵与他们比邻而葬。当棺材被放入墓穴时，所有的官兵都跪倒在地，磕了五六个头，随后将墓穴填上土，官兵们又在墓前烧了一堆纸钱，才完成了葬礼。[120]数日后，又有一位中国水兵——福建闽县的陈成魁去世，同样被安葬于圣约翰公墓。困扰中国水兵的这种“怪病”很可能是脚气病，病因是维生素 B_1 缺乏，这可能与北洋水师官兵（尤其是南方籍官兵）以精白米为主要食物有关。

13日晚，所有的中国官兵一起来到泰恩剧院（Tyne Theatre），官兵呈四列纵队行进（大约是以四艘军舰划分），当每位军官进入剧院时都会递上一张写有中文和英文名字的深红色名刺。几乎一半的前厅座位都坐满了水兵，军官们则坐在楼座的前排，琅威理、邓世昌和邱宝仁则占据了一个包厢。军官们颇有君子风度地摇着扇子，这反而使英国人大跌眼镜，因为在欧洲只有淑女才会这么做。晚上10时半演出结束时，台上唱起了英国国歌《天佑女王》（God Save the Queen），但中国官兵们浑然不觉，仍然坐在座位上，直到一位军官意识到散场才集合队伍离开。[121]

17日，“图南”号载着291名官兵，在琅威理的率领下起航离开纽卡斯尔，他们将去士旦丁接收在那里建造的“经远”号和“来远”号，留在纽卡斯尔的官兵则由邓世昌、叶祖珪等率领，登上“致远”号和“靖远”号，开始处理各种杂务。[122]7月8日、9日，二舰在满载着中国官兵的情况下完成了试航。

7月11日，纽卡斯尔迎来了一件盛事，威尔士亲王（后来的英王爱德华七世）在两个儿子的陪同下抵达纽卡斯尔访问。13日下午，亲王一行前往埃尔斯威克参观，阿姆斯特朗勋爵、诺布尔上校、萨德利勋爵等阿姆斯特朗公司的负责人陪同。在参观了火炮车间后，

“致远”舰军官合影，第二排左四为邓世昌，左五为琅威理。拍摄于赴英接舰期间（*The Graphic*）

一行人又来到船厂，此时“致远”舰正停泊在河中，而“靖远”舰正好停泊在岸边，于是该舰便鸣21响礼炮致意。威尔士亲王随即来到“靖远”舰上，中国水兵已在甲板上列队，在亲王登舰时一齐敬礼。琅威理（已从士旦丁返回）、邓世昌、叶祖珪等军官分别受到了威尔士亲王的接见。[123]

7月18日，中国海军再次亮相，纽卡斯尔有一项传统的军事锦标赛，通常由陆军、海军或志愿兵参加，而这一次，他们却迎来了来自中国的贵客。中国海军在琅威理的率领下到达，受到了热烈的欢迎。锦标赛委员会还专门为中国官兵设置了一项比赛项目：四个人依次扔一个16磅的沙包，抓住沙包次数最多者胜出。《纽卡斯尔新闻报》记述道：“虽然这项比赛看上去简单，却需要付出很大的努力，结束时两个水兵还进行了一个华丽的技巧表演。担任裁判的是陈金揆都司，参加的军官有管轮郑文恒、巡查刘东山，以及黄乃模。”[124]

23日，受驻泰恩茅斯炮台军官的邀请，叶祖珪及部分中国军官来到泰恩茅斯炮台，参观了志愿炮兵操纵枪炮武器的演示，并与英国军官共进晚餐。当地报章记述道：“当对他们解释志愿兵的性质的时候，他们表现了极大的兴趣。在发现军官无须进行惩罚，也不用给赏钱，士兵便能维持如此好的纪律时，他们感到十分惊讶。”[125]

随着“经远”级巡洋舰的完工，两艘“致远”级巡洋舰即将离开纽卡斯尔，前往朴次茅斯会合。8月2日，中英双方举行了两艘巡洋舰的正式接收仪式，“十三日升挂龙旗，升炮如礼”。[126]中国海军还在甲板上举行了一次盛大的宴会，款待纽卡斯尔市民，他们为宾客准备了许多“装饰有花和植物图案的极为美味的点心”。[127]8月11日，部分中国军官受霍索恩·莱斯利公司邀请，在道格拉斯饭店（Douglas Hotel）参加了一个告别晚宴。该公司的代表举杯为中国祝福，随后中国海军的曾（Tsen）姓军官以流利的英语致答谢词，他代表他自己和其他的军官对这一地区的人民，尤其是纽卡斯尔市民对他们的关怀深表感谢。他满怀信心地认为，用不了多久，中国海军就将重返泰恩，前来接收更多的军舰。[128]

“靖远”舰军官合影，第二排右一为叶祖珪，左一疑似刘冠雄。南希尔兹（South Shields）、W. Parris 摄影（*The Daily Graphic*）

“致远”级水兵合影。Parris 摄影（*The Daily Graphic*）

20日中午时分，“致远”“靖远”在“勇敢”（Daring）、“奇迹”（Wonder）、“诚实”（Integrity）、“邓迪”（Dundee）四艘拖船的牵引下，离开杰罗斯雷克（Jarrow Slake），离开泰恩河，南下前往朴次茅斯。[129]从5月底“图南”号来到这里算起，中国海军官兵此次又在纽卡斯尔度过了近三个月的时光。匆匆一别，再晤何期？中国下一次在阿姆斯特朗公司订购军舰，已是7年之后、战火纷飞的甲午年间；而中国海军下一次大规模造访纽卡斯尔，则是整整24年之后的事了。

回航与验收

8月22日，“致远”“靖远”拖带着在伦敦波普勒亚罗造船厂建成的鱼雷艇（后命名为“左队一号”），抵达朴次茅斯。“当我船之方至也，炮台鸣炮二十一响，长堤水榭观者如蚁。男则脱帽，女则扬巾，大呼克欧罗为敬。”[130]23日，英国维多利亚女王从朴次茅斯乘船前往怀特岛，各国军舰均鸣礼炮，“致远”“靖远”亦鸣21响礼炮致意。[131]

24日，“经远”“来远”亦从德国抵达，“波光月影中，龙旗映射，恍如千万师船环峙，两岛间树木山川为之增色”。[132]26日，刘瑞芬与从德国赶来的许景澄一同，在琅威理等军官的陪同下勘验了这些军舰。两年前，围绕着这四艘巡洋舰的设计，曾纪泽与许景澄曾反复考校论证，而今四舰聚首，分别彰显了各自鲜明的设计特色：“两艘德国造巡洋舰看上去就像巴伐利亚森林里其貌不扬却很忠实的猎犬，而两艘英国造巡洋舰不禁令人想起苏格兰高地湖泊上优美的天鹅。”[133]一直与阿姆斯特朗公司和琅威理交情颇厚的金登干也于28日以私人身份前往朴次茅斯，参观了军舰。[134]

小舰队原定于9月1日离开朴次茅斯，但恶劣的天气推迟了他们的行程。之后天气逐渐转好，琅威理又定于8日起航，但“致远”舰在起锚时弄断了锚链，丢失了一只主锚，经过三天打捞方才寻获。12日下午，舰队终于起碇，琅威理乘坐“靖远”舰，悬挂五色立锚提督旗，与“经远”为一队，“致远”与“来远”为一队，

停泊在朴次茅斯的“致远”舰（Imperial War Museum）

停泊在朴次茅斯的“靖远”舰（Imperial War Museum）

鱼雷艇由“来远”拖带，成单纵阵驶离朴次茅斯。[135]在朴次茅斯期间，共有3名中国水兵病逝，均安葬在南海城公墓（Southsea Cemetery）。[136]

四艘军舰上除中国船员外，还有从英、德两国雇用的管轮等技术人员，而鱼雷艇则由从英国海军中雇用的人员驾驶。另外，“致远”舰上还搭载了一位驻英使馆随员余思诒，负责护送新签订的《中英续议缅甸条约》回华，他在航行途中对各种细节详加记录，后来编成《航海琐记》出版，是观察这次远航的最佳材料。

四舰离开英国后，随即进入比斯开湾，在琅威理的指挥下，舰队操练不辍。“督船传令改单雁行阵，少顷传令打慢车，顷之传令打快车，顷之传令改波纹阵。旗询一小时用煤若干，顷之又询四小时用煤若干，顷之又询存汽若干。……凡行阵参差错落必诘责，答词迟缓必诘责，欣见总理军令之严，立法之密焉。”[137]

17 日，舰队抵达直布罗陀，“致远”管带邓世昌搭救了数名被拐至此地做苦工的广东人。22 日，舰队离开直布罗陀，进入地中海。“左队一号”鱼雷艇在浪涛之中被“来远”舰曳行，缆绳不时断裂，十分危险，好在每次均能化险为夷。[138]

27 日，舰队抵达马耳他，但港中正流行疫病，因此舰队并未进港，径直前往塞得港。并于 10 月 1 日中秋节抵达该处。舰队中依然脚气病蔓延，“来远”舰上又有 2 名水兵病故，均安葬于此地。[139] 在苏伊士运河时，琅威理给李鸿章发电，称“因拖鱼雷艇缓行，致延时日，计十月十七日（西历 12 月 1 日）前不能抵沽，乞准各船在中国南省海口操练过冬”。津海关税务司德璀琳向李鸿章建议先由两舰加速驶回校验，另两舰拖带鱼雷艇缓行，李鸿章认为不妥，于是建议全军在厦门过冬，来年春天再北上校验。[140]

舰队通过苏伊士运河后，即进入红海。10 月 14 日抵达亚丁下碇，补充煤、水，17 日离亚丁航向印度洋。一路上鱼雷艇又数次断缆，且舰队中官兵疲惫，病号日益增多，困难之处自不待言。27 日，舰队抵达科伦坡。琅威理在此写信给马格里，坦陈拖带鱼雷艇的种种不顺，但他也称赞“军舰各处都十分完善，如果我们齐装满员的话，火炮和所有的轮机都将处于极好的工作状态”。[141]

在科伦坡期间，中国海军进行了丰富多样的外事活动，除拜会当地政要外，还参加舞会、参观当地名胜、造访英国海军军舰等。舰队旋于 11 月 2 日离开科伦坡，航向马六甲海峡，并于 10 日抵达新加坡，据新加坡《叻报》记载，“廿五日三点余钟，本坡升旗山施放礼炮十五门，知系我国‘致’‘靖’‘经’‘来’四战船由欧洲抵叻。声威所至，薄海同欢”。[142] 余思诒也在日记中记述道：“岸上观者如蚁，土人则举手扬巾，华人则额手称庆。”[143] 在新加坡期间，舰队除进行一般的外事活动外，还应当地华商请求，破例允许当地民众参观，“于是游人棹片舟往来各船间，日中至昃，纷纭不息者五日矣”。可见当地华人对中国海军的关注、拥戴程度。[144]

17日，舰队告别新加坡，琅威理担心途中遇风，因此取道巴拉望水道航向香港。28日抵达香港，停泊于九龙关前（位于香港岛西北岸），次日移泊油麻地附近。在香港期间，琅威理拜会了英国东方舰队司令哈密敦（Richard Vesey Hamilton），因为琅威理在英国海军中的官阶大大低于哈密敦，而在中国海军中却被授予提督衔，此时更悬挂提督旗，因此造成了在互访活动中哈密敦反而低他一等的情况，局面十分尴尬。琅威理的这种名为“提督衔”，实为顾问的模糊身份一直持续到1890年的“撤旗事件”，这颗定时炸弹才被最终引爆，最终落得琅威理辞职走人的下场。是为后话。[145]

12月9日，舰队离开香港，前往厦门。此时丁汝昌已统带北洋水师“定远”“镇远”“济远”“超勇”“扬威”“康济”“威远”七舰在厦门迎候。次日，两支舰队在厦门会师。“遥见北洋各船满挂彩旗，继闻‘定远’舰中军乐迭奏。”[146]在分别了整整8个月之后，北洋水师再度齐聚一堂，更是增加了4艘威力强大的新式巡洋舰，这是这支海军短暂历史中最辉煌的时刻之一。

1888年2月4日，丁汝昌率领舰队前往福州过年。[147]24日，舰队又从福州抵达上海。[148]在上海期间，许多人士登上了这些新军舰，其中不乏一些媒体，如《北华捷报》，便对其进行了细致的观察。该报评论道：“军官们非常友善，他们非常乐意向来客展示其军舰。所有的军官们都说英语，有些说得非常流利，而另一些人则能以德语交谈。新军舰正在此地上坞，有些占据着老船坞，有些则在新船坞。”该报的记者访问了“靖远”舰，当时其舰员总共204人，其中包括一名接受过西医教育的中国医生。[149]

舰队直到4月8日方才返回旅顺口，后于28日离开前往大沽，准备接受李鸿章的检阅。[150]

这四艘原以增强台、澎防御为目的而购买的巡洋舰竟顺理成章地划归北洋水师，再一次显示了李鸿章过人的政治手腕。对于李鸿章的这种小动作，时任台湾巡抚的刘铭传是颇有微词的。他曾于

1888年1月3日致电海军衙门，询问：“英、德所造四船，上年奉旨备台、澎用，现船已到闽，是否由海军请领？”言下之意就是该四舰应由台湾省留用。在接到海军衙门的转示后，李鸿章毫不客气地说：“是该四船，迭奉奏准在北洋一支水师数内，且尚未验收编立，台、澎现尚无事，难遽分拨，以至散漫零星，操法号令参差不齐。”[151]次日，海军衙门即电复刘铭传：“所购英、德四快船，本署已于上年三月奏明归北洋海军应用，自毋庸由台湾具奏”，[152]狠狠地噎了刘铭传一下。

至于李鸿章是如何不动声色地揽入这四艘新舰的，最初的线索可追溯至1885年7月至8月第二次海防大筹议之时，当李鸿章奉旨上《遵议海防事宜折》后，慈禧太后便提出要召李鸿章来京，详细面议。[153]李鸿章遂于9月30日入都陛见，在京逗留20余天，被慈禧太后单独召见5次，还与醇亲王、军机大臣等广泛接触。这次重要的政治活动，不仅直接催生了海军衙门这一全新的机构，并且成为李鸿章与醇亲王交谊之始，也应是清廷中央决定重点发展北洋水师一支，并将新购四艘巡洋舰全部划归北洋的直接原因。[154]同年10月25日醇亲王奕譞写给军机处的信函中，便已经有了“将来船既归北洋编伍”的字句。[155]1886年6月，在校阅了南北洋水师后，奕譞再度上奏：“唯此数船，合则嫌单，分则更少。俟明年英、德新订快船四只北来，合之北洋现有五船，自成一队。”[156]更是最终坐实了此事。

1888年5月5日，庞大的北洋舰队已在大沽口外列阵以待。直隶总督、北洋大臣兼会办海军大臣李鸿章在众多幕僚的陪同下从天津出发，前往大沽口校阅北洋海防，并验视新购各舰（醇亲王当时有病在身，因此未能同去）。6日李鸿章等人出海登上各舰，开赴旅顺口，并于7日早晨抵达。当时在旅顺口水雷营任教习的英国人查理士·池舍描述道：“当舰队停泊在此处时每晚都亮灯，我们山上的营地也因总督来访而张灯结彩。他（指李鸿章）还命令放假三天。”[157]8日，李鸿章一行来到旅顺西澳，勘验“致远”等四舰和鱼雷艇。10日，舰队又来到大连湾，上午在湾口外试验“致远”等四舰航速。“同开快车，往返试驶两次。……英船与原合同所订每点钟驶十八海里稍差，德船与原合同所订每点钟驶十五海里大致相符。”[158]“致远”级舰没有达到原定航速，显然无法令李鸿章满意。14日又在威海卫再次进行了检验，“每点钟仍可十八海里”，[159]终于不负众望。

16日，李鸿章圆满完成了新舰的校阅工作，返回天津。随后，他上《出洋查勘海防布置验驶新到快船折》，充分肯定了四艘新舰“精坚迅利”；[160]又上《驾驶快船回华保奖折》，为出洋驾船回华有功人员请奖。[161]

“致远”和“靖远”已成为北洋水师的一员，等待着她们的将是前途未卜的命运。

四、“致远”级巡洋舰的服役经历

1888—1894年的“致远”级巡洋舰

李鸿章校阅结束后，舰队在大沽逗留到1888年6月5日，随即前往旅顺口，之后便开始在北洋一带驻泊、操巡。

是年夏天，台湾埤南（今属台东市）吕家望等番社爆发叛乱，4000余人围攻清军驻埤南大营，台湾巡抚刘铭传急向中央请求增援：“埤南远在后山，由陆路至台北府城一千三百余里，非兵舰不能援救。”[162]同时他又于8月12日直接致电老上司李鸿章，请求调北洋水师军舰，“专为送信、探事”。[163]因电报线发生故障，丁汝昌直到一周后才收到消息，立即派“致远”“靖远”两艘最新锐的快速巡洋舰赴烟台等候消息，准备出发。22日，在坐实了消息后，李鸿章急电丁汝昌，命其即带二舰赶赴台湾。[164]丁汝昌遂以“致远”为旗舰，次日从威海卫出发，并于26日抵达基隆，立即赴台北拜见了他当年在铭军中的老上司刘铭传。随后他又率舰队前往埤南，与陆军各将领商定“致远”“靖远”负责在各处送信，“致远”负责基隆方向，“靖远”负责澎湖方向。以新锐巡洋舰仅充当通报舰的工作，实在有些大材小用，因此将领们建议将“致远”“靖远”舰上的小型速射炮起岸，随同后山镇海后军总兵张兆连部一起进剿。[165] 据刘铭传后来禀称，“致”“靖”二舰共起岸4门速射炮，先进的哈乞开斯式小口径速射炮在陆战中发挥了至关重要的作用。[166]

按照战役布置，清军须首先攻击吕家望社的门户邦邦社，占据有利地形后居高临下用火炮攻击吕家望社。因此清军于9月19日向邦邦社发起第一轮攻击，“丁汝昌施放巨炮，各军分路夺碉急登。番众伏枪竹林，发必命中，军士死伤甚众，未能逼近”。20日，清军再度发起攻击，“丁汝昌取快炮骤轰，声震陵谷”，清军遂一鼓作气攻克邦邦社。21日，已占据地利的清军发起总攻，终于一举攻破吕家望社。[167] 此次战役中，“致”“靖”二舰共阵亡副头目一名，伤水手八名。

战后，李鸿章便急召丁汝昌和“致远”等二舰返回，经刘铭传应允后，丁汝昌遂于10月10日乘“致远”舰返回，仍留“靖远”舰暂驻台湾，以待叛乱完全平息。[168]15日，“致远”舰到达胶州湾，与主力舰队会合。[169] 因平定吕家望社有功，经刘铭传呈请，丁汝昌被赏予头品顶戴；“致远”管带邓世昌以总兵记名简放，并加提督衔；“靖远”管带叶祖珪以参将尽先补用，并加副将衔。[170]

1888年10月，《北洋海军章程》被清廷允准，“致远”“靖远”二舰纳入北洋海军编制。是年冬季，北洋舰队南下越冬，“致远”“靖远”亦一同前往。舰队先后前往长江口、福州、厦门、澎湖、香港等地，次年又北上，到达上海。1889年3月，烟台谣传兵哄，英国驻烟台领事请为保护，于是丁汝昌于8日调“致远”舰全速北返，其余军舰也于次日返航，于13日到达威海卫。[171]

1889年春季，北洋海军先在大连湾进行了例行操演，随后南洋水师6舰前来威海卫，与北洋海军合操。庞大的南北洋舰队总共包括15艘军舰，声威雄壮。6月28日，舰队分成两支，“定远”“致远”“靖远”“经远”“来远”“寰泰”“镜清”“开济”8舰在丁汝昌、琅威理的率领下前往朝鲜各口巡阅，经仁川、薪智岛、巨文岛、元山、海参崴、釜山等地，8月20日返回威海卫。是年秋季，在大连湾进行的舰炮射击竞赛中，“致”“靖”二舰表现不俗。《伦敦与中国电讯报》记录道：

射击的靶标在大连湾入口处的一座小岛上以油漆标出，尺寸为80英尺乘以25英尺。军舰以8节航速行驶，在最远1800米的距离上驶过靶标，每门炮依次射击。……“致远”舰发射了13发，8枚直接命中，另2发偏左或偏右不到3码；“靖远”舰发射了9发，8枚直接命中。如此快速的射击应归功于装填和旋回的装置，使炮组成员的效率得以精确地发挥。另须一提的是天气非常好，军舰形成了非常稳定的射击平台。[172]

1889年冬季，北洋海军南下避冻，11月28日“定远”“镇远”“致远”“靖远”“经远”“来远”6舰直开上海，先后进坞。随后舰队前往基隆，因刘铭传电请，“致远”“靖远”二舰前往恒春附近，声援该处剿番战斗，[173] 1890年1月17日二舰抵达香港与大队会齐。[174] 2月25日，因“定远”“镇远”“超勇”“扬威”等舰在香港待修，因此丁汝昌带领“致远”“济远”“经远”“来远”前往南海一带操巡，[175] 但舰队在通过琼州海峡时，“致远”舰不慎发生了触礁事故。琅威理后来在给马格里的信中谈到，“致远”因坐礁而损伤了三分之二的舰底，他还说：

事故后，我想让她（“致远”舰）立即进坞，但丁害怕天津方面对此事的反应；她的舰底将被发现情况糟糕，油漆蹭落的地方肯定会锈蚀严重。如果她遇到任何恶劣天气的话她的螺旋桨轴可能会断裂。我曾对总督说过这事，但根本没用。[176]

于是，“致远”舰触礁后未做任何处理，仍随舰队继续前往北海，后于3月9日返回香港。[177]

在丁汝昌离开期间，留在香港的舰队中发生了著名的“撤旗事件”，使得琅威理与中方的矛盾激化，但他此时尚未最终摊牌。于是待各舰修竣后，丁汝昌、琅威理又率领北洋舰队继续南巡，于3月25日抵达圣詹姆斯角（Cape St. James，今称头顿，位于湄公河口），短暂造访了西贡，随后便前往新加坡。这是北洋海军第一次正式访问新加坡，当地华人箪食壶浆，以迎王师。据《北华捷报》记载：“他们在此受到了华人居民的热烈欢迎——许多人是半英国血统的——他们都为一支如此强大的、飘扬着龙旗的舰队到达而高兴和自豪。商人们敞开大门，人们为提督和军官们准备了许多公共宴席。”[178]北洋海军军舰还对新加坡华人开放，“凡我华人，每日于八点钟以后、四点钟以前，均许到船游览，瞻汉家之仪制，观宗国之旌旗，足令人气宇为之一扬”[179]。“每天有数百人访问舰队，许多店小二和苦力都在参观了‘我们的舰队’之后趾高气扬，口袋却空了许多。”[180]

舰队于4月15日离新加坡前往菲律宾马尼拉，当地华人欢迎之热烈较之新加坡有过之而无不及：“如果在新加坡访问舰队的每天有几百人，那么在马尼拉从上午10点到下午5点显然有几千人上船参观。岸上人们以各种方式欢迎官兵，据称人们拿出了两万银元来欢迎舰队。丁提督显然不会同意如此大的开销，‘但他无法推辞一份大礼，包括猪、鸡、蔬菜和三十箱雪茄（一箱一万支）在内的犒劳被送上了舰，在舰队离开前分给了官兵’。”[181]

4月29日，舰队返回香港，随后又前往福州、上海，5月29日返回威海卫。[182]是年夏季，北洋海军再次同南洋水师会操；9月，南北洋舰队前往朝鲜沿海巡航，舰队分为两支，丁汝昌率领“定远”“济远”“开济”“寰泰”“超勇”“扬威”六舰，林泰曾率领“镇远”“靖远”“南瑞”等六舰，分别巡阅各口。年初触礁受伤的“致远”舰则单独前往上海江南制造局修理，一直到10月20日才出海试航，[183]维修费用均由管带邓世昌自理。[184]据称，邓世昌曾在“致远”舰上坞时检查了军舰的受损情况，并对其结构之坚固大为赞叹。他对一位洋员说，如果今后发生海战的话，他将尽早地使用撞击战术，即便损失了己舰也肯定要击沉一艘敌舰。[185]

有道是祸不单行，是年9月11日，“靖远”与“南瑞”在从海参崴回元山的途中，在布鲁亚特角（Cape Bruat，今朝鲜花台）附近遭遇暴风，“‘靖远’舵力不抵，迷蒙中被涌山侧，斜掠而过，船艄铁冲外甲擦偏，右帮铁板一块伤三小孔，当即用铅钉补”。[186]“靖远”舰的此次受伤情况更甚于“致远”，据《北华捷报》报道：

> 如前所述，三个月前，“靖远”舰在她沿朝鲜海岸巡航的过程中真是侥幸逃过沉没的命运。一阵猛烈的台风令她在布鲁亚特角附近严重触礁，将她铸钢的撞角撞脱数处，折断了数根肋

骨，并撞掉了许多舷板。右舷螺旋桨有两片桨叶撞弯了，形状极为怪异，钢制螺旋桨轴在5英尺的长度上也撞弯了3英寸多。尽管受了这些严重的损失，她却在没有修理的情况下在海上待了近两个月。[187]

经过江南制造局日以继夜的抢修，“靖远”舰得以在12月12日修竣下水，随即加入北洋海军的南巡队伍，舰队先后抵达福州、香港、厦门等地，1891年3月返抵上海。“致远”舰则没有参加是年的南巡，与留在威海卫的部分军舰一道，由邓世昌督率操练。[188]

为迎候即将来华访问的俄国太子尼古拉（Николай Александрович Романов），李鸿章特地点名由北洋海军中最快速的“致远”“靖远”二舰护航。因此到达上海后“靖远”舰未北返威海卫，而是与南下的“致远”舰会齐，旋赴香港等候迎接俄国舰队。1891年4月4日，尼古拉乘坐“亚速纪念”号（Память Азова）装甲巡洋舰，在“纳希莫夫海军上将”号（Адмирал Нахимов）、“弗拉迪米尔·莫诺马赫”号（Володимиръ Мономахъ）、“高丽人”号（Кореец）、“满洲人”号（Манджур）四舰的护卫下来到香港。[189]在访问了广州之后，俄国舰队于10日起航北上，“致远”“靖远”亦同时起锚护送。[190]舰队随后抵达马祖、花鸟岛（属嵊泗列岛），15日到达吴淞口，尼古拉旋换乘浅水船只，上溯长江继续访问，“致远”“靖远”在结束了护送尼古拉的任务后北返。

1891年也是北洋海军的三年大阅之期，丁汝昌率领“定远”“镇远”“济远”“致远”“靖远”“经远”“来远”“超勇”“扬威”“平远”“康济”“广甲”等舰，南洋水师统领郭宝昌率领“寰泰”“南琛”“开济”“镜清”“南瑞”“保民”等舰于5月23日在大沽口会齐，李鸿章与山东巡抚张曜等会同巡阅。舰队先后抵达旅顺、大连湾、威海卫、胶州湾等处操巡，演练各种战法。李鸿章后来在《巡阅海军竣事折》中不无自豪地说：“综核海军战备，尚能日新月异。目前限于饷力，未能扩充，但就渤海门户而论，已有深固不摇之势。”[191]然而，北洋海军自1888年成军之后便再未添一舰一炮，由于琅威理的去职，中国与英国海军的交流也受到了严重阻碍，同年经户部奏准停购外洋军械三年，更是彻底关闭了这支舰队的发展壮大之门，北洋海军在接下去几年中的颓势已然不可避免。

结束了大阅后，6月26日，丁汝昌又率领“定远”“镇远”“致远”“靖远”“经远”“来远”六舰从威海卫出发，前往日本访问，这是北洋海军第一次正式访问日本，既有联络两国邦交之目的，也有一探日本军备建设虚实之意图。舰队经马关、神户等地，于7月5日抵达横滨。丁汝昌随后登岸前往东京，并于9日拜谒了明治天皇，之后逐日拜会日本政要、名流。在日本期间，日方还开放横须贺、吴、佐世保三处军港供中国海军参观，其设备之完善、局面之宏大，令中国海军大为惊叹。8月6日，舰队从长崎起航回国，8日抵达威海卫。此次日本之行，令北洋海军切实感受到了压力——“今若观察日本之状况，事事皆可愧也。况其强盛，日本更胜；其研究，日本更精。而我若安于目前之海军，不讲进取之术，将来之事未易遽言”。[192]

1891年夏秋，长江流域爆发大规模教案，南洋水师不得不拨出部分军舰前往长江中游驻泊，总理衙门建议北洋海军拨两艘军舰赴上海填补防务。丁汝昌遂派“经远”“靖远”二舰于9月25日起碇前往上海暂驻。[193]因教案未结，北洋海军当年冬季未进行南巡，直至1892年4月才挥师南下。“定远”“致远”“靖远”“经远”“来远”“威远”六舰先到上海，继到福州验收“广乙”“广丙”二舰，5月20日起碇前往台湾、香港等处巡缉，旋返回上海。[194]6月21日，北洋六舰从上海出发，前往日本访问，次日抵达长崎。27日丁汝昌派“致远”“威远”二舰赴横滨、神户访问，继而同“定远”一同前往朝鲜釜山、元山等地；“靖远”“来远”则前赴海参崴、摩阔崴等地巡航；“经远”直接由长崎返回威海卫。各舰于7月底全部返回威海卫。[195]

该年冬季，北洋海军未进行大规模南巡。因“超勇”“扬威”二舰火炮需修理，而由“致远”舰带同前往上海江南制造局。[196]1893年3月11日，“致远”“超勇”“扬威”三舰由上海到达日本长崎访问。“唯闻炮声如巨霆，中外人□趋至大浦眺望，遥见‘致远’船上高揭副统领旗号，及入港悬日本国徽，燃炮二十一门以伸敬意。日

1893 年访问长崎时拍摄到的“致远”舰

本兵船‘海门’舰即悬旗燃炮答之。”[197] 三舰在长崎停泊至 19 日，旋赴朝鲜釜山、巨文岛、仁川等地，返回国内。[198]

1893 年春季，朝鲜爆发东学党起义，李鸿章遂向仁川派遣了“靖远”“来远”进行弹压，后于 4 月 29 日返回威海卫。[199]

此时，北洋各舰已开始显出老态，当年秋季北洋海军在大连湾演习打靶，“靖远”舰“锅炉汽管本皆旧朽，经此震动，多有渗漏”[200]，丁汝昌也开始筹划为北洋各主力舰建造备用锅炉，以便更换。[201] 但直到甲午战争爆发，各舰均没有更换锅炉的记录。

1894 年初，北洋海军组织了最后一次大规模南巡。1 月 11 日丁汝昌率领舰队抵达厦门，[202] 1 月 27 日，“定远”“镇远”“靖远”“经远”“来远”“威远”六舰抵达香港，并在此地度过了春节。[203] 2 月 25 日，六舰离香港赴新加坡，[204] 并于 3 月 3 日下午 3 时半抵达。[205] 北洋舰队的到来令新加坡再次掀起了一股“中国海军热”——“商民衢歌巷舞，欢声雷动，各欣欣然有喜色，以相告曰我国军舰来矣，或又曰曾往观否，或又曰曾望见军门否，或又曰其船广长若干，铁甲如此其坚，钢炮如此其利，兵士如此其整齐，皆若有大喜大庆，一时萃

1894 年海军大阅期间拍摄的“致远”舰

于其身者”。[206]在新加坡进行了一系列外事活动后，3 月 13 日丁汝昌率领“靖远”舰和“经远”舰前往马六甲，旋又于 19 日到达槟榔屿，这是北洋海军首次穿过马六甲海峡，进入印度洋访问。槟榔屿也是南洋华人麇居之地，中国军舰的到来同样也在这里的华人中掀起了热潮。“他们汇聚成庞大的人流，从炮台对面的街道上向维尔德码头（Weld Quay）延伸，绵延不绝。老码头和新码头都挤满了华人，人群数量是如此众多，以至于新码头对面的有轨电车都无法进站了。……两艘中国军舰都挂着满旗，新码头也以红旗装饰。”[207]结束了在槟榔屿的短暂访问后，“靖远”“经远”二舰于 21 日返抵新加坡。[208]24 日，北洋舰队四舰从新加坡起航回国，[209]4 月 2 日抵达香港，[210]4 月 6 日北洋海军“定远”“镇远”“靖远”“经远”“来远”五舰由香港起航，经上海返回北洋。[211]

5 月 9 日，三年一度的南北洋海军大阅又拉开了帷幕，北洋海军、南洋水师、广东水师共 18 艘军舰参加校阅。这次校阅，虽然表面上依然声势浩大、冠冕堂皇，深知海军底细的李鸿章却是忧心忡忡：“中国自十四年北洋海军开办以后，迄今未添一船，仅能就现有大小二十余艘勤加训练，窃虑后难为继。”[212]校阅期间，英国东方舰队司令福勒曼德尔（Edmund Robert Fremantle）也来到旅顺口，拜访了中国舰队，并登上了“靖远”舰参观，他在回忆录中记述道：

我参观了几艘中国军舰，她们看上去状态还过得去。“靖远”号，一艘三等巡洋舰，建造于阿姆斯特朗公司，由叶祖珪管带，他曾在“无敌”号上与我共事，但在那艘舰上他不被允许执行任务。这艘军舰非常不错，但一切都经过了粉饰。[213]

福勒曼德尔没有看错，这支表面上光鲜的舰队事实上已经如同垂暮老朽，问题百出。“致远”和“靖远”，这对来自泰恩河畔，曾经风光一时的姐妹舰也已疲态尽显——“‘致远’‘靖远’二船前定造时号称一点钟十八海里，近因行用日久，仅十五六海里”；[214]“譬如‘致’‘靖’两船，请换截堵水门之橡皮，年久破烂，而不能整修”……[215]然而，此刻留给它们的时间已经无多，朝鲜再度爆发了“东学党之乱”，远东局势急转直下，北洋海军即将被送上命运的考场。

甲午战争中的“致远”级巡洋舰

“东学党之乱”爆发后，北洋海军先后派遣了“平远”“超勇”“扬威”“镇远”“济远”“威远”“广乙”“广丙”“操江”等舰前往朝鲜驻扎，而两艘“致远”级巡洋舰却一直被留在国内，按兵不动。1894年7月25日，丰岛海战打响，中日正式决裂。此前，丁汝昌已准备好亲率大队赴牙山一带，但因李鸿章未下达明确指示而未出发。丰岛海战次日，丁汝昌即率领包括“致远”“靖远”在内的北洋海军主力9艘军舰倾巢出动，赴汉江外海寻敌，但敌舰行踪杳然，遂于29日返回威海。[216]8月1日午后，北洋舰队再次出海，“丁军门自坐‘定远’铁甲兵舰，统率‘经远’‘来远’‘扬威’‘超勇’‘广甲’‘广丙’六艘，随带水雷船四艘，是为前矛；左翼总兵林君泰曾自坐‘镇远’铁甲兵舰，统率‘致远’‘靖远’‘平远’‘威远’四艘，随带水雷艇四只，是为后劲，结队东行”。[217]这次巡航的目的地为大同江附近，同样未能发现日舰。9日上午，北洋海军

“定远”“镇远”“致远”“靖远”“经远”“来远”“平远”“广甲”“广丙”“扬威”十舰及“福龙”“左一”两鱼雷艇赴大同江、海洋岛等地巡击，仅留“超勇”及三艘“蚊子船”防御威海。[218]主力舰队又一次扑了个空，而日本联合舰队却于10日突然出现在威海湾外，并与刘公岛炮台进行了对射。受此事件的影响，北洋舰队十舰于13日回到威海后，直接赶添煤炭，次日再度出发巡航渤海湾内各口，以肃清洋面，后于23日返回威海。[219]29日，丁汝昌再度率北洋舰队出发，巡逻海洋岛、大鹿岛、大连湾等处。[220]9月2日返回威海。

9月11日，“致远”“来远”“广甲”三舰护送志愿率湘军出师的湖南巡抚吴大澂由威海前往大沽。[221]12日晚，“定远”“镇远”“靖远”“经远”“济远”“平远”“超勇”“扬威”“广丙”“镇南”及五艘鱼雷艇从威海卫出发，前往旅顺口，准备护送铭军刘盛休部在鸭绿江口大东沟登陆，舰队随后与从大沽返回的“致远”“来远”“广甲”三舰会合。13日午后，丁汝昌接威海电报称有两艘日舰在威海卫附近出没（为日军派出侦察的“吉野”“高千穗”二舰），遂带领大队返回山东半岛巡航，并派遣“致远”“靖远”前往成山角东南搜索，但并未发现日舰。[222]14日中秋节夜晚，北洋舰队在山东成山角附近集结，随后返回辽东半岛，15日到达大连湾进行添煤作业。16日凌晨，舰队、船队准备完毕，遂由大连湾起航，前往大东沟，并于当日下午抵达。丁汝昌令运兵船驶入大东沟口内卸载，主力舰队十舰则停泊于大东沟西南方约12海里处。

1894年9月17日上午10时半左右，北洋海军发现西南方向有煤烟，随后确认为日本联合舰队主力。12时许，北洋海军起锚迎敌，舰队由小队纵阵变为小队横阵，即“夹缝雁行阵”，据后来日方的观察和中方的报告来看，“致远”与“靖远”在海战中并未编为一个小队，而是采用了“致远”与“经远”编组，“靖远”与“来远”编组这样的混合搭配方式，分别布置于阵列的左翼和右翼。

中午12时50分，北洋海军旗舰“定远”首先向日舰射击，黄海大东沟海战打响，随后包括“致远”“靖远”在内的北洋战舰纷纷开始向日舰发炮。在第一轮对射后，日本舰队尾队的“比睿”“赤城”

等舰逐渐落后。“比睿”舰首先冒险穿过北洋海军阵列逃走，留下只有600余吨的炮艇“赤城”暴露于北洋阵列前方。13时30分许，原北洋左翼的“致远”“经远”“广甲”和右翼“来远”等舰尾追“赤城”，驶过“定远”“镇远”前方。此后海战场便自动划分为两部分，由“定远”为首的北洋主队对阵日军本队，由“致远”“经远”等舰组成追击队攻击“赤城”。追击队猛烈的攻击将“赤城”舰长坂元八郎太击毙，并打坏该舰蒸汽管，打断其主桅。“赤城”一度航速下降，“几乎陷于进退维谷的极端困境”。14时15分，追击队进一步加速，已位于“赤城”后方约300米处，打伤代理舰长的航海长佐藤铁太郎。14时20分，“赤城”舰艉炮发射的炮弹击中“来远”（或“经远”）后甲板，引发猛烈火灾，北洋追击诸舰遂放慢航速，集中于“来远”（或“经远”）附近救援，“赤城”舰得以逃脱。[223]

之前由于日本联合舰队的信号联络失误，其精锐的第一游击队一直没有机会救援“比睿”“赤城”。直到14时20分，第一游击队方才下定决心回转16个罗经点，前往救援二舰。14时45分许，第一游击队接近追击“赤城”的军舰，向其猛烈射击，使得“致远”“经远”发生火灾，向主队方向退却。[224]

“致远”舰奋战沉没的铜版画（*The Illustrated London News*）

“致远”沉没后露出的战斗桅盘，左侧为英国海军“敏捷”号（H. M. S. Alacrity）炮舰（*The Illustrated London News*）

战至15时许，北洋舰队被日军本队、第一游击队两面夹攻，情势十分危急。15时20分许，日军观察到“致远”舰突然沉没，舰体向右倾斜，螺旋桨还在海面转动。该舰管带邓世昌落水后拒绝援救，蹈海自尽，全舰约250人中仅有数人幸存（关于“致远”舰冲锋沉没的考证详见下文，“外一篇”）。[225]“致远”舰沉没后，低潮位时仍能露出战斗桅盘。[226]

“致远”舰的突然沉没对北洋海军军心造成的影响是不可估量的。在此之前，北洋海军的阵列即已混乱不整，“致远”沉没后，除“定远”“镇远”外的各舰纷纷向西方撤逃。撤逃各舰中以“济远”为最先，“广甲”次之，“经远”“靖远”“来远”等舰在后，航向西北偏西方向，意图通过浅海返回旅顺口。日军第一游击队遂加速向其追击。16时16分，“靖远”舰挂出旗号，召集“来远”右转航向东北方的大鹿岛，避开了第一游击队的追击。第一游击队继而将“经远”舰围攻击沉。

约17时10分，在“靖远”舰的召集下，大鹿岛附近的北洋军舰再度驶入战场，与“定远”“镇远”会合。此时日军本队已无心再战，向南加速撤出战场。北洋诸舰遂以类似单纵队的阵型向南追击一段时间，之后返回旅顺口。

“靖远”舰在大东沟海战中共发射21厘米炮弹103发，6英寸炮弹30发。这场海战对北洋海军造成了沉重的打击。除“致远”“经远”“超勇”“扬威”四舰沉没，“广甲”搁浅损失外，“定远”“镇远”“靖远”“来远”“平远”“济远”等诸舰均受到了不同程度的损伤。其中“靖远”舰前后三次起火；距离舰艉10英尺、距离水线上4英尺处有一个较大的弹洞（大约是后部鱼雷室的位置），前部鱼雷管下方被速射炮（估计为6磅炮）打穿两处，舰体和烟囱上还有许多机关炮和速射炮留下的弹孔。该舰总共中弹约110发，阵亡2人，负伤16人。估计该舰能在8日内修理完毕，重新出海。[227]但受阻于其他负伤更重军舰的修理情况，北洋舰队直到10月18日，大东沟海战一个月后才首次出海，从旅顺口返回威海卫。

10月25日，日本海军“浪速”“秋津洲”二舰前往威海卫口外侦察，于早晨7时到达威海卫北口外，丁汝昌遂率领“定远”“镇远”“济远”“靖远”“平远”“广丙”及两艘鱼雷艇驶出北口，将日舰驱逐；随后舰队前往成山角一带巡航，未见敌踪，便返回威海卫。[228]28日，因日军在辽东半岛花园口登陆，丁汝昌又率领六舰两艇前往旅顺口；30日，舰队驶出旅顺口，在英国商船“北河”的导引下前往大连湾，因“我力过单，前去吃亏”而并未前往日军登陆地点，折回旅顺口。[229]

在日军的凌厉攻势下，至11月初，旅顺口告急，丁汝昌于7日带领舰队离开旅顺口撤回威海卫。10日，奉李鸿章之命，丁汝昌又率六舰前往大沽，商议援救旅顺事宜，这是丁汝昌最后一次面见李鸿章。12日舰队离开大沽赴旅顺口，丁汝昌在与驻旅顺各将领进行了短暂商议后，又率领舰队于13日傍晚返航威海卫。进入威海湾时，“镇远”舰触礁受损。

旅顺口最终于11月21日失陷。北洋海军只剩下了最后的栖身之所——威海卫。从1894年11月底至1895年1月底，丁汝昌等将领都在紧张地筹划布置威海卫防御事宜。根据1894年12月4日颁行的防务条令，舰队被划分为7个小队，分防威海卫各处，“靖远”舰与“平远”舰被划为第二分队。[230]

1895年1月20日，日军在荣成湾登陆，开始进犯山东半岛。23日，丁汝昌为威海卫整体防御考虑，决心将南邦龙庙嘴炮台的炮闩零件拆除，“靖远”舰的水兵承担了此任务，并将所有零件带上了军舰，但此举遭到了巩绥军统领戴宗骞的抗议，不得已又将火炮零件全部装回。后来该炮台被日军占领，转而用其大炮攻击北洋海军和刘公岛，造成了很大的破坏。[231]

1月30日，日军开始进攻威海卫南邦炮台，沿海岸进军的日军第十六联队第一大队在杨家滩附近遭到了北洋海军的猛烈炮击，日军死伤惨重，不得不退却。从日军随军摄影师拍摄的现场照片来看，包括“靖远”舰在内的许多中国军舰都前进到离海岸非常近的距离进行射击。[232]当天下午，南岸赵北嘴炮台被北洋海军敢死队自行炸毁，北洋各舰又向已被日军占领的鹿角嘴、龙庙嘴炮台射击，打坏多门火炮。

此后数日，日军持续以舰队、炮台攻击北洋舰队和刘公岛、日岛炮台；夜间又用鱼雷艇进行偷袭，先后击沉“定远”“来远”“威远”等多舰。在“定远”舰沉没后，丁汝昌便将旗舰转至“靖远”。

2月9日（元宵节）上午8时许，日本舰队再次出现在威海湾外，向刘公岛炮台和中国舰队猛烈开火，南邦鹿角嘴炮台也加入战斗，向停泊在刘公岛南方的“靖远”“济远”舰开火，二舰急忙起锚，向港湾西侧躲避。不久后，“靖远”舰在丁汝昌亲自督率下，向南邦炮台逼近，鹿角嘴炮台先于5500米距离上以4号炮对其射击，命中“靖远”舰，复又于9时18分在6200米距离上以钢铁榴弹进行射击。在炮击中，一弹击中“靖远”右舷艏部鱼雷室，继而穿过装甲甲板，在水密舱壁上爆炸，打坏火药库，又在水线以下穿过左舷。9时34分，“靖远”舰舰艏开始下沉，航速减缓，随后停止航行，舰艏部分完全没入水中，此时该舰桅杆上仍飘扬着信号旗。战斗正酣时，一枚炮弹在舰上爆炸，将丁汝昌身边的水兵击毙多名，丁汝昌哀叹炮弹“不长眼睛”。“靖远”舰沉没时，丁汝昌、叶祖珪执意与舰同沉，最终被水兵们救上前来营救的“蚊子船”，丁汝昌哀叹道：“天使我不获阵殁也。”[233]

甲午战争后英国海军拍摄的“靖远”舰残骸景象，近处的舢板属于英国巡洋舰“艾俄罗斯”号（H. M. S. Aeolus）

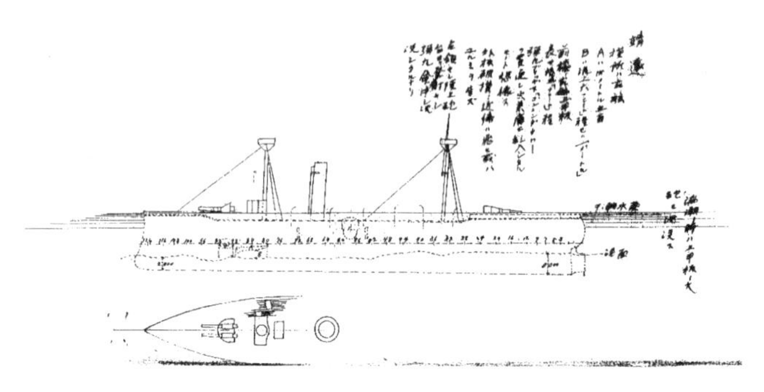

日军战后调查绘制的“靖远”舰沉没状态（日本防卫省档案）

“靖远”舰被击中后，舰体仍然保持着一定的浮力，因此舰艉部分仍漂浮在海面上。据管带叶祖珪称，如果大东沟海战中“靖远”水密门未被炸坏，该舰的沉没本可避免。2 月 10 日午后，为免资敌，丁汝昌派“广丙”舰用鱼雷将“靖远”完全炸沉。[234] 在整个威海卫保卫战期间，“靖远”舰共阵亡水兵 15 人，受伤军官 4 人、水兵 27 人。[235]

有记载称，在威海卫保卫战期间，“靖远”舰曾试验以黑火药和棉火药间杂装填 21 厘米榴弹，以提高弹头的爆炸力，在试验中，以 1882 式六棱火药为发射药进行发射，但由于棉火药性能极其敏感，因此发生了炸膛事故，造成一门前主炮炮管第 4、第 5 号钢箍处发生破裂，膛线损伤。[236]

1895年2月日军占领威海卫后，便着手对沉没的北洋军舰进行调查、打捞工作。从3月底至4月中旬，日军已对各艘沉舰进行了水下勘探，发现“靖远”舰艏楼甲板指挥塔右侧有两处弹孔，水线下左舷从80号至88号肋骨处（前部锅炉舱和煤仓位置）有长4.5米的破口。5月26日，日军大本营许可长崎人桥本清对“靖远”舰进行打捞。[237]从当年7月7日至11月30日，桥本清及代理人石田二郎共组织打捞出“靖远”舰发电机、鱼雷管、6磅速射炮等数十种物品。[238]1898年日军对威海卫沉没的北洋军舰打捞全部结束，“各沉船经日本商家拆卸三年之久，只剩甲底废铁”。1898年英国强租威海卫后，再次同顺泰洋行订立合同，将港内的北洋沉舰拆解拍卖，[239]因此，“靖远”舰的残骸保存的可能性很小。

同样，对于沉没在大东沟海域的“致远”舰的打捞计划也从很早时候就已提出。1894年10月13日，大东沟海战后不久，东京人山科礼藏就曾申请打捞丰岛、大东沟的北洋沉舰，大本营随即许可了申请，但是否打捞、打捞情况则不明；[240]1895年1月，“高千穗”舰炮术长筑山清智大尉亦建议打捞“致远”“经远”二舰，以研究现代船舶构造的抗沉能力。[241]1919年，时隔20余年后，横滨人青柳菊太郎再次提出打捞“致远”“经远”二舰，但也不清楚最后是否实施。[242]另据东沟当地居民李贵彬于20世纪90年代回忆，日本人曾于1938年对“致远”舰进行打捞，李回忆称沉船地点在庄河县南

2014年9月发现的“致远”舰格林机关炮

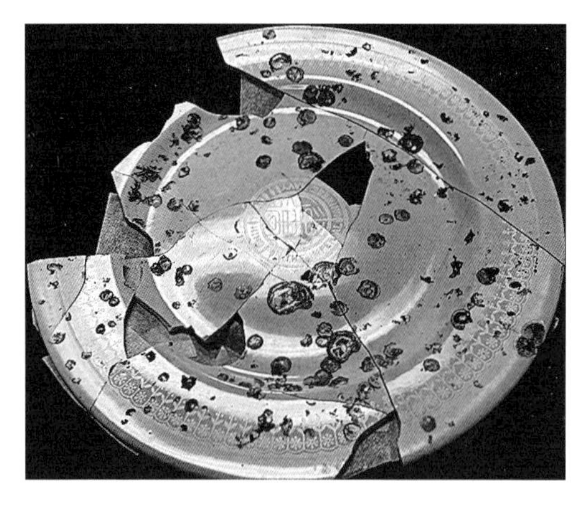

2015 年 9 月发现的带有舰徽的“致远”舰瓷盘

尖子镇黄石礁附近，日方对沉船进行了爆破拆除，捞上“几万公斤”船材。[243] 但这次打捞尚未在日方档案中找到相应记录。新中国成立之后，又曾于 1988 年、1997 年、2004 年多次组织对大东沟海战沉船的搜寻、打捞工作，其中尤以 1997 年规模最大，但均未能确定“致远”舰的沉没位置。

直到 2013 年 9 月，由丹东港集团主导，中国国家文物局再一次开始了对大东沟海战沉船的探摸工作。2014 年 3 月，丹东港务局通过声呐侧扫，在大鹿岛附近海域发现一处沉船遗骸，研究发现该船很有可能属于北洋海军的战舰，该沉船遂被命名为“丹东一号”，系统的水下考古工作全面展开。2014 年 9 月 17 日，大东沟海战 120 年后的同一天，水下考古队发现 1 门格林机关炮，沉船的身份直接指向“致远”舰（“超勇”级巡洋舰虽也装备格林机关炮，但炮管外露，而考古发现的格林机关炮炮管外有水冷套筒，为“致远”级所独有）。

2015 年，考古工作继续展开，先后发现方形舷窗、鱼雷轰雷机（引信）、6 英寸炮弹等多种重要物证。9 月 17 日，考古队又发现一些瓷器碎片，经拼对后发现为一印有“致远”篆书舰徽的瓷盘，“致远”舰的身份遂得以确认。2016 年考古队又发现了“致远”舰大副陈金揆的单筒望远镜等重要文物。经过三年的水下考古作业，对“致远”舰残骸的探索暂时告一段落。

五、小结

“致远”级巡洋舰是中国海军史上最负盛名的军舰之一，因“致远”舰管带邓世昌在大东沟海战中的英雄壮举，该舰甚至成为中国海军的精神图腾，历史地位至关重要。

从技术上来说，“致远”级巡洋舰是北洋海军序列中最先进的军舰。卧式三涨蒸汽机、电控火炮齐射装置、主炮夜间操瞄装置、舰内通信系统、火炮和鱼雷指挥装置、6 磅速射炮等都是首次进入中国海军的先进装备。威廉·怀特和阿姆斯特朗公司为了“致远”级的设计也是煞费苦心，最终完成了既满足中方要求又符合现代巡洋舰潮流的优秀设计。

在订购“致远”级、“经远”级的过程中，中方上自太后、亲王、督抚，下至驻外使节，对军舰的设计备加思量，甚至引发了一场关于“穹甲”与“装甲”之辩的技术大讨论，对于一贯对技术问题不甚感冒的中国官僚阶层而言，这样的技术讨论是弥足珍贵的。

“致远”级巡洋舰在建造完成后，北洋水师再次派出大规模接舰团赴欧接舰，在英伦又一次引起了轰动，象征着中国海军蓬勃向上的发展前景。该型舰加入北洋水师后，担负起了绝对主力的角色，以其航速突出的特点不断被用来执行各种重要任务，在维护海疆安定、宣扬国威方面做出了突出的贡献。

甲午海战中，“致远”级巡洋舰披挂上阵，最终双双战沉，尤其是“致远”号巡洋舰，在海战中冲锋敌舰，“气象勇鸷，独冠全军”，[244] 管带邓世昌落水后拒绝救援，慨然赴死，抒写了中国海军史上最英勇悲壮的篇章。

但需要注意的是，“致远”级巡洋舰仅是一型排水量 2300 吨的小型军舰，在欧洲海军中，这种类型的军舰只能作为舰队侦察、破交和贸易保护的功能使用，无法胜任舰队决战的需要。但中国出于财力的考虑和海防思想的影响，对这样的一型小舰赋予了过高的要求和期望。在李鸿章原本的考虑中，“致远”级应是一型装备垂直装甲、大口径主炮的小型铁甲舰或装甲巡洋舰，能够在沿海遂行对列强大型铁甲舰的防御任务，但由于设计过程中的变更，最终成了一型装备大口径火炮（与小舰体不相称）的快速防护巡洋舰，设计定位的模糊，使“致远”级作为舰队侦察之用时航速并不突出，编入主力舰队决战也勉为其难，颇有一种“高不成低不就”的感觉。

而在大东沟海战中，面对日军装备速射炮的快速巡洋舰编队，北洋海军以铁甲舰为假想敌的舰队构成显得尤为被动，“致远”级的高航速无法发挥，为克制铁甲舰而装备的21厘米大炮和无装药的帕利瑟穿甲弹（Palliser shot）在对付轻防护的巡洋舰时也显得颇为累赘。在追击“赤城”舰的战斗中，虽然北洋海军“致远”“经远”（或“来远”）等舰表现得十分积极，最终却连这艘仅有600余吨的小炮艇都没有击沉，值得深刻反思。在面对日军的攻击时，这型巡洋舰也暴露了防护能力不足的弊病，在炮火的打击下很快起火、沉没。邓世昌的英勇无畏背后，更多的是劣势装备局限下的无奈。

或许是海魂不灭，甲午海战120年后，“致远”舰的遗骸重新走入我们的视野，让我们的思绪重新回到那场改变了中国命运的惨烈海战，研究和铭记这型英雄的军舰，是我们建设海军、维护海权源源不断的动力。

注　释：

［1］本节主要参考 *Conway's All the World's Fighting Ships 1860-1905*, Conway Maritime Press, 1979. Norman Friedman: *British Cruisers of the Victorian Era*, Seaforth Publishing, 2012. Peter Brook: *Warships for Export: Armstrong Warships 1867-1927*, the World Ship Society, 1999. David K. Brown: *Warrior to Dreadnought: Warship Development 1860-1905*, Chatham Publishing, 1997, p. 122。

［2］海軍大臣官房編：《海軍軍備沿革》，1922年版，第10—11页。

［3］关于“浪速”和“高千穗”的订购过程可参阅 Kathrin Milanovich: *Naniwa and Takachiho: Elswick-built Protected Cruisers of the Imperial Japanese Navy*, *Warship*, 2004, pp.29-56。

［4］中国第二历史档案馆、中国社会科学院近代史研究所合编：《中国海关密档——赫德、金登干函电汇编》（第三卷），中华书局1992年版，第434页。

［5］怀特也曾向日本推荐过这种战列舰的设计，但因经费不足，日本最终放弃了购买。

［6］Frederic Manning: *The Life of Sir William White*, E. P. Dutton & Co., 1923, pp.141-143.

[7] 中国第二历史档案馆、中国社会科学院近代史研究所合编:《中国海关密档——赫德、金登干函电汇编》(第三卷),中华书局 1992 年版,第 525 页。

[8]《清实录》(第五四册)《德宗实录》(三),中华书局 1987 年版,叶九三五。

[9] 同上书,叶九四九。

[10] 国家清史编纂委员会编:《李鸿章全集》(信函五),安徽教育出版社 2008 年版,第 517 页。

[11] 同上书,第 517—519 页。

[12] 张侠等编:《清末海军史料》,海洋出版社 1982 年版,第 117 页。国家清史编纂委员会编:《李鸿章全集》(电报一),安徽教育出版社 2008 年版,第 575 页。

[13] 国家清史编纂委员会编:《李鸿章全集》(电报一),安徽教育出版社 2008 年版,第 575 页。

[14] 原文如此,或应为 0.6% 到 0.65%。

[15] Demetrius Charles Boulger: *The Life of Sir Halliday Macartney*, John Lane the Bodley Head, 1908, pp. 321-324.

[16]《曾纪泽日记》(下册),岳麓书社 1998 年版,第 1433 页。

[17] 国家清史编纂委员会编:《李鸿章全集》(电报一),安徽教育出版社 2008 年版,第 577 页。

[18] 同上书,第 578 页。

[19] 同上书,第 579 页。

[20] *Armstrong Minute Book, 1882-1889*, Tyne & Wear Archives 130/1264, pp.208-209.

[21] Frederic Manning: *The Life of Sir William White*, E. P. Dutton & Co., 1923, p.160.

[22]《曾纪泽遗集》,岳麓书社 1983 年版,第 213 页。

[23] 国家清史编纂委员会编:《李鸿章全集》(电报一),安徽教育出版社 2008 年版,第 579 页。

[24] 同上。

[25] 同上书,第 581 页。

[26] 同上书,第 582 页。

[27] 同上书,第 583 页。

[28] 同上。

[29] 同上书,第 590 页。

[30] 许同莘:《许文肃公(景澄)遗集》,沈云龙主编《近代中国史料丛刊第十九辑》,文海出版社 1968 年版,附录叶二十六——二十八。

[31] 国家清史编纂委员会编:《李鸿章全集》(电报一),安徽教育出版社 2008 年

版，第 591 页。

［32］ 如李玉生:《“经远”巡洋舰设计方案溯源》,《现代舰船》杂志 2011 年 11B 刊，第 43 页。

［33］ 国家清史编纂委员会编:《李鸿章全集》(电报一)，安徽教育出版社 2008 年版，第 583 页。

［34］《曾纪泽遗集》，岳麓书社 1983 年版，第 214 页。

［35］《阿模士庄米纪勒公司厂水师匠师槐特批评“济远”炮船说帖》,《清代外务部中外关系档案史料丛编——中英关系卷》(第五册 · 综合)，中华书局 2009 年版，第 202—207 页。

［36］ *Verhandlungen des Vereins zur Beförderung des Gewerbefleißes 1896*，艾克哈德 · 辛格尔(Eckhard Schinkel)先生提供。

［37］《槐特论造新舰说帖》,《清代外务部中外关系档案史料丛编——中英关系卷》(第五册 · 综合)，中华书局 2009 年版，第 208—218 页。

［38］“致远”级与“道加里”号巡洋舰的设计传承关系，参考李玉生:《“致远”巡洋舰设计方案溯源》，载《现代舰船》杂志 2012 年 6B 刊，第 40—50 页。

［39］《曾纪泽日记》(下册)，岳麓书社 1998 年版，第 1442 页。

［40］《曾纪泽遗集》，岳麓书社 1983 年版，第 209 页。

［41］ 同上书，第 210 页。

［42］《曾纪泽日记》(下册)，岳麓书社 1998 年版，第 1444—1445 页。

［43］ 同上书，第 1445 页。

［44］ 中国第二历史档案馆、中国社会科学院近代史研究所合编:《中国海关密档——赫德、金登干函电汇编》(第四卷)，中华书局 1992 年版，第 190 页。

［45］ *Armstrong Minute Book, 1882-1889*, Tyne & Wear Archives 130/1264, p.223. 国家清史编纂委员会编:《李鸿章全集》(电报一)，安徽教育出版社 2008 年版，第 594—595 页。另据国家清史编纂委员会编《李鸿章全集》(电报一)中所收《罗牧来电》记载，每艘价格为 133500 镑，而其他记载大多为 142500 镑，似有误，录之备考。见国家清史编纂委员会编《李鸿章全集》(电报一)，安徽教育出版社 2008 年版，第 593 页。

［46］ 中国史学会主编:《中国近代史资料丛刊——洋务运动》(第三册)，上海书店出版社 2000 年版，第 398—399 页。

［47］《呈照录出使法国参赞户部郎中舒文给总署章京信函单》，第一历史档案馆藏光绪朝宫中朱批奏折 04-01-36-0080-023。

［48］ 许同莘:《许文肃公(景澄)遗集》，沈云龙主编《近代中国史料丛刊第十九辑》，文海出版社 1968 年版，日记叶十三。

[49] 同上书，日记叶十四～十五。

[50] 中国第一历史档案馆:《醇亲王信函选》,《历史档案》1982年第4期，第34页。

[51]《清实录》(第五四册)《德宗实录》(三)，中华书局1987年版，叶一〇二八。

[52] 国家清史编纂委员会编:《李鸿章全集》(奏议十一)，安徽教育出版社2008年版，第233页。

[53]《清实录》(第五四册)《德宗实录》(三)，中华书局1987年版，叶一〇三〇。

[54] 国家清史编纂委员会编:《李鸿章全集》(奏议十一)，安徽教育出版社2008年版，第234页。

[55] 中国第一历史档案馆:《醇亲王信函选》,《历史档案》1982年第4期，第34—35页。

[56]《清实录》(第五四册)《德宗实录》(三)，中华书局1987年版，叶一〇三六。

[57] 国家清史编纂委员会编:《李鸿章全集》(电报一)，安徽教育出版社2008年版，第599页。

[58] 同上。

[59] 同上书，第599—600页。

[60] 同上书，第600页。

[61] 同上书，第602页。

[62] 同上书，第603页。

[63]《清实录》(第五四册)《德宗实录》(三)，中华书局1987年版，叶一〇四三。

[64] 许同莘:《许文肃公(景澄)遗集》，沈云龙主编:《近代中国史料丛刊第十九辑》，文海出版社1968年版，电报叶一。

[65]《清实录》(第五四册)《德宗实录》(三)，中华书局1987年版，叶一〇三一。

[66]《曾纪泽遗集》，岳麓书社1983年版，第212页。

[67] 国家清史编纂委员会编:《李鸿章全集》(电报一)，安徽教育出版社2008年版，第602—603页。

[68]《清实录》(第五四册)《德宗实录》(三)，中华书局1987年版，叶一〇四二。

[69] 国家清史编纂委员会编:《李鸿章全集》(电报一)，安徽教育出版社2008年版，第605页。

[70] 同上。

[71] 许同莘:《许文肃公(景澄)遗集》，沈云龙主编:《近代中国史料丛刊第十九辑》，文海出版社1968年版，附录叶二十八～三十。“经远”舰的详定合同于1886年2月1日签署，条文见《申报》，1886年6月8日、9日刊。

[72] Frederic Manning: *The Life of Sir William White*, E. P. Dutton & Co., 1923, pp. 129-139.

[73] Philip Watts: "Elswick Cruisers", *Transactions of the Institution of Naval Architects*, volume XLI, 1899, p. 304.

[74] George Thurston papers, National Maritime Museum MSS/72/017.

[75] 同上。

[76] 本小节主要参考《槐特论造新舰说帖》，见《清代外务部中外关系档案史料丛编——中英关系卷（第五册）》，中华书局 2008 年版，第 208—218 页；George Thurston papers, National Maritime Museum MSS/72/017；*China War Vessels and Torpedo Boats*, Admiralty, Intelligence Department, 1891；巡洋舰纵剖对比图，平贺让档案，日本东京大学，资料番号 2158，"The New Chinese Cruisers, &c.", *The Chinese Times*, April 7th, 1888，*The Illustrated London News*, September 17th, 1887 等资料。

[77] *China War Vessels and Torpedo Boats*, Admiralty, Intelligence Department, 1891, p.46.

[78] 也有记录称锅炉舱上方的装甲甲板为 3 英寸，由三块 1 英寸钢板铆接在一起，艏艉的装甲甲板较薄。"The New Chinese Cruisers, &c.", *The Chinese Times*, April 7th, 1888.

[79] 怀特所谓"致远"级"共有十横隔舱"，估计指前部库房 2 隔舱、前弹药库隔舱、前后锅炉舱、前后轮机舱、后弹药库、后部库房、舵机舱。见《槐特论造新舰说帖》，《清代外务部中外关系档案史料丛编——中英关系卷（第五册）》，中华书局 2008 年版，第 210 页。

[80] George Thurston papers, National Maritime Museum MSS/72/017. 该档案中记录"致远"级载有 2 艘 28 英尺纪格艇，但根据海军史学者刘烜赫先生使用 3D 模型摄像机匹配技术判断，纪格艇长度应为 30 英尺。

[81] 余思诒：《航海琐记》，吉辰译注：《龙的航程：北洋海军航海日记四种》，山东画报出版社 2013 年版，第 96 页。

[82] 英国国立海事博物馆的照片号为 N46982，坎布里亚档案馆的照片号为 BDB 16/L/1907，探索博物馆的照片号为 J8219。

[83] 本小节主要参考"Pair of Horizontal Triple-Expansion Marine Steam Engines for Fast Twin-Screw Cruisers. Designed and Constructed by Messrs. Humphreys, Tennant, & Co., London", Daniel Kinnear Clark: *The Steam Engine: a Treatise on Steam Engines and Boilers*, Vol. IV, Blackie & Son Ltd., pp. 686-691；George Thurston papers, National Maritime Museum MSS/72/017；*China War Vessels and Torpedo Boats*, Admiralty, Intelligence Department, 1891。

[84] 本小节主要参考 *China War Vessels and Torpedo Boats*, Admiralty, Intelligence Department, 1891；*The Illustrated London News*, Sept. 17th, 1887；及薛福成《出使英法义比四国日记》（岳麓出版社 1985 年版）等资料。

[85] 薛福成：《出使英法义比四国日记》，岳麓出版社 1985 年版，第 195 页。

［86］ *China War Vessels and Torpedo Boats*, Admiralty, Intelligence Department, 1891, p.9.

［87］《槐特论造新舰说帖》,《清代外务部中外关系档案史料丛编——中英关系卷（第五册）》，中华书局 2008 年版，第 213 页。

［88］ 国家清史编纂委员会编:《李鸿章全集》（电报二），安徽教育出版社 2008 年版，第 210 页。

［89］ *The Times*, December 15th, 1886.

［90］ Edward James Reed and Edward Simpson: *Modern Ships of War*, Happer & Brothers, 1888, p.244.

［91］《申报》，1888 年 4 月 14 日。

［92］ Peter Brook: *Warships for Export: Armstrong Warships 1867-1927*, the World Ship Society, 1999, p.30.

［93］ *Elswick Shipyard Report Book*, 1883-1897, Vickers Archives 1157, Cambridge University Library, p.43.

［94］ *Ibid*, p.50.

［95］《曾纪泽日记》（下册），岳麓书社 1998 年版，第 1499—1501 页。

［96］ *Elswick Shipyard Report Book, 1883-1897*, Vickers Archives 1157, Cambridge University Library, p.60.

［97］《曾纪泽日记》（下册），岳麓书社 1998 年版，第 1515 页。

［98］ *Elswick Shipyard Report Book, 1883-1897*, Vickers Archives 1157, Cambridge University Library, p.64.

［99］ 国家清史编纂委员会编:《李鸿章全集》（电报二），安徽教育出版社 2008 年版，第 100 页。

［100］ *The London and China Telegraph*, October 19th, 1886.

［101］ 刘瑞芬:《西轺纪略》，光绪丙申刻本。

［102］ *The Times*, December 15th, 1886.

［103］ *Elswick Shipyard Report Book, 1883-1897*, Vickers Archives 1157, Cambridge University Library, p.79.

［104］ *Elswick Shipyard Report Book, 1883-1897*, Vickers Archives 1157, Cambridge University Library.

［105］ *The Newcastle Courant*, May 6th, 1887.

［106］ *China War Vessels and Torpedo Boats*, Admiralty, Intelligence Department, 1891, pp.46, 48. George Thurston papers, National Maritime Museum MSS/72/017. 另据《北华捷报》记载，试航航速为 18.686 节，见 *The North China Herald and Supreme Court & Consular*

Gazette*, November 16th, 1887。另据《申报》记载："试海一小时，实行十有八咪又一咪十分之六（18.6节），合之中里凡六十一里有奇。……当船竣事之初，入水试行，吾国驻英钦宪刘芝田方伯特请英海部派员会同验试，一小时可行十有八咪又五三五五（18.5355节）及一六七（18.167节）不等，马力自七千一百三十匹至七千二百匹不等。"见《申报》，1887年10月9日。

［107］ Demetrius Charles Boulger: *The Life of Sir Halliday Macartney*, John Lane the Bodley Head, 1908, p. 436.

［108］ 国家清史编纂委员会编：《李鸿章全集》（信函六），安徽教育出版社2008年版，第32页。

［109］ 同上书，第83页。

［110］ 国家清史编纂委员会编：《李鸿章全集》（电报二），安徽教育出版社2008年版，第128页。

［111］ 同上书，第129—130页。

［112］ 同上书，第130页。

［113］ 同上书，第132页。

［114］ 国家清史编纂委员会编：《李鸿章全集》（奏议十二），安徽教育出版社2008年版，第34—35页。

［115］ Sir Robert Hart Diary, Queen's University Belfast.MS.15.1.31.349.

［116］ 戚俊杰、王记华编校：《丁汝昌集》，山东大学出版社1997年版，第74页。

［117］ 同上书，第76页。

［118］ *Shields Daily Gazette and Shipping Telegraph*, June 7th, 1887.

［119］ 日本海军曾于1886年赴英接收"浪速""高千穗"二舰。

［120］ "Funeral of Chinese Sailors in Newcastle", *The Newcastle Courant*, June 10th, 1887.

［121］ Dick Keys and Ken Smith: *Armstrong's River Empire: Tyne Shipyards that Supplied the World*, Tyne Bridge Publishing, 2010, pp.21-22. "Local Notes", *The Newcastle Courant*, June 17th, 1887.

［122］ Dick Keys and Ken Smith: *Armstrong's River Empire: Tyne Shipyards that Supplied the World*, Tyne Bridge Publishing, 2010, p.23. *Shields Daily Gazette and Shipping Telegraph*, June 16th, 1887.

［123］ "Visit of the Prince of Wales", *The Newcastle Courant*, July 15th, 1887.

［124］ "Military Tournament and Sport", *The Newcastle Courant*, July 22nd, 1887.

［125］ "Visit of Chinese Officers to Tynemouth", *The Newcastle Courant*, July 29th, 1887.

［126］ 国家清史编纂委员会编：《李鸿章全集》（电报二），安徽教育出版社2008年

版，第 227 页。

［127］ *Shields Daily Gazette and Shipping Telegraph*, August 3rd, 1887.

［128］ *Shields Daily Gazette and Shipping Telegraph*, August 13th, 1887.

［129］ *Shields Daily Gazette and Shipping Telegraph*, August 20th, 1887.

［130］ 余思诒：《航海琐记》，见吉辰译注《龙的航程：北洋海军航海日记四种》，山东画报出版社 2013 年版，第 103 页。

［131］ 同上书，第 101 页。

［132］ 同上书，第 103 页。

［133］ 李玉生：《帝国的阿姆斯特朗巡洋舰》，“北洋水师”网站：www.beiyang.org，访问时间：2012 年。

［134］ 中国第二历史档案馆、中国社会科学院近代史研究所合编：《中国海关密档——赫德、金登干函电汇编》（第四卷），中华书局 1992 年版，第 617 页。

［135］ 余思诒：《航海琐记》，见吉辰译注：《龙的航程：北洋海军航海日记四种》，山东画报出版社 2013 年版，第 95—104 页。

［136］ *The Times*, September 13th, 1887.

［137］ 余思诒：《航海琐记》，见吉辰译注：《龙的航程：北洋海军航海日记四种》，山东画报出版社 2013 年版，第 104 页。

［138］ 同上书，第 110—120 页。

［139］ 同上书，第 121—126 页。

［140］ 国家清史编纂委员会编：《李鸿章全集》（电报二），安徽教育出版社 2008 年版，第 253 页。

［141］ Demetrius Charles Boulger: *The Life of Sir Halliday Macartney*, John Lane the Bodley Head, 1908, p. 89.

［142］《叻报》，1887 年 11 月 14 日。

［143］ 余思诒：《航海琐记》，见吉辰译注：《龙的航程：北洋海军航海日记四种》，山东画报出版社 2013 年版，第 161 页。

［144］ 同上书，第 166 页。

［145］ 此事件考证参见周政纬：《从英国外交部档案揭露北洋海军总查琅威理辞职风波之“真相”——兼论对甲午战争结果的启示》，甲午战争 120 周年国际学术研讨会论文。另参见英国外交部档案：F.O.17/1074, Enclosure to Adm. Letter M183 of 25 January 1888 to the Under-Secretary of State for Foreign Affairs, pp. 51-55。

［146］ 余思诒：《航海琐记》，见吉辰译注：《龙的航程：北洋海军航海日记四种》，山东画报出版社 2013 年版，第 191 页。

［147］《申报》，1888年2月20日。

［148］ *The North China Herald and Supreme Court & Consular Gazette*, Feburay 24th, 1888.

［149］ *The North China Herald and Supreme Court & Consular Gazette*, March 16th, 1888.

［150］ *Journal kept in the Chinese Navy*, Charles Cheshire, National Maritime Museum MSS/78/153.0.

［151］ 国家清史编纂委员会编:《李鸿章全集》(电报二)，安徽教育出版社2008年版，第290页。

［152］ 同上。

［153］ 国家清史编纂委员会编:《李鸿章全集》(奏议十一)，安徽教育出版社2008年版，第151页。

［154］ 清廷筹划海军衙门始末之考证，参见姜鸣:《龙旗飘扬的舰队》，生活·读书·新知三联书店2003年版，第214—225页。

［155］ 中国第一历史档案馆:《醇亲王信函选》,《历史档案》1982年第4期，第35页。

［156］ 张侠等编:《清末海军史料》，海洋出版社1982年版，第252页。

［157］ Charles Cheshire: *Journal kept in the Chinese Navy*, National Maritime Museum MSS/78/153.0.

［158］《英国海军情报部报告》记载在大连湾试航航速为17.9节，见 *China: War Vessels and Torpedo Boats, Admiralty Intelligence Departments*, October 1891, p. 48。

［159］ 国家清史编纂委员会编:《李鸿章全集》(奏议十二)，安徽教育出版社2008年版，第384页。

［160］ 同上。

［161］ 同上书，第394页。

［162］《刘壮肃公奏议——台湾文献资料丛刊(第九辑)》，台湾大通书局1987年版，第224页。

［163］ 国家清史编纂委员会编:《李鸿章全集》(电报二)，安徽教育出版社2008年版，第362页。

［164］ 同上书，第365页。

［165］ 同上书，第375页。

［166］《刘壮肃公奏议——台湾文献资料丛刊(第九辑)》，台湾大通书局1987年版，第226页。另据池仲祐《海军大事记》记载，派出的是2门6磅速射炮和60人枪队，见中国史学会主编:《中国近代史资料丛刊——洋务运动》(第八册)，上海书店出版社2000年版，第490页。

［167］《刘壮肃公奏议——台湾文献资料丛刊（第九辑）》，台湾大通书局 1987 年版，第 226—227 页。

［168］ 国家清史编纂委员会编：《李鸿章全集》（电报二），安徽教育出版社 2008 年版，第 389 页。

［169］ Charles Cheshire: *Journal kept in the Chinese Navy*, National Maritime Museum MSS/78/153.0.

［170］《刘壮肃公奏议——台湾文献资料丛刊（第九辑）》，台湾大通书局 1987 年版，第 228—229 页。

［171］ Charles Cheshire: *Journal kept in the Chinese Navy*, National Maritime Museum MSS/78/153.0.

［172］ *The London and China Telegraph*, December 11th, 1889.

［173］ 国家清史编纂委员会编：《李鸿章全集》（电报二），安徽教育出版社 2008 年版，第 570 页。

［174］ *Hong Kong Daily Press*, January 18th, 1890.

［175］ *Hong Kong Daily Press*, February 26th, 1890.

［176］ FO17/1170, Captain Lang to Sir H. Marcartney, July 20, 1890, p.94. "致远" 舰触礁事，可参见周政纬：《前赴后继——北洋海军舰艇触礁事故研究序说 1880—1885》，香港第四届近代中国海防国际学术研讨会论文。

［177］ *Hong Kong Daily Press*, March 10th, 1890.

［178］ *The North China Herald and Supreme Court & Consular Gazette*, June 6th, 1890.

［179］《叻报》，1890 年 4 月 8 日。

［180］ *The North China Herald and Supreme Court & Consular Gazette*, June 6th, 1890.

［181］ Ibid.

［182］ 国家清史编纂委员会编：《李鸿章全集》（电报三），安徽教育出版社 2008 年版，第 40—61 页。

［183］ *The North China Daily News*, October 21st, 1890.

［184］ 戚俊杰、王记华编校：《丁汝昌集》，山东大学出版社 1997 年版，第 144 页。

［185］ *The North China Herald and Supreme Court & Consular Gazette*, September 28th, 1894.

［186］ 国家清史编纂委员会编：《李鸿章全集》（电报三），安徽教育出版社 2008 年版，第 96 页。

［187］ *The North China Herald and Supreme Court & Consular Gazette*, December 19th, 1890.

[188] 国家清史编纂委员会编:《李鸿章全集》(电报三),安徽教育出版社2008年版,第129页。

[189] *Hong Kong Daily Press*, April 6th, 1891.

[190] *Hong Kong Daily Press*, April 11th, 1891.

[191] 国家清史编纂委员会编:《李鸿章全集》(奏议十四),安徽教育出版社2008年版,第95页。

[192] 不著撰人:《东巡日记》,见吉辰译注:《龙的航程:北洋海军航海日记四种》,山东画报出版社2013年版,第213—229页。

[193] 国家清史编纂委员会编:《李鸿章全集》(电报三),安徽教育出版社2008年版,第215页。

[194]《申报》,1892年6月1日。《申报》报道"镇远"参加南巡,结合其他史料分析应为"经远"。

[195]《申报》,1892年7月2日。国家清史编纂委员会编:《李鸿章全集》(电报三),安徽教育出版社2008年版,第285—289页。《申报》报道中记载"本拟阳历五月二十日由上海赴日本",对照其他史料,应为"阳历六月二十日"。

[196] 戚俊杰、王记华编校:《丁汝昌集》,山东大学出版社1997年版,第172页。

[197]《申报》,1893年3月22日。

[198]《申报》,1893年3月23日。

[199] 戚俊杰、王记华编校:《丁汝昌集》,山东大学出版社1997年版,第176—177页。

[200] 同上书,第183页。

[201] 同上书,第182页。

[202]《申报》,1894年1月23日。

[203] *Hong Kong Daily Press*, January 29th, 1894.

[204] *Hong Kong Daily Press*, February 26th, 1894.

[205] 国家清史编纂委员会编:《李鸿章全集》(电报四),安徽教育出版社2008年版,第9页。据李鸿章电报中称,"统带铁、快六船,于正月二十六日行抵新加坡。"但据新加坡一些报章记载,仅有"定远""靖远""来远""经远"四舰抵达新加坡,"镇远"与"威远"则未参加,"镇远"似仍在香港,后随北洋大队一同北返;"威远"则去向不明。见《叻报》,1894年3月5日;*Daily Advertiser*, March 5th, 1894。另据一些报章报道,此次北洋海军还有访问澳大利亚的计划,但后来没有进行。见*Daily Advertiser*, March 5th, 1894。

[206]《叻报》,1894年3月10日。

[207] *Daily Advertiser*, March 19th, 1894.

［208］《叻报》，1894年3月22日。

［209］ *Daily Advertiser*, March 26th, 1894.

［210］ *Hong Kong Daily Press*, April 3rd, 1894.

［211］ *Hong Kong Daily Press*, April 6th, 1894.

［212］ 国家清史编纂委员会编：《李鸿章全集》（奏议十五），安徽教育出版社2008年版，第335页。

［213］ E. R. Fremantle: *The Navy as I Have Known It*, Cassell and Company, 1904, p.422.

［214］ 国家清史编纂委员会编：《李鸿章全集》（奏议十五），安徽教育出版社2008年版，第405页。

［215］《中日甲午战争（下）——盛宣怀档案资料选辑之三》，上海人民出版社1982年版，第401页。

［216］ 国家清史编纂委员会编：《李鸿章全集》（电报四），安徽教育出版社2008年版，第178页。

［217］《字林沪报》，1894年8月5日。

［218］ 国家清史编纂委员会编：《李鸿章全集》（电报四），安徽教育出版社2008年版，第217页。

［219］ 同上书，第233、265页。

［220］ 同上书，第283、293—295页。

［221］ 北洋海军派送吴大澂的军舰为哪三艘说法不一，据《盛档》中电报载，为"致远""靖远""来远"三艘，见《中日甲午战争（下）——盛宣怀档案资料选辑之三》，上海人民出版社1982年版，第552页。另据日本防卫省防卫厅档案中丁汝昌手令记载，为"致远""来远"、广甲"三舰，见《A　清国南北洋の艦隊戦略司令長官の命令（2）》，JACAR（アジア歴史資料センター）Ref.C08040476800、明治27·8年　戦史編纂準備書類9（防衛省防衛研究所）。

［222］ 张黎源译：《汉纳根上校的记录》，《甲午战争研究》2015年第3期，第57页。

［223］（日本）海军军令部编：《征清海戦史卷10（黄海海戦）》，第39页。

［224］ 同上书，第52页。

［225］"致远"舰黄海海战时舰员数量、幸存者数量历来说法不一，有定员250人阵亡246人之说，有阵亡215人获救15人之说，还有获救者7名、3名之说，不一而足，参见（日本）海军军令部编：《廿七八年海战史（上卷）》，1905年版，第279—280页。

［226］ "The War in the East Asia", *The Illustrated London News*, December 8th, 1894.

［227］ Particulars of Engagement Between Chinese and Japanese Fleets on 17th September 1894, from Chinese Source, 英国海军部档案，邝智文先生提供。（日本）海军军令部编：《廿

七八年海战史（上卷）》，1905 年版，第 258 页。

［228］ 国家清史编纂委员会编：《李鸿章全集》（电报五），安徽教育出版社 2008 年版，第 70—71 页。《我海軍の偵察　軍艦及水雷艇にて行ふもの（4）》，JACAR（アジア歴史資料センター）Ref.C08040467700、明治 27 · 8 年　戦史編纂準備書類　4（防衛省防衛研究所）。

［229］ 国家清史编纂委员会编：《李鸿章全集》（电报五），安徽教育出版社 2008 年版，第 95 页。另参见孙建军：《"北河" 与 "东北河" 考》，《丁汝昌研究探微》，华文出版社 2006 年版，第 110—114 页。

［230］《A　清国南北洋の艦隊戦略司令長官の命令（2）》，JACAR（アジア歴史資料センター）Ref.C08040476800、明治 27 · 8 年　戦史編纂準備書類　9（防衛省防衛研究所）。

［231］ "The Chinese Navy – II The Siege of Wei Hai Wei", *Blackwood's Edinburgh Magazine*, July-December 1895, p. 616.

［232］ 参谋本部编：《明治二十七八年日清戦史》（第 6 卷），第 106—107 页。

［233］ "The Chinese Navy – II The Siege of Wei Hai Wei", *Blackwood's Edinburgh Magazine*, July-December 1895, p. 628. 日本海军军令部编：《廿七八年海战史（下卷）》，1905 年版，第 177 页。池仲祐：《甲午战事纪》，张侠等编《清末海军史料》，海洋出版社 1982 年版，第 326 页。

［234］《牛刘马三道会陈海军覆亡禀》，张侠等编：《清末海军史料》，海洋出版社 1982 年版，第 338 页。

［235］ 王文韶：《奏为北洋弁兵自光绪二十一年正月初五日起至二十三日止殉难阵亡衔名籍贯应给恤银清单》，光绪二十一年七月初六日，中国第一历史档案馆藏军机处录副奏折 03-5906-020。王文韶：《北洋海军接仗受伤官弁兵勇衔名籍贯及应给养伤银数清单》，光绪二十一年七月初六日，中国第一历史档案馆藏军机处录副奏折 03-5906-021。

［236］《C　清国海軍の兵器》，JACAR（アジア歴史資料センター）Ref.C08040477500、明治 27 · 8 年　戦史編纂準備書類　9（防衛省防衛研究所）。

［237］《沈没艦船引揚（2）》，JACAR（アジア歴史資料センター）Ref.C08040732300、明治 27 · 8 年　戦時書類　巻 5　明治 28 年　（防衛省防衛研究所）。

［238］《29.1.28 旅順口海軍根拠地威海衛に於て沈没したる軍艦靖遠号より引揚たる物件に付申進》，JACAR（アジア歴史資料センター）Ref.C06060122000、明治 27・8 年戦役戦利兵器関係書類（防衛省防衛研究所）。

［239］ 中国第一历史档案馆编：《清代军机处电报档汇编》（第三十六册），中国人民大学出版社 2005 年版，第 519 页。

［240］《沈船に関する件（3）》，JACAR（アジア歴史資料センター）Ref.C08021316300、

大正 8 年　公文備考　卷 20　艦船 3 （防衛省防衛研究所）。

［241］《沈没艦船引揚（1）》, JACAR（アジア歴史資料センター）Ref.C08040732200、明治 27 · 8 年　戦時書類　卷 5　明治 28 年 （防衛省防衛研究所）。

［242］《沈船に関する件（3）》, JACAR（アジア歴史資料センター）Ref.C08021316300、大正 8 年　公文備考　卷 20　艦船 3 （防衛省防衛研究所）。

［243］ 李贵彬口述，张树臣整理:《一九三八年日本人打捞“致远”号小记》，政协东沟县委员会文史资料研究委员会编《东沟文史资料第 4 辑》，1993 年版，第 76—77 页。

［244］《英斐利曼特而水师提督语录并序》,《中国近代史资料丛刊——中日战争（七）》，上海人民出版社 2000 年版，第 550 页。

外一篇　“致远”舰冲锋沉没问题考辨

一、现代学界对于“致远”冲锋沉没问题之认识

“致远”舰在1894年9月17日黄海大东沟海战中“冲锋沉没”[1]，是这场海战的重要转折点之一，也是海战中最富有传奇色彩的篇章。这段情节经过经典影片《甲午风云》的演绎，已经深入人心。通常在国人的印象中，“致远”舰最后的战斗过程是这样的：

“致远”舰炮弹用尽，船受重伤，管带邓世昌毅然下令开足马力向敌舰“吉野”冲去，意欲撞击，与敌同归于尽。冲锋过程中“致远”舰被“吉野”鱼雷击中，发生大爆炸而沉没（注意其中的几个要素，下文将一一进行论述：炮弹用尽、撞击‘吉野’、被鱼雷击中、大爆炸而沉）。

《甲午风云》的演绎，只须稍用心考察，便可知主要史据为姚锡光所著《东方兵事纪略》，该书中如是说：

> “致远”药弹尽，适与倭船“吉野”值，管带邓世昌，粤人，素忠勇，且甚怨闽人之诈也，谓倭舰专恃“吉野”，苟沉是船，则我军可以集事，遂鼓快车，向“吉野”冲突。“吉野”即驶避，而“致远”中其鱼雷，机器锅炉迸裂，船遂左倾，顷刻沉没，世昌死之，船众尽殉。时已愈申刻矣。[2]

姚锡光甲午战争时为山东巡抚李秉衡幕僚，甲午战后入张之洞幕，于战时公文军令多有接触，战后亦多方访查战争亲历者，搜集了不少独特材料，并结合公开出版的报章新闻编成《东方兵事纪略》，1897年初次刊行。20世纪50年代中国史学会主编的《中国近代史资料丛刊——甲午战争》曾将此书收入，令其影响力进一步扩大。然

而，由于姚锡光并不是海军人员，对于海战经过只能获得二手见闻，因此事实上讹误颇多。对于他所撰写的海战情节，应当审慎引用。

但受到姚锡光撰述的影响，现代的许多甲午史学者都全部或部分地采纳了这种说法，如以下几例。

戚其章《甲午战争史》：

> 在激烈的战斗中，“致远”中弹累累。此时，日舰“吉野”适在“致远”前方。邓世昌见“吉野”横行无忌，早已义愤填膺，准备与之同归于尽，以保证全军的胜利。他对大副陈金揆说：“倭舰专恃‘吉野’，苟沉是船，则我军可以集事！”陈金揆深为感动，开足马力，“鼓轮怒驶，且沿途鸣炮，不绝于耳，直冲日队而来”。日舰第一游击队见“致远”奋然挺进，向前冲锋，便以群炮萃于“致远”，连连轰击。有数颗榴弹同时命中“致远”水线，致使其舷旁鱼雷发射管内一枚鱼雷爆炸，右舷随即倾斜……[3]

点评：戚其章文未提及“致远”弹药用尽，但认为“致远”冲撞“吉野”，并根据《布拉西海军年鉴》(*Brassey's Naval Annual*)的说法，认为“致远”舰是被引爆了舰内鱼雷而沉。

姜鸣《龙旗飘扬的舰队》：

> 管带邓世昌知道军舰已到最后关头，决心孤注一掷，用船艏冲角向从阵前掠过的“吉野”拦击。……在他的激励下，全舰官兵同仇敌忾，鼓足马力，一面用抽水机不停地抽去舱中海水，一面向日舰勇敢地冲击。日舰见状，紧急逃避，并向“致远”发出雨幕般的炮弹，终于将“致远”击沉。[4]

点评：姜鸣文未提及“致远”弹药用尽，但认为“致远”冲撞“吉野”，同时不认为“致远”是中鱼雷而沉。

许华《甲午海祭》：

> 在激烈的海上角逐中，北洋舰队巡洋舰“致远”多处中弹受伤，舰身倾斜且弹药用尽。管带邓世昌见日本快速巡洋舰“吉野”张牙舞爪十分猖狂，当即断然命令“致远”舰开足马力，要用舰艏的冲角去撞击“吉野”，欲与之同归于尽。“吉野”舰见势不妙，急忙转向规避逃窜，并发射鱼雷自卫。“致远”舰不幸被鱼雷击中，锅炉发生大爆炸，舰体破裂下沉。[5]

点评：许华文认为“致远”弹药用尽，向“吉野”冲撞，最后被鱼雷击中，锅炉爆炸而沉，基本观点与《东方兵事纪略》一脉相承。

陈悦《甲午海战》：

（引文较长从略）[6]

点评：陈悦文并未说明“致远”舰弹药用尽，但认为“致远”是向“吉野”冲突，意图冲乱敌军阵型，发射鱼雷或进行冲撞。该文并不认为“致远”是被鱼雷击沉，而是分析了“致远”沉没的可能原因：1. 舰内鱼雷被击中殉爆而沉；2. 海水进入锅炉发生爆炸而沉。

以上四名学者的著述基本上可以代表现代学界对“致远”舰“冲锋沉没”一事的主流观点，即，大部分不认为“致远”舰弹药用尽，一致认为“致远”舰最后冲向“吉野”，对于“致远”舰如何沉没则说法不一。

“致远”舰弹药用尽一说，目前所知仅出自《东方兵事纪略》，属于孤证。这种说法其实已有确凿证据可以反驳：在对“致远”舰遗骸进行水下考古的过程中，已发现6英寸炮弹、6磅炮弹、3磅炮弹、1磅炮弹、格林炮弹、鱼雷头等多种弹药，弹药用尽一说显然不成立。

这样，还剩下两个问题需要考究：“致远”是否向“吉野”冲锋？“致远”因何而沉？再进一步说，“致远”向其冲锋者与将其击沉者是同一艘日舰吗？“致远”冲锋与被击沉是前后相继的连贯事件吗？

对于第一个问题，如上文所说，目前学界观点极其一致，即全部认为“致远”曾向“吉野”冲锋。其实，此事却大有需要考究的必要。如果抛弃汗牛充栋而无多少史料价值的论述、小说、影视，而回归海战之后不久的当事人记录、新闻报道，“致远”冲锋“吉野”一事，是否还能站得住脚呢？

二、“致远”冲锋沉没问题中、日、欧三方史料对比研究

笔者采用的是竭泽而渔的方法，将一切目前发现的有价值的中、日、欧史料一一列出（明显重复转述他人的不列）、评点、比对，试

看“致远”冲锋“吉野”一事是否成立。

中方史料

中方史料大致可以分为官方报告、报章报道和亲历者回忆三种。出于种种原因，中方史料对于一些海战细节往往描述含糊，甚至彼此矛盾。官方报告方面，详细提及“致远”冲锋沉没之事的只有汉纳根的报告和李鸿章的奏折；报章方面，《申报》与《字林西报》《北华捷报》的报道最具代表性；亲历者回忆方面，汉纳根、马吉芬、卢毓英的回忆对此事描写较详。

中 1. 汉纳根（Constantin Alexander Stephan von Hanneken）《汉纳根上校的记录》（The Note by Major von Hanneken）：

> About this time the Chih Yuen and King Yuen left our line without orders (signals interrupted by destruction of apparatus) and steamed across our bow. The Chih Yuen made straight for one of the Japanese ships and sank her...
>
> During this time we observed the Chih Yuen suddenly heel over to put and sink in a very few minutes, having probably received a chance shot from one of the heavy guns of the enemy's first division.[7]

翻译为：

> 大约此时“致远”和“经远”在没有命令的情况下离开我们的阵列（由于信号装置被摧毁信号被阻断了）并从我舰前方通过。“致远”径直航向一艘日舰并将其击沉……
>
> 此时我们发现“致远”号突然倾斜，并在几分钟内沉没，可能是意外受到了一发来自日军第一分队的大口径火炮的炮弹打击。

点评：汉纳根是大东沟海战的亲历者，战后他于9月20日抵达天津向李鸿章报告了海战情况，他的报告对李鸿章的海战奏疏影响极大，因此可以看作中方对大东沟海战所做的最早的官方报告，意义非比寻常。从他的报告中可以看出，他认为“致远”舰在海战初期冲向一艘敌舰并将之“击沉”，过了一段时间后突然发现“致远”舰倾斜沉没。因此，“致远”舰冲锋的目标与将“致远”击沉者不是一舰，“冲锋”与“击沉”也是相互独立的两件事。文中只字未提“吉野”，并认为“致远”可能是被日军“第一分队”（本队）发射的大口径炮弹击沉。

中2. 李鸿章《大东沟战状折》：

> 敌忽以鱼雷快船直攻“定远”，尚未驶到，“致远”开足机轮驶出“定远”之前，即将来船攻沉。倭船以鱼雷轰击“致远”，旋亦沉没。[8]

点评：李鸿章的这份奏折是中国官方最权威的对大东沟海战的报告。该奏折颇受汉纳根报告影响，但也有几处特殊观点：1. 提出“致远”是为保护“定远”而冲锋，并将敌舰击沉；2. 认为“致远”是被鱼雷击沉。但可以看出，李鸿章也认为“致远”冲锋的目标与将“致远”击沉者不是一舰，同时他也没有提到“吉野”二字。

中3. 1894年9月23日《申报》：《详述鸭绿江胜倭确信》：

> “致远”兵舰首先出阵，统领令开足机器，直入倭奴舰队中，连环轰击，遥见一倭船忽然倾侧，旋即不见，盖已沉入波心矣。突有四倭船将“致远”围在垓心，（“致远”）奋力抗拒，迨炮停烟散，“致远”亦已渐沉。[9]

点评：《申报》是当时中国最重要的中文报纸，具有很大的影响力。这篇报道自称是从天津获得的消息，估计也是受到汉纳根等人报告的影响。与汉纳根报告一样，这篇报道也认为“冲锋”与“击沉”不是前后相承的一件事，也未提“吉野”名字。尤其值得注意的是，该报道还指出“致远”是被4艘日舰围攻而沉。

中4. 1894年9月24日《字林西报》，《大东沟海战》（The Naval Fight at the Yaloo）：

> The Chinese ship *Chihyuen*, Captain Tang, early in the fight closed with the enemy at full speed, intending to ram. Whether rammed or torpedoed, the Japanese ship turned over and sank, when four Japanese ships closed round the *Chihyuen* and she was ripped up by shots under the water line and went down with all hands, including Mr. Purvis, the engineer. [10]

翻译为：

中国军舰“致远”号在邓管带的指挥下，在战斗的初期全速接近敌舰，意图撞击。不清楚是被撞击了还是被鱼雷击中了，这艘日舰翻转沉没，而四艘日舰接近包围了“致远”舰，她被炮弹击中了水线以下而沉没，全舰官兵与舰同沉，包括管轮波蒂士先生在内。

点评：《字林西报》（*The North China Daily News*）/《北华捷报》（*The North China Herald and Supreme Court & Consular Gazette*）是发行于上海的、在中国具有很大影响力的英文报纸，常常能得到十分重要的新闻消息。这篇通讯写于9月21日，距离海战仅仅4天，具有很强的时效性。因这篇通讯发自天津，很有可能也是受到了返回津门的汉纳根等人的影响。内容与前述《申报》报道大同小异，即同样认为“致远”舰冲锋与被击沉不是同一事，未提“吉野”名字。这篇报道还认为“致远”是被炮弹击中水线以下而沉。

中5. 1894年9月27日《字林西报》,《大东沟海战》（The Naval Engagement Near the Yaloo River）:

Fire was opened on both sides and two small Japanese men-of-war are supposed to have been sunk by the Chihyuen. When the remainder of the Chinese fleet appeared on the scene the Chihyuen was so badly damaged that Captain Tang knew his ship would sink soon, which made him execute the following brave act. He rushed his ship towards one of the biggest Japanese men-of-war and when close enough fired a torpedo at her; hitting his mark well he sunk the Japanese almost immediately. The Chihyuen had done her work and soon received a torpedo on each side, which sent her into the sea.[11]

翻译为：

双方于是开火，“致远”舰可能击沉了两艘小型日舰。当其余的中国军舰赶到时“致远”已经严重受伤，邓管带知道他的军舰即将沉没，于是决定采取以下壮举。他冲向一艘日本最大的军舰，在足够近的时候向她发射了一枚鱼雷；准确击中了目标，几乎立即将日舰击沉。“致远”完成了她的任务，不久后在两侧各中了一枚鱼雷，将她送入了海底。

点评：这是《字林西报》在海战后不久刊发的另一篇长篇报道，但与前一篇内容迥异。这篇报道同样认为“致远”舰的冲锋目标与将之击沉者不是同一艘舰，但首次称“致远”冲锋目标为日军“最大的军舰”。该文还认为“致远”是被鱼雷击沉。

中6. 1894年9月29日《申报》,《烟台访事人述鸭绿江战事》:

> “致远”船受伤较重，管驾邓总戎世昌见势已不支，不如与倭奴决一生死，急开快车，向倭提督座船撞去，倭提督船急打倒车，而“致远”业已撞入，腰际铁甲较厚，钳夹不开，如鹬蚌之相持，未几，倭提督船沉下，“致远”亦被倭舰围攻，伤重而没。[12]

点评:《申报》的这篇报道与该报9月23日的报道已有了区别，首次称“致远”冲锋者为“倭提督船”。但“致远”冲锋与将其击沉者仍然不是同一艘船，本文也同样未提到“吉野”。

中7. 1894年10月3日《字林西报》,《大东沟海战》(The Naval Fight of the Yaloo):

> The very first evolution of the enemy detached three Chinese ships, one of which was the fine Elswick cruiser Chihyuen. Captain Tang handled his ship with admirable coolness, his vessel was badly hulled very early in the fight and took a strong list to starboard; seeing she was sinking he went full speed ahead at a Japanese, who was sticking to him like a limpet and making free practice, with the intention of ramming her, but he foundered with all hands (250) just before the ship go home. One account has it that he actually did sink the Japanese, but the weight of evidence is that he only disabled him by his return fire. [13]

翻译为:

> 敌军最初的运动令三艘中国军舰脱离了队列，其中一艘是优秀的埃尔斯威克巡洋舰“致远”。邓管带极为冷静地驾驶着军舰，他的军舰在战斗的早期就受了重伤，向右舷严重倾斜；他见军舰快沉了，就以全速冲向一艘日舰意图撞击，那艘日舰一直与他纠缠不休，但他功败垂成，所有官兵（250人）与舰同

沉。有记录说他确实击沉了那艘日舰，但事实是他仅以还击的火力重创了它。

点评：这篇报道距离海战已有半个月，可能已经综合了部分日本方面的报道，增加了如“致远”右倾、敌舰并未沉没等细节。这篇报道倾向于认为“致远”冲锋的目标舰即将其击沉者，即“冲锋”与“击沉”为连续的事件。但该文仍未指出冲锋目标为“吉野”。

中8. 1894年10月6日《字林西报》，转载1894年10月1日《芝罘快邮》(*Chefoo Express*)：

> The Chihyuen steamed out of the battle line in pursuit of the Akagi Kan, which boat was then already in a sinking condition. Within ten minutes the Chihyuen was surrounded by Japanese and all shots hitting her on one side, the compartments filled with water and caused to capsize.[14]

翻译为：

> “致远”舰驶出阵列追击已经快要沉没的“赤城”舰，“致远”被日军包围了十分钟，所有的炮弹击中了她的一侧，水密舱进水而倾覆。

点评：《芝罘快邮》是甲午战争时最接近威海卫的报纸，因此常常能够得到珍贵的一手材料。可惜完整的《芝罘快邮》报刊档案已不存。这篇转载于《字林西报》的文章十分重要，它首次指出了两个情况：1.“致远”是出队冲锋“赤城”；2.“致远”被包围攻击10分钟，被炮弹打穿一边舷侧，进水而沉。也就是说，“致远”冲锋之对象并不是后来所说的“吉野”，而是“赤城”！“致远”冲锋与被击沉也并非一件事。另外值得注意的是，这篇报道与日军的战时记录非常吻合。

中9. 佚名撰《冤海述闻》：

> “致远”在阵中，因一敌船伤停车，深入追击之，为鱼雷所中而沉。[15]

点评：《冤海述闻》为甲午战后不久佚名所作，描写海战经过，意图为临阵脱逃而被处死之“济远”管带方伯谦鸣冤。《冤海述闻》内容虽然多有讹误，但也有颇多独家细节，因此推测作者应与北洋海军颇有渊源，或为与方伯谦有关之人。《冤海述闻》的这段描述认为“致远”去追击一艘受伤军舰，但也没有提到“吉野”。该文还认为“致远”是中鱼雷而沉。

中10. 阙名编《中倭战守始末记》:

> 我“致远”钢快船管驾广东邓正卿总戎世昌即驾足机轮，争先独出，冲入敌阵，觑定倭军铁甲船，直前撞之，不逾时而倭船全身沉没矣。然我中国海军兵舰唯“致远”行驶最速，“致远”既击沉倭船，诸兵舰犹在后，不能相顾，遂为倭船四艘所围。“致远”虽被围垓心，犹彼此攻击，历一刻钟时，互有损伤，既而倭军聚大炮十数尊攒击“致远”，由是沉没，其殉难者邓管驾及其部下兵丁、水手，又有英人管轮武弁名伯维司君云。[16]

《中倭战守始末记》是时人根据报章编撰的甲午战争资料集成，1895年刊行。这段报道中明显可见《字林西报》等报道的影子，但也有几处值得注意：1. 该文认为“致远”是去撞“倭军铁甲船”，并将其撞沉；2. 指出“致远”是因冲锋而脱队被围；3. 指出围“致远”者为“倭船四艘”；4. 认为“致远”与“倭船四艘”交战一刻钟之久；5. 认为“致远”是被火炮击沉。这篇文章也不认为“冲锋”与“沉没”是一件事，同样未提到“吉野”。

中11. 蔡尔康等编《中东战纪本末》:

> 少焉日舰圈入人字之脚，“致远”“经远”“济远”三舰皆被挖出圈外。……（“致远”）乃如孤雁之失群，船身叠受重伤，偏右斜欹，势将沉溺。群见其开足汽机，向日舰飞驰而去，（总戎，余友也，西学湛深，英气勃发。闻在军中恒语人曰：“设有不测，势与日舰同沉！”是时殆将自践其言矣）。不谓未及日军，先随海若，舟中二百五十人同时殉难。[17]

点评：《中东战纪本末》是美国传教士林乐知（Yong John Allen）主持、中国人蔡尔康等编撰的甲午战争资料集成，1896年排印。这段文字也应是参考了当时的报章记录综合而成。其认为“致远”冲锋、沉没是同一事，但也没有提到“吉野”。

中12. 姚锡光《东方兵事纪略》:

（文见第一节）

中 13．池仲祐《海军实纪》：

《甲午战事纪》

华军阵势被冲，“致”“经”“济”三舰划出圈外，两面受击。“致远”骤受重伤，管带邓世昌正欲冲锋陷敌，乃猝为敌雷所中，转舵入队，随即沉没。[18]

《甲申、甲午海战海军阵亡死难群公事略》

日军占上风，而列队变其阵势，将我之“致”“经”“济”三舰冲出圜外，两面受击。公见船已受重伤，决计陷阵冲锋，毁敌一舰，以挫其锐。因奋勇鼓轮，直向日舰“吉野”冲去。驶出“定远”之前时，舰中员勇秩序略乱。公大呼曰：吾辈从军卫国，早置生死于度外。今日之事，有死而已！奚纷纷为？众为之肃然。适日一鱼雷，直攻“定远”未到，而撞于“致远”。“致远”中雷，转舵入阵，随即沉没。[19]

点评：池仲祐的《海军实纪》作于1920年代，成书较晚。但池仲祐早年曾与邓世昌一同赴英接收“扬威”巡洋舰，与邓本人必然有交谊。而且池仲祐后来任职于民国海军部，也一定与许多甲午海战的亲历者和后裔有联系（如邓世昌之子邓浩乾，亦任职于海军部）。《海军实纪》中的这两篇具有一定的演义性质，池仲祐明确指出“致远”所撞者为“吉野”，并且是中鱼雷而沉。

中 14．汉纳根的回忆：

Wahrscheinlich in der Absicht, einen direkten Angriff auf das Kanonenboot Akagi zu machen, das den schnellen Bewegungen der anderen japanischen Schiffe nicht folgen konnte, schwenkte die Chih-Yuan aus der Linie und dampfte vor unserer Front vorbei. Es entspann sich zwischen ihr und Akagi ein Gefecht, in welchem letztere stark beschädigt wurde und, wie es schien, mit dem Bug zu sinken began. Dabei geriet aber die ChihYuan mitten in die Matsushima-Division. Kurze Zeit darauf sah ich sie nach Backbord kentern und versinken. Das Schiff sank mit unglaublicher Geschwindigkeit. Ich nehme an, daß ein Schuß von dem 23-cm-Heckgeschütz der Matsushima ihm in Längsrichtung auf Backbordseite einen langen Riß beibrachte, wodurch das sofortige Volllaufen des Schiffskörpers über dem Panzerdeck und das Kentern verursacht wurde.[20]

翻译为：

或许是为了直接攻击当时已无法跟随其他日舰快速运动的炮艇“赤城”号，“致远”驶出队列经过我舰的前方。她与“赤城”之间经历了一场战斗，后者受损严重，似乎开始倾斜下沉。但这导致“致远”被“松岛”分队包围。不久后我看见她左倾沉没。这艘军舰下沉得非常快，我猜测一发“松岛”舰的23厘米后主炮[21]在她的左舷造成了一道很长的裂口，此处的船体刚好位于装甲甲板以上，并造成了倾覆。

点评：汉纳根的这段回忆出处、时间不详，有可能是他给德国海军所做的报告。他的这段文字比他的第一份报告更加详细，他也认为“致远”冲锋目标为“赤城”，而且是被本队包围击沉，很可能是被“松岛”舰的32厘米主炮击中。

中15. 马吉芬（Philo Norton McGiffin）《鸭绿江外的海战》（The Battle of the Yalu）：

Signals were made on the Matsushima, and the Flying Squadron maneuvered to cover the endangered vessels. About this time the Chih Yuen boldly, if somewhat foolhardily, bore down on the Flying Squadron's line, possibly to attack the two mentioned vessels. Just what happened no one seems to know, but apparently she was struck below the water-line by a heavy shell-either a ten-inch or a thirteen-inch. Be that as it may, she took a heavy list, and thus fatally injured, her commander, Tang Shi Chang, a most courageous albeit somewhat obstinate officer, resolved at least to avenge himself, and charged one of the largest vessels, intending to ram. A hurricane of projectiles from both heavy and machine guns swept down upon his ship, the list became more pronounced, and just before getting home to his intended victim his ship rolled over and then plunged, bow first, into the depths, righting herself as she sank, her screws whirling in the air.[22]

翻译为：

> “松岛”号挂出信号，于是第一游击队向处于危险状况中的2艘军舰运动以掩护之。大约就在这个时候，“致远”号英勇地，甚至可以说是有点鲁莽地向第一游击队的阵列冲去，大约是想攻击上述的2艘军舰（指“比睿”和“赤城”）。当时到底发生了什么已经无人能确知，但显然它被1枚重炮弹——大约10英寸或13英寸命中了水线。总之不管怎样，它开始严重倾斜，显然是受到了重创。该舰的管带是最为英勇甚至有时有些顽固的邓世昌，他下定决心与敌人同归于尽，于是向一艘敌人最大的军舰冲锋，准备实行撞击。一阵重炮和机关炮弹的弹幕扫过他的军舰，倾斜更加严重了，就在即将撞上敌舰之际，他的船倾覆了，军舰从舰艏开始下沉，舰体随着沉没逐渐扶正，而它的螺旋桨还在空中转动。

点评：马吉芬是大东沟海战的亲历者，在“镇远”舰上服务。他于1895年为《世纪杂志》（*The Century Magazine*）撰写的这篇亲历记既有他的亲身经历，也有综合当时报章的一些描述。根据马吉芬的记述，“致远”舰有两次冲锋：一次是冲向第一游击队，意欲不顾第一游击队的援救，继续攻击“比睿”和“赤城”；第二次是冲向敌人“最大的军舰”，但马吉芬文也并未指明冲向“吉野”。另外，马吉芬还认为“致远”舰是因中重炮而沉。

中16. 卢毓英《卢氏甲午前后杂记》：

> 酣战之顷，忽有倭舰名“吉野”者横冲我军而入，自南而北。“致远”力前追击之，不能中其要害，反为其鱼雷所中，船忽欹侧，不一分钟已底儿朝天，全军覆没。久之，犹见其两轮旋转不已。“致远”管带邓世昌以袖蒙面，蹈海殉难。“广甲”适在“致远”之后，故窥见犹了了也。[23]

点评：卢毓英作为“广甲”舰管轮，是大东沟海战的亲历者，而且“广甲”舰当时与“致远”一同冲出，对“致远”是如何冲锋沉没的细节是有很大的发言权的。但也须注意到，卢毓英作为管轮，“自午至酉常在火舱、机舱两处照料”，是很难有机会目睹战况的，因此他的海战见闻，应当多来自道听途说；另外，《卢氏甲午前后杂记》成文应较晚，具有回忆录的性质，对于一些细节记忆是否清晰，有否受到外界的影响值得怀疑。该文认为“致远”所撞者为“吉野”，并且是中鱼雷而沉。

中 17. 戴理尔（William Ferdinand Tyler）《在中国牵线》（*Pulling Strings in China*）：

> Three were sunk by gunfire, including the *Chih Yuen* commanded by the gallant Tang, who, believing in close quarters, tried to ram the *Yoshino* and failed. [24]

翻译为：

> 我方三艘军舰被炮火击沉，其中包括英勇的邓管带指挥的“致远”舰，该舰在近距离上试图冲撞“吉野”，但未能成功。

点评：戴理尔是大东沟海战的亲历者，当时作为汉纳根的海军顾问在“定远”舰上服务。他的海战回忆录撰写于1929年，其中提到“致远”是向“吉野”冲锋并被击沉。戴理尔回忆录影响甚广，但由于创作时间晚，不可避免地受到其他史料的影响，一手价值须打折扣。

日方史料

相较于中方史料，日方史料官方程度更高，内容更为翔实，因此，只须列举参加海战各舰的战况报告、联合舰队司令长官和常备舰队司令官的战况报告即可，日本战后编撰的部分非官方战史也选择性列举，仅供参考。

日 1. 联合舰队司令长官伊东祐亨海战报告：

> 又此圖ノ場合ニ於テ（午後三時三十分）敵ノ致遠（又ハ靖遠）ノ沈没スルヲ認ム。[25]

翻译为：

> 又，在此图的情形中（午后3时30分），发现敌舰“致远”（或“靖远”）沉没。

日 2. 常备舰队司令官坪井航三海战报告：

> 同（三時）三十分ニ至テハ。致遠右舷ニ傾キテ覆没シ。[26]

翻译为：

> 至3时30分，“致远”右舷倾斜沉没。

日 3.“千代田”舰战斗报告：

同（三時）三十分，二檣、一煙筒ノ一艦（致遠ナラン）沈沒ス。[27]

翻译为：

3 时 30 分，两桅杆，一烟囱之舰（或为“致远”）沉没。

日 4.“严岛”舰战斗报告：

靖遠ト同形ニシテ本艦右舷（クオートル）ニ方リ沈沒スル者一。[28]

翻译为：

一艘“靖远”或同型舰于本舰右舷正横方向沉没。

日 5.“桥立”舰战斗报告：

此時（三時十五分）二本檣、一本煙筒ノ敵艦一隻沈沒ス。[29]

翻译为：

此时（3 时 15 分），两桅杆、一烟囱之敌舰一艘沉没。

日 6.“扶桑”舰战斗报告：

同（三時）二十八分。敵艦（靖遠カ）一艘後部ヨリ漸漸沈ミ遂ニ沈沒シタリ。[30]

翻译为：

3 时 28 分，敌舰（“靖远”型）一艘从后部渐渐下沉，遂完全沉没。

日 7.“吉野”舰战斗报告：

午後二時四十六分。經遠及致遠ニ火災起ルヲ見ル。

同（三時）三十分。致遠右舷ニ傾斜シテ沈沒シ。其推進器水面上ニ旋回スルヲ認ム。[31]

翻译为：

午后 2 时 46 分，看见“经远”及“致远”发生火灾。

3 时 30 分，“致远”右舷倾斜沉没，发现其推进器仍在水面上旋转。

日 8.“高千穗”舰战斗报告：

我游擊隊ハ西方即陸岸ニ沿フテ逃レタル五艦（來遠、經遠、致遠、靖遠、廣甲ナラン）ヲ追擊シ。漸次本隊ト遠サカレリ。同三時二十五分。二本檣一本煙筒ノ敵艦（致遠、靖遠ノ内）著シク右舷ニ傾斜シテ猶航進ヲ續クシヵ。同三十三分ニ至リ。遂ニ全ク沈沒セリ。[32]

翻译为：

我游击队向西方即沿陆岸方向逃遁的五舰（"来远""经远""致远""靖远""广甲"）追击。逐渐远离本队。3时30分，双桅杆一烟囱敌舰（"致远"或"靖远"）明显向右舷倾斜，仍然继续航行。同33分完全沉没。

日9．"秋津洲"舰战斗报告：

同（三時）三十四分。致遠ノ沈沒スルヲ見ル。[33]

翻译为：

3时34分，看见"致远"沉没。

日10．"浪速"舰战斗报告：

同（三時）三十一分。致遠ノ後部大ニ傾斜シ。同三十五分。遂ニ沈沒ス。[34]

翻译为：

3时31分，"致远"后部严重倾斜；同35分遂沉没。

日11．海军军令部编《黄海临战亡失清国军舰表》：

（致遠）大火災ニ罹ノ後チ主トシテ本隊ノ為ニ擊沈セラ。[35]

翻译为：

（"致远"）被大火灾摧残后主要被本队击沉。

点评：日本海军的所有官方记录基本都对"致远"沉没一事草草带过，可以说明此事发生突然，并不引人注意，沉没之时也显然没有发生"冲锋"之类的壮举。而且"致远"舰究竟被何者击沉也没有明确说法，只有《黄海临战亡失清国军舰表》中明确说是主要被本队击沉。另外，如小笠原长生《海戦日録》、木村浩吉《黄海海戦ニ於ケル松嶋艦内ノ状況》等亲历者记述中对"致远"沉没的描写也都是一笔带过。

日12．川崎三郎《日清海战史》：

致遠の管駕官參將鄧世昌勇あり、且つ自艦の堅牢にして觸擊に適せるを負ふ、而して次日の戰に臨むや、初より豐島の役に高陞號にありて擊沈せちれたる將卒の為めに復仇せむと欲し、頻りに機を見て浪速に迫りて衝突を試みんと謀りしも、我艦の速力に妨けられて近くこと能はうざりしが、是時に及て尚ほ留りて勇奮して能く戰ひ諸艦に挺先して進む。我が諸艦遮ざり擊ちて炮彈を蒙らすと無數、終に之を沈沒せしめたり。時將に三時三十分に垂んどす。[36]

翻译为：

"致远"管带官参将邓世昌有勇，且自负自舰坚牢，适于撞击，而此日临战之时，欲为丰岛之役"高升"号上被击沉之将卒复仇，频频见机迫近"浪速"，试图撞击之，而碍于我舰速力，不能近。当是时，于所存尚能奋勇作战之中当先挺近，为我诸舰炮击无数，终于沉没。时为三时三十分。

点评：日本作家、历史学家川崎三郎的《日清海战史》作于1895年，是日方战后较早出版的海战书籍之一，这是第一篇也是仅有的一篇提出"致远"是向"浪速"舰冲锋的文章，依据史源则不明，不过可以肯定是参考了中方的报道。由于属于孤证，因此难以采信。

日13. 浅野正恭《近世海战史》：

而一边游击队则与"致远"战，"致远"忽出阵冲突"吉野"，于是"吉野"以纽状火药连弹装入快炮击之，密如雨下，三点三十分遂沉没。

"致远"有豪勇敢为之舰长，开战伊始，即出阵外，与游击队挑战，因之连受数弹，右舷倾侧。其舰长之出此计，非徒无益，而又害之。盖日军之快炮，究非其力所能敌，故其接近"吉野"也，舰体之倾斜益甚，螺轮翘出水上，虚转于空中，恐挟全舰人员以俱沉。此时砉然有声如裂帛者，恐即其汽锅之爆裂也。[37]

点评：浅野正恭大东沟海战时担任"千代田"舰分队长，甲午战后曾任海军兵学校炮术教官、海军大学校教官等职。这篇著作尚未发现日文原本，中译本为1903年所译，后转见于张侠等编《清末海军史料》中，因此影响甚广。此文是日方史料中为数不多的认为

“致远”冲突者为“吉野”的文章，但其实这是编译自威尔森（W. H. Wilson）《战争中的铁甲舰》（*Ironclads in Action: a Sketch of Naval Warfare form 1855 to 1895*）一书（见欧 8），因此并无独到观点。

第三方史料

大东沟海战后，英、法、德、美等许多海军大国都派出专门人员，搜集海战一手情报，以为本国海军研究发展之用。各国主要报章也纷纷报道这场海战，一时热闹无比。以下拣选部分国家的海军情报报告，以及部分重要报章的报道分析之。

欧 1. 英国海军调查报告：

> When the Japanese Squadron, continuing their circle, were ahead of the Chinese Squadron, the “KingYuen” and “ChihYuen” —— perhaps rashly steamed in advance of their line, the former to break the Japanese line, the “ChihYuen” to follow up the Japanese gun vessel which had been badly injured by shell fire, she fired two shell which took effect, the gun vessel rapidly heeling to starboard (and apparently sank), seeing which the “ChihYuen” turned to port exposing her starboard side to a torpedo fired by the 2nd or 3rd ship in the Japanese line, when struck her, she turned over to starboard and sank in five minutes bows first with screws revolving in the air.[38]

翻译为：

> 当日本舰队持续绕圈时，经过中国舰队前方，“经远”和“致远”——或许有些鲁莽地驶出它们的阵列，前者冲破了日军阵列，“致远”则追击着一艘已被炮火重创的日本炮舰，她发射了 2 发榴弹并击中了目标，炮舰立即右倾（显然沉没了），见状“致远”左转，将她的右舷暴露于一发日本战列中第二或第三艘军舰发射的鱼雷，当鱼雷击中她时，她右舷倾斜，并于 5 分钟内沉没，舰艏先下沉，螺旋桨还在空中旋转。

点评：这是英国海军“利安德”号军官于 1894 年 9 月 26 日撰写的情报报告，应是根据战后在中国舰队中的直接访问记录。该文认为“致远”在战斗初期向一艘日本炮舰冲锋，旋被鱼雷击沉，并未提到“吉野”。

欧 2. 英国东方舰队司令福勒曼德尔访谈：

“致远”既受重伤，志欲与敌舰同归于尽，于是鼓轮怒驶，且沿途鸣炮，不绝于耳，直冲日队而来。已垂垂到矣，不料日炮毕萃于其舰，独中沉渊之祸，惨哉。[39]

点评：这篇访谈见于《中东战纪本末》，据称原载于上海西字捷报，但尚未发现原文。该文据称作于福勒曼德尔即将离开中国之时，即 1895 年春（福勒曼德尔于 1895 年 5 月离华）。福勒曼德尔此文很大程度上受到了“利安德”舰报告的影响。在对“致远”冲锋沉没一事的描述上认为冲锋与沉没是连贯的事件，但没有提及“吉野”。

欧 3.《泰晤士报》（*The Times*）1894 年 9 月 20 日，《大海战》（Great Naval Battle）：

The ChihYuen took a prominent part in the battle until she was struck by a torpedo and sank.[40]

翻译为：

“致远”舰在战斗中表现卓越，直到被一枚鱼雷击中并沉没了。

欧 4.《泰晤士报》1894 年 9 月 26 日，《东方的战争》（The War in the East）：

The Chinese do not now claim to have actually sunk more than one of the enemy's ships at the battle of the Yalu. This vessel, it is alleged, was a large cruiser, and she was successfully rammed by the ChihYuen before the latter went down herself. The Chinese say that this statement is supported by the testimony of a number of eyewitnesses.[41]

翻译为：

现在中国人已不声称在大东沟海战中击沉了超过一艘的敌舰。他们断言，这艘军舰是一艘大型巡洋舰，她被“致远”舰成功撞沉，尔后“致远”也沉没了。中国人说这种说法能够被许多目击者的证言证实。

欧 5.《泰晤士报》1894 年 9 月 27 日，《东方的战争》（The War in the East）：

Late in the afternoon the Chinese cruiser ChihYuen, the captain of which had several times shown a disposition to disregard the Admiral's signals, deliberately steamed out of line and, although again ordered to remain in the place assigned to her, went full speed at a Japanese cruiser. The latter received a slanting blow which ripped her up below the water line, and she soon foundered. She succeeded, however, in pouring several broadsides into her enemy at close quarters before she sank, and the ChihYuen was so injured by her fire and by the effects of the collision that she also sank.[42]

翻译为：

下午较晚时候，中国巡洋舰“致远”故意驶出队列，其管带之前就曾有几次表现出无视提督信号的倾向，虽然提督再次命令她保持其阵位，但她全速冲向一艘日本巡洋舰。后者受到了一阵侧向炮击，击穿了其水线以下，很快就沉没了。然而，她在沉没前也向其对手进行了几次侧舷炮击，“致远”因其射击和撞击的影响而受伤严重，于是也沉没了。

欧6.《泰晤士报》1894年11月2日，《大东沟海战》(The Battle of The Yalu)：

One fine ship—one of the two fastest in the fleet—the Chih Yuen, Armstrong cruiser, commanded by a daring Cantonese, attempted something sensational. The signaling gear had been shot away, and there was no real control over the various ships. The Chih-Yuen, without orders, shot out of the line and made for a Japanese ship to ram her, which she appears to have done, for the Japanese sank; but shortly afterwards the Chih Yuen herself was seen to sink, by what agency is not certainly known.[43]

翻译为：

一艘优秀的军舰——舰队中两艘最快速的军舰之一——“致远”，阿姆斯特朗巡洋舰，由一位勇敢的广东军官指挥，试图进行一次壮举。信号装置都被打坏了，因此事实上对众多的军舰没有实际指挥。“致远”在没有命令的情况下冲出队列，冲向一艘日舰试图撞击，她似乎成功了，因为日舰沉没了；但不久后“致远”自己也被发现沉没，是何原因则不太清楚。

点评：英国《泰晤士报》作为当时世界上最有影响力的报刊之一，对中日甲午战争自始至终都有着密切的关注。该报在上海、天津等地都驻有通讯员，可以第一时间得到并发回准确的信息。由于信息渠道的多样性，新闻报道本身自然不可避免地会发生讹误甚至出现自相矛盾之处。《泰晤士报》的这几篇报道都没有说到“致远”冲锋的具体对象，自然也没有提及“吉野”。

欧 7. 德国《海军杂志》(*Marine-Rundschau*) 1895 年版，《海洋岛海战》(Die Seeschlacht von Hai-yun-tau)：

“Chih yuen” hatte sich auf “Yoshino” gestürzt, um zu rammen, wurde aber von mehreren grossen granaten in der wasserlinie derart aufgerissen, dass er nach steuerbord kenterte; die wirkung das granatseners soll in diesem fall sast den ein druck einer torpedoexplosion gemacht haben.[44]

翻译为：

“致远”冲向“吉野”，试图冲撞，但被数发重型榴弹击中水线，向右舷倾斜；当时有数发榴弹同时击中，效果类似鱼雷爆炸。

点评：《海军杂志》是德国海军情报部门出版的刊物，具有一定的官方性质。这篇《海洋岛海战》很有可能是德国海军情报部门搜集了大东沟海战的情报，并采访了汉纳根等当事人后综合而成的文章，具有较高的史料价值。尤其值得注意的是，**这篇文章是目前发现的第一篇声称“致远”舰撞击者为“吉野”的文章**。后来该文观点被著名海军评论家威廉·莱尔德－克劳斯 (William Laird-Clowes) 所撰写的《中日海战》(The Naval War between China and Japan) 一文引用，发表于托马斯·布拉西主编的《海军年鉴》中。[45] 由于《海军年鉴》具有巨大的影响力，“致远”撞击“吉野”一说得以进一步发扬光大。

欧 8. 威尔森《战争中的铁甲舰》：

The *ChihYuen*, under a brave and determined captain, Tang,

had advanced from the line at the outset of the battle, and was hotly engaged with the Flying Squadron on its return. She was hit repeatedly, amidst loud cheers from the Japanse, and began to list to starboard. Her captain made a futile effort to ram, but the Japanese quick-firers were too strong for him. As he closed with the Yoshino, the list increased, the screws showed above water, racing in the air, and the ship went down with all hands. As she sank, a violent explosion was observed. She is said to have been finished off by a 12.6-inch shell from on of the big Canet guns.As in the case of the King Yuen, the appearance of an explosion may have been due to the bursting of her boilers, of the detonation of a torpedo in one of her above-water tubes.[46]

翻译为：

“致远”舰由勇敢坚毅的邓管带指挥，她在战斗的初期冲出队列，回航时猛然冲向第一游击队。她被一次次击中，日军随之发出一阵阵欢呼声，她开始向右舷倾斜。其管带徒劳无功地试图撞击，但日军的速射炮对他而言太猛烈了。当他接近“吉野”号时，倾斜加剧了，螺旋桨暴露在水面上，在空中转动，所有官兵与舰同沉。当她沉没时，人们观察到一阵剧烈的爆炸。据称最后击沉她的是一发来自加纳大炮的12.6英寸炮弹。如“经远”舰一样，其爆炸状态或许是由于其一具水上鱼雷发射管中的鱼雷爆炸，导致锅炉殉爆的结果。

点评：威尔森的《战争中的铁甲舰》出版于1896年，也是甲午战后较早、较全面的论述书籍之一。该书明显参考了包括《布拉西海军年鉴》在内的许多西文资料，并添加了一些细节。该文认为“致远”舰向“吉野”冲锋，被日军大口径火炮击中后发生大爆炸而沉，已与今日学界的说法十分接近。

欧9. 弗雷德·简（Fred T. Jane）《日本帝国海军》（*The Imperial Japanese Navy*）：

The next ship of interest at the battle of Yalu was the Elswick cruiser, Chih Yuen. She is described in most accounts of the Yalu as having very gallantly charged the entire Japanese fleet, attempting to ram; a tremendous fire was poured into her till she went down, and there was an end of her. According to Japanese officers, what really happened was that at an early stage in the action her steering gear got disabled; she was simply wandering about unable to do anything. She was simply a cloud of white smoke drifting along. The Takachiho, one of the Japanese cruisers, had a 10-in. gun. She waited until the Chih Yuen was within something like 400 yards, when they could not miss, then left drive with this 10-in. They did not attempt to pick out any particular part of the Chih Yuen; they simply fired "into the brown." They hit her somewhere rather high up near the funnel; there was a tremendous cloud of white smoke, which became red, and when that cloud went the ship was gone. There is no idea that any magazine was hit, or that there was any ammunition on deck to account for it, and the favourite theory of the Japanese officers is that this particular hit upset her stability in some way and did the finishing touch, and caused her to capsize.[47]

翻译为:

大东沟海战中另一艘有意思的船是埃尔斯威克巡洋舰“致远”。她在大部分关于大东沟海战的记录中被描述为非常英勇地冲向整个日本舰队，试图撞击；日军向其倾泻可怕的弹雨，直至她沉没。而根据日本军官的描述，真实情况是她在战斗的初期操舵系统就损坏了；她仅仅是一团飘浮的白烟。一艘日本巡洋舰“高千穗”号装备了10英寸火炮。她等到“致远”舰接近到大约400码，绝无打偏的可能时，然后以10英寸火炮开火。他们没有选择“致远”舰任何特殊的部位；仅仅是向“棕色的烟雾”开火。他们击中了她较高处接近烟囱的部位；随后腾起一阵巨大的白色烟雾，并变成红色，当烟雾散去时军舰也沉没了。不清楚她的弹药库是否被击中，或者是由于甲板上的弹药殉爆，日本军官的最贴切解释是这发准确的射击以某种方式令其丧失了稳性，致使其倾覆。

点评：著名海军评论家弗雷德·简所著《日本帝国海军》成书于1904年，距离大东沟海战已经有10个年头。据称书中引用了一些日本军官的观点，因此对于“致远”冲锋沉没的情节描写得十分详细，并首次提出了“致远”舰舵机失效和被“高千穗”舰在近距离击沉的观点。但与其他史料对比分析，这篇看似详尽的记录却大有可疑：1. 若“致远”真的在战斗初期就舵机失效，其如何驶出队列，追击“赤城”？2. 若“致远”舰接近至“高千穗”舰400码处（在海战中为极近之距离），“高千穗”舰战斗报告和小笠原长生海战日录为何只字未提？因此，这位日本军官道出的“真相”是否可信实在值得商榷。

三、“致远”冲锋沉没的真相

以上所列举的史料来源各异，说法各异，一眼看去难免让人晕头转向。但经过仔细梳理，仍能从中抽丝剥茧、去伪存真，找出“致远”冲锋沉没消息流传演变的脉络关系。这可以从中方观察记录和日方观察记录两方面来对照分析：

首先，中国方面最重要的观察记录是汉纳根的海战报告（中1），因其成文时间早，权威程度高（可以视为代表丁汝昌所作的官方报告），被讹传干扰的可能性小。另外，汉纳根还有一篇更翔实的回忆（中14）可以作为补充。在这两篇报告中，汉纳根均认为“致远”是向一艘日本军舰冲锋，将其重创或击沉，随后被其他日本军舰攻击，中炮而沉（中14记录更明确说“致远”冲锋者为“赤城”，击沉“致远”者为本队）。李鸿章的报告（中2）即据此写成，但加入了“致远”保护“定远”的内容，并改说“致远”是被鱼雷击沉。

与此同时，中国的中西文报刊也开始四处搜集大东沟海战的消息，有的得到了汉纳根的报告，内容也就与汉纳根所说较为接近（如中3、中4），还有的则从别的渠道获得消息，与汉纳根所说就有所不同，如称“致远”的冲锋目标为日军之“最大舰”“旗舰”等（如中5、中6）。其中尤其值得注意者为《芝罘快邮》所登新闻（中

8），第一次明确指出“致远”所冲锋之舰为“赤城”。

当时积极从中国方面搜集情报的还有各国海军的情报机构和新闻媒体，譬如英国海军“利安德”号在搜集中国方面信息后所做的报告（欧1），忠实地体现了大东沟海战后不久北洋海军方面对“致远”冲锋沉没的主流观点——“致远”冲向一艘日军炮舰，将其击沉后被其他日舰包围击沉；又如《泰晤士报》等外国报章（欧3—欧6），所刊载的内容也与中国报刊大同小异。

以上中方材料或依据中方材料而撰写成的第三方材料均出自海战之后不到1个月，具有鲜明的时效性和相当的真实性。这些报告基本上认为“致远”冲向一艘日舰，将之击沉，随即被其他日舰包围击沉。“致远”所冲锋的目标，有“炮舰”“最大舰”“旗舰”“赤城”等说法，却绝无“吉野”之说！而将“致远”击沉者，许多资料都提到是“4艘日舰”。

日本方面：联合舰队在大东沟海战后便立即进行了详细的官方报告，这些报告当中对“致远”舰的战斗过程也有所描述，许多日舰观察到，当日本尾队的“赤城”舰逐渐掉队，通过北洋舰队前方时，许多中国军舰主动驶出队列，向其追击，其中就包括“致远”舰。例如“赤城”舰海战报告记载：

> 同（一時）二十分頃，敵艦來遠及敵ノ左翼諸艦本艦ニ向ヒ突進シ來リ。其距離僅ニ八百米突ニ達シ。
>
> 既ニシテ我艦尾ヲ通過シ去レル來遠、致遠及廣甲ノ諸艦，我ヲ追擊シ來ラントスルモ。[48]

翻译为：

> 1时20分左右，敌舰“来远”及左翼各舰向我舰突进而来，距离达到仅800米左右。
>
> “来远”“致远”及“广甲”等舰虽已通过我舰舰艉，但仍想向我舰追击。

此后，第一游击队于14时20分回援“比睿”“赤城”，14时45分左右接近追击“赤城”的军舰，随即于3000米距离上展开攻击，在第一游击队的打击下，“经远”（或“来远”）、“致远”等舰发生火灾，向主队方向退却。[49]在此过程中，日方没有记录“致远”舰曾有任何试图冲击第一游击队的举动。

须注意的是，大东沟海战中北洋海军采用小队阵型，“致远”与“经远”编为一队，因“致远”位于“经远”的左侧，“致远”应是该小队的长舰。[50]北洋舰队左翼还编有“广甲”“济远”小队（长舰为“济远”），在“济远”舰游离于阵外的情况下，“致远”就成了左翼各舰的领队舰。因此，虽然许多日军记录称追击“赤城”者为“‘来远’（或‘经远’）以下诸舰”，但中方记录都认为这些军舰是在“致远”舰的引领下冲锋。邓世昌也是这些舰管带中职位最高的（提督衔记名总兵，北洋海军中军中营副将），理应被视作追击“赤城”各舰的首领。

但是，日军官方记录均没有提到“致远”舰在即将沉没的时刻向任何日舰冲锋，相反，对“致远”沉没的情况都记载得十分简略。笔者认为，这绝非日军有所讳言或集体作伪（因海战的亲历者如高木英次郎、小笠原长生、木村浩吉等人的战后回忆录也没有提到只言片语），而是因为“致远”的沉没确实非常突然，令日军感到是一突发事件。

如“高千穗”舰观察到“致远”15时30分已严重右倾，至33分完全沉没；“浪速”舰观察到“致远”15时31分后部严重倾斜，至35分完全沉没。可见，“致远”的沉没过程当发生在三四分钟之间。

在分析以上这些史料时，应确定以一手史料、官方报告为优先，综合参考其他二手史料的原则。这些材料中可信度最高的是汉纳根所做海战记录和日军各战斗报告（中1、中14，日1—日10），因其为一手记录且官方程度高；李鸿章奏折（中2）、日本海军军令部编《黄海临战亡失清国军舰表》（日11）和“利安德”号报告（欧1）则次之，因其为二手报告但官方程度高；再次为海战后不久报章上的刊文（中3—中8，欧3—欧6，二手记录但时效性好）和当事人回忆（中15—中17，一手记录但非官方，且时效性差，受外界影响大）；可信度最低者为一系列的后人论述（中9—中13、日12—日13、欧7—欧9）。因此，在进行史料对比分析的时候，也应以可信度较高的史料为优先取用，依次分析。如可信度较低者之说法与较高者相冲突，则应以较高者为准，较低者仅可为参考。

经过这样原则的对比分析，则能够以其共同点为可信依据。笔者注意到，包括汉纳根记录、日军海战报告在内的许多史料都提到“致远”在海战初期出队追击一艘日舰——“赤城”，随后被回援的4艘日舰——第一游击队近距离攻击，发生火灾，向主队方向撤退后不久沉没。由此可以基本断定：“冲锋”即向“赤城”冲锋；“击沉”即被第一游击队等其他日舰击沉。至于许多中方记录都认为“致远”将其冲锋目标舰击沉，这或许是因为“赤城”舰后来退出战场，消失不见之故。

通过研究分析，还有一个问题值得注意——作于1894年的，明确说“致远”冲锋目标为“吉野的”一份也没有。最早说到向“吉野”冲锋的是1895年的德国《海军杂志》，之后便被《布拉西海军年鉴》全篇转载。从1895年之后，由于《布拉西海军年鉴》的影响，认为“致远”向“吉野”冲锋者越来越多，著名者有《东方兵事纪略》《海军实纪》《在中国牵线》等（都是价值不足的史料），这些著述后被《中国近代史资料丛刊——中日战争》《清末海军史料》等现代整理出版的基础性史料汇编引用，进一步扩大了影响。

但是，声称“致远”冲锋“吉野”的始作俑者——德国《海军杂志》所依凭的并非一手史料，所引来源也成谜，因此其价值远不如汉纳根报告、日军战斗报告等一手史料。同理，与其一脉相承的诸多持“致远”冲锋“吉野”之说的文献也均有质疑的必要。

长期以来，受到史料的限制，国内学者一直以“致远”冲锋“吉野”为毋庸置疑之事，但是，正如上文所说，在大批新史料被发掘的今天，对“致远”冲锋击沉事件的理解也应与时俱进。质疑“致远”冲锋“吉野”，并非要抹杀邓世昌和“致远”舰全体官兵的英雄壮举，而是客观还原史实，还北洋先烈以公正评价。“致远”开足马力，驶出队列，追击“赤城”并将其重创，堪称“气象勇鸷，独冠全军”；随后该舰被第一游击队集中攻击，回队后不久即突然沉没，全舰官兵大都随舰同沉，也堪称“死事最烈”。将冲向“吉野”舰这样不足采信的事迹强加于“致远”舰和邓世昌的头上，反而是对先烈的不公。

另一个问题是“致远”舰因何而沉。史料记录基本分为两派：

被鱼雷击沉及被火炮击沉。被鱼雷击沉说基本可以首先排除，因日军在大东沟海战中并未有使用鱼雷的记录。[51]剩下的唯一解释就是“致远”舰被火炮击沉。

但仍有两问题须讨论：一、“致远”被哪艘或哪几艘日舰击沉的可能性最大？二、“致远”中炮后，沉没的肇因和过程。

这两个问题看似毫无线索，实则也可以根据现存记录略加推测。根据上文的分析，“致远”舰曾于14时45分之后遭到第一游击队10多分钟的集中攻击。《芝罘快邮》（中8）曾说“所有的炮弹击中了她的一侧，水密舱进水”，日方则观察到该舰发生了火灾。一般来说，火灾虽能破坏军舰的上层建筑，令其丧失战斗力，但对水线附近的水密结构影响是有限的（例如“来远”舰虽然中后部舱面烧光却依然不沉）。“致远”舰到15时30分左右已严重右倾，说明该舰的水密结构已经被破坏，舰内大量进水，也就说明该舰曾被击中水线附近。

由于当时的炮弹毁伤能力有限，入射弹道也一般较为低平，因此很难对水线以下部分造成大面积破坏。威海卫之战中，“靖远”舰于1895年2月9日上午9时许被日军火炮连续两次击中，形成贯穿弹并破坏了舰艏水线以下部分，造成4.5米长的大破口，但直到9时半以后该舰才慢慢开始下沉。估计此次“靖远”舰前部弹药库、前部煤仓和前部锅炉舱的水密结构均被打坏，三舱同时进水才使得进水无法控制而沉没，即便如此还是坚持了半个小时以上，这说明以“致远”级完善的“蜂巢”式水密结构设计，其抗沉能力还是比较优秀的。因此，“致远”舰若仅仅是被炮弹击穿水密结构，仅凭水密隔舱的保护和抽水机的工作，也应能坚持较长时间而不沉。

我们观察到，“致远”舰于14时45分遭遇第一游击队集中攻击之后到15时30分左右突然下沉，有大约30至45分钟的时间，这段时间很可能就是“致远”舰在努力控制进水，而由于某种原因而使得进水无法控制的时段。

值得一提的是，“致远”舰一开始呈现右倾状态，这应当说明该舰被击中进水区域仍在防护甲板之上。因为如果是防护甲板以下进水，由于该区域防水隔壁均为横向（除锅炉舱有中央纵隔壁之外），倾斜状态就应呈现出纵倾而非横倾；但如果防护甲板以上的水线位置进水，海水就会积在一侧煤仓和通道位置，造成横倾。[52]所以，汉纳根的推测是有道理的："我猜测一发'松岛'舰的23厘米（应为32厘米）后主炮在她的左舷造成了一道很长的裂口，此处的船体刚好位于装甲甲板以上，并造成了倾覆。"

许多日舰观察到，"致远"舰在15时30分至34分之间突然加速下沉，舰艏低俯，螺旋桨露出水面，在短短三四分钟之内就完全沉没。笔者试图做如下分析：由于"致远"舰防护甲板以下和以上设计有比较完善的"蜂巢"式水密结构，虽然水线以上部分的中弹已使这部分水密结构损坏严重，但舰体丧失储备浮力仍需一段时间（海水需要一个接一个地漫过水密隔舱）。而一旦储备浮力完全丧失，即海水已经漫过防护甲板以下和以上许多个主要舱室的情况下，沉没速度就会立即加快。笔者推测这三四分钟就是"致远"舰储备浮力完全丧失，迅速下沉的阶段。但值得注意的是，直到这时"致远"应仍有部分锅炉舱和轮机舱保持水密，因大部分观察均证明其螺旋桨尚在转动。

另外，笔者还注意到，马吉芬曾回忆："军舰（'致远'舰）从舰艏开始下沉，舰体随着沉没逐渐扶正"；英国《伦敦新闻画报》（*The Illustrated London News*）中的插图也显示"致远"舰沉没后的姿态较正，[53]这可能是因为在沉没过程中海水逐渐漫过防护甲板上下各舱室，两舷重力逐渐平衡，也就由右倾姿态逐渐扶正了。

也有一些资料认为"致远"舰曾被"松岛"级的32厘米主炮击中，造成损害加剧（如中1、中14、欧8等）。笔者不排除这种可能性，但仍认为14时45分至15时"致远"舰受到第一游击队的攻击是其沉没的主要原因。本队直到15时15分左右才重新接近以"定远""镇远"为首的北洋主队，开始第三轮射击（"致远"舰并非本队的主要攻击目标），要在短短的15分钟内将"致远"舰击沉似较为困难。

另外，部分资料还提到"致远"在下沉过程中曾发生过大爆炸（如中12、日13、欧8、欧9），这可能说明"致远"舰发生了锅炉爆炸或弹药爆炸，但是其他大部分的记录并无这样的记载。而且即便"致远"真的发生了大爆炸，也是在下沉过程中导致的副作用，而非沉没的主因。

综上所述，笔者将“致远”舰在大东沟海战中的战斗过程推测概括如下——海战初期，该舰即“开足机轮”，出队攻击日舰“赤城”，并与其他友舰一同将其重创。14时45分之后第一游击队回援，“致远”被击中起火，防护甲板以上的右舷水线位置也被击穿进水，舰体开始右倾。该舰遂返回主队方向，后又受到第一游击队与本队的夹攻，15时30分因进水过多，丧失储备浮力而加速下沉，舰体逐渐扶正，至15时34分左右完全沉没。

四、小结

“致远”舰冲锋沉没问题是牵涉甚广、影响甚深的重要问题，史学界虽然也一直不乏质疑的声音，但均局限在“致远”因何而沉这样的局部问题上，对于“冲锋沉没”这个问题尚缺乏完整统一的考量，对于冲锋的对象——“吉野”也几乎没有质疑的声音。这一方面是由于对史料发掘的不彻底，另一方面也大抵是惯性思维所致，至于是否有学术之外的他物牵绊也未可知。胡适先生说“大胆假设，小心求证”，在“致远”冲锋沉没的问题上，不妨抛开定式思维，多做大胆假设，但在求证时一定须回归史料，抽丝剥茧，逐条梳理，才可能去伪存真，得到相对正确的答案。

笔者虽试图罗列一切有价值的史料，但仍难免有所缺漏，造成论断的偏颇。对于这个问题的深入研究，除了继续挖掘新史料，并逐条缜密分析之外，似别无他法。如果水下的“致远”舰遗骸能告诉我们更多信息的话，当是再好不过，可惜她已受到严重的二次破坏，能提供的信息很有限了。

注 释：

[1] 此为丁汝昌语：“当酣战时，自‘致远’冲锋击沉后……”见《寄译署》，国家清史编纂委员会编：《李鸿章全集》（电报四），安徽教育出版社2008年版，第360页。

［2］ 姚锡光：《东方兵事纪略》，中华书局 2010 年版，第 94 页。

［3］ 戚其章：《甲午战争史》，上海人民出版社 2005 年版，第 133—134 页。

［4］ 姜鸣：《龙旗飘扬的舰队》，生活 · 读书 · 新知三联书店 2002 年版，第 373 页。

［5］ 许华：《甲午海祭》，华夏出版社 1996 年版，第 66 页。

［6］ 陈悦：《甲午海战》，中信出版社 2014 年版，第 208—210 页。

［7］ The Notes by Major von Hanneken，英国海军部档案，邝智文、麦劲生先生提供。中译本见张黎源译：《汉纳根上校的记录》，《甲午战争研究》2015 年第 3 期，第 57—59 页。

［8］ 国家清史编纂委员会编：《李鸿章全集》（奏议十五），安徽教育出版社 2008 年版，第 449 页。

［9］《申报》，1894 年 9 月 23 日。

［10］ *The North China Daily News*, September 24th, 1894.

［11］ *The North China Daily News*, September 27th, 1894.

［12］《申报》，1894 年 9 月 29 日。

［13］ *The North China Daily News*, October 3rd, 1894.

［14］ *The North China Daily News*, October 6th, 1894.

［15］ 佚名：《冤海述闻》，《中国近代史资料丛刊——中日战争（六）》，上海人民出版社 2000 年版，第 88 页。

［16］ 阙名编：《近代中国史料丛刊三编第三十二辑——中倭战守始末记》，文海出版社 1987 年版，第 40 页。

［17］ 蔡尔康等：《中东战纪本末——朝警记四：大东沟海战》，《中国近代史资料丛刊——中日战争（一）》，上海人民出版社 2000 年版，第 166 页。

［18］ 池仲祐：《甲午战事纪》，《清末海军史料》，海洋出版社 1982 年版，第 320 页。

［19］ 池仲祐：《甲申、甲午海战海军阵亡死难群公事略》，《清末海军史料》，海洋出版社 1982 年版，第 355 页。

［20］ “Anhang 2”, *Constantin von Hanneken, Briefe aus China 1879-1886 – Als deutscher Ofizier im Reich der Mitte*, Böhlau Verlag Köln Weimar Wien, 1998, p.353.

［21］ 误，应为 32 厘米后主炮。

［22］ *The Century Magazine*, 50:4 (August 1895), p.599.

［23］ 卢毓英：《卢毓英海军生涯忆旧》，孙建军整理校注《中国海军稀见史料——北洋海军官兵回忆辑录》，山东画报出版社 2017 年版，第 21 页。

［24］ William Ferdinand Tyler: *Pulling Strings in China*, Constable & Co., 1929, p.51.

［25］（日本）海军军令部编：《征清海戦史卷 10（黄海海戦）》，第 36 页。

［26］ 同上书，第 53 页。

［27］同上书，第 42 页。

［28］同上书，第 44 页。

［29］同上书，第 46 页。

［30］同上书，第 49 页。

［31］同上书，第 54 页。

［32］同上书，第 56 页。

［33］同上书，第 58 页。

［34］同上书，第 59 页。

［35］《黄海役附図附表　原稿在中　日清海戦史黄海役附表》，JACAR（アジア歴史資料センター）Ref.C08040532400、日清戦史編纂委員撰　日清海戦史　黄海役附図（防衛省防衛研究所）。

［36］川崎三郎：《日清海戰史》，春阳堂 1895 年版，第 61 页。

［37］浅野正恭：《近世海战史》，转见《清末海军史料》，海洋出版社 1982 年版，第 875、879 页。

［38］英国海军部档案，邝智文先生提供。

［39］《英斐利曼特而水师提督语录并序》，《中国近代史资料丛刊——中日战争（七）》，上海人民出版社 2000 年版，第 550 页。

［40］"The Great Naval Battle", *The Times*, September 20th, 1894.

［41］"The War in the East", *The Times*, September 26th, 1894.

［42］"The War in the East", *The Times*, September 27th, 1894.

［43］"The Battle of the Yalu", *The Times*, November 2nd, 1894.

［44］"Die Seeschlacht von Hai-yun-tau", *Marine-Rundschau*, Grust Siegfried Mittler und Sohn, 1895, p.77.

［45］William Laird-Clowes: The Naval War between China and Japan, *The Naval Annal 1895*, J. Griffin and Co., p.112.

［46］W. H. Wilson: *Ironclads in Action: a Sketch of Naval Warfare form 1855 to 1895*, Sampson Low, Marston and Company, 1896, p. 98.

［47］Fred T. Jane: *The Imperial Japanese Navy*, W. Thacker & Co., 1904, pp. 136-139.

［48］（日本）海军军令部编，《征清海戦史卷 10（黄海海戦）》，第 38 页。

［49］同上书，第 52 页。

［50］"致远"舰大东沟海战中所在位置之考证，参见纪荣松：《甲午海战清舰接仗阵型析探》，戚俊杰、刘玉明主编《北洋海军研究（第三辑）》，天津古籍出版社 2006 年版，第 102—122 页。

[51] 日军大东沟海战中弹药消耗，见（日本）海军军令部编：《征清海戦史卷10（黄海海戦）》，第84—87页，并无消耗鱼雷的记录。

[52] 执此论断者，包括曾为日本设计三景舰的著名设计师Louis Emile Bertin在内。参见《贝尔坦氏关于黄海海战之问题》，林伟功主编：《日藏甲午战争秘录》，中华出版社2007年版，第118—119页。

[53] "The War in Eastern Asia", *The Illustrated London News*, Dec. 8th, 1894, p. 699.

第五章 “飞霆”号鱼雷炮艇[1]

甲午战争爆发前，深感海军实力不如日军的李鸿章开始通过驻英公使龚照瑗紧急在欧洲觅购舰艇，最终通过掮客之手，买到了阿姆斯特朗公司麾下的一艘鱼雷炮艇——“飞霆”。此舰来历之复杂在中国近代海军中鲜有出其右者，而回归中国之后的服役经历又是几经劫难，过早夭亡，成为了中国海军史上的匆匆过客。本章旨在介绍“飞霆”这艘身世坎坷的小军舰之来龙去脉。

一、早期驱逐舰和鱼雷炮艇

早在装备自航鱼雷的鱼雷艇出现之前，将灵活快速的小艇与威力强大的水雷武器相结合的例子就已出现了。美国内战时期，装备杆雷（spar torpedo）的小艇或潜艇就已经开始在战场上活跃了，其效能一直持续到后来的俄土战争和中法战争。然而随着小口径机关炮和速射炮的普及，这种近乎自杀式的武器已很难再发挥作用。而1871年英国人罗伯特·怀特海德（Robert Whitehead）发明了以压缩空气为动力的自航鱼雷，随后被应用在了军用舰艇上，例如英国建造于1873年的“维苏威”号（H. M. S. Vesuvius）鱼雷舰，可视为后世鱼雷艇的雏形。而1876年英国约翰·艾萨克·桑尼克罗夫特公司在快速蒸汽舢板基础上设计建造的“闪电”号（H. M. S. Lightning）是世界上第一艘真正意义上的鱼雷艇，她最初设计的武备是2具安装在舷侧的白头鱼雷投放吊架，1879年改为在前甲板上装备一具鱼雷发射管。“闪电”号的体型相比之前的杆雷艇大了

“闪电”号鱼雷艇模型（National Maritime Museum）

许多，但续航力和适航性仍难以令人满意，不足以担任远洋航行任务。英国的其他生产商也不甘落后，包括桑尼克罗夫特、亚罗、怀特（John Samuel White & Co.）、莱尼（J. & G. Rennie）等生产商根据1878—1879年度造舰计划，为英国海军制造了数艘类似“闪电”号的一等鱼雷艇。同时，另一种装备舷侧鱼雷吊架的二等鱼雷艇也获得了英国海军的大量订单。

鱼雷武器同样也引起了其他国家的注意。法国海军于1877至1878年从桑尼克罗夫特公司订购了12艘类似“闪电”号的杆雷艇，随后委托本国船厂建造了多艘同型鱼雷艇。俄国、意大利、奥匈帝国、丹麦等许多国家也通过从桑尼克罗夫特和亚罗等英国公司订购的方式获得了自己最初的鱼雷艇。鱼雷艇这种武器于是在欧洲和世界其他许多海军国家蓬勃发展起来，而鱼雷武器的出现和发展更促成了法国“青年学派”的产生，这种重视不对称作战和破交作战的理论对后世的海战形态产生了深刻的影响。在将鱼雷艇作为一种高效的进攻武器的同时，当时各国海军也开始考虑如何对其进行有效的防御。

1884年，怀特岛的萨缪尔·怀特公司开工了一艘形似鱼雷艇，但比普通鱼雷艇大得多的军舰，长达150英尺（此前的鱼雷艇基本在100英尺以下），工厂临时命名为“雨燕”（Swift）号，后被英国海军接收，编号为TB81。部分海军史学者认为她是最早的鱼雷艇驱逐舰（torpedo boat destroyer）或鱼雷猎舰（torpedo catcher），即专事捕获和摧毁鱼雷艇的军舰；但也有的学者认为：“她能够被看作鱼雷艇驱逐舰概念的先声，但事实上她只是预示着鱼雷艇尺寸的进一步增大，动力和适航性的进一步增强。”[2]然而无论如何，“以其人之道还治其人之身”，建造一种比鱼雷艇更强、更大、更快速的鱼雷艇型军舰来对付前者，成了一种颇为可取的思路。

1885至1886年，由于与俄国的战争危机，英国海军从桑尼克罗夫特、亚罗和怀特公司订购了50余艘鱼雷艇，长度分别为113英尺和125英尺，因此被称为113英尺型和125英尺型，其中又以125英尺型最为著名。这种鱼雷艇排水量在60至75吨，最大航速为19至22节，由于设计在风高浪急的波罗的海使用，其适航性较之前的一等鱼雷艇又改良了不少。在最初的设计中，它们将承担保护舰队中的主战舰艇免受敌军鱼雷艇侵扰的职责，因此武备为甲板上的2门3磅哈乞开斯速射炮、2门诺登菲尔德机关炮和1具舰艏鱼雷发射管，但最终的设计进行了变更，甲板上的速射炮被2座双联装鱼雷发射管取代，令其更接近于传统的鱼雷艇。不过无论如何，125英尺型鱼雷艇也是后世鱼雷艇驱逐舰的雏形之一。中国从亚罗公司购买的“左队一号”鱼雷艇即是其改进型。

与此同时，世界上其他国家所装备的鱼雷艇的尺寸也进一步增大，如法国于1886至1889年间建造的“巴尔尼”级（Balny class）和“飓风”级（Ouragan class）“远洋鱼雷艇”（torpilleurs de haute

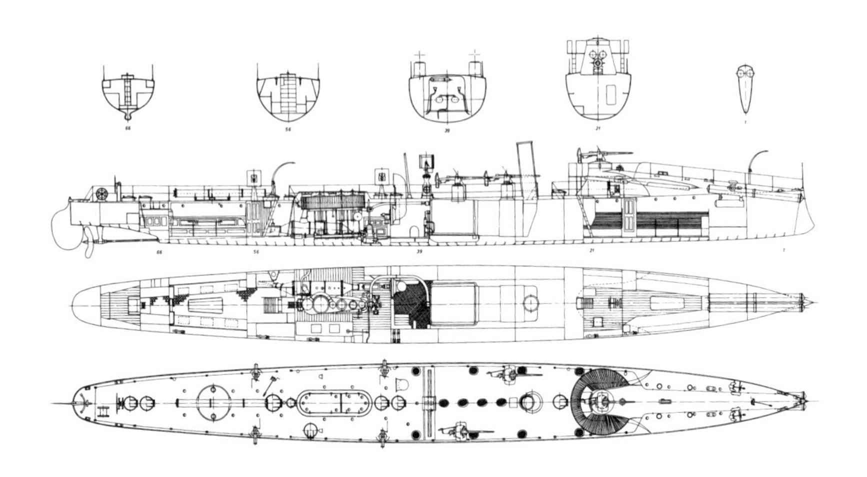

“左队一号”鱼雷艇图纸

mer），也分别达到了 133 英尺和 153 英尺；亚罗公司 1886 年为日本海军建造的“小鹰”号鱼雷艇较普通鱼雷艇大得多，长度达 170 英尺，排水量达 190 吨，在机舱部位还有 1 英寸厚的钢板防护；俄国在英国汤普森公司订购的“维堡”号（Вы́борг）以及在法国诺曼公司（Société des Chantiers Augustin Normand）订购的“里维尔”号（Ревель）和“芬兰堡”号（Свеаборг）也都是长达 140 至 150 英尺的远洋鱼雷艇。中国向德国希肖公司（Schichau-Werke）订购的“福龙”号鱼雷艇长度为 144 英尺，并完全凭借自身动力回航中国。而德国海军于 1880 年代后期和 1890 年代早期建造的“鱼雷艇领舰”（divisionsboote）长度已经接近了 200 英尺，排水量在 300 至 400 吨，虽然其尺寸已经与后来的鱼雷艇驱逐舰相差无几，但其设计思路仍是靠放大舰体来取得更好的适航性，作为鱼雷艇队的领舰，与真正的鱼雷艇驱逐舰仍有一定的差异。

为了对付法、俄等国越来越多的远洋鱼雷艇，英国海军开始进行更多的研究和尝试，其中之一就是建造“鱼雷巡洋舰”（torpedo cruiser）和“鱼雷炮艇”（torpedo gunboat）这两种军舰。其实这并非英国人的发明，深受“青年学派”影响的法国早在 1883 年就开建了“秃鹰”级（Condor class）和“炸弹”级（Bombe class）鱼雷巡洋舰，或称为鱼雷炮艇（torpilleur aviso）。这种军舰类似于小型防护巡洋舰，而较防护巡洋舰更修长，武备更精简，比较重视鱼雷兵器。其设计用途一来是为了对付敌军的远洋鱼雷艇；二来也可以作为远洋鱼雷艇的支援，在夜间攻击敌军的主力舰队或封锁舰队。

英国海军也紧随法国人的步伐，鱼雷巡洋舰于 1883 年在海军部总设计师纳撒尼尔·巴纳贝的主持下开始设计，先后建有“斥候”级（Scout class）和“弓箭手”级（Archer class）两型；1885 年对俄战争危机后，英国又提出建造一种比鱼雷巡洋舰更小的鱼雷军舰的计划，在设计的过程中它曾先后被命名为“鱼雷艇驱逐舰”和“鱼雷猎舰”，并最终定名为“鱼雷炮艇”。英国的鱼雷炮艇主要由巴纳贝的继任者威廉·亨利·怀特设计，共建造有“响尾蛇”级（Rattlesnake class）、“草蜢”级（Grasshopper class）、“神枪手”级（Shapeshooter class）、“警报”级（Alarm class）、“森林女神”级

（Dryad class）等型。不过实际使用的情况说明这些鱼雷炮艇和鱼雷巡洋舰的航速不足，在平静的海况下难以追上并击毁敌军的鱼雷艇，因此使用价值大打折扣。

英国人进行的另一项尝试则使世界海军的发展进程产生了彻底的变革。1892年，英国海军部订购了一型全新的舰艇，称为“鱼雷艇驱逐舰”。其产生应归功于极富改革精神的时任海军部主计官（Controller of the Navy）约翰·费舍尔（John Arbuthnot Fisher）和著名的鱼雷艇生产商亚罗公司和桑尼克罗夫特公司。事实上，鱼雷艇驱逐舰即是由鱼雷艇发展而来，可以视为一种放大的鱼雷艇型军舰，但其装备较多小口径火炮，可以对逼近的敌军鱼雷艇进行有效攻击；其航速较普通鱼雷艇更高，足以担负追赶摧毁敌军鱼雷艇的任务；其适航性较鱼雷艇更好，不仅可以在远海协同主力舰队战斗，还能够用携带的鱼雷武器威胁敌军主力舰。英国海军在1890年代向亚罗、桑尼克罗夫特、莱尔德、萨缪尔·怀特等诸多造船厂商分批订购了26节型、27节型、30节型、33节型等驱逐舰近百艘，排水量从200余吨到300余吨不等。继英国之后，世界各主要海军国家也纷纷开始设计建造这一全新的舰种。鱼雷艇驱逐舰被证明是一种极为成功的军舰，以至于其功能也逐渐发生了变化，从攻击敌军鱼雷艇的防御型角色转向了威胁敌军主力舰的攻击型角色，并达到了攻守的相对平衡。最终鱼雷艇驱逐舰逐步淘汰了原先的远洋鱼雷艇，其舰种称谓也简化为了“驱逐舰”（destroyer），并且在20世纪继续发展壮大，直至今日仍长盛不衰，担负着各国海军舰队中坚的角色。

当“鱼雷猎舰”这一称谓于1880年代后期出现后，中国方面对其的译名为“猎船”；对于鱼雷炮艇则兼有称为“猎船”和“小快船”者；“鱼雷艇驱逐舰”出现后，中国仍称其为“猎船”，后又称为“灭鱼雷艇”；日本则将其译作“水雷艇驱击舰”，后又改为“水雷艇驱逐舰”和“驱逐舰”。清末至民国初年，“驱逐舰”一词传入国内，逐渐被官方所接受。

中国的“飞霆”号鱼雷炮艇之前身是怀特公司建于1887年的“海蛇”号鱼雷猎舰，它是当时英国乃至全世界第一艘达到200英尺

第一艘真正意义上的驱逐舰"哈沃克"号（H. M. S. Havock，Naval History and Heritage Command）

长度的鱼雷艇型军舰，并且可以搭载较多的中小口径速射炮，可以对鱼雷艇进行有效的攻击。设想如果其能够顺利建成并加入皇家海军，或许将对世界海军史的发展产生深远的影响，"鱼雷艇驱逐舰"的时代或许将更早地到来。但其最终被英国海军抛弃，除了因为当时的海军部对技术革新比较保守之外，也因为该舰有一个明显的不足之处：其最大航速仅为 21 节左右，虽然较之当时的鱼雷炮艇更快，但相比当时许多远洋鱼雷艇 22 至 23 节的航速并不具有任何优势，相比 1890 年代后的鱼雷艇驱逐舰动辄 26 节以上的航速则更无可比性，以其担负追击鱼雷艇的任务自然显得力不从心。也正因为如此，"海蛇" / "飞霆"才长期被主流海军史学界遗忘。[3]

二、从"海蛇"到"飞霆"

约翰·萨缪尔·怀特公司与鱼雷艇的建造[4]

与半道出家从事造船的阿姆斯特朗公司不同，怀特家族有着久远的造船历史。这个家族在 19 世纪之前居住在英格兰东南端肯特郡的萨尼特岛（Isle of Thanet）上，并在该地建立了规模颇为可观的造船基地。家族的继承人托马斯·怀特（Thomas White）出生于1773年，1803年的时候，他买下了不列颠南侧怀特岛上东考斯（East Cowes）的奈船厂（Nye shipyard），并举家迁至此地。奈船厂也是一座历史十分悠久的船厂，从17世纪开始就为皇家海军提供了许多著名的风帆战舰。托马斯·怀特之所以选择将造船业务迁至此地，一方面是考虑怀特岛与皇家海军的大本营朴次茅斯隔海相望，能够更好地与海军联系，另外，这里的深水航道和丰富的柚木资源也为建立更大的造船基地提供了保障。

怀特家族的业务在19世纪上半叶持续扩张。托马斯的三个儿子：约瑟夫（Joseph）、约翰（John）和罗伯特（Robert）都在舰船设计领域颇有建树。家族又先后在麦地那河（River Medina）两岸的西考斯（West Cowes）和东考斯建设了西蒂斯船厂（Thetis Yard）、猎鹰船厂（Falcon Yard）和麦地那船厂（Medina Yard）等几处造船基地，并建立了大型的麦地那干船坞。公司的业务也从英国拓展到了海外市场，例如为中国的阿斯本舰队（Sherard-Osborn Flotilla）建造了明轮炮舰"江苏"号。

19世纪中期，麦地那河两岸的造船产业被怀特家族分割成数个公司，产权关系十分混乱。1860年，约翰·怀特22岁的儿子约翰·萨缪尔·怀特从面临财务危机的伯父约瑟夫那里接管了猎鹰船

约翰·萨缪尔·怀特（*The Engineer*）

厂。约翰·萨缪尔·怀特出生于1838年7月3日，从少年岁月开始便受到家族的舰船设计指导，并在此方面显示了极佳的天赋。1864年，萨缪尔·怀特的注意力转移到将高速轮机与蒸汽舢板（steam pinnace）相结合的尝试上来，他找到的合作伙伴是伯明翰的乔治·贝里斯公司（George E. Belliss & Co.），经过他们的试验，蒸汽舢板的轮机马力和转速获得了极大的提升，而轮机的重量则减少到了原来的一半。萨缪尔·怀特制造的这种蒸汽舢板很快得到了皇家海军和其他主顾的青睐，型号也拓展到了舰载舢板、游艇、救生艇、杆雷艇等多个领域。

萨缪尔·怀特的另一大贡献就是对早期鱼雷艇的探索。1876年约翰·艾萨克·桑尼克罗夫特公司建造了世界上第一艘鱼雷艇“闪电”号，并获得了英国海军部的认可。1878年，海军部委托包括怀特公司在内的许多英国造船厂家建造了一批“闪电”改进型鱼雷艇，怀特公司建造的那艘后来被编为TB19号。这艘艇与“闪电”号类似，排水量仅有28吨，装备2具鱼雷发射管，航速可达21节，但由于海军部的规格要求，干舷设计较低，导致适航性不佳。此后在鱼雷艇的设计领域，包括桑尼克罗夫特、亚罗等公司在内的诸多厂家推陈出新，怀特公司也不甘落后，并将他们所独创的“旋回”式（turnabout）设计应用在了鱼雷艇上。

所谓“旋回”式设计，就是为了使小型船艇获得更好的转向性能，而将原来船的尾鳍部分改为一个平衡舵，这样在螺旋桨的前后就各有一个舵，双舵一齐作用可以大大缩小船艇的转向半径，另外螺旋桨前部的舵叶还可以极大地提高船艇在倒车时的转向性能。怀特公司应用了“旋回”式设计的第一艘船是1881年建造的一艘42英尺长的大型蒸汽舢板，在试航中它取得了在30秒内回转一周的出色成绩。在怀特公司向海军部推销之后，英国的所有大型蒸汽舢板几乎全部采用了这种设计。

怀特公司于1884年至1885年开工了一系列采用“旋回”式设计的鱼雷艇。1884年开工的“雨燕”号是英国第一艘达到150英尺长度的鱼雷艇，而雄心勃勃的萨缪尔·怀特这次却是自掏腰包，自行设计，意图将这艘艇用作向海军部兜售的活广告。因为“雨燕”

TB81 号鱼雷艇，其外形与“飞霆”号极为相似（National Maritime Museum）

号体型大于普通鱼雷艇，可随同舰队担任驱逐敌方鱼雷艇的工作，因此也被部分海军史学者视为英国第一艘鱼雷猎舰。这艘艇长 150 英尺，宽 17 英尺 6 英寸，深 9 英尺 6 英寸，排水量约 125 吨，设计有一个小型的撞角艏。武备包括 1 具舰艏鱼雷发射管和 2 具旋回式甲板鱼雷发射管，以及 4 门 3 磅哈乞开斯速射炮。该艇的轮机为贝里斯公司提供的 2 座轻型立式三涨蒸汽机；锅炉则为 2 座左右并置的机车锅炉（locomotive boilers），并用中央纵隔壁隔开，以保证在一侧锅炉舱进水的情况下另一侧锅炉仍能工作。在试航中，该艇在常压状态下测得航速 20.79 节，强压通风状态下航速 22.43 节，并表现出了优异的转向性能。[5] 这艘鱼雷艇后来如愿以偿地被海军部接收，编入皇家海军后改名为 TB81 号。

除了“雨燕”号之外，在 1885 年间怀特公司还为英国海军建造了 5 艘 125 英尺型一等鱼雷艇，编号分别为 TB34 至 TB38。这种

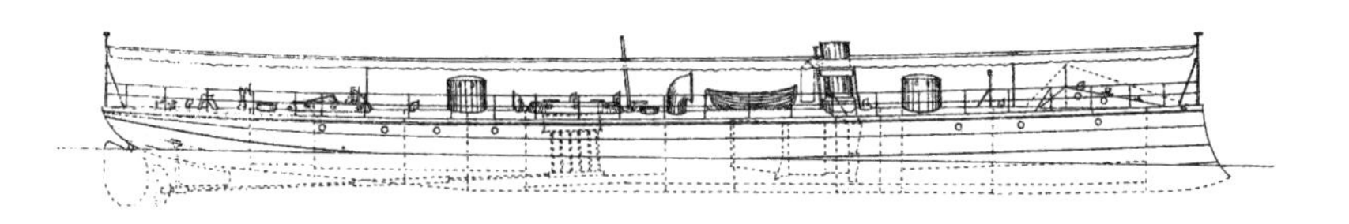

“马拉他人”型鱼雷艇纵剖图，注意其“旋回”式舵叶布局（*Naval Annual*）

鱼雷艇也被设想用作可远洋航行的“鱼雷猎舰”，因此体型较之前的一等鱼雷艇大了许多。这型艇设计有撞角艏，武备包括 1 具舰艏鱼雷管和 2 座旋回式双联甲板鱼雷管，航速可达 18 至 19 节。以 TB34 型鱼雷艇为蓝本，怀特公司又在 1888 年为印度政府建造了 3 艘鱼雷艇，分别为“马拉他人”号（Mahratta）、“锡克人”号（Sikh）和“拉其普特人”号（Rajput）。

1884 年，萨缪尔·怀特将麦地那河两岸怀特家族的造船产业整合起来，并逐渐将所有的船体建造工作转移到东考斯的猎鹰船坞上来，同时在西岸则建起了舰船的舾装基地，1890 年代怀特公司涉足轮机制造业后，西岸更成为轮机制造基地。在之后的岁月里，萨缪尔·怀特公司的产品遍及驱逐舰、蒸汽游艇、船用轮机（水管锅炉、蒸汽轮机、柴油机……）、飞机等多个领域，并在两次世界大战中为英国军队提供了驱逐舰、扫雷艇、炮艇等各式舰船，“怀特制造”一度成为了质量优异的代名词。然而随着“二战”后大英帝国的颓败和去工业化的浪潮，怀特公司已然无法支撑起往日的辉煌。1965 年，东考斯的所有造船业务被关停；1972 年，剩余的萨缪尔·怀特公司产业被美国的艾略特公司（Elliot Corporation）收购，作为生产涡轮压缩机的子公司。1977 年，公司改名为艾略特压缩机有限公司，“怀特”之名就此成为了历史。

“海蛇”号（Sea Serpent）鱼雷猎舰

在建造了“雨燕”号和 TB34 型鱼雷艇之后，怀特公司又开始尝试将其“旋回”式鱼雷艇概念进一步发扬，应用在更大型的舰体上。1887 年，该公司在东考斯的猎鹰船厂开工了一艘船厂编号为 746 号的军舰，并于该年 10 月 3 日下水，其下水注册名为“海蛇”。[6] 根据美国海军情报部门编撰书籍的描述，该艇为双螺旋桨，长度 200 英尺，排水量 300 吨，在满载条件下航速达 22 节以上。[7] 这是英国乃至全世界第一艘达到 200 英尺长的鱼雷艇 / 鱼雷猎舰。与“雨燕”号一样，这艘艇也是由萨缪尔·怀特自己设计并自掏腰包生产的，也没有指定买家。其实当时桑尼克罗夫特、亚罗等许多厂家都

英籍土耳其海军顾问伍兹帕夏（*The Navy and Army illustrated*）

有不少自行设计鱼雷猎舰或鱼雷炮艇的方案，但都停留在纸面上，将之付诸实施的仅有怀特公司一家。该艇建造进度缓慢，至1888年初，该舰除完成了舰体并安装了贝里斯公司生产的轮机外，大部分舱室都还没有装修，武备空缺，大部分舾装件也没有安装到位，基本上只是一具躯壳。在该舰的设计建造过程中，萨缪尔·怀特与他的好友，时任“卓越”号（H. M. S. Excellent）炮术训练舰舰长的约翰·费舍尔交往甚密，[8]费舍尔一直以来都对鱼雷和鱼雷军舰事务关心有加，后来在他的主导下英国建造了世界上第一批鱼雷艇驱逐舰，想必他也对“海蛇”号的设计提出了许多自己的建议。

1888年2月14日，怀特公司收到一封问询函，来信者是奥斯曼帝国阿布迪尔·哈米德二世苏丹的副官英籍土耳其海军中将伍兹帕夏（Woods Pasha）。[9]信中说，苏丹陛下听说了怀特公司新建的鱼雷猎舰，很感兴趣，因此希望怀特公司能够提供这艘舰的图纸、性能说明以及报价，以便购买。这么快就有主顾找上门来，想必令怀特公司喜出望外。[10]23日，怀特公司向土耳其驻英使馆寄出回信和图纸，并称这艘艇“特别为摧毁鱼雷艇，或侦察敌军的运动情报而设计”。3月初，怀特公司更进一步向土耳其方面发出了预算，根据估计，该舰在加固前甲板之后可安装1门阿姆斯特朗12磅炮（3

英寸）和4门哈乞开斯速射炮，并配备3具贝里斯公司制造的鱼雷发射管，所有武备共需5666英镑，加上原有舰体35000镑和其他费用，合同价为44000英镑。[11]

3月23日，伍兹帕夏给怀特公司寄来一封密信，信中透露的内容显然令人无法乐观：情况没有新的进展，帝国海军大臣胡斯努帕夏（Bozcaadalı Hasan Hüsnü Paşa）仍没有将购买“海蛇”的计划报告给苏丹——显然，这一计划受到了一些阻碍。在这封信中，伍兹帕夏建议怀特公司以收回图纸为由，倒逼土耳其政府立即决定“海蛇”号的购买事宜，以免夜长梦多。[12]至于伍兹帕夏为何要如此热心地为怀特公司做成这笔生意，甚至采用私下密谋的手段，是否有幕后的利益交换引人遐想。“海蛇”号的购买从一开始就笼罩上了一层浓厚的阴谋色彩。

然而此后怀特公司与土耳其方面的联系戛然而止，从后来的情况看，这笔交易显然是以失败而告终。1888年6月，怀特公司又尝试向海军部推销这艘军舰，报价为32000英镑（不包括武备），但也被回绝。[13]

1890年初，事情再现转机。3月29日，伍兹帕夏再次写信给萨缪尔·怀特，称他听说怀特公司仍有一艘鱼雷猎舰待售，请其提供性能数据，并向他保证能够推销成功。怀特公司随即向其寄去了技术文件。4月24日，伍兹帕夏在信中称文件已被翻译并呈递给了土耳其政府。但在接下来的半年中，消息又再度杳然。直到9月4日，伍兹帕夏才写信给萨缪尔·怀特，遗憾地表示目前土耳其国内意见不统一，海军大臣意欲购买这艘军舰，而苏丹的心思则全部倾注在购买铁甲舰的事情上。但伍兹帕夏又话锋一转，称现在有一个好机会将这艘舰推荐给保加利亚政府，他已与保加利亚的中介人武尔科维奇（Vulcovitch，或指保加利亚驻土耳其公使M. Volan Vulcovitch）进行了接触，后者向他表示保加利亚亲王斐迪南一世（Фердинанд I）希望购买它作为游艇或军舰。另外，伍兹帕夏还在信中表示，如果推销给保加利亚的计划失败，他还能找到一流的中介推销给希腊政府。[14]

9月12日，伍兹帕夏终于向怀特公司表示土耳其政府拒绝购买“海蛇”号，他已将该舰的材料转交给了保加利亚中介。[15]10月8

日，伍兹帕夏又来信，称自己已将“海蛇”材料交给了“指定的人”（当指武尔科维奇），但后者对此事颇犹豫，因此伍兹帕夏又推荐了《泰晤士报》驻土耳其的通讯员乔治·瓜拉西诺（George Guarracino）作为中介，称其可以直接将材料递交给亲王。伍兹帕夏建议怀特公司支付给瓜拉西诺 2.5% 的佣金，至于应付给自己多少佣金，伍兹帕夏“谦虚”地请怀特公司自行定夺。[16]

就在伍兹帕夏声称君士坦丁堡方面已经对“海蛇”号失去兴趣的同时，怀特公司却收到了一封来自君士坦丁堡一家商业公司［或为后来伍兹帕夏提到的掮客西奥多里迪（Theodoridi）］的信件，告知苏丹正欲建造一艘游艇，建议长度为 140 英尺，航速为 17 节，这家公司推荐了怀特公司承造；同时，这家公司还告诉萨缪尔·怀特一位土耳其军官将被派往英国操办此事。怀特公司随即给这家商业公司寄去了“海蛇”号的参数和图纸，建议可以将其改造为一艘兼具鱼雷猎舰和游艇功能的军舰。[17]随后，怀特公司又收到海军大臣胡斯努帕夏来信，同样表示将派专员赴考斯勘验“海蛇”号。[18]

凡事似乎总有千丝万缕的联系。11 月 11 日，伍兹帕夏也给怀特公司写来一封信，他首先遗憾地说瓜拉西诺似乎没有在此事上投入令人期待的努力。但他也了解到海军大臣正派出两名海军军官前往英国，并由一位掮客西奥多里迪陪同，探寻将“海蛇”号改造为游艇的可能性。伍兹帕夏认为怀特公司不应错过这个机会，可以暂且将瓜拉西诺放在一边。伍兹帕夏还建议为了将这艘船改造为游艇，应为其加装舷墙，并铺设木甲板。[19]

17 日，怀特公司做了一份武备估价单，显然旨在推进此次外销行动。根据这份估价单，“海蛇”号将安装 2 具甲板旋回式鱼雷管和 1 具舰艏鱼雷管（可用火药发射），连同附具、安装费用等共价 3078 英镑；另外“海蛇”号还将安装 1 门 6 磅炮和 4 门 3 磅炮，根据炮架是否为管退炮架总价分别为 2778 英镑和 2257 英镑，另外还包括弹药费用 1308 英镑，武备总价在 7000 英镑左右。[20]

随后，伍兹帕夏又于 25 日和 29 日两次给萨缪尔·怀特寄去密信。在 29 日的密信中，他透露两名土耳其海军军官已于当晚前往检验“海蛇”号，考虑将其改造为游艇的可能性。他还透露当前这次购买不是由土耳其海军部所发出，而是直接来自苏丹本人，奥斯曼皇室将为此提供费用。伍兹帕夏特别关照萨缪尔·怀特勿提自己姓名，并让他在读完信后立即将其销毁（从信件保留的情况来看，萨缪尔·怀特显然没有这么做）。如果可能的话，可以致电伦敦奥斯曼帝国银行（Imperial Ottoman Bank）的代理人泰勒（Taylor），告知他“一切顺利”。[21]

土耳其的海军专员在怀特公司验视了“海蛇”号后对情况表示满意。至12月怀特公司已拟就了一份将其改造为游艇、出售给土耳其海军部的草合同。按照合同，“海蛇”号将在索伦特海峡（The Solent Channel）的斯托克斯湾（Stokes Bay）进行试航，在1小时的常压航行中须达到18节航速，并以强压通风航行6次，平均航速不得低于21节。[22]而根据同年“海蛇”号在斯托克斯湾的试航结果，在1小时的常压情况下该舰达到了18.64节的航速，在1小时的强压通风情况下达到了21.46节的航速。同时该舰还进行了转向试验，测得回转一周仅须1.75分钟，回转直径大约为2倍舰长。观察者记述道，在满舵回转的情况下该舰的兴波很小，舰体也没有明显的倾斜。[23]

按照计划，“海蛇”号在改造为游艇后排水量将达到615吨，设置有一个较大的甲板室，甲板室后部为沙龙，并可下至舱内的餐厅，另有下层舱室的舱口和采光天窗，以及机舱棚；甲板室中部为皇室厨房、海图室和信号旗柜；甲板室前部为通往士官和船员住舱的舱口和天窗。中部甲板室顶部有一个飞桥，上面安装蒸汽舵轮；舰体后部有一个人力舵轮。下层舰体内设有皇室住舱、盥洗室、衣柜、卫生间、沙龙、前室、吸烟室等皇室用房，以及军官住舱、管轮和士官住舱、水手住舱等舱房和各种库房。轮机舱和锅炉舱外侧设置煤仓。按照设计，改造为游艇后的“海蛇”号将携带一只蒸汽舢板（steam launch）、一只救生艇（life boat），一只定纪艇和一艘卡特艇。舰上装备3根桅杆，可悬挂纵帆，前桅可悬挂横帆（square sail）和斜桁帆（topsail）。[24]

12月12日，萨缪尔·怀特特地为游艇上的洁具问题咨询了伦敦的洁具厂商乔治·杰宁斯公司（George Jennings），出售“海蛇”号的计划似乎已经水到渠成。[25]20日，萨缪尔·怀特前往拜访了土耳其驻英公使鲁斯蒂姆帕夏（Rustem Pasha），但后者告诉他该舰的价格太贵，对之前海军部的肯定意见也置之不理。无可奈何之下，萨缪尔·怀特只得给土耳其海军部写信。27日，胡斯努帕夏给怀特公司回信，居然称他们从没有表示接受过怀特公司的报价，除非价格能够降到一个他们能接受的程度，否则土耳其方面无法购买该舰，之前的首肯完全是出于“误会”。[26] 1891年1月，鲁斯蒂姆帕夏也给怀特公司写信，进一步确认了购买无法继续。[27] 至此，向土耳其方面出售“海蛇”号的计划完全归于失败。

此后的3年中，怀特公司再没有明确的推销记录，[28] 直到1894年2月23日，怀特公司与阿姆斯特朗公司的造舰总监菲利普·瓦茨达成了一项协议，以16000英镑的价格将该舰的舰体、附具等出售给阿姆斯特朗公司。根据协议，怀特公司须清理船底，涂刷油漆，安装舢板和电灯，以及临时的就餐用具，以使其能够安全抵达泰恩河。[29] 阿姆斯特朗公司为何要突然购入这艘军舰没有明确的解释。但值得注意的是，此时阿姆斯特朗公司正为智利建造的“布兰科·恩卡拉达”号（Blanco Encalada）防护巡洋舰需要配备一艘舰载鱼雷艇，而后这艘鱼雷艇正是从萨缪尔·怀特公司所购入，因此可能的解释是菲利普·瓦茨在订购这艘舰载鱼雷艇的时候注意到了滞留在猎鹰船厂边的“海蛇”号鱼雷猎舰。而阿姆斯特朗公司的埃尔斯威克造船厂正好有一部分剩余产能，对于这样一个在出口军舰领域久负盛名的大厂而言，又不难在国际上找到青睐一艘价格不贵、性能卓越的小军舰的买家，将其购入便顺理成章了。

3月21日，在阿姆斯特朗公司的董事会会议纪要中出现了一条记录：该公司已向萨缪尔·怀特公司购入了一艘鱼雷艇驱逐舰，其船厂编号被定为621。根据计划，阿姆斯特朗公司将为其安装2门25磅速射炮、4门3磅速射炮和3具鱼雷发射管。会议纪要总结道：“凭借这些改动，她将成为一艘优秀有用的军舰。”[30]

“飞霆”舰的紧急购入

1894年的夏天，中日关系因朝鲜问题而被推到了风口浪尖。在中国北洋大臣李鸿章仍在谋求以外交途径解决朝鲜争端的时候，日本政府却已开始密谋对华开战。约在当年6月中旬，日本海军省次官伊藤隽吉向驻英国海军武官远藤喜太郎发去了一封电报，要求向英国政府、法国政府或其他私人公司秘密打探有无铁甲战列舰、装甲巡洋舰、巡洋舰、鱼雷艇驱逐舰、鱼雷艇等军舰可以购买。[31]6月13日，远藤喜太郎向海军部回电，表示阿姆斯特朗公司有一艘鱼雷艇驱逐舰可售，另有一艘巡洋舰需8个月完工，莱尔德公司有阿根廷巡洋舰在建（估计为鱼雷炮艇“祖国”号，Patria），但难以买入。[32]收到远藤的电报后，海军省随即回复，要求远藤进一步调查阿姆斯特朗公司的鱼雷艇驱逐舰需多久能够建成，以及其价格、性能等，显得对这艘军舰抱有极大的兴趣。[33]

远藤喜太郎了解到的这艘鱼雷艇驱逐舰就是阿姆斯特朗公司于当年3月向萨缪尔·怀特公司购买的“海蛇”号（621号舰）。在买下了这艘军舰之后，阿姆斯特朗公司便开始进行改装设计工作，但并没有立即施工。据远藤报告，该舰大约能够于8周之内改装完毕，售价为58000镑。[34]而远藤打听到的另一艘巡洋舰则是该公司于1893年2月开始建造的一艘4600吨级的外贸巡洋舰，船厂编号为612（后

中国驻英公使龚照瑗，密购“飞霆”舰的行动即在其操作下进行（Vickers Archives, Cambridge University Library）

来的阿根廷巡洋舰“布宜诺斯艾利斯”号），当时该舰已经下水，但并没有指定买家，距离完工尚需 8 至 10 个月。

相比日本，中国方面在紧急购舰上所做的努力来得非常迟缓。直至 7 月 5 日，一向消息灵通的中国海关驻英办事处主任金登干从与他私交颇深的阿姆斯特朗公司股东之一斯图尔特·伦道尔那里得到消息，阿姆斯特朗公司正建造一艘快速巡洋舰（612 号舰）和一艘鱼雷猎舰（621 号舰），二舰都已接到别处的订货，但对中国优先。金登干随即发电通知了其老上司——中国海关总税务司赫德。[35] 18 日，赫德也致电金登干，称他得知有一艘与“吉野”相同的姐妹舰正在建造，令金登干向阿姆斯特朗公司询价。[36] 24 日，金登干回复道，巡洋舰需 10 个月后提供，售价 34 万英镑，包括保险费在内另加 28000 镑。[37] 27 日，赫德给金登干写信，因巡洋舰价格过高，因此他不建议行动。[38]

而来自中国官方的问询则始于 7 月 16 日。李鸿章于是日致电驻英公使龚照瑗，电文中说：“海军快船速率过少。英厂如有制成新式大快船，多置快炮，行二十三四迈，望密访议购。价若干，趁未决裂前送华，迟则无及。”[39] 李鸿章的问询，足足比日本人晚了一个月。龚照瑗接到电报后，于当天晚上迅即回复，告知李鸿章阿姆斯特朗公司正有一艘巡洋舰（612 号）和一艘“大雷艇”可售。[40] 7 月 22 日，龚照瑗进一步向李鸿章报告，“雷艇”的价格为 55000 镑。[41] 龚照瑗所说的这艘“雷艇”就是 621 号鱼雷炮艇，他在电文中称该艇“带抓敌雷机”，这应当是对英文“torpedo catcher”的误译。李鸿章接到报告后，认为“雷艇价昂难购”，仍命龚照瑗继续打听其他新式小型巡洋舰。[42] 不难看出，龚照瑗称该舰为“雷艇”造成了李鸿章的误会，将其想象成了普通的小型鱼雷艇，自然是显得价格偏高了。接到李鸿章这份回电后，7 月 24 日，龚照瑗在电文中进行了解释：“前云雷艇，即新式小快炮船，……价不昂。”[43]

7 月 25 日，丰岛海战爆发，甲午中日之战正式开启，双方的购舰计划也驶上了快车道。开战次日，阿姆斯特朗公司就通过电报给李鸿章发去了军舰的详细规格和价目。[44] 7 月 31 日，日本海军省也给远藤喜太郎发电，命其打听 621 号鱼雷猎舰的价格，以及将其送回横滨的费用。[45]

8月1日夜间，龚照瑗给李鸿章发电，称其觅得一快轮，与之前觅得的“雷艇”相同，价格为50000镑，航速可达26节，请李鸿章定夺是否要买下。[46]龚照瑗所说的这艘军舰，应该指的还是621号舰，而他之所以会重复提到同一艘军舰，可能的解释是他从不同的掮客那里得到情报，导致了信息的混乱。至于龚照瑗说该舰的航速可达26节，当是掮客在推销时的夸大之词（当时仅有最新式的驱逐舰可达到26节航速，而驱逐舰均为英国海军所订购，绝无出售他国的可能）。

李鸿章得知龚照瑗觅得如此快船，喜出望外，立即将龚照瑗的来电转呈中枢，并马上得到了批复。8月2日，光绪皇帝下旨拨银二百万两交李鸿章用于购舰。[47]总理衙门也一同来凑热闹，表示“快船拟定四艘……海署款即由津生息项下拨百万”，[48]仿佛只要花了这笔钱，军舰就立即会从天上掉下来一样，殊不知两国开战后，其他国家严守中立，军舰即便购得也难以运出。同日，李鸿章给龚照瑗回电，命其立即详细调查该舰的性能并购入。[49]

8月6日，一位名叫小约翰·巴墨（John Palmer Junior）的掮客突然向阿姆斯特朗公司买下了621号鱼雷炮艇。[50]第二天，龚照瑗就遗憾地向李鸿章表示，之前所说的“26节快船”已售。[51]事出之因，显然就是小约翰·巴墨的横插一脚。然而仅仅三天之后，龚照瑗又给李鸿章发去一封长电，称自己已经成功购入了阿姆斯特朗公司的621号鱼雷炮艇。[52]后来他在电文中也透露，他正是通过信义洋行（Hermann Mandl & Co.）的巴墨作为中间人完成此次订购的——“所购快轮即巴墨出名”。[53]

信义洋行由奥地利人赫曼·约翰·满德（Hermann John Mandl）创立于1888年，主要负责克虏伯、毛瑟等德国军火公司的中国中介事务，总号位于汉堡，分号位于上海、天津等处。[54]而这样一个德国掮客是如何突然介入这桩英国军舰的买卖的，与小约翰·巴墨又是何关系至今仍缺乏线索澄清。这位小约翰·巴墨也是个名不见经传的小人物，仅知其后来一直从事出口贸易，并在伦敦芬斯伯里广场（Finsbury Court）开设了自己的小约翰·巴墨公司（Messrs. John Palmer Junior & Co.），生意至少持续到1940年代不辍。[55]阿姆斯特朗公司也并不清楚巴墨背后的真正买家是谁："621号鱼雷艇已完成并于8月6日被卖给小约翰·巴墨先生，其去向并未透露。"[56]

无论如何，621号鱼雷炮艇已经成为了中国人的囊中之物，而没有被日本人抢得（日本人似乎也没有对这艘军舰投入太大的兴趣），应该算是龚照瑗一个不小的成绩。此后，龚照瑗的精力开始转移到安排621号舰回国的事宜上来。

"飞霆"号的技术性能[57]

"飞霆"号鱼雷炮艇为钢制舰体，柱间长200英尺，总长208英尺9英寸，水线长199英尺4英寸，型宽23英尺，型深12英尺3英寸，吃水8英尺。[58]标准排水量360吨（另有349吨、353吨等说法），满载排水量401吨。全舰划分为30个水密隔舱。动力系统包括2台机车式锅炉和2座贝里斯公司生产的三涨式蒸汽机，驱动2个螺旋桨推进。轮机常压马力2000匹，航速18节；强压通风马力3000匹，航速21节。通常载煤50吨，满载煤量90吨（一说104吨）。在21节情况下续航力为2天，在10节情况下续航力为12天。除艉舵外，采用"旋回式"设计的"飞霆"号应该还配有艏板舵，具有优异的转向性能。

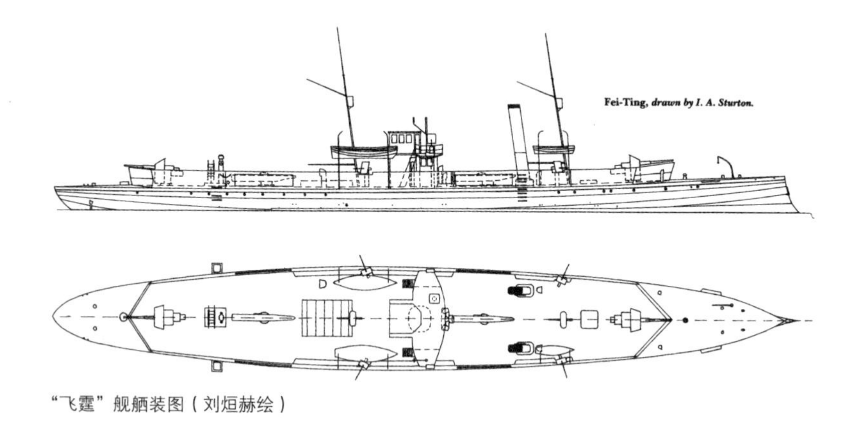

"飞霆"舰舾装图（刘烜赫绘）

从外观看，“飞霆”号舰体狭长，舰艏为撞角艏，艏柱上有鱼雷发射管开口；舰艉为怀特公司鱼雷艇特有的斜削型舰艉（cutup stern），并在舰艉上镌有舰名。舰体前后为防浪甲板，围绕中部舰体有一圈连续的防浪舷墙，前后主炮和鱼雷管处的舷墙可打开。该舰有前后两根桅杆，分别有一个小型钢制桅盘，并可张挂小型斜桁帆。前桅后方为2个左右并列的烟囱。舰体中部有一个舰桥，下层为一个小型装甲指挥塔，装甲为1¾英寸（一说1½英寸），左右两舷各有一个小型甲板室；上层为露天的飞桥，安装有探照灯、海图架、航行灯等设备，后方有一个封闭的操舵室。前桅杆后方和机舱棚后方各有一个旋回式双联鱼雷发射管。后部鱼雷发射管后还有一个罗经台和人力舵轮。舷墙上除安装有哈乞开斯速射炮外，还悬挂有1艘22英尺的充气舱捕鲸艇（air cased whaler）、1艘定纪艇和1艘12英尺的小型定纪艇（skiff dinghy），艇体均由桃花心木制作。

“飞霆”舰虽无舱室布置的图纸存世，但从同时期类似舰艇的舱室布局中也能推测一二。一般来说，这种小艇的舱室布局比较简单：其前部舱体分为底舱夹层（platform deck）和底舱（lower hold），底舱夹层为水手的居住舱室，底舱为备用雷库、火炮弹药库、储备品和其他物品仓库。中部舱段为锅炉舱和轮机舱，“飞霆”舰设置左右2个并列的机车式锅炉，炉门朝向舰艉方向，并且可能如“雨燕”号一样，锅炉舱被中央纵隔壁分成左右两间。2座贝里斯立式三涨蒸汽机也呈左右对称布置，锅炉舱和轮机舱外侧有煤仓包覆。后部舱段为军官生活舱室，艉部为操控前后两个舵叶的舵机舱。

“飞霆”舰的主炮型号十分特殊，为2门25磅3.75英寸阿姆斯特朗速射炮，除“飞霆”号之外，再无其他军舰装备这种火炮的记录。这种炮身管长40倍径，炮重33英担。黑火药发射药包重10磅，无烟火药发射药包4.5磅。使用黑火药时炮口初速为2010英尺/秒，炮口动能为700.4英尺吨；使用无烟火药时炮口初速为2370英尺/秒，炮口动能为974英尺吨。这种火炮采用液压弹簧复进机的弹性炮架，发射速度较旧式火炮有很大的提高，并且炮身后坐方向与炮身基线重合，也减少了旧式架退炮因基线不重合而造成的射击精度误差。前后主炮的射界为从舰艏/舰艉轴线起算向左向右各135度。每门炮备弹 200 发。

除主炮外，该舰还装备有 4 门 3 磅哈乞开斯速射炮，分别位于两侧舷墙后方。这种火炮为法国哈乞开斯公司专利，阿姆斯特朗公司获授权生产。口径为 47 毫米，总重 506 磅，长度为 40 倍径，可发射重 3.3 磅的通常榴弹、钢榴弹和 3.13 磅的霰弹。

“飞霆”舰还装备有 5 具 14 英寸鱼雷发射管，可携带 12 枚德国制刷次考甫磷铜鱼雷。甲板上的旋回式鱼雷管可电控也可由人力驱动，并可以直接从装甲指挥室里操作瞄准。

“飞霆”号的回航与验收

621 号鱼雷炮艇于 1894 年 8 月 6 日被出售给掮客小约翰・巴墨，然而仅仅 3 天之后，英国外交部就已经得知了此事。9 日，英国外交大臣金伯利男爵（John Wodehouse, 1st Earl of Kimberley）签署了一份公文，为了防止中日两国中的任何一方得到此舰，他批准纽卡斯尔海关根据《外国兵役法案》（*Foreign Enlistment Act*）扣押并检查这艘船，直到搞清楚其底细，根据法律的规定得以豁免为止。[59]

而这厢龚照瑗却并不知道英国政府已经采取了行动，仍然在秘密安排着这艘舰的回航事宜。8 月 14 日，龚照瑗在致李鸿章的电文中说：“即日点收船，付价，密议送法，必期妥速。”[60] 8 月 15 日，李鸿章致电龚照瑗，向其推荐元丰顺洋行（Louis Spitzel & Co.）在英国的办事人托马斯・马克斯（Thomas Marx），请龚照瑗与其一同密商运送船械办法。[61] 8 月 17 日，龚照瑗回电，称“至包送兵轮，另有熟手大商包办”。[62] 从之后的信息来看，龚照瑗是通过一位正在向中国推销智利军舰的掮客格雷士（原名未详）找到的“熟手大商”麦高伦（原名未详）包送军舰的。[63] 8 月 19 日，龚照瑗又给李鸿章发电，他考虑到这艘军舰如回航，须选择偏僻航道直赴威海卫或旅顺口，以免途中遭到中立国的扣押或日舰的阻截，因此必须有煤船随行。[64]

8 月 18 日晚间，英国议会签署了一份文件，内容包括金伯利勋爵 8 月 9 日签署的两份拘扣授权书的复件，英国政府扣押这艘军舰的行动终于大白于天下。19 日，金登干向赫德汇报：“英国海关扣留了阿姆斯特朗厂的鱼雷猎舰。”[65] 2天之后，李鸿章也接到了路透社关于扣留这艘军舰的消息。他焦急地询问龚照瑗：“确否？如已扣，若何办法？”[66]龚照瑗在回电中也为难地表示：“现兵轮出口，必根究，已购阿轮，虽英人出名，而出口颇难。现密议顶替办法，行期未定。”[67]在8月25日的电报中他再次表示：“已购快轮非用他国旗不能出口。借旗尚未商定，行无定期。”[68]

到8月底，中国的军舰被扣押一事已经一再见诸报端，如《泰晤士报》就说：

> ……如果不是我国外交部采取行动，这艘舰很有可能已经在去往中国海域的途中了。日本政府察觉了这种危险，公使馆的法律顾问立即向我外交部指出了法案中所提供的条款，并强调了在“阿拉巴马”号事件中我国政府是如何做出同样迅速反应的历史。[69]

又如《约克快报》（*York Herald*）报道说：

> 根据从纽卡斯尔得到的关于这艘鱼雷猎舰的消息，她因政府的指令而被拘留在埃尔斯威克。这艘军舰据说建于考斯，大约2个月前被购买到泰恩河，停在埃尔斯威克船台边。大约3周前工人们上了船，前几天他们日以继夜地进行大规模改造，主要是在破浪甲板的基础上加设一层额外的甲板。[70]雇用的工人达300到400名。她是一艘很出色的军舰，可以达到很高的航速。两名负责人不分白天黑夜地监督工程进展。昨天早晨纽卡斯尔海关的代表访问了此地，海关人员要求蒸汽阀门和主蒸汽管的连接应被断开。公司的负责人立即执行了这一要求。[71]

尽管这艘军舰的秘密购买已经被完全曝光，但龚照瑗仍然没有放弃安排其回航的努力。8月31日，格雷士向龚照瑗表示：“借旗已议妥，包送威、旅。所雇船中各项五十西人，皆水师出身。唯该船必绕大洋，需行五十日，煤食各费及保险、借旗谢费全包，共索三万二千镑。如允准，初三与英大商麦高伦来画押，二十日内即开行。”[72]龚照瑗向李鸿章进行了汇报后，李鸿章随即将此上呈总理衙门，总理衙门又将之转奏光绪皇帝。9月2日，光绪皇帝下旨：“龚照瑗所购阿摩士轮船议定包送各费，即着李鸿章电饬照所议办理，赶早开行。”[73]

同时，李鸿章还电告北洋海军提督丁汝昌做接收该舰的准备。[74]

9月5日，龚照瑗又给李鸿章来电，除了表示已经为新舰购入30个刷次考甫鱼雷之外，还称“已与出保人画押，送船人与借旗人在巴黎画押，明日回英即议开船期”。[75]新舰的回航似乎重燃希望。但一周之后，9月13日，龚照瑗的一封电报再次将希望浇灭：“阿轮立据稍有未妥处，未定行期。”[76]9月17日，他又表示：“阿轮一切议定，因英严查兵轮出口，必根究送船出保人与借旗国家，电商稍有未洽，行期不敢即定云。”[77]

同在9月17日，中日之间爆发大东沟海战，北洋海军实力遭到重挫，而远在英国的这艘鱼雷炮艇仍迟迟不得归航。10月4日，事情似乎再现转机。龚照瑗致电总理衙门：“查兵轮出口甚严，保送船人退保，遂未敢急办。现议又将成，必求稳妥……”[78]10日，龚照瑗又向李鸿章透露：“阿轮可定行期，如英再阻，即无法。”[79]

10月28日，面对既无法将已购军舰送出，又屡次议购智利、阿根廷、巴西等国军舰不成的事实，清廷已经彻底对龚照瑗失去了信心，光绪皇帝直接下旨对龚照瑗进行申斥：“屡次议购兵船，迄无成说，来电文理多欠明晰，办事殊属颟顸，着传旨申斥。”[80]此后，621号鱼雷炮艇的回航计划再未现转机，它不得不孤独地停泊在埃尔斯威克船台对面的泰恩河上，静静地等待大洋那边的战争决出胜负。

时间转眼到了1895年。4月17日，中日两国签订《马关条约》，甲午战争以日本完胜、中国完败的结局落幕。5月8日，中日双方在烟台换约，条约正式生效。一周之后，龚照瑗想起了那艘滞留纽卡斯尔的621号鱼雷炮艇，于是向李鸿章请示立即将其送回，并拟将一切事务委托阿姆斯特朗公司包办。[81]李鸿章接信后，向龚照瑗建议由信义洋行包运，并由阿姆斯特朗公司代雇洋员，其他水手则由中国选派，以省费用。[82]但龚照瑗仍建议由阿姆斯特朗公司全权负责包送，费用只需6500镑，较为便宜。李鸿章随即同意了这一计划，并将这艘迟来的军舰命名为“飞霆”。[83]

从之后的情况来看，负责包送“飞霆”舰的是阿姆斯特朗公司指定的负责对华业务的公司——瑞生洋行（J. J. Buchheister & Co.）。该洋行于1871年由德国人补海师岱（J. J. Buchheister）与英国人毕

改装完毕，停泊在埃尔斯威克厂边的“飞霆”舰，舷墙呈打开状态（National Maritime Museum）

停泊在埃尔斯威克厂边的“飞霆”舰，舷墙呈关闭状态（National Maritime Museum）

停泊在埃尔斯威克厂边的“飞霆”舰，英方人员正在操作火炮（National Maritime Museum）

“飞霆”舰在泰恩河中进行鱼雷试射，背景中的军舰为“布兰科·恩卡拉达”号（National Maritime Museum）

归国途中在直布罗陀的“飞霆”舰（National Maritime Museum）

德卫（Henry Smith Bidwell）合伙成立，总部设在汉堡，驻华总号位于上海广东路，公司时称“载生洋行”，英文名为“Buchheister & Bidwell”，1877年8月毕德卫退伙单独成立德生洋行，载生洋行便改名为新载生洋行，后又改名瑞生洋行。[84]该行早年曾为福建省购买了“福胜”“建胜”两艘“蚊子船”。从1880年代中期开始，该行开始与阿姆斯特朗公司进行广泛的合作，开展该公司在中国的业务。1886年，该行同怡和洋行一起成为阿姆斯特朗公司指定的代理商，可以直接从中国政府或中国海关处获取订单。[85]

6月23日，“飞霆”舰在舰长F. F. 亨德森（Henderson）的指挥下，由36名英国船员驾驶，离开泰恩河，回航中国。[86]《希尔兹每日公报》（*Shields Daily Gazette and Shipping Telegraph*）报道称，“飞霆”舰在杰罗斯雷克的火药码头补充弹药后，由一艘拖船牵引航向北海，前往伦敦，其间吸引了许多关注的目光。[87]26日，龚照瑗也致电李鸿章，汇报了“飞霆”舰起碇回航的情况：“阿厂快船‘飞霆’字镌船尾，已验，初一开。议明常行每钟只准驶十二迈，约五十日可到沽，在紫竹林商局点交。”[88]该舰一路经由北大西洋—地中海—红海—印度洋—南中国海的传统航线回航中国。除了在阿拉伯海遭遇了强大的季风之外，其余航程基本上风平浪静。[89]8月13日早晨，“飞霆”舰抵达新加坡。对此，甲午战败以后翘首期盼中国海军复兴的新加坡华侨显得尤为关注，如《叻报》等新加坡当地报纸争相进行了报道。《海峡时报》（*The Straits Times*）的一位华裔通讯员也同他的6名好友一起参观了这艘军舰，并拜访了亨德森舰长，他们从军舰本身一直聊到大东沟海战，都为北洋海军的全军覆没而扼腕痛惜：

> 我们于3点钟离开"飞霆"舰，被舢板送到了岸上。我们无法抑制住心中一种叛逆的想法，当关键的时刻来临，"飞霆"是否能够证明她的舰名所赋有的那种品质。她是否会因其军官的无能和胆小，而像那些优秀的军舰一样或搁浅或耻辱地向倭寇投降呢？[90]

8月14日，"飞霆"舰离开新加坡，航向香港，并于22日抵达。[91]但当时发生了杀戮英国传教士的古田教案，因此一度有将这艘中国军舰扣押在香港的传闻。[92]30日，"飞霆"舰离香港，[93]随后经由上海、烟台，最终于9月21日抵达大沽，航程总共90天。[94]这艘小军舰经受住了远航的考验，但据《京津泰晤士报》（*The Peking and Tientsin Times*）报道，该舰在航程中还是弄坏了一个低压汽缸。[95]

9月29日，新任直隶总督兼北洋大臣王文韶在日记中写道，"英国前总兵滕伯禄（阿姆斯特朗公司驻中国代表敦乐伯，Martin Julius Dunlop）偕补海斯德（补海师岱）来见"，[96]想必是为"飞霆"到华之事。之前在李鸿章主政北洋的时期，每逢军舰回航，李鸿章必然亲自出海验视。然而王文韶对海军事务无多少热心，加上原北洋海军官兵被革职、遣散，因此"飞霆"舰并未立即被验收，而是先进入大沽船坞修理。[97]经王文韶呈请，该舰每月暂支饷银2400余两。[98]1895年冬季，"飞霆"舰就在大沽船坞避冻。[99]

1896年4月18日，配齐人员后的"飞霆"舰在大沽口进行了试航，《京津泰晤士报》对此进行了专门报道。军舰由管带李鼎新（原"定远"舰帮带大副）和中国官兵驾驶，在赫斯特（Hurst）上校、大管轮哈珀（Harper）和管轮赖特（Wright）的协助下驶出大沽口，一同参加的还有阿姆斯特朗公司的火炮技术人员斯拉特（Slater）、阿姆斯特朗公司的代表敦乐伯少将、瑞生洋行的经理补海师岱，以及中国海关的法兰赤（W. French）先生。是日风平浪静，军舰航行非常平稳，几乎没有上浪。在强压通风情况下，锅炉压力为 180 磅 / 平方英寸，轮机转速为 340 转 / 分钟；而在常压条件下锅炉压力为 125 磅 / 平方英寸，轮机转速为 258 转 / 分钟。试航的结果令人满意，而这还是在使用较低劣的煤炭和缺乏经验的司炉的情况下取得的成绩。但由于没有设置标柱，因此这次试航没有测定航速。

在航行测试后“飞霆”舰又进行了火炮测试，这主要是为了验证火炮安装的牢固程度。火炮采用最大仰角和俯角射击，又朝向舰艏、舰艉和舷侧等不同方向射击。艏艉的 25 磅速射炮操作十分灵便，在训练有素的炮手操作下，每分钟能够发射 15 发炮弹；舷侧的哈乞开斯速射炮则能达到 1 分钟 30 发的射速。该报道还特别提到艏艉炮位上装备了电话，舰长能够通过电话命令火炮做好射击准备，以防止误操作的发生。

在试航过程中，李鼎新为洋员和客人们准备了一顿丰盛的午餐。试航结束后，洋员和客人们离去，他们向中国官兵致谢并致以诚挚的祝福。“飞霆”舰终于走出了襁褓，正式成为浴火重生的中国海军的一员。[100]

三、“飞霆”号鱼雷炮艇的服役经历

“飞霆”号到华后，早期主要驻扎在甲午战争后日军归还的旅顺口，据 1897 年报章记载，该舰与“飞鹰”号鱼雷炮舰“每日八钟时，二管驾亲自督操，或演阵图，或试巨炮，或验鱼雷。至下午一点钟，教习学生水手，排队往炮场打靶。夜间或操火烧，或射火箭云”。[101] 1898 年俄国舰队强行驶入旅顺口，当时泊于旅顺的北洋军舰有“通济”、“复济”（原“康济”舰）、“福靖”、“飞鹰”、“飞霆”5 舰及“镇海”、“飞云”（原“湄云”舰）两运船，王文韶原考虑将这些军舰疏散到烟台、营口，但总理衙门指示中俄军舰可以并行停泊，毋庸移动。[102] 1899 年，随着甲午战后购入的“海容”级巡洋舰、“海龙”级驱逐舰和“海天”级巡洋舰加入，重建的北洋水师规模粗具。7 月 6 日，直隶总督裕禄上奏北洋军舰人员、饷数。经核定“飞霆”编制

归国后停泊在旅顺口的“飞霆”舰

官兵92名，月支薪粮银4011两，公费银600两。然而背负着《马关条约》巨额赔款的中国政府要养活这样一支舰队也显得极为困难。裕禄在奏折中说道：“无如直隶本系缺额之区，一切饷需率皆仰给于外省，自难还英、德、俄、法四国洋款数至六十余万两，各库罗掘殆尽，万分支绌。”[103]其实早在1898年冬，“飞霆”舰和“飞鹰”舰就已经进入大沽泥坞封存，想必是出于节省经费的考虑。[104]

1900年，义和团运动蜂起。6月中旬，北京使馆区被义和团包围，联军从天津派往北京的增援部队也在途中遭到阻截。16日，在大沽口外的列强舰队向大沽炮台守军发出通牒，要求立即交出炮台，否则发起攻击。17日凌晨约0时45分，大沽炮台首先向位于白河中的联军军舰发起攻击，大沽口之战打响。当时尚有数艘中国军舰滞留在白河上游大沽船坞附近：4艘“海龙”级驱逐舰停泊在船坞附近的岸边，而“飞霆”舰则身处泥坞内。[105]由于白河水深较浅，进入白河的联军军舰只有一些吃水较浅者，包括英国的“阿尔及利亚人”号（H. M. S. Algerine）炮艇、“名誉”号（H. M. S. Fame）驱逐舰、“牙鳕”号（H. M. S. Whiting）驱逐舰、德国的“臭鼬”号（S. M. S. Iltis）炮艇、法国的“狮子”号（Lion）炮艇、美国的“蒙诺嘉斯”

号（U. S. S. Monocacy）炮艇、日本的“爱宕”号炮艇、俄国的“高丽人”号（Кореец）炮艇、“海狸”号（Бобр）炮艇、“吉利亚克人”号（Гиля́к）炮艇和两艘鱼雷艇等军舰。大沽口之战打响后，“名誉”号和“牙鳕”号两艘英国驱逐舰各拖带着一艘乘有10名陆战队员的捕鲸艇（whaleboat），强行俘虏了中国海军的4艘“海龙”级驱逐舰。英军本想将俘虏的“海龙”级舰留在码头旁，但从船坞方向不时射来冷枪，因此英军以己舰和“海龙”级舰上的火炮向岸上压制射击，随后登岸，在船坞和“飞霆”舰的旗杆上升起了英国国旗。随后两艘英国驱逐舰将“海龙”级舰拖往白河上游较安全的塘沽。而当他们在早晨时分返航时，却发现两艘原本停在塘沽的俄国鱼雷艇已经来到了大沽船坞旁，之前船坞旗杆和“飞霆”舰上的英国国旗已经消失无踪，取而代之的是俄国国旗！[106]

此后，英国“名誉”号驱逐舰的舰长曾向俄国鱼雷艇长质问此事，俄国艇长向其表示因为鱼雷艇上没有火炮，因此在大沽之战时只能待在塘沽无所事事，他认为英国人没有兴趣占领大沽船坞，于是便派人占领了它。而在讨论到瓜分战利品时，俄国艇长认为“飞霆”号老旧无用，希望得到“海龙”级驱逐舰。[107]

此后，大沽船坞和“飞霆”舰一直被俄军强占。直到1902年8月，直隶总督袁世凯向外务部呈文，请求向俄国讨还大沽船坞，经过一番讨价还价后，北洋水师提督叶祖珪于当年12月19日收回大沽船坞及附属设施，包括坞中的“飞霆”舰。[108]当时“飞霆”舰“机件多被俄人拆卸失去，不能行驶”。在荒废了数年之后，1907年大沽船坞总办窦以筠禀请拨款修理该舰，遂得批准，工程直至1909年方才完竣。[109]该舰随即被编入清政府新设的长江舰队，管带为温朝诒，寄泊地为浙江象山港。[110]

1911年10月10日，武昌起义爆发。当时“飞霆”舰正在上海江南制造局修理，清军原计划俟该舰修理完毕，派其驶巡安庆上游，兼递消息。[111]11月3日上海革命党举义，向江南制造局发起进攻，制造局总办张士珩不得不前往停泊在黄浦江上的“飞霆”舰求援，但该舰以“炮未安齐”为由拒绝了援助。[112]当日上海即得光复，而驻沪的海军各舰仍没有明确投向革命。次日，驻沪海军被革命党说服，全部起义，[113]当时“飞霆”舰正与“建安”“楚有”“登瀛洲”三舰停泊于一处。[114]该舰之后被派往吴淞口驻扎。[115]

进入民国后，“飞霆”舰先后归隶第一舰队和第二舰队，主要驻泊在上海江南制造局附近，兼从事长江流域的巡防工作。1913年反袁革命暗潮汹涌，7月初“飞霆”舰拦截了载有詹大悲等革命党人的日本客轮“岳阳丸”，但日本方面拒绝中国海军上船搜捕。[116]7月10日，江西都督李烈钧在湖口誓师起义，二次革命爆发。12日，北洋政府海军部次长汤芗铭率“飞霆”“江利”“建安”“楚同”“湖鹗”等舰沿江而上，与下驶的“楚豫”“楚谦”等舰合攻讨袁军。[117]24日，汤芗铭留“飞霆”舰镇守九江，率“江利”“江亨”“楚同”“湖鹗”4舰护送陆军登陆，抢占炮台，次日便攻克湖口。战后汤芗铭为参战海军军官请奖时，特别提到“飞霆”舰长上校温朝诒“忠勇过人，事前则参与军谋，临事则身先奋战，湖口一役厥功为最”。[118]

1913年底，福建都督孙道仁向上海海军司令部致电，因整顿福建盐务，原有之“福安”号运输舰不合缉私之用，请将“飞霆”舰调往福建，查缉私盐，而将“福安”舰调归海军。海军司令李鼎新随即批准了这一请求。[119]而海军总长刘冠雄则考虑将“飞霆”变卖的船价用来购买福州马江船坞的挖泥船。[120]但从后来的情况来看，“飞霆”舰并没有立即转入福建盐政系统，而是继续在海军中服役了数年。1915年，闽粤筹议联防，刘冠雄指调“飞鹰”“飞霆”二舰前往广东，专事巡守潮汕海面。[121]直到1916年护国战争结束，“飞霆”舰都在广东沿海巡防。[122]

大约在1916年年中，“飞霆”舰正式从海军中退役，成为福建盐务巡舰，并根据盐务缉私舰的命名规则而改名为“公霆”。此后该舰的情况，时任福建盐政处正监督的何公敢回忆最详：

> 当时最大的缉私船是“公霆”号，它原是海军“霆字号”炮舰，使用前在香港大装修，还在甲板上放一小轮船，可以随时放下使用。此船管驾刘某系马尾学堂出身，我听说他是鸦片鬼，颇不以为然；刘步老屡对我说，这人当年考了批首，因脾气不好，埋没至今，等等，我便用了。刘某在港把船修好驶到

厦门，我适在厦，他邀我到船上参观，确很整饬。我由陆路回省，到福州时，听说此船由厦门驶福州，在龟山触礁沉没了，这是盐务的一大损失。[123]

据《福建盐政公报》称，“公霆”于8月28日上午11时从厦门开行，晚7时左轮机故障，只能以右轮机航行。是夜风高浪急，10时值更官紧急报告前方有陆地，但船已搁坐礁石之上。“公霆”触礁损毁的地点，在福建兴华（今莆田）的龟山。因海浪拍打，该舰不久即断成两截，船上物品被海盗抢走。该舰损毁后，其各机件由盐运使会同盐务分所经理、协理拍卖。[124]是为“飞霆”号鱼雷炮艇坎坷一生的终曲。

四、小结

“飞霆”号虽然在中国海军史中是一艘不起眼的小军舰，但其经历之复杂却极不寻常。它来自麦地那河畔的萨缪尔·怀特公司，曾是令人侧目的世界驱逐舰之先声，但生不逢时，未能如愿成为皇家海军的一员，向土耳其等国兜售也均告失败。在转售予阿姆斯特朗公司后，它经历了华丽的变身，并由于甲午战争的契机而被中国买下。然而仅仅数年之后，它就在庚子之乱中蒙难，被俄军劫夺破坏，直至1909年才被修复。在经历了辛亥革命和民国初年的短暂活跃之后，它过早地从海军中退出。本有可能在盐务缉私事业中发挥一些余热，却又出师未捷身先死，触礁损毁，成为了一颗转瞬即逝的流星。

“飞霆”之殇，是甲午战败后又历经庚子之乱、辛亥革命、民初动荡的中国对于海军建设之乏力的缩影，当时空有建设海军之决心，而无建设海军之实力。几乎可以肯定的是，在被俄军劫夺破坏之后，“飞霆”的舰况就再也没有能恢复到最佳的水平，直到辛亥年间仍然“炮未安齐”，否则以民国海军之节省，是无论如何也不会将一艘舰况尚好的军舰裁汰的。

由于“飞霆”舰命途多舛，因此相关的史料也有许多缺失，对于它的身世尚存许多疑问：怀特公司打造这样一艘过于超前的军舰，初衷为何？阿姆斯特朗公司为什么要突然在1894年购入这艘军舰？为中国购入这艘军舰的满德洋行和小约翰·巴墨到底是怎样介入这桩交易的？庚子之乱中，俄军对这艘军舰进行了怎样的破坏？1909年该舰修复后，武备及性能与之前相比有了怎样的变化？在香港进行了改造后，“飞霆”的最终样貌是怎样的？这一系列的问题，只能等待着更多史料的发现来回答了。

注　释：

［1］对于“海蛇”/“飞霆”舰的描述，向来有“torpedo boat”“torpedo catcher”“torpedo boat destroyer”“torpedo gunboat”等多种称谓，中文也有称其为“雷艇”“小快船”“鱼雷猎舰”等，这是由于该舰本身特点的多样化导致的。这艘军舰脱胎于鱼雷艇，但其尺度已远大于传统意义上的鱼雷艇，因此可以称为“鱼雷猎舰”或“鱼雷艇驱逐舰”的雏形，但其航速又低于后来正规意义上的驱逐舰；而经过阿姆斯特朗公司的改造后，该舰的武备被强化，更接近于一艘“鱼雷炮艇”。因此，笔者认为该舰在设计之初应被归类为鱼雷猎舰或鱼雷艇驱逐舰，而在改造后则被归类为鱼雷炮艇较为妥当。本文根据情况间杂使用这几种称谓。

［2］David Lyon: *The First Destroyers*, Chatham Publishing 1996, p.13.

［3］本节主要参考 *Conway's All the World's Fighting Ships 1860-1905*, Conway Maritime Press, 1979; David Lyon: *The First Destroyers*, Chatham Publishing, 1996; R. C. Smith: “Torpedo-boat Policy”, *Proceeding of the United States Naval Institute*, Volume XXIII, No. I. Whole No. 81。

［4］本小节主要参考 David L. Williams: *Maritime Heritage: White's of Cowes*, Silver Link Publishing Ltd., 1993; *Conway's All the World's Fighting Ships 1860-1905*, Conway Maritime Press, 1979; “Obituary: John Samuel White”, *The Engineer*, May 21, 1915, p. 506; The Brassey's Annual 1888-9, J. Griffin & Co., p. 113。

［5］“A Torpedo Catcher”, *The American Engineer: An Illustrated Weekly Journal, Volume X, 1885*, Cowles & Weston, 1885, p. 278.

［6］David L. Williams: *Maritime Heritage: White's of Cowes*, Silver Link Publish Ltd., 1993, p.85.

［7］Office of Naval Intelligence: *Naval Reserves, Training, and Matériel, June 1888*, Government Printing Office, 1888, p.395.

［8］Obituary: John Samuel White, *The Engineer*, May 21st, 1915.

［9］ 即亨利·菲利克斯·伍兹（Sir Henry Felix Woods, 1843-1929）。

［10］ Woods Pasha to J. Samuel White, 14th February 1888, J. S. White archives, Isle of Wight Record Office & Archive JSW 35-12.

［11］ Armament Estimate JSW 35-12.

［12］ Woods Pasha to J. Samuel White , 23rd March 1888, JSW 35-12.

［13］ Admiralty to J. Samuel White, 24th July 1888, JSW 38-1no.3.

［14］ Woods Pasha to J. Samuel White, 29th March 1890, 24th April 1890, and 4th September 1890, JSW 35-12.

［15］ Woods Pasha to J. Samuel White, 12th September 1890, JSW 35-12.

［16］ Woods Pasha to J. Samuel White, 8th October 1890, JSW 35-12.

［17］ J. Samuel White to Anonymous, undated, JSW 35-12.

［18］ J. Samuel White to Minister of Marine, 20th December 1890, JSW 38-1 no.2.

［19］ Woods Pasha to J. Samuel White, 11th November 1890, JSW 35-12.

［20］ Estimate for Proposed Torpedo Tube Armament for 746, Estimate for Proposed Armament for 746, Estimate for Ammunition, 17th November 1890.

［21］ Woods Pasha to J. Samuel White, 29th November 1890, JSW 35-12.

［22］ Details of Accomodation JSW 40-15.

［23］ *Information from Abroad: A Year's Naval Progress*, Office of Naval Intelligence, 1890, pp.24-25.

［24］ Details of Accomodation JSW 40-15.

［25］ J. Samuel White to George Jennings, 12th December 1890, JSW 40-15.

［26］ Minister of Marine to J. Samuel White, 27th December 1890, JSW 38-1 no.2.

［27］ Rustem Pasha to J. Samuel White, 7th January 1891, JSW 35-12.

［28］ 怀特公司还通过中介向智利政府推荐过这艘舰，但不清楚具体时间。见 J. Samuel White to Vienna, undated, JSW 35-12。

［29］ JSW 38-1 no.3 1-2.

［30］ *Armstrong Minute Book, 1889-1896*, Tyne & Wear Archives 130/1265, p.357.

［31］《外国軍艦購買に関する照会往復　終に廃止に帰する分（1）》, JACAR（アジア歴史資料センター）Ref.C11081485400、公文備考別輯　完　新艦製造部　外国艦船購入　終に廃止に帰する分　明治 29 ～ 34（防衛省防衛研究所）。

［32］ 同上。

［33］《外国軍艦購買に関する照会往復　終に廃止に帰する分（1）》, JACAR（アジア歴史資料センター）Ref.C11081485400、公文備考別輯　完　新艦製造部　外国艦船購入

終に廃止に帰する分　明治 29 ～ 34（防衛省防衛研究所）。《外国軍艦購買に関する照会往復　終に廃止に帰する分（2）》，JACAR（アジア歴史資料センター）Ref.C11081485500、公文備考別輯　完　新艦製造部　外国艦船購入終に廃止に帰する分　明治 29 ～ 34（防衛省防衛研究所）。

［34］《外国軍艦購買に関する照会往復　終に廃止に帰する分（2）》，JACAR（アジア歴史資料センター）Ref.C11081485500、公文備考別輯　完　新艦製造部　外国艦船購入終に廃止に帰する分　明治 29 ～ 34（防衛省防衛研究所）。

［35］《金致赫第 798 号电》，1894 年 7 月 5 日，中国第二历史档案馆、中国社会科学院近代史研究所合编：《中国海关密档——赫德、金登干函电汇编》（第八卷），中华书局 1995 年版，第 747 页。《金致赫第 Z/878 号信》，1894 年 7 月 6 日，《中国海关密档——赫德、金登干函电汇编》（第六卷），中华书局 1995 年版，第 83 页。

［36］《赫致金第 903 号电》，1894 年 7 月 18 日，中国第二历史档案馆、中国社会科学院近代史研究所合编：《中国海关密档——赫德、金登干函电汇编》（第八卷），中华书局 1995 年版，第 748 页。赫德所说的“吉野”姐妹舰即 621 号舰。621 号巡洋舰虽然与“吉野”舰性能相仿，但不可称为姐妹舰，赫德这里得到的情报有一些偏差。

［37］《金致赫第 822 号电》，1894 年 7 月 24 日，中国第二历史档案馆、中国社会科学院近代史研究所合编：《中国海关密档——赫德、金登干函电汇编》（第八卷），中华书局 1995 年版，第 749 页。书中称“扫雷艇 28000 镑”，查对该电报原文，应为“巡洋舰另加 28000 镑，保险费在内”，是为翻译错误。

［38］《赫致金第 Z/625 号信》，1894 年 7 月 27 日，《中国海关密档——赫德、金登干函电汇编》（第六卷），中华书局 1995 年版，第 94—95 页。

［39］李鸿章：《寄伦敦龚使》，光绪二十年六月十四日午刻，国家清史编纂委员会编《李鸿章全集》（电报四），安徽教育出版社 2008 年版，第 135 页。

［40］龚照瑗：《六月十四日夜十点半钟发天津中堂》，戚其章主编《中国近代史资料丛刊续编——中日战争》（六），中华书局 1993 年版，第 567 页。

［41］龚照瑗：《附龚使来电》，光绪二十年六月二十日午刻，国家清史编纂委员会编《李鸿章全集》（电报四），安徽教育出版社 2008 年版，第 154 页。

［42］同上书，第 160 页。

［43］龚照瑗：《六月二十二日下午四点半钟发天津中堂》，戚其章主编《中国近代史资料丛刊续编——中日战争》（六），中华书局 1993 年版，第 567 页。龚照瑗对第二艘舰的描述自相矛盾，他称其“长五十丈”，则长度可达到 500 多英尺，而他又说“价十万镑”，这样巨大的军舰无论如何也是 10 万镑买不到的。

［44］《金致赫第 Z/881 号信》，1894 年 7 月 27 日，《中国海关密档——赫德、金登干

函电汇编》(第六卷),中华书局1995年版,第96—97页。

[45]《外国軍艦購買に関する照会往復　終に廃止に帰する分(2)》,JACAR(アジア歴史資料センター)Ref.C11081485500、公文備考別輯　完　新艦製造部　外国艦船購入　終に廃止に帰する分　明治29 ~ 34(防衛省防衛研究所)。

[46] 龚照瑗:《七月初一日夜半点钟发天津中堂》,戚其章主编《中国近代史资料丛刊续编——中日战争》(六),中华书局1993年版,第570页。

[47]《清实录》(第五六册)《德宗实录》(五),中华书局1987年版,叶三九八。

[48]《附译署来电》,光绪二十年七月初二日亥刻到,国家清史编纂委员会编:《李鸿章全集》(电报四),安徽教育出版社2008年版,第194页。

[49] 李鸿章:《寄伦敦龚使》,光绪二十年七月初二日亥刻,国家清史编纂委员会编《李鸿章全集》(电报四),安徽教育出版社2008年版,第195页。

[50] *Armstrong Minute Book, 1889-1896*, Tyne & Wear Archives 130/1265, p.383.

[51] 龚照瑗:《附龚使来电》,光绪二十年七月初七日申刻到,国家清史编纂委员会编《李鸿章全集》(电报四),安徽教育出版社2008年版,第210页。

[52] 龚照瑗:《七月初十日戌刻发天津中堂》,戚其章主编《中国近代史资料丛刊续编——中日战争》(六),中华书局1993年版,第572页。

[53] 龚照瑗:《七月十七日夜十二点钟发天津中堂》,戚其章主编《中国近代史资料丛刊续编——中日战争》(六),中华书局1993年版,第574页。龚照瑗:《附龚使来电》,光绪二十年七月十八日申刻到,国家清史编纂委员会编《李鸿章全集》(电报四),安徽教育出版社2008年版,第244页。

[54] George Baur: *China um 1900: Aufzeichungen eines Krupp-Direktors*, Böhlau Verlag Köln Weimar, 2005, pp.15-16.

[55] 记录小约翰·巴墨公司事迹的,如 *The Chemist and Druggist*, June 25th 1910, p.54; *The London Gazette*, 29th October, 1946; 等等。

[56] *Armstrong Minute Book, 1889-1896*, Tyne & Wear Archives 130/1265, p.383.

[57] 本小节主要参考 George Thurston papers, National Maritime Museum MSS/72/017; Admiralty, Intelligence Department: *Errata and Addenda No. 1 to China War Vessels and Torpedo Boats*, 1896; Peter Brook: *Warships for Export: Armstrong Warships,* World Ship Society, 1999, p.170; "A Visit to the 'Fei Ting'", *The Straits Times*, August 15, 1895, p.2。

[58] 据 Peter Brook 著 *Warships for Export: Armstrong Warships 1867-1927* 的记载,阿姆斯特朗公司在购入"海蛇"号后对其进行了大幅改造,使其从原舰长的200英尺变为197英尺7英寸,舰宽则从23英尺变为23英尺7½英寸。如此须对军舰的龙骨和肋骨进行重新改造,工程量太大,颇不合算,因此笔者对此持怀疑态度。

［59］ Miscellaneous No.3 (1894), 转见《10. 日清両国開戦ノ為メ英国政府ニューカッスル港ニ於テ制造中ナル清国水雷拿捕艦差押ノ件》, JACAR（アジア歴史資料センター）Ref.B08090013800、日清戦役ノ際二於ケル清国ノ軍備並二同国ノ情勢報告雜纂（5-2-18-0-8）（外務省外交史料館）。

［60］ 龚照瑗：《七月十四日夜八点钟发天津中堂》，戚其章主编《中国近代史资料丛刊续编——中日战争》（六），中华书局 1993 年版，第 573 页。

［61］ 李鸿章：《寄伦敦龚使》，光绪二十年七月十五日酉刻，国家清史编纂委员会编《李鸿章全集》（电报四），安徽教育出版社 2008 年版，第 238 页。

［62］ 龚照瑗：《七月十七日夜十二点钟发天津中堂》，戚其章主编《中国近代史资料丛刊续编——中日战争》（六），中华书局 1993 年版，第 574 页。

［63］ 同上书，第 579—580 页。

［64］ 龚照瑗：《附龚使来电》，光绪二十年七月二十日酉刻到，国家清史编纂委员会编《李鸿章全集》（电报四），安徽教育出版社 2008 年版，第 253 页。

［65］《金致赫第 901 号电》，1894 年 8 月 19 日，中国第二历史档案馆、中国社会科学院近代史研究所合编：《中国海关密档——赫德、金登干函电汇编》（第八卷），中华书局 1995 年版，第 752 页。

［66］ 李鸿章：《寄伦敦龚使》，光绪二十年七月二十一日亥刻，国家清史编纂委员会编《李鸿章全集》（电报四），安徽教育出版社 2008 年版，第 257 页。

［67］ 龚照瑗：《七月二十二日夜九点钟发天津中堂》，戚其章主编《中国近代史资料丛刊续编——中日战争》（六），中华书局 1993 年版，第 575 页。

［68］ 龚照瑗：《七月二十五日夜九点半钟发天津中堂》，戚其章主编《中国近代史资料丛刊续编——中日战争》（六），中华书局 1993 年版，第 577 页。

［69］ 转见 The Korea War up to Date, *The Public Opinion*, August 30th, 1894。

［70］ 估计指“飞霆”舰的舷墙。

［71］ Chino-Japanese War, *York Herald*, August 21st, 1894, p.5.

［72］ 龚照瑗：《八月初一日夜十二点钟发天津中堂》，戚其章主编《中国近代史资料丛刊续编——中日战争》（六），中华书局 1993 年版，第 579—580 页。

［73］《清实录》（第五六册）《德宗实录》（五），中华书局 1987 年版，叶四三一。

［74］ 李鸿章：《寄威海丁提督》，光绪二十年八月初三日酉刻，国家清史编纂委员会编《李鸿章全集》（电报四），安徽教育出版社 2008 年版，第 297 页。

［75］ 龚照瑗：《八月初六夜七点钟发天津中堂》，戚其章主编《中国近代史资料丛刊续编——中日战争》（六），中华书局 1993 年版，第 580 页。

［76］ 龚照瑗：《附龚使来电》，光绪二十年八月十四日未刻到，国家清史编纂委员会

编《李鸿章全集》(电报四),安徽教育出版社2008年版,第328页。

[77] 李鸿章:《寄译署》,光绪二十年八月十八日申刻,国家清史编纂委员会编《李鸿章全集》(电报四),安徽教育出版社2008年版,第341页。

[78] 龚照瑗:《九月初六日午十一点钟发北京总署》,戚其章主编《中国近代史资料丛刊续编——中日战争》(六),中华书局1993年版,第583页。

[79] 龚照瑗:《九月十二日亥正发天津中堂》,戚其章主编《中国近代史资料丛刊续编——中日战争》(六),中华书局1993年版,第584页。

[80]《清实录》(第五六册)《德宗实录》(五),中华书局1987年版,叶五一六。

[81] 龚照瑗:《附伦敦龚使来电》,光绪二十一年四月二十一日申刻到,国家清史编纂委员会编《李鸿章全集》(电报六),安徽教育出版社2008年版,第147页。

[82] 李鸿章:《寄伦敦龚使》,光绪二十一年四月二十五日戌刻,国家清史编纂委员会编《李鸿章全集》(电报六),安徽教育出版社2008年版,第152页。

[83] 李鸿章:《寄译署》,光绪二十一年五月十四日酉刻,国家清史编纂委员会编《李鸿章全集》(电报六),安徽教育出版社2008年版,第176页。

[84] 参见黄光裕:《近世百大洋行志》,中国社会科学院近代史研究所《近代史资料》编辑部编《近代史资料》(总81号),1992年版,第50页。另参考《申报》,1877年刊。

[85] *Armstrong Minute Book, 1882-1889*, Tyne & Wear Archives 130/1264, p.240.

[86] Ibid., pp.440-441.

[87] Departure of the Chinese Gun Boat Fei Ting, *Shields Daily Gazette and Shipping Telegraph*, June 24th, 1895.

[88]《龚使购阿厂飞霆快船已验开来华》,(台湾)"中央研究院"近代史研究藏总理衙门档案01-25-043-01-006。

[89] Shipping Note, *Hong Kong Daily Press*, August 23rd, 1895, p.3.

[90] A Visit to the "Fei Ting", *The Straits Times*, August 15th, 1895, p.2.

[91] Shipping, *Hong Kong Daily Press*, August 23rd, 1895, p.1.

[92] Naval Movements, *The North China Herald and Supreme Court & Consular Gazette*, Aug. 30th, 1895.

[93] Shipping, *The China Mail*, Aug. 30th, 1895, p.2.

[94] 袁英光、胡逢祥整理:《王文韶日记》(下册),中华书局1989年版,第908页。

[95] Local and General, *Peking and Tientsin Times*, September 28th, 1895.

[96] 袁英光、胡逢祥整理:《王文韶日记》(下册),中华书局1989年版,第910页。

[97]《北洋水师大沽船坞历史沿革》,张侠等编:《清末海军史料》,海洋出版社1982年版,第158页。

［98］ 王文韶片，光绪二十一年十一月初十日，中国第一历史档案馆编:《光绪朝朱批奏折》第65辑，中华书局1996年版，第280—281页。

［99］ Naval, *Shields Daily Gazette and Shipping Telegraph*, Nov. 15th, 1895.

［100］ H. I. C. M.'s Gunboat "Fei-ting", *Peking and Tientsin Times*, April 18th, 1896.

［101］《海军新政》,《集成报》1897年第3期。

［102］《收北洋大臣王文韶电，为中国驻旅师船拟暂分驻烟台营口事》，光绪二十四年三月初四日，中国第一历史档案馆编:《清代军机处电报档汇编》(第三十六册)，中国人民大学出版社2005年版，第299页;《收北洋大臣王文韶电，为驻旅华船五艘与俄船并泊毋庸移动事》，光绪二十四年三月初五日，同上，第302页。

［103］ 裕禄片，光绪二十五年五月二十九日，中国第一历史档案馆编:《光绪朝朱批奏折》第65辑，中华书局1996年版，第341—342页。

［104］ Reading for the Week, *The North China Herald and Supreme Court & Consular Gazette*, December 19th, 1895.

［105］ 根据《北洋水师大沽船坞历史沿革》记载，当年"飞霆""飞鹰"二舰曾在大沽船坞的乙、丙两号船坞内修理，见张侠等编《清末海军史料》，海洋出版社1982年版，第158页。但多数记载称大沽之战时"飞霆"舰正在泥坞中，猜测该舰已经修理完毕，而"飞鹰"舰则已离开大沽，位于大连湾。

［106］ Sir Roger Keyes: *Adventures Ashore & Afloat*, George G. Harrap & Co. Ltd., 1939, pp.216-223.

［107］ Ibid., p.235.

［108］《天津历史资料》1980年第9期，天津社会科学院历史研究所出版，第18—25页。

［109］《北洋水师大沽船坞历史沿革》,《清末海军史料》，海洋出版社1982年版，第159—160页。

［110］《长江舰队官员表》，见《清末海军史料》，海洋出版社1982年版，第612页。

［111］ 载洵:《载洵等奏为船舰不敷分遣一时实难赴闽折》，见《清末海军史料》，海洋出版社1982年版，第690页。

［112］ 张士珩:《宣统三年九月十六日上海制造局总办张士珩由青岛发电》，1911年11月6日，见《中国近代史资料丛刊——辛亥革命》(七)，上海书店出版社2000年版，第93页。

［113］ 根据《辛亥革命海军反正纪实》记载，当时在上海高昌庙、杨树浦之兵舰，有"建安""楚有""策电""飞鲸"四艘，运输舰"登瀛洲"一艘，鱼雷艇"湖鹏"、"辰"字、"宿"字、"列"字四艘，均悬挂白旗，归顺革命军。此处"飞鲸"应指"飞霆"。见《清末海军史料》，海洋出版社1982年版，第697页。

［114］“Arrival of Chinese Gunboats”, *The North China Herald and Supreme Court & Consular Gazette*, Nov. 11th, 1911.

［115］《宣统三年□月□□日上海探报》，见《中国近代史资料丛刊——辛亥革命》（七），上海书店出版社 2000 年版，第 101 页。此处“飞霆”误写作“飞艇”。

［116］ 刘冠雄：《刘冠雄拟战时自保公安条陈》，1913 年 7 月 17 日，见《中华民国海军史料》，海洋出版社 1987 年版，第 230 页。

［117］ 高晓星、时平：《江苏文史资料第 32 辑——民国海军的兴衰》，中国文史出版社 1989 年版，第 52 页。

［118］ 汤芗铭：《湖南都督汤芗铭请奖励湖口之役海军出力人员电》，1913 年 8 月，《中华民国海军史料》，海洋出版社 1987 年版，第 697 页。

［119］《闽都督商调鱼雷艇》，见《申报》1913 年 12 月 6 日，第十一版。

［120］ 刘冠雄：《刘冠雄请将“飞霆”船价留用兴办挖泥船电》，1913 年 12 月 3 日，见《中华民国海军史料》，海洋出版社 1987 年版，第 193 页。

［121］《纪广东最近之防务》，《申报》1915 年 5 月 11 日。

［122］《军舰游弋地点》，见《申报》1916 年 2 月 13 日。《海防》，见《申报》1916 年 3 月 29 日。

［123］ 何公敢：《闽盐公有斗争记》，见《福建文史资料第十七辑》，政协福建省文史资料委员会 1987 年版，第 46 页。

［124］《盐务署训令第三百二十六号令：“公霆”遇险，该船损坏各机件应由运使会同分所经协理当众拍卖，将拍卖情形呈报由》，见《福建盐政公报》1916 年第 6 期，第 1 页。《搁礁轮船拍卖》，见《申报》1916 年 9 月 25 日。

第六章 “海天”级巡洋舰

甲午战争后，重建北洋海军的工作在总理衙门的主导下艰难推进。1896年，以瑞生洋行为中介，清政府再次向阿姆斯特朗公司发出2艘大型防护巡洋舰的订单——“海天”级巡洋舰是中国近代海军中仅次于“定远”级铁甲舰的强大军舰，但它们在国运衰颓的清朝末年和动荡不已的民国时代并没有能够成为重振中国海军的中坚力量，虽然也曾创造了几度辉煌，但最终还是在灾祸和内乱中蹉跎了自己的生命。

一、菲利普·瓦茨时代的埃尔斯威克巡洋舰[1]

1885年8月，在阿姆斯特朗公司担任了3年造舰总监的威廉·亨利·怀特辞去了在公司中的职务，重返英国海军部担任总设计师。怀特在阿姆斯特朗公司留下了“浪速”级、“黑豹”级（Panther class）、“道加里”号、“致远”级和“吕宋岛”级（Isla de Luzon）等为数不多的几型军舰。接替他的是之前在海军部担任主设计师的菲利普·瓦茨。瓦茨也是正统的舰船设计科班出身，毕业于伦敦南肯星顿（South Kensington）著名的皇家舰船设计学院（Royal School of Naval Architect），之后在海军部工作了15年之久，期间曾与威廉·傅汝德（William Froude）一同主持进行船舶模型的水池试验，积累了丰富的舰船线型设计经验。

瓦茨在阿姆斯特朗公司设计的第一艘军舰为意大利海军订购的“皮埃蒙特”号，在这艘军舰上，瓦茨继承了伦道尔和怀特“高

菲利普·瓦茨

航速和机动性与强大的进攻火力相结合”的设计理念，设计排水量为2500吨，航速不低于21节，采用与“道加里”“致远”等舰一样的艏艉楼船型。在最终呈现的设计上，瓦茨为该舰装备了清一色的阿姆斯特朗新式速射炮，口径为6英寸和4.7英寸，这种火炮的射速是同口径传统架退炮的6倍以上，因此可以在单位时间内向敌舰倾泻比原先多得多的弹药，对于敌舰的非装甲结构造成极大的杀伤力，“皮埃蒙特”号因此也成了世界上第一艘全部装备速射炮的巡洋舰。动力方面，起初瓦茨考虑采用2座或更多的立式蒸汽机驱动一个螺旋桨，这样在低速状态下可以只用一套轮机驱动。但这种布置带来了过多的额外重量，因此最终瓦茨选择了2座短冲程的立式三涨四缸蒸汽机提供动力，这是第一艘采用四缸蒸汽机的军舰，也是第一艘完全将立式轮机置于水线之下的军舰。在最终的试航中，“皮埃蒙特”号取得了22.4节的航速，成为当时最快速的巡洋舰。但“皮埃蒙特”号也有一处明显的不足，该舰为了将大直径的锅炉置于水线以下而取消了锅炉舱部分的双层船底。

在“皮埃蒙特”号之后，瓦茨又先后设计了2艘外贸巡洋舰，并最终都出售给了阿根廷。其中“五月二十五日”号（Veinticinco de Mayo）的设计与“皮埃蒙特”号相仿，但排水量更大，达到3180吨，武备也调整为2门8英寸后膛炮和8门4.7英寸速射炮；瓦茨原计划为该舰装备侧舷装甲，但阿根廷方面取消了这一想法。最终呈现的设计也是一艘防护巡洋舰，防护甲板厚度较“皮埃蒙特”号有

意大利“皮埃蒙特”号防护巡洋舰

日本“吉野”号防护巡洋舰（Newcastle City Library）

所增加，航速则与“皮埃蒙特”号持平。与“皮埃蒙特”一样，“五月二十五日”号的锅炉和轮机舱段也没有双层船底。

“七月九日”号（Nueve de Julio）的排水量进一步加大，达到3550吨，武备重新采用清一色的6英寸和4.7英寸速射炮，航速超过“皮埃蒙特”号达到22.7节，同样没有完整的双层船底。

1892年，日本海军在阿姆斯特朗公司订购了一艘大型防护巡洋舰，后来被命名为“吉野”号。该舰与“七月九日”号在总体布置上颇有相似之处，但设计较“七月九日”号更加完善，她的排水量达到了4100吨级，并设计了完整的双层船底；舷缘有一定的内倾

智利“布兰科·恩卡拉达”号防护巡洋舰

美国“奥尔巴尼”号防护巡洋舰

角，因此干舷也比“七月九日”号更高。在最终的试航中，该舰达到了惊人的23节航速，夺得世界最快巡洋舰的桂冠。在中日甲午战争中，该舰凭借着傲人的航速和大量威力强大的速射炮纵横战场，吸引了全世界的目光，也被誉为阿姆斯特朗公司最成功的艏艉楼型巡洋舰。

在“吉野”号之后，阿姆斯特朗公司又开工了一艘外贸巡洋舰，并很快被智利政府买下。在智利政府及其海军顾问爱德华·里德的要求下，该舰的设计进行了大幅的改动。最终呈现在世人面前的是一艘平甲板巡洋舰。自怀特设计的“黑豹”级（Panther）巡洋舰后，

智利“翡翠”号装甲巡洋舰

智利“奥希金斯”号装甲巡洋舰

阿姆斯特朗巡洋舰均采用了艏艉楼船型，这是自“浪速”级后平甲板船型的首次回归。这两种船型孰优孰劣各有评说，一般而言，艏艉楼船型可以使前后主炮置于较高的位置，但舰体中部的副炮就比较接近海平面；而平甲板船型的主炮及副炮基本位于同一平面上。平甲板船型的前甲板距离海平面较近，一般采用防浪甲板设计。这艘出售给智利的巡洋舰被命名为“布兰科·恩卡拉达”号，排水量超过“吉野”舰达到了4400吨级，武备也更加强大，为2门8英寸速射炮和10门6英寸速射炮，航速也达到了22.5节。

此后，埃尔斯威克的防护巡洋舰呈两条路线发展：吨位超过

4500吨者一般采用平甲板船型，不到4500吨者则仍旧采用艏艉楼船型。前者如阿根廷巡洋舰“布宜诺斯艾利斯”号和中国的“海天”级巡洋舰，吨位达4500吨至4600吨，布局与“布兰科·恩卡拉达”号类似。后者如智利的“曾特诺首相”号（Ministro Zenteno）和“查加布科”号（Chacabuco）、巴西的“巴罗索”号（Barroso）、美国的“新奥尔良”号（U. S. S. New Orleans）和“奥尔巴尼”号（U. S. S. Albany）、日本的“高砂”号、葡萄牙的“多姆·卡洛斯首相”号（Dom Carlos Primeiro）等，这些巡洋舰的吨位在3400吨到4200吨。

此外，阿姆斯特朗公司也开始进行装甲巡洋舰的设计。装甲巡洋舰从1880年代后期开始获得了较大的发展，在此之前，装甲巡洋舰一般采用熟铁装甲或钢—铁复合装甲，由于这类装甲强度有限，在保证巡洋舰的装甲厚度和航速的情况下就无法将装甲范围做得比较大，因此呈现出的最终产物就是沿水线附近一条低矮的装甲带，以及装甲带上方覆盖的水平装甲甲板。这种早期的装甲巡洋舰防护面积非常有限，防护方式也不尽科学，因此经常被后世海军史学者单独归类为“甲带巡洋舰”（belted cruiser）。从1880年代后期开始，舰船技术在装甲和火炮两方面发生了革新：舰用装甲领域，通过在钢材中加入镍元素，并进行表面渗碳硬化可以大大增加装甲的强度。至1892年，6英寸的哈维镍钢（Harvey Nickel-steel）已经相当于原先10英寸的复合装甲，而1895年德国克虏伯公司发明的渗碳钢强度进一步增大，6英寸的渗碳钢可匹敌12.5英寸的复合装甲。因此，在巡洋舰上引入垂直装甲，对水线部分进行更有效的防御成为了可能。另一方面，中口径火炮的速射化使得其可以在短时间内投射大量的高爆榴弹，轻易地撕开无装甲防护舰船的侧舷。为了有效防护高爆榴弹对巡洋舰水线部位的破坏，引入垂直装甲也成为了必然的选择。

阿姆斯特朗公司最早建造的装甲巡洋舰是应智利政府的要求，1895年开工的“翡翠”号（Esmeralda IV）最初是作为防护巡洋舰而设计的，但在智利政府要求的一再变更下，最终被改造成了一艘排水量达7000余吨的甲带巡洋舰，其外观与布局颇似“布兰科·恩卡拉达”号和“布宜诺斯艾利斯”号的放大版，装甲为占舰长3/4的6

日本“浅间”号装甲巡洋舰

日本“出云”号装甲巡洋舰

英寸厚的哈维镍钢装甲带，航速可达23节。然而由于它是由防护巡洋舰半道出家而来，因此在许多方面不尽如人意，比如其所有火炮均采用后敞式炮盾而没有采用装甲炮塔。

阿姆斯特朗公司设计的第一艘纯正血统的装甲巡洋舰是智利的“奥希金斯”号（O' Higgins），该舰排水量达8400余吨，主要武器包括4门单装炮塔的8英寸火炮、10门炮塔/炮廓式的6英寸火炮和4门4.7英寸的速射炮。装甲为占舰长2/3的7英寸装甲带。该舰与同时代的其他阿姆斯特朗巡洋舰装备的圆筒形火管锅炉不同，装备的是30座贝尔维尔（Belleville）式的水管锅炉，航速为21节。

在“奥希金斯”号之后，菲利普·瓦茨又为日本帝国海军设计了2级性能卓越的装甲巡洋舰——“浅间”级和“出云”级。“浅间”级由“奥希金斯”号发展而来，但设计更为完善，排水量也更大，达到9700吨级。该舰的4门8英寸口径主炮安装在前后2个炮塔中，14门6英寸炮则安装在侧舷的炮廓中或主甲板上。该舰的装甲防御范围也较“奥希金斯”号更大，除了覆盖舰体全长的7英尺高、3½—7英寸厚的装甲带外，在下甲板侧舷也有5英寸厚的装甲防护。依靠12座圆筒形锅炉的驱动，该级舰可以达到22至23节的航速。“出云”级的设计与“浅间”级非常类似，最大的区别是该级舰使用的是24座贝尔维尔水管锅炉，防护也较前者略有加强。这2级优秀的装甲巡洋舰建成后被编入日本规划的“六六舰队”，并在日俄战争中发挥了重要的作用。

1899年，在纽卡斯尔举办的皇家舰船设计师协会（Royal Institution of Naval Architects）第四十届夏季会议上，菲利普·瓦茨宣读了他著名的论文——《埃尔斯威克巡洋舰》（Elswick Cruisers），他从轮机、武备和防护3个方面进行了阐述，从而为这一类特殊而重要的外贸舰艇赋予了正式的定义。在将埃尔斯威克巡洋舰与英国海军自己的巡洋舰进行比较时，许多与会的海军专家均认为埃尔斯威克巡洋舰更胜一筹，事实究竟如何虽尚可商榷，但埃尔斯威克巡洋舰之优秀是毋庸置疑的。归纳而言，埃尔斯威克巡洋舰的成功是出于几个方面的原因：一、拥有极富经验的设计师，并且设计师能时刻掌握舰船的建造进展，令设计思想最大限度得到贯彻落实；二、作为外贸巡洋舰，设计师所受限制较少，能够尽一切可能节省不必要的重量，使得军舰性能最优化；三、依托著名的武备制造商阿姆斯特朗公司，并与轮机工程师通力合作，使舰船在设计阶段就能一直将武备和轮机作为重点考虑。

1902 年，瓦茨结束了在阿姆斯特朗公司 17 年的服务生涯，前往海军部，接替怀特担任总设计师一职。在他担任阿姆斯特朗公司造舰总监期间，共设计了战列舰 2 艘、装甲巡洋舰 6 艘、防护巡洋舰 17 艘、鱼雷炮艇 1 艘、海防铁甲舰 4 艘、小型巡洋舰（航海炮舰）1 艘、训练舰 1 艘等外贸军舰，其中有许多都成了一代名舰。如果说乔治·伦道尔是阿姆斯特朗军舰的开创者，威廉·怀特是其推动者，那么菲利普·瓦茨就是其集大成者。瓦茨时代的阿姆斯特朗公司真正成了世界上最重要的军舰出口基地，这项业绩前无古人，恐怕今后也鲜有来者。

二、甲午战争后中国与阿姆斯特朗公司的交流

凤凌《四国游记》中的阿姆斯特朗军舰

1890 年，清政府决定在今后更换驻外公使之时，可由总理海军衙门派遣两名章京随行，类似外国的海军驻外武官性质。1893 年，龚照瑗接替薛福成担任驻英法意比公使，于是由海军衙门遴选了两名章京彦恺、凤凌随行。这两名章京驻外期间，有重点考察欧洲各国军事工厂、防务设施的职责。其中凤凌在考察期间留下了《四国游记》，应是其用以向海军衙门或总理衙门呈报的材料。虽然之前的许多驻外公使也有各种游历日记留存，但对于军事设施记述如此详尽者极少见，因此，凤凌的《四国游记》是难得的通过中国人之眼观察西方军备的文献。

凤凌游历阿姆斯特朗公司的时间是 1895 年 7 月 10 日，时值甲午新败，中国海军百废待兴之时。在游记中，他除了记载火炮、鱼雷管、舰船等的扼要造法外，还特别开列了阿姆斯特朗公司最新设计的几型军舰的详细性能，如下表：

表 1　凤凌《四国游记》中记载的阿姆斯特朗公司舰船设计参数[2]

型号	排水量（吨）	主尺度（英尺）	武备	装甲（英寸）	轮机	备注
头等战列舰	15000	400×45.5×27.5[3]	12 英寸 ×4 6 英寸 ×16 12 磅 ×8 3 磅 ×12 鱼雷管 ×5	装甲带 14 下甲板 9 水平装甲 2.5	16000 匹 18 节	类似英国的“庄严”级（Majestic class）战列舰
二等战列舰	11000	365×71×25	10 英寸 ×4 6 英寸 ×10 12 磅 ×4 3 磅 ×12 鱼雷管 ×5	装甲带 12—9 下甲板 4 水平装甲 2	14000 匹 18 节	类似英国的“百夫长”级（Centurion class）和“声望”级（Renown class）战列舰
头等防护巡洋舰	5700	400×52×19	9.2 英寸 ×2 6 英寸 ×10 12 磅 ×8 3 磅 ×16 鱼雷管 ×5	穹甲 1.75—4.5	22 节	排水量接近英国的“塔尔博特”级（Talbot class）防护巡洋舰，但设计显然有很大差异
二等防护巡洋舰	3300	330×43×16	6 英寸 ×8 6 磅 ×10 1 磅 ×4 鱼雷管 ×3	穹甲 1.25—3.5	7500 匹 20 节	类似“曾特诺首相”号（智利）、“巴罗索”号（巴西）、“新奥尔良”号和“奥尔巴尼”号（美国）

续表

型号	排水量（吨）	主尺度（英尺）	武备	装甲（英寸）	轮机	备注
鱼雷巡洋舰	1200	270×22×？	4.7 英寸 ×2 3 磅 ×6 格林炮 ×4 鱼雷管 ×6		22 节	无类似案例
鱼雷炮艇	900	240×27.5×10	4.7 英寸 ×2 3 磅 ×4 鱼雷管 ×5		21 节	类似“龙田”号（日本）
驱逐舰	250	200×19×5.25	12 磅 ×1 6 磅 ×5 鱼雷管 ×2		28 节	类似“剑鱼”级（Swordfish class）驱逐舰（英国）

可以发现，表中的许多军舰都并非阿姆斯特朗公司实际建成的军舰，这说明该公司在设计阶段方案的多元化，而通常最终实施的只是其中的一部分。虽然不清楚凤凌列举这些军舰是否有阿姆斯特朗公司向中国推销之意，但可以肯定的是后来中国订购的“海天”级巡洋舰并不在此列，这也说明“海天”级的订购与凤凌等人的考察并没有多少关系。

李鸿章访问阿姆斯特朗公司[4]

1896年8月，担任头等钦差大臣的李鸿章来到阿姆斯特朗公司访问，这是该公司成立以来接待的中国最显赫人物。

李鸿章此行的主要目的是参加俄国新沙皇尼古拉二世的加冕典礼，并与俄国签订密约，顺道对欧美各国进行考察。李鸿章一行乘坐法国邮轮于1896年6月25日从上海出发，经印度洋、红海抵达埃及口岸塞得港，旋乘坐俄国轮船由地中海进入黑海，在敖德萨登岸，再乘坐火车前往莫斯科。结束了在俄国的访问后，李鸿章又经由德国、荷兰、比利时、法国等国，沿途考察访问，8月2日乘船前往英国。在英期间，李鸿章觐见了维多利亚女王，与英国首相索尔兹伯里勋爵（Lord Salisbury）进行了会谈，在朴次茅斯港检阅了英国舰队，还参观了诸多英伦名胜以及钢铁厂、兵工厂、造船厂、电报局、银行等现代机构，会见了英国各界名流。

8月18日，结束了在苏格兰考察的李鸿章一行由格拉斯哥经福斯大桥坐火车前往阿姆斯特朗勋爵位于罗斯伯里的克拉格塞德别墅，阿姆斯特朗、安德鲁·诺布尔、菲利普·瓦茨、威廉·克鲁达斯、亨利·戴尔等公司要员和其他许多当地名流在车站迎接。由于天色已晚，加之李鸿章“连日舟车劳顿，且遇事皆萦心目，不觉形蕊神茹”，因此来到克拉格塞德别墅后便直接就寝了。

次日天公不作美，大雨倾盆，因此原定的户外活动不得不取消。宾主相见之后，李鸿章便一直坐在别墅的画厅里，接见阿姆斯特朗勋爵邀请而来的各方宾客。画厅里陈设着许多珍贵的世界名作，但李鸿章似乎并不十分感兴趣，而是长时间地望着窗外，若有

李鸿章与阿姆斯特朗、艾迪爵士在克拉格塞德别墅的合影

所思，“头脑中似乎充斥着火炮、缝纫机、铁甲舰和鱼雷”。[5]但李鸿章也并非对克拉格塞德别墅全无兴趣。这座别墅是当时英国最现代化的建筑，它首次使用水力发电，装备了电灯、电话、电梯、电烤架等电气化装置，李鸿章对各种机械充满了兴趣，不时地问这问那。中午天气稍稍放晴，李鸿章提议阿姆斯特朗勋爵、当地名绅艾迪爵士（Sir John Miller Adye）和他本人合影一张留念，“三老鬓眉，惟妙惟肖”。

中餐后，李鸿章小憩片刻，并抽了一会儿烟。下午李鸿章除继续与主宾寒暄外，还在克拉格塞德别墅的访客名册上签下了自己的名字，又将一张在德国拍摄的肖像照赠送给阿姆斯特朗勋爵。晚餐时分，埃尔斯威克工程师乐队在露台上奏乐，“远客之冒雨而来者亦如雨集，盖皆求一见颜色耳”。

8月20日雨止，天朗气清。早晨7时25分，李鸿章乘坐火车离开罗斯伯里，与阿姆斯特朗等人一同前往纽卡斯尔参观。李鸿章等人乘坐的火车于8时37分抵达纽卡斯尔中央车站，车站装饰一新，纽卡斯尔市长随车而来，并在车站向李鸿章致欢迎词：

作为市长和行政长官，我对您访问这座声名远扬的古城表示最衷心和诚挚的欢迎。我们地处伟大的煤炭工业的中心，钢铁工业的中心，以及造船工业的中心。世界上许多最大的商船和战舰是在这里建造的。我希望提醒阁下，我们现在是在乔治·史蒂芬孙的故乡，他是世界上铁路的创造者（鼓掌），他所制造的第二辆机车在我们现在的位置就可以看见。我们还可以骄傲地说我们的一位伟大的市民就是阿姆斯特朗勋爵（欢呼），他是伟大的埃尔斯威克工厂的创建者。我们为您的到来而自豪。我们为阁下认为纽卡斯尔是值得访问的一站而感到非常欣慰。我们相信您的到访能够加强伟大的大清帝国和大英帝国之间的和平友好关系。我们希望您能够以您的精力为广大的中国人民带来福祉（鼓掌）。我在此为您造访我们这座古城致以最诚挚的欢迎。[6]

李鸿章随即致答谢词，由其幕僚罗丰禄进行翻译：

中堂大人说他非常高兴访问声名远播的纽卡斯尔。当中堂在大清时，他一直致力于将铁路这一使人开化之事物引入中国，对此你们可以值得骄傲，因为铁路的发明者正是这座美丽城市的一位市民。虽然中堂是第一次见到阿姆斯特朗勋爵，他们的友谊却已建立了很长时间——自从他与阿姆斯特朗勋爵交换相片之时起，中堂就一直将勋爵的相片挂在客厅里，因此阿姆斯特朗勋爵的容貌对他来说是十分熟悉的。他提倡中国和世界各国和平共处，他认为阿姆斯特朗勋爵的主要产品，速射炮和大型军舰也是和平的保证。因此阿姆斯特朗勋爵和他本人更为意气相投。最后，他必须为您对他到访纽卡斯尔的衷心诚挚的欢迎表示感谢（欢呼）。[7]

随后李鸿章一行在人群的簇拥下离开火车站，经过纽卡斯尔市中心，前往埃尔斯威克工厂。当时工厂拥有约 19000 名员工，正生产着从小型机关炮到 12 英寸巨炮在内的 1300 门火炮，以及包括战列舰、装甲巡洋舰等在内的 14 艘军舰。李鸿章于 9 时半到达埃尔斯威克工厂，由于年事已高，因此被用轿子抬着参观，中方随员和阿姆斯特朗公司的要员伴其左右，安德鲁·诺布尔担任参观的向导。

一行人首先来到11号重炮制造车间，该车间负责的是重炮的镗削、车削、拉膛线等工艺。李鸿章兴致盎然，问了许多与火炮制造相关的问题。走出车间，有一个12英寸火炮用液压通条装填的展示，李鸿章特意下轿仔细观看。随后，一行人又参观了制造炮架的10号车间、14号车间和制造鱼雷管的17号车间。离开车间，李鸿章一行来到泰恩河边，阿姆斯特朗公司特地安排了一次鱼雷发射演示，李鸿章再一次下轿，站到岸边观摩，并向诺布尔提问：

李："鱼雷中没有压缩空气推动？"

诺："没有。"

李："鱼雷价格多少？"

诺："鱼雷本身大约500镑，不包括鱼雷管。您大约能买到更便宜的，500镑只是约略数字。"

一行人继续向船厂方向走去，途中又参观了制造重炮的6号车间和制造战舰炮塔的7号车间，便来到船台边，"厂中悬挂龙旗，工人辍业欢呼，盖皆以敬中堂也"。船台上，一艘巨大的战列舰正在施工。李鸿章早知该舰是为何国而制，因此向诺布尔刨根问底。

李："该舰价格多少？"

诺："大约一百万镑。"

李："装甲板厚多少？"

诺："18英寸。"

李："是哈维镍钢吗？"

诺："是的，其他部分的钢板厚8英寸。"

李："建造这样一艘战舰要多久时间？"

诺："如果中堂想买，我们可以在2年零3个月内完成。"

李："造到现在这个程度花了多久时间？"

诺："两年，将在年底完工。"

接着，李鸿章又追问了该舰的航速、吃水、吨位、定员、载煤量、续航力等问题，诺布尔一一作答，但只说代他国建造，而不说其国名，"恐伤嘉客之心也"。这艘战舰正是为日本所造的"八岛"号，订购于甲午战争之前，威力远胜北洋海军的"定远""镇远"，但没有赶上战争。李鸿章苦心经营了十数年的海军，处处被守旧势力掣肘，最后在甲午海战中一败涂地，而一心改革的日本人却早已绝尘而去。

随后，李鸿章又参观了阿姆斯特朗公司为智利建造的“翡翠”号装甲巡洋舰。一行人遂离开造船厂，来到钢厂，李鸿章在此参观了液压锻造工艺流程。众人又来到加工弹药的5号车间，李鸿章详细询问了各种弹药的种类。阿姆斯特朗公司还为李鸿章演示了6英寸速射炮的发射，李鸿章仔细端详着6英寸炮的尾闩，又向诺布尔提问。

李：“炮闩是法国的系统吗？”

劳埃德上校（Captain Lloyd）：“螺纹炮闩最早是法国人发明的，但这种螺纹炮闩已经改进了很多了。”

诺：“不是法国，最早是瑞典人发明的。”

李：“你知道法国人的系统吗？”

诺：“知道。”

李：“比这种更便捷吗？”

诺：“没有。”

李：“您的是改进了的法国系统。”

诺：“最早的既不是法国人也不是英国人，而是瑞典人。”

最后，李鸿章等人又参观了制造炮架的29号车间和33号车间，便结束了2个多小时的参观，来到办公室进中餐。李鸿章单独进中式午餐，其他主宾则一同享用西式午餐。餐后李鸿章作别阿姆斯特朗勋爵等人，前往中央车站，并于下午1时半到达。向众人道别后，李鸿章一行便乘坐1时40分的火车返回伦敦国王十字火车站。[8]

虽然李鸿章在甲午战争后已经失势，对纽卡斯尔和阿姆斯特朗公司的短暂访问也是形式大于内容，但他依然在这座城市掀起了一阵“李鸿章热”。埃尔斯威克工厂也曾接待过美国格兰特总统（Ulysses Simpson Grant）、威尔士亲王等各方名流，可是没有一个人如李鸿章那样，以其东方式的雍容和神秘令所有人倾倒。李鸿章对阿姆斯特朗公司的访问，是这个东方古老帝国与这个世界军火巨头之间交谊往来中最难忘的片段。

三、“海天”级巡洋舰

甲午战后重建海军的筹议与购买德国军舰

1895年2月初，北洋海军在威海卫陷入重围，大清帝国苦心经营的海防干城危如累卵。在这万分危急之时，重建海军的动议便已被提出。2月11日，署理两江总督、南洋大臣张之洞致电总理衙门，“恳请朝廷迅速决计，不惜巨款，速购穹甲快船五六艘、大鱼雷炮船十数艘”，作为游击力量在海上牵制日军。[9] 13日，朝廷对张之洞的电奏做出了回复，表示“若欲重整海军，自非另购铁、快等舰不可，唯需费甚巨，即借用大批洋款，亦未易集事”。[10] 同时令张之洞先筹借洋款，再做打算，等于排除了“速购”的可能性。而此时，北洋海军已经在威海卫全军覆灭。

战场上的胜负已分，较量随即转移到了谈判桌上。在李鸿章赴日本马关商谈议和事宜的同时，日军也加速南侵，于3月下旬占领了澎湖，南洋的海防压力骤然增大。4月7日，张之洞再次致电总理衙门，称正在巴黎访问的出使俄国大臣王之春来电，有洋商愿代购一支舰队，包括1艘“大钢甲”船、3艘“头号快船”、2艘“钢甲快船”、2艘“大鱼雷船”、2艘“运兵战船”，配齐官兵，可在3个月内送到中国；另有德国2艘“大钢甲船”、3艘“战船”可售。[11] 其实王之春“发现”的这支舰队，就是李鸿章等人在战争期间屡次议购未成的南美洲智利、阿根廷等国舰队，其所说“大钢甲”船，即智利海军的“普拉特上校”号（Capitán Prat）。之前既然屡次议购皆不成，这次又怎保必成？在接到张之洞的电报后，总理衙门的回复是“此事现暂缓办”。但张之洞仍不依不饶，于4月16日再次致电总理衙门，又提出了聘请前任北洋海军总查琅威理担任舰队司令，借英国格林密行洋款等建议，[12] 但朝廷两日后的谕旨又给张之洞浇了一盆凉水：

> 现在和议甫定，亟应先筹巨款。至重整海军，必须从长计议，非可猝办，即购买战船，亦宜于西国各大厂详细考订，方可精良适用。王之春前电各节，尚在战事未停以前所议之船，

究竟是否精利，钢甲厚薄，速率若干，亦未声叙，仅凭商人之言，未经查验，恐难深信……[13]

立即重建海军的动议，就此不了了之。

《马关条约》签订后，昂贵的和平终于复临。犹如1874年日本侵台、1884—1885年中法战争之后的情况一样，在经历了创巨痛深的惨败后，清政府又一次“下定决心”惩前毖后、厉行改革了。1895年7月19日，光绪皇帝颁布上谕，命各直省将军、督抚将“修铁路、铸钞币、造机器、开矿产、折南漕、减兵额、创邮政、练陆军、整海军、立学堂”等诸条“就本省情形……悉心筹画，酌度办法”。[14]并将之前徐桐、胡燏棻、张百熙、陈炽、信恪、康有为等人的条陈抄给阅看。这次的筹议范围已不仅限于海防与海军，而是扩大到了更深、更广的层面，但整顿海军仍是此次筹议的重要议题之一。在接下来的数月当中，各省将军、督抚纷纷将自己的改革意见上陈朝廷。在众多疆臣之中，署理直隶总督、北洋大臣王文韶的意见显然最为重要，但这位有着“油浸枇杷核”之称的官场老手却在奏折中大打太极，其《遵旨复奏时政请以开银行修铁路振兴商务为首要事》一折中避而不谈复建海军的问题，只是轻描淡写地说道：

臣以菲材薄植受恩逾分陨越是虞，不敢作纸上空谈，逐事上万言之策，唯揆时度势，谨就管见所及，请朝廷以振兴商务为目前要中之要、急中之急，而以开银行、修铁路两大端为振兴商务之始基，此外事有相因并力所能及者，于以次第施行，或亦近里已之一道也。[15]

除却直隶总督，两江总督、南洋大臣刘坤一的意见显然也极为重要。但他在奏折中认为“海军宜从缓设复”，原因主要有二：一是巨款难筹，二是将才难得，他建议“目前不必遽复海军名目，不必遽办铁甲兵轮，暂就各海口修理炮台，添造木壳兵轮，或购制碰快艇、鱼雷艇，以资防守”，[16]其看法显然是比较保守的。

对重建海军具有发言权的督抚中，唯有以湖广总督署理两江总督的张之洞的态度最为积极。早在光绪皇帝谕令筹议时局的同一日，张之洞便已递上《吁请修备储才折》，就编练陆军、重治海军、修造铁路、设枪炮厂、广开学堂、讲求商务工政、派遣游历人员、预备巡幸之所等条痛陈朝廷，语句慷慨激昂、掷地有声。就重建海军一条，张之洞认为应立即着手实施——“今日御敌大端，唯以海军为第一要务”。他建议应设南洋、北洋、闽洋、粤洋四支海军，每支海军有铁甲舰两三艘，防护巡洋舰四五艘，鱼雷炮艇（或驱逐舰）七八艘，需费1千余万至2千万两白银；同时调琅威理等洋员来华训练，并派遣海军留学生赴英国学习；另外还提出整顿福建船政局、建造船坞等，计划不可谓不宏大，却难逃画饼充饥之嫌。[17] 8月17日，张之洞又致电总理衙门、督办军务处，恳请调琅威理来华，筹议南洋应设战舰几艘，如何配置。[18] 在万马齐喑之际，张之洞对于重建海军的论调显然格外夺人耳目。

事实上，清廷中枢对于重建海军的态度虽然没有张之洞那样激进，但也可说是比较积极的。1895年8月21日，年轻的光绪皇帝颁布了重建海军计划的第一道谕旨：“电寄许景澄，重立海军以铁甲船为根本，前造‘镇’‘定’两舰共银三百二十六万两，今若在德厂订造最坚利之船，需费若干，几时可成，着许景澄切实查明电奏，此外如有现成上等船出售者一并查奏。”[19] 可以看出，清廷一开始购舰的倾向便是类似“定远”“镇远”的铁甲舰，并重点向德国厂商询购，而具体经办事务则落在了曾有订购“经远”级装甲巡洋舰经验的驻德公使许景澄肩上。许景澄在接到电文后立即与德国著名造船厂伏耳铿公司进行了联系。8月25日，他电复总理衙门：“现饬德国伏耳铿厂估拟铁甲、穹甲等式，详查具奏。商厂向无成造兵船出售，德海部前月二旧舰拟售，查不可用。”[20]

在经过了数月的考校、设计后，伏耳铿厂拿出了一型铁甲舰和一型防护巡洋舰的方案，许景澄于11月10日致电总理衙门，将这两份方案的造价和建造时间告知。后又于12月底将伏耳铿公司提供的一型铁甲舰、一型装甲巡洋舰和一型防护巡洋舰的方案译出，随函寄回总理衙门。其中铁甲舰排水量达11000吨，造价620500镑，许景澄认为“经费既巨，吃水尺寸亦深，于中国情形不合”。装甲巡洋舰和防护巡洋舰方案许景澄认为较为可取，其中装甲巡洋舰的方案经过了一轮较大的修改，如下表：

表 2　1895 年伏耳铿公司设计的中国装甲巡洋舰新旧方案对比[21]

	原方案	新方案
排水量（吨）	7050	7600
柱间长（米）	109.2	109.2
型宽（米）	18.2	18.6
型深（米）	11.93	11.9
吃水（米）	6.7	6.655
武备	240 毫米 ×2 150 毫米 ×10 105 毫米 ×6 57 毫米 ×10 37 毫米 ×4 机关炮 ×4 60 毫米舢板炮 ×1 鱼雷发射管 ×4	280 毫米 ×2 150 毫米 ×10 105 毫米 ×6 57 毫米 ×10 37 毫米 ×4 机关炮 ×4 60 毫米舢板炮 ×1 鱼雷发射管 ×4
装甲（毫米）	舯部水线带 160—190 艏艉水线带 140—170 炮塔 150 提弹竖井 160 司令塔 120 装甲甲板 40—50	舯部水线带 160—250 艏艉水线带 140—200 炮塔 200 提弹竖井 160 司令塔 150 装甲甲板 40—50
轮机	马力 14000 匹	24 个锅炉（推测为贝尔维尔式水管锅炉） 2 座 4 缸三涨式蒸汽机 马力 11600 匹
航速（节）	20	18
载煤（吨）	—	570
造价（英镑）	456500	487800

可见，原方案武备、装甲较弱，而较强调轮机功率与航速，是比较典型的装甲巡洋舰设计；而许景澄认为“中国兵舰重在自防南北洋海面，不恃远攻，甲炮之利宜视速率为重”，要求伏耳铿公司修改设计。因此新方案大幅强化了武备和装甲，弱化了轮机功率，得到的方案趋近于一型二等铁甲舰。当时德国尚没有建造装甲巡洋舰的前例（不包括如“经远”之类的甲带巡洋舰），该国建造的第一艘装甲巡洋舰“俾斯麦侯爵”号（Fürst Bismarck）正在设计中，这型装甲巡洋舰从“维多利亚 · 路易斯”级（Victoria Louise class）防护巡洋舰[22]放大强化而来，增加了垂直装甲，排水量可达 10000 余

德国建造的第一艘装甲巡洋舰——“俾斯麦侯爵”号

德国“海因里希亲王”号装甲巡洋舰，与伏耳铿公司为中国设计的装甲巡洋舰原方案较为类似

“海容”号防护巡洋舰（作者收藏）

吨。此后德国又以这型装甲巡洋舰为蓝本简化设计了一艘“海因里希亲王”号（Prinz Heinrich），因此这3型巡洋舰身上都或多或少能看到伏耳铿公司为中国设计的装甲巡洋舰的影子。尤其是“海因里希亲王”号主、副炮配置与伏耳铿的原方案基本一致，或可由此设想这艘中国装甲巡洋舰的样貌。[23]

防护巡洋舰方案也经过一轮修改，如下表：

表3　1895年伏耳铿公司设计的中国防护巡洋舰新旧方案对比[24]

	原方案	新方案
排水量（吨）	2800	2900
柱间长（米）	—	96
型宽（米）	—	12.4
吃水（米）	—	4.877
武备	150毫米×2 105毫米×8 37毫米×6 机关炮×6 舢板炮×1 鱼雷发射管×3	150毫米×3 105毫米×8 37毫米×6 机关炮×6 舢板炮×1 鱼雷发射管×3
装甲（毫米）	装甲甲板26-56 司令塔50	装甲甲板40-56-75 司令塔50
轮机	马力7500匹	马力7500匹
航速（节）	20	19.5
载煤（吨）	—	400
造价（英镑）	104500	165500

可见，防护巡洋舰方案主要加强了防护和武备，使得排水量略有上升，航速略有下降。按照许景澄的意思，“现在度支不裕，似可先造此式为由，渐扩充之地”。[25]而总理衙门的意见也是“铁甲巨舰吃水过深，施之中国海口亦未甚相宜，鉴于大东沟之战，此时筹办自以订购坚捷快船为适用”，[26]即以订购防护巡洋舰为优先。

1896年5月，伏耳铿公司总设计师岐麦迈（Robert Zimmermann）亲自来华，[27]与总理衙门大臣进行了商议，确定暂不考虑购买装甲巡洋舰，先购买3艘防护巡洋舰的计划，之后由许景澄与该公司签订合同，这便是“海容”级巡洋舰的由来。

在德国争取到清政府第一笔购舰大单的同时，其他国家也并未坐视。美国厂商就曾于1895年底将几型舰船设计资料送交中国，但中国方面因为美国自造军舰经验不足而未予考虑。[28]另一方面，中方既然早有重聘琅威理，重启中英海军合作的意图，英国的造船厂商自然也在首选考虑范围。1896年的初春时节，向阿姆斯特朗公司订购新型战舰的计划便已暗流涌动了。

“海天”级巡洋舰的订购

早在1894年11月，应中国驻英公使馆之请，阿姆斯特朗公司向中国派驻了一位新的全权代表——英国海军退役少将敦乐伯[29]，此人长期在英国海军中服役，曾担任“利安德”号（H. M. S. Leander）、“大胆”号（H. M. S. Undaunted）、“澳大利亚”号（H. M. S. Australia）等舰舰长，1894年10月以上校军衔退役，1895年晋升为退役少将。[30]他此次来华，有如同之前的琅威理一样更深入地介入中国海军事务的意愿，并在与其他国家军火厂商的竞争中为阿姆斯特朗公司争取更多的利益。1895年5月，英国外交部常务次官爱德华·格雷爵士（Sir Edward Grey）也找到安德鲁·诺布尔商谈，认为甲午战争后中国与日本会发出大量的军火订单，英国的军火企业应抓住这个机遇抢占这两个远东国家的军火份额，因此阿姆斯特朗公司也将对中国和日本的贸易提升到了一个前所未有的高度。[31]然而，战后的中国惨遭《马关条约》巨额赔款的洗劫，重整军备困难重重。到1896年3月，敦乐伯发现在中国无事可做，“中国政府此刻分文无有，既不能造也不能买军舰……总理衙门的大臣已告诉邓禄普（敦乐伯），目前他们无能为力，只有等将来造巡洋舰时，委托阿姆斯特朗厂承造”。[32]

其实就在此时，中国政府已经透露了准备购买阿姆斯特朗巡洋舰的端倪。3月21日，英国驻华公使馆代办宝克乐（William Nelthorpe Beauclerk）拜访了总理衙门，并与总理衙门大臣张荫桓等人讨论了琅威理重返中国的事宜，总理衙门官员告诉他，军机大臣们已经在着手准备从阿姆斯特朗公司购买军舰，届时可以由琅威理在英国监造这些军舰。4月18日，宝克乐再次前往总理衙门，与庆亲王奕劻和张荫桓等人进行了商谈，庆亲王表示中国愿意接受琅威理重返中国海军，但在此之前须订购一些军舰，作为重立海军的基础；张荫桓则对他说敦乐伯答应向总理衙门提供一些阿姆斯特朗军舰的技术说明书等材料，却因为中文翻译等原因而迟迟没有送来，总理衙门已向他催促了数次。没有这些文件，他们就无法决定要买何种类型的军舰。此外，敦乐伯还寄望于安德鲁·诺布尔即将对中国进行的访问，这样双方就可以进行更为直接的交流，而无须再经过他。[33]

安德鲁·诺布尔于1896年3月下旬出发，开始对日本和中国进行重要的访问，以推进阿姆斯特朗公司在这两个国家的业务。他于4月底到达日本长崎，因其此行的一大任务就是规避英国国会的限制，向日本出口新式战舰，加强该国的海军实力以对抗俄国。[34]在此期间，诺布尔促成了阿姆斯特朗公司以外贸战舰的名义开工2艘威力

直隶总督王文韶，虽继李鸿章之后主管北洋海防，但其并未直接参与重建北洋海军购舰事务

强大的装甲巡洋舰，此二舰后来售予日本，即“浅间”号与“常磐”号。在日本期间，诺布尔还与敦乐伯见了面。[35]虽然尚不清楚诺布尔于何时到达中国，并与何种级别的中国官员进行了交流，但在中国正努力求购阿姆斯特朗军舰的情况下，诺布尔的来访对此事显然是有着极大推动作用的。他随后于6月底返回英国，称在日本与中国的访问是“非常令人满意的”。[36]

时间进入1896年的盛夏，消息灵通的中国海关总税务司赫德首先获得了中国将购买阿姆斯特朗巡洋舰的消息。7月12日，他在给其亲信——驻伦敦办事处主任金登干的信中写道：“邓禄普（敦乐伯）和另外几个人正在此间闲住等候‘命令’。我相信将买阿姆斯特朗厂的一艘巡洋舰，这仅仅是为了同许景澄在柏林时为政府买的扫雷舰[37]相平衡（见他的鬼！）。我们没有钱如此浪费，也不需要这些奢侈品！”[38]7月17日，直隶总督兼北洋大臣王文韶也在日记中写道：“英国前水师提督敦乐伯偕费达来见，延甫夜谈。”[39]王文韶与敦乐伯所谈何事，在这购买阿姆斯特朗巡洋舰传闻满天飞的时间点上，几乎是不言自明的。但从之后的情况来看，王文韶并未直接参与购舰之事，这类吃力不讨好的事情想必他并不感冒。

阿姆斯特朗公司7月23日的船厂报告中也提到该公司已对中国政府建造一艘二等巡洋舰的计划进行了投标，其方案为类似“布宜诺斯艾利斯”号的设计，此投标很有可能将被接受。因此阿姆斯特朗公司已将图纸、说明书以及正式合同寄出。[40]值得注意的是，直到这时总理衙门应该都只打算购买一艘阿姆斯特朗巡洋舰，但此后或许是觉得费用尚可接受，而将购买数量增加到了2艘。

1896年9月20日，总理衙门大臣奕訢等上奏，就向德国伏耳铿公司订购3艘巡洋舰（“海容”级），向英国阿姆斯特朗公司订购2艘巡洋舰（“海天”级），向德国希肖公司订购4艘驱逐舰（“海龙”级）统一进行了说明。对于订购“海天”级巡洋舰的情况，奏折中如是说：

> 而外洋厂商知中国订购战船，遂纷纷来华，各介其驻京使臣向臣衙门呈递船图。臣等以英国素以水师擅长，而造船之厂尤以阿摩士庄为最，着该厂又与中国向有往来，且兼善制炮，

因与该厂经理商人补海师岱议定铁甲快船二艘，重四千三百吨，开足汽力每一点钟速率二十四海里，寻常行二十二海里半，配用八寸口径后膛快炮二尊，四寸七口径快炮十尊，三磅子快炮十六尊，一磅子快炮六尊，十八寸口径鱼雷炮筒五条，每船价二十五万五千镑，炮位、药弹等价八万一千六百五十九镑，分三期付给。两船合造，减价二分五厘，每船约减八千镑，期以十八个月出坞试行，订明依照极新之式，与英国海部所用之船无异，已饬该商电达英厂，详寄合同，再与画押。[41]

从中可以看出，除敦乐伯外，瑞生洋行总经理补海师岱也在购舰谈判中起到了关键作用。按照奏折中所说，每艘巡洋舰包括武备总价应为336659英镑，两舰合造减价之后总价为656485镑，根据阿姆斯特朗公司的惯例，船价应分三期支付，第一期在签订合同时，第二期在下水时，第三期在验收交船时，每期付款为218828英镑。

这篇奏折最后说道：

统计上等快船二艘，次等快船三艘，鱼雷艇四艘，联成一队，足为海军重立之基。据照合同应需船炮各价及添购弹药，暨交收后管驾回华中西员弁薪粮煤斤等费，统由臣等随时咨商户部筹款。至将来应否添购铁甲巨舰，或仍增购快船，以期逐渐扩充之处，亦由臣等体察情形，奏明办理。现在订定各船，臣等俟合同定妥，即选派熟识驾驶、透悉机器之员弁学生前往各厂建造，工竣之日驶回中国，分配将弁如法训练，庶几旗鼓一新，永资利用，以仰副我皇上整饬海军、实事求是之至意。[42]

“海天”级的正式合同于10月17日由总理衙门与瑞生洋行签订；同一时间，总理衙门还与泰来洋行（G. Telge & Co.）签署了购买4艘“海龙”级驱逐舰的合同，[43]可见此举确实颇有在英、德之间搞平衡的意味。值得注意的一点是，瑞生洋行在合同中将这2艘巡洋舰的最高航速定为24节，这其实是有悖于阿姆斯特朗公司的原则的。正如菲利普·瓦茨在《埃尔斯威克巡洋舰》一文中所说“我们在埃尔斯威克的准则是在合同的基础上将航速提高半节”，也就是说在签订合同时须将预计最高航速保留半节。瓦茨接着写道：

> 除了一例之外，我们都成功地做到了；唯一的例外是我们最近为一个遥远的国家建造的两艘巡洋舰，在签订合同时我们的代理人逾越了指示，将我们保留的这半节加入了合同。我们没有因此而受到责罚，买家仅有权拒收航速显著低于合同航速的军舰；因为我们的代理人没有修改最低航速，他不明智地声称我们保留这额外的半节对我们来说没有什么不同。这两艘军舰在公试时微弱地超出了其合同航速。[44]

从“海天”舰在试航时跑出24.1节，仅超出合同航速0.1节的事实来看，瓦茨此处所指的军舰显然是“海天”级巡洋舰了。这也显示出阿姆斯特朗公司对瑞生洋行此举的不满。

赫德于10月19日发电给金登干，告诉他总理衙门已同阿姆斯特朗公司的代理人签订了购买两艘巡洋舰的合同，由于赫德此时正在全权负责签订《马关条约》后向欧洲银行的借款，因此为巡洋舰付款的事情自然绕不开他。购舰的第一期款项218828镑来自向汇丰银行的借款，应于一周内支付，其中的18828镑须作为给瑞生洋行的中介费和退还给汇丰银行的折扣。[45] 对于这次购买，赫德的评价是“怪事一桩”，“合同是直接同代理人安排的，而我仅仅传达总理衙门大臣的指示”。[46] 诚然，此次购买“海天”级二舰的操作流程极为反常，既不同于最早总理衙门委托北洋大臣并通过中国海关订购的操作模式，也不同于总理衙门 / 海军衙门通过北洋大臣和驻外公使订购的操作模式，而是直接由总理衙门与阿姆斯特朗公司的代理商签署合同，甚至连驻外使节都未通过，因此留下的档案记录少之又少，其中又有着怎样不为人知的细节也引人遐想。

“海天”级巡洋舰的技术性能[47]

“海天”级巡洋舰是中国近代海军中除“定远”级铁甲舰外排水量最大、武备最强的军舰。该级舰为钢制舰体，柱间长396英尺，总长424英尺，型宽46英尺8英寸，型深30英尺5英寸，平均吃水16英尺9英寸（一说舰艏吃水18英尺2英寸，舰艉吃水19英尺4英寸），排水量为4300吨。武备主要包括2门8英寸阿姆斯特朗速

阿根廷“布宜诺斯艾利斯”号防护巡洋舰，“海天”级的设计母型

射炮，10门4.7英寸阿姆斯特朗速射炮，12门3磅哈乞开斯速射炮，4门37毫米马克沁机关炮，6门11毫米马克沁机关枪，以及5具450毫米刷次考甫鱼雷发射管。通长的防护甲板水平段厚度为1½英寸，倾斜段厚度为3英寸，锅炉、轮机舱段厚5英寸。指挥塔装甲厚度为6英寸。通常载煤约300吨，最大载煤量1000吨，设计航速达24节。定员为350人。

由于“海天”级巡洋舰的设计直接来自于“布宜诺斯艾利斯”号，但未如后者一样在船底包柚木和铜皮（因阿根廷缺乏可供清理船底的大型船坞，所以“布宜诺斯艾利斯”舰在建造过程中增加了包铜皮的设计），因此可将两者的各部分重量数据放在一起对比，如下表：

表4 “海天”级与“布宜诺斯艾利斯”号舰体重量分布比较[48]

	舰体与舾装件	设备	武备	轮机	载煤	总重
“海天”	2475吨（54.2%）	265吨（5.8%）	345吨（7.5%）	1185吨（25.9%）	300吨（6.6%）	4570吨
“布宜诺斯艾利斯”	2696吨（56.8%）	264吨（5.6%）	375吨（7.9%）	1108吨（23.4%）	300吨（6.3%）	4743吨

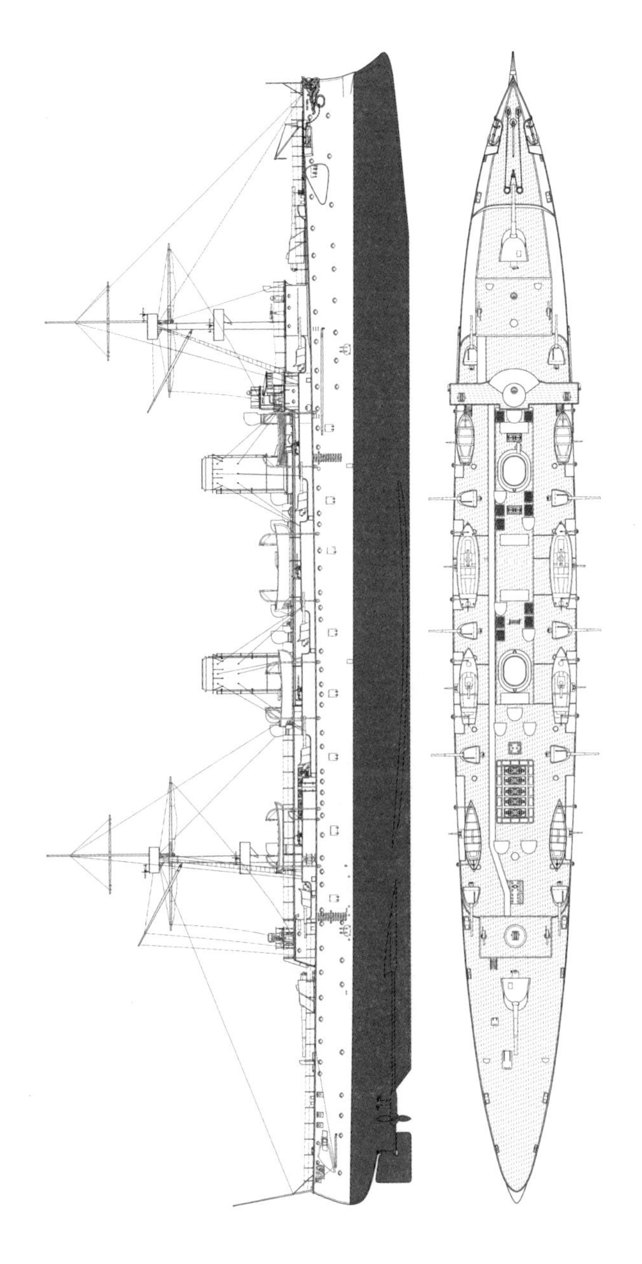

“海天”级巡洋舰侧视、俯视图（刘烜赫绘）

可见，“海天”级的舰体重量因未包铜皮而小于“布宜诺斯艾利斯”号，武备上也因统一采用120毫米副炮（“布宜诺斯艾利斯”号间用6英寸副炮）而小于“布宜诺斯艾利斯”号，轮机部分“海天”级进行了重新设计因此重量较“布宜诺斯艾利斯”号大。

“海天”级拥有完整的双层船底，肋骨间距为4英尺。该舰为平甲板船型，阿姆斯特朗公司的平甲板巡洋舰设计从“阿图罗·普拉特”级开始，经历“翡翠”号、“乔万尼·鲍桑”号、“浪速”级之后一度沉寂，随后在1890年代复兴，由“布兰科·恩卡拉达”号和“布宜诺斯艾利斯”号等大型防护巡洋舰所继承。“海天”级共有4层甲板，依次为上甲板、主甲板、下甲板或称防护甲板、底舱夹层和底舱。

底舱/底舱夹层最前段为铸钢撞角，后方艏尖舱被纵横隔壁分隔为许多隔舱，以增加撞角的强度并防止在撞击后大量进水，之后依次为前部弹药库，1、2、3号锅炉舱（四周包覆煤仓），轮机舱，后部弹药库和舵机舱。

防护甲板最前部为舰艏鱼雷舱，其后为帆缆舱、锚链舱、补给品仓库和维修车间等，防护甲板舯部除烟道竖井和轮机舱竖井（周围包覆煤仓）之外，还有前后各一个鱼雷舱，用以发射4具舷侧鱼雷发射管，防护甲板后部为补给品库房等。

下甲板除烟道等竖井外主要布置舰员住舱，前部为水兵住舱及军医院，中后部为军官住舱，有左右两条走廊贯通，军官会议室布置在舰体中部，而舰长套间则位于舰体最后部。《工程师报》曾对与“海天”级类似的“布兰科·恩卡拉达”号的住舱布置有详细描述，从中可以联想到“海天”级军官生活区设计之豪华：

> 军官住舱布置在艉部上部甲板下方。舰长拥有一个沙龙、一个餐厅和两个卧室。他的沙龙在舰的最尾端，外观看上去极为舒适，可称奢华。其全部用匈牙利杨木板嵌在红木外框中制成，间有雕刻华丽的柚木壁柱。天花板是白色的，所有的梁上都有木质线脚。椅子和沙发以深红色摩洛哥皮革制成。无数的侧灯与一个大天窗使得其光线充足，令人惬意。舰长餐厅与沙龙紧邻，并以相同的风格装饰。此处可供十人舒适地就餐，还

> 有一个食品储藏间与之相邻。舰长的两个卧室与其他舱房毗邻，宽敞舒适，装潢精美，连接有一个浴室和一个卫生间。舰长住舱的前方是其他军官的住舱，布置于军舰的两舷。从后部主甲板上看去，可见军官住舱的舱壁和舱门，一个主舱口连接上方的上甲板和下方舱室。舱壁以柚木壁柱装饰，舱门上部装有百叶窗，下部为橡木板。步枪放置在舱门侧边的枪架上。军官住舱非常宽敞，漆以白色，并有漂亮的桃花心木装饰，配备了所有的用具，如洗脸盆、桌子、衣柜等，照明充足。军官会议室紧靠轮机舱口后方，位于右舷，大约 30 英尺长、24 英尺宽。大会议桌可坐下十四个人，还有两个小桌子，能另外坐下八到十个人。墙壁以枫木板装饰，嵌在柚木外框中，天花板也涂以白漆，梁上饰以线脚。舰上有二十四个军官住舱，还有见习生和管轮的餐厅，以及许多士官住舱。[49]

上甲板为露天甲板，也是“海天”级主要的火炮甲板。上甲板前部设计为龟背状的防浪甲板，并有吊车、锚绞盘等起锚设备，“海天”级共装备有 3 只 50 英担的主锚，1 只 14 英担的艉锚（stream anchor），1 只 8 英担的小型海军锚和 1 只 4 英担的小型海军锚，并配备 2 条 175 英寻[50]的 $2\frac{1}{16}$ 英寸直径锚链。舰艏 8 英寸主炮安装在防浪板后方。8 英寸前主炮之后有一座甲板室，上方安装有罗经和 2 门马克沁 1 磅机关炮，并可作为测距仪平台使用，前桅也安装在甲板室后侧。

“海天”级的上甲板舯部设置有 2 段甲板室，前部烟囱甲板室最前端为舰桥，椭圆形的装甲指挥塔高高架设在甲板室上方，内部尺寸为 8 英尺 ×6 英尺 4 英寸，面积为 42 平方英尺，指挥塔装甲厚 6 英寸，底部保护通语管和电线等的管道厚 1 英尺 1/4 英寸，后部挡板厚 3 英尺 1/4 英寸，整个指挥塔重 16.9 吨。指挥塔前部为半开敞式的操舵室，指挥塔两翼有两个悬伸的飞桥，各安设有 1 座探照灯，指挥塔顶部也安装有 1 个标准罗经，指挥塔下方推测为海图室或信号旗室；前部烟囱甲板室除容纳前部烟囱竖井外还设有军官和水兵厨房，厨房烟道连接到前部烟囱内；后部烟囱甲板室内除后部烟囱竖井外还设有辅助锅炉舱；其后为轮机舱天棚、军官会议室天窗和后桅杆；此外，

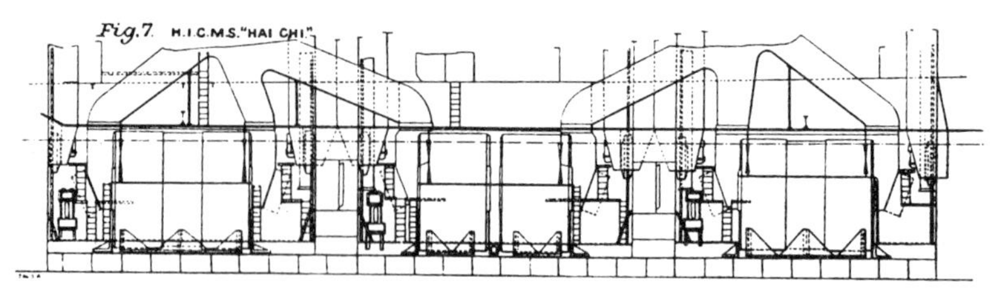

“海天”级锅炉舱部分纵剖图（*Transaction of the Institution of Royal Naval Architects*, 1899）

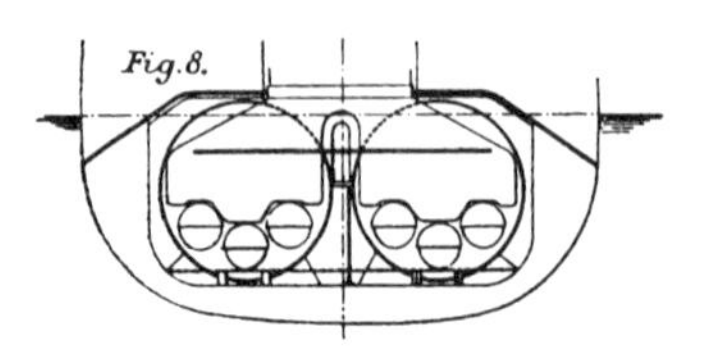

“海天”级锅炉舱部分横剖图（*Transaction of the Institution of Royal Naval Architects*, 1899）

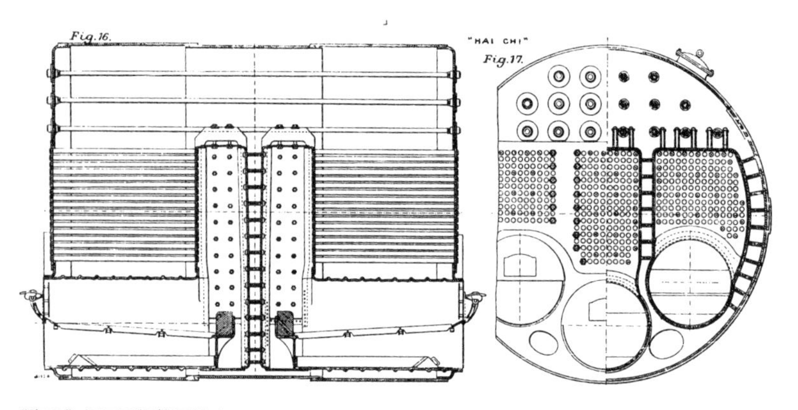

“海天”级双面锅炉图纸（*Transaction of the Institution of Royal Naval Architects*, 1899）

上甲板舯部两侧还布置有10门阿姆斯特朗120毫米副炮和8门哈乞开斯3磅速射炮；舷墙上安装吊艇杆，可收放9艘舰载舢板。参考“布宜诺斯艾利斯”舰的设计，舢板配备或为1艘34英尺蒸汽舢板（steam launch），航速为8节，2艘30英尺卡特艇（cutter air cased），1艘28英尺卡特艇（sail cutter），1艘32英尺布雷舢板（launch for sub mines），1艘28英尺纪格艇，1艘28英尺救生艇，1艘16英尺定纪艇和1艘乔利艇。

上甲板后部也设有一甲板室，甲板室前方悬挂有船钟，内部有一座标准罗经和一个三联人力舵轮。甲板室上方安装2门马克沁1磅机关炮和1座探照灯。前部甲板室、两个烟囱甲板室和后部甲板室顶部左侧有一条连贯的飞桥连通。后甲板上还安设有1座8英寸后主炮，以及军官舱的舱口和天窗等。

“海天”级配有2座桅杆，每座桅杆均有上下2个桅盘，可安装3门马克沁机关枪。2座桅杆均可张挂三角帆与纵帆。

“海天”级巡洋舰的锅炉系统设计也继承自“布宜诺斯艾利斯”号，因此在1890年代亚罗和贝尔维尔式水管锅炉已经被广泛应用的情况下，“海天”级仍采用了传统的圆柱形火管锅炉，总的来说，圆柱形锅炉在持续大功率航行中的表现不如贝尔维尔式水管锅炉，与亚罗式水管锅炉不相上下，但经济性略差。但在低功率航行时，这种锅炉的经济性很好。圆柱形锅炉结构简单，易于维护，但结构重量大，提升和改变功率缓慢。“海天”舰的锅炉系统包括4座双面锅炉和4座单面锅炉，其中双面锅炉直径为14英尺4英寸，长度为18英尺，单面锅炉则分为2座直径14英尺6英寸者和2座直径13英尺6英寸者，长度均为9英尺6英寸。锅炉烟管直径为2½英寸。这8座锅炉安设在3个独立的锅炉舱中，双面锅炉舱位于前后两侧，单面锅炉舱位于中间，2座烟囱分别连通2座单面锅炉和2座双面锅炉。锅炉设计可承受压力为155磅/平方英寸，常压情况下指示马力为12000匹，强压通风情况下指示马力为17000匹；总受热面积为27558平方英尺，总炉篦面积为940平方英尺；每个锅炉有3个炉膛，长度为7英尺1½英寸；锅炉舱总面积为3470平方英尺；锅炉、烟道和烟囱的总重量为447吨，锅炉中总储水量为197吨，泵、管路、接头、给水箱等附件的总重量为97吨，各部分总重为741吨。[51]每小时耗煤量在12节情况下为2吨，在24节情况下为8吨；以最大载煤量1000吨计算，在12节情况下可供应20天，在24节情况下可供应5天。

与“布宜诺斯艾利斯”号不同的是，“海天”级的轮机系统进行了全面重新设计，其采用了2座霍索恩·莱斯利公司制造的立式四缸三涨蒸汽机，每座轮机的4个汽缸直径分别为41英寸、62英寸、68英寸和68英寸，冲程为3英尺。轮机部分总重量为361吨，轴系总重量为92吨。“海天”级的2具螺旋桨可参考“布宜诺斯艾利斯”

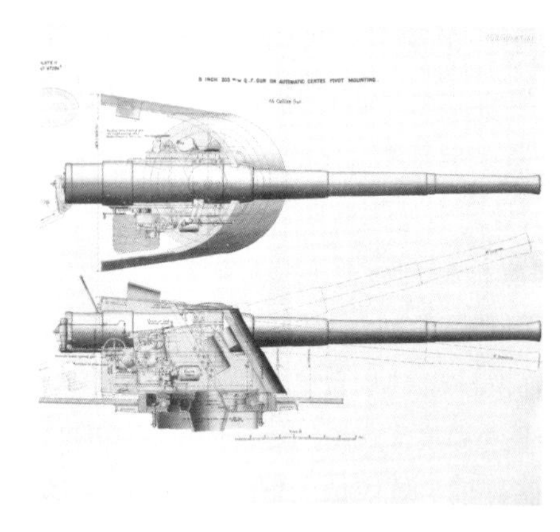

“海天”级8英寸主炮图纸（Armstrong ordnance books）

舰的数据，每具螺旋桨有3片桨叶，直径为13英尺9英寸，桨距为15英尺4英寸，桨盘面积为55平方英尺，斜度为15.8%。其舵叶数据也可参考“布宜诺斯艾利斯”舰，采用将尾鳍切除部分以提高舵效的设计，使用的是埃尔斯威克式平衡舵。舵柄前部舵叶面积为37平方英尺，舵柄后舵叶面积为113平方英尺，总面积150平方英尺，舵柄直径为15英寸。

“海天”级的艏艉2门主炮采用的是阿姆斯特朗8英寸Patt T型速射炮，炮身全重18.5吨，总长度373.52英寸，为45倍口径，有膛线32条。炮尾闩采用改进的杜斑鸠蘑菇头断隔螺纹炮闩，并有自动开闩装置，可以利用火炮的后坐能量自动打开炮闩，大大节省了装填时间。这种火炮可发射重210磅的钢制通常榴弹（弹头装药24磅）、铸铁通常榴弹（弹头装药13磅）、钢制穿甲弹和硬化穿甲弹；发射药包为分装式，2个无烟火药药包各重22磅，也可使用2个各重45磅的褐色火药训练用药包。在使用无烟火药发射药时，炮弹初速为808米/秒，炮口穿甲深度为660毫米。8英寸火炮还可使用口径为37毫米的1磅内膛炮作为训练之用，将内膛炮固定在药室位置击发，可以在训练中免除发射真正炮弹所造成的炮膛损耗。

8英寸主炮使用的炮架是阿姆斯特朗公司研制的管退炮架。这种炮架不同于以往炮身刚性连接在上炮架上，再依靠上炮架在下炮架上滑动实现驻退—复进的架退炮架，而是将炮身托承在摇架上，二者之间通过液压驻退和弹簧复进装置弹性连接，摇架上安装耳轴，连接在下炮架上。管退炮架较之架退炮架有几大优势：1. 依靠液压驻退—弹簧复进装置便捷了驻退—复进流程，使得火炮射速大为提高；2. 炮身后坐方向与身管轴线一致，减少了射击误差；3. 由于俯仰装置是连接在摇架上，因此在火炮射击过程中可以持续操瞄；4. 用液压和弹簧等机械结构取代以往笨重的炮架结构，减轻了炮架重量。

“海天”级 8 英寸主炮的炮身托承在摇架上，炮尾部分连接炮身正下方的液压驻退器，左右两侧则各连接一个弹簧复进机，炮身在摇架上的后坐距离为 508 毫米。摇架右侧上部还安装有一个“埃尔斯威克准星杆—鼓盘”式（Elswick bar & drum）瞄准具，可以使用照明装置实现夜间操瞄。摇架通过耳轴固定在下炮架上，下炮架右侧有控制火炮俯仰和旋回的手轮、电控击发用扳机、驱动火炮旋回的电动机、自动开闩螺杆和关闭炮闩的手轮等装置，下炮架左侧有人力旋回用的粗调节手轮。摇架在下炮架上俯仰的角度为 +15 度到 −5 度，下炮架的旋转范围从船中线起算左右各 135 度。钢制炮盾厚度为 4 英寸，顶板厚 0.75 英寸，炮盾侧边厚 1 英寸。整个炮架部

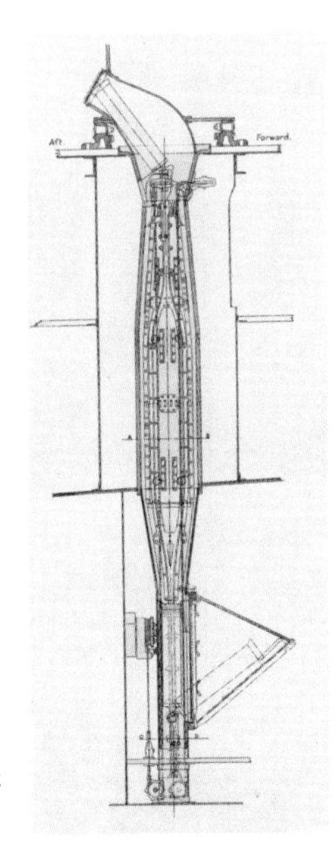

“海天”级主炮弹药扬升装置图纸

（Armstrong ordnance books）

分重 18.5 吨。

“海天”级的主炮采用了阿姆斯特朗公司专利的药包扬升装置，扬升井位于炮架枢轴位置，可随炮架一同旋回，因此可以随时保证药包的供给。扬升井中有 2 个钢筒，当其中一个钢筒处于扬升状态时另一个就处于下降状态，以提高运弹的速率，药包出口位于炮塔的左侧。弹头扬升器原理亦类似，出口位于炮塔的后方。尽管已经

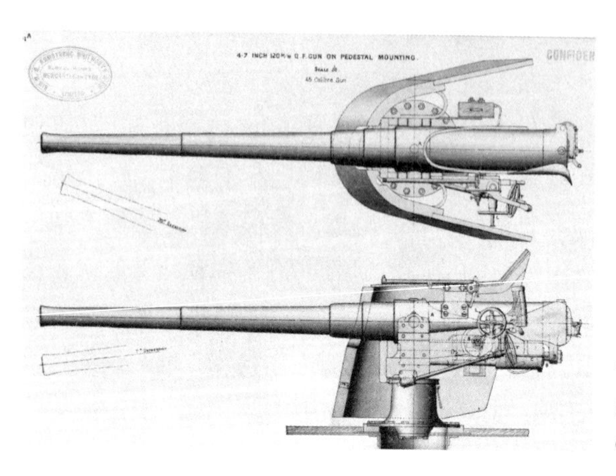

“海天”级 120 毫米副炮图纸（Armstrong ordnance books）

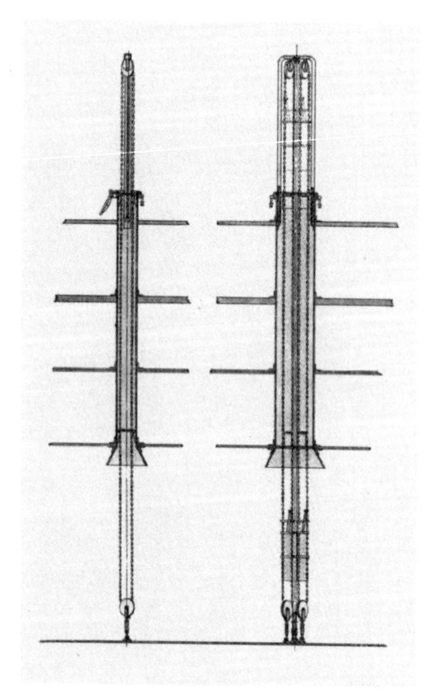
“海天”级 120 毫米副炮弹药扬升装置图纸（Armstrong ordnance books）

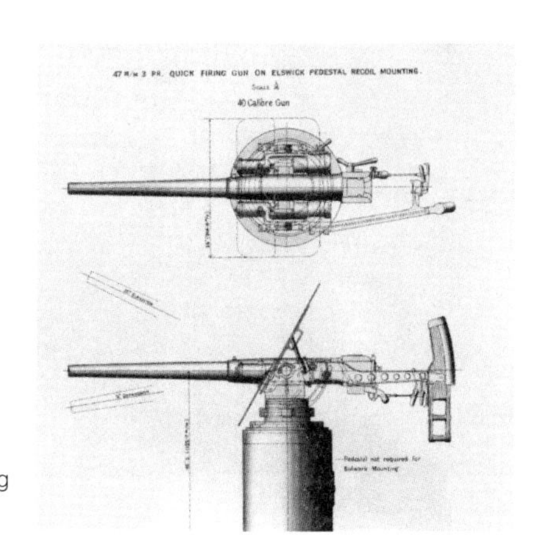

“海天”级 3 磅速射炮图纸（Armstrong ordnance books）

采用了如此便捷的扬弹装置，但由于是人力扬升，因此“海天”级的扬弹速度仍跟不上火炮的发射极速，镇国公载振在视察“海圻”舰时曾记录道：“叶祖珪言此炮旋转甚捷，施放亦极便利，所惜运子稍迟，未免有停炮候子之弊，能设法改速方无遗憾云。”[52] 每门 8 英寸炮备弹 85 发。

“海天”级的副炮采用的是阿姆斯特朗 120 毫米 Patt Y 型速射炮，均布置在上甲板舷侧，炮身全重 2.7 吨，总长 5400 毫米，为 45 倍口径，有膛线 26 条。可发射 45 磅的铸钢通常榴弹（装药 4 磅 8 盎司）、铸铁榴弹（装药 15 盎司）、坚头钢榴弹（装药 2 磅）和钢榴霰弹（装药 2 盎司）。发射药筒中装 8 磅 2½ 盎司无烟火药。120 毫米炮也可在平时训练中使用 7 毫米内膛枪。

120 毫米炮也使用速射炮架，炮架左侧有控制火炮俯仰和旋回的手轮以及击发扳机，上方安装“瞄准杆—鼓盘”式瞄准具。火炮俯仰角度从 +20 度到 −7 度，最前方的 2 门和最后方的 2 门 120 毫米炮旋回角度从正前（正后）方起算向后（向前）各 135 度，其余舷侧副炮旋回角度从垂直龙骨线起算前后各 60 度。120 毫米炮盾正面外侧弧形部分厚 4.5 英寸，内层垂直部分厚 3 英寸，侧边钢板厚 2 英寸，顶板厚 1—1.25 英寸。整个炮架重 6 吨。每门 120 毫米炮备弹 150 发。

此外，“海天”级还装备有许多小口径速射炮和机关炮。12 门 3

马克沁 1 磅机关炮（Vickers Archives, Cambridge University Library）

磅 47 毫米哈乞开斯速射炮中的 8 门布置在上甲板两舷，另外 4 门分别布置在主甲板前后两端，有射击口向外射击。这种速射炮炮身重 506 磅，长 80.63 英寸，为 40 倍口径，内有膛线 20 条，可发射 3.3 磅的钢榴弹、铸铁通常榴弹和霰弹（case shot），药筒中装 6.375 盎司的无烟火药，弹头与药筒为整装式。该炮亦使用管退炮架，俯仰角度为 +25 度到－9 度，炮架重 426 公斤。47 毫米炮可搭载在陆用炮架上，随海军陆战队作战。每门 3 磅炮备弹 300 发。

4 门马克沁 37 毫米 1 磅机关炮（也称乓乓炮，pom-pom）由著名的自动武器生产商维克斯父子 - 马克西姆公司生产，分别布置在前后甲板室的顶部。这种机关炮重 416 磅，总长度 6 英尺 2 英寸，可发射 1 磅的钢弹或通常弹，炮口初速为 1800 英尺 / 秒，炮口穿甲厚度 2.25 英寸，射速可达惊人的约 300 发 / 分钟。每门 37 毫米机关炮备弹 1300 发。

6 门马克沁 0.45 英寸口径机关枪安装于桅盘中，两座桅杆的上部桅盘各安装 1 门，下部桅盘各安装 2 门。枪身重 60 磅，总长度 42 英寸，射速可达 600 发 / 分钟。每门机关枪备弹 10000 发。

“海天”级装备了 5 具阿姆斯特朗公司生产的 450 毫米鱼雷发射管，可发射德制刷次考甫磷铜鱼雷，均位于水线以上。1 具固定式发射管位于舰艏，其余 4 具旋回式发射管分别位于两舷。舰艏鱼雷管为钢制，前段与一个铸铜件相连，铸铜件锚固在艏柱上。鱼雷使用 4¾ 盎司的无烟火药、1/4 盎司的大粒黑火药和 1/4 盎司的细粒黑

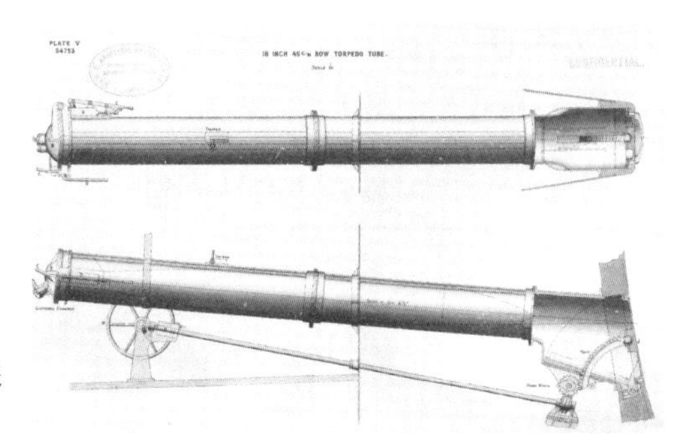

"海天"级舰艏鱼雷管图纸
（Armstrong ordnance books）

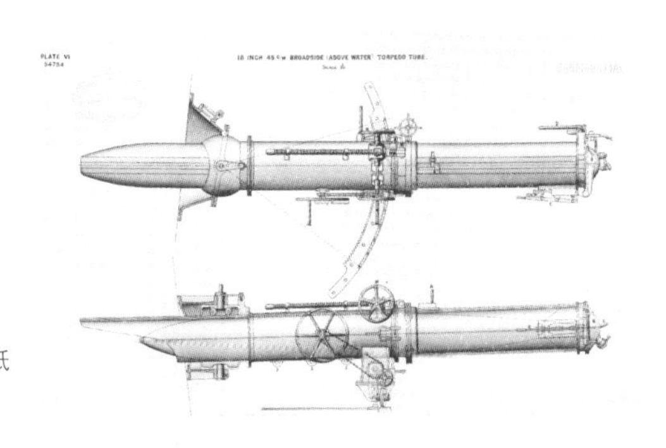

"海天"级舷侧旋回式鱼雷管图纸
（Armstrong ordnance books）

火药作为发射药。舰艏鱼雷管的发射装置位于司令塔中，当鱼雷装填入管后，通过手轮打开发射管盖，司令塔中的指示器会显示"开盖"（door open）；随后装入发射药，司令塔中的指示器会显示"就绪"；此时按动电钮，鱼雷即可发射。舷侧鱼雷管也为钢制，连接一个可在舱壁上回旋的球形铸铜部件。此鱼雷管为可伸缩式，平时缩回舱内，发射时伸出舷侧，旋回范围为舰艏方向 60 度，舰艉方向 50 度，也可在司令塔中操控。该级舰通常备雷 15 发，平均每具发射管 3 发。

除此之外，"海天"级还装备有 84 支步枪、84 套刀斧等轻武器。

应该说，菲利普·瓦茨在沿用了"布宜诺斯艾利斯"的优秀舰型的同时针对中国方面的要求进行了小幅修改，令"海天"级形成了非常完备成熟的设计。这型巡洋舰无论从武备、航速和防护等各个方面来说都是那个年代同等防护巡洋舰中的佼佼者。英国《实用工程》（*Pratical Engineer and Engineer's Gazette*）杂志曾将当时四种有代表性的二等防护巡洋舰放在一起进行类比，可见“海天”级巡洋舰在吨位较小的情况下其他各项指标毫不落下风：

表5　四型防护巡洋舰性能对比[53]

	英国“飞行者”号（H.M.S. Highflyer）	俄国“阿芙乐尔”级（Aurora class）[54]	“海天”级	“弗雷亚”级（Freya class）[55]
吨位（吨）	5650	6731	4300	5660
长（英尺）	350	416	396	363
宽（英尺）	54	55	46.7	57
吃水（英尺）	21	24	16.8	21.6
指示马力（匹）	10000	11610	17000	10355
航速（节）	20	19	24	18.4
最大载煤（吨）	1000	1000	1000	950
装甲甲板（英寸）	1.5—3	1.5—2.5	1.5—5	1.6—3.9
火炮装甲（英寸）	3	—	4	4
火炮	6英寸×11 3英寸×8 3磅×6	6英寸×8 3英寸×24 3磅×8	8英寸×2 4.7英寸×10 3磅×12	8.2英寸×2 6英寸×8 3.4英寸×10 3磅×10

“海天”级的这种防护、武备均衡配置，并着重突出航速的设计既符合阿姆斯特朗公司一贯“航速至上”的原则，又与中国海军在大东沟海战中的经验教训相符。在主力舰位置空缺的情况下，中国海军购入这样一型性能优异的防护巡洋舰不失为一个上佳的选择。

“海天”级巡洋舰的建造与回航

1896年11月11日，船台编号为667的首艘中国巡洋舰在阿姆斯特朗公司的下沃克造船厂开工；3个月后，1897年2月16日，第二艘巡洋舰亦开始建造，原定二舰将同在下沃克船厂建造，但可能是由于船台安排有所变化，第二艘舰改由埃尔斯威克船厂建造。[56]

此次中国特地派出了数名人员驻阿姆斯特朗公司监造，包括陈恩焘（船政驾驶班第五期，曾任北洋海军军械委员）、林国祥（船政驾驶班第一期，曾任“广乙”“济远”等舰管带）、程璧光（船政驾驶班第五期，曾任“广丙”舰管带）、卢守孟（船政制造班第三期）、陈镇培（原“镇东”舰管带）和谭学衡、杨联甲、黎弼良（船政管轮班第二期）等人。最先抵达阿姆斯特朗公司的监造委员是陈恩焘。2月18日，驻英公使龚照瑗致电总理衙门，称陈恩焘禀报原订合同中舰上小炮全用哈乞开斯式，而马克沁·诺登菲尔德公司发明的马克沁机关炮更为快利，建议更换。[57]28日，龚照瑗又在电文中解释道：“卅七密里哈炮每分钟放卅出，卅七密里马克沁炮二百五十出”，同时询问舰上鱼雷是否应如德制“海容”等舰一样配用刷次考甫鱼雷。[58]对于鱼雷配置，总理衙门在回电中肯定了应使用刷次考甫鱼雷；但对于小口径速射炮的配置，总理衙门则显得不明就里：“阿

龚照瑗、龚心湛与席格们·纳未、海勒姆·马克沁（Hiram Stevens Maxim）等人在纳未乡间别墅的合影，在试射中以马克沁机关枪打断了一棵大树（Vickers Archives, Cambridge University Library）

厂两船按照合同均用阿厂炮，并无哈乞开斯炮，陈恩焘何所见而欲更换？”[59]龚照瑗遂给总理衙门写信解释，总理衙门接函后回复：“陈恩焘禀阿厂船炮宜更改之处，甚有见，应准照办。”[60]遂决定两艘新舰使用马克沁机关炮。由此可见陈恩焘在“海天”级的设计定型过程中所起到的作用。

值得注意的是，在此前后，中国与马克沁·诺登菲尔德公司逐渐建立起了紧密的联系，1896年8月13日，李鸿章在访问英国时就造访了伦敦的马克沁公司，并观摩了机关炮试射。“诸炮中有自行车炮一尊，炮门径英度一寸半，司炮官督令开放，仅历一分钟，已出二百五十弹。复试一快炮，先设木人作炮靶，试毕后，请中堂乘椅轿往观，诸木人无一瓦全者。……中堂于此尤留意审察焉。”[61]此外，马克沁公司的经理人席格们·纳未（Sigmund Loewe）与包括龚照瑗、龚心湛、龚心钊等在内的许多中国公使馆人员都建立了紧密的个人交谊。从保存在剑桥大学图书馆（Cambridge University Library）的席格们·纳未档案中可以发现，从1896年开始，这位犹太裔德国人与多位中国公使馆人员的信函即已往来不绝，其中不乏参加舞会、派对等极为私密的交流。[62]1897年3月，即在“海天”级选配马克沁机关炮后一个月，纳未便邀请龚照瑗赴其乡间别墅做

在下沃克船厂中建造的“海圻”舰（Newcastle City Library）

在下沃克船厂中建造的“海圻”舰舰艉部分
（Newcastle City Library）

客：“当他在他的乡间别墅取悦中国公使和他的随员时——他们在一起连续好几周——纳未以机关枪打断大树来取悦中国人，整个夏天林间和草地上都来往着穿着丝质官袍的人，参与着这样的消遣活动。”[63]机关枪，这种改变了世界战争史走向的武器，就以这样轻松诙谐的方式走进了中国人的视野。

4月7日，总理衙门续派的林国祥等监造委员也到达纽卡斯尔，并在城中自租房屋住下，逐日不辞辛劳往返埃尔斯威克、下沃克监造军舰。[64]至当年5月，二舰的骨架都已经搭建到了防护甲板的高度。[65]7月，首舰已经完成了上甲板部分的骨架，舰内施工也进展迅速，已有950吨的舰材被安装上舰。[66]但是，由霍索恩·莱斯利公司制造的动力系统进度严重滞后，以至于阿姆斯特朗公司不得不暂缓二舰的建造进度，撤出部分工人，以等待轮机部分的完成。

1897年底，两艘新建的阿姆斯特朗巡洋舰临近下水。之前中国在伏耳铿厂订造的三艘防护巡洋舰已经被命名为“海容”“海筹”“海琛”，北洋大臣王文韶遂于11月5日致电总理衙门，请将两艘英制舰和四艘德制驱逐舰一并命名。[67]总理衙门随即回复：“英厂两快船、德厂四鱼雷艇均已取名，随后咨达。”[68]这两艘担负着

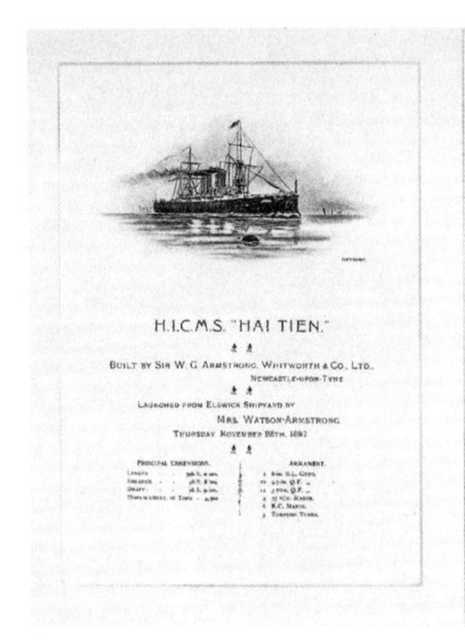

“海天”舰的下水纪念卡片

支撑起甲午战后中国海防大局重任的巡洋舰于是有了自己响亮的名字——“海天”“海圻”。

1897年11月25日，是668号中国巡洋舰即“海天”舰在埃尔斯威克下水之日。下水礼由阿姆斯特朗勋爵的侄媳——沃特森·阿姆斯特朗夫人（Mrs. Watson Armstrong）主持，出席者包括安德鲁·诺布尔夫妇、沃特森·阿姆斯特朗夫妇、菲利普·瓦茨等阿姆斯特朗公司的要员，马格里、林怡游、陈恩焘等中国公使馆人员，林国祥、程璧光、陈镇培、谭学衡、黎弼良、杨联甲等中国海军监造人员，以及各国海军在阿姆斯特朗公司的监造人员和纽卡斯尔市的政要，等等。下水仪式仍是半中式的，当战舰解开缆绳，滑入泰恩河中时，鞭炮齐鸣。随后，与会人员来到放样间享用酒水点心，安德鲁·诺布尔代表阿姆斯特朗公司发言，他首先祝贺“海天”舰成功，并为中国驻英公使罗丰禄和阿姆斯特朗勋爵未能参加下水仪式而感到遗憾。他认为这艘由菲利普·瓦茨先生设计，并由林国祥等中国监造人员监督的战舰将成为中国海军的重要补充，他为本厂能建造这两艘姐妹舰而感到自豪。

马格里爵士则代表中方发言，他首先为中国公使因公务繁忙无法参加下水礼而致歉。他接着回忆了自己曾作为中国的伍尔威治——金陵制造局创始人的经历："我不用说金陵制造局的产品与埃尔斯威克厂涌现的卓越产品是有很大差距的，这里生产的浮动堡垒纵横四海，那些骇人的炮塔在所有战争的国度中发出怒吼。"最后，他又感谢了诺布尔爵士的祝词，并建议为阿姆斯特朗·惠特沃斯公司的成功而干杯。

阿姆斯特朗勋爵的侄子——沃特森·阿姆斯特朗最后发言，他首先感谢了其夫人有幸成为"海天"舰的教母，他接着说道：

> 在过去的十五个月里，埃尔斯威克极为荣幸地接待了三位伟大的中国人（指李鸿章、龚照瑗与罗丰禄），他们不仅是伟大的中国人，同时也是伟大的世界公民。作为还礼，埃尔斯威克为中国建造了世界上最优秀最强大的巡洋舰，我为此而感到自豪。我相信这艘军舰不仅将是一艘优良的军舰，也将是一艘幸运的军舰，她将永远不会遭遇灾祸，她将为那些驾驶她的勇敢中国人带来荣誉，并为埃尔斯威克公司带来声望（鼓掌）。最后，我希望她的大炮永远也不要对准大英帝国的军舰，东方和西方的这两个大国应团结在一起，保护贸易，发展世界的工业和财富（鼓掌）。我抱歉阿姆斯特朗勋爵因为身体不适而无法参加典礼，虽然他本人无法莅临，但他的精神与我们同在。勋爵阁下对下午的典礼非常关心，他特别嘱咐我向所有莅临的中国贵宾们致以祝贺，并对"海天"舰的成功致以祝福。[69]

1898年1月24日，667号巡洋舰——"海圻"号也在下沃克船厂做好了下水的准备。当天下午，两列满载宾客的火车从纽卡斯尔中央车站（Central Station）出发，前往下沃克车站。下水典礼在下午4时举行，安德鲁·诺布尔夫妇、菲利普·瓦茨夫妇等阿姆斯特朗公司要员到场，中方参加人员则包括驻英公使罗丰禄、陈恩焘、琅威理，和林国祥等监造人员，另有大批受邀的各国宾客参加。仪式由安德鲁·诺布尔的夫人主持，首先，中方人员在舰艏旁搭建的一个小亭子里进行了焚香祷告的仪式，随后诺布尔夫人手捧花束，转动一个小绞盘，象征性地解开缆绳，并在艏柱

即将下水的“海圻”号巡洋舰（Newcastle City Library）

“海圻”号下水仪式上观礼台上的嘉宾，中立者为驻英公使罗丰禄，其左侧第二人为林国祥，第三人为安德鲁·诺布尔夫人，右侧第一人为陈恩焘，第二人为程璧光（Newcastle City Library）

“海圻”舰的下水纪念卡片

上砸碎香槟酒瓶，战舰滑入河中。伦敦的佩恩公司（Messrs Pain & Co.）事先在“海圻”舰上布置了许多烟花爆竹，当战舰下水时，舰上、岸边烟花齐放：“当舰滑入河中后烟火表演仍未结束，持续发射的烟火在空中爆炸时，散开各种各样的美丽光芒，光芒如此之强烈，即便是白天也如流动的金线银线一般。震耳欲聋的响声也连绵不绝。”[70]

仪式结束后，一行人来到工厂的放样间，品酒交谈，埃尔斯威克工程师乐队奏乐助兴。安德鲁·诺布尔爵士代表阿姆斯特朗公司发言，他首先感谢了罗丰禄和琅威理等人的出席，接着说道：“我敢说大多数人都同意这些军舰（指‘海天’‘海圻’）将带来和平而非战争。也应同意中国在不久的将来就会拥有一支与其久远的文明和庞大的帝国相符的舰队——这样的一支舰队将带来和平，中国与西方国家的关系将处于最和平的状态，东方与西方国家将互惠互利。”最后，他建议所有人为“海圻”而干杯。

罗丰禄则用流利的英语代表中方发言，他首先回应并附和了诺布尔的祝词，并对阿姆斯特朗公司给予了盛赞，他最后说道：

> 在我们为这座声名斐然的公司的创立者阿姆斯特朗勋爵和安德鲁·诺布尔爵士的健康干杯时，我也请大家为诺布尔夫人的健康干杯（鼓掌）——她懂得“给‘海圻’的最初抚摸”之重要责任。我相信这一抚摸将为“海圻”带来幸运，将使她能够胜任一切任务，她将令龙旗招展，成为古老的中华帝国尊严和利益的支柱（鼓掌）。我请大家为埃尔斯威克公司的成功，为其创立者阿姆斯特朗勋爵和安德鲁·诺布尔爵士而干杯。最后，为诺布尔夫人的健康而干杯（鼓掌）。

菲利普·瓦茨最后发言，他总结道：

> 安德鲁·诺布尔爵士已给出了这两艘军舰的主要数据，但我要说的是她们还拥有更卓越的性能。安德鲁·诺布尔爵士提到了她们的武备，其武备之强大在与许多排水量为其两倍的巡洋舰相抗时也不落下风（鼓掌）。另外，她们还有非比寻常的高速——之前类似规模的巡洋舰都没有如此的速度（鼓掌）。再者，她们也有着强大的巡航能力，她们在需要的情况下可航行

12000 海里（鼓掌）。我在此要感谢林都司和其他监造官，在这些军舰的建造上他们如此无私地进行了协助（鼓掌）。[71]

“海天”与“海圻”下水后，由于霍索恩·莱斯利公司制造的轮机系统迟迟未成，因此二舰不得不停泊在泰恩河中等待，这一等就是小半年的时光。直到 1898 年 7 月，“海天”舰才前往霍索恩·莱斯利公司的码头安装轮机系统，工程持续到当年 9 月。“海圻”舰则于当年秋天前往霍索恩·莱斯利公司安装轮机，直至 1899 年初。在安装完轮机系统后，二舰的舾装进度明显加快。2 月底，“海天”舰开始进行航试，比原定的“十八个月出坞试行”足足推迟了大半年，至 3 月 28 日航试工作全部完成。正式公试在泰恩河口进行，时间持续 6 个小时，在规定的距离上往返 6 次，“海天”舰取得了常压 22.64 节、强压 24.1 节的傲人航速，从而一举夺得世界上最快巡洋舰的桂冠。[72]但其实“海天”的此次试航是“涉险过关”，由于瑞生洋行在签订合同时不够保守，将“海天”级的航速定为 24 节，因此试航航速仅超出合同航速 0.1 节，实在是让人捏一把汗。4 月 7 日，该舰从泰恩河畔的杰罗斯雷克出发，出海进行火炮测试。[73]试航、试炮一切顺利，“海天”舰即将离开孕育她的纽卡斯尔。

早在 1898 年 4 月 4 日，罗丰禄便致电北洋大臣王文韶，询问两艘阿厂巡洋舰是否应如三艘伏耳铿厂的巡洋舰那样由公司负责包送，王文韶并无主见，于是将此转呈总理衙门。[74]总署于次日复电，表示二舰亦应由阿厂包运，并希王文韶电复罗丰禄，与阿厂订明运费、保险费等。[75]因此，出于稳妥方面的考虑，这次中国未派出官兵赴英接收军舰，而是由阿姆斯特朗公司聘雇退役英国海军人员包送回华。

1899 年 5 月 14 日，“海天”舰离开泰恩河，前往朴次茅斯，并于 17 日到达。罗丰禄、马格里等人专程前往朴次茅斯验收该舰并为其送行，安德鲁·诺布尔在舰上安排了午餐，招待中国使馆人员和朴次茅斯港总监（Admiral-Superintendent）赖斯（Ernest Rice）等英国海军军官。[76]22 日下午，“海天”舰由英国退役上校安德伍德（Underwood）指挥，悬挂英国商船旗，离开朴次茅斯回航中国，[77]

即将返回中国的“海天”号巡洋舰（Imperial War Museum）

试航中的“海圻”号巡洋舰，可见火炮尚未安装（Newcastle City Library）

舰上共有英国海军退役官兵109人，陈恩焘也奉命护送，随舰来华。[78]该舰6月27日离科伦坡，[79]7月3日午后抵达新加坡，4日下午离新加坡。[80]7月15日抵达芝罘，接受中国海军的验收。[81]7月21日抵达大沽口，[82]航程总共60天。

而第二艘巡洋舰“海圻”的归国之途却遇上了几段离奇的小插曲。当该舰即将完工之时，从意大利传来消息，该国海军意欲从中国手上买下该舰。据罗马当地报纸报道，意大利海军部长帕伦波（Palumbo）认为本国海军实力不足，因此亟须购入该舰，购舰经费将从意大利出售给阿根廷的“瓦雷泽”号（Varese）和“加里波的”号（Garibaldi）巡洋舰的款项中支付。[83]其实意大利欲购买一艘阿姆斯特朗防护巡洋舰的计划早已有之，1899年初，安德鲁·诺布尔曾与英国海军部联系，谈及将该公司建造的663号外贸巡洋舰（后来智利海军的“查加布科”号，Chacabuco，为日本海军“高砂”舰的同型舰）售予意大利的情况，但因为该国所开价格过低而没有实现。[84]当年3月，诺布尔前往意大利，与该国海军部长就阿姆斯特朗公司在该国波佐利设立钢铁厂的事宜进行了会谈，其间也涉及了将663号外贸巡洋舰出售给意大利的问题。[85]但不知为何，在意大利当地媒体的报道中，出售对象成了中国的“海圻”号。而考虑到当时意大利正觊觎租借浙江三门湾作为海军军港，亦不排除是该国海军部为了混淆视听而故意放出的风声。

但意大利海军部提出的这次购舰计划在4月26日召开的议会下院会议上遭到了强烈抵触，有的议员认为应在意大利国内造船厂建造这类防护巡洋舰，而不应该把订单交给国外厂商，有的议员认为意大利更需要装甲巡洋舰而不是防护巡洋舰。[86]在一片质疑声中，这次购舰计划宣告流产。

而“海圻”舰却也遭遇了实实在在的麻烦，该舰的第三期款项未能及时支付，为保险起见，阿姆斯特朗公司只能暂时将该舰归在自己公司名下。安德鲁·诺布尔为此特地前往伦敦拜访了中国驻英公使罗丰禄，[87]罗丰禄随即致电国内，询问付款办法。此时赫德方才从报纸上了解到意大利欲购买“海圻”之事，而总理衙门尚对此毫不知情，听说之后“甚为惊讶”。[88]赫德随即致电金登干要求查

即将返回中国的“海圻”号巡洋舰（Newcastle City Library）

明此事，金登干在询问了阿姆斯特朗公司的股东斯图尔特·伦道尔后了解到，意大利希望订购的只是一艘与“海圻”舰类似的外贸军舰（663号舰），此事终于被证明是虚惊一场。[89]

此前，“海圻”舰的试航工作已于5月13日完成，航速较之“海天”有过之而无不及，常压状态下为22.8节，强压通风状态下更是达到了24.2节。30日，在杰罗斯雷克进行了补给后，该舰由前英国海军军官泰特（F. A. A. G. Tate）指挥，从泰恩河启航，前往英格兰东部港口希尔内斯（Sheerness），[90] 6月9日从希尔内斯起航回航中国，舰上共有船员120人，林国祥亦随舰护送。7月初，赫德通过汇丰银行将该舰的尾款支付给了阿姆斯特朗公司，“海圻”舰交付的障碍终于被扫清。[91] 该舰于7月13日下午抵达新加坡，14日下午离新加坡。[92] 到达烟台后，北洋海军统领叶祖珪会同直隶总督所派水师营务处道员潘志俊、柯欣荣、李葆恂等专员对该舰进行了验收。[93] 最终“海圻”于7月29日抵达大沽，航程总共50天。[94]

二舰到华后，除进行一般验收外，还进行了航速测试，据称常压可行22.5节，强压可行24节，与原订合同相符。验收完毕后，二舰换挂龙旗，阿姆斯特朗公司所雇送舰人员除每舰留一名洋管轮外，均予遣散。“海天”舰所留洋员哈柏、“海圻”舰所留洋员德澄（Detching）负有在一年之内保修轮机的职责。[95]

8月18日早晨7时，直隶总督裕禄亲自坐火车前往塘沽，并换乘小轮船至口外校阅“海天”“海圻”巡洋舰及“海龙”级驱逐舰。[96]“登舟复勘，各船船身、轮机等项均精坚迅利，船上所安鱼雷、快炮试看演放，俱极灵活，与外洋新式快舰、雷艇相埒。”[97]8月27日，裕禄上《验收雷艇快船由》，对勘验情况进行了汇报，慈禧太后随即颁布懿旨：“此次购置各船，为规复海军之始基，亟须参酌原定章程，痛除积弊，重整规模。着裕禄督饬叶祖珪等申明赏罚，认真整顿，在北洋海面择地切实操练，于一切驾驶、演放等法务臻纯熟，以备海战之用，毋得徒饰外观，虚縻饷项。倘仍蹈从前旧习，敷衍具文，一经觉察，定即从严惩处。”[98]

对于“海天”“海圻”二舰的官兵配属问题，早在1898年春王文韶便已经开始了谋划，按照他的提议，三艘德造巡洋舰应由林国祥（“海容”）、李鼎新（“海筹”）、刘冠雄（“海琛”）管带，两艘英制巡洋舰由林颖启（“海天”）、李和（“海圻”）管带，三艘德造“海龙”级驱逐舰则由祁凤仪、何品璋、曹嘉祥三人管带，另一艘驱逐舰暂时进坞保存。[99]总理衙门在收到王文韶的建议后，认为林国祥尚在监工，未便调回，而正在南洋管辖吴淞炮台的萨镇冰却“廉朴可用”，应调来北洋察看试用。[100]但随后王文韶调入中枢，直隶总督先后由荣禄和裕禄接任，新购巡洋舰的管带人选也发生了变化。三艘德造巡洋舰最终由李和（“海容”）、李鼎新（“海筹”）、刘冠雄（“海琛”）管带；[101]“海天”“海圻”到后分别由刘冠雄（由“海琛”舰调任，该舰管带由林颖启接任）、萨镇冰（兼任北洋海军帮统领）管带；“海龙”级驱逐舰则由黄鸣球（“海龙”）、林文彬（“海犀”）、祁凤仪（“海青”）、饶鸣衢（“海华”）管带。[102]

“海天”“海圻”二舰经过了裕禄的勘验，随即编入北洋海军。按照编制，每舰规定配属官兵415人，月支薪粮费用6457两白银，公费900两白银。[103]赴厂监造的林国祥等7人均由裕禄奏请从优奖叙。[104]

四、“海天”级巡洋舰的服役经历

1899—1903年的“海天”级巡洋舰

1899年夏，“海天”“海圻”先后回国，北洋海军统领叶祖珪辛勤奔走，为其配齐人员。是年因意大利欲强租三门湾，中意关系紧张，战争大有一触即发之势，“海天”舰管带刘冠雄向叶祖珪进言，力主以现有舰队力量抵抗。[105]意大利舰队于10月北上，据称意图占领长山列岛，因此北洋海军在这段时间里于长山列岛进行针对性的巡航（其实此时意大利已经放弃租借三门湾的企图）。11月，清廷派叶祖珪率“海天”“海圻”“海容”“海筹”“飞鹰”等舰南下，与东南各省督抚一同布置沿海防务。舰队于27日抵达吴淞口，[106]随后途经浙江沿海，巡视当地海防，又上溯长江沿岸巡阅。[107]1900年初，舰队到达福州，继而南下厦门、广州等地，因甲午一役而中断的海军南巡再度出现了。有报道称清政府欲派“海天”等巡洋舰前往南洋，截捕康有为，[108]但实际上北洋海军当年在粤省驻留后便返回北洋了。

当年夏季，义和团运动席卷华北，列强纷纷派兵干涉。6月中旬，北洋海军各舰正分布于大沽、烟台、长山列岛等地。16日联军攻陷大沽炮台，山东巡抚袁世凯催促北洋海军南下避难，北洋海军帮统萨镇冰于是在长山列岛锚地与众将领商议，“海天”“海筹”“海琛”“复济”“通济”“飞鹰”各舰即刻南下，“海圻”则留驻北方，继续保护美国传教士（北洋海军的其他舰艇：北洋海军统领叶祖珪乘坐的“海容”舰被联军拘困于大沽口，后押解至威海卫；“海龙”等4艘驱逐舰在大沽口被联军俘虏；“飞霆”舰在大沽船坞中被扣押）。南下各舰于19至20日抵达吴淞口，与南洋水师会合。但此举引起了上海租界外国人的恐慌，于是北洋各舰转泊江阴，与长江两岸的炮台协防。[109]

在“海圻”舰孤泊烟台期间，萨镇冰派出了一队水兵上岸为美国传教士提供保护，并在岸上建立了一个信号站，与舰上保持着联系。6月29日，美国战列舰“俄勒冈”号（U. S. S. Oregon）在猴矶岛海域触礁，“海圻”舰直到第二天中午才得到消息，立即驶往救助，停泊于“俄勒冈”之侧。当时有一艘俄国巡洋舰驶过，觊觎将“海圻”缴械俘虏，萨镇冰将之报告予“俄勒冈”舰长维尔德（George Francis Faxon Wilde），后者回复道：“在你的前桅顶升起美国国旗，看谁敢攻击你！”于是俄舰只得悻悻而走。[110]

此时，萨镇冰得知烟台附近义和团活动频繁，于是指挥“海圻”舰于7月1日驶到烟台，萨镇冰亲自登岸，劝说传教士上船避难，先后有十余人被救上该舰。[111]在“海圻”孤泊期间，军心曾发生动摇，官兵聚众请愿南下避敌，被萨镇冰呵斥：“有再说要南下的，就杀却！”[112]此后形势趋稳，“俄勒冈”舰长也劝萨镇冰南下，“海圻”方才于4日夜间南下，并于6日抵达上海加入队伍。萨镇冰和“海圻”舰的这种无私侠义行为一度被传为美谈，一位《北华捷报》的通讯员曾评论道：“在听闻了太多中国军舰保养恶劣的传闻后，我惊讶地发现‘海圻’舰竟是整洁的模范；不仅火炮，甲板和整艘舰都一尘不染。如其管带所自豪地宣称：‘这代表着文明的中国。’”[113]

时任“海圻”舰管带的萨镇冰在该舰后部甲板室人力舵轮前的照片（Naval History and Heritage Command）

白色维多利亚涂装的“海天”舰

北洋海军在长江内滞留，参加“东南互保”达一年有余。1901年9月，叶祖珪与“海容”舰被释放加入江阴的舰队，萨镇冰等军官在“海圻”舰内举行宴会，欢迎统领归队。[114]《辛丑条约》签订后，身处西安行在的清廷有意将北洋海军军舰出售给列强，当时急于加强远东海军力量的俄国表现了强烈的购买意向，愿意出价5百万卢布，[115]但最后经叶祖珪等力争而罢议。

1901年12月，叶祖珪率领“海天”“海圻”“海容”“海筹”“海琛”五舰从江阴出港，先在福州入坞整修。[116]“海圻”舰则单独南下，前往南洋香港、越南、菲律宾等地巡阅，这是自北洋海军1894年巡航南洋后时隔7年的又一次远航，而且恰逢庚子变乱之后，尤为难能可贵。12月21日，“海圻”舰抵达马尼拉，萨镇冰拜会了美国驻菲律宾总督查菲（Adna Chaffee）将军（此君亦是八国联军之役中美国军队的指挥官），并声明中美两国友好云云。[117]

1902年4月21日，前往欧洲赔罪的镇国公载振登临停泊在吴淞口的“海圻”舰，他兴致勃勃地在其日记中记录了该舰的各项性能，并称“船中水师三百余人整齐娴熟，以视前日所阅英国师船无不及也”。[118]当时北洋海军7艘主力舰分布于福州、高昌庙、吴淞口等处。当年夏季，舰队返回北洋，重新引起了国外人士的关注，美国太平洋舰队司令罗伯利·伊文斯（Robley Evans）曾在其航海日志中记录“海圻”“是我所见过最洁净的战舰”。[119]一位在烟台搭乘“海圻”舰的英国传教士也记述道：“亲切的管带将他自己优美的套间给我们使用，他的餐桌上摆满了点心，令我们大饱口福。舰上大约有

20名会说英语的军官，其中有我们的老熟人，以及之前在天津守真堂（Beulah Chapel）的成员，后来成了水师学堂的学生。我们向这些军官借用两套餐具，他们爽快地答应了。我们身边充满了愉快的笑脸，令我们感觉如在家里一般。”[120]

1903年2月，署理两江总督张之洞在江阴举行水陆各军合操，北洋海军派出“海天”“海圻”，南洋水师派出“镜清”“寰泰”参加，舰队由萨镇冰率领。[121]演习分为进攻方和防守方：攻方由吴淞守军、舰队和南京及湖北的陆军组成，守方则包括江阴当地驻军和部分湖北省军队。14日凌晨，演习开始，舰队首先掩护陆军登陆，占领江阴炮台东侧和南侧高地。下午1时30分，舰队驶向炮台，双方随即展开对射，陆军也一起向炮台推进。进攻于下午4时20分停止，舰队驶出炮台射程。次日，张之洞亲临演习现场观摩，中午11时，演习顺利结束。[122]

“海天”舰触礁损毁事件

1904年，日本和俄国因中国东北控制权的归属矛盾激化，战争一触即发，1月2日，碇泊江阴的北洋舰队将军舰涂装改为战时的低可见灰色。[123]2月8日，日军在旅顺口突袭俄国舰队，战争正式爆发，清政府宣布“局外中立”，直隶总督袁世凯饬令北洋舰队在渤海一带“往来梭巡”。3月21日，北洋舰队抵达烟台。

4月22日，“海天”舰接到袁世凯命令赴江阴装载军火，以济辽西中立之需，并限于28日前返回。23日，该舰从烟台起航。25日凌晨，当“海天”舰驶过长江口附近海域时，忽起浓雾，该舰并未停轮，仍冒雾前行。据袁世凯后来奏称，该舰管带刘冠雄“正拟下锚，忽闻船左鸣角甚近，该管带知有民船，急令快轮转舵。迨避过民船之后，船艏适触礁石，前舱进水”。[124]“海天”舰触礁的海域在长江口东南外皇坟屿西北侧的乌纱帽礁（属于嵊泗列岛，在北鼎星岛西北侧），英国学者理查德·赖特（Richard N. J. Wright）所著《中国蒸汽海军》（*The Chinese Steam Navy*）一书中认为该舰是在寻找长江口南支航路时向南偏航，[125]如果真的是这样，那么该舰偏离航线已达20余海里之遥，实在让人惊讶当时舰上值更人员的导航水平之拙劣！[126]

“海天”舰触礁的时间在25日清晨5时30分，触礁后刘冠雄急忙下令倒车，但舰艏部分已经卡在礁石上，动弹不得，全舰电力立即中断。7时30分轮船招商局“美富”轮由汕头回上海经过此地，听到求救号炮声，于是向其靠近。此时“海天”舰艉部分仍保持水密，但白天刮起了强劲的东北风，伴随着滂沱大雨，海水逐渐从后甲板的舱口灌入，舰体后部于是慢慢没入水中，呈现舰艏高昂的姿态。刘冠雄知军舰已无法挽救，一边派人赴佘山岛致电江南提督李占椿求救，一边下令放舢板疏散人员，但由于大风大雨的作用，舢板在海浪中颠簸十分危险。及至当天晚间，该舰才设法用绳索连接起舰艏甲板和外皇坟屿，舰上人员逐渐通过绳索疏散到岛上。

李占椿在得到情报后，立即致电停泊在江阴的“海容”舰前往救援。此后，上海海关、上海拖驳船有限公司（Shanghai Tug and Lighter Company Ltd.）、耶松船厂（S. C. Farnham, Boyd & Co., Ltd.）、祥生船厂（Nicholson & Boyd）、北洋海军“海圻”“飞鹰”舰、美国海军“新奥尔良”舰（U. S. S. New Orleans）等纷纷前往出事海域，一时间这片原本暗礁密布、船迹罕至的海域变得十分热闹。

26日凌晨时分，“海天”舰艉部分已经没至后桅下桅盘；上午10点，“海天”舰的348名舰员除3人失踪外，都已登上“美富”轮，该轮还回收了“海天”舰的4条舢板，另留下包括刘冠雄在内的60人在岛上看守。中午12时15分，“美富”起航前往吴淞口，而此时“海天”的后部烟囱以下部分已经全部没入水中。晚上9时20分，“美富”轮抵达吴淞口。[127]

“海天”失事后，中国方面委托耶松船厂进行舰内抽水，但随抽随灌，毫无效果。旋又觅得一家颇有经验的丹麦打捞公司，雇其来华打捞。但时间一天天过去，由于风浪的拍打、礁石的摩擦，该舰的状态愈发恶化。至1904年底，经过抽沙和水下探摸工作，发现其船底列板有相当一部分与龙骨脱离，已无法浮扬，[128]于是整体打捞计划被放弃，转为拆卸舰上有价值的部件。1906年2月，袁世凯上《起捞海天兵轮情形折》，称该丹麦公司“竭年余之力，在

触礁失事的“海天”舰

巨浸之中，陆续捞起炮位、子弹、器械、舱面配件等项，估计值银十二万一千八百余两”，另外海军自行捞出炮械、军火、鱼雷、舢板等值银237700余两，打捞工作就此告一段落。[129]

然而几十年过去，对“海天”舰残骸的打捞和破坏一直没有停止过。“二战”中的1942年，日本就曾对该舰残骸进行过打捞，据称捞起铜制螺旋桨和数十箱物品。1970年前后，镇海打捞队也打捞了部分舰上用品；20世纪八九十年代，又有许多非法打捞者盗捞，令残存的船体受到进一步的破坏。[130]

2009年，国家博物馆水下考古中心对“海天”舰遗骸进行了一次实探，查得残存长度为72米，宽14米，高6米，其正面较平，一端翘起，另一端位置较低，头部尖形，距水面8至16米。2011年9月，“海天”沉船遗址被公布为嵊泗县文物保护单位。[131]

“海天”舰的触礁损失，是清末海军所发生的最重大事故，对弱小的中国海军来说无疑是一个重大打击。该舰管带刘冠雄因与时任顺天府尹的沈瑜庆（沈葆桢之子）有姻亲关系，经沈多方奔走，方由袁世凯奏报免于获罪，仅以革职了事。[132]

1904—1911年的“海圻”号巡洋舰

“海天”舰触礁损失后，“海圻”舰成为了中国海军中唯一的较大军舰，其地位愈显重要。

1904年8月10日，日俄海军爆发黄海海战。次日，俄国驱逐舰“刚毅”号（Расторопный）逃到烟台，当时萨镇冰正率领“海圻”“海容”等三舰停泊该处，随即将“刚毅”号执行缴械。但当天傍晚日本驱逐舰“朝潮”号和“霞”号进入港内，并于次日凌晨登船袭击了“刚毅”号，将之拖走。[133]日军的这种践踏中立的行为遭到了中方的严正抗议，萨镇冰也因处置不力而受到交部议处的惩戒。[134]

1904年12月，因俄国第二太平洋舰队正在开往远东，为防止原先被扣留在上海的俄国“满洲人”号炮舰、“亚斯柯德”号（Аскольд）巡洋舰和“暴风雨”号（Грозовой）驱逐舰逃离，南洋方面致电袁世凯请求派北洋海军舰艇增援，[135]于是萨镇冰率领“海圻”“海容”“海筹”等舰南下，停泊在吴淞口、黄浦江等处。1905年5月下旬，俄国第二太平洋舰队接近中国沿海，24日夜11时吴淞炮台接到电报，称黄浦江内的俄舰正在移动，似欲出逃，吴淞炮台及停泊于三夹水的“海圻”“海筹”二舰立即进行战斗准备，并以探照灯向南照射，不过最终证明是虚惊一场。[136]26日，第二太平洋舰队主力驶过长江口外，舰队附属的运输船队进入吴淞口，叶祖珪随即对其发出通牒，限其离开或被拘扣，最终这些不愿驶离的运输船全部被扣押；对马海战后，又有数艘俄国第二太平洋舰队的舰船逃到上海，亦均被扣押，直至日俄议和之后才被释放。

对马海战证明了无线电报在现代海战中的有效性。1905年7月，北洋大臣袁世凯在天津开办了无线电训练班，向马可尼公司（Marconi Company Ltd.）购买瞬灭火花式（quenched spark gap）无线电机数部，通信距离为150英里，装置于“海圻”“海容”“海筹”“海琛”等舰上，并聘请意大利海军军官葛拉斯为教习。[137]是年秋，“海圻”舰首先与意大利巡洋舰“马可波罗”号（Marco Polo）互通无线电报成功，是为北洋应用无线电报之始。[138]

日俄战争后，清政府实行“预备立宪”，各种王宫贵胄考察、巡阅活动层出不穷，“海圻”舰便常常被用来当作彰显帝国体面的“皇家游艇”使用。1907年，因南洋华侨商会成立，清政府派巡视华侨大臣、农工商部右侍郎杨士琦乘坐“海圻”（管带沈寿堃）、“海容”二舰，于10月20日从上海出发，前往南洋考察慰问。舰队先后抵达香港、马尼拉、西贡（今胡志明市）、曼谷、新加坡、巴达维亚（今雅加达）、三宝垄、泗水（今苏腊巴亚）、汶岛（今邦加岛）、霹雳、槟榔屿等地，历时两个多月。[139]“入港之时各国炮台皆升挂龙旗，声炮致敬，接待以礼。华侨夹岸聚观，欢声载道，登舰瞻览者日必数千，人咸感仰朝廷威德，濒行时争以食品馈赠，攀恋殷殷，有流涕者。”[140]这是甲午战争后中国海军组织的规模最大的南巡，并且规定之后每年都将例行举办，加强了清朝中央政府与南洋华侨的联系。

1908年10月，美国大白舰队环球航行，到厦门访问。10月26日，“劳问大臣”贝勒毓朗、外务部侍郎梁敦彦等乘坐“海圻”舰，与“海容”“海琛”“海筹”“通济”“飞鹰”等舰一同前往厦门，会同福建省的“元凯”“福安”“飞捷”以及海关的“并征”等舰，做好了迎接美舰的准备。30日，美国第二舰队第三、第四战列舰分队“路易斯安那”（U. S. S. Louisiana）、“弗吉尼亚”（U. S. S. Virginia）、“密苏里”（U. S. S. Missouri）、“俄亥俄”（U. S. S. Ohio）、“威斯康星”（U. S. S. Wisconsin）、“伊利诺伊”（U. S. S. Illinois）、“奇尔沙治（Kearsarge）、“肯塔基”（U. S. S. Kentucky）等舰抵达厦门，中美双方进行了各种友好交流活动。11月3日恰逢慈禧太后寿辰，中美舰队均悬挂满旗，鸣礼炮祝贺，萨镇冰并在“海圻”舰上举行了一个招待会。5日，大白舰队离开厦门，是为早期中美海军交流的一段佳话。

1909年3月11日，农工商部员外郎王大贞乘坐“海圻”“海容”

清末巡洋舰队官佐在“海圻”舰上的合影（国家博物馆）

从上海出发，再次前往南洋访问，[141] 舰队此次经过香港、新加坡、巴达维亚、三宝垄、坤甸、泗水、望加锡、西贡等地，于6月回到上海。

同年7月，清政府设立筹办海军事务处，由贝勒载洵担任筹办海军大臣，清廷由此开始了最后一次振兴海军的努力。现有主要作战舰艇被分为巡洋、长江两个舰队，由萨镇冰任统制，“海圻”舰作为海军的绝对主力列编巡洋舰队。8月24日，载洵、萨镇冰一行从北京出发，26日在大沽口登上“海圻”舰，南下巡视海防。先在烟台视察一番后，载洵一行径赴上海，并于29日抵达吴淞口外，换乘“钧和”舰进入浦江，视察江南制造局炮厂、船坞等处。9月1日，载洵一行离开上海，仍乘“海圻”舰赴宁波象山，并于次日抵达。先期已停泊象山港的海军各舰鸣炮奏乐。3日，载洵一行来到高泥村，举行象山军港辟港仪式。下午，载洵又乘小轮游巡镇海、定海港口各一周。当晚，“海圻”舰由象山起碇前往福州，并于次日抵达，载洵等在此考察了福建船政设施，又南下香港、广州、厦门等地，沿途视察军港、炮台、舰船。14日，载洵等离厦门返回上海，抵沪后又专门乘坐火车前往杭州，与浙江巡抚增韫讨论象山开港事宜。17日载洵由杭州返回上海，继续乘坐“海圻”沿长江上驶，巡阅江阴、镇江、江宁、田家镇等处沿江炮台，23日抵达汉阳，视察湖北枪炮厂，最后一行人由汉口乘坐火车回京。[142] 仅仅半个月后，10月9日，载洵、萨镇冰一行又从北京出发，乘坐火车到汉口，登上“海圻”舰驶往上海，踏上赴欧洲考察海军的行程。[143]

1910年3月20日，训练禁卫军大臣载涛与镇国将军溥侗赴日本考察海陆军，乘坐“海圻”舰前往，“海容”舰随同护送。[144]23日午后5时许抵达日本马关，日本第一舰队司令官上村彦之丞率战列舰“相模”“周防”迎接。“海圻”遂在马关下碇，载涛一行在日本方面的陪护下参观了枝光制铁所、江田岛海军兵学校、吴港、大阪、宇治火药厂等处，又于27日赴东京呈递国书。[145]随后载涛继续乘坐“地洋丸”号邮轮前往美国考察，溥侗则乘坐“海圻”舰返国。启行时，“海圻”舰鸣放礼炮21响，日本“高千穗”“筑波”二舰护送至东京湾入口的观音崎。[146]

同年4月15日，美国太平洋舰队“查理斯顿”号（U. S. S. Charleston）、“克利夫兰”号（U. S. S. Cleveland）、“查塔努加”号（U. S. S. Chattanooga）、“海伦娜”号（U. S. S. Helena）和“维拉洛波斯”号（U. S. S. Villalobos）等舰再度前来厦门访问，以感谢两年前中方对“大白舰队”的盛情接待，并特制一纪念银杯赠予中方。“海圻”与“海琛”二舰在巡洋舰队统领程璧光的率领下前往迎接。为纪念美国海军1908年和1910年的这两次访问，福建当地官绅特

大约1907—1909年的“海圻”舰，美国海军“克利夫兰”号（U. S. S. Cleverland）拍摄（Naval History and Heritage Command）

在厦门南普陀寺藏经阁东侧的巨石上刻石以志，铭文至今仍存。

同年10月，筹办海军大臣载洵结束在美国的考察后又赴日本考察，28日，程璧光率"海圻"舰从国内出发，30日抵达日本佐世保军港，预备迎接载洵回国。11月1日载洵完成了在日本的考察，乘坐"海圻"舰回航秦皇岛。出港时分，日本第一舰队"肥前""周防""相模"三艘战列舰及第七、第九驱逐队伴随护送。[147]

"海圻"舰的环球访问[148]

1910年5月，英王爱德华七世逝世，其子乔治五世即位。按照英国惯例，定于次年6月举行新王加冕典礼，并举行盛大的阅舰式。为此，1911年1月25日，朝廷颁布谕旨，命镇国将军载振为头等专使大臣，前往致贺，以重邦交。[149]4月11日，海军部又应英国驻华公使朱尔典（John Newell Jordan）所请，上奏准备派遣"海圻"舰前往参加阅舰式，途中费用先由外务部于出使经费项下预拨20万备用。[150]为显尊崇，由海军部奏请，清廷还特别赏给"海圻"舰主要军官双龙宝星勋章，计有统领程璧光颁给二等第二宝星，管带汤廷光颁给二等第三宝星，帮带李国堂、总管轮刘冠南赏给三等第一宝星等。[151]派舰远道前往欧洲参加阅舰式，这是中国海军史上前所未有的壮举，也显示出清政府新一朝的统治者们对于世界的开放态度和建设海军的宏大蓝图。

当"海圻"舰接到命令时，该舰正于浙江象山港操演，随即开往上海进坞整修，并添加补给品，加载松白煤，整备人员。4月21日下午2时许，长江、巡洋舰队统制萨镇冰莅临停泊在杨树浦对面浦东江面上的"海圻"舰上训话，约半小时后离舰，"海圻"舰遂起锚向吴淞航行，约5时驶至吴淞口外三夹水下碇。"海筹""海容""海琛"三舰已事先在此停泊，双方互致礼炮后，三舰管带又来到"海圻"舰辞行。待三位管带离去，"海圻"便起锚驶出长江口，直赴新加坡而去。南下途中遇雾，过香港后天气好转。

"海圻"于4月28日抵达新加坡，此前英国政府已通令沿途英属港口对该舰出访予以关照，因此该地已备下松白煤供"海圻"使用。“海圻”舰旋于5月1日驶离，在离开新加坡后，全舰水兵一律将发辫剪去（军官、见习生已在之前剪去发辫），以免到欧陆受到讥笑。此后，该舰先后驶入印度洋、红海、地中海，并短暂停靠科伦坡、亚丁、塞得港、直布罗陀等英属港口，补充给养，最终于6月4日抵达英国本岛之普利茅斯港，航程总共44天。[152]中国驻英公使刘玉麟亲赴普利茅斯迎接，而搭乘“海圻”舰赴阿姆斯特朗公司、维克斯公司监造“肇和”“应瑞”二舰的专员李和、林葆怿则在普利茅斯下船，乘火车前往各自的船厂了。“海圻”舰在普利茅斯停泊期间，将军舰油漆一新，以备受阅。为迎接该舰，普利茅斯市还特别邀请舰上军官参加游园会，约有四五百人参加，热闹非凡。

“海圻”舰在普利茅斯停泊两星期后，于6月19日离开该地，向此行的目的地——英国海军基地朴次茅斯进发。到达朴次茅斯后，该舰停泊于英方规定之位置，随后英方派来中校级军官与信号兵一名，担任通信联络事务。此次受阅阵列停泊于朴次茅斯港外的东索伦特海峡（East Solent Channel），阵列东西长6英里，南北宽2英里，165艘英国军舰和18艘外国军舰在此呈9列停泊。“海圻”舰的停泊位置在阵列偏南处的F14泊位，西侧为丹麦海防舰“奥尔弗特·费舍”号（Olfert Fischer），东侧为荷兰海防舰“雅各布·凡·黑姆斯克尔克”号（Jacob van Heemskerck），北侧为英国大西洋舰队旗舰“威尔士亲王”号（H. M. S. Prince of Wales）战列舰，约翰·杰利科（John Rushworth Jellico）——后来的大舰队（Grand Fleet）司令坐乘该舰，该舰亦负责“海圻”舰的联络接待工作。乔治五世乘坐的皇家游艇“维多利亚与阿尔伯特”号（Victoria & Albert）的泊位为F11，与“海圻”舰非常邻近。各主要海军国家均派舰参加此次校阅，如德国的“冯·德·坦恩”号（Von der Tann）战列巡洋舰、法国的“丹东”号（Danton）战列舰、美国的“特拉华”号（U. S. S. Delaware）战列舰、日本的“鞍马”号战列舰和“利根”号巡洋舰等。“海圻”舰的同门姐妹——阿根廷的“布宜诺斯艾利斯”号和智利的“查加布科”号也分别代表各自国家出席，三艘秀美的阿姆斯特朗巡洋舰齐聚朴次茅斯，相映成趣。

6月21日，各国海军派来受阅的军官代表从朴次茅斯出发，坐火车前往伦敦，参加翌日在威斯敏斯特大教堂举行的加冕典礼和在白金汉宫举行的宴会，程璧光、汤廷光等亦受邀参加。次日，为庆祝英王加冕，英国海军在朴次茅斯举行运动会，“海圻”舰亦由刘永诰教练官带队参加，虽然比赛成绩不如他国之优，但运动员精神彰显备至，赢得他国称赞。

23日，阅舰式前一天，英国本土舰队司令先对舰队预校一次。24日是正式校阅之日，各舰挂满旗，水兵站坡，军乐队和仪仗队列队舰艉奏乐。12时25分，英王一行抵达火车站，14时乘坐皇家游艇“维多利亚与阿尔伯特”出海，领航公会（Trinity House）游艇“艾琳”号（Irene）领航，皇家游艇“亚历山德拉”号（Alexandra）、皇家海军游艇“女巫”号（H. M. S. Enchantrees）和“火皇后”号（H. M. S. Fire Queen）尾随。英方旗舰“纳尔逊勋爵”号（H. M. S. Lord Nelson）战列舰首先鸣响礼炮，随即各舰一同鸣炮，“顷时炮声震耳，药烟弥漫，如降浓雾”。在依次驶过受阅舰艇队列后，皇家游艇在预定F11泊位下锚，英国和外国各舰主要军官登上皇家游艇，受到英王接见，并受赏赐加冕银牌。下午5时半，英王结束校阅，乘船回

参加英王加冕校阅的“海圻”舰

港。是夜，各舰悬挂满灯，整个港湾一片流光溢彩，杰利科在“威尔士亲王”号上招待“海圻”舰军官及见习生。次日晚，“海圻”亦在舰上回请英方。

阅舰式结束后，英方又组织了一些娱乐活动款待各界，如在威尔岛（Whale Island）上举办了盛大的派对，共有3500人参加，只可惜天公不作美，突如其来的大雨使得聚会无法尽兴。6月27日，程璧光专门向海军部发电，汇报了受英王召见并赏赐银牌的情况，同时他也报告称：“唯‘圻’舰汽鼓向有裂纹，昨邀原厂细验，据称常行无碍，全力堪虞，拟加镶钢箍，估价五百余金镑，工程一月。并拟修电机、换电线。可否修换，抑即赴纽（约），统候电示。”海军部随即批准了该舰赴阿姆斯特朗公司修换部件的请求。[153] 28日，受阅编队解散，“海圻”舰便从朴次茅斯向普利茅斯返航，并于次日到达。[154] 在普利茅斯期间，“海圻”除补充煤炭外，官兵放假登岸，参观港内造船厂、船坞、海军训练营等设施以及系泊于港内的“胜利”号（H. M. S. Victory）等风帆战列舰。

7月12日，“海圻”离开普利茅斯，穿过英吉利海峡，向纽卡斯尔进发。[155]“海圻”此行返回纽卡斯尔的目的一来是维修部件，二来也是视察正在阿姆斯特朗公司埃尔斯威克造船厂中建造的“肇和”号巡洋舰。“海圻”在纽卡斯尔期间，停泊于下游南岸的佩劳（Pelaw）附近，官兵假日徒步登岸，前往纽卡斯尔市内或邻近的盖茨黑德、杰罗（Jarrow）、南北希尔兹（South and North Shields）等地游览。上一次中国海军大规模访问纽卡斯尔，还是1887年接收“致远”“靖远”舰之时，而今二十四载过去，纽卡斯尔市民虽然已没有当年观察异国来客的新奇感，但也注意到了这艘中国军舰。《工程师报》曾报道：“她由于异常的整洁而引起了特别的关注。事实上，其舰员表现了卓越的能力和纪律，这在小国海军中是比较常见的。”[156] 在纽卡斯尔期间，“海圻”舰还重修了当年接收“超勇”“致远”等舰时在此亡故的水兵墓地。

经过一个多月的维修，“海圻”于8月中旬回航普利茅斯，进行最后的补给，准备横渡大西洋，对美洲进行首次访问。8月31日，该舰从普利茅斯起航，经过10天的航行，于9月10日早晨9时抵

驶入哈德逊河的“海圻”舰（Library of Congress）

达纽约湾的桑迪胡克角（Sandy Hook），“以天候恶劣，久久始发现灯塔位置”。随后在美方的指引下驶入哈德逊河（River Hudson），河口西岸的万兹沃斯炮台（Fort Wandsworth）、曼哈顿岛南侧的加弗纳斯岛（Governors Island）、停泊在第90大街附近的美国“北卡罗来纳”号（U. S. S. North Carolina）装甲巡洋舰先后鸣礼炮致敬，“海圻”舰亦用3磅炮回礼，一艘载有150位纽约华人代表的游艇“观察”号（Observation）与该舰结伴而行。午前，该舰在第89大街附近的河面下锚，前来迎接的华人代表、美国海军代表以及中国使馆人员随即登舰，分别对程璧光进行了拜会。“海圻”舰的乐队集合在登舰梯旁的上甲板上，演奏着《星条旗》《星条旗永不落》等美国乐

拜谒格兰特陵的“海圻”舰官兵（Library of Congress）

曲。[157]当天较晚时候，程璧光等人登岸回访，并参观了纽约海军造船厂（New York Navy Yard）。

9月12日晚8时，程璧光等人乘坐火车前往美国内地访问，先后到达华盛顿、波士顿等地，并在马萨诸塞州贝弗利（Beverly）的帕拉马塔（Parramatta）别墅受到了塔夫脱（William Howard Taft）总统的接见。[158]当时中国订购的“飞鸿”号练习巡洋舰正在新泽西州肯顿（Camden）的纽约造船厂（New York Shipbuilding Corporation）建造，在经过费城途中程璧光一行也参观了该舰（肯顿与费城隔河相望）。18日，程璧光返抵纽约后，遴选仪仗队120人、乐队40人，前往美国前总统格兰特陵祭拜。纽约市长一行于当天上午10时到达西96大街，中国海军官兵已经在此等候。随后市长与程璧光等乘坐汽车，骑警在前开道，仪仗队徒步尾随。在到达格兰特陵、向棺椁敬献花圈之后，程璧光走出陵堂，向外面的人群发表讲话：“能够向这位伟大的军人致以微薄的敬意，令我感到十分欣慰。在我国，对于格兰特将军的感情将永葆长青。[159]我对盖纳（Gaynor）市长为我和我代表的国家安排这次访问和祭拜深表感激。”[160]在纽约期间，“海圻”舰还向市民开放参观。该舰的开放时间从中午到傍晚5时，舰上除军官住舱外所有部位均可供参观。登舰人群一直熙熙攘攘、络绎不绝。[161]

9月25日，“海圻”舰离开纽约，美国海军特派出“佛罗里达”号（U. S. S. Florida）、“犹他”号（U. S. S. Utah）、“特拉华”号、“北达科他”号（U. S. S. North Dakota）等战列舰欢送。[162]临行前，程璧光致信美国助理国务卿威尔逊（Huntington Wilson），向其表达了对访美半个月以来所受招待的谢意：“我们在纽约期间承蒙您的关心，我对您的慷慨深表谢意。美国海军安排协助我们的G. F. 古柏尔（Cooper）上校为我们提供了无微不至的照顾。他安排事务的能力和有应必答的责任感令我的这趟美国之行备感愉快。我在此最衷心地向您表示感谢，并为不能亲自登门道别而请求您的原谅。”[163]威尔逊则在回信中说：“我向您保证我国政府和官员也对‘海圻’在如此出色的军官率领下访问我国而感到非常满意，这检验了美国政府对于古老的中华帝国的热诚。”[164]

“海圻”舰离开纽约后，29日驶抵南卡罗来纳州的查理斯顿（Charleston）作短暂停靠，或为添加补给，随后前往古巴首都哈瓦那访问。因之前墨西哥发生了严重的排华事件，所以“海圻”此次南下加勒比海访问有宣慰华侨的考虑。10月1日，该舰抵达哈瓦那，受到了当地华侨的热切欢迎和盛情款待。“平日官兵登岸，一遇侨胞，无论男女成年与否，竞延至其家，享以酒食，有以价值四十美元香水一瓶赠予见习生者，各同乡同宗会四出活动，无虚日，以能结识欢聚为荣。全舰战士数百人，不患伙食不能下咽，只恨乡亲本家惠我良多，受之有愧。”[165]3日，程璧光等人觐见了该国总统戈麦斯（José Miguel Gòmez），其表示古巴绝不歧视华侨，并将对华侨与古巴国民在独立战争期间并肩作战的历史永志不忘。“海圻”原本打算访问墨西哥东海岸城市，但该国形势未明，因此这一计划最终被取消。

就在“海圻”停泊哈瓦那期间，1911年10月10日，武昌起义爆发，清政府的统治摇摇欲坠。“海圻”舰上青年官兵思想大多开

停泊在哈瓦那的“海圻”舰

停泊在哈瓦那的“海圻”舰舰桥特写

停泊在哈瓦那的“海圻”舰右舷炮甲板特写

停泊在哈瓦那的“海圻”舰艏楼甲板特写

放，程璧光也早就与孙中山结识，之前加入过兴中会，因此国内革命的消息必然对舰上官兵造成极大影响。10月14日或15日，“海圻”舰驶离哈瓦那，20日抵达英属百慕大群岛补充煤水；23日驶离，前往英格兰西海岸的巴罗因弗内斯。航行途中，早先已秘密参加革命党的“海圻”舰三副黄仲煊暗中活动，争取同志，终于说服大部分官兵，向程璧光进言参加革命。在程璧光的首肯下，全舰进行表决，一致同意归附革命。[166]

11月3日，“海圻”舰抵达巴罗因弗内斯，该处正是维克斯公司的所在地，中国新订购的练习巡洋舰“应瑞”号正在此地建造。“海圻”抵达后停泊在维克斯公司的拉姆斯登船坞（Ramsden Dock）中，军舰开放参观，官兵亦于假日登岸参观游览。当时日本向英国订购的战列巡洋舰“金刚”号也在此建造，这艘当时世界上吨位最大的战舰引起了“海圻”舰官兵的注意。

12月初，“应瑞”舰已建造完毕，完成了试航。“海圻”本拟与“应瑞”一同归国，但此时国内革命形势风起云涌，且“应瑞”尾款未能及时付清，因此二舰一同归国的计划不得不取消。1912年2月，宣统皇帝宣布退位，大清王朝寿终正寝，“海圻”舰方才将龙旗改为民国五色旗。此时由于土耳其、希腊关系紧张，地中海东部航标多被拆除，航行困难；再加上英国国内爆发煤矿工人罢工，军舰无处添煤，因此“海圻”舰不得不在巴罗因弗内斯一直逗留至1912年4月。“海圻”舰官兵度过的这段惬意时光，与国内激荡的革命

易帜不久的“海圻”舰

风潮形成了鲜明的对比。4月17日，“海圻”终于离开巴罗因弗内斯，南下威尔士首府卡迪夫（Cardiff）上坞维修，并在邻近的巴里（Barry）添加了煤炭。25日，“海圻”驶离英伦，沿一年前来时的路线返回故国，临行前一日，中国驻英代表刘玉麟等人都前来送行。“海圻”舰返华时还顺便带上了为海军大臣游艇“联鲸”购买的4门速射炮。[167]

“海圻”舰的归途毋庸赘述，1912年6月14日下午5时，该舰安抵出发地上海杨树浦码头，从而结束了长达13个多月的海外漂泊之旅。在它身在海外，为祖国争得尊严与荣誉的时候，它的祖国发生了翻天覆地的变化——皇朝成为了历史，取而代之的是一个全新的民国。“海圻”舰的命运亦将与这个新生的国家维系在一起，航向凶吉未卜的前方。

北洋政府时期的“海圻”号巡洋舰（1912—1916）

1912年4月，民国海军部移设北京，将原清朝的巡洋、长江舰队改编为第一、第二舰队，尚在海外的“海圻”舰列编第一舰队。[168]6月“海圻”舰回到上海后即在杨树浦进行修理，[169]10月，海军部为“海圻”舰出访有功人员请奖。[170]11月，海军总司令李鼎新赴各军港校阅军舰，以审查各舰及陆上设施整备情况。李鼎新一行在烟台港校阅了“海圻”舰，他事后禀称：“现时巨舰无多，魄力最雄者莫如四‘海’，然此四舰历时已久，尚未大修，船身舱底不无锈蚀，锅炉机轴亦有损伤，此时若予大修，尚可供十余年之用，否则数稔以后胥成弃材，故筹款修理万难再延……”[171]可见“海圻”舰的保养状况并不尽如人意。

1913年1月5日，驻烟台的关外军因遣散费用问题发生兵变，驻该处鲁军与“海圻”“飞鹰”二舰的海军陆战队协同将叛军包围，[172]至6日叛军被劝降缴械，烟台兵变遂告平息。

同年6月，海军总长刘冠雄出京，进行民国史上第一次正式海军校阅。19日下午4时30分，刘冠雄乘坐“联鲸”号游艇抵达大沽口外，“海圻”等10舰已列成双纵队等候，各舰左右相距800码，前后相距400码，“联鲸”舰于舰队中绕行一周后，各舰长登上“联鲸”舰拜谒。当日夜间舰队拔锚前往庙岛，并于20日下午5时抵达。此后刘冠雄逐日校阅各舰，23日上午登临“海圻”舰，“接见员弁，点检士兵，巡视全船，后大操御敌攻战救火及洋枪、手枪等项，至十时休息，分派各员勘验船身、机器、鱼雷、电机各项已毕，随即登望台演说，各正立以听。是日阴云四合，演讲之时风雨骤至，各将官及军佐衣冠尽湿，屹然不动，且无倦容”。29日是星期日，下午3时各舰军官均登上“海圻”舰举行茶话会，有200余人前来，刘冠雄亦在会上发表训词。这次校阅直至7月2日结束，在其后的报告中，刘冠雄再次提出四“海”等舰船的锈蚀问题，请求尽快拨款大修。[173]

然而就在这次校阅仅仅数天之后，国民党与袁世凯政府正式决裂，“二次革命”爆发，刚刚诞生的民国从此走上了无休无止的内战之途。7月18日，吴淞炮台在国民党的控制下宣布独立。为打通这一关键的战略要地，刘冠雄亲自率领“海圻”“海容”“海琛”“通济”等舰，护送招商局“安平”“公平”“新济”3艘商船装载陆军第七旅于26日从烟台出发，南下增援。[174]28日，“海圻”等舰进入长江口后，即停泊于吴淞炮台上游的浏河口，静待命令。8月2日凌晨4时20分，“海圻”与“海容”二舰从浏河口下驶，抵达距离吴淞炮台约5英里处，开始以舰艏炮向炮台轰击，吴淞炮台亦立即还击。这是“海圻”舰第一次参与实战。战斗持续了大约40分钟，据称两艘巡洋舰发射炮弹约4发，炮台发射炮弹约10发，双方均未受到任何损伤。[175]当日晚间和次日上午，军舰和炮台双方又发生数次试探性交火。[176]

8月4日早晨7时45分，“海圻”“海容”“海琛”“通济”等舰再度驶向吴淞南石塘炮台，各舰依次开炮，炮台亦予以回击，舰队逐渐退往南方。上午9时30分各舰再度靠近炮台炮击，双方共发射炮弹数十枚。[177]7日上午8时“海圻”“海容”“海琛”等舰又鱼贯驶近吴淞炮台，“海圻”发射12炮，“海容”“海琛”二舰各发射5炮，战斗至10时停止。[178]

8月12日北洋海陆军向炮台发起总攻，从凌晨3时20分至下午6时，舰队数次向南石塘炮台炮击，共发射48炮。其中尤以“海圻”舰的炮击最为猛烈精确，有两弹击中800磅阿姆斯特朗炮旁，又有一弹正中前营大门，两旁泥墙被震坍，炮击的巨大威力使得炮台守军大为惊恐。[179]刘冠雄称：“十二之役，‘海圻’当先，各舰继之，彼炮皆不获中，卒致丑徒奔溃，收复全台。”[180]在海陆猛攻下，吴淞炮台最终于当晚与舰队洽降。13日中午，舰队派官兵进入炮台，吴淞炮台遂被克复，原先被炮台堵截在黄浦江内的“海筹”“肇和”“应瑞”“飞鹰”等舰也得以与“海圻”等舰会合。

上海战事平息后，海军各舰又立即投入对南京等地的作战。8月20日刘冠雄率领“海圻”等舰从吴淞起碇，护送招商局“公平”“新康”轮，开赴长江上游，[181]沿途江阴、镇江等地炮台望风而降。在镇江掩护雷震春部登陆后，“海圻”等舰又于23日上驶，到达南京城东乌龙山，25日到达与南京城隔江相望的卸甲甸江面。当日晚间，为掩护“应瑞”“海琛”“楚有”等舰上驶，刘冠雄亲率主力舰队猛攻南京狮子山炮台，成功使三舰突破炮台防御。[182]此后舰队又配合陆军，逐日向狮子山炮台和城内东北部目标射击。海陆军于31日发起总攻，经2日激战，最终于9月2日将南京的讨袁军全部歼灭。

在镇压“二次革命”的作战中，“海圻”等舰原装备的马可尼式无线电报系统已显得陈旧落伍，刘冠雄遂向德国德律风根公司（System Telefunken）订购2.5TK无线电台2座，安装于“海圻”“海容”舰上，合同于1913年8月21日签字。这种无线电报日间通信距离850公里，夜间通信距离1700公里，大大优于原马可尼系统。[183]

1913年底，“海圻”舰南下福建、广东等地巡航，防备革命党，直至次年春季返回北洋。1914年8月第一次世界大战爆发，德占青岛随即成为战场，“海圻”舰又奉命在大沽、秦皇岛一带游弋警戒。[184]

1915年2月18日，“海圻”舰驶抵上海大修，因舰身过长，无法进入黄浦江南部，只能在杨树浦停泊修理，直至7月方才竣工，随后该舰返回烟台。[185]

1915年底，因袁世凯预谋称帝，护国战争爆发。1916年4月中旬刘冠雄亲率“海圻”“海容”“海筹”三舰，护送招商局“新裕”“新铭”“爱仁”装载北洋陆军第十九旅由大沽口出发，南下福建增援。但驶至温州附近海域时，“海容”与“新裕”相撞，导致“新裕”沉没、三十八团638人溺毙的大惨剧。[186]当年6月6日，袁世凯病逝，因继任总理段祺瑞表示不会恢复民元约法和重开国会，使得海军内部亦产生了极大不满。25日，原海军总司令李鼎新与第一舰队司令林葆怿、练习舰队司令曾兆麟等在上海通电全国，脱离中央政府，加入护国军，海军各舰纷纷前往上海参加独立，7月初“海圻”舰亦在吴淞口外停泊。在强大的压力下段祺瑞政府不得不宣布恢复民元约法，召开国会。8月15日，李鼎新宣布各舰艇恢复编制，归隶中央。

1916年秋季，停泊在上海的“海圻”舰进入江南造船所修理，因舰体过大，吃水过深，入坞甚为不便，江南造船所总工程师毛根（Robert Buchanan Mauchan）颇费周折才令其进入船坞。工程从9月30日持续到10月13日。[187]是年冬季，海军部派“海圻”舰前往广东窥伺军阀龙济光动静。[188]

护法舰队时期的“海圻”号巡洋舰（1917—1923）[189]

1917年上半年，民国政坛依然动荡不已，大总统黎元洪与总理段祺瑞因是否参加“一战”问题而发生“府院之争”。6月，黎元洪一面召见海军总长程璧光，命其在上海集中舰队，作为对中央的支

民国时期的“海圻”舰

持，一面调效忠清室的张勋进京调停。6月12日，段祺瑞唆使督军团作乱，迫使黎元洪解散国会，形势急转直下。22日，在程璧光的授意下，第一舰队司令林葆怿发表《海军独立宣言》，率领包括“海圻”舰在内的驻沪海军独立。为寻求协助，程璧光又与在沪的孙中山等人接洽，商讨海军南下护法事宜，遂决定先由孙中山赴粤联络，海军随后南下，同时派舰奉迎黎元洪南下继续执行总统职务。

7月1日，张勋拥戴宣统皇帝复辟，但仅仅十多天后，段祺瑞就指挥“讨逆军”攻入北京，复辟活动草草收场。而程璧光追随孙中山、另立中央的计划却并未中止。22日，程璧光发表《海军护法宣言》，响应孙中山护法号召，并率驻沪的“海圻”“飞鹰”“永丰”“舞凤”“同安”5舰以赴象山湾操演为名南下前往广东，连同之前驻粤的“永翔”“楚豫”，17日到粤的“海琛”，以及在象山港加入的“福安”“豫章”，共计10舰，史称“护法舰队”，中国海军从此走上了分裂之途。

7月31日，“海圻”等舰抵达汕头，添装煤炭，旋于8月5日驶抵黄埔，受到孙中山和广州各界人士欢迎。此后，“海圻”常驻于黄埔西。8月底，“非常国会”在广州召开，之后又成立护法军政府，选举孙中山为军政府大元帅。

12月7日，海军“海圻”“永丰”“同安”“豫章”“福安”5舰为进攻在潮汕独立的莫擎宇部而向该地区进发，“海圻”舰亦拨出4门3磅速射炮、3挺机关枪，组成炮兵营和机关枪连随同陆军参战。[190]但此时海南军阀龙济光受段祺瑞拉拢，突然策划从海路运兵在雷州半岛登陆，于是“海圻”等舰复回师截击。在护法舰队压倒性的优势下，龙济光临时拼凑起的小舰队纷纷就降，护法舰队先后俘获了龙军“广金”“广玉”“安东”“安西”“安北”“安南”等舰。[191]28日夜间，“海圻”舰又在海口附近截获龙军“保民”号运输舰，该舰载有水兵70余名，陆军70余名，火炮2门。“海圻”旋命令“保民”随行，至午夜1时多，“保民”忽然转向附近炮台并搁浅，“海圻”电请指示是否将“保民”击沉，程璧光不允。[192]最后“海圻”竟不得不将“保民”放走，此事亦不了了之。[193]

然而，广州的护法军政府从来都不是铁板一块，在各方面利益的撕扯下，孙中山（中华革命党）、海军和桂系之间不稳定的联姻很快走到了尽头。1917年11月15日，孙中山就曾下令海军炮轰广东督军陈炳焜（桂系）所在的观音山（今越秀山）督军署，但程璧光拒绝执行。1918年1月4日，孙中山再次命令海军“豫章”“同安”舰炮击督军署，驱逐新任广东督军莫荣新。这一事件不仅使得孙中山与桂系完全决裂，也大大加深了他与海军的矛盾。2月26日，革命党人朱执信派人将程璧光刺杀，此事背后是否有孙中山的授意不得而知。

1918年上半年国内形势发生了很大变化，北洋政府大总统冯国璋力主与南方和解。当年5月4日，广东“非常国会”通过修正军政府组织法案，孙中山辞去军政府大元帅职务，随后离开广州，“护法运动”宣告失败。11月，南北双方正式停战。在此期间，“海圻”舰并无可述之行动，唯有当年10月“肇和”舰由福建前来广东参加护法，军政府特派“海圻”舰前往迎接。

1920年8月，粤桂战争爆发，护法舰队在军政府海军总长林葆怿的指挥下亦派舰协助桂军，“阻止粤军与厦门交通”。[194]8月14日，“海圻”舰由黄埔出发，护送装载着海军陆战队1000余人的“福安”号运输舰前往汕头。但陈炯明指挥的粤军势如破竹，逼近潮汕，20日汕头发生兵变，桂军首领刘志陆逃上“海圻”舰。此时，因舰队中粤籍官兵反对攻击粤军，林葆怿不得不放弃亲桂系的立场，率领舰队保持中立。而随着桂军在战场上的节节败退，舰队中的粤派势力愈发壮大，桂系与海军之间的裂痕也日益加深。当年9月，据称在“海圻”舰下发现水雷2个，疑为桂系派人安设，欲将该舰炸毁。[195]10月，林葆怿又响应北洋政府号召，策划护法舰队北返，与北洋海军统一，遭到以海军次长汤廷光为首的大部分官兵反对，林最终不得不辞职出走。

11月28日，孙中山在粤系的拥护下回到广州，次日重组军政府，开始“第二次护法运动”。事实上，无论粤省政坛风云如何变幻，海军的军舰需要保养，官兵需要发饷，而广东拮据的财政和动荡的政局使得这些基本条件都很难得到满足。当年11月就发生了“海圻”等舰官兵闹饷并拘留舰队司令林永谟的事件。1921年3月，年久失修又常泊不动的“海圻”舰锚链竟然锈断，军舰随波逐流。

当时正值深夜，该舰舰员为了防止其触礁而发动轮机，而广东当局早已对海军逃脱北归严加防范，见“海圻”升火航行后岸上军队立即鸣枪制止，并通知虎门炮台做好截击该舰的准备，事后才知道是一场误会。[196]

不仅如此，在长期的迷茫和困窘中，就连舰上官兵的内部矛盾也逐渐激化。由于历史原因，中国海军军舰上历来有闽籍和外省籍官兵两大群体。1921年2月，“海圻”舰闽籍与外省籍水兵发生斗殴，闽籍水兵被打败后扬言要打开通海阀沉舰，外省籍水兵于是纷纷逃到岸上。不久“海琛”舰也发生类似事件，闽籍水兵不许外省籍人回船，于是外省籍官兵只得住在岸上，一心只想夺回军舰。[197]

孙中山重回广东后，一直对闽系与北洋政府的联系存有戒心，并且一直等待机会改组海军领导层。此后孙中山与粤系将领陈炯明的矛盾激化，孙亦深恐陈拉拢海军力量，于是决定先下手为强，而闽籍与外省籍官兵的矛盾恰好是他可以利用的地方。1922年4月，孙中山召集海军外省籍人员温树德、陈策等人开会，议定了武装夺舰、驱逐闽系的计划。27日星期四舰队放假，由“海圻”“海琛”外省籍水兵组成的20名敢死队员和20名陆军于中午12时分乘广东政府的“宝山”“逢昌”两艘小轮船沿珠江下驶，先在琶洲夺取了海军部的差船“和安”，随后向泊锚于黄埔的“海圻”“肇和”舰进发，敢死队登上“海圻”舰后，闽籍水兵未及抵抗便被打死二十余人。停泊在旁的“海琛”舰发现情况异常，以机枪射击，打死数名敢死队员，该舰水兵还欲向“海圻”炮击，但被副舰长叶心传阻止。不久之后“海圻”即被敢死队控制，拉起了白旗，“肇和”舰随后亦被夺取。而“海琛”早已提高了警惕，企图抵抗。由于革命党此时已控制“海圻”等舰和长洲炮台，以炮口指向“海琛”威慑，并派“3号”飞机在“海琛”上空投弹威慑，该舰才不得不于下午5时升起白旗。当天下午护法舰队各舰均被夺占，闽系势力遂遭驱逐，孙中山亦达到了加强在海军中影响力的目的。[198]

撇开政治上的道义因素，“夺舰事件”实则为海军内部的公开哗变，这对于此后舰队的组织和管理造成了极为恶劣的影响。不仅如此，由于之前南北海军基本上均为闽系所把持，护法舰队与北洋政府海军的分裂仅仅是组织上的脱离，而之后由于护法舰队中的闽系势力被驱逐，舰队为外省籍尤其是山东籍势力所控制，使得护法舰队与北洋政府海军从根本上完全分裂了。

不久之后，孙中山与陈炯明的矛盾终于发展到了不可调和的程度。6月16日，陈炯明部发动兵变，围攻孙中山总统府。孙中山此时只有海军可以依靠，遂登上停泊在珠江上游白鹅潭的“楚豫”舰，随后率驻泊白鹅潭的舰队下驶前往黄埔，与驻泊于黄埔江面的“海圻”等舰会合。然而此时护法舰队司令温树德其实早已与陈炯明方面暗中联系，在孙中山指挥舰队中的浅水炮舰与陈炯明军作战时，温树德就以保持中立为名，令“海圻”“海琛”“肇和”等大舰按兵不动，7月8日更是指挥三舰从黄埔下驶至莲花山江面，使得长洲炮台失去掩护，次日即被陈军占领。27日，“海圻”等三舰又下驶至宝安县（今深圳市宝安区）赤湾。8月9日，孙中山鉴于陆路北伐军与陈炯明军作战失利，海军又与之离心，继续在广州固守已无必要，于是决定离粤赴沪，“第二次护法运动”再次宣告失败。

孙中山离粤后，陈炯明掌握了广东省军政大权。但仅仅半年之后，孙中山便组织了滇军、桂军和部分粤军夹击陈炯明军，陈炯明兵败如山倒，不得不于1923年1月15日宣布下野，孙中山随即准备回粤。25日，温树德派遣“海圻”“永翔”二舰赴香港，准备迎候孙中山乘坐的“大洋丸”号客轮。但此时滇、桂军阀在广州制造事变，欲独霸广州大权，因此孙中山决定暂缓赴省，“海圻”“永翔”即停泊在赤湾等候。此后，温树德又令麾下“海琛”“飞鹰”等6舰亦前往赤湾集结（此时“肇和”“楚豫”“永丰”已组成驻汕头舰队，不听从温树德指挥）。

2月21日，孙中山返抵广州。而温树德与孙中山的矛盾并没有调和，一直在秘密联络直系军阀吴佩孚，谋划率领舰队北归。4月15日驻汕舰队的“肇和”舰发生兵变，温树德派“海圻”“海琛”于25日前往汕头，命令驻汕舰队各舰归队。随后该舰即驻泊汕头，负责维持潮汕地区的治安。

是年6月，温树德与孙中山彻底决裂，转而帮助陈炯明向孙中山的讨逆联军发动进攻。10月陈炯明为解惠州之围，分三路向惠州进军，“海圻”等舰由汕头装载陈军至澳头（今属惠州市惠阳区）登陆，向西面的龙岗、平湖（今属深圳市）一带进攻。此时，温树德已与吴佩孚达成舰队北返的协议，吴许诺全数发放“海圻”等舰在广东11个月的欠饷（护法舰队自从“夺舰事件”后即未发饷）。至关重要的金钱问题既已解决，舰队中大部分官兵又都是北方人，北返计划自然受到了极大的拥护。1923年12月17日晚，温树德令“海琛”“肇和”“楚豫”“永翔”“同安”“豫章”6舰离粤，航向吴佩孚控制下的青岛；19日早晨“海圻”亦拔锚北航，“护法舰队”从此不复存在。1924年1月4日“永翔”“同安”2舰先行抵达青岛，[199] 5日上午11时“海圻”舰亦抵达。[200] 而“肇和”舰年久失修，轮机近乎报废，航速极缓，“楚豫”舰轮机亦发生故障，故该二舰与“海琛”舰13日才抵达青岛。而同行出发的“豫章”舰则干脆因为轮机故障而不能随行，被留给了闽系第二舰队接收。

“海圻”舰从1917年到1923年在广东度过了6个年头，舰队本以“护法”为名，意图以武力对抗北洋军阀的独裁统治，却在事实上造成了中国海军的第一次分裂。在粤省期间，“护法舰队”彷徨于各派政治势力之间，之前冠冕堂皇的“主义”很快就被赤裸裸的金钱交易、权力斗争荡涤得干干净净。海军的腐化堕落导致军舰朽坏，官兵离心，一出出残忍内斗的闹剧层出不穷。“护法舰队”的六年，实为“海圻”舰走向沉沦的开始。

渤海舰队时期的“海圻”号巡洋舰（1924—1926）

“海圻”等6舰抵达青岛后编为“渤海舰队”，理论上隶属于北京政府海军司令部，但实际上完全听命于吴佩孚和温树德，不受海军总司令杜锡珪的节制。1924年2月，“海圻”舰奉命驶往烟台驻泊。该舰搭载的海军陆战队200余人强行占据了原驻该处的烟台海军练营营房，与练营官兵发生冲突，进一步加剧了杜锡珪与温树德的矛盾。[201]

鉴于“海圻”等舰在广东时从未进行大修，舰况极差，吴佩孚为对抗奉系军阀考虑，准备将“海圻”“海琛”“肇和”三艘大舰送往日本川崎造船厂修理，费用约需 200 万日元。[202] 然而这笔经费迟迟不得批准，修理“海圻”等舰之议遂不了了之。[203]

是年 6 月 6 日端午节，突然有数十名身份不明的人员欲乘军舰放假之机，乘坐“靖安”号小火轮，抢夺停泊在烟台港内的“海圻”舰，但中途得知军舰当天并未放假而折返，计划却已经暴露。[204] 事件发生后，温树德急令驻烟台、青岛各舰戒严，并缉拿案犯，先后抓获 9 人。据案犯供认，此事件的幕后主使为驻沪海军领袖处副官、原护法舰队军官吴煦泉（曾任“豫章”舰大副），[205] 但吴随即否认与此事有瓜葛。[206] 尽管如此，皖系控制下的驻沪舰队（当年 4 月在林建章率领下独立）策划这起袭击案的嫌疑仍是最大的。

当年 9 月，江浙战争爆发，“海圻”舰由烟台调回青岛，准备南援江苏军阀齐燮元（直系）。但还未等该舰开拔，东北方面奉系张作霖已准备与直系开战。15 日，第二次直奉战争爆发，渤海舰队亦被送上了火并的前线。19 日，“海圻”舰由烟台前往秦皇岛。[207] 虽然奉军的海军力量无法与渤海舰队匹敌，其飞行队却十分活跃，23 日上午便有数架飞机飞临“海圻”舰上空投弹，但“海圻”已在战前加装了高射炮，当即向飞机射击，将之驱离（“海圻”加装了 5 门维克斯 2 磅乓乓高射炮，其中 4 门位置在前后甲板室原 1 磅马克沁机关炮的位置上，另 1 门安装在两座烟囱中间的甲板室上）。[208] 30 日，“海圻”舰发现岸边有奉军大队骑兵、炮兵，遂向其炮击，掩护直军进攻。[209] 继而于晚间航行到菊花岛附近海面，因不熟悉该地区水文状况，只能远距离向葫芦岛炮台炮击，发炮 100 余发而未取得实际效果。[210] 10 月 1 日早晨，“海圻”“楚豫”二舰返航时俘虏了奉军“绥辽”号炮艇。[211] 13 日下午 2 时，吴佩孚与温树德亲自登上“海圻”舰，并率领“楚豫”“永翔”向葫芦岛进航，欲以舰炮切断奉军后路。[212] 16 日，“海圻”等舰向葫芦岛方面奉军炮击，奉军炮兵亦进行还击，双方相持数小时未分胜负。[213] 19 日，“海圻”返回秦皇岛补给，[214] 21 日该舰再度出现在葫芦岛炮击。

尽管渤海舰队的舰艇状况并不理想，但根据《北华捷报》编辑的观察，当时海军的精神面貌还是比陆军好了几个档次。“水兵们看上去聪明、整洁，没有陆上那群‘武装苦力’的粗鄙。船坞、火炮和舾装都无可挑剔，住舱的家具、花边窗帘和地毯不仅整洁而且散发着芬芳。”[215]

10月23日，原直系将领冯玉祥发动“北京政变”，使得吴佩孚腹背受敌，不得不率军从前线回撤。奉军趁机掩杀，直军兵败如山倒。温树德率“海圻”“楚豫”二舰回航大沽口，准备接应吴佩孚从海上南撤。11月3日，吴佩孚率领残部从塘沽登船，由海军的“海圻”“肇和”“永翔”“楚豫”“华甲”等舰护卫撤退。[216]在大沽口外徘徊了数天之后，吴佩孚乘坐“华甲”舰前往吴淞，温树德则率“海圻”于7日单独回航青岛。[217]

第二次直奉战争结束后，奉系将领张宗昌入主山东，渤海舰队仍暂驻青岛，观望局势。1925年7月6日，张作霖邀请温树德赴天津，商讨渤海舰队归入奉系问题，就海军经费、舰队地盘等问题达成协议。7月底，张宗昌从济南出发前往青岛，与温树德磋商落实胶澳督办公署改组和渤海舰队军饷等问题，并再劝温树德归奉，张旋又乘坐“海圻”“华甲”二舰赴烟台视察，二舰后于8月11日返回青岛。[218]8月16日，在收到奉系提供的15万元开拔费后，渤海舰队“海圻”“永翔”“楚豫”“华甲”各舰从青岛出发前往秦皇岛（“海琛”“肇和”“同安”因正在修理而未去），接受奉系张学良、沈鸿烈的检阅，[219]至23日检阅完毕，其余各舰返回青岛，而“海圻”“永翔”“楚豫”三舰仍驻泊秦皇岛。

其实此时渤海舰队内部也早已是暗潮汹涌，投奉、投闽，各派势力相互撕扯倾轧。10月11日，因欠饷问题和闽系海军的运动，“肇和”“同安”二舰突然在青岛宣布独立，当时温树德正在天津养病，张宗昌闻讯调其部下陆军32旅旅长毕庶澄前往威逼调停。16日，正在秦皇岛的“海圻”等舰亦闻讯返回青岛。[220]此后，张宗昌委任毕庶澄为渤海舰队司令，温树德从此失势。

该月15日，浙奉战争爆发，渤海舰队亦在奉系控制之下投入了战争。27日晚，毕庶澄率领“海圻”“永翔”“楚豫”“华甲”等舰装载陆战队约3000人至海州（今连云港）登陆。[221]但因当地苏省军队已撤退，因此舰队于11月1日返回青岛。[222]此后海军又有攻击吴淞的计划，但未付诸实施。

1925年11月，原奉系将领郭松龄与国民军冯玉祥联合发动反奉战争。1926年2月底，渤海舰队“楚豫”“永翔”“华甲”等舰开拔赴大沽进攻国民军控制下的大沽炮台（大沽炮台根据《辛丑条约》规定已被废置，此次国民军临时武装了南炮台）。3月1日，毕庶澄亦亲率“海圻”“海琛”，护卫着政记轮船公司的“广利”“顺利”轮，装载鲁军前往大沽。[223] 9日、10日，鲁军分批登陆，但均被国民军击退。奉民两军在大沽口的交战引起了列强的不安，在列强的干涉下，两军宣告暂时停战。此后，国民军在陆上战场作战失利，放弃津沽一线。渤海舰队遂于23日掩护陆军在北塘登陆，进占津沽。“海圻”舰于4月16日返回青岛。[224]

平定了郭松龄、冯玉祥叛乱后，维修渤海舰队军舰的计划再次被提上了日程。因“海圻”舰过大，青岛港政局无法修理，毕庶澄遂与日本满洲船渠株式会社订立合同，将该舰驶往日占旅顺船坞进行修理。7月30日，“海圻”抵达旅顺东港，这是该舰自1916年在江南造船所大修后时隔10年的又一次大修。根据日本方面的记录，“海圻”舰此次修理的内容主要包括清理舰底、更换螺旋桨轴套、更换两座烟囱、更换蒸汽舢板锅炉等13项。[225] 该舰后于10月20日竣工出坞。[226]

然而东北海军的核心人物沈鸿烈心存吞并渤海舰队之念已久，他视这次“海圻”舰来旅顺大修为夺取该舰的天赐良机，于是在这段时间里积极运作收买“海圻”舰官兵。当“海圻”修竣后便在舰长袁方乔的率领下通电归附东北，驶往里长山列岛锚地。[227] 东北海军一举获得了这艘中国实力最强的战舰。

东北海军时期的“海圻”号巡洋舰（1927—1933）

东北海军在沈鸿烈的经营下，虽然当时实力有限，但极富积极进取精神。“海圻”舰刚一归附东北，便成了奉系对付北伐军的急先锋。

1927年3月22日，北伐军进驻上海，而当时闽系海军也已归附国民党，主力集结于吴淞口外，因此吴淞便成为东北海军袭击的首要目标。“海圻”与“镇海”经过一番伪装后（“海圻”增加一个假烟囱，伪装成意大利巡洋舰“利比亚”号，“镇海”则伪装成大华公司“大昌”商轮），驶离里长山列岛锚地，假称进行演习，而直接向长江口进发。27日凌晨4时许，“海圻”“镇海”二舰突然出现在吴淞口外，当时此处停泊有闽系海军的“海筹”“应瑞”巡洋舰和“靖安”运输舰。虽然奉系海军即将南下的传闻早已沸沸扬扬，但因为该二舰伪装到位，闽系军舰并未引起警惕。“海圻”首先向“海筹”开火，造成该舰受伤20余处，一炮击中该舰二官厅及无线电舱，击毙官兵8人，伤17人。“海筹”“应瑞”见来者不善，急忙一面还击，一面弃锚逃走，吴淞南石塘炮台随即亦向“海圻”舰还击。“海圻”因担心落潮后无法通过铜沙水道，因此在炮击了约1个小时后即转舵返航。这时“应瑞”会合“永绩”舰追出，又与“镇海”继续炮战一番。海战中，据称“海圻”舰被“永绩”击中2弹，被“应瑞”击中1弹，但无大碍，也无官兵伤亡。

“海圻”“镇海”驶出长江口后，恰好遇见闽系的“江利”号炮艇从福州向长江口返航，二舰遂一同向“江利”追击，最终将其俘获，带回里长山列岛锚地。是为“海圻”在东北海军中的首次出征，即取得击伤“海筹”、俘虏“江利”的不俗战绩，使得东北海军声威大振。[228]

5月18日，东北海军故技重演。“海圻”“肇和”“威海”“镇海”等舰趁闽系海军主力上溯长江作战之时，驶入长江口。上午8时许，舰队抵达吴淞口外三夹水，当时正有怡和洋行“恒生”轮驶经，“海圻”即尾随“恒生”轮驶入，并向吴淞南石塘炮台射击，炮台亦立即还击，双方各发十余炮，均未命中，至10时45分“海圻”方才掉头驶离。[229]“海圻”此后还向闽系海军发出颇具挑衅性的电报：“出来，为了海军的统一而战！”（Come out and fight for the unity of the navy）[230]闽系海军立即调派巡洋舰与鱼雷艇尾追，但终未与东北海军直接遭遇，此后“海圻”等舰于5月20日回到烟台。[231]

1927年8月，东北海军强行将渤海舰队吞并，由沈鸿烈统一指挥，东北海军于是进入了全盛时期。“海圻”等舰四处出击，封锁沿海，而闽系海军只能龟缩长江口内，不敢越雷池半步。8月19日，“海圻”“海琛”“肇和”等舰再度驶向长江口。20日凌晨3时，“海圻”舰秘密进口，在距吴淞炮台约5公里处停泊，3时45分炮台以探照灯照射，“海圻”望见后遂开始向炮台射击，共开9炮，炮台亦还击5炮。双方交战约20分钟，均未命中，“海圻”旋驶出长江口。[232]

8月30日，“海圻”“海琛”“肇和”“威海”等舰再次从青岛出发。9月1日下午2时各舰接近吴淞口，但并未贸然攻击。晚9时，各舰驶离，在经过川沙附近江面时遭到北伐军陆上火炮射击，据称“海圻”舰被击中。[233]仅仅2天之后，东北海军卷土重来。9月3日下午1时20分，各舰驶近吴淞炮台约8000米处，受到吴淞炮台射击，双方各发射十余弹。在东北舰队退走时，又受到浦东方向的陆上炮兵射击。[234]此日，“镇海”舰还派出一架舰载水上飞机飞临高昌庙一带轰炸，造成了一定的恐慌。

9月29日，“海圻”等舰再度出现在吴淞口外，闽系海军立即派“海筹”“永绩”“湖鹰”“湖隼”等舰前往迎敌，在白龙港附近发现东北舰队，双方略加交火，东北舰队即驶去。[235]

11月13日上午8时，“海圻”等舰接近吴淞炮台，发射3炮，吴淞炮台并未还击，舰队即遁去。[236]

当年12月26日，“海圻”舰突然从青岛远道前往香港，并于30日抵达，停泊于北角七姊妹附近海面。元旦日，官兵上岸游行，军舰补充给养。[237]返航途中该舰于1928年1月3日抵达汕头，得知“中山”“飞鹰”二舰正在港内，便致电邀请二舰出港相会，但二舰未应。“海圻”遂于5日晚12时离汕头北上，11日回到青岛。[238]当时各界对“海圻”此行南下的原因众说纷纭，一说是为追踪由沪赴粤的“中山”舰，也有猜测是在北伐军节节胜利的情况下为该舰自身利益考虑，商洽南投事宜而来。[239]但据东北海军的亲历者回忆，此次巡航是为了截击抓捕一艘意大利的军火船，由“海圻”舰负责广东、香港海面，“海琛”“肇和”负责江浙海面的封锁任务。但最终一无所获，“肇和”还因为风浪受到了破坏。[240]

1928年5月，东北海军再次组织了一次大规模的南袭行动。3日晨8时半，“海圻”等舰出现在吴淞口外白龙港江面，向吴淞炮台开炮，炮台及附近闽系军舰向其还击，“海圻”等舰遂退去。但中午12时半左右，又有2架水上飞机飞临高昌庙、龙华一带投弹。北伐军立即派“甲三”及“戊二”号2架飞机升空，与奉军飞机发生空战；并派出鱼雷艇追踪东北军舰，但无功而返。[241]

仅仅几天之后，5月10日，“海圻”“海琛”“肇和”等东北海军主力又突然出现在了厦门外海，被闽系“楚泰”舰发现。据称东北舰队前来厦门是得到了美国商船为北伐军运载军火抵厦的情报，但军火船先到一步，因此东北舰队未能截击成功。13日凌晨3时半，“海圻”突然驶近厦门海口，向胡里山炮台开炮，炮台立即打开探照灯，向“海圻”舰还击，磐石炮台和屿仔尾炮台亦同时发炮助战，至3时40分“海圻”向口外退去。此后，东北舰队在厦门外海梭巡数日后返回青岛。[242]

当年6月4日，张作霖在皇姑屯事件中被日军密谋炸死。此后东北海军“海圻”等主力再未有南下袭扰的举动。是年底东北易帜，国民政府遂完成了形式上的统一。但东北海军仍在张学良、沈鸿烈统率下，与闽系海军相互独立。“海圻”所在的海防第一舰队常泊于青岛东面的崂山湾。

1929年春，张宗昌在日本支持下纠集残部在烟台登陆，旋被国军击败。5月初，“海圻”“镇海”等舰前往砣矶岛，将张宗昌残部三四千人缴械。[243]

1930年，葫芦岛被东北海军辟为军港。7月2日，张学良抵达葫芦岛，举行辟港仪式。4日下午3时，张学良在沈鸿烈的陪同下乘坐舢板抵达“海圻”舰，检阅东北海军“海圻”“海琛”“楚豫”“永翔”“镇海”等舰。随后以“海圻”“海琛”为甲军，“永翔”“楚豫”为乙军，在水上飞机的配合下进行联合操演。双方演习至5时40分结束。[244]

1931年9月18日，日本关东军制造“九一八”事变，东北随即沦陷。“海圻”等舰此时仍驻青岛，未受波及。“九一八”事变后，东北海军的饷项经费成为问题，导致第一舰队司令凌霄及部分舰长的不满，他们向沈鸿烈提出占领山东沿海城市筹饷的办法，遭到沈鸿烈拒绝。12月初，凌霄等人在崂山下清宫对沈鸿烈实施兵谏，但遭到失败，史称“崂山事变”。[245]此后，沈鸿烈兼任青岛市长，仍然牢牢地把持着东北海军的大权。

1932年4月，国联调查团前来调查满洲问题，“海圻”作为中方的接待舰，前往秦皇岛，与日本驱逐舰“朝颜”“芙蓉”一同将调查团接往大连。[246]同年10月，中共在日照组织农民暴动，沈鸿烈亦派“海圻”“江利”二舰前往日照附近震慑。[247]

1933年6月，东北海军内部再度发生了一场哗变。由于老渤海舰队派和东北派（烟台海校与葫芦岛海校毕业人员）的利益冲突，东北派决定将沈鸿烈劫持上“海圻”，逼迫其接受打压老渤海舰队派的条件。当时“海圻”“海琛”“肇和”三舰正停泊在胶州湾西面的薛家岛锚地，因此史称“薛家岛事件”。然而事机败露，东北派怕沈鸿烈追究，于是决定带领“海圻”等三舰出走，投奔广东省实力派陈济棠（“同安”舰因续航能力不足，无法随行）。26日晚9时左右，“海圻”“海琛”“肇和”三舰熄灭灯光，秘密离开青岛南下。[248]

航行三日后，“肇和”舰煤水告急，不得不由“海圻”舰拖带，途中发生缆绳缠绕“海圻”螺旋桨事故，所幸得以及时排除。此后三舰在浙江沿海岛屿停靠休整，被商船发现，三舰的行踪方才大白于天

东北海军时期“海圻”舰航海舰桥的摄影，可见前桅下桅盘已加装了硬顶

东北海军时期的“海圻”舰，舰员正在操纵3磅速射炮

下。[249] 7月1日，三舰驶过温州，5日上午8时抵达香港海面，旋停泊于赤湾附近，与广东当局接洽请求收编，得到了陈济棠同意。[250] 10日从赤湾起碇，下午3时到达黄埔河面停泊。[251]“海圻”舰就以这样一种不光彩的方式又回到了她10年前叛离的粤省。

大约在东北海军时期，“海圻”舰的外观上出现了一处比较重要的变化：前桅下桅盘加装了一个硬顶，被改造成了一个“炮火指挥楼”，即射击指挥室。此射击指挥室的细节尚未找到明确记录，但结合同时期的外国军舰装备情况，或可推测此射击指挥室内安装有德梅里克（Dumaresq）计算器、距离钟（range clock）等火控装置，可在测距仪（安装于前部甲板室顶）测得双方距离后，根据敌我双方距离变化率、风速等因素对射击方位进行修正，并将修正值报知各炮位。如果真的如此，那么“海圻”舰也可视为具有了现代化火控的雏形。[252]

还有一些记录称“海圻”舰在东北海军时期装备了水上飞机，但从照片上看并未发现该舰装备用来收放水上飞机的起重机吊杆，因此存疑。

粤海舰队时期的“海圻”号巡洋舰（1933—1935）

“海圻”等三舰投粤后，被单独编为“国民革命军第一集团军粤海舰队”，直接受第一集团军总司令陈济棠统辖。据知情者向蒋介石反映的情况，当时“海圻”“海琛”二舰中水兵分为山东派与关东派，而实权操于队长之手，尤其以“海圻”第一队长关继周与“海琛”第一队长唐静海为两大势力。“现在两派皇皇，互惧吞并，排斥倾轧，不可终日。士兵精神术科均佳，稍为整顿，确属可用。唯官员骄奢淫佚，桀骜不驯，无论何人统率，均难指挥如意，非有彻底改革不可。”[253]

果不其然，陈济棠在“海圻”舰驻粤期间频繁对三舰进行人事调动，如将关继周调任海南专员，唐静海调任“福游”舰长，并派广东海军官兵上舰，逐渐控制了舰队实权。东北籍下层官兵对此非常不满，驾舰逃出广东的呼声越来越大。1935 年 6 月初，粤海舰队军饷由大洋改为小洋，更进一步激化了不满情绪。15 日晚 7 时，“海圻”“海琛”在唐静海、张凤仁等原东北籍军官的率领下秘密起锚升火，准备驶离黄埔（“肇和”因轮机正在修理无法随行）。11 时许二舰开航，陆上防军对此早有防备，一经发现后立即向二舰开枪，鱼珠、长洲炮台时亦发炮攻击，二舰向陆上开炮还击，遂将陆军压制。当二舰驶至莲花山附近江面时，因正值退潮，二舰双双搁浅，16 日涨潮时方才脱险。当天二舰一面实行缓兵之计，派出代表与陈济棠商洽，一面等待晚潮通过虎门。下午 3 时二舰遭到广东空军 12 架飞机轰炸，于是立即起锚，在江面游弋，并以高射炮还击。飞机投弹达数十枚，但因得到命令只作威慑，因此并无炸弹击中二舰。下午 5 时天空阴云密布，大雨将至，空袭遂告结束，二舰下锚修整。

晚 7 时，天空下起暴雨。晚 11 时二舰再度起碇，一面以炮火压制西岸陆军，一面驶向虎门。17 日凌晨 1 时，在距虎门约 8000 米时，“海圻”舰即用 120 毫米副炮向东岸炮台射击，威远、沙角、大角、上下横档炮台亦纷纷还炮。不久，炮台的探照灯被击毁，加之大雨倾盆，炮台无法瞄准，二舰遂用全部火力向炮台压制，鏖战 1 个多小时，至凌晨 2 时 10 分才冲出虎门，自身并未受到损失。

17 日 7 时许，两舰通过伶仃洋后，到达大屿山附近停泊，一面将伤员送往香港救治，一面与香港方面交涉入港，旋得到香港方

虎门事件后停泊在香港的“海圻”舰

面同意。19日上午8时二舰起程前往香港，在中环附近停泊。在港期间，二舰补充了煤水，并决定北上投靠蒋介石。其实就在此时，中央海军（闽系）部长陈绍宽已经派第一舰队司令陈季良率“宁海”“海容”“海筹”等主力舰只前往香港外海，并派“通济”舰先期驶入香港侦察。“海圻”“海琛”二舰不知港外已经布下了中央海军的天罗地网，仍于21日下午4时出港东驶。6时许，二舰刚出香港地界，便有弹着点水柱在左舷升起，一开始以为是广东空军又来轰炸，后发现原来是中央海军的“宁海”舰正在2000米外向二舰炮击，二舰复掉头返回香港（“海琛”因舵机故障，掉头颇费了一番周折），于晚8时许停泊在九龙湾油麻地附近。深夜时分，“宁海”亦驶入香港维多利亚湾，停泊于中环皇后码头附近海面。

二舰回到香港后，一面进行补给和修理，一面继续进行各方面的博弈。同时中央海军方面再次增派“应瑞”舰前来，并派海军军令处长陈策赴港调停。最后在陈策的斡旋下二舰与中央政府达成协议，由陈策率领北归。7月9日凌晨2时50分二舰离开香港北驶，途经镇海，16日下午离镇海，17日晨5时半经过吴淞口，最后于18日下午2时抵达南京下关驻泊。[254]

南京政府时期的“海圻”号巡洋舰（1935—1937）

1935 年 7 月“海圻”“海琛”二舰到达南京后，被归隶于原东北舰队改编的第三舰队（驻威海卫），但二舰实则直属于军委会，停泊于南京下关，名义上担负长江防务护渔工作。9 月 2 日上午 8 时，陈绍宽在第三舰队司令谢刚哲的陪同下视察了二舰。[255]

1937 年 7 月全面抗战爆发后，国防部决定在江阴沉船构筑封锁线，8 月 12 日首批舰船自沉后，海军第一、第二舰队的剩余舰只集结于封锁线后方待机。而此时第三舰队的“海圻”“海琛”二舰还独自停泊在南京下关，逍遥事外。9 月 23 日“宁海”舰被日军击沉，“平海”舰负伤，封锁线岌岌可危。因此在军委会会议上有人提出将第一舰队中老旧的“海容”“海筹”自沉来加强堵塞线，陈绍宽则要求将军委会直辖的“海圻”“海琛”也拿来一同自沉。25 日，“海圻”将舰上火炮拆卸起岸后从下关驶至江阴福姜沙西侧，艏艉的 8 英寸炮因已无炮弹而未拆去，随后四艘老旧的“海”字舰打开通海阀，沉入大江。在度过了 38 年的漫长岁月后，这艘老舰就此走到了她生命的终点。

四“海”字舰上的火炮随后被安置于长江沿岸，作为临时炮台。舰员则由“应瑞”舰搭载回南京，后编成长江要塞守备总队，由原“海圻”舰长唐静海任总队长，继续转战各处。[256]“海圻”“海琛”舰拆下的 6 门 3 磅哈乞开斯炮中，4 门安装于南京长江北岸划子口，2 门安设于小金庄，12 月 10 日小金庄的 2 门炮也被迁至划子口。[257] 12 日中午 12 时 30 分，日军溯江部队的“保津”“势多”炮艇与“扫三”“扫六”扫雷艇前进至乌龙山阻塞线一带，在 2000 码距离上遭到划子口炮台的猛烈射击，“保津”“扫三”“扫六”先后中弹，其中“保津”舰左舷轮机发生故障，“扫六”舰桥后部、“扫三”艇长室水线附近都中弹受伤，造成 2 名日本水兵受伤，日舰一边掉头逃窜，一边拼命反击，但划子口炮台地形优越，日舰炮弹少有命中。日军增援舰艇于 15 时 30 分左右抵达战场，与划子口炮台及南岸乌龙山炮台发生交火，“神川丸”号特设水上飞机母舰和第二航空联队也派出飞机助战。13 日上午，“保津”“势多”再次冲入乌龙山阻塞线，又遭到划子口炮台的反击，随后日本第二十四驱逐队（包括驱逐舰“海风”“江风”“山风”“凉风”）也前来参与炮火压制，划子口炮台炮弹又告罄，参战官兵不得已于傍晚撤退。[258]

1959年，在清理长江航道过程中，上海打捞工程局发现了沉没在江阴长山附近的“海圻”舰残骸，当时该残骸一舷已被炸去一部分，折断横卧在江底泥沙中。1960年5月27日，工程人员使用浮筒整体抬浮法将“海圻”舰打捞出水，后拖至福姜沙，分两段拆解处理。[259]另有“海圻”舰的数个锅炉于1965年被靖江县打捞公司打捞出水，后分配至附近工厂使用。[260]

五、小结

“海天”级巡洋舰是清廷在甲午战败后为重建海军而购买的最强大、最先进的军舰，阿姆斯特朗公司利用“布宜诺斯艾利斯”号的成熟技术加以改进，建成了这级当时世界上最快速的巡洋舰。虽然在当时列强海军军备竞赛白热化的情况下，这两艘不起眼的防护巡洋舰并没有引起世界各国的太多关注，但其对于当时百废待兴的中国海防而言意义是至关重要的。讽刺的是，由于在其后的很长时间里中国海军建设的止步不前，“海天”级巡洋舰，尤其是长寿的“海圻”号巡洋舰一直扮演了中国海军中坚的角色。

因此，“海天”级巡洋舰，尤其是“海圻”舰的历史几乎就是半部近代中国海军史，经历了庚子事变、日俄战争、清末新政、辛亥革命、二次革命、护国战争、护法运动、粤桂战争、第二次护法运动、陈炯明叛变、第二次直奉战争、北伐战争、“九一八”事变、抗日战争等一系列历史事件。在这历史的大幕下，这两艘既强大又弱小的巡洋舰也上演着它们的生命活剧：“海天”触礁、宣慰南洋华侨、远航欧美、加入“护法舰队”、夺舰事件、北叛南逃、奇袭吴淞、江阴沉舰……三十八载的岁月中，它们既有辉煌的荣光，然而更多的是斗争、背叛、辛酸、苦涩。

于是，在我们审视这两艘军舰的生命过程中，“军舰”本身已然淡化成了一个背景和舞台，跳跃而出的是一个个心怀鬼胎的人物，他们在清末民初的动荡时局中相互倾轧，将军舰变成了他们实现自身利益的工具，这才有了分裂海军的“护法舰队”，才有了血雨腥风的“夺舰事件”，才有了温树德的北叛，才有了下克上的“崂山事变”和“薛家岛事件”，才有了朝秦暮楚的“黄埔事件”。这种种闹剧，无论是出自赤裸裸的“利益”还是冠冕堂皇的“主义”，都将被永远地钉在历史的耻辱柱上。

造成这种闹剧的根源是什么呢？是贫穷，是动荡，是整个国家在国运下行之时集体主义和爱国主义的丧失。这种时候，海军就变成了当权者攫取权力的工具，变成了军人升官发财的垫脚石或者谋生的饭碗。“海天”级巡洋舰的生命便大都消耗在这样的时代，不亦悲乎？

然而当“海圻”这艘来自泰恩河畔的修长秀美的巡洋舰，这艘承载着甲午战后复兴海军希望的巡洋舰，在漫长的内斗中蹉跎了一生，最终自沉大江，用自己的钢铁身躯阻挡了外敌前进的步伐之时；当本属于它一部分的舰炮，在最后的时刻向外敌发出了悲壮的怒吼之时，这故事的结局才终于得到了一个令人快慰的升华，它将作为巍巍中华不容侵犯的“海上之圻”而被永世铭记。

注　释：

［1］本小节主要参考：Peter Brook: *Warships for Export: Armstrong Warships 1867-1927*, the World Ship Society, 1999; Philip Watts: “Elswick Cruisers”, *Transactions of the Institution of Naval Architects*, Vol. XLI, 1899, pp. 286-308。

［2］凤凌：《四国游记》，光绪二十八年石刻版。

［3］该型舰宽度估计记载错误，应为 75.5 英尺较为合理。

［4］本小节参考林乐知译，蔡尔康辑：《李傅相历聘欧美记》，沈云龙主编《近代中国史料丛刊第八十一辑》，文海出版社 1966 年版。

［5］“Li Hung Chang at Cragside, a Day Spent Indoors, Pictures, China, and Photographs”, *The Daily News*, August 20th, 1896.

［6］“Welcome by the Mayor”, *Newcastle Daily Chronicle*, August 21st, 1896.

［7］“Li Hung Chang on the Importance of Railways”, *Newcastle Daily Chronicle*, August 21st, 1896.

［8］“At Elswick Works, the Viceroy Asks Many Questions”, “Luncheon and Departure from Elswick Works”, “Departure for London”, *Newcastle Daily Chronicle*, August 21st, 1896.

［9］张之洞:《致总署》，光绪二十一年正月十七日卯刻发，苑书义、孙华峰、李秉新主编《张之洞全集》(第三册)，河北人民出版社 1998 年版，第 2030 页。

［10］《清实录》(第五六册)《德宗实录》(五)，中华书局 1987 年版，叶七六一。

［11］张之洞:《致总署》，光绪二十一年三月十三日卯刻发，苑书义、孙华峰、李秉新主编《张之洞全集》(第三册)，河北人民出版社 1998 年版，第 2053—2054 页。

［12］同上书，第 2055—2056 页。

［13］《清实录》(第五六册)《德宗实录》(五)，中华书局 1987 年版，叶六八〇。

［14］同上书，叶八三八。

［15］王文韶:《遵旨复奏时政请以开银行修铁路振兴商务为首要事》，光绪二十一年七月十二日，中国第一历史档案馆藏军机处录副奏折 03-5612-007。

［16］刘坤一:《遵议廷臣条陈时务折》,《刘坤一遗集》(第二册)，中华书局 1959 年版，第 892 页。

［17］张之洞:《吁请修备储才折》，光绪二十一年闰五月二十七日，苑书义、孙华峰、李秉新主编《张之洞全集》(第二册)，河北人民出版社 1998 年版，第 992—993 页。

［18］张之洞:《致总署、督办军务处》，光绪二十一年六月二十七日未刻发，苑书义、孙华峰、李秉新主编《张之洞全集》(第三册)，河北人民出版社 1998 年版，第 2079 页。

［19］《清实录》(第五六册)《德宗实录》(五)，中华书局 1987 年版，叶八六五。

［20］《收出使俄国大臣许景澄电，为购买德国兵船事》，光绪二十三年七月初六日，中国第一历史档案馆编:《清代军机处电报档汇编》(第十五册)，中国人民大学出版社 2005 年版，第 330—331 页。

［21］许景澄:《伏耳铿厂拟造铁甲船式说(按原拟快船酌改)》，光绪二十一年十一月，沈云龙编《许文肃公(景澄)遗集——近代中国史料丛刊 183》，文海出版社 1968 年版，第 705—709 页。

［22］伏耳铿公司亦建造有 2 艘该级巡洋舰，分别为“赫塔”号(Hertha)和“汉莎”号(Hansa)。

［23］有学者认为这份伏耳铿厂装甲巡洋舰方案应类似于德国“德皇弗里德里希三世”级战列舰，执此观点者，如陈悦(《清末海军舰船志》，山东画报出版社 2012 年版，第 89 页)。实际上如前文所说，即便伏耳铿厂的新方案类似于二等战列舰，其本质也是从装甲

巡洋舰的设计修改而来，与“维多利亚·路易斯”“俾斯麦侯爵”等巡洋舰的亲缘关系远大于战列舰。

［24］许景澄：《伏耳铿厂拟造穹甲快船式说》，光绪二十一年十一月，沈云龙编《许文肃公（景澄）遗集——近代中国史料丛刊183》，文海出版社1968年版，第709—710页。

［25］许景澄：《致总理衙门总办函》，光绪二十一年十一月，沈云龙编《许文肃公（景澄）遗集——近代中国史料丛刊183》，文海出版社1968年版，第509页。

［26］奕訢等：《筹办战船情形由》，光绪二十二年八月十四日，中国第一历史档案馆藏录副奏折，档号03-6140-057。

［27］《王文韶日记》1896年5月16日载：“包尔同伏耳铿厂商人麦岐迈（应为岐麦迈）来见。”袁英光、胡逢祥整理《王文韶日记》（下册），中华书局1989年版，第943页。

［28］许景澄：《致总理衙门总办函》，光绪二十一年十一月，沈云龙编《许文肃公（景澄）遗集——近代中国史料丛刊183》，文海出版社1968年版，第506页。

［29］《中国海关密档——赫德、金登干函电汇编》将此人名翻译为邓禄普，《王文韶日记》中称此人为滕伯禄或敦乐伯，现将其名统一为敦乐伯。

［30］英国海军部档案ADM 196-15-6。

［31］*Armstrong Minute Book, 1889-1896*, Tyne & Wear Archives 130/1265, pp.431-432.

［32］《赫致金第Z/701号函》，1896年3月15日，中国第二历史档案馆、中国社会科学院近代史研究所合编：《中国海关密档——赫德、金登干函电汇编》（第六卷），中华书局1996年版，第439页。

［33］英国外交部档案FO17/1409。

［34］Ernest Mason Satow, Ian C. Ruxton: *The Diaries of Sir Ernest Satow, British Minister in Tokyo (1895-1900): A Diplomat Returns to Japan*, Ian Ruxton, 2010, p.97.

［35］Ian Ruxton: *Correspondence of Sir Ernest Satow, British Minister in Japan, 1895-1900*, Lulu.com, 2005, pp.460-461.

［36］*Armstrong Minute Book, 1896-1903*, Tyne & Wear Archives 130/1266, p.34.

［37］原文为“torpedo-catchers”，应译为鱼雷猎舰，实指许景澄订购的“海容”级巡洋舰。

［38］《赫致金第Z/716号函》，1896年7月12日，中国第二历史档案馆、中国社会科学院近代史研究所合编：《中国海关密档——赫德、金登干函电汇编》（第六卷），中华书局1996年版，第508页。

［39］袁英光、胡逢祥整理：《王文韶日记》（下册），中华书局1989年版，第953页。

［40］*Elswick Shipyard Report Book, 1883-1897*, Vickers Archives 1157, Cambridge University Library, p.279.

［41］奕訢等：《筹办战船情形由》，光绪二十二年八月十四日，中国第一历史档案馆藏录副奏折，档号 03-6140-057。

［42］同上。

［43］*The North China Herald and Supreme Court & Consular Gazette*, October 23rd, 1896.

［44］Philip Watts: "Elswick Cruisers", *Transactions of the Institution of Naval Architects*, Vol. XLI, 1899, p. 290.

［45］《赫致金第 782 号电》，1896 年 10 月 19 日，中国第二历史档案馆、中国社会科学院近代史研究所合编：《中国海关密档——赫德、金登干函电汇编》（第九卷），中华书局 1996 年版，第 59 页。

［46］同上书，第 60 页。

［47］本小节主要参考 *China: War Vessels and Torpedo Boats, Admiralty Intelligence Departments*, April 1903, pp. 25-26; Armstrong Whitworth & Co.: *"Hai Chi" and "Hai Tien", Instructions for the Use of the 203m/m, 120m/m & 47m/m Q.F. Guns and Mountings, Ammunition Hoists & Torpedo Tubes*, 1899; Naval Architect's notebooks belonging to Sir George Thurston, National Maritime Museum MSS/72/017; F. T. Marshall: "On the Boiler Arrangements of Certain Recent Cruisers", *Transactions of the Institution of Naval Architects*, Volume XLI., 1899, pp.309-324；"醇亲王府档案所载'海圻''海容'等舰参数"，中国第一历史档案馆藏醇亲王府档案，第 210 号，转见陈悦《清末海军舰船志》，山东画报出版社 2012 年版，第 506—507 页。

［48］Naval Architect's notebooks belonging to Sir George Thurston, National Maritime Museum MSS/72/017.

［49］"The Chilian Cruiser Blanco Encalada", *The Engineer*, December 14th, 1894, p.507.

［50］长度单位，1 英寻约等于 1.83 米。

［51］F. T. Marshall: "On the Boiler Arrangements of Certain Recent Cruisers", *Transactions of the Institution of Naval Architects*, Volume XLI., 1899, pp.309-324.

［52］载振：《英轺日记》，光绪二十九年版。

［53］"Naval Notes", *The Pratical Engineer*, July 7th, 1899, p.23。原表有部分数据与实际出入，现根据实际情况进行修正。

［54］现在一般称为"帕拉达"级（Pallada class）。

［55］现在一般称为"维多利亚·路易斯"级。

［56］Peter Brook: *Warships for Export: Armstrong Warships 1867-1927*, the World Ship Society, 1999.

［57］《收出使英国大臣龚照瑗电，为监视船工陈恩焘已到阿厂并拟换船炮事》，光绪二十三年正月十七日，中国第一历史档案馆编：《清代军机处电报档汇编》（第三十五册），

中国人民大学出版社 2005 年版，第 532 页。

[58]《收出使英国大臣龚照瑗电，为阿厂询用何式鱼雷事》，光绪二十三年正月二十七日，中国第一历史档案馆编：《清代军机处电报档汇编》(第三十五册)，中国人民大学出版社 2005 年版，第 541—542 页。

[59]《发出使英国大臣龚照瑗电，为阿厂两船用炮等事》，光绪二十三年正月二十八日，中国第一历史档案馆编：《清代军机处电报档汇编》(第二十五册)，中国人民大学出版社 2005 年版，第 64 页。

[60]《发出使英国大臣罗丰禄电，为办理阿厂船炮更改事》，光绪二十三年三月二十八日，中国第一历史档案馆编：《清代军机处电报档汇编》(第二十五册)，中国人民大学出版社 2005 年版，第 96 页。

[61] 蔡尔康辑：《李傅相历聘欧美记》，沈云龙主编《近代中国史料丛刊第八十一辑》，文海出版社 1966 年版，第 115 页。

[62] Photographs and papers of Siegmund Loewe and his family, 1882-1914, Vickers Archives MS. 1933, Cambridge University Library.

[63] J. D. Scott: *Vickers, a History*, George Weidenfeld and Nocolson Ltd., 1962, p.77.

[64]《收出使英国大臣龚照瑗电，为恳请拨给林国祥等房伙费用事》，光绪二十三年三月初四日，中国第一历史档案馆编：《清代军机处电报档汇编》(第二十七册)，中国人民大学出版社 2005 年版，第 7 页。

[65] *Elswick Shipyard Report Book, 1883-1897, Vickers Archives 1157*, Cambridge University Library, pp.298-299.

[66] *Elswick Shipyard Report Book, 1897-1913, Vickers Archives 1158*, Cambridge University Library, pp.2-4.

[67]《收北洋大臣王文韶电，为英德两厂船只请一并命名并按船酌派管带事》，光绪二十三年十月十一日，中国第一历史档案馆编：《清代军机处电报档汇编》(第三十六册)，中国人民大学出版社 2005 年版，第 61 页。

[68]《发北洋大臣王文韶电，为英及德国船厂船只已取名事》，光绪二十三年十月十三日，中国第一历史档案馆编：《清代军机处电报档汇编》(第二十五册)，中国人民大学出版社 2005 年版，第 163 页。

[69] "Launch of a Cruiser at Elswick for the Chinese Government, Speech by Sir Halliday Macartney", *Newcastle Daily Chronicle*, November 26th, 1897.

[70] "Launch of a Chinese Cruiser at Walker, Interesting Speeches, Another Order for the Armstrong Company", *Newcastle Daily Journal*, January 25th, 1898. "Launch of a Chinese Cruiser, Interesting Ceremony at Low Walker", *Newcastle Daily Leader*, January 25th, 1898.

[71] Ibid.

[72] "Naval Notes", *Royal United Service Institution Journal, Journal of the Royal United Service Institution*, Vol XLⅢ, 1899, J. J. Keliher & Co., p.906.

[73] "The Cruiser Hai-Tien", *Shields Daily Gazette*, April 7th, 1899.

[74]《收北洋大臣王文韶电，为德厂三船包送阿厂是否照办事》，光绪二十四年三月十四日，中国第一历史档案馆编：《清代军机处电报档汇编》(第三十六册)，中国人民大学出版社2005年版，第318页。

[75]《发北洋大臣王文韶电，为阿厂两船仍应令该厂包运事》，光绪二十四年三月十五日，中国第一历史档案馆编：《清代军机处电报档汇编》(第二十五册)，中国人民大学出版社2005年版，第293页。

[76] *Leicester Chronicle*, May 20th, 1899. *London Evening Standard*, May 19th, 1899.

[77] *Leicester Chronicle*, May 27th, 1899.

[78]《快船过叻》,《申报》1899年7月23日。

[79]《快船将到》,《叻报》1899年7月3日。

[80] "A New Chinese Cruiser", *The Strait Times*, July 4th, 1899.

[81] *Elswick Shipyard Report Book, 1897-1913, Vickers Archives 1158*, Cambridge University Library, p.39.

[82] 裕禄：《验收雷艇快船由》，光绪二十五年七月二十二日，中国第一历史档案馆藏军机处录副奏折 03-6186-057。

[83] "Italy", *The Time*, April 27th, 1899.

[84] Peter Brook: *Warships for Export: Armstrong Warships 1867-1927*, the World Ship Society, 1999, p.91.

[85] *Armstrong Minute Book, 1882-1889*, Tyne & Wear Archives 130/1264, pp.221, 231.

[86] "Purchase of a Cruiser", *Morning Post*, April 27th, 1899.

[87] *Armstrong Minute Book, 1882-1889*, Tyne & Wear Archives 130/1264, p. 231.

[88]《赫致金第663号电》，1899年6月16日，中国第二历史档案馆、中国社会科学院近代史研究所合编：《中国海关密档——赫德、金登干函电汇编》(第九卷)，中华书局1996年版，第248页。

[89]《金致赫第471号电》，1899年6月16日，同上书，第251页。该书中将意大利所购舰译为“运牲船”，大误。原文为“stock ship”，应译为“外贸军舰”。

[90] "The Cruiser Hai Chi", *Shields Daily Gazette*, June 1st, 1899.

[91]《赫致金第906号电》，1899年6月16日，中国第二历史档案馆、中国社会科学院近代史研究所合编：《中国海关密档——赫德、金登干函电汇编》(第九卷)，中华书局

1996 年版，第 253 页。

［92］ “A New Chinese Cruiser”, *The Strait Times*, July 14th, 1899。《快船过叻》,《叻报》1899 年 7 月 15 日。

［93］《海圻已至》,《申报》1899 年 8 月 10 日。

［94］ 裕禄:《验收雷艇快船由》，光绪二十五年七月二十二日，中国第一历史档案馆藏军机处录副奏折 03-6186-057。

［95］ 同上。

［96］《制军阅舰》,《申报》1899 年 8 月 22 日。

［97］ 裕禄:《验收雷艇快船由》，光绪二十五年七月二十二日，中国第一历史档案馆藏军机处录副奏折 03-6186-057。

［98］《清实录》（第五七册）《德宗实录》（六），中华书局 1987 年版，叶九一四。

［99］《收北洋大臣王文韶电，为伏厂三船包送拟派管带事》，光绪二十四年闰三月初一日，中国第一历史档案馆编:《清代军机处电报档汇编》（第三十六册），中国人民大学出版社 2005 年版，第 352 页。

［100］《发北洋大臣王文韶电，为拟派快船各管带妥筹接收事》，光绪二十四年闰三月十五日，中国第一历史档案馆编:《清代军机处电报档汇编》（第二十五册），中国人民大学出版社 2005 年版，第 323 页。

［101］ 裕禄折，光绪二十四年十月初二日，中国第一历史档案馆编:《光绪朝朱批奏折》，第 65 辑，中华书局 1996 年版，第 323—324 页。

［102］ 裕禄:《验收雷艇快船由》，光绪二十五年七月二十二日，中国第一历史档案馆藏军机处录副奏折 03-6186-057。

［103］ 裕禄:《奏为北洋新购水师海天海圻各船将次到齐通筹海军经费亟宜补拨事》，光绪二十五年五月二十九日，中国第一历史档案馆编:《光绪朝朱批奏折》第 65 辑，中华书局 1996 年版，第 341—342 页。

［104］ 裕禄折，光绪二十五年十月三十日，中国第一历史档案馆编:《光绪朝朱批奏折》第 65 辑，中华书局 1996 年版，第 360—361 页。

［105］ 陈绍宽:《海军史实几则》，张侠等编《清末海军史料》，海洋出版社 1982 年版，第 851 页。

［106］ *The North China Herald and Supreme Court & Consular Gazette*, December 9th, 1899.

［107］《35. 清国北洋艦船ノ運動ニ関スル報告在上海総領事館ヨリ送付ノ件　明治三十二年》，JACAR（アジア歴史資料センター）Ref.B11092342300、船艦及航海事業関係雑件　第二巻（B-3-6-3-2_002）（外務省外交史料館）。

[108] "On the Track of the Reformers", *The North China Herald and Supreme Court & Consular Gazette*, March 28th, 1900.

[109]《北洋水师南下避难情况之考证》，参见戴海斌：《庚子年北洋舰队南下始末》，《历史档案》2011 年第 3 期，第 133—136 页。

[110] Kemp Tolley: *Yangtze Patrol: The U. S. Navy in China*, Naval Institute Press, 2000, pp.168-169.

[111] John J. Heeren: *On the Shantung Front: A History of the Shantung Mission of the Presbyterian Church in the U. S. A., 1861-1940 in its Historical, Economic, and Political Setting*, Board of foreign missions of the Presbyterian church in the United States of America, 1940, p.125. Janet Benge, Geoff Benge: *Lottie Moon: Giving Her All for China*, YWAM publishing, 2000, pp.162-163.

[112] 冰心：《记萨镇冰先生》，张秀枫主编《冰心诗文精选》，北京工业大学出版社 2013 年版，第 96 页。

[113] "The Haichi and Captain Sah", *The North China Herald and Supreme Court & Consular Gazette*, July 25th, 1900.

[114] "Kiangyin", *The North China Herald and Supreme Court & Consular Gazette*, August 28th, 1901.

[115] "The Sale of the Peiyang Squadron", *The North China Herald and Supreme Court & Consular Gazette*, October 2nd, 1901.

[116]《5. 清国北洋艦隊ニ属スル五艦修繕ノ為メ馬尾造船所船渠へ入渠二関スル報告　明治三十五年》，JACAR（アジア歴史資料センター）Ref.B11092376600、船艦造修関係雑件　第二巻（B-3-6-3-11_002）（外務省外交史料館）。

[117] "A Great and Good Friend", *The Evening News*, December 23rd, 1901.

[118] 载振：《英轺日记》，光绪二十九年版。

[119] Kemp Tolley: *Yangtze Patrol: The U. S. Navy in China*, Naval Institute Press, 2000, p.168.

[120] "A Midsummer Holiday at Weihaiwei", *The North China Herald and Supreme Court & Consular Gazette*, August 27th, 1902.

[121]《水陆合操》，《顺天时报》1903 年 2 月 20 日。

[122] "Kiangyin", *The North China Herald and Supreme Court & Consular Gazette*, Feburary 25th, 1903.

[123] "Putting on Warpaint", *The North China Herald and Supreme Court & Consular Gazette*, January 8th, 1904.

［124］ 袁世凯：《兵轮触礁请将管带革职并起捞船械折》，光绪三十年六月初十日，《袁世凯全集（第十二卷）》，河南大学出版社 2013 年版，第 309—310 页。

［125］ Richard N. J. Wright: *The Chinese Steam Navy*, Chatham publishing, 2000, pp.119-120.

［126］ 有一说法称"海天"舰超速航行是因为管带刘冠雄在上海新屋落成，急于莅临所致，见《详记海天兵船失事情形》，《申报》1904 年 5 月 23 日。又有一说称因刘冠雄在福州新屋落成，刘妻在家临盆迫近，他急于由沪回家所致，见沈骏：《怀念外祖父陈兆锵将军》，福州市政协文史资料委员会编《福州文史集萃（上）》，海潮摄影出版社 2006 年版，第 35 页。

［127］"海天"失事部分主要参考袁世凯：《兵轮触礁请将管带革职并起捞船械折》，光绪三十年六月初十日，《袁世凯全集（第十二卷）》，河南大学出版社 2013 年版，第 309—310 页。《详记海天兵船失事情形》，《申报》1904 年 5 月 23 日。"The Wreck of the Haitien", *The North China Herald and Supreme Court & Consular Gazette*, April 29th, 1904.

［128］ *The North China Herald and Supreme Court & Consular Gazette*, November 25th, 1904.

［129］ 袁世凯：《起捞海天兵轮情形折》，光绪三十二年正月二十八日，《袁世凯全集（第十四卷）》，河南大学出版社 2013 年版，第 509—510 页。

［130］《"海天"号沉船北鼎星岛海域》，嵊泗新闻网，http://ssnews.zjol.com.cn/ssnews/system/2014/03/10/003245338.shtml，访问时间：2016 年 9 月。

［131］《中国海岛志》编撰委员会编：《中国海岛志（浙江卷第一册——舟山群岛北部）》，海洋出版社 2014 年版，第 111 页。

［132］ 沈来秋：《我所知道的刘冠雄》，中国人民政治协商会议福建省委员会文史资料研究委员会编《福建文史资料（第 8 辑）》，福建人民出版社 1984 年版，第 158 页。

［133］ 马士：《中华帝国对外关系史（第三卷）》，上海书店出版社 2006 年版，第 524—526 页。

［134］ 袁世凯：《请将代统北洋海军总兵萨镇冰交部议处折》，光绪三十年七月初八日，《袁世凯全集（第十二卷）》，河南大学出版社 2013 年版，第 373—374 页。

［135］ 袁世凯：《致外务部电》，光绪三十年十一月二十日，《袁世凯全集（第十三卷）》，河南大学出版社 2013 年版，第 53 页。

［136］《严防俄舰图逃》，《申报》1905 年 5 月 25 日。

［137］ 交通铁道部交通史编纂委员会编：《交通史电政编》，交通部总务司 1936 年版，第 58 页。《北洋奏办无线电报情形》，《申报》1906 年 8 月 24 日。

［138］《中国拟设无线电报之起点》，《申报》1905 年 11 月 24 日。

［139］“Visit of Chinese Cruisers to the Pacific”, *The North China Herald and Supreme Court & Consular Gazette*, August 1st, 1908.

［140］杨士琦：《奏请海军海圻海容两舰办事得力随差虚职员弁补实官事》，光绪三十四年三月十八日，中国第一历史档案馆藏军机处录副奏折 03-6188-107。

［141］《专电》，《申报》1909 年 3 月 10 日。

［142］载洵巡阅海军行程，主要参考载洵：《奏为开辟象山港并巡阅事竣大概情形》，宣统元年八月十四日，（台北）故宫博物院文献处藏清代宫中档及军机处档折件 180550。《筹办海军大臣南下日记》，《东方杂志》1909 年第 6 卷第 9 期；《筹办海军大臣南下日记第二》，同上，第 10 期。

［143］“The Navy Commissioners”, *The North China Herald and Supreme Court & Consular Gazette*, October 6th, 1909.《补志海军大臣由汉过芜情形》，《申报》1909 年 10 月 17 日。

［144］《涛贝勒出京纪事》，《申报》1910 年 3 月 24 日。

［145］《世界纪事》，《国风报》1910 年 4 月 10 日。

［146］《专电》，《申报》1910 年 4 月 7 日。

［147］《儀制　8 載洵殿下来朝 1 件　4 止　接伴日誌（1）》，JACAR（アジア歴史資料センター）Ref.C06092305000、明治 43 年　公文備考　巻 11 儀制 8 載洵殿下来朝 1 件 4 止（防衛省防衛研究所）。

［148］本小节主要参考冉鸿翮：《“海圻”舰清末出国贺英皇加冕慰侨与民初归国之经过》，《中国海军之缔造与发展》编辑委员会编《中国海军之缔造与发展》，台湾 1965 年版，第 61—77 页；叶心传：《英皇加冕琐记》，同上，第 78—79 页；黄文德：《敦睦与交际：1911 年中国海圻舰远洋访问之研究》，台湾海洋大学海洋文化研究所编《海洋文化学刊》（第十四号），2013 年 6 月刊，第 1—24 页；Richard Wright: “The Chinese Flagship *Hai Chi* and the Revolution of 1911”, *Warship 2016*, Conway publishing, 2016, pp. 143-151。

［149］《清实录》（第六十册）《宣统政纪》，中华书局 1987 年版，叶八四七。

［150］《专电》，《申报》1911 年 4 月 12 日。《日本接待涛贝勒记详》，《申报》1911 年 3 月 26 日。

［151］《谕旨》，《国风报》1911 年 4 月 29 日。

［152］“The Naval Review, Arrial of the Chinese Cruiser”, *The Times*, June 5th, 1911.

［153］《外务部收海军部抄录程璧光来电并复电》，张侠等编：《清末海军史料》，海洋出版社 1982 年版，第 427—428 页。

［154］“Movements of Ships”, *The Times*, June 30th, 1911.

［155］“Movements of Ships”, *The Times*, July 11th, 1911.

［156］“Dockyards Notes”, *The Engineer*, November 17th, 1911, p.524.

［157］“Chinese Cruiser Welcomed to Port”, *The New York Times*, September 12th, 1911.

［158］“Chinese Admiral at Beverly, President Taft Grants Audience to Ching Pih Kwong”, *The Washington Post*, September 15, 1911.

［159］格兰特曾于1877年卸任总统后访问中国，是第一位访问中国的前美国总统。

［160］“China Pays Tribute to Grant's Memory”, *The New York Times*, September 19th, 1911.

［161］“Big Warships Draw the Crowd Afloat”, *The New York Times*, September 25th, 1911.

［162］Ibid.

［163］“Rear Admiral Ching to the Secretary of State”, September 24th, 1911, *Papers Relating to the Foreign Relations of the United States*, U. S. Government Printing Office, 1918, p. 85.

［164］“The Acting Secretary of State to Rear Admiral Ching”, September 28, 1911, *Papers Relating to the Foreign Relations of the United States*, U. S. Government Printing Office, 1918, p. 86.

［165］冉鸿翮：《“海圻”舰清末出国贺英皇加冕慰侨与民初归国之经过》，《中国海军之缔造与发展》编辑委员会编《中国海军之缔造与发展》，台湾1965年版，第71—72页。

［166］同上书，第72页。

［167］《海军司令部装运快炮》，《申报》1912年7月11日。

［168］《海军沿革》，杨志本主编：《中华民国海军史料》，海洋出版社1987年版，第1页。

［169］《修理海圻巡洋舰》，《申报》1912年6月23日。

［170］《海军部为“海圻”舰员兵请奖》，杨志本主编：《中华民国海军史料》，海洋出版社1987年版，第668—673页。

［171］《李鼎新呈》，中华民国二年二月，殷梦霞、李强选编：《国家图书馆藏民国军事档案文献初编（第二册）》，国家图书馆出版社2009年版，第328页。

［172］《烟台兵变续闻》，《申报》1913年1月15日。

［173］刘冠雄：《校阅日记》，殷梦霞、李强选编《国家图书馆藏民国军事档案文献初编（第二册）》，国家图书馆出版社2009年版，第485—531页。刘冠雄：《校阅报告书》，同上，第533—542页。

［174］《中华民国文献：民初时期文献（第二辑）》，台湾2001年版，第592页。

［175］“The Firing at Woosung”, *The North China Herald and Supreme Court & Consular Gazette*, August 9th, 1913.

［176］“The Firing Resumed”, Ibid.

［177］“Fighting in Earnest”, Ibid.

［178］《上海兵祸记（十五）》、《上海战事十六志》，《申报》1913年8月8日。

［179］《上海战事二十一志》，《申报》1913年8月13日。《吴淞炮台就降捷报》，《申

报》1913年8月14日。《淞沪战云初敛》,《申报》1913年8月15日。

[180] 刘冠雄:《刘冠雄致国务院同人述海军攻淞情形函》,1913年8月19日,莫世祥:《民初政争与二次革命(下编)》,上海人民出版社1983年版,第734页。

[181]《淞沪停战后种种》,《申报》1913年8月21日。

[182] 刘冠雄:《刘冠雄详陈各舰队攻克江宁情形函》,1913年8月31日,杨志本主编:《中华民国海军史料》,海洋出版社1987年版,第279页。

[183]《海军部关于与德商订立购买无线电台装设"海圻""海容"合同公函》,1913年12月26日,杨志本主编:《中华民国海军史料》,海洋出版社1987年版,第193—195页。

[184]《烟台大沽间之现状》,《申报》1914年8月30日。

[185]《海军司令部纪事二则》,《申报》1915年2月19日。《海军司令部纪事三则》,《申报》1915年7月25日。

[186] 这次护航"海圻"舰是否参加说法不一。认为"海圻"参加者如《新裕机师述失事情形》,《申报》1916年5月3日。又如《新裕轮船运兵失事五志》,《申报》1916年5月1日,等等。而认为护航舰只有"海容""海筹"者,如吴振南:《"海容"舰撞沉"新裕"轮案》,杨志本主编《中华民国海军史料》,海洋出版社1987年版,第984—985页。"新裕"溺毙人数,见《政府公报》公文第749期1918年2月23日。

[187]《江南船坞纪事二则》,《申报》1916年10月12日。《海圻舰乘潮出坞》,《申报》1916年10月14日。

[188]《本报特电》,《香港华字日报》1916年12月27日。

[189] 本小节主要参考汤锐祥:《护法舰队史》,海洋出版社2011年版。

[190] 叶心传:《海军舰队南下护法之前因后果》,《中国海军之缔造与发展》编辑委员会编《中国海军之缔造与发展》,第85—86页。

[191]《粤海军截获龙舰详情》,《申报》1918年1月1日。

[192]《护法舰队驳斥诋毁程璧光匿名传单的宣言》,1918年3月上旬,汤锐祥编:《护法运动史料汇编(一)——海军护法篇》,花城出版社2003年版,第187—188页。《龙济光谋粤之现势》,《申报》1918年1月8日。

[193] 有报道称因琼州海峡沙屿极多,不利于大舰航行,故"保民"竟向"海圻"开炮,逼迫"海圻"退走,见《粤局之最近观》,《申报》1918年1月24日。但倘若"海圻"真欲动武,"保民"是无论如何也无法抗衡的。后来又有匿名传单称"海圻"放走"保民"是收受贿赂,两下沆瀣一气的花招:"海圻舰放走满载济军军实之保民舰,约龙济光放炮两声,弃锚而逃返广州,一次所得二十五万元。"见《程璧光遇害前后的诽谤信和匿名传单》,1918年2月下旬,汤锐祥编:《护法运动史料汇编(一)——海军护法篇》,花城出版社2003年版,第169—170页。

[194]《民国日报》,1920年8月24日。

[195]《海圻舰下发现水雷》,《申报》1920年9月10日。

[196]《广州最近之两疑案》,《申报》1921年3月6日。

[197] 严寿华、梁巘麟、杨廷纲:《海军南下护法和"夺舰事件"》,杨志本主编《中华民国海军史料》,海洋出版社1987年版,第958页。李毓藩:《从护法舰队到渤海舰队》,文闻编《旧中国海军密档》,中国文史出版社2006年版,第52页。

[198] 本段主要参考严寿华、梁巘麟、杨廷纲:《海军南下护法和"夺舰事件"》,杨志本主编《中华民国海军史料》,海洋出版社1987年版,第958—961页。李毓藩:《从护法舰队到渤海舰队》,文闻编《旧中国海军密档》,中国文史出版社2006年版,第52—58页。

[199]《粤舰抵青记》,《申报》1924年1月8日。

[200]《温树德率队抵青》,《申报》1924年1月9日。

[201]《杜锡珪攻击温树德之沪闻》,《申报》1924年2月16日。《杜锡珪攻击温树德之续闻》,《申报》1924年2月18日。

[202]《国内专电》,《申报》1924年5月21日。《洛吴请拨款修舰》,《申报》1924年6月14日。

[203]"海圻"等舰拟赴日本川崎造船厂修理始末,参见陈群元:《日本与"禁助中国海军协议":以渤海舰队的修缮问题为中心》,第三届中国海防国际学术研讨会论文。

[204]《袭取渤海军舰之骇闻》,《申报》1924年6月16日。

[205]《谋抢海圻案犯已处决》,《申报》1924年7月9日。

[206]《来函》,《申报》1924年7月7日。

[207]《南北战事汇闻》,《申报》1924年9月21日。

[208]《渤海舰队之备战忙》,《申报》1924年10月2日。

[209]《国内专电》,《申报》1924年10月3日。

[210] 张凤仁:《东北海军的建立与壮大》,《中华文史资料文库——政治军事编(第八卷)》,中国文史出版社1996年版,第579页。

[211]《东北两军战讯》,《申报》1924年10月8日。该报称被俘者为"利绥"号,实应为"绥辽"号,见胡文溶、袁方乔:《旧海军南下护法及北归纪略》,中国人民政治协商会议全国委员会文史资料研究委员会编《文史资料选辑(第四十八辑)》,文史资料出版社1964年版,第172—173页。

[212]《吴佩孚致曹锟电》,1924年10月13日,中国第二历史档案馆编:《中华民国史档案资料汇编——军事(三)》,凤凰出版社1991年版,第293页。

[213]《东北两军战讯》,《申报》1924年10月24日。报道称当日渤海舰队俘获奉军

一艘商船改装军舰，或为前来索要“绥辽”的“镇海”号，但实际“海圻”因不愿与其开战而并未俘获。

［214］《东北两军战讯》,《申报》1924年10月26日。

［215］“The Navy for Smartness”, *The North China Herald*, November 1st, 1924.

［216］《京津间之新形势》,《申报》1924年11月6日。

［217］《山东中立后青岛之变局》,《申报》1924年11月12日。

［218］《国内专电》,《申报》1925年8月11日。

［219］《渤海舰队开赴秦皇岛》,《申报》1925年8月20日。

［220］《国内专电》,《申报》1925年10月17日。

［221］《鲁军集中徐州后之要讯》,《申报》1925年11月1日。

［222］《奉海军准备南下说》,《申报》1925年11月6日。

［223］《渤海舰队出发攻津详志》,《申报》1926年3月4日。《渤海舰队出发攻津》,《申报》1926年3月6日。

［224］《本馆专电》,《申报》1926年4月18日。

［225］《渤海艦隊所属軍艦海圻修理に関する件》,JACAR（アジア歴史資料センター）Ref.C04015468000、公文備考雑件4卷127（防衛省防衛研究所）。

［226］《直鲁军将通电援鄂》,《申报》1926年10月25日。

［227］张凤仁:《东北海军的建立与壮大》,《中华文史资料文库——政治军事编（第八卷）》，中国文史出版社1996年版，第580页。范杰:《我在东北海军的回忆》，文闻编《旧中国海军密档》，中国文史出版社2006年版，第36—37页。

［228］本段主要参考张凤仁:《东北海军的建立与壮大》,《中华文史资料文库——政治军事编（第八卷）》，中国文史出版社1996年版，第580—581页。《渤海舰队昨晨袭攻淞口败退》,《申报》1927年3月28日。《渤海舰队袭攻淞口续讯》,《申报》1927年3月29日。

［229］《渤海舰队昨又炮击淞口败退》,《申报》1927年5月19日。

［230］“Naval Forces Mobilized for Decisive Battle Near Woosung Chiang Goes Back”, *The China Press*, May 20th, 1927.

［231］《海圻回抵烟台之外报》,《申报》1927年5月22日。

［232］《渤海舰队昨晨第三次袭攻淞口败退》,《申报》1927年8月21日。

［233］《前晚川沙海面敌舰受创逃去》,《申报》1927年9月3日。

［234］《渤海舰队昨又袭击淞口》,《申报》1927年9月4日。

［235］《前晚海军在白龙港击退敌舰》,《申报》1927年10月1日。

［236］《渤海舰队昨又图袭淞口》,《申报》1927年11月14日。

［237］《海圻舰突然抵港》,《香港工商日报》1928年1月3日。

［238］《海圻舰离汕北上》,《申报》1928年1月12日。“Kuominchun & Peking: ‘Haichi Goes Home”, *The China Mail*, January 16th, 1928.《海圻舰已回青》,《香港工商日报》1928年1月16日。

［239］《海圻抵汕原因之两说》,《香港工商日报》1928年1月10日。

［240］张凤仁:《东北海军的建立与壮大》,《中华文史资料文库——政治军事编（第八卷）》，中国文史出版社1996年版，第582页。

［241］《敌飞机掷炸弹失败》,《申报》1928年5月4日。

［242］《渤海舰图劫械未成》,《申报》1928年5月13日。《海圻舰炮击厦炮台》,《申报》1928年5月14日。《渤海舰队窥伺厦门之一瞥》,《申报》1928年5月20日。《渤舰袭厦后之行踪》,《申报》1928年5月24日。

［243］《沈鸿烈派舰堵截张褚溃兵》,《申报》1929年5月10日。

［244］《张学良检阅海军舰队》,《申报》1930年7月12日。

［245］有当事者回忆“崂山事变”发生在1932年春，实误。如张万里:《沈鸿烈及东北海军纪略》，文闻编《旧中国海军密档》，中国文史出版社2006年版，第86页。

［246］《国联调查团由秦皇岛到大连》,《申报》1932年4月28日。

［247］《展书堂师进剿日照共匪》,《申报》1932年10月21日。

［248］张凤仁:《东北海军的分裂与两舰归还建制》,《文史资料选辑（第四辑）》，辽宁人民出版社1964年版，第47—52页。

［249］同上书，第52—54页。

［250］《海圻等三舰驶抵粤海》,《申报》1933年7月12日。

［251］《海圻等三舰由西南正式收编》,《申报》1933年7月17日。

［252］较完整的现代火控系统由测距仪、火控计算机、射击指挥仪等部分组成。“海圻”舰以桅盘改造的射击指挥室内装备射击指挥仪的可能性不大，因此该舰的火控系统可能只具现代火控的雏形。

［253］《圻琛两舰内容报告书》，台湾藏蒋介石文物，档案号001-070000-00011-012。

［254］“海圻”“海琛”叛粤一段，主要参考程玉祥:《1935年“海圻”、“海琛”北归事件述论》,《中国史研究》2017年第2期，第35—43页。张凤仁:《东北海军的分裂与两舰归还建制》,《文史资料选辑（第四辑）》，辽宁人民出版社1964年版，第56—63页。钟汉波:《四海同心话黄埔——海军军官抗日劄记》，麦田出版股份有限公司1999年版，第51—61页。以及《申报》《香港工商日报》《天光报》等报纸报道。

［255］《革命的海军》1935年第172期。

［256］严寿华:《抗日战争时我在江阴封锁线的经过》，文闻编《旧中国海军密档》，中国文史出版社2006年版，第118—123页。刘崇平、魏应麟:《封锁江阴航道及海军炮队

登陆参战概况》,《南京保卫战》,中国文史出版社 2015 年版,第 69—72 页。

［257］《江宁要塞区作战经过概要》,中国第二历史档案馆编:《中华民国档案资料汇编第五辑第二编军事(二)》,江苏古籍出版社 1998 年版,第 324—325 页。另有史料记载,划子口炮台装备的是 6 磅炮 2 门、3 磅炮 4 门。但“海圻”“海琛”均未装备 6 磅炮,因此具体情况待考,见《海军抗日战史》(上册),1994 年版,第 969—970 页。

［258］ 划子口战斗过程主要参考:《海军抗日战史》(上册),1994 年版,第 969—970 页。(日本)防卫厅防卫研修所战史室:《战史丛书——中国方面海军作战(1)》,朝云新闻社 1974 年版,第 466—467 页。《1. 実施経過 / 田村(劉)中佐(一掃) 南京遡江作戦経過概要》,JACAR(アジア歴史資料センター)Ref.C14120621400、事変関係掃海研究会記録 昭和 13.7 調製(防衛省防衛研究所)。《主要作戦研究 17 南京攻略作戦 自昭和 12 年 11 月 26 日至昭和 12 年 12 月 17 日》,JACAR(アジア歴史資料センター)Ref.C14120597400、支那事変主要作戦研究 其の 2 昭和 13.1 ~ 13.11(防衛省防衛研究所)。张振育:《陆海军协同作战在中国抗战上之重要性》,《海光》1940 年第 1 期。日方记录中将“划子口”称为“刘子口”。

［259］《上海救捞志》编撰委员会编:《上海救捞志》,上海社会科学院 1999 年版,第 65 页。

［260］ 陈悦:《清末海军舰船志》,山东画报出版社 2012 年版,第 139 页。

第七章 “应瑞”级练习巡洋舰

1909年之后，清政府正式开始了重建海军的计划，筹办海军大臣载洵一行在经过对欧美的考察后，分别向英国维克斯公司、阿姆斯特朗公司和美国纽约造船厂订购了3艘练习巡洋舰，即“应瑞”号、“肇和”号和“飞鸿”号，这是清政府购入的最后一型巡洋舰，民国政府获得的第一型巡洋舰，“肇和”号也成了中国最后的阿姆斯特朗军舰。此后由于付款困难，“飞鸿”号转售希腊，成为该国海军的“艾利”舰；而“应瑞”“肇和”则如愿加入中国海军，成为培养海军人才的摇篮。但是在民国的动荡岁月中，这两艘军舰也不可避免地上演了同室操戈、天各一方的悲剧。

一、1900年前后巡洋舰的发展

巡洋舰的发展从1870年代之后走上了快车道，经历了1880年代至1890年代的发展之后更趋成熟，产生了装甲巡洋舰（armoured cruiser）、防护巡洋舰（protected cruiser）、鱼雷巡洋舰（torpedo cruiser）等舰种。至1900年前后，列强在海军技术领域又取得了许多新的进展，更是极大地促进了这一舰种的进步。

其一是动力系统的进步。1870年代后，舰用锅炉基本上是“斯科奇”式（Scotch）圆筒形火管锅炉的天下，但经过改进的水管锅炉也逐渐开始占据一席之地。与圆筒形火管锅炉相比，水管锅炉具有重量较轻、便于维修、能够快速增减气压等几个方面的优势。法国海军于1879年在“尖兵”号（Voltigeur）炮艇上试验了改进型的贝尔维尔式

亚罗式水管锅炉

水管锅炉，并将其推广到了多艘巡洋舰上。英国皇家海军则于1886年在鱼雷艇TB100号上首先试验了桑尼克罗夫特式水管锅炉，1892年起也开始追随法国海军的步伐，在“神枪手”号（H. M. S. Sharpshooter）鱼雷炮艇和一系列巡洋舰、战列舰上使用贝尔维尔式水管锅炉。进入1890年代后，水管锅炉的类型更加多样化，包括法国的贝尔维尔式、尼克劳斯式（Niclausse）、德雷斯特式（D' Allest），英国的巴博考克与威尔考克斯式（Babcock & Wilcox）、桑尼克罗夫特式、亚罗式等类型的水管锅炉都在舰船上得到了应用。

轮机方面，1890年代前的舰船轮机均为往复式蒸汽机。1894年英国下水的“透平尼亚”号（Turbinia）是世界上第一艘装上蒸汽轮机的船只，并在1897年维多利亚女王钻禧（在位第60年）观舰式上一鸣惊人。与往复式蒸汽机相比，蒸汽轮机的重量更轻，占用空间更小，对船体结构的震动也更小。蒸汽轮机很快被应用到了一些驱逐舰上，而英国1903年建成的“宝石”级（Gem class）巡洋舰“紫石英”号（H. M. S. Amethyst）是第一艘装备蒸汽轮机的巡洋舰。但早期的蒸汽轮机系统在巡航经济性上不尽如人意，因此往复式蒸汽机未被立即淘汰，蒸汽轮机系统的经济性问题直到减速齿轮箱发明后才得以解决。

其二是装甲防护的进步。舰船进入铁甲舰时代后，最初采用的是熟铁装甲，1880年代出现了钢铁复合装甲和全钢装甲。但是这些装甲对普通穿甲弹的防护能力比较有限，因此需要达到较大的厚

“透平尼亚”号快艇（Newcastle City Library）

度，这导致了装甲只能敷设在最关键的较小区域。1880年代后期出现了镍合金钢，1890年代又出现了表面硬化的哈维装甲（Harvey Armour）和克虏伯装甲（Krupp Armour），相较于传统钢制装甲而言，这些新式装甲材料的防护能力大大提高，比此前更薄的装甲就可以达到甚至超过此前的防护水平，于是军舰装甲防护的区域也随之扩大到了上甲板等部位。在1890年代和1900年代初期，由于穿甲弹发展较为滞后，拥有表面硬化装甲防护的战列舰被认为几乎是坚不可摧的。

其三是武器系统的进步。海军炮术从1850年代开始发生革命，经过了数十年的发展后从前膛炮时代进入了后膛炮时代。1880年代以后，火炮制造工艺本身已没有革命性的改变，但火炮身管越来越长，弹头初速越来越快。同时火炮作为一个系统，其炮架结构、观瞄射控装置也一直在快速演进。1880年代中口径火炮已经装备了管退炮架，利用液压弹簧复进机实现了速射化，1896年法国人发明的液压空气复进机进一步提高了速射炮的可靠性。速射炮与以往的架退式后膛炮相比，不仅单位时间内投射的弹药数量显著提高，而且

经过射击试验的克虏伯装甲

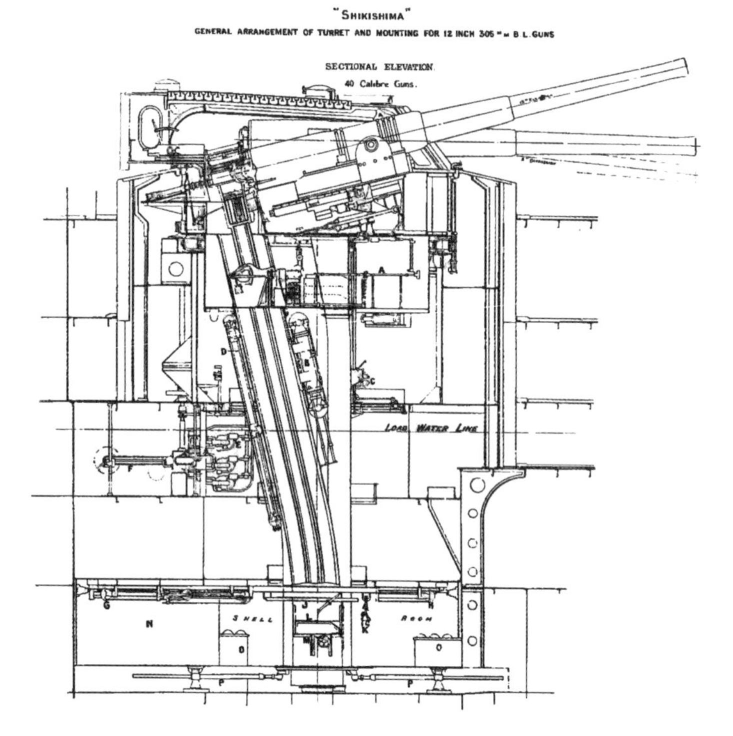

战列舰的炮塔作为一个武器系统进一步完善，
图为日本“敷岛”号战列舰的炮塔

可以实现连续的操瞄、射击，对提升射击精度也大有帮助。

观瞄射控装置在1900年代至1910年代实现了革命性的进步，在此之前军舰的射击流程基本上是枪炮军官用测距装置测得敌舰距离，然后用某种方式通知炮位，炮位根据告知的距离自行瞄准目标进行射击，其实在混乱的实战中甚至测距都显得不那么重要了，各个炮位基本上是依靠炮手的经验独立进行瞄准和射击，这样取得的命中率自然可想而知。因此虽然火炮的理论射程在1900年代左右已经达到了15000米以上，但从1894—1895年的中日甲午战争、1898年的美西战争和1904—1905年的日俄战争诸次海战来看，军舰的最大有效交战距离也就在3000—6000米范围内。随着火炮射程的进一步增加，如何在远距离上取得更高的命中率就成为一个亟待解决的问题。在英国海军少将珀西·斯科特（Percy Moreton Scott）的倡导下，舰船中央火控的概念应运而生，即在测得敌舰距离、航速、航行方向等若干要素后，通过机械式计算机的解算得到火炮射击的提前量，随后由中央火控室统一将射击诸元告知各炮位以进行射击。根据这一思路，许多革命性的炮术仪器被发明出来：如计算敌我距离变化率的德梅里克计算器、维克斯距离钟（Vickers Range Clock），

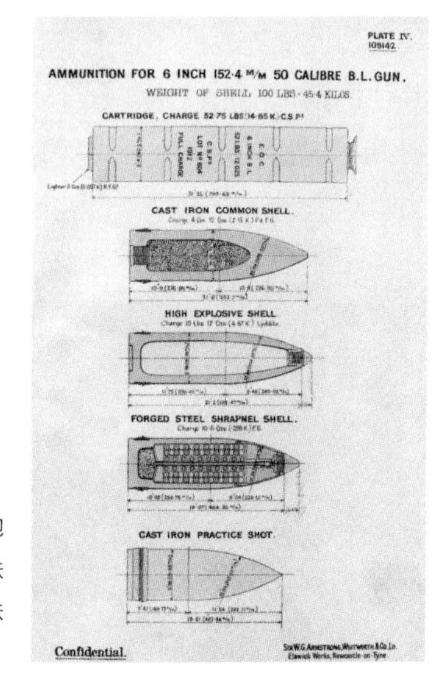

20世纪初阿姆斯特朗公司的6英寸火炮弹药，从上至下依次为：发射药包、铸铁通常榴弹、高爆榴弹、钢制榴霰弹、铸铁练习穿甲弹（Elswick Ordnance Books）

等等。到第一次世界大战时，主力舰队的交战距离已经达到了 15000 米左右。

同时，火炮使用的弹药和发射药也取得了长足的进步。在 1880 年代以前，榴弹中装填的全部是黑火药，而 1890 年代法国研制出了苦味酸炸药作为弹头装药，极大地提高了爆炸威力。大量高爆弹药可以有效地摧毁舰船的无装甲部位。1900 年代德国海军又引入了 TNT 炸药炮弹，进一步提高了爆炸威力的同时也增强了安全性。穿甲弹方面，1890 年代之前的穿甲弹基本上是无装药或少量装药的铸铁制帕利瑟穿甲弹（Palliser shot）或钢制霍尔泽穿甲弹（Holtzer shot）等，不仅穿甲能力有限，而且无法在穿透装甲后爆炸以对装甲内部造成更大杀伤。1890 年代俄国发明了被帽穿甲弹，即在硬化的钢制弹头前部加上一个软质金属的被帽，在撞击装甲时金属帽起到了吸收动能的作用，使得穿甲弹头不会碎裂，因此其穿甲效果大大增强了。与此同时，穿甲弹的引信也在不断地改进，原先的引信过于不可靠，几乎无法使之在击穿敌舰装甲后爆炸，改进的结果虽然仍不能令人完全满意，但至少已经在很大程度上提高了穿甲后爆炸的比例。

1880 年代之前，舰炮的发射药基本都是黑火药或慢燃的栗色火药，其射击时会释放大量白色烟雾，严重阻碍炮手的观瞄。1880 年代法国人率先发明了以硝化甘油和硝化纤维为主要成分的无烟火药，其他国家也随后跟进。至 1890 年代无烟火药已经在世界各国海军中得到了广泛的应用，这种火药不仅炮烟能够较快散去，而且爆燃威力也更大，适合大口径火炮使用。

综上所述，世界海军技术在 1900 年前后取得了长足的进步，而这些都对巡洋舰的演进起到了相当的促进作用。轮机技术的进步使得巡洋舰的动力更强，航速更快；装甲技术的进步使得巡洋舰的防御面积不再局限于水线等重要部位，整体形成了更为有效的“装甲盒”式防御结构，装甲巡洋舰这一舰种在这一时期得到了很大发展；高爆弹的进步使得其对舰船非装甲部位造成了严重的威胁，因此原先水线部位全无垂直装甲保护的防护巡洋舰的生存能力受到了很大挑战，最终使得这一舰种退出了历史舞台，取而代之的是装备了水线带装甲的“轻型装甲巡洋舰”，即轻型巡洋舰（light cruiser）；穿甲弹的进步、火炮结构和射控技术的进步使得舰炮射击越来越成为一门科学，海战的距离不断扩大，射程不断提高，最后终于催生了统一主炮口径的“无畏”型（Dreadnought）战列舰的出现。“无畏”舰时代到来后，装甲巡洋舰也随之“无畏化”了——战列巡洋舰（battle cruiser）应运而生，它装备统一的大口径主炮，拥有战列舰级别的火力、巡洋舰级别的防护和航速，可以单独巡航，在大洋上追击并猎杀装甲巡洋舰，也可以作为战列舰队的前锋参与主力决战。

在帝国主义时代列强纷纷展开海军军备竞赛的大背景下，1900年前后全世界新建的巡洋舰多如过江之鲫，相较而言，“应瑞”级练习巡洋舰属于最后一代防护巡洋舰，其总体设计平淡无奇，自然在海军技术史上不会留下多少回响。但也正是由于海军技术的日新月异，使得停滞了太久的中国海军有必要采购这样一型兼顾训练之用的巡洋舰，以便快速跟上海军技术发展的步伐，为将来全面兴复海军、建设一支远海舰队打下基础。

二、“应瑞”级练习巡洋舰

清末重建海军计划的提出与实施

1894年中日甲午战争后，清政府苦心经营的北洋海军不复存在。虽然此后一度有振作之意，向英、德等国购入了数艘防护巡洋舰、驱逐舰，形成了新建北洋海军的架构，但1900年又经历庚子国变，海军重建计划再度被人遗忘。1905年，日本在日俄战争中取胜，再次刺激了清廷立宪变法的决心。1906年，清政府派出镇国公载泽等五大臣出洋考察宪政，西方先进的海陆军组织给考察大臣们留下了深刻的印象，在其归国后上呈的奏折中，已提出了兴复海军的设想。

此后，清政府逐步开始进行政治体制改革，于1906年底改兵部为陆军部。1907年6月7日，清廷批准在陆军部下设立海军处，由练兵处军学司原设水师科改设。海军处下设机要司、船政司、运筹司、储备司、医务司、法务司六司，以为将来重建海军的机构基础。同月，清廷招北洋海军统领萨镇冰北上来京，研究整顿船政与重建海军问题——“面询一切机宜，妥定善法”。[1]

在海军处甫设，尚未正式运作之时，陆军部委派原练兵处提调姚锡光开始酝酿重建海军的具体办法。姚锡光曾任李鸿章、李秉衡、张之洞等人幕僚，见识广博，对于海军也有一定的研究——“(光绪三十三年)夏四月，议复海军，当道谓不才稍晰海军规制也，令属稿图经始”。[2]姚锡光经过月余的研究，拟就了三份说帖：一为《拟就现有兵轮暂编江海经制舰队说帖》，二为《拟兴办海军经费五千万两作十年计划说帖》，三为《拟兴办海军经费一万二千万两作十二年计划说帖》。在后两份说帖中，姚锡光都建议增购包括战列舰在内的主力舰只数万吨，虽然雄心勃勃，但囿于财力，难以为当局所接受。第一份说帖则考虑就现有舰艇，编为巡洋、巡江两舰队，将来陆续添置巡洋舰、炮舰、鱼雷艇数艘，形成完备的舰队体系，尚属切实可行。[3]

萨镇冰来京后，姚锡光曾就自己拟就的三份说帖征求萨镇冰的意见，但“不得要领”，随后这些说帖便被束之高阁了。7月，陆军部根据与萨镇冰的讨论，授意姚锡光先拟出一份三年计划，姚锡光便根据这个意思编制了一份《拟暂行海军章程》。这份章程主要提出了以下几点：

> 一、除现有舰艇外，须增购“海圻”式巡洋舰2艘，“海容”式巡洋舰1艘；增购600至800吨守口炮舰17艘，与原“广玉”“广金”“安澜”“镇涛”合计为21艘；增购1艘2000吨级的训练舰(值得注意的是，这也是清末海军购置练习巡洋舰最早可溯的缘起)。
>
> 二、将沿海七省每省作为一个海军军区，各辖巡洋舰1艘、炮舰3艘。
>
> 三、全军设海军提督一名，以及若干幕僚人员。
>
> 四、以象山港暂作海军军港。[4]

1907年9月8日，陆军部大臣庆亲王奕劻等根据姚锡光所编《拟暂行海军章程》，上《奏为筹议兴复海军酌拟次第办法事》，正式向慈禧太后提出了重建海军计划。这是甲午战争失败12年之后，清廷中枢又一次兴起重建海军的筹议。在奏折中，奕劻分析了在列强纷纷进行海军竞赛的大环境下，中国门户洞开、海防危殆的时局："当此竞争剧烈之时，不得不力图兴复。况俄、法、日本协约已成，势将协而谋我，时机所迫，间不容发，若非急起直追，恐将来欲图布置且有起而干涉者。臣等言念及此，椎心衡虑，寝馈难安。"随后，奕劻等提出了两套海军重建方案：短期计划即姚锡光所拟三年计划，约需费用1500万两白银，常年经费150万两。长期计划是添置战列舰10余艘，巡洋舰20余艘，炮舰、驱逐舰、鱼雷艇各数十艘，约需银3亿两，以十年为期告成。[5]

可以看出，奕劻等所提十年远期计划属于不着边际的画饼，其所力推者应是姚锡光所拟的三年计划。奏折呈上后，慈禧太后批示："军机大臣会同度支部、陆军部妥议具奏。"但此后由于"购置船械需款浩繁"，这份奏折竟迟迟未得定议，如此一份来之不易的计划就这样被束之高阁了。

转眼到了1908年11月，光绪皇帝和慈禧太后先后殡天，年幼的宣统皇帝溥仪即位，其生父醇亲王载沣为监国摄政王，隆裕皇太后垂帘听政，大清帝国的末代王朝——宣统朝开始了。新王朝年轻的王公贵胄们受到较多新思想的浸染，对于改革的态度更为激进。时有报云："日前摄政王语陆军部铁尚书（铁良），以大行太皇太后临崩时，犹殷殷以兴复海军为念，予等誓必尽心筹画一切，以符大行太皇太后之遗志。闻现已与枢臣筹商，决议明年兴办云。"[6]果不其然，宣统朝开始仅仅3个月，1909年2月19日，民政部尚书肃亲王善耆便上《奏为早定海军基础以维时局敬陈管见事》，他在奏折中说：

窃东西各国所以并峙地球者，固赖工商各业以致富，尤赖海陆各军以致强。就现今大势而论，海军尤为重要，盖海权若不巩固，万不能言战守……以我国海岸自奉直以迄闽广，延亘几一万余里，若无海军以资控驭，则联络之策应不灵，饷械之转输不便。设遇要挟，非但海上财产尽在敌人权力之下，即设防自守亦有顾此失彼之虞……总之时局如此，宜示天下以必办海军之宗旨，庶国人耳目一新，争相策励。奴才非不知方今财

政为难，然际此海军角逐之时，海权被侵之候，若不速将现有者先定基础，恐将来虽欲扩充，亦无从措手矣……[7]

收到善耆的这份奏折后，清廷十分重视。同日，摄政王颁布谕旨："方今整顿海军，实为经国要图，着派肃亲王善耆、镇国公载泽、尚书铁良、提督萨镇冰按照所陈各节，妥慎筹画，先立海军基础。"[8]这标志着兴复海军的计划已从国家最高层面确定。善耆（民政部尚书）、载泽（度支部尚书）、铁良（陆军部尚书）、萨镇冰（南北洋海军提督）等人遵旨开始对重建海军计划进行切实认真的谋划。在接下来的数月中，这个"四人小组"多次开会讨论，筹办海军基础的新闻也闹得沸沸扬扬。如1909年6月4日的《申报》上就有关于增购军舰讨论的报道：

筹办海军大臣昨日在陆军部内海军处会议扩充新式军舰办法，各王大臣拟将战斗舰式样一律改建新式，第一次应添造若干舰，款项应需若干，均经详细核议。闻此议系提督萨镇冰提出者。[9]

经过了4个多月的调查和筹划，7月9日，"四人小组"终于拿出了一份较为详尽的实施办法，在《奏为遵筹海军基础先拟入手办法》中，善耆等人从"划一海军教育、编制现有舰艇、开办军港、整顿厂坞台垒"4个方面对重建海军计划进行了阐述：

一、划一海军教育。拟将原烟台海军学堂改为驾驶学堂，将黄埔海军学堂改为轮机学堂，将福州海军前学堂改为工艺学堂；拟在象山港设立枪炮练习所、水雷练习所，用以训练水兵；拟在北京设立海军大学，用以深造海军军官。

二、编制现有舰艇。拟将堪充巡洋舰、堪充沿海巡防舰、堪充练习舰、堪充长江巡防舰、堪充守口雷艇者先行编队，其余舰艇编为内河巡缉队。

三、开办军港。拟开办浙江象山军港，设置各种设施，逐渐兴办。

四、整顿厂坞台垒。将现有大沽、上海、福建、黄埔四处厂坞先行整顿，将来拟在象山港择地兴建造船厂、船坞。改良现有炮台，并逐渐以海军人员更替守台官兵。[10]

筹办海军大臣载洵

清廷随即批准了善耆等人的这些建议，这标志着清朝最后一次建设海军的努力终于正式拉开了大幕。[11]

7月15日，清廷宣布以宣统皇帝为大清帝国统率陆海军大元帅，又派郡王衔贝勒载洵、提督萨镇冰担任筹办海军大臣。[12]载洵是醇亲王奕譞第六子，摄政王载沣的亲弟弟、宣统皇帝的亲叔叔，虽然他当时只有24岁，对于海军事务也是白纸一张（他之前只担任过监修光绪皇帝崇陵的职务），但他正宗的皇叔身份已足以彰显清廷对于重建海军计划的重视了。至于其他的具体事务，则只须交给萨镇冰等海军行家里手操办即可。

载洵的上任俨然为重建海军计划带来了全新的气象。仅仅一个月后，8月13日，陆军部会同筹办海军处便上《奏为遵筹海军基础办法各条事》，这份奏折从预算经费、编练舰队、开辟军港、筹办学堂、改良厂坞、整顿炮台6个方面对重建海军基础进行了阐述，实际上基本是之前《奏为遵筹海军基础先拟入手办法》思路的延续。奏折中提到拟设开办经费1800万两，常年经费200万两（对比光绪末年《奏为筹议兴复海军酌拟次第办法事》中预计开办经费1500万两，常年经费150万两有所增加），并以“海圻”“海筹”“海容”“海琛”“飞鹰”“辰”“宿”“列”“张”“湖鹏”“湖隼”“湖鹰”“湖鹗”，及新购之巡洋舰3艘、鱼雷艇2艘为巡洋舰队；以

“通济”及新购之训练舰2艘、航海炮舰10艘为练习舰队；以“建安”“建威”“江元”“江亨”“江利”“江贞”“楚豫”“楚观”“楚泰”“楚同”“楚有”“楚谦”为长江舰队；以“保民”为运输舰，各设指挥官，并聘请英国顾问官、教习。[13]至此，订购巡洋舰和训练舰的计划正式确定，但直至此时仍是买巡洋舰归买巡洋舰、买训练舰归买训练舰的传统思路，并没有如同后来一样将二者合而为一。

考察海军大臣访问欧洲[14]

复兴海军的大幕既已拉开，首先提上筹办海军大臣日程的就是前赴国内各舰队和海防要地考察，并到欧美国家去学习海军建设的先进经验。

1909年8月20日，载洵等上《奏为拟定日期出巡各省并赴外洋考察由》，向摄政王汇报了出巡各省和出国考察的时间安排。[15]8月24日，载洵、萨镇冰等筹办海军处官员向摄政王请训出京，随后经天津、烟台、上海、宁波象山、三都澳、福州、香港、广州、厦门、杭州、江阴、镇江、江宁、田家镇、汉阳等地，沿途考察舰队和海防、工业设施。最后于9月底返回北京。[16]经过这一个月的考察，筹办海军处对全国各地的海军、海防情况有了一个基本的摸底，载洵也首次对海军这个新鲜事物有了直观的认识。

回到北京后，载洵除了向摄政王汇报此次巡阅海防的经过外，又呈上一份奏折，报告即将前赴欧洲各国考察的计划。这份《奏为出洋考察海军拟定期前赴欧美两洲大概情形由》中称，原本这次筹办海军处只安排了英国、德国、法国等三国的考察行程，但意大利、奥匈和俄国的驻华使节得知后便邀请载洵等人顺道赴该三国参观，于是考虑从上海乘船出发后即在意大利热那亚登岸，随后改乘火车前往英国和法、意、奥、德、俄五国，预计到俄国时已届岁末，便由西伯利亚铁路回国，须赶在年底前到京处理事务，以免积压，来年再前往美国和日本考察。计划旋得批准。[17]

另外，为出国考察选择随员的工作也一直在进行着，从8月20日至10月6日，筹办海军处连上数份奏折报告考察人员的安排。除载洵、萨镇冰外，还有筹办海军处官员曹汝英、荣志、蔡朝栋、彭璨昌、冯恕、赵鹤龄、关景贤，外务部官员郭家骥，以及梁诚、魏瀚、陈恩焘、蔡灏元、周谦、张步青等相关人员，均入选考察团员之列。[18]

10月9日，载洵一行从北京出发，乘坐火车前往汉口，随后乘坐“海圻”号巡洋舰前往上海。10日，载洵等上《奏为酌拟聘请海军顾问各项教习及订购船舰办法事》，提出在赴欧考察期间在英国详慎访求，聘雇一名海军顾问官和数名教习的计划；并且“拟每至一国，先周历其国中各厂，逐加调查，然后将奏准添购各船，令其核实估价，如有工作精良而取价最廉者，乃与磋商一切，议定购买之法”。[19]

10月16日，考察团从上海乘坐北德意志·劳埃德公司（Norddeutscher Lloyd）邮轮“吕佐夫”号（Lützow）出发，到香港后，考察团接到摄政王电谕，命其勿立即订购军舰：“应俟考察完竣，再行订购，勿稍冒昧致涉靡费。”[20]“吕佐夫”号沿南中国海、印度洋、红海、苏伊士运河、地中海航线前往欧洲，经过整整一个月的航行后，11月16日，抵达意大利那不勒斯港外，但邮轮不慎搁浅，费了一番周章方才起浮。载洵在此受到了意大利海军部人员的欢迎，随即继续前往意大利西北部海港城市热那亚登岸，改由陆路坐火车，经都灵、巴黎等城市，抵达法国加莱，再乘坐渡轮前往英国。[21]

19日下午2时35分，载洵一行抵达英吉利海峡沿岸城市多佛，受到英国大西洋舰队司令巴腾堡亲王路易斯（Prince Louis of Battenberg）等官员的欢迎。考察团旋乘坐火车前往伦敦，并于下午5时12分抵达伦敦查令十字车站，乘坐皇家车辇，入住克拉里奇酒店（Claridge Hotel）。20日上午，考察团在中国驻英公使李经方、中国使馆参赞柏卓安（John McLeavy Brown）、英国海军部官员威廉·洛瑟·格兰特（William Lowther Grant）海军少将、英国外交部官员贝尔比·阿斯顿（Beilby Alston）等人的陪同下，前往温莎城堡（Windsor Castle）觐见英王爱德华七世和王后，中午英王在橡木大厅为载洵一行设宴款待，并特地准备了米饭和绿茶。[22]下午考察团返回伦敦市内。当天晚上，曾长期担任中国海关总税务司的赫德的女

在英国访问期间的载洵一行，与载洵同坐者为驻英公使李经方

儿玛贝尔·米尔本·赫德（Mabel Milburne Hart）在威斯敏斯特的圣玛格丽特教堂举行婚礼，载洵、萨镇冰、梁诚、李经方等人亦应邀参加。[23]

21日星期天，载洵一行参观了伦敦动物园。22日，一行人于中午11时半前往英国海军部拜访，受到了海军部大臣雷吉纳德·麦克科纳（Reginald McKenna）的接待。回酒店用过午餐后，考察团又前往格林尼治皇家海军学院（Royal Naval School Greenwich）参观，并与校长凯古柏（Cooper Key）一同进下午茶。晚间，部分考察团成员访问了议会上院，日本驻英大使加藤高明则前往克拉里奇酒店拜访了载洵一行。

23日上午，载洵等人前往看望了退休回乡的赫德爵士，这是大清第一代海军建设者和新一代（也是末代）海军建设者的会面，从“阿斯本舰队”至今，五十余载沧海桑田，令人不胜唏嘘。考察团随后前往英国外交部，中午载洵与英国外交大臣爱德华·格雷（Edward Grey）共进午餐。15时45分，考察团乘坐火车前往英国最重要的海军基地朴次茅斯，并于17时55分到达。基地司令亚瑟·达尔林普尔·方肖（Arthur Dalrymple Fanshawe）海军上将等官员在车站迎接

载洵一行在朴次茅斯与基地司令方肖上将的合影

载洵一行，随即用汽车将载洵、萨镇冰、李经方、梁诚等人接往海军司令部大楼，其他考察团员则入住南海城（Southsea）的女王酒店（Queen’s Hotel）。[24]

24日，考察团继续在朴次茅斯访问。当天港内的英国军舰均悬挂满旗和黄龙旗，并鸣礼炮致意。载洵等人在英国海军官员的陪同下参观了船坞区，随后登上纳尔逊（Horatio Nelson）当年的旗舰“胜利”号（H. M. S. Victory）和新锐战列巡洋舰“无敌”号（H. M. S. Invicible），并参观了鲸岛（Whale Island）的炮术学校和“弗农”号鱼雷学校。25日上午，载洵一行在基地司令的陪同下参观了海军战争学校（Naval War School），又在船坞区乘坐海军司令游艇“火皇后”号出海，港内各舰纷纷鸣礼炮致敬，一行人先到斯皮特黑德（Spithead）观摩了潜水艇演练，[25]随即前往怀特岛的奥斯本皇家海军学院（Royal Naval College Osborne）。考察团受到了校长亚瑟·克里斯蒂安（Arthur H. Christian）上校的接待，对海军学院进行了全面的参观。下午，一行人乘坐“火皇后”号返回南安普顿，并乘火车返回伦敦，18时45分到达滑铁卢车站。[26]

26日，回到伦敦后的载洵一行又前往伦敦塔、皇家造币厂等地游览。27日又参观了圣詹姆斯宫（St. James's Palace）、威斯敏斯特大教堂、邱园（Kew Gardens）等地。[27] 28日，载洵一行从伦敦帕丁顿（Paddington）车站出发，前往英格兰西南部德文郡（Devonshire）的海滨城市托基（Torquay），并于下午6时半抵达，入住皇家酒店（Imperial Hotel）。29日上午10时15分考察团前往达特茅斯（Dartmouth）的不列颠尼亚海军学院（Britannia Naval College），但不巧的是天降大雨，给行程带来了诸多不便。载洵一行参观了海军学院的建筑和海军学员的学习状况，并被介绍给当时正在海军学院学习的威尔士亲王（后来的英王爱德华八世）。中午在学院用餐后，于下午4时20分乘火车继续前往普利茅斯。[28]

当天下午5时40分，载洵一行抵达戴文波特（Devonport），受到当地海军官员和政府官员的欢迎，晚间一行人在海军司令部用餐。30日，普利茅斯港内的英国舰船均悬挂满旗和黄龙旗，在英格兰冬季的晴朗蓝天下熠熠生辉。考察团首先在海军司令部接受了当地政府官员的欢迎致辞，随后乘坐蒸汽舢板出海，港内各舰鸣炮致礼。考察团先登上风帆训练舰“坚固”号（H. M. S. Impregnable）拜访，然后又前往“新西兰”号（H. M. S. New Zealand）战列巡洋舰、“博内塔”号（H. M. S. Bonetta）驱逐舰参观，并考察了港内的技工训练所和鱼雷学校。随后考察团乘船上溯泰马河（River Tamar），在皇家海军军营码头登岸，前往军官餐厅用餐。午餐后，一行人又参观了普利茅斯船厂，载洵等人对160吨吊车、建造中的“科林伍德”号（H. M. S. Collingwood）战列舰产生了很大兴趣。参观结束后，一行人乘车回到蒙特怀斯（Mount Wise）。晚间载洵一行受邀来到海军司令部，在画厅举行晚宴。

12月1日是英国王后生日，在向王后鸣礼炮庆贺后，普利茅斯港内的各舰再次升起黄龙旗。上午9时30分，考察团离开海军司令部，参观皇家海军医院和陆战队兵营。下午，载洵一行离开普利茅斯，乘火车返回伦敦。[29]

2日，回到伦敦的载洵一行来到英国议会，并发表演讲。3日，考察团前往大英博物馆、英格兰银行、邮局等处参观。4日，载洵一行参观了邮局，并受邀赴伦敦市政厅，与伦敦市长共进午餐。[30]

载洵与安德鲁·诺布尔的合影（*The Graphic*）

5日，载洵一行离开伦敦，坐火车前往纽卡斯尔，并于晚9时抵达，载洵来到公司董事会主席安德鲁·诺布尔在杰斯蒙德迪恩（Jesmond Dene）的别墅下榻。6日上午11时考察团开始对阿姆斯特朗-惠特沃斯公司——这个与中国海军有着深厚渊源的企业进行访问。载洵一行先来到炼钢厂，安德鲁·诺布尔作为向导，他的两个儿子萨克斯顿·诺布尔（Saxton Noble）和约翰·诺布尔（John Noble）在厂门外迎接。载洵一行随即参观了炼钢厂和火炮工厂，并在厂中与安德鲁·诺布尔共进午餐。下午载洵一行被安排参观野炮的制造、12英寸火炮炮架的制造、鱼雷发射表演等。当来到船厂时，阿姆斯特朗公司特地安排其参观了模型室，向其展示了该公司建造的各种舰船的模型。[31] 晚间，载洵与安德鲁·诺布尔返回杰斯蒙德迪恩，参加了一场欢迎宴会。

7日，载洵一行继续其在泰恩河沿岸的访问。上午，一行人乘坐游艇前往下游的杰罗（Jarrow），首先来到帕尔默造船厂（Palmers Shipbuilding and Iron Co.），受到了公司高管们的欢迎，但由于天气过于恶劣，载洵等人并未参观船厂。午餐后，一行人又前往霍索恩·莱斯利公司。晚上载洵一行回到纽卡斯尔市内，参加在阿姆斯特朗学院（Armstrong College）的国王大厅举行的欢迎宴会，纽卡斯尔市长、梁诚、李经方、乔伊西勋爵（Lord Joicey，英国自由党政治家）、本杰明·布朗（Benjamin Browne，霍索恩·莱斯利公司董事会主席）等人先后发表了热情洋溢的致辞。[32]

8日上午，考察团前往霍索恩·莱斯利公司的轮机工厂参观，下午2时45分，载洵一行从纽卡斯尔乘火车前往巴罗因弗内斯，并于晚上8时10分抵达，入住弗内斯大教堂酒店（Furness Abbey Hotel）。9日便开始对维克斯父子-马克西姆公司的访问。上午，考察团在公司董事会主席阿尔伯特·维克斯（Albert Vickers）和经理亚瑟·特雷弗·道森（Arthur Trevor Dawson）的陪同下乘火车前往埃斯科米尔斯（Eskmeals）的火炮试验场，观摩了包括12英寸炮、乓乓炮、榴弹炮在内的各式维克斯火炮的射击表演。在回巴罗的火车上用了午餐，下午又前往维克斯公司的船厂参观，登上了新建的“前卫”号（H. M. S. Vanguard）战列舰。[33]晚间维克斯公司以盛宴招待载洵一行，并举行了花费不菲的一场烟火表演。

10日上午，载洵一行来到维克斯公司的工厂车间参观，下午1时一行人离开巴罗因弗内斯前往克莱德河畔（Clydebank）的格拉斯哥（Glasgow），并于当日晚间8时25分抵达，入住圣以诺车站酒店（St. Enoch Station Hotel）。[34]

11日，载洵一行乘车来到克莱德河畔的约翰·布朗公司（John Brown & Co., Ltd.），受到了公司董事会主席约翰·麦克莱维·布朗（John McLeavy Brown）等人的欢迎。一行人直接来到船台边，建造中的驱逐舰“猎狐犬”号（H. M. S. Foxhound）已经做好了下水的准备，载洵亲自按动电钮，将其送入水中。随后一行人乘汽车来到布朗公司的模型水池，这是全世界私人船厂中最大的模型水池，船厂人员向载洵展示了制作蜡制船模，并将船模放置在水池中试验的过程。在品尝了一些点心后，载洵在梁诚的陪同下先回酒店休息，其他考察大臣又前往轮机车间参观了各式为大小战舰和邮轮制造的蒸汽轮机。在模型陈列室内，该公司建造的“不屈”号战列巡洋舰和俄国轮船“莫斯科”号（Moskva）的船模吸引了访客们的目光。午餐后，中国来宾告别约翰·布朗公司。该公司还特别以一艘驱逐舰的模型相赠，不知是为了答谢载洵主持了“猎狐犬”号的下水礼还是包含向中国推销之意。[35]晚间，载洵一行来到皇家剧院，欣赏约翰·布朗公司举行的哑剧表演。

12日，载洵与考察团的部分成员驱车前往海伦斯堡（Helensburgh）和盖尔洛赫（Gairloch）参观。13日，载洵一行继续在克莱德河畔的访问。他们首先来到曾为中国建造过“左一”号鱼雷艇的阿尔弗雷德·亚罗公司（Alfred Yarrow & Co.），载洵在阿尔弗雷德·亚罗（Alfred Fernandez Yarrow）的陪同下前往私邸会晤，亚罗向其展示了许多鱼雷艇和驱逐舰的模型、舰船的照片和影片；考察团的其他成员则在阿尔弗雷德之子哈罗德·亚罗（Harold Edgar Yarrow）的陪同下参观工厂。亚罗公司向中国人展示了各种鱼雷艇、摩托艇的模型，以及著名的亚罗式水管锅炉的制造过程。[36]中午时分，考察团又前往另一个著名的造船企业费尔菲尔德公司（Fairfield Shipbuilding and Engineering Company）参观，受到公司董事会主席亚历山大·格雷西（Alexander Gracie）的欢迎，并在厂中午餐。随后参观了工厂中正在建造的驱逐舰、巡洋舰和邮轮。晚上受到当地市议会的邀请，出席晚宴。14日一行人前往另一家造船企业威廉·贝德摩尔公司（William Beardmore & Co.）参观，晚上载洵在格拉斯哥中央车站酒店（Central Station Hotel）与格雷厄姆侯爵（Marquis Graham）及夫人共进晚宴。15日上午，载洵等人从格拉斯哥乘火车返回伦敦。[37]

16日，载洵一行结束了在英国将近一个月的考察，离开英伦乘船前往法国。临告别伦敦维多利亚（Victoria）车站之时，赫德夫妇与英国一众官员赶到车站送行，英国近卫步兵第一团奏大清国国歌。当考察团的列车抵达多佛时，受到多佛炮台的礼炮致意以及巴腾堡亲王的欢迎，在检阅了仪仗队之后，考察团登上渡轮前往法国，港内英国军舰鸣礼炮欢送。在英国期间，载洵被授予一等巴斯勋章（Knight Grand Cross of the Most Honourable Order of the Bath），萨镇冰被授予二等圣米歇尔与圣乔治勋章（Knight Commander of the Order of St. Michael and St. George），李经方和梁诚也被分别授勋。

当天晚些时候，载洵一行乘坐的渡轮抵达法国加莱，旋乘火车前往法国西部沿海港口城市圣纳泽尔（St. Nazaire），并于17日早晨抵达，入住大陆酒店（l' hôtel Continental）。上午考察团在圣纳泽尔参观了该地的船厂和军港设施；[38]下午2时，载洵一行又从圣纳泽尔前往特立尼亚克（Trignac）的钢铁厂，参观了马丁钢（Martin steel）的生产工艺。离开特立尼亚克后，考察团前往圣纳泽尔车站，乘坐专列前往巴黎，并于次日上午抵达。[39]

18日中午，载洵一行在仪仗队的护送下来到爱丽舍宫，受到了法国总统阿尔芒·法利埃（Clément Armand Fallières）及总统夫人的接见。载洵检阅了法军仪仗队，乐队奏大清国国歌。随后，法国总统夫妇设宴款待考察团，并为载洵颁发了法国政府颁发的大十字勋位荣誉军团勋章（Grand-Croix de la Légion d' honneur），为萨镇冰颁发了高等骑士荣誉军团勋章（Commandeur de la Légion d' honneur）。下午，载洵一行拜会了法国总理阿里斯蒂德·白里安（Aristide Briand），随后于晚间前往勒克鲁佐（Le Creusot）和土伦（Toulon）进一步访问。[40]

22日，载洵一行抵达法国地中海港口城市土伦，由于一路过于劳累，因此载洵在中途的马赛（Marseille）休息了一阵，使得到达土伦的时间较原计划推迟了不少。考察团于11时开始参观港内的战列舰，原计划参观“絮弗伦”号（Suffren）前“无畏”舰，但临时改成了参观较为现代化的“真理”号（Vérité）前“无畏”舰。尽管如此，相较于英国现代化的“无畏”舰，法国的战列舰仍显得老旧寒酸。当载洵一行乘坐的蒸汽舢板驶入港内时，停泊在港中的法国军舰均鸣21响礼炮。午餐后，考察团又观摩了港内的潜水艇演习。之后载洵由于体力不济，只能待在室内休息，考察团其余成员则继续参观了铁厂、船厂和蒸汽轮机车间。晚间，考察团又出席了当地官员安排的晚宴。[41]

24日下午5时30分，载洵一行从法国抵达意大利热那亚。在当地官员的陪同下访问了市政厅和博物馆，晚间又在卡洛·费利切剧院（Carlo Felice）观看了演出。次日是圣诞节，考察团赴该地著名的安萨尔多公司（Gio. Ansaldo & Co.）的造船厂参观，随后前往罗马。[42]

26日上午9时40分，考察团抵达罗马火车站，受到了宫廷侍从长嘉诺蒂伯爵（Conte Gianotti）等意大利政府官员的迎接。在检阅了仪仗队之后，载洵一行乘坐王室马车前往埃克塞尔西奥酒店（Hotel Excelsior），随后前往奎里纳雷宫（Palazzo del Quirinale）觐见意大利国王，载洵被授予了圣莫利斯骑士十字勋章（Cavaliere di Gran Croce dell'Ordine dei Santi Maurizio e Lazzaro）。中午12时半，罗马市长在大酒店（Grand Hotel）招待考察团午餐。下午载洵一行前往看望了意大利王太后。晚上8时意大利国王在奎里纳雷宫设宴款待中国来客。[43]

27日上午10时10分，考察团离开罗马前往特尔尼（Terni），并于中午12时15分抵达。下午2时考察团来到当地著名的特尔尼钢铁厂（Acciaierie di Terni）参观，观摩了25吨马丁炉炼钢和轧钢的工艺，以及火炮和装甲的制造过程。下午5时半，参观结束后，钢铁厂设宴款待了载洵一行。当天晚上考察团又向下一个目的地——意大利西北部最重要的海军基地拉斯佩齐亚（La Spezia）进发，并于28日上午9时30分抵达，一行人参观了该港的军事设施和造船厂，并登上意大利海军新锐战列舰"罗马"号（Roma）和装甲巡洋舰"比萨"号（Pisa）。晚上9时半，考察团又乘火车前往威尼斯。[44]

29日上午9时半，考察团乘坐的专列抵达威尼斯，随即载洵前往不列颠尼亚酒店（Hotel Britannia）休息，考察团的其他成员在萨镇冰的率领下由意大利海军官员陪同，参观了威尼斯兵工厂（Arsenale di Venezia）和意大利海军新型的"海象"号（Tricheco）潜艇。中午，乌迪内亲王（Principe di Udine）在不列颠尼亚酒店设宴招待载洵一行。下午，考察团观摩了"海象"、"独角鲸"（Narvalo）和"格劳哥"（Glauco）3艘潜艇的鱼雷发射演习。当晚11时40分，一行人从威尼斯火车站出发，离开意大利，前往奥匈帝国继续考察。[45]

30日上午9时半，考察团的火车从威尼斯抵达奥匈帝国港口城市的里雅斯特（Triest，位于亚得里亚海北岸，今属意大利），在车站受到了中国驻奥公使雷补同以及霍恩洛厄亲王（Prinz Hohenlohe）等奥匈官员的欢迎。一行人先前往城市酒店（Hotel de la Ville）休息，当天上午前往当地著名的的里雅斯特造船厂（Stabilimento Tecnico Triestino）参观。下午1时霍恩洛厄亲王夫妇设宴招待载洵一行。下午3时半，考察团登上奥匈海军战列舰“弗里德里希大公”号（S. M. S. Erzherzog Friedrich），随即起航前往波拉（Pola，位于亚得里亚海北岸，今属克罗地亚）继续参观。[46]

当天晚上7时，“弗里德里希大公”号抵达波拉，考察团受到了军港司令冯·里佩尔（von Ripper）等官员的欢迎，随即前往里维埃拉酒店（Hotel Riviera）下榻。[47] 31日下午1时半，奥匈海军部在当地海军俱乐部举行自助午宴，但载洵因劳累未能参加，由萨镇冰代表。下午，考察团游览了一番风景秀美的布里奥尼岛（Brioni）。5时半，载洵一行再度乘上“弗里德里希大公”号前往阜姆（Fiume），并于当天晚间抵达。[48] 阜姆港内的奥匈军舰鸣礼炮致意。1910年1月1日元旦，上午考察团参观了阜姆当地的达努比乌斯造船厂（Danubius-Werft）和怀特海德鱼雷厂（Whitehead-Werft）。中午奥匈政府设宴招待载洵一行。下午考察团参观了当地的海军学院，晚8时乘坐火车前往维也纳。[49]

1月2日下午2时，考察团抵达奥匈帝国首都维也纳。一行人在维也纳西站受到奥匈帝国海军部官员的迎接，随即坐车前往皇家酒店（Hotel Imperial）入住。[50] 3日中午12时，载洵一行觐见了奥匈帝国皇帝弗朗西斯·约瑟夫（Francis Joseph）。晚上6时，皇帝在美泉宫（Schönbrunn）设宴招待载洵一行，载洵被授予利奥波德大十字勋章（Großkreuz des Leopold Ordens），萨镇冰被授予一级铁冕勋章（Orden der Eisernen Krone 1. Klasse），梁诚被授予弗朗茨·约瑟夫大十字勋章（Großkreuz des Franz Josef-Ordens），考察团的其他成员均被授予弗朗茨·约瑟夫骑士十字勋章（Ritterkreuz des Franz Josef-Ordens）。[51] 4日晚8时25分，考察团从维也纳西北火车站乘坐火车离开奥匈帝国，前往德意志帝国首都柏林。

5日上午，考察团抵达柏林，中国驻德公使荫昌与奥斯卡亲王（Prinz Oskar）等德国政府官员在车站迎接。载洵一行旋下榻菩提

载洵一行在伏耳铿公司参观（国家图书馆）

树下大街的阿德龙酒店（Hotel Adlon）。当天下午1时，载洵等人觐见了德皇威廉二世，包括皇储在内的许多德国皇室成员陪同。在会谈中，载洵表达了他对德国在海军建设方面成就的钦佩之情，并希望中德两国永远和平友好；威廉二世则感谢了载洵的祝福，并预祝考察团一行在德国的访问取得圆满成功。载洵旋被威廉二世授予一级红鹰十字勋章（Großkreuz des Roten-Adler-Ordens）。下午，载洵等人又拜访了帝国总理冯·贝特曼－霍尔维格（Theobald von Bethmann-Hollweg），晚上与德国海军部长、"公海舰队"（Hochseeflotte）之父——冯·提尔皮茨（Alfred von Tirpitz）海军上将共进晚餐。[52]

6日上午8时16分，考察团离开柏林，前往德国之行的第一站——士旦丁的伏耳铿造船厂（Aktien-Gesellschaft Vulcan Stettin）。该厂与中国海军的深厚渊源毋庸多言，自从1880年中国驻德公使李凤苞选择该厂为中国海军建造第一艘铁甲舰"定远"号开始，它已为中国海军建造了"定远"级、"济远"级、"经远"级、"飞鹰"级、"海容"级等大量舰艇。考察团乘坐的列车于上午10时半抵达士旦丁，伏耳铿的经理岐麦迈（Robert Zimmermann）、士答而（Hermann Stahl）等在车站迎接。在参观了工厂后，下午5时一行人来到普鲁士宫酒店（Hotel Preußenhof）参加当地官员举行的欢迎宴会。晚上10时，考察团乘坐列车前往汉堡（Hamburg）继续访问。[53]

7日上午，考察团抵达汉堡。上午汉堡当地政府在市政厅设宴招待载洵等人。在当天的考察中，载洵一行参观了汉堡港的军事设施、布洛姆-福斯船厂（Blohm & Voß）和伏耳铿公司新成立的汉堡船厂（Aktien-Gesellschaft Vulcan Hamburg）。下午4时15分，考察团离开汉堡赴基尔（Kiel），并于当天晚间7时抵达，入住日耳曼尼亚大酒店（Grand Hotel Germania）。8日，考察团对该港进行了参观，当考察团乘坐的蒸汽艇驶过学院桥（Akademiebrücke）时，港内悬挂黄龙旗的德国军舰纷纷鸣响礼炮。上午载洵一行赴克虏伯公司的日耳曼尼亚造船厂（Friedrich Krupp Germaniawerft），观摩了远洋鱼雷艇和潜水艇的下水仪式；中午登上战列舰"威斯特法伦"号（S. M. S. Westfalen），并在舰上用午餐；下午德国海军在港中为载洵一行进行了鱼雷艇攻防演练；晚间德国公海舰队司令普鲁士亨利亲王（Prinz Heinrich von Preußen）在基尔城堡主持宴会招待载洵一行。[54]

9日，考察团前往德国西部的鲁尔工业区，参观德国最著名的军火企业——埃森（Essen）的克虏伯公司（Krupp Gussstahlfabrik）。克虏伯公司是中国最重要的军火供应商之一，曾向中国出口了大量火炮，装备了海军舰艇、岸防炮台和陆军炮兵。载洵一行不仅访问了克虏伯工厂，还前往梅本（Meppen）的火炮试验场观摩了火炮试射。[55]考察团于11日返回柏林。

12日晚，德国皇后在柏林皇宫（königlichen Schlosses）的法伊勒厅（Pfeiler-Saale）宴请载洵一行，为其送行。随后德皇威廉二世、皇后和载洵等人又一同前往剧院观看了歌剧《沙尔丹拿帕》（*Sardanapal*）。[56]13日上午9时，载洵一行从弗里德里希大街（Friedrich Straße）火车站乘坐专车离开柏林，前往俄罗斯帝国首都圣彼得堡。[57]途中还顺道访问了曾为中国建造过"福龙"号鱼雷艇和"海龙"级驱逐舰的著名鱼雷艇生产商——埃尔宾的希肖公司

（Schichau-Werke Elbing）。

考察团访问的最后一站是俄罗斯帝国。1月14日是俄历元旦，晚上6时40分，考察团抵达圣彼得堡华沙车站（Варша́вский вокза́л），受到鲍里斯·弗拉基米洛维奇（Борис Владимирович）大公的迎接，在检阅了仪仗队后，一行人随即前往欧罗巴酒店（Гостиница Европейская）下榻。15日上午，载洵一行先来到历代沙皇墓，向亚历山大三世墓献了花圈。下午2时半，一行人来到圣彼得堡以南沙皇村（Царское Село）的叶卡捷琳娜宫（Екатерининского дворца）觐见沙皇尼古拉二世，沙皇向载洵颁发了圣亚历山大·涅夫斯基勋章（Орден Св. Александра Невского）。

16日上午，考察团前往圣彼得堡海军博物馆参观，晚间，载洵等人出席俄国海军大臣举行的晚宴并观看了表演。17日，考察团参观了波罗的海造船厂（Балтийский завод），晚间在中国驻俄使馆举行晚宴。18日上午考察团前往海军学院和海军大学参观，午后游览了冬宫、宫廷博物馆等地，萨镇冰则单独参观了近卫海军团的兵营。当晚10时考察团离开圣彼得堡前往莫斯科。

19日上午10时40分，考察团的火车从圣彼得堡抵达莫斯科的尼古拉火车站（Николаевский вокзал），旋被接往都市酒店（гостиницы Metropol）。中饭后，载洵一行参观了克里姆林宫。晚11时，考察团乘上火车，离开莫斯科，沿西伯利亚铁路返回国内。[58]经过十多天的颠簸，最终于1月30日晚间抵达北京。2月1日即被摄政王召见。[59]

以载洵、萨镇冰等为首的中国海军考察团此次出访，共历时3个多月，沿途访问了英国、法国、意大利、奥匈、德国、俄国6个国家几十座城市，受到各国元首和政府官员的欢迎和招待；考察团不辱使命，对各国的海军机构、造船厂坞、舰队基地、海军学校等海军相关设施进行了详细的考察，基本了解了在世界海军军备竞赛大背景下各国海军的发展情况，这对于中国自身的海军建设有着直接的参考意义。

1910年4月8日，筹办海军处根据在欧洲考察的情况，上《奏为原拟海军基础办法酌分次第由》，对去年《奏为遵筹海军基础办法各条事》中的内容进行了修订和具体规划。

首先，载洵等人分析了当今欧美各国海军军备竞赛如火如荼的现实情况："就臣等所历各国而论，其于船舰一项，自战斗舰以至潜航艇无一不备，而所配炮甲轮机亦无一不精，盖求精以期争胜国中各厂。"在赴欧考察时，考察团便已"拟将奏准添购各船令其核实估价，以便就近磋商定购之法"，但考虑到购舰容易，而训练人才、建置军港则较购舰更为困难且急迫，因此在这份奏折中，载洵等人着重提出了训练人才和建置军港办法：

> 训练人才：拟将原烟台海军学堂改为海军初级学校，仿照英国奥斯本海军学院；在象山港设立海军中学校，仿照英国达特茅斯海军学院。将其他原有海军学堂一律裁撤。远期考虑设立海军军官学校，仿照英国格林尼治海军学院。
>
> 向英国订购最新式训练舰 2 艘，聘请英国教习，用以学生实习之用。
>
> 建置军港：从速经营象山军港，首先建设海军中学校、水雷鱼雷练习所、枪炮练习所、练兵学堂等设施，并预留船坞建设地段。[60]

事实上，在载洵呈上这份奏折的同时，其中的一些具体事务已然在紧锣密鼓的筹办之中了，如在英国订购 2 艘新式训练舰的厂商，筹办海军处早已有所属意。

"应瑞"号、"肇和"号的设计与订购

在欧洲考察期间，中国海军考察团虽然并未直接向任何厂家订购军舰，但已基本确定了优选厂家的范围。回国后，筹办海军处即首先开始就 2 艘练习巡洋舰的方案向英国厂家发起招标。

据阿姆斯特朗公司的驻华代理公司——瑞生洋行经理隆特（R. Lundt）后来回忆，1910 年 1 月，刚刚回到国内的萨镇冰便通过他们向阿姆斯特朗公司递交了一份简短的说明，对中国希望购买的练习巡洋舰提出了一些主要的性能要求。[61] 估计同一时间，筹办海军处也向维克斯公司和其他一些英国造船厂商提交了类似的说明，目的

是在英国造船厂商内部进行一次小型投标。

先说维克斯公司方面。同年2月12日，该公司针对中国方面的要求拿出了一份编号为450的设计方案，这艘排水量2460吨的巡洋舰即为“应瑞”号的最初设计方案，与“应瑞”舰最终完成状态出入不大。两者的数据对比参见下表：

表1　维克斯公司450号设计方案与“应瑞”舰完成状态数据对比[62]

	450号设计方案	“应瑞”舰
主尺度（英尺）	330’0”×39’0”×13’0”	330’0”×39’6”×13’0”
航速（节）	21	20
马力（匹）	7200	6000
排水量（吨）	2400	2460
武备	4英寸炮×8 3磅炮×6 马克沁机关炮×2 18英寸水下鱼雷管×2	6英寸炮×2 4英寸炮×4 3英寸炮×2 3磅炮×6 马克沁机关炮×2 18英寸甲板鱼雷管×2
防护（英寸）	防护甲板平段3/4 轮机舱上方倾斜段1½ 艏艉倾斜处1	防护甲板平段3/4 轮机舱上方倾斜段1½ 艏艉倾斜处1
定员（人）	250	官兵230 学员40
造价（英镑）	218000（1910年2月12日报价） 211000（1910年2月18日报价）	204000

可见，在主尺度、排水量等数据变化不大的情况下，“应瑞”舰主要降低了轮机的功率标准，并且将原设计较为划一的武备改为更多样的武备种类，以更好地满足人员训练的要求。

维克斯公司的这一设计很快得到了中方的认可。3月23日，筹办海军处与维克斯公司的代表签订正式合同，向其购买一艘练习巡洋舰，这便是“应瑞”号巡洋舰的由来。[63]

4月10日，筹办海军处正式上奏，汇报了向维克斯公司订购一艘练习巡洋舰的情况：

嗣经臣等出洋考查〔察〕造船各厂，查悉英厂唯格斯〔维克斯〕于造船工艺尚称精良，不仅英国战舰令归承揽修造者，即各国海军船舰亦多购自该厂。等回京后即在臣处与该厂代理人再四磋商，先行订造穹甲巡洋练船一艘，其余练船一艘，航海炮船十艘，容俟察看情形再行奏明办理。此次所订之练船其造法与巡洋舰相类，而所应配各种练习器械一律齐备，俾派登该船见习生得以练习最新最近船艺。该船造成后既可训练人才，复可充任巡洋之责，诚一举而两得也。[64]

奏折中称，该舰总造价为204000英镑，分5期付款：第一期于订立合同之日交付，第二期于龙骨造成大半、包钉钢板之时交付，第三期于下水时交付，第四期于试验合式后交付，第五期于舰抵上海一星期后交付。所有款项应由开办海军经费项下支付，并定于1911年9月之前完工。[65]付款交货定明由上海荣华银行代为经理。[66]

再说阿姆斯特朗公司方面。其实早在1909年12月3日，即载洵一行访问该公司的2天前，该公司就拿出了2份不同的练习巡洋舰设计方案，这显然是为了在载洵一行前来该厂访问时向其推销，也说明阿姆斯特朗公司很早就了解到中国政府希望采购练习巡洋舰的打算，并对此进行了精心的准备。这2份方案也可视为"肇和"舰的设计渊源。

其中编号为549的方案设计舰长270英尺，宽40英尺，深24英尺，前部吃水12英尺，后部吃水16英尺，排水量1800吨。武备包括4门4英寸炮、4门3英寸炮、4门57毫米炮、2门47毫米炮、2门37毫米炮，以及1具可拆卸式鱼雷管。计划使用水管锅炉和蒸汽轮机，设计航速17节，通常载煤150吨，满载煤300吨，估价为125000镑。[67]

另一份编号为498的方案，设计舰长260英尺，宽46英尺，深27英尺6英寸，前部吃水16英尺6英寸，后部吃水17英尺6英寸，排水量2500吨。武备包括4门4英寸炮、4门3英寸炮、6门3磅炮、2门机关炮以及1具可拆卸式鱼雷管。计划使用水管锅炉和蒸汽轮机，设计航速15节，通常载煤300吨，满载煤400吨，估价为130000镑。[68]

或许是认为以上两份方案不是舰体过小就是航速过缓，中方显然都觉得不太满意。1910年1月，萨镇冰回国后便通过瑞生洋行向阿姆斯特朗公司递交了一份说明，对练习巡洋舰的性能做了一些总体要求。[69] 2月23日，阿姆斯特朗公司拿出了编号为635的设计方案，将巡洋舰的线型设计得更为修长，与普通的防护巡洋舰并无二致。从各方面来比较，此方案已开始与最终的“肇和”舰方案趋近。该型舰长320英尺，宽38英尺，深23英尺，平均吃水13英尺5英寸，排水量2400吨。武备包括8门4英寸炮，6门3磅炮，1门机关炮和2具18英寸水上鱼雷发射管。采用亚罗水管锅炉和蒸汽轮机为动力，航速可达20节。估价为155000镑，如果需要包舰底铜皮，则需加价17000镑。[70]

同年3月4日阿姆斯特朗公司又对635号方案进行了修正，修正设计编号为635A。将舰宽放大到了39英尺，吃水增加到14英尺，排水量也相应增至2600吨。主要武备基本不变，但将机关炮的数量增至2门。估价为164000镑。如不包舰底铜皮，建造周期为18个月，如包铜皮则需21个月。4月1日，阿姆斯特朗公司对635A号方案的价格进行了进一步修正，增加了燃油费、装潢费等额外费用共12400镑，总价亦增至176400镑。7日，又减少了燃油载量，并将总价调整为173500镑。[71]

8日，该公司在635A方案的基础上调整了武备，形成了638号设计方案。在此方案中，武备更改为2门6英寸炮、4门4英寸炮、2门3英寸炮、6门3磅炮、2门1磅炮和2具水上鱼雷发射管，即已与“肇和”舰的最终武备方案一致，估价为218000镑。[72]至此，可以认为“肇和”舰的设计方案已经成形。

在之后的3个月里，阿姆斯特朗公司方面又根据瑞生洋行转达的筹办海军处意见进一步调整了设计和造价。如5月12日根据瑞生洋行提供的修改草案将估价增加1200镑；6月14日同意为该舰配置巡航燃气轮机；又如7月18日收到瑞生洋行的电报，要求增加双层舰底，需增加费用3000镑，但可将舰体建造费用减至151000镑，等等。[73]随后“肇和”舰的最终方案被定案为663号设计。

表 2　阿姆斯特朗公司 1909 年 12 月至 1910 年 7 月为中国设计的练习巡洋舰方案与“肇和”舰最终方案对比

设计编号	549	498	635	635A	638	663（肇和）
设计时间	1909.12.3	1909.12.3	1910.2.23	1910.3.4	1910.4.8	1910.7
排水量（吨）	1800	2500	2400	2600	2600	2725
主尺度（英尺）	270×40×12－16	260×46×15.5－17.5	320×38×13.5	320×39×14	320×39×14	330×42×14.75
武备	4 英寸 ×4 3 英寸 ×4 6 磅 ×4 3 磅 ×2 1 磅 ×2 鱼雷管 ×1	4 英寸 ×4 3 英寸 ×4 3 磅 ×6 机关炮 ×2 鱼雷管 ×1	4 英寸 ×8 3 磅 ×6 机关炮 ×1 鱼雷管 ×2	4 英寸 ×8 3 磅 ×6 机关炮 ×2 鱼雷管 ×2	6 英寸 ×2 4 英寸 ×4 3 英寸 ×2 3 磅 ×6 1 磅 ×2 鱼雷管 ×2	6 英寸 ×2 4 英寸 ×4 3 英寸 ×2 3 磅 ×6 1 磅 ×2 鱼雷管 ×2
航速（节）	17	15	20	20	20	20
估价（英镑）	125000	130000	155000	176400	218000	210000

在经过了大半年的方案调整之后，1910年8月1日，“肇和”舰的订购合同正式签订。[74] 14日，筹办海军处向朝廷奏报了向阿姆斯特朗公司订购第二艘练习巡洋舰的事宜。奏折中称该舰总造价为210000镑，分5期付款：第一期30000镑于订立合同之日交付，第二期45000镑于骨架造成2/3时交付，第三期45000镑于下水时交付，第四期45000镑于试验合式后交付，第五期45000镑于到上海时交付。所有款项应由开办海军经费项下支付，规定18个月内完工。同时，在这份奏折中载洵等人还奏报了拟向德国订购驱逐舰一艘（后增为3艘，即“长风”/“豫章”、“伏波”/“建康”、“飞云”/“同安”）、浅水炮艇2艘（“新璧”/“江犀”、“新珍”/“江鲲”），向美国订购三等巡洋舰一艘（“飞鸿”），向日本订购航海炮舰2艘（“永丰”“永翔”），向意大利订购驱逐舰一艘（“鲸波”），向奥匈帝国订购驱逐舰一艘（“龙湍”）——“各国图式价值业经饬令各该厂呈送臣处，俟公同核定图式，切实磋商价值，再行订立合同。”[75]

筹办海军大臣访问美日[76]

1909年10月6日，载洵在《奏为出洋考察海军拟定期前赴欧美两洲大概情形由》中就曾说明，待访问欧洲完毕后，来年将率团访问美国、日本。因此，在载洵从欧洲返回后，美国方面就发出了对载洵访美的邀请，但由于当时陆军大臣载涛也在美国访问，因此载洵表示考虑将访美时间推迟到下半年。

另一方面，嗅觉灵敏的欧美军火厂商正一直关注着中国海军重建的一举一动。中国与维克斯公司签订“应瑞”号巡洋舰的合同后，德国伏耳铿公司总设计师岐麦迈就亲自前来中国联系业务，奥、意等国亦积极运作，争取中国的舰船订单。[77]美国厂商自然也没有置身事外，霍河造船公司（Fore River Shipbuilding Company, Quiney）就于1910年5月7日致函美国国务院，要求政府采取行动，在购买军舰的问题上向中国施压，以使美国企业能获得同等机会。收到霍河公司的来函后，美国代理国务卿威尔逊于12日致电美国驻华公使嘉乐恒（William James Calhoun），指示他与中国外务部进行交涉。

嘉乐恒于20日前往筹办海军处，与筹办海军副大臣谭学衡进行了会晤，谭学衡承认已从维克斯公司订购了一艘练习巡洋舰，但表示并未从其他国家（如德国）购舰，并承诺当订购另一艘练习巡洋舰时将通知美国方面，以便美国造船厂商有参与投标的机会。

6月13日，美国国务院再次收到霍河公司的来电，称该公司代理人得到消息，中国将于近日与德国签订购舰合同，因此美国政府再次指示嘉乐恒与清政府交涉。14日，嘉乐恒与载洵进行了会晤，载洵向他表示中国并未与德国进行任何购舰谈判，而一同参与会谈的谭学衡则私下向嘉乐恒透露，中国正考虑购买10艘1000吨级的航海炮舰。得到这一消息后，威尔逊代理国务卿直接秘密通知当时有意竞争中国造船合同的纽约造船公司、克兰普斯造船公司（William Cramp and Sons Ship and Engine Building Company）、纽波特纽斯造船和船坞公司（Newport News Shipbuilding and Dry Dock Company）及霍河造船公司等造船企业，建议它们采取合适的行动。

在美国政府的压力下，筹办海军处于6月下旬决定将美国造船厂家纳入订购范围，计划在美国订购三等巡洋舰一艘，作为在英国订购2艘练习巡洋舰的补充。8月14日，载洵在《奏报续购新式各式海军军舰事》中奏报了此事，但此时尚未决定向何厂订购，最终的选择将在其出访回国后确定。[78]

对于何时前赴美日，筹办海军大臣起初也并无确定计划，一方面是因为兴办海军事务繁多，不胜其烦；另一方面也是因为开办海军经费拮据，萨镇冰亦多次向载洵建言出访从缓。[79]筹办海军处正式确定访美的时间大约是在7月中下旬，并于8月11日由驻美公使张荫棠告知了美国国务卿。18日早晨，载洵一行由北京起程，由京汉铁路乘坐专列前往武汉，[80]并于19日下午4时到达汉口刘家庙火车站，随后登上等候在此的“联鲸”号游艇，由“海筹”号巡洋舰护送，顺江而下前往南京，[81]到南京后，又乘坐火车前往上海。[82]载洵一行在上海逗留至24日，下午6点，在江南制造局码头乘坐“联鲸”舰，至吴淞口外，换乘美国太平洋邮船公司（Pacific Mail Steamship Company）的“满洲”号（Manchuria）邮轮出海。[83]此次出访团队除载洵、萨镇冰外，还包括外务部官员周自齐，海军处官员曹汝英、郑汝成、徐振鹏、郑祖彝、林葆纶、赵鹤龄、冯恕、李景铢，邮传部官员张步青，民政部右丞延鸿，江苏补用道冯国勋等。

考察团的第一站是日本，其目的是视察承造中国“永丰”“永翔”炮艇的三菱公司和川崎公司，而并非对日本的正式访问。26日早晨6时“满洲”号抵达长崎港外，受到日本海军派出的“浅间”“笠置”“最上”等舰的欢迎。上午9时40分，载洵一行乘坐“浅间”舰的舰载鱼雷艇到达三菱造船所，该公司邀请其入住三菱财阀掌门岩崎家族的岩崎别墅。用过午餐后，下午2时考察团便开始在厂内参观。

27日上午8时，载洵一行再度莅临三菱造船所，参观了正在建造中的舰艇。9时45分，一行人结束在三菱造船所的参观，前往长崎火车站。10时25分离开长崎，晚6时27分抵达门司，随后从门司坐船前往下关，并于晚6时55分抵达。晚上10时半离开下关，28日午后1时50分到达神户三宫车站，入住川崎财阀的宅邸，次日参观了川崎神户造船所和三菱神户造船所。

29日晚9时半，载洵一行离开神户，随后在大矶的岩崎别墅停留一日，于31日上午10时25分抵达横滨。原定于横滨继续乘坐“满洲”号前往美国，但“满洲”号上突然发现有乘客感染鼠疫，因此紧急进行消毒作业。载洵一行访美的行程不得不被耽搁。因此，日本政府临时决定安排载洵参观横须贺海军基地和东京湾第二海堡。

9月2日上午9时15分载洵一行离开镰仓，前往横须贺，并于9时39分到达田浦车站，日本海军大臣齐藤实、海军军令部长伊集院五郎均在车站欢迎，港内停泊的日本海军军舰均挂满旗，鸣礼炮致意。考察团旋前往横须贺造船厂和“筑波”号战列巡洋舰参观，该舰为载洵表演了战斗准备和炮术演练。下午4时50分考察团乘车返回镰仓。3日上午9时15分载洵一行又从镰仓出发，前往海军水雷学校、陆海军炮术学校和轮机学校参观。水雷学校为载洵表演了鱼雷艇发射鱼雷和引爆水雷等；炮术学校表演了外膛炮射击、步枪打靶和剑术等，在该学校留学的中国学生则表演了舰炮操法和水雷术教授的场景。下午一行人登上“高千穗”号巡洋舰，前往东京湾口第二海堡参观。下午4时50分乘火车返回镰仓。

由于“满洲”号消毒作业的持续，载洵一行拟改于7日乘坐日本“天洋丸”邮轮赴美，[84]在等待期间又准备乘车前往日本著名的炮厂——北海道的室兰制钢所参观。但“满洲”号不久后消毒完毕，因此载洵一行便于4日中午乘坐该船离开横滨，前往美国。[85]

经过9天的航行，13日上午10时，“满洲”号抵达夏威夷檀香山。受到夏威夷州务卿、夏威夷海军基地司令等美国当地军政官员的欢迎。随后载洵一行乘坐汽车，在骑警和美国陆海军仪仗队的护卫下来到伊奥拉尼宫（Iolani Palace），夏威夷州长等官员在此迎接。宾主寒暄一番后，一行人离开伊奥拉尼宫，下榻小亚历山大酒店（Alexander Young Hotel），州长又来到酒店进行了回访。随后考察团来到海军基地，拜访了里斯上将。载洵因患感冒而留在中国驻夏威夷领事馆，萨镇冰等人则乘坐灯塔船“石栗”号（U. S. S. Kukui）参观了尚在建设中的珍珠港。当日下午，载洵一行在卫兵的护送下返回“满洲”号，邮轮在礼炮声中离开码头，继续驶往美洲大陆。[86]

在美国访问的载洵一行（National Congress Library）

在美国访问的载洵一行，可辨认者从左往右依次为冯恕、(不详)、周自齐、载洵、萨镇冰、赵鹤龄、郑汝成

19日上午10时许，考察团终于抵达美国西海岸城市旧金山，在经过金门（Golden Gate）时两侧的炮台鸣炮致意。当载洵一行走下接驳的渡轮时，受到了包括美国海陆军官员、旧金山市长在内的美国官员和驻美使馆秘书荣揆、驻旧金山总领事黎荣耀等华人代表的热烈欢迎。欢迎队伍中最为特别者是美国的钢铁大亨——伯利恒钢铁公司（Bethlehem Steel Corporation）总裁查尔斯·施瓦布（Charles Michael Schwab），长久以来他对中国重建海军的动作十分关注，曾多次请求美国政府对此事予以重视。此次载洵一行访美，施瓦布亲自从纽约前来旧金山，并将一路陪同载洵视察美国各地，其态度之殷勤令人叹服。在码头边短暂停留后，一行人坐上汽车，在卫队的护送下前往圣弗朗西斯酒店（St. Francis Hotel）。由于载洵的病情有所加重，因此他只在当天晚间的欢迎宴会上稍许露面，便回房间早早休息了。[87]

20日上午10时40分，载洵一行登上施瓦布为其准备的火车专列，一路向东前往五大湖区。[88]由于行程已被“满洲”号的检疫过程耽搁，因此接下来的行程被压缩得较为紧凑。专列以超乎寻常的高速疾驰，在沿途城市均未作停留，于23日上午到达芝加哥，并继续向尼亚加拉大瀑布进发，终于在下午4时抵达大瀑布附近的水牛城（Buffalo）。在参观了一番大瀑布的壮美景色后，便向美国东海岸继续前行。[89]

考察团的下一站是伯利恒公司的总部——南伯利恒。24日上午9时许载洵一行抵达此地，伯利恒钢铁厂悬挂中美两国国旗，盛装迎接。尽管身体依然不适，载洵仍兴致勃勃地参观了伯利恒公司的生产车间，尤其对该厂为美国和阿根廷海军战舰生产的装甲板和火炮加以特别的注意。在1小时的短暂参观之后，载洵一行于10时35分离开伯利恒，继续前往美国东部的大都市费城，并于当天下午1时30分到达百老街车站（Broad Street Station），随后在骑警的护送下前往贝尔维尤—斯特拉福德酒店（Bellevue-Straford Hotel）下榻。[90]

25日整个上午载洵都在酒店里休息调养，直到下午4时才在美国第三助理国务卿钱德勒·海尔（Chandler Hale）的陪同下乘坐汽车游览了费城的费尔芒特公园（Fairmount Park），而这仅有的出游又使得他的病情再次加重。当晚载洵与海尔、施瓦布，以及纽约造船公司经理德·库西·梅（De Coursey May）和克兰普斯造船公司经理查尔斯·兰德（Charles H. Land）共进了晚餐。中国驻美公使张荫棠也从墨西哥赶来费城，拜见了载洵。[91]26日上午费城市长前来酒店拜会载洵，随后载洵也前往市政厅进行了回访。当天考察团便在费城周边的费城海军造船厂（Philadelphia Naval Shipyard）、纽约造船公司和克兰普斯造船公司参观，由于载洵的身体原因，这次参观主要由萨镇冰领队。当天下午，考察团在张荫棠的陪同下离开费城前往华盛顿。[92]

26日晚8时，载洵一行抵达华盛顿联合火车站（Union Station），随后驱车前往新维拉德酒店（New Willard Hotel）。[93]27日上午10时，载洵在张荫棠的陪同下前往美国外交部，拜会了国务卿费兰德·诺克斯（Philander Chase Knox），随后又前往海军部和陆军部拜会了各部部长。返回酒店后，国务卿、海陆军部长又来到酒店进行了回访。午餐后，载洵一行于下午2时30分来到白宫，受到美国总统塔夫脱（William Howard Taft）的接见。随后又来到迈尔堡（Fort Myer），观摩了第15骑兵团和第3炮兵团的演习，载洵对此颇感兴趣，赞不绝口。阅兵结束后，载洵返回酒店休息，萨镇冰则在美国海军官员的陪同下参观了华盛顿海军造船厂（Washington Navy Yard），该厂是美国最著名的火炮生产厂家之一。[94]晚间塔夫脱总统举行宴会，招待载洵一行，众多美国政要到场。

28日，考察团又从华盛顿出发前往安纳波利斯（Annapolis）访问当地著名的海军学院。12时30分，一行人抵达安纳波利斯，受到校长约翰·鲍威尔（John M. Bowyer）的迎接，载洵一行随即前往校长寓所用午餐，随后便开始了对海军学院的参观。在大约4小时的参观后，考察团坐车返回华盛顿。[95]

次日，萨镇冰、郑汝成、徐振鹏和郑祖彝等人乘坐美国总统游艇"五月花"号（Mayflower）顺波多马克河（Potomac River）和切萨皮克湾（Chesapeake Bay）南下，前往纽波特纽斯参观当地的造船厂，同行的还有伯利恒公司和克兰普斯造船公司的负责人。下午，萨镇冰一行又前往纽波特的海军战争学院（Naval War College）和鱼雷营等处参观学习，萨镇冰还进入潜水艇"章鱼"号（U. S. S. Octopus），在纳拉干西特湾（Narragansett Bay）中下潜巡航，并发射了鱼雷。[96]随后萨镇冰等人乘坐纽波特纽斯造船公司总经理的游艇，前往门罗堡（Fort Monroe）参观，至晚间才返回华盛顿；而载洵当天因感冒仍未完全康复而留在了华盛顿，并于当天下午4时乘坐火车前往纽约。[97]晚上9时，载洵抵达纽约宾夕法尼亚车站，纽约市长等官员已在车站迎接，随后他乘坐警务船至曼哈顿35大街码头上岸，又在骑警的护卫下前往广场酒店（Plaza Hotel），一路上受到华侨的夹道欢迎。到达酒店后，载洵还在周自齐的陪同下接见了华侨代表。[98]

30日上午10时许，载洵与周自齐等人离开广场酒店，乘渡轮至西岸车站（West Shore Station），乘坐火车前往西点军校。12时15分，一行人到达西点车站，受到军校领导的欢迎，随即乘车前往军校。军校学员为载洵表演了20分钟的操练，载洵对此十分满意，称西点军校训练出的是世界上最出色的年轻军官。随后，载洵一行又参观了学员宿舍及其他建筑。下午3时考察团返回纽约。到达酒店后，载洵又前往跑马场观看表演，晚上则在施瓦布的河岸寓所参加晚宴。[99]

10月1日上午9时，载洵一行离开酒店，首先坐车穿过威廉斯堡大桥（Williamsburg Bridge），前往位于布鲁克林（Brooklyn）的海军造船厂（United States Navy Yard），在船厂总监欧根·劳埃茨（Eugene Leutze）少将的陪同下参观了接近完工的“佛罗里达”号（U. S. S. Florida）战列舰，又在大西洋舰队司令西顿·施罗德（Seaton Schroeder）少将的陪同下参观了其旗舰——“康涅狄格”号（U. S. S. Connecticut）战列舰。随后载洵一行经过布鲁克林大桥返回曼哈顿，前往位于金融区的纽约市政厅，拜会了纽约代理市长。在前往雪莉饭店（Sherry's）参加午宴的途中，载洵来到大都会保险大厦（Metropolitan Life Insurance Tower），乘坐电梯来到45层，驻足远眺，兴致盎然。下午1时午宴开始，除纽约市长外，还有约翰·摩根（John Pierpont Morgon）、雅各布·希夫（Jacob Henry Schiff）、施瓦布等美国著名资本家和政要出席。午餐后，考察团前往位于加登城（Garden City）的飞机场，参观了飞行表演，其中的一架飞机还因为遇上了涡流而坠毁，好在飞行员平安无事。晚间载洵返回广场酒店，首先宴请了一些华商代表，又参加了海尔助理国务卿举行的招待宴会。[100]

2日，载洵一行离开纽约，继续乘坐施瓦布的专列返回西海岸。列车在圣路易斯、丹佛、盐湖城等地短暂停留，于6日下午抵达旧金山。当载洵在奥克兰码头（Oakland Mole）走下火车，准备登上等候在此的“地洋丸”邮轮时，险遭革命党人邝佐治（George Fong）刺杀，所幸刺客被美国便衣警察及时发现并制服。[101]当晚，载洵一行乘坐“地洋丸”离开美洲大陆。此时美国报章上已经开始疯传载洵已在美国签订了订购数艘战舰合同的消息，有称购买了2艘战列舰的，有称购买了3艘巡洋舰的，不一而足。实际上，考察团在美国期间并未签订任何购舰合同。

“地洋丸”于12日到达檀香山，载洵并未下船。邮轮未作过多停留，便于当日驶往横滨。[102]23日早晨，“地洋丸”驶过馆山附近海面，日本海军派出“筑波”“高千穗”等舰出港迎接。上午9时，

“地洋丸”进入横滨港，停泊在横滨的日本舰队齐放礼炮。载洵一行下船后，受到中国驻日公使汪大燮等官员的欢迎，考察团随即乘坐火车直接前往东京，并于11时43分到达东京新桥车站，受到伏见宫贞爱亲王的迎接。载洵于是被送往芝离宫下榻，又在住处先后受到了海军大臣斋藤实、海军军令部长伊集院五郎等人的拜见。下午5时45分，载洵一行前往水交社，参加日本海军举行的晚宴。出席晚宴的除斋藤实、伊集院五郎外，还有陆军元帅大山岩、海军元帅伊东祐亨、海军大将东乡平八郎等，可谓日本军政界名流济济一堂。9时10分晚宴结束，载洵一行返回芝离宫。

24日上午9时30分，载洵等人前往海军省、军令部。一行人来到水路部，参观了测量仪器、海图、水路志等，中午返回芝离宫用午餐。下午再次出发，前往商船学校，慰问了在此留学的中国学生。此后，考察团又前往岩崎别墅，与三菱财团掌门岩崎久弥等人散步交谈。晚间，载洵又来到日本总理大臣桂太郎的官邸，与其共进晚餐。

载洵一行在水交社与日本海陆军要员的合影

25日凌晨，日本发生了一次地震，所幸并无大碍。上午10时，日本方面派遣特使为载洵颁发了勋一等旭日桐花大绶勋章，并为萨镇冰及以下随行官员一一授勋。中午时分，考察团乘上马车，前往日本皇宫，拜见了日本明治天皇与皇后。当晚，中国公使馆举行晚宴，招待贞爱亲王、依仁亲王、博恭王等日本要员。

26日上午考察团前往位于东京筑地的海军大学校，在进行了简单的参观后载洵先行返回住所，萨镇冰等人继续前往军医学校，至午时返回。中午载洵等人前往伏见宫御殿参加宴会，日本各内阁大臣、元帅均赴宴。下午载洵又来到陆军士官学校，慰问了在此学习的中国留学生。随后，一行人前往代代木演习场，观摩了步炮兵对抗演习，观摩完毕载洵等又在御苑稍许参观，便返回住地。晚间在住地与伏见宫以下各大臣、元帅共进晚宴。

27日并未安排过多参观活动，晚间载洵一行前往帝国饭店，参加东京市举行的欢迎晚宴，有百余名日本各界人士参加；宴会后在博恭王与王妃的陪同下前往歌舞伎座观看了演出。28日上午一行人参观了贵族院和众议院，随后又来到浅草公园游览一番。下午载洵一行在伏见宫亲王的陪同下前往新桥火车站，于4时10分离开东京，前往本州岛西南的军港城市——吴继续访问。

29日，考察团的专列经过京都、大阪，均未作过多停留，于下午5时42分到达吴市车站，在港的日本军舰均鸣礼炮致意。吴镇守府司令长官加藤友三郎等日本海陆军官员在车站迎接，随后一行人乘坐马车前往水交社住宿。当晚港内日军舰船均打开探照灯，向四周照射，以示隆重，加藤友三郎即在水交社设宴款待载洵一行。

30日上午8时30分，萨镇冰等人先来到吴海兵团，参观了兵营与水兵的训练情况；又来到吴海军工厂，视察在建的战列舰“摄津”和该厂制造的各种火炮、弹药、装甲板等。载洵于11时到达工厂贵宾室，在拍摄了纪念照片后即从工厂栈桥登上日本海军新锐的“伊吹”号战列巡洋舰，航向江田岛，“龙田”号鱼雷炮舰和4艘驱逐舰随同护送。在“伊吹”舰内用过午餐后，载洵等人于下午2时到达江田岛，对该地的海军兵学校进行视察。载洵观摩了柔道、剑术训练和炮队操练，萨镇冰则前往各教室参观学习。4时15分一行人离开海军兵学校，返回“伊吹”舰并驶往宫岛，途中“伊吹”舰进行了战斗操练，驱逐舰队和潜水艇队也分别进行了演习。萨镇冰等人登上舰桥，兴致勃勃地瞭望观摩，载洵则显得兴致索然，大部分时间都待在军官舱中。傍晚6时“伊吹”舰到达宫岛，一行人前往御门酒店（Mikado Hotel）下榻。

31日早晨考察团从宫岛车站坐车，中午到达下关，并在此乘船前往九州岛的门司。下午3时54分到达博多（今属福冈），并在此地的县公会堂、松岛屋和荣屋住下。闻得载洵到达博多，一位正在大阪学习船用轮机的年轻人专程前来，欲拜谒贝勒爷，向其表达加入海军的意愿。但因为这个年轻人加入了同盟会，早已被日本警察盯上，为安全起见，载洵委派手下冯恕代为接见了他。这个年轻人名叫李四光，后来成为了中国现代地质学的奠基人之一。

11月1日上午考察团从博多发车前往九州岛西岸的佐世保。11时40分到达佐世保站，镇守府司令长官出羽重远前来迎接。在举行了欢迎午宴后，一行人参观了佐世保海军工厂及“萨摩”号战列舰。下午3时30分载洵等人离开“萨摩”舰，登上已在此等候的中国“海圻”号巡洋舰和“新铭”号轮船。4时“海圻”“新铭”驶出佐世保港，返航回国。港内日本舰艇鸣礼炮，“肥前”“周防”“相模”等舰在黑岛附近护航欢送。[103]载洵一行回国途中乘船前往秦皇岛视察，而后由天津登岸，前往北京。

6日，回到北京的载洵和萨镇冰进宫觐见了摄政王。[104]在美国与日本的访问对载洵等人的震动极大，11月24、25、26日，载洵、萨镇冰又接连三天入宫，所讨论的问题不外乎海军的扩充问题。26日，载洵等人呈上《奏为拟设海军第一舰队并厘订海军部官制各情事》折，正式提出了一个宏大的海军建设计划：

> ……现当日韩合并，我国时事日亟，加以海疆延亘七千余里，外国战舰常川游弋，非设数支舰队即不足以保海权而资策应……窃以为欲保海权，似宜将上年臣等所拟编之巡洋舰队略为变通，增购战斗舰二艘、钢甲巡洋舰二艘、鱼雷猎船八艘，益以原有之巡洋各舰合成一支，名曰第一舰队，以为续设各舰队之模范……统计所筹第一舰队约需银三千五百万两，为数颇

巨，如蒙恩准筹办，容臣等妥拟筹措之法，会同度支部具折请旨办理。[105]

对于这样一份堪称宏大的海军建设蓝图，摄政王不敢轻易拍板，只得批道："着该大臣将所需款项应如何筹画之处妥慎筹拟办法，先行会商度支部，并会同密陈，候旨办理。"[106]然而根据后来的情况可知，此一计划显然受到了极大的阻力而未能被通过。《申报》曾披露道：

> 内廷人云，近日海军大臣洵贝勒、萨军门及度支部泽尚书连日召见，系为筹补海军经费问题，并于退后连次密议，唯仍无相当之办法。据闻洵贝勒意见拟筹海军公债，以资补苴，而泽尚书则不以为然，以此事虽为救急之办法，然按现在情形恐难收成效，须详慎筹拟，再行决定。闻将于日内在海军处会同军咨、政务王大臣特开会议研究一切。[107]

12月4日，因海军扩建计划挫败，心灰意冷的载洵居然向摄政王呈上了一份《奏请开去海军要差另简贤能事》，提出了辞呈。这份保存于北京第一历史档案馆中的朱批奏折不知是由于保存不善还是人为损坏，许多部分都有遭到撕扯的痕迹。在仅可辨识的只言片语中，有这样的一些字句：

> 窃唯时事日棘，凡属臣工皆应振刷精神，藉挽危局，况臣以皇室懿亲，受两朝恩遇，浃髓沦肌，尤当忠贞自矢，勉效驰驱，固不可贪图安逸，自外生成。尤不可尸位素餐，妨贤误国……唯查各国海军之强盛，军舰之美备，是皆赖精神贯注、政策坚持、尝胆卧薪，用意宏远，不特生聚教训已也；更赖海部长官之布置得宜，任劳任怨。中国地大物博，苟生财有道，无患无款以建设海军，而患海□□官不能尽职耳……唯有仰恳□□，……另简贤能，俾臣得……赓续研究海军学问，一俟揣摩有成，再行泥首宫门，求赏差使，以图坠露轻尘之报。[108]

细细品读以上这些文字，与其说载洵是真要辞职，不如说他是在以辞职相逼，要他的亲哥哥摄政王批准他的海军扩建计划。奏折中甚至几次提到"皇室懿亲""两朝恩遇""先帝"等字眼，大有抬出光绪皇帝来示威的意思。对于自己亲弟弟的逼宫，载沣显得非常无奈。同日，他颁布谕旨，将筹办海军处升格为海军部，让他的弟弟正式当上了海军部长，才暂时平息了矛盾。[109]

虽然海军处摇身一变成了海军部，愈发显得冠冕堂皇了，但增购战舰、设立第一舰队的事最终还是不了了之，中国又一次遗憾地错过了海军大发展的契机。而此时，列强已经纷纷展开军备竞赛，海军建设如火如荼；大清王朝却是内忧外患，风雨飘摇。在这种时局之下，中国海军的发展机会还剩下多少呢？

“飞鸿”号的订购[110]

如同赴欧考察一样，在美国期间中国考察团虽然未正式订购任何军舰，但已对有意向参与中国军舰投标的主要厂家进行了考察。回国之后，即在美国部分厂商中进行了一次小型投标，舰型与在英国订造的“应瑞”“肇和”型巡洋舰一致。值得注意的是，中国方面很有可能指定在这艘巡洋舰上须安装阿姆斯特朗公司生产的火炮，

特拉华河畔的纽约造船公司（The Library Company of Philadelphia）

以便今后的弹药、配件等可以通用。

目前可知参加投标的厂商包括纽波特纽斯造船公司和纽约造船公司等。访美期间，萨镇冰曾在这两个船厂进行过短暂的考察。这两个船厂的历史都不长，但是借助美国海军大发展的东风，它们的扩张都十分迅速。其中纽约造船公司成立于1899年，虽然它的名字中包含“纽约”二字，但其实与纽约没有什么关系，之所以起了这个名字是曾经考虑将船厂建在纽约的史坦顿岛（Staten Island），但最后在进行了各方面的选择后，决定在新泽西州的肯顿南郊、特拉华河（Delaware River）的东岸征地建厂。公司的首任主席是亨利·G. 莫斯（Henry G. Morse），他之前曾从事桥梁和隧道建设，后进入哈兰和霍林斯沃斯公司（Harlan and Hollingsworth Company），开始了其造船事业，最后在公司主席的位置上退休。退休之后，莫斯着手建立自己的造船企业，在纽约造船公司成立和初期发展的过程中，莫斯起到了举足轻重的作用。

在肯顿船厂的建设中，莫斯采用了当时世界顶尖的造船厂建设技术和理念，主要表现为以下几个方面：1. 在舰船列板的制造过程中采取了放样模板系统；2. 在造船中引入了模块化建造方式；3. 在总装车间安装了一台100吨天车，可以吊运预制的舰船模块。正是由于采用了这些先进的制造方式，使得肯顿船厂有着其他造船厂难以媲美的后发优势，其采用的许多先进的造船技术直到“二战”以后才被全面推广。

船厂承建的第一艘船是油轮“J. M. 古菲”号（J. M. Guffey），于1900年11月开始建造。在船厂开张的头几年里，承建了油轮、邮轮、货轮等民用船舶，而该厂建造的第一艘军用舰船是1903年开工的装甲巡洋舰“华盛顿”号（U. S. S. Washington）。此后至1910年的几年间，纽约造船公司又为美国海军建造了“堪萨斯”号（U. S. S. Kansas）、“新罕布什尔”号（U. S. S. New Hampshire）、“密歇根”号（U. S. S. Michigan）、“犹他”号（U. S. S. Utah）和“阿肯色”号（U. S. S. Arkansas）战列舰以及“普雷斯顿”号（U. S. S. Preston）驱逐舰，并取得了阿根廷海军“莫雷诺”号（Moreno）战列舰的订单，发展速度令人瞩目。[111]

在参加投标的美国船厂中，中方最初属意的是纽波特纽斯造船公司，该公司对于争取中方订单的态度最为积极，且载洵在访美期间也对其留下了良好的印象。中方曾表示只要该公司的价格不超过英国公司的10%（约20000镑），便可与之签订合同，但最终该公司的价格还是超出了约20000镑（估计纽波特纽斯造船公司的报价在220000镑左右），因此中方最终不得不选择了纽约造船公司负责练习巡洋舰的建造。可以相信，在舰船性能已做出了严格规定的情况下，纽约造船公司之所以能够以较低的价格中标，是与该公司先进的造船技术和高效的管理水平分不开的。据当时报章称，在得知中国将巡洋舰订单交给纽约造船公司后，纽波特纽斯造船公司“十分震惊”，“正当该公司（指纽波特纽斯公司）起草合同，洵贝勒的代表准备签字时，从北京传来消息，纽约造船公司的驻京代表从海军部得到了建造巡洋舰的订单”。[112]

1910年12月21日，筹办海军处与美国海军派驻中国的代表义理寿（Irvin Van Gordon Gillis）少校签订合同，正式向纽约造船公司订购一艘练习巡洋舰，但采用阿姆斯特朗公司提供的火炮

美国海军驻华代表义理寿

系统，总合同价格为200000镑，较“应瑞”“肇和”二舰均为便宜。[113]

“应瑞”号巡洋舰的技术性能[114]

“应瑞”级巡洋舰三姐妹虽然技术性能差距不大，但因由不同厂家设计建造，因此在细节上彼此存在诸多不同之处。该级巡洋舰的建造细节和技术性能，为现保存在英国国立海事博物馆的“肇和”号设计说明书（*Design for a Fast Proteted Cruiser of 2750 tons*）叙述最为详细。而该级舰的内部构造，则可以该博物馆保存的“应瑞”号巡洋舰纵剖图和各层甲板平面布置图作为参照。

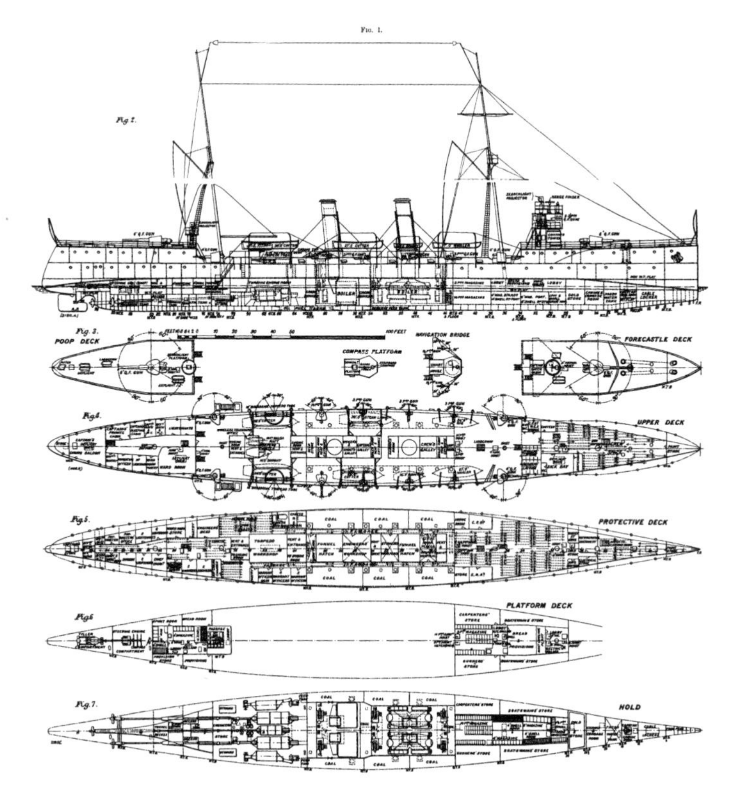

“应瑞”舰纵剖图与各层平面图

“应瑞”号巡洋舰为钢制舰体，柱间长330英尺，全长347英尺2英寸，水线长347英尺，型宽39英尺6英寸（也有39英尺7英寸的记载），型深23英尺9英寸，舰艏吃水12英尺3英寸，舰艉吃水13英尺9英寸，平均吃水13英尺（一说12英尺8⅜英寸），排水量约2450吨（因设计阶段和计算标准不同也有2378吨、2453.5吨、2460吨等记载），采用艏艉楼船型。设计航速为20节，实际公试航速21.21节。煤仓载煤量为600吨（一说596吨），载油55吨，通常载煤225吨。定员230名官兵与40名学员。

该舰武备样式繁多，包括2门6英寸50倍径维克斯主炮、4门4英寸50倍径维克斯副炮、2门3英寸50倍径维克斯副炮、6门3磅50倍径速射炮、2门37毫米马克沁机关炮，以及2具18英寸水上鱼雷发射管。

该舰拥有通长的防护甲板，水平段厚度为3/4英寸，倾斜段厚度为1英寸，轮机舱上部倾斜段为1½英寸。指挥塔以克虏伯表面硬化钢制造，厚度为3英寸。指挥塔连接底舱的通信管（用以保护通语管、舵索、电线等）厚度为1英寸。

从图纸上看，该舰拥有完整的双层底，双层底之间用以作为燃油舱、淡水舱和压载水舱。该舰从艏柱至艉柱共有肋骨101根，从艏柱至23号肋骨间距为2英尺，从23号至75号肋骨间距为4英尺，从75号至艉柱肋骨间距为2英尺。该舰艏柱平直，不再设计撞角，舰体左右从40号至70号肋骨之间安装有舭龙骨。该舰以1主2副共3个螺旋桨驱动，艉舵为平衡舵。舰艉为巡洋舰艉。

该舰底舱最前端（艏柱到8号肋骨）为压载水舱，8至15号肋骨为锚链舱，15至19号肋骨为锚机底座，19至23号肋骨为淡水水箱，23至28号肋骨间舱室主要为帆缆舱和食品仓库。从28号至43号肋骨，内侧为弹药库，外侧为其他仓库：弹药库从前向后依次为轻武器弹药库、6寸炮弹药库、4寸炮弹药库和3寸炮弹药库，位于两侧的库房包括主计馆库房、水手长库房、木匠库房、炮手库房、鱼雷员库房等。从43号肋骨至55号肋骨为前部锅炉舱，安装有4座水管锅炉，从55号肋骨至62号肋骨和63号肋骨之间位置为后部锅炉舱，安装有2座圆柱形锅炉，锅炉舱外侧均有煤仓包覆。从62

号肋骨和63号肋骨之间位置至75号肋骨为轮机舱，安装有1座高压蒸汽轮机和2座低压蒸汽轮机，以及冷凝器、2座怀特—福斯特式（White-Forster）发电机等设备。从第75号肋骨至舰艉依次为轴系和配平油箱等。

该舰底舱夹层分为3段，前段为15至19号肋骨的锚机舱。中段为28至43号肋骨的弹药库夹层，主要设有制冷机舱、粮舱和3磅炮弹药库等，制冷机可以使得弹药库保持恒定的低温，防止火药过热爆炸。后段从75号肋骨至舰艉，其中75号肋骨至83号肋骨为后部弹药库，主要设置棉火药库、鱼雷头库、4寸炮弹药库和6寸炮弹药库等；从83至93号肋骨为舵机舱，内设一部标准罗经和一部三联人力舵轮；从93号肋骨至舰艉为舵柄舱。

防护甲板前部从艏柱至10号肋骨为艏尖舱和压载水舱。从10号肋骨至43号肋骨为船员住舱，其中除有用于悬挂船员吊床和摆放餐桌的空间外，还有冷冻机舱、电气用品仓库、高级士官长餐厅、轮机技师餐厅等舱室。从43号肋骨至62号肋骨和63号肋骨之间位置，外侧两舷各有3个煤仓，内侧除锅炉烟道和通风管通道外，还有船员浴室和管轮车间等舱房，内侧舱房和外侧煤仓之间为一条通道。从62号肋骨和63号肋骨之间位置至81号肋骨为低级军官住舱，包括鱼雷修理舱、准尉住舱、大管轮餐厅、二管轮住舱、三管轮住舱、电工和鱼雷炮手住舱等。从81号肋骨至舰艉为高级军官住舱，包括大管轮住舱、总管轮住舱、尉官住舱、军医住舱、主计官住舱、主计官办公室、海图室、舰长库房等。

上甲板从艏柱至34号肋骨为艏楼，内部主要为水手生活舱室和军医院，并安装有一部锚机。从34号肋骨至77号肋骨为露天甲板，两舷依次安装1对4英寸副炮、3对3磅速射炮、1对3英寸副炮、1对18英寸鱼雷管和1对4英寸副炮，前后2对4英寸副炮射界为150度，其余副炮射界均为120度，鱼雷管射界为60度；中部最前方为前桅，后有3段甲板室，前部甲板室内除容纳前部烟囱竖井和通风井外还有水手厨房和吊床库等，中部甲板室内除容纳后部烟囱竖井和通风井外还有学员厨房、军官厨房等舱房，后部甲板室内为无线电报舱和轮机舱口，上方搁放1艘14英尺定纪艇和1艘10英尺轻木筏（balsa raft）；后桅安设在甲板室后方。中部露天甲板两侧舷墙上还安装有吊艇柱，可以收放7艘舰载舢板，左舷从前向后依次为24英尺纪格艇、30英尺蒸汽舢板（航速8节）、30英尺卡特救生艇（life cutter），右舷从前向后依次为27英尺捕鲸艇、16英尺定纪艇、27英尺卡特救生艇、30英尺卡特救生艇。从77号肋骨至舰艉为艉楼，内部为军官生活区，中间有一条走道，左侧依次为尉官住舱、浴室、舰长浴室、卧室、办公室等，右侧依次为军官会议室、航海长住舱、大副住舱等，最靠舰艉处为舰长沙龙和酒窖。

艏楼甲板最前部为锚甲板，安装有锚绞盘等设备，“应瑞”舰装备有3具45英担的山字艏锚、1具$15\frac{1}{2}$英担的艉锚、1具$7\frac{1}{2}$英担的小型海军锚和1具$3\frac{3}{4}$英担的小型锚，配备275英寻$1\frac{11}{16}$英寸直径的锚链。锚甲板后方为一道放浪板，6英寸前主炮安装于防浪板后，有从舰体中线起向两舷各150度的射界。装甲指挥塔设置在艏楼甲板后部，内有通语管、电话、车钟、罗经、蒸汽舵轮等设备，指挥塔后方为舰长战时住舱；指挥塔上方为罗经舰桥，中部为一个半封闭的罗经室和海图室，内有蒸汽舵轮、标准罗经等设备。两翼各安装一门37毫米马克沁机关炮，射界从正前方起各向左（右）舷120度；罗经室上方平台为测距仪平台，安装有1部标准罗经、1部巴

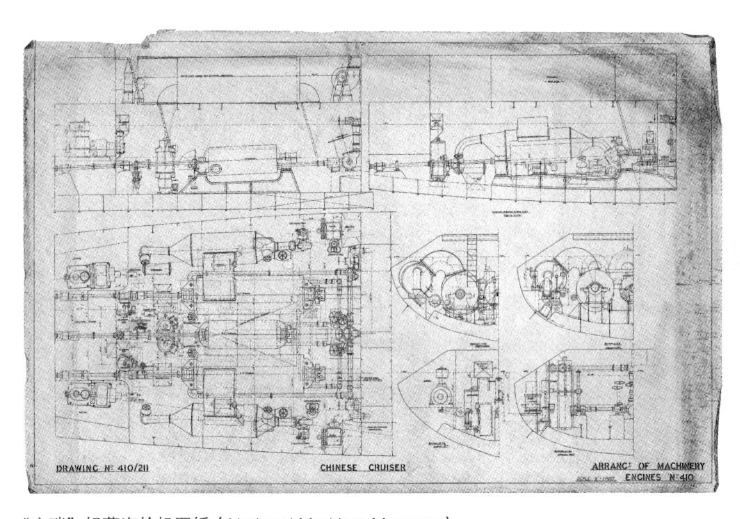

“应瑞”舰蒸汽轮机图纸（National Maritime Museum）

尔 - 斯特劳德式（Barr and Stoud）测距仪、1 个摇臂信号机和 1 部 24 英寸直径探照灯。

艉楼甲板最前端为探照灯台，设置 1 部 24 英寸直径探照灯，探照灯台下部为厕所水箱；6 英寸后主炮安装在艉楼甲板中部，有从舰体中线起向两舷各 150 度的射界；甲板后部为通向艉楼内部的舱口和天窗等。

前后桅杆各有 1 个吊杆，并安装有横桁和斜桁，桅杆顶部为无线电报天线。

“应瑞”舰的锅炉系统由 4 座水管锅炉和 2 座火管锅炉组成，公试马力 6375 匹，其中水管锅炉为怀特—福斯特式，提供约 2/3 的功率。火管锅炉为单面回焰式，直径为 12 英尺 3 英寸，长度为 11 英尺，可在强压通风下工作。锅炉总受热面积为 287 平方英尺，工作压力为 200 磅。锅炉系统由 6 个蒸汽动力双进气道式风扇提供空气，风扇有加压润滑装置。锅炉给水泵为威尔直动式（Weir directacting）。

“应瑞”舰装备有 1 座高压蒸汽轮机、1 座供前进的低压蒸汽轮机和 1 座供倒车的低压蒸汽轮机，高压蒸汽轮机连接中央螺旋桨，两部低压蒸汽轮机连接同一套轴系，驱动 2 个侧翼螺旋桨，高压轮机上装有供低速巡航用的装置。该舰轴系设计有加压润滑系统，安装有加压泵和油冷却器。螺旋桨桨盘直径为 5 英尺 2 英寸，桨距为 4 英尺 11 英寸。[115]

“应瑞”舰装备有 2 门维克斯 6 英寸主炮，炮身总长 310 英寸，为 51.68 倍径，膛长 300 英寸，为 50 倍径；药室口径为 8.5 英寸，长 38.107 英寸；炮膛内共有膛线 58 条。尾闩采用“维克斯”式改进型断隔螺纹炮闩，可使用撞针式击发装置或电击发装置。该炮采用分装式弹药，可发射 100 磅的被帽通常榴弹、立德炸药榴弹（lyddite shell）、榴霰弹和练习弹（practice shot），其中被帽通常榴弹采用弹底触发引信，立德炸药榴弹采用弹头触发引信，榴霰弹采用定时与触发引信。发射药包内装有 38 磅无烟火药，外包绸布。每门炮备弹 80 发。

6 英寸炮安装在管退速射炮架上，炮尾部分连接炮身正下方的液

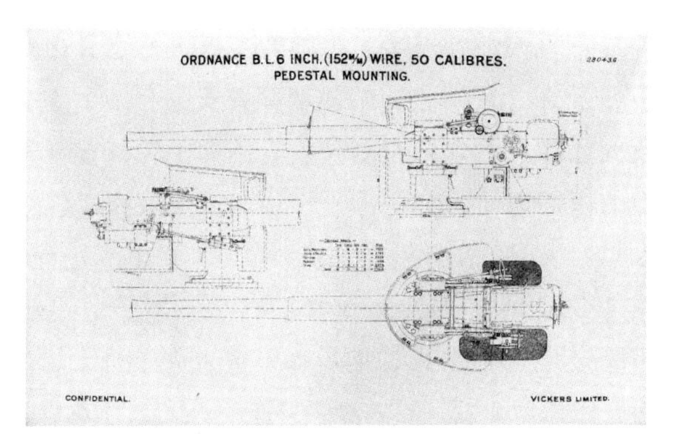

“应瑞”舰装备的维克斯 6 英寸主炮（Vickers Ordnance Books）

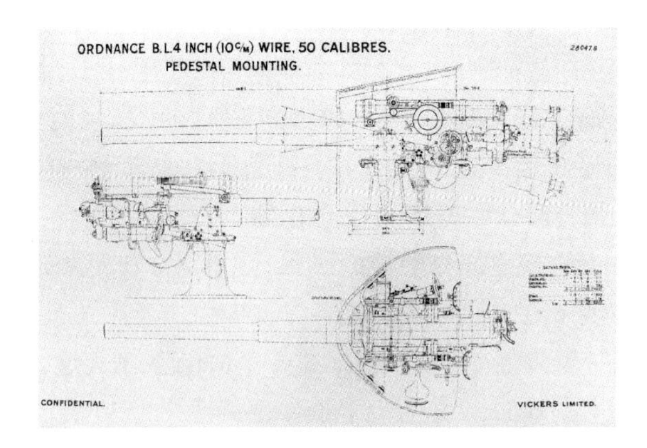

“应瑞”舰装备的维克斯 4 英寸副炮（Vickers Ordnance Books）

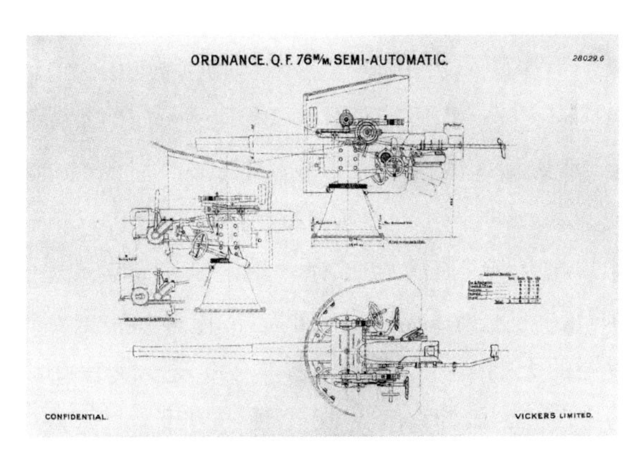

“应瑞”舰装备的维克斯 3 英寸速射炮（Vickers Ordnance Books）

压驻退器，左右两侧则各连接一个弹簧复进机，炮身在摇架上的后坐距离为16.5英寸。摇架左右两侧上部各安装有一个瞄准具，可进行昼间和夜间操瞄。下炮架左侧安装有俯仰手轮，右侧安装有旋回手轮。火炮的俯仰角度为15度到−7度。炮盾装甲以镍钢制造，前部厚1.5英寸，侧边厚0.75英寸，顶部厚0.5英寸。整个6英寸火炮炮身部分重7925公斤，摇架部分重2743公斤，下炮架部分重2324公斤，底座部分重1448公斤，炮盾部分重2578公斤，合计重17018公斤。每门炮备弹160发。

“应瑞”舰装备有4门维克斯4英寸副炮，炮身总长208.45英寸，为52.11倍径，膛长201.15英寸，为50.3倍径；药室口径为5.3英寸，长28.57英寸；炮膛内共有膛线38条。该炮采用分装式弹药，可发射31磅的通常榴弹、立德炸药榴弹、榴霰弹和练习弹。发射药包内装有11.445磅的无烟火药。每门炮备弹100发。4英寸炮亦采用速射炮架，后坐距离为28英寸，俯仰角度为15度到−10度。整个4英寸火炮炮身部分重2115公斤，摇架部分重1207公斤，下炮架部分重529公斤，底座部分重580公斤，炮盾部分和支撑部分重1871公斤，合计重6302公斤。每门炮备弹200发。

“应瑞”舰装备有2门维克斯3英寸Mark A型火炮，炮身总长156.995英寸，为52.33倍径，膛长150英寸，为50倍径；药室长20.1英寸；炮膛内共有膛线30条。尾闩采用立楔式炮闩。该炮采用整装式弹药，可发射14磅的通常榴弹和穿甲榴弹（armour piercing shell），发射药为3磅无烟火药。每门炮备弹180发。3英寸炮亦采用速射炮架，后坐距离为10英寸，俯仰角度为20度到−10度。整座3英寸炮连同炮架、炮盾等总重约3.4吨。每门炮备弹1000发。

“应瑞”舰装备有6门维克斯3磅Mark A型火炮，口径为1.85英寸，炮身总长98.9英寸，膛长92.6英寸，为50.05倍径，药室长14.948英寸，炮膛内共有膛线22条。尾闩采用立楔式炮闩。该炮采用整装式弹药，可发射3磅4盎司的通常榴弹和穿甲榴弹，发射药为1磅1盎司的无烟火药。每门炮备弹250发。该炮采用速射炮架，后坐距离为7英寸，俯仰角度为20度到−20度。

“应瑞”舰还装备有2门37毫米马克沁机关炮，发射1¼磅

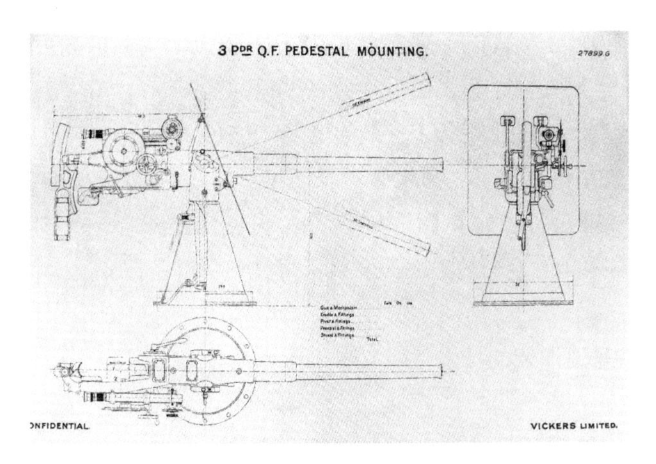

“应瑞”舰装备的维克斯 3 磅速射炮（Vickers Ordnance Books）

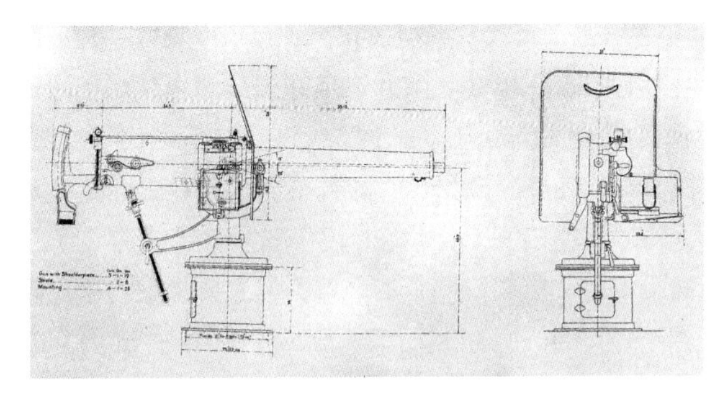

“应瑞”舰装备的 37 毫米马克沁机关炮（Vickers Ordnance Books）

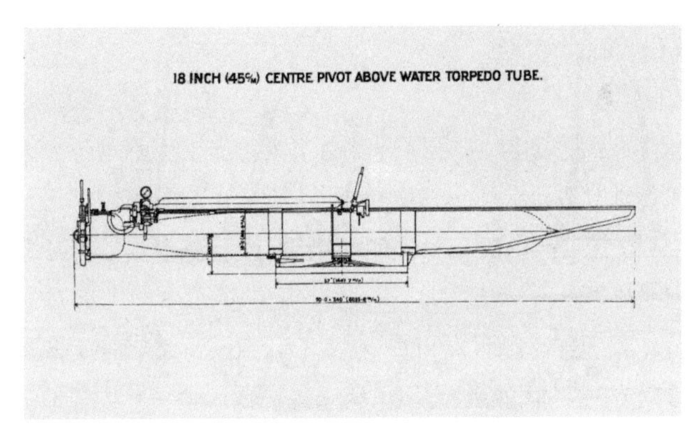

“应瑞”舰装备的 18.5 英寸鱼雷发射管（Vickers Ordnance Books）

的子弹。既可安装于军舰上又可安装于舢板上。俯仰角度为 15 度到一20 度。

“应瑞”舰的上甲板上安装有 2 具 18.5 英寸“埃尔斯威克”式露天旋回式鱼雷发射管，鱼雷管总长 20 英尺，重 440 公斤，空气推动装置重 130 公斤，底座等重 90 公斤，可使用压缩空气或 5¾ 盎司的无烟火药和 0.5 盎司的黑火药发射。每具鱼雷管备雷 4 发。

“肇和”号巡洋舰的技术性能[116]

据“肇和”号设计说明书记载，该舰为钢制舰体，总长 346 英尺，柱间长 330 英尺，总宽 42 英尺 2 英寸，型宽 42 英尺，型深 23 英尺 6 英寸，吃水 14 英尺 9 英寸，排水量约 2750 吨（一说 2725 吨）。舰艏舷弧高 3 英尺，舰尾舷弧高 1 英尺 6 英寸，干舷高 9 英尺 2 英寸。设计航速为 20 节，实际航速在强压通风情况下可达 22.257 节。煤仓载煤量为 550 吨（一说 554 吨），载油 100 吨（一说 118 吨），通常载煤 150 吨。定员为 18 名军官，215 名水兵，以及 97 名士官与学员，总共 330 人。

该舰武备与“应瑞”舰基本一致，但主要火炮均采用阿姆斯特

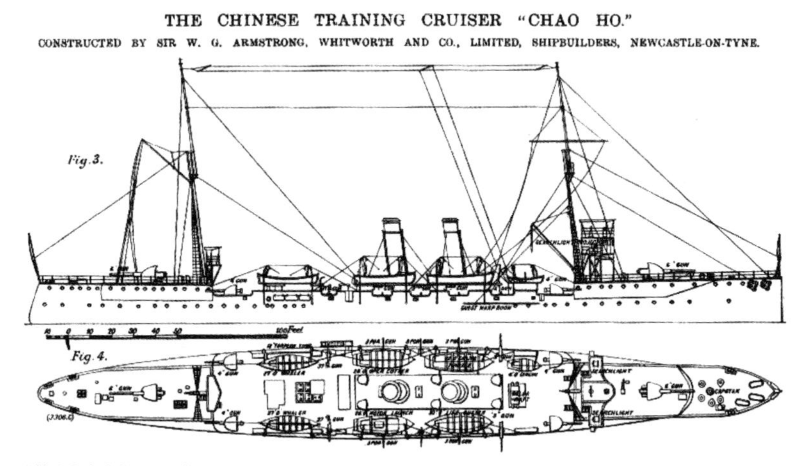

“肇和”舰侧视图、俯视图（*The Engineer*）

朗式，包括2门6英寸50倍径主炮、4门4英寸50倍径副炮、2门3英寸50倍径副炮、6门3磅50倍径速射炮、2门37毫米马克沁机关炮，以及2具18英寸水上鱼雷发射管。

该舰拥有通长的防护甲板，在普通区域材质为3/4至1英寸的软钢，在动力舱段和弹药库区域，防护甲板的水平段加厚至1英寸，倾斜部分加厚至2英寸。指挥塔以镍钢制造，厚度为3英寸，指挥塔连接底舱的通信管也以镍钢制造，厚度为1½英寸。6英寸、4英寸和3英寸炮的扬弹机以1英寸的特种钢制造。

"肇和"舰的舰体基本构造情况如下：该舰垂直龙骨在轮机部分，前后弹药舱部分深度为30英寸，向舰体前后方向渐减至18英寸；在舰体舯部重量为17½磅/平方英尺（约7/16英寸厚），向艏艉渐减至15磅/平方英尺（约3/8英寸厚）。垂直龙骨以角钢连接在水平龙骨上，水平龙骨以2块钢板叠加而成，重量分别为22½磅/平方英尺（约9/16英寸厚）和20磅/平方英尺（约1/2英寸厚），向艏艉渐减至17½磅/平方英尺和15磅/平方英尺。艏柱以8英寸宽1½英寸厚轧钢制成，铆接在水平龙骨上；艉柱为钢铸件，亦铆接在水平龙骨上。

肋骨以10磅/平方英尺（约1/4英寸厚）钢板制造。防护甲板以下除弹药库底部的肋骨间距4英尺外，其余部分肋骨间距均为2英尺；防护甲板以上部分的肋骨间距为2英尺。纵骨由15磅/平方英尺钢板制成。舰体列板以5磅/平方英尺（约1/8英寸厚）至22½磅/平方英尺的钢板制造；内层舰底以10磅/平方英尺的钢板制造。舭龙骨宽度为12英寸，以10磅/平方英尺的钢板制造，用角钢连接到外层船壳板上，长度约为100英尺。

横向水密隔舱壁重量为7磅/平方英尺（约3/16英寸厚）。防护甲板以下的煤仓纵向水密隔舱壁为7—10磅/平方英尺，防护甲板以上的煤仓纵向水密隔舱壁为7磅/平方英尺，其他纵向水密隔舱壁也大多为7磅/平方英尺。非水密隔舱壁为5磅/平方英尺。

甲板梁在艏艉楼部分为5英寸×2½英寸、10磅/平方英尺的角钢，间距4英尺；在主炮底部为6英寸×3英寸、16磅/平方英尺的角钢，以3英寸直径的钢柱支撑。上甲板梁为6英寸×3英寸、

16 磅 / 平方英尺的角钢，间距 4 英尺，艏艉部分减为 5 英寸 ×2½ 英寸、10 磅 / 平方英尺的角钢，以 2½ 英寸直径的钢柱支撑。防护甲板梁为 4 英寸 ×3 英寸、7 磅 / 平方英尺的角钢。底舱甲板梁为 3 英寸 ×2½ 英寸、5½ 磅 / 平方英尺的角钢，以 3 英寸直径的钢柱支撑。

艏艉楼甲板设有 18 英寸宽、10 磅 / 平方英尺厚的纵梁，上铺 7 磅 / 平方英尺的钢板，在钢板上铺设 2½ 英寸厚的柚木甲板；上甲板纵梁从 48 英寸宽、15 磅 / 平方英尺厚渐减至 30 英寸宽、10 磅 / 平方英尺厚，上铺 10 磅 / 平方英尺的钢板，在钢板上铺设 2½ 英寸厚、7 英寸宽的柚木甲板。防护甲板在弹药库和轮机舱部分水平段以双层 20 磅 / 平方英尺（约 1/2 英寸厚）软钢板制造，倾斜段以双层 40 磅 / 平方英尺（约 1 英寸厚）软钢板制造；前部防护甲板水平段和倾斜段均以双层 15 磅 / 平方英尺软钢板制造；后部防护甲板水平段和倾斜段均以双层 20 磅 / 平方英尺软钢板制造；防护甲板上的舱口设有 15 磅 / 平方英尺的盖板。底舱甲板以 7 磅 / 平方英尺的钢板制造。

该舰装备有 2 座亚罗水管锅炉和 4 座圆柱形锅炉，水管锅炉靠近炉膛部分的两排水管直径为 1 至 3/8 英寸，其余水管直径为 1 至 1/8 英寸，受热面积为 8000 平方英尺，炉篦面积为 138 平方英尺；圆柱形锅炉为煤油混烧锅炉，直径为 12 英尺 9 英寸，长度为 9 英尺，受热面积为 6000 平方英尺，炉篦面积为 200 平方英尺。锅炉最大工作压力为 235 磅 / 平方英寸，测试压力为 350 磅 / 平方英寸。锅炉舱为密闭式，可以风扇进行强压通风。

该舰轮机舱内安装有霍索恩·莱斯利公司生产的 1 座高压蒸汽轮机和 2 座低压蒸汽轮机，高压蒸汽轮机连接中央螺旋桨，每座低压蒸汽轮机由 1 个前进轮机和 1 个倒车轮机组成，分别连接一套轴系，驱动侧翼螺旋桨。在锅炉最大压力情况下可达到 6500 匹马力，使螺旋桨达到每分钟 500 转的转速，推动军舰以 22 节的航速航行。蒸汽轮机连接轮机舱中的 2 个威尔式整流冷凝器（Weir Uniflux condenser），总冷凝面积达 5600 平方英尺，冷凝管径为 5/8 英寸。锅炉蒸汽除驱动蒸汽轮机外还通过管路连接到数个辅机上，包括 3 座发电机、1 具锚机、1 具空气压缩机和 1 个吊艇杆绞盘。

该舰装备的部分辅机性能：发电机为 3 座并激式发电机（shunt

wound dynamos），每座发电机在每分钟400转情况下产生电流150安培，电压225伏特，可提供全舰约450盏电灯的照明。上甲板安装有一具锚机，可以每分钟19吨、25英尺的速度提升锚链。弹药库设置有制冷机，以二氧化碳作为冷却剂，每小时可冷却不小于27000BTU的热量，同时可用以制冰作业。

从外观看，“肇和”舰与“应瑞”舰多有相似之处。该舰亦采用艏艉楼船型，双桅双烟囱布局，长度与“应瑞”舰一致，而宽度略大。艏楼甲板最前方为锚甲板，有左1右2共3个导锚孔。该舰共装备有3个40英担山字艏锚，1个10英担艉锚，另有2个8英担和3英担的小型锚；共备有375英寻直径1⅞英寸的锚链。锚甲板后方为一道弧形的防浪板，以10磅/平方英尺钢板制造。防浪板后方安装6英寸前主炮，射界从舰体中线起算左右向舰艉方向各140度。指挥塔围壁以120磅/平方英尺（约3英寸厚）的镍钢制造，塔顶为40磅/平方英尺的软钢板，地板为15磅/平方英尺软钢板。指挥塔内装备有通语管、电话、车钟、罗经、蒸汽舵轮等设备。指挥塔下方有保护舵索、通语管的装甲管道，以60磅/平方英尺（约1.5英寸厚）的镍钢制造。指挥塔上方设有航海舰桥，两翼向舷侧伸出，上铺2英寸厚的柚木，内部安装有罗经和车钟等设备，两翼安装有2座24英寸直径的探照灯。航海舰桥上方为露天平台，安装有一座标准罗经和一座巴尔-斯特劳德式测距仪。前桅紧贴在舰桥之后，下桅为钢制，安装有一根收放救生筏用的吊杆；上桅以范库弗（Vanccuver）松木制造，连接有无线电报天线，并安装有横桁，前后桅均可张挂三角帆与纵帆。舰桥两侧舷侧各有一根35英尺长的系艇杆，以俄勒冈松木制造。

中部上甲板为露天甲板，内侧为数个甲板室，推测功能与“应瑞”舰相仿，包括厨房、无线电报舱等，还有容纳两个烟囱和通风筒的竖井。轮机舱天窗在烟囱甲板室之后。上甲板两侧安装有一系列的副炮和鱼雷管。从前向后依次为1对4英寸副炮，1对3英寸副炮，3对3磅速射炮，1对37毫米马克沁机关炮，1对18英寸鱼雷管，以及1对4英寸副炮。前后2对4英寸副炮射界为150度，其余副炮射界均为120度，鱼雷管射界为120度。

上甲板两侧有一圈舷墙，外板以8磅/平方英尺钢板制造，内侧以5磅/平方英尺钢板制造，舷墙内设有吊床柜。舷墙外侧安装有一系列吊艇杆，用以悬挂舰载舢板，“肇和”舰共装备有8艘小艇，左舷从前向后分别为1艘16英尺的定纪艇，1艘32英尺的中型艇（pinnace），1艘28英尺的卡特艇，1艘27英尺的捕鲸艇；右舷从前向后依次为1艘30英尺的卡特艇，1艘28英尺的摩托艇，航速为8节，1艘27英尺的捕鲸艇；烟囱前部甲板室上方还安放有1艘11英尺6英寸的救生筏（life raft）。[117]

艉楼甲板前段安装后桅杆，桅杆下方安设有一个罗经平台。艉楼甲板上还安装有6英寸后主炮，射界从舰体中线起算为左右向舰艉方向150度。

“肇和”舰的6英寸阿姆斯特朗主炮膛长300英寸，药室长

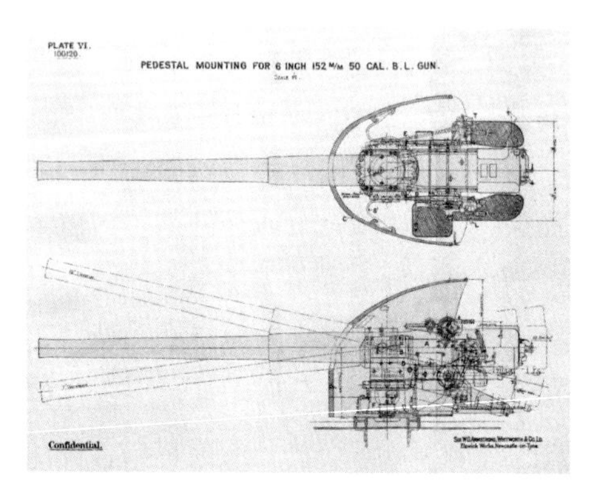

“肇和”舰装备的6英寸阿姆斯特朗主炮（Elswick Ordnance Books）

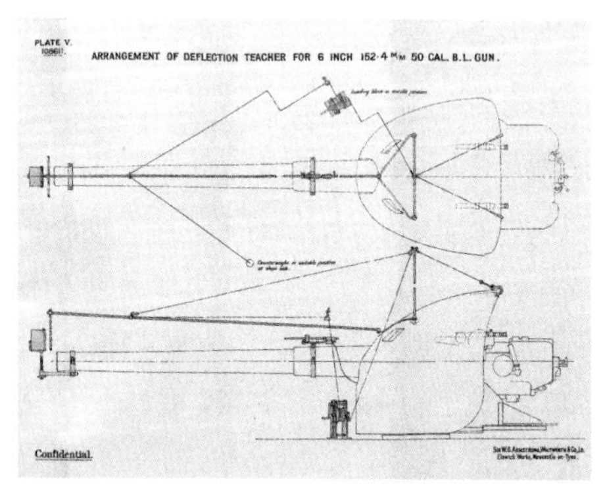

“肇和”舰装备的打点式炮术训练装置（Elswick Ordnance Books）

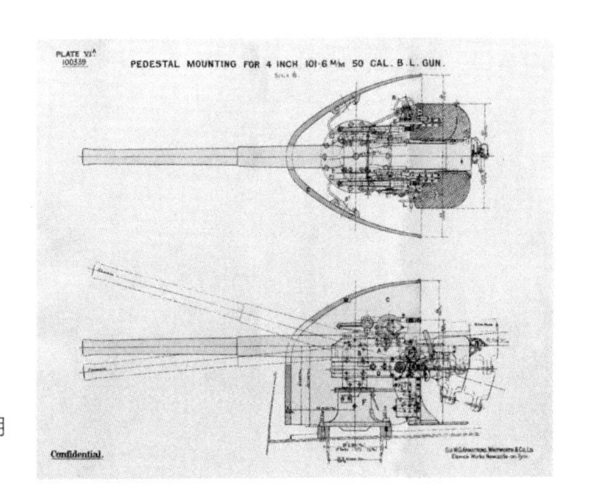

“肇和”舰装备的4英寸阿姆斯特朗副炮（Elswick Ordnance Books）

31.683英寸，总长310.425英寸，内有膛线36条，炮身总重8862公斤。发射弹种与“应瑞”舰6英寸炮一致。为在训练中减少炮膛损耗，该炮还可安装25毫米口径的内膛炮。

该炮安装在速射炮架上，炮架结构与“应瑞”舰6英寸炮类似，炮身可进行13度至−7度的俯仰，最大后坐距离为18英寸。弧形的炮盾厚3英寸。该炮架摇架部分重2540公斤，下炮架部分重2336.8公斤，底座部分重1422.4公斤，炮盾重4876.8公斤，炮架总重11176公斤。该炮还可外设一种英国海军发明的打点式炮术教练仪，以模拟在舰船摇动的情况下对敌方目标的照准。

6英寸火炮配备电动扬弹机，最快可在1分钟内扬弹22发。

“肇和”舰的4英寸阿姆斯特朗炮膛长201.5英寸，药室长27.0825英寸，总长208.45英寸，内有膛线32条，炮身总重2194公

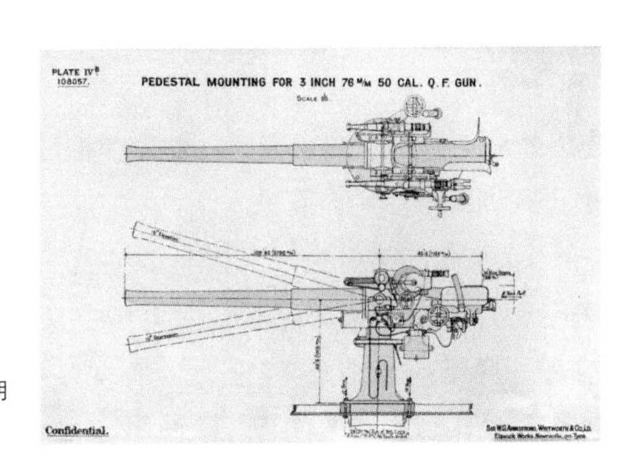

“肇和”舰装备的3英寸阿姆斯特朗速射炮（Elswick Ordnance Books）

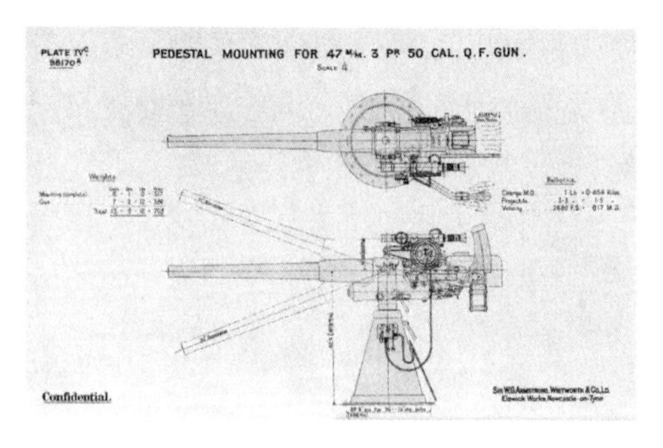

“肇和”舰装备的3磅阿姆斯特朗速射炮（Elswick Ordnance Books）

斤。发射弹种与“应瑞”舰4英寸炮一致。该炮亦可在训练中使用25毫米口径内膛炮。[118]

该炮可在速射炮架上进行16度至－5度的俯仰，炮身最大后坐距离为16英寸。弧形炮盾厚3英寸。该炮架摇架部分重1016公斤，下炮架部分重914公斤，底座部分重813公斤，炮盾重3962公斤，炮架总重6705公斤。该炮亦可使用打点式炮术教练仪，并另配备一种装填训练器。该炮亦使用电动扬弹机，最快可在1分钟内扬弹30发。

“肇和”舰的3英寸炮膛长150英寸，药室长19.87英寸，总长155.35英寸，内有膛线24条，炮身总重920公斤。与“应瑞”舰的3磅炮使用立楔式炮闩不同，该炮使用的是断隔螺纹式炮闩。发射弹种与“应瑞”舰3英寸炮一致。该炮可在训练中使用内膛枪。

该炮可在速射炮架上进行15度至－10度的俯仰，炮身最大后坐距离为14英寸。该炮架摇架部分重444公斤，下炮架部分重386公斤，底座部分重525公斤，不安装炮盾，炮架总重1355公斤。该炮亦使用电动扬弹机，最快可在1分钟内扬弹20发。

“肇和”舰的3磅炮膛长92.5英寸，总长100英寸，炮身总重372公斤，使用立楔式炮闩。发射弹种与“应瑞”舰3磅炮一致。该炮可在训练中使用内膛枪。

该炮可在速射炮架上进行20度至－20度的俯仰，炮身最大后坐距离为8英寸。该炮架摇架部分重163.7公斤，下炮架部分重53.1公斤，底座部分重134.7公斤，不安装炮盾，炮架总重351.5公斤。该炮可使用陆用炮架供陆战队使用。

该舰所装备之马克沁机关炮与18英寸水上旋回式鱼雷发射管与“应瑞”舰一致。

“飞鸿”号巡洋舰的技术性能[119]

“飞鸿”舰总长322英尺，柱间长320英尺，型宽39英尺，型深22英尺6英寸，通常吃水14英尺，标准排水量2600吨（一说2730吨）。前部干舷距水线18英尺3英寸。煤仓载煤量600吨，载燃油100吨。艏楼长度87英尺，艉楼长度58英尺。“飞鸿”舰仅在轮机舱和煤仓下方设有双层底，长度为117英尺。该舰主要依靠通长的防护甲板为水线以下提供保护，防护甲板平坦处厚度为1英寸，倾斜处厚度为2英寸。该舰定员230人。

“飞鸿”舰的外观与“应瑞”舰非常类似，不再赘述。所不同的是2门马克沁机关炮安装在舰桥两侧的甲板上，3英寸和3磅副炮的排列方式则类似“肇和”。该舰内部舱室布局推测亦与“应瑞”舰类似，所不同的一点是艏楼内部与主甲板前部为军官住舱，艉楼内部与主甲板后部为水兵住舱和军医院。英制军舰水兵住舱在前，军官住舱在后，1900年代之后的美制军舰则恰好相反。

该舰的锅炉系统不同于“应瑞”“肇和”，独树一帜，包括3座桑尼克罗夫特式水管锅炉，分置在2个锅炉舱中，前部锅炉舱安装1座，后部锅炉舱安装2座，均位于军舰中轴上。两座锅炉舱的中间与舷侧都设置煤仓。锅炉总受热面积为14493平方英尺，炉篦面积为270.75平方英尺，工作压力为240磅/平方英寸。前部锅炉为煤油混烧锅炉，安装有机械喷油装置；后部2个锅炉为燃煤锅炉。锅炉舱可密闭，进行强压通风。

“飞鸿”舰的蒸汽轮机由帕森斯船用蒸汽轮机公司（Parsons Marine Steam Turbine Company）授权纽约造船公司生产。轮机舱布局与“应瑞”“肇和”类似，高压汽轮机在中间，低压汽轮机在两侧，高压汽轮机的汽缸上有56排静叶片，转子上则有相同数量、直径39英寸的动叶片。高压汽轮机前部安装有巡航装置，其汽缸和转子上各有16排叶片，其作用是提高巡航速度下的轮机效率。

每座低压汽轮机各包括1个前进轮机和倒车轮机，前进轮机内有54排叶片，鼓形转子直径55英寸；倒车轮机内有40排叶片，鼓形转子直径44英寸。该舰轴系有加压润滑系统，轮机舱中安装有1个150加仑的润滑油箱。轮机产生的剩余蒸汽通过2个圆柱形主冷凝器凝结，内径为5英尺，冷凝管束板间距为10英尺8英寸，冷凝面积为4272平方英尺。

该舰3个螺旋桨以锰铜制造，各有3片桨叶，桨盘直径66英寸，桨距62英寸，三片桨叶投影面积为1716平方英寸，展开面积为1959平方英寸。前进状态时两翼螺旋桨外旋，中心螺旋桨向右侧旋转。

“飞鸿”舰还安装有诸多辅机：该舰有3个用以强压通风的特洛伊·西洛可（Troy Sirocco）5号双倍进风风扇，以特里（Terry）式汽轮机驱动，该种风扇在1200转情况下可鼓风30000立方英尺，使得锅炉舱获得3英寸水柱的稳定压强，每个锅炉舱各有2个通风筒，轮机舱也有2个通风筒。

该舰有2个蒸发器和2个“雷利”式（Reilly）立式多盘管冷凝器，能够在24小时内制备9000加仑的锅炉水和6000加仑的饮用水。该舰还有1台冷凝面积约400平方英尺的辅助冷凝器，通过管道连接所有的辅机。轮机舱中安装有1台舒特—科尔丁式（Schutte-Koerting）锅炉水加热装置，利用剩余蒸汽，每小时可将100000磅的水从90华氏度加热到200华氏度，轮机舱中则设置有1个650加仑的给水过滤水箱。

该舰艏楼甲板安装有1座垂直式锚绞盘，用以卷扬$1\frac{5}{8}$英寸的锚链，锚绞盘以1个立式蒸汽机驱动，每分钟可提升6英寻的锚链。该舰还有2个电动卷扬机，可将2000磅的重物以每分钟100英尺的速度提升。

该舰舵机为1个10英寸×8英寸的水平“海德”式（Hyde）蒸汽机，当军舰以20节航速航行时，可在25秒钟的时间内将舵叶由左满舵转至右满舵。

该舰安装有2个阿姆斯特朗公司生产的空气压缩机，用以鱼雷压缩空气的压缩，每台压缩机可在70分钟内将10立方英尺的空气压缩至2500磅/平方英寸压力，压缩空气被储存在2个10立方英尺容量的气罐中，制备的压缩空气还可用作其他用途，如吹除锅炉管道中的煤渣等。

该舰装有1个2吨的“亚伦”式（Allen）制冷机，由蒸汽驱动，可为大约1600立方英尺的空间制冷（主要是弹药库和食品仓库），并可每日制备5英担的冰块。食品冷库位于舰体中部防护甲板以上的位置。[120]

该舰装备有2个通用电气公司（General Electric Company）制造的50千瓦发电机，每分钟3300转情况下产生电压为125伏特。

“飞鸿”舰装备的火炮和鱼雷等武备均由阿姆斯特朗公司生产，与“肇和”舰装备的一致。

综上所述，“应瑞”级三姐妹在诸多方面均十分相似，如主尺度、总体布局、武备的配置（“应瑞”舰采用维克斯公司制火炮，“肇和”“飞鸿”采用阿姆斯特朗公司制火炮）等。也有若干明显不同之处，如锅炉的设置（“应瑞”舰采用4座亚罗式水管锅炉与2座火管锅炉，“肇和”舰采用2座亚罗式水管锅炉与4座火管锅炉，“飞鸿”舰采用3座桑尼克罗夫特式水管锅炉），部分舱室的设置（“应瑞”“肇和”采用英式的前水兵舱后军官舱的布置，“飞鸿”采用美式的前军官舱后水兵舱的布置）等。各厂商在达成中方要求的情况下既相互借鉴，又发挥自身的设计能力，建成了这一级别具特色的练习巡洋舰。

从总体性能上来说，“应瑞”级即便与当时同级别的三等巡洋舰相比也并不突出，但是其特殊的设计正好符合了中国海军训练、作战两用的要求：1. 其武器种类繁多，能够满足不同口径火炮的训练需求；2. 其锅炉类型五花八门，能够让官兵熟悉各种类型锅炉的性能和煤、油两种燃料的使用；3. 其作为中国海军中第一级安装了蒸汽轮机的军舰，能使官兵了解熟悉这种先进的动力样式；4. 其装备了各种类型的辅机，能够使官兵了解各种机械的作用和使用方式；5. 其弹药储量大于普通的巡洋舰，能够适应长时间训练和作战的需要。按照设计的初衷，这型巡洋舰将快速地为中国培养一批熟悉现代技术的海军兵员，为规划中的大舰队提供充足的人员保障，而其平庸的航速在作为训练和近海防御之用时也并不会成为突出的弊病，武备和防护水平则足以胜任小规模作战的需要。应该说，“应瑞”级练习巡洋舰作为大清帝国重建新式海军的奠基之作，体现了当局者的务实态度和宏远目标。

“应瑞”“肇和”的建造与回航

“应瑞”“肇和”二舰的合同先后于1910年3月23日、8月1日与维克斯父子 - 马克西姆公司、阿姆斯特朗·惠特沃斯公司签订。为监造在英国订购的两艘巡洋舰，中国向维克斯公司派出李和（船政驾驶班第一期）、黎弼良（船政管轮班第二期），向阿姆斯特朗公司派出林葆怿（船政驾驶班第九期）等监造委员，负责监督军舰建造的全过程。[121] 其中黎弼良于1910年8月率先到达英国，[122] 李和与林葆怿则于1911年6月乘坐赴英参加英王加冕典礼的“海圻”舰到达英伦。

“应瑞”舰的合同签订后，维克斯公司即开始了开工的准备工作。该舰由维克斯公司造舰总监托马斯·乔治·欧文斯（Thomas George Owens，后册封为George Thurston爵士，并改名为Thomas George Owens Thurston）设计。欧文斯早年在利物浦的米尔福德港船厂（Milford Haven）学习船舶设计，并取得了皇家舰船设计学院（Royal School of Naval Architecture）的荣誉学位。后于1889年进入阿姆斯特朗公司，跟随菲利普·瓦茨从事舰船设计，积累了大量的设计经验。1898年，时年28岁的他转入维克斯公司，后来在该公司一直工作到1930年，并长期担任该公司的造舰总监。在此期间他负责设计了许多世界名舰，如日本战列舰“三笠”号、“香取”号，战列巡洋舰“金刚”号，巴西战列舰“圣保罗”号（Sao Paulo），俄国装甲巡洋舰“留里克”号（Рюрик）等。[123]

“应瑞”舰于1910年夏季在巴罗船厂开工，船厂编号为410。该舰的建造过程并不顺利，当年9月由于英国锅炉工会和造船业雇主联盟（Shipbuilding Employers' Federation）产生纠纷，雇主联盟宣布对锅炉工人予以闭工，大量英国的锅炉工人因此而失业，全英的造船业受到了严重的影响。虽然没有直接证据表明“应瑞”舰的建造受到了此次闭工事件的影响，但巴罗船厂也是此次事件的重灾区之一，该舰显然不能幸免。由于维克斯公司档案的缺失，目前可追溯的“应瑞”舰建造过程从1911年6月27日开始，当天该舰的4台水管锅炉和烟箱装舰；同日左舷、右舷螺旋桨和桨轴安装到位。29日，中心螺旋桨轴安装到位。30日，中心螺旋桨安装到位。数日后，主机上舰并安装完毕，“应瑞”舰做好了下水的准备。[124]

7月14日，“应瑞”舰在维克斯公司的巴罗造船厂成功下水，中国驻英公使刘玉麟出席了下水仪式。为该舰洗礼的是刘玉麟的女儿梅·刘（May Lew，中文名待考）。[125]下水后的“应瑞”舰随即被拖去巴罗船厂的德文郡船坞（Devonshire Dock）上坞，进行下一步的舾装工作。19日，2台火管锅炉被吊装上舰；20日，2座烟囱安装完毕。11月21日，“应瑞”舰进行了坞内试车，情况良好；23日该舰出坞，前往克莱德河口的格里诺克（Greenock），准备进行海试。

从11月27日至29日“应瑞”舰在克莱德河口的斯凯尔莫利（Skelmorlie）共进行了6次标柱间公试，试航排水量为2428至2430吨。试航内容包括在12节经济航速下在标柱间往返6次的煤炭消耗测试、开足马力在标柱间往返6次的航速测试、前进和倒车状态下的转舵测试、人力操舵测试、锚机测试、火炮鱼雷测试等。[126]在24小时航行中测得平均轴马力为1278匹，轮机每分钟330.6转，航速为13.14节；在6小时全速航行中测得平均轴马力为6375匹，轮机每分钟556.5转，航速为21.213节；在2小时仅用圆柱形锅炉和燃油的航行中，测得平均轴马力为2088匹，轮机每分钟396转。12月2日，试航全部结束，成绩令人满意，“应瑞”舰随即返回巴罗因弗内斯。[127]1912年1月16日，该舰在进行了最后的舾装和调试工作后宣告完工。[128]

“肇和”号巡洋舰的合同于1910年8月1日签署，阿姆斯特朗公司随即开始了该舰的初步设计和建造准备工作。承担“肇和”舰设计工作的是阿姆斯特朗公司的第4任造舰总监约西亚·佩雷特（Josiah Perrett）。佩雷特年轻时曾在伦敦南肯星顿的皇家舰船设计学院学习，此后在很长一段时间内担任傅汝德父子的助手，从事海军部舰船线型的水池实验工作，期间也与菲利普·瓦茨共事。当1886年瓦茨从海军部来到阿姆斯特朗公司担任造舰总监时，佩雷特也随他一同前来，担任其助手。而当瓦茨于1903年返回海军部担任总设计师（Director of Naval Construction）时，佩雷特便接替了他的职位，一直在阿姆斯特朗公司工作至1916年退休。在约西亚·佩雷特的时代，阿姆斯特朗公司虽然也承造了不少出口舰船，但更多的是为英国海军开足马力生产军舰，因此佩雷特也没有瓦茨那么多的发挥其设计能力的机会。但仍然不可否认，佩雷特也是一位非常卓越的舰船设计师，其作品包括日本战列舰"鹿岛"、巴西战列舰"米纳斯·吉拉斯"号（Minas Geraes）、英国战列舰"阿金库特"号（H. M. S. Agincourt）等世界名舰。

经过了几个月的设计，1910年11月7日，"肇和"舰在埃尔斯威克船厂铺下了龙骨，[129]船厂编号为835。但该舰刚刚开始建造就遇上了全英国范围的锅炉工闭工事件，使得船厂雇用的工人数量骤减。为保证舰船的建造进度，船厂不得不招募学徒代工，"肇和"舰的建造也不可避免地受到了影响。在铺设龙骨的同时，学徒工们也开始建造该舰的烟囱和甲板。[130]至12月15日船厂全部复工时，学徒工已经完成了该舰的龙骨、纵骨架和大部分的肋骨，该舰的肋骨已经搭建到了防护甲板的高度。[131]

1911年3月，"肇和"舰已经完成了上甲板以下部分骨架的建造，防护甲板的底板已经建造完毕，防弹钢板正在铺设，主机和锅炉的建造也正在有序进行。[132]至当年5月，防护甲板、船壳板以及弹药库、储备品仓库等的钢板已接近完工，水泵、排水系统、通风系统等设施也在施工中。[133]至当年7月，该舰的螺旋桨已由霍索恩·莱斯利公司加工完毕，锅炉已经被安装上船，蒸汽轮机也已接近完工。[134]但霍索恩·莱斯利公司在交付该舰轮机和锅炉舱风扇的过程中还是出现了一些拖延，以至于阿姆斯特朗公司不得不取消原定于9月下旬将该舰下水的计划。[135]至当年10月上旬，轮机和风扇终于被安装上舰，烟囱也竖立了起来，"肇和"舰以非常高的完成度做好了下水的准备。

“肇和”舰的下水仪式（Newcastle City Library）

“肇和”舰的下水纪念卡

10月23日下午，阿姆斯特朗公司埃尔斯威克船厂再一次被浓厚的东方氛围笼罩，在1898年“海圻”舰下水的13年之后，终于又有一艘中国海军的舰艇在阿姆斯特朗公司的船台上诞生了。“肇和”舰的下水仪式由80岁高龄的阿姆斯特朗公司主席安德鲁·诺布尔主持，中国驻英公使刘玉麟、中国海军驻英监造委员、英国和其他国家驻埃尔斯威克的海军官员以及当地官绅等数百人济济一堂。下午3时15分，刘玉麟的另一位女儿艾米·刘（Amy Lew，中文名待考）作为“肇和”舰的教母，在艏柱上砸碎了香槟，“肇和”的舰体缓缓滑入泰恩河。该舰下水时排水量为1626吨。[136]

在随后的午宴上诺布尔进行了发言，他提到“肇和”是阿姆斯特朗公司为中国建造的第22艘舰船（包括19艘军舰和3艘海关巡船），她的前辈包括“致远”“靖远”“海天”“海圻”、11艘“蚊子船”和“超勇”“扬威”等，随后又介绍了该舰的技术性能和建造过程。刘玉麟则代表中方致辞，他说自己希望这艘舰不是第22艘，而是第122艘为中国建造的舰船；英国的造船工业十分发达，其他国家需要向英国学习；11年前他曾造访过埃尔斯威克，而今故地重游，发现这里变化甚大；最后他祝愿诺布尔爵士身体健康。出席宴会并发

在埃尔斯威克岸边舾装的“肇和”舰（中间外侧军舰）（Newcastle City Library）

在恶劣海况中试航的“肇和”舰（Newcastle City Library）

言的还有前驻美公使伍廷芳之子伍朝枢，他当时正在伦敦学习法律。与刘公使的官腔不同，伍朝枢的发言显得锋芒毕露，他直截了当地谈到了最近甚嚣尘上的“黄祸论”（yellow peril），称这是赤裸裸的侵略者言论，是对中国名誉的肆意抹黑。中国是世界上最热爱和平的国家，他们不相信大炮和刺刀是解决国际争端的方法。[137]联系当时的国际局势正处于滑向世界大战的边缘，伍朝枢的言论显得极有针对性。

而就在“肇和”下水之时，武昌城头已经响起了革命的枪声，一个腐朽的旧王朝迅速崩塌，一个崭新的共和国取而代之。虽然国内正上演着朝代更替的大戏，但巡洋舰的建造工作没有受到任何影响。在经过了几个月的舾装后，“肇和”舰的武备、桅杆等舾装件已基本安装就绪。1912 年 1 月 15 日上午，该舰驶离埃尔斯威克，前往泰恩河下游的赫本（Hebburn）上坞，检查水下部分船体，并油漆船底，准备在天气允许的情况下进行试航。[138] 23 日，“肇和”舰开始了一系列试航工作，包括以 1000 匹轴马力进行 24 小时的持续航行（以检测煤炭消耗量），以 5200 匹轴马力进行 12 小时的航行，以及开足马力进行 4 小时的航行等。全速标柱间试航于 2 月 15

日进行，该舰在8797匹马力的情况下轮机转速达到每分钟558.75转，获得了22.257节的航速，超出了合同航速2.257节，令阿姆斯特朗公司十分满意。[139]2月21日该舰又进行了火炮测试，随后该舰返回埃尔斯威克，进行完工前最后的整备工作，并等待着中国方面的安排。[140]

“应瑞”“肇和”二舰相继建成时，中国国内正经历着改朝换代的剧变，在国内动荡的局势下，无论是清政府还是新生的民国政府一时都无暇顾及远在英伦建造的两艘巡洋舰。至两舰建成时，“应瑞”舰在5期付款中只交付了前3期（付款至下水节点），“肇和”在5期付款中只交付了前2期（付款至骨架造成2/3节点），分别欠款81600英镑和135000英镑。[141]“应瑞”舰本拟由赴英参加英王加冕典礼的“海圻”舰官兵驾驶，一同归国，由于欠款未能付清，此计划亦不得不被取消。阿姆斯特朗公司于1912年3月通过瑞生洋行向民国海军部提出“肇和”回航事宜，但也没有收到明确答复。[142]

1912年4月底，以刘冠雄为首的民国海军部接手前清海军部事务后，终于着手清理清政府留下的烂账。5月1日，国务总理唐绍仪召集各部总长召开国务会议，海军总长刘冠雄即提出首先应速筹款接收在英国订造的两艘练习巡洋舰；[143]13日，刘冠雄又在参议院会议中提出海军部需银1000万两，以收回清朝在各国订造的军舰。[144]6月7日，刘冠雄向临时大总统袁世凯呈文，请求筹款收回“应瑞”“新璧”“新珍”三舰。[145]然而此时民国国库一贫如洗，正在向列强银行团商议借款而尚未成议，经国务会议讨论决定，收回军舰之事应俟借款成立后再行办理。刘冠雄对国务会议的这一结果十分不满，7月12日，他再次致函国务院，据理力争：

> 查现有财政困难，凡可稍缓举办之事本部何至不知轻重，上费荩筹，唯前项所定大小军舰或久经告竣，或将次落成，如不能按期拨款收回，寄泊有费，逾期有息，是以后负担愈重，而仍不能短少分文。查现在海军候补人员甚多，无船可练，又不能给以坐薪，借示羁维之意，虚糜公款，所失尤多。日来各厂商到部请示还款收船之期及函索者语带讽刺，使人难堪；且

现因各省萑苻不靖，请派船巡缉者纷至沓来，原有各舰实亦不敷分派，是款既还，船复需用，所有应找舰艇洋一千万元一款万难候。至借款成立再议，应请贵院再行特别提议，无论何款，总当其所急，必得借手而后已，如仍再延，匪特海军乏船，难望扩张之日，且恐于外人失其信用，酿成国际交涉，有损政体，贻笑邻封，实非我国前途之福。[146]

约在1912年8月初，海军部与维克斯公司驻华代表谭诺森（Henry Beaumont Donaldson）达成协议，“应瑞”舰欠款准以1年期国库券抵付。10月9日，海军部将收船付券办法提请国会公决通过。[147] 11日，海军部与谭诺森在北京签订收船付券合同，定于1913年10月31日将国库券兑付现金，[148] 同时，海军部还电请驻英代表刘玉麟援照“应瑞”舰办法与阿姆斯特朗公司进行商议。但就在这时，海军部接到谭诺森通报称，有他国意欲购买“应瑞”“肇和”二舰。考虑到筹付舰款艰难的实际情况，海军部并未明确拒绝这一动议，而是转告谭诺森，如果能在原定船价上增加一

停泊在埃尔斯威克岸边，锈迹斑斑的“肇和”舰（*Illustrated London News*）

半，并将原付之款如数退回，则可与之商议。[149]

虽然当时欧洲大陆战云密布，英国报刊上也早有将“应瑞”“肇和”二舰收入皇家海军的提议，[150]但其实真正意欲购买二舰的是地处欧洲一隅的小国——希腊。当时希腊等巴尔干同盟国正处在与奥斯曼土耳其开战的边缘，作为海军实力唯一可与土耳其匹敌的国家，希腊负有控制爱琴海制海权的职责，因此从欧洲国家购买现成军舰以加强海军实力就成了希腊的当务之急。1912年10月初，希腊政府找到了阿姆斯特朗公司和维克斯公司，立即展开了购买中国巡洋舰的谈判。尤其是阿姆斯特朗公司方面，不知为何购买“肇和”舰的消息被披露于报章，该舰于是受到了公众舆论的极大关注。当时“肇和”舰已久泊埃尔斯威克岸边，船身锈迹斑斑，火炮弹药尚未齐备，阿姆斯特朗公司开足马力赶工，将其修缮至能够在24小时内离开泰恩河的状态。[151]据当时报章消息称，10月10日晚，阿姆斯特朗公司与希腊政府达成协议，将“肇和”舰售予希腊，价格将近300000英镑，较原价将近高出50%。当时希腊已从卡梅尔·莱尔德公司紧急购买了原为阿根廷建造的4艘“圣路易斯”级（San Luis）驱逐舰，“肇和”舰的加入无疑将进一步增强希腊海军的实力。[152]但第一次巴尔干战争很快爆发，希腊亦于10月18日向土耳其宣战，英国旋即保持局外中立。为了避免外交上不必要的麻烦，希腊政府很快便放弃了购买“应瑞”“肇和”二舰的计划。[153]

10月中下旬，中方与阿姆斯特朗公司也达成了以国库券抵付船款协议，“肇和”舰的工程得以继续，其重新上坞油漆了舰底，随后停泊在南岸的佩劳（Pelaw）贝尔码头（Bell Quay），等待涂刷舰体油漆，以及最后一些部分的完工。[154]

12月12日，中国海军部与阿姆斯特朗公司代理商——瑞生洋行签署了《运送“肇和”练习巡洋舰一艘由英国泰因河钮克塞而埠来沪草案合同》，合同规定由瑞生洋行承办“肇和”舰回航事宜，其回航费用需12300英镑。[155]30日，瑞生洋行代表阿姆斯特朗公司收讫中国交付的国库券面值172430英镑，规定1913年11月30日到期。[156]1913年1月13日，“肇和”舰收船付券事宜经民国国会公决通过。[157]

“肇和”舰的付款问题得到暂时解决后，阿姆斯特朗公司遂着手准备其回航事宜。根据1912年2月该公司与利奥波德·华尔福德航运公司（Leopold Walford & Co.）签订的合同，“肇和”舰由华尔福德公司负责运送回华。1913年1月31日，该舰离开泰恩河，由H. G. 阿尔斯通（H. G. Alston）上校驾驶，返航中国。[158]船员中包括18名欧洲船员与47名亚洲水手。[159]该舰首先前往泰晤士河，接受了中国驻英代表刘玉麟的视察。2月2日晚7时5分，该舰离开泰晤士河，南下英吉利海峡，一路上风平浪静。因为该舰的1号、2号和3号、4号圆柱形锅炉舱之间的煤仓门只能向前打开，使得3、4两号锅炉缺煤，所以9日下午2时45分该舰不得不改用亚罗式水管锅炉。因为雇用的中国火夫们对水管锅炉不熟悉，所以9日、10日两天的锅炉蒸汽十分不稳定，但随后情况便渐渐好转。12日该舰抵达塞得港，添加了545吨煤炭，并于13日上午7时离开。14日凌晨1时20分抵达苏伊士，随后经历了一段风高浪急的天气，于17日下午1时15分抵达红海南部的丕林岛（Perim）。在添加了207吨燃煤后，于17日晚8时离开丕林岛。19日上午9时30分驶过亚丁湾东端的瓜达富伊角（Cape Guardafui），航向印度洋，并于24日抵达科伦坡。[160]3月4日该舰抵达新加坡，暂泊丹戎巴葛（Tanjong Pagar）码头，“本坡侨胞见此舰者谓其制造精锐异常，而桅中高竖我中华民国之五色国旗，尤令见者精神为之一振云”。[161]

3月14日，“肇和”舰抵达上海。中国海军总司令李鼎新即委派参谋毛仲方等人按照合同点验，一切与合同均相符。[162]26日晚，瑞生洋行举行了一场宴会，庆祝该舰归来，邀请的嘉宾中包括李鼎新和萨镇冰等人。宴会上，瑞生洋行的经理隆特回顾了“肇和”舰订购和建造的过程；阿尔斯通上校则抱歉地说在经历了从英国到中国的长途航行后，“肇和”舰看上去有些“蓬头垢面”，他保证在几个月后这艘船就会如同“海圻”舰一样干净整洁，他曾在纽卡斯尔登上过该舰（当时“海圻”正进行环球访问），并为其整洁程度所惊叹。在泰晤士河停靠期间，阿尔斯通上校对刘玉麟公使说他希望英国海军也能够建造这样的练习巡洋舰，用来教练海军学员，因为她有着各种类型的火炮、水管锅炉和圆柱形锅炉，以及煤炭和重油两

刚刚建成的“应瑞”舰（作者收藏）

即将离开巴罗因弗内斯拉姆斯登船坞（Ramsden Dock）的“应瑞”舰（作者收藏）

“应瑞”舰舷侧副炮

种燃料。他希望在“肇和”舰上受训的学员有朝一日能够晋升为将军，当他们回首往事的时候，定会将在“肇和”舰上受训的日子视为他们生命中最愉快的时光，因为“肇和”舰举世无双。[163]

3月28日晚，李鼎新在浦江饭店回请了阿尔斯通和隆特等人。29日，“肇和”舰被中国海军正式接收，霍索恩·莱斯利公司的轮机师希德（T. J. Seed）作为管轮教习随舰留驻，负责轮机的教练和保修。阿尔斯通上校等官兵则返回英国。[164]

“应瑞”舰则于1912年12月2日离开巴罗因弗内斯回航中国，该舰首先前往不列颠岛西南端的法尔茅斯（Falmouth）装载弹药，但当其驶入英吉利海峡时，该舰的一名轮机员不小心损伤了锅炉，于是不得不返回巴罗，并于1913年1月8日抵达，随即对锅炉进行维修。2月6日，“应瑞”舰再次上坞，做回航前的整备，至10日整备完毕出坞。2月20日，该舰终于离开巴罗因弗内斯，在盖伊（Guy）上校的率领下踏上归程。[165]4月16日，该舰抵达上海，26日，包括沪军都督陈其美在内的中英双方官员参观了停泊在江南制造局对面的“应瑞”舰和“肇和”舰。晚间维克斯公司代表谭诺森主持，在浦江饭店举行宴会，英国驻沪领事法磊斯（Everard Duncan Home Fraser）、萨镇冰、李鼎新、李和、刘冠南、毛仲方、毛根等中国军官和其他中方人员均参加。谭诺森首先致祝酒词，他赞赏了中国海军最近在对舰船的保养和对军官的培养等方面的长足进步，以及对于保持世界领先地位的不懈追求。李鼎新随后回应，他感谢了维克斯公司的出色工作，并回想起从前中国船政学生在英国受训的往事，他称赞“应瑞”舰是一艘现代化的卓越练习舰，它的军官们将为它而感到自豪。随后法磊斯、萨镇冰、盖伊、毛仲方、毛根等人一一发言。[166]

“应瑞”舰旋于4月29日正式交付中国海军，二舰分别留用一名管轮洋员，“应瑞”为异提（John Yates），“肇和”为西特。[167]因长途航行，该舰油漆剥落，遂在江南制造局上坞修整，至5月4日油漆完毕。[168]根据海军部的安排，二舰舰长分别以毛仲方（“应瑞”）和葛保炎（“肇和”）担任，但新加入两艘军舰的人员配置问题颇令海军部犯愁，因未曾预先为二舰配置人员，而不得不将即将裁撤的“保民”舰的水兵临时调入。[169]

根据前清海军部的设想，“应瑞”“肇和”二舰应编入新成立的练习舰队，以资海军学员训练之用，民国海军亦延续了清政府的这一设想。6月7日，刘冠雄呈文袁世凯，请将“肇和”“应瑞”“飞鸿”“通济”4舰编为练习舰队，“现在官佐士兵既受海军学校教育，尚缺练习之功者，及今后新从海军学校卒业者，陆续登舰练习，先历国内南北港湾，次复遍航南洋及日本、欧美等处，劳之以风涛，益之以经验，并令习审国内以及环球海洋形势、政俗人情，庶几克成全材，足堪任使”[170]。由此，“应瑞”“肇和”二舰开始了在民国海军练习舰队中服役的生涯。

“应瑞”“肇和”遗留之尾款问题

“应瑞”“肇和”二舰的付款问题并未因二舰被中国海军接收而了结。维克斯公司方面，根据1912年10月11日签署的合同规定，民国政府应于1913年10月31日向该公司支付现金，而此时北洋政府的财政状况并未好转，且刚刚经历了“二次革命”的消耗，可谓是雪上加霜。当年9月23日，海军部向国务院提请向维克斯、阿姆斯特朗、纽约三公司支付巡洋舰款项，“若不照约付款，殊于国际信用有碍”。[171]财政部的回复却是：“……唯本部库储自南中多事，倍极艰窘，应付前项各号国库证券之款，一时尚无的款可指。”[172]于是，民国政府不得不命驻英公使刘玉麟与维克斯公司商议转期付款办法，后定议分为4批还款，首批于1913年12月1日到期，第二批于1914年1月1日到期，第三批于1914年1月31日到期，第四批于1914年2月28日到期。[173]然而到了第四批款到期之日，民国政府仍有逾9万镑未付，刘玉麟不得不再与维克斯公司商议，该公司同意将付款期限推迟至1914年8月31日。[174]然而到了最后时限，民国政府依然分文未付，维克斯公司不得不再次同意延期至1915年8月31日，但加上了附加条款，规定中国政府须在1年内另向维克斯公司购买至少50万镑的其他商品，该合同于1914年10月24日签署。[175]此后1915年5月底、8月底，民国政府先后2次向维克斯公司付款，终于将“应瑞”舰余款结清。[176]

阿姆斯特朗公司方面，根据1912年10月签署的合同，抵付“肇和”舰款的国库券本应于1913年11月30日到期，因为民国无钱可付，只能先将利息及回扣付清，余款延期至1914年11月30日支付。[177]到期之日舰款仍未付清，因此不得不再次延期。再者，因为此前民国政府曾向阿姆斯特朗公司订购了14门76毫米海军陆战队炮，另有向该厂订购“永健”“永绩”炮艇火炮及6英寸炮弹等项，也有款项未结清，于是从此以后将几项欠款合为一案考虑。在1915年12月1日签署的延期合同中，规定船、炮余款分为8期支付，最后一期延至1919年8月31日。[178]但是到了1919年夏天，船、炮余款仍有95000余镑未付。[179]财政部为此函询海军部，海军部认为所订海军陆战队炮因第一次世界大战爆发而并未交货，火炮价格又与所欠尾款相差不大，所以此事可以暂缓，待火炮交清后再行办理，然后就没有了下文。

直到1924年8月，曹锟政府财政部海军部再次向海军部询问这一陈年旧事，希望能将之尽快了结。财政部建议取消购炮合同，同时取消支付尾款，阿姆斯特朗公司还应交还中方已付国库券利息并进行损失赔偿；而海军部则认为订购火炮一案关系海军军事计划，仍希望阿姆斯特朗公司将火炮交清后付款。既然商议不定，财政部只得将此案提请国会公决，但公决也未能议定最终办法。[180]1927年11月21日，张作霖政府财政部再度将此事向军事部海军署咨询，海军署同意取消接收火炮，并取消尾款支付，阿姆斯特朗公司则应交回利息并进行赔偿。财政部为此致函外交部，希望驻英公使与阿姆斯特朗公司进行交涉，最后此事结局未详。[181]为了区区一艘巡洋舰的付款问题，民国政府竟然前后拖延达15年之久，之于商业信誉、国际形象早已浑然不顾，也可称得上一桩奇闻了。

“飞鸿”号巡洋舰的建造与转售[182]

“飞鸿”舰的合同于1910年12月21日与美国纽约造船公司签订，然而该舰的订单并没有令美方感到满意，因为合同中规定须使用阿姆斯特朗公司生产的火炮，这令美国著名的火炮生产企业伯利恒公司大感恼火。在载洵访问美国的过程中，伯利恒公司对其照顾备至，而现今中国人的新巡洋舰却不采用自己的火炮！1911 年 1 月 30 日，伯利恒公司致函美国国务卿，请美国政府对其在中国的军火出口给予支持；3 月 24 日，美国国务院亦致电嘉乐恒，要求他与美国海军特派员义理寿一同与中国政府交涉，取消合同中的这一规定。嘉乐恒收到电报后，便派秘书拜访了海军部副大臣谭学衡了解情况，谭学衡解释说这是因为英国最先获得 2 艘军舰的合同（“应瑞”“肇和”），为了保证其他军舰的武备与之统一，因此要求全部采用英国制造的火炮。谭学衡希望美国政府能够在海军贷款等方面与中国政府进一步合作，而不要纠缠于巡洋舰的火炮问题。

但伯利恒公司依然不依不饶，4 月 7 日，该公司再次致函国务院，称得到消息，中国在日本建造的炮艇（“永丰”“永翔”）的火炮将由日本制造，因此其要求享有与日本和英国平等的待遇。但嘉乐恒对中国海军事务并不热心，他只是在向义理寿进行了询问后，向国务院报告说在日本建造的炮艇也将装备阿姆斯特朗炮，但由设在日本的英、日合资工厂（室兰制钢所）制造。一个月后的 5 月 5 日，伯利恒公司第三次向国务院申诉，要求国务院考虑国家利益，制止纽约造船公司使用阿姆斯特朗炮。国务院于是致电纽约造船公司，要求其暂停巡洋舰武备的谈判，并致电嘉乐恒，要求其再次与中国政府交涉，得到巡洋舰的火炮订单。

得到国务院的电报后，嘉乐恒再次询问了义理寿和谭学衡。义理寿向他表示当初投标时他曾尽一切努力让中国政府接受美国的火炮，并曾专门打电报给纽约造船公司，令其转告伯利恒公司降低火炮的价格，但没有接到回复，于是只好接受了使用阿姆斯特朗炮的要求。

与此同时，阿姆斯特朗公司也在火炮问题上向美方施加压力，他们提出如果不尽快签订火炮订购合同，将无法在指定的时间内交货。因此纽约造船公司于 5 月 13 日致电国务卿，请求其同意与阿姆斯特朗公司尽快签订火炮合同，否则将在交货时间上面临困难。于是，在综合判断了情况后，美国国务院决定放弃修改合同的努力，并于 16 日致电伯利恒公司，表示国务院已无能为力；同日国务院还

在纽约造船公司建造的“飞鸿”舰（National Congress Library）

“飞鸿”舰教母张玉仪为该舰洗礼

（*The Literary Digest*）

将此决定告知纽约造船公司，允许其与阿姆斯特朗公司签订购买火炮合同。至此“飞鸿”舰的火炮风波终于尘埃落定。

此时，“飞鸿”舰已经开始在肯顿船厂建造。该舰大约于1911年4月铺设龙骨，4月20日中国政府根据合同，向纽约造船公司汇去第一批船价30000镑。[183]同时，中国方面也派出杨敬修（威海水师学堂驾驶班第一期）、陈兆锵（船政管轮班第二期）、王良英（江南水师学堂驾驶班第二期）3人赴美监造。[184]该舰由纽约造船公司设计师欧内斯特·里格（Ernest H. Rigg）负责设计。里格于1876年1月17日出生于英国伦敦，少年时在英国接受教育，后考入苏格兰的皇家技术学院造船专业并于1900年毕业。此后，他在格拉斯哥的费尔菲尔德造船公司（Fairfield Shipbuilding & Engineering Company）工作了2年，便来到美国的纽约造船公司。在这里，他从绘图员做起，于1910年成为该公司的舰船设计师，后一直在此服务至1940年代。[185]虽然论资排辈，里格的设计经验远没有阿姆斯特朗和维克斯公司的主设计师们那样丰富，但他所设计的这艘练习巡洋舰亦不输于其英国姐妹们。

经过一年多的建造，“飞鸿”舰于1912年5月4日做好了下水的准备，此时清廷已经覆亡，民国取而代之，因此与姐妹舰“应瑞”“肇和”以祥瑞词命名的方式不同，“飞鸿”采用的是飞禽走兽的命名方式，相仿的还有“龙湍”“鲸波”“江犀”“江鲲”等。中国驻美代表张荫棠夫妇及其儿子、儿媳和两个女儿，参赞荣揆等使馆成员莅临下水仪式，同时参加仪式的还有来自华盛顿及周边的华侨商界代表、宾夕法尼亚大学的中国留学生代表、在纽约造船厂监造的美国和阿根廷海军军官等。[186]当天中午，张荫棠一行抵达费城，参加了宾夕法尼亚大学中国留学生协会为其举行的欢迎午宴。下午4时，“飞鸿”的下水仪式正式开始，仪式是完全西式的，张荫棠17岁的小女儿张玉仪（Chang Yuyi之音译，原名待考，英文名为Alice Chang）作为教母为该舰施洗。她虽出生于广东，早年接受的是私塾教育，但在美国留学数年后已完全融入了西方社会。她身着华美的礼服，头戴夺目的礼帽，撑着阳伞，手捧花束，脚穿白色皮鞋，登上下水礼台，并朗读颂词道：“我为‘飞鸿’这艘强大的军舰洗礼，我和我的国民们衷心祝愿你的名字真切、美丽。”[187]但在砸香槟的环节，因为人

全速公试中的“飞鸿”舰（*International Marine Engineering*）

们七嘴八舌，张玉仪太紧张而过早地砸碎了酒瓶，使边上的人们身上溅满了香槟，成为下水礼中一个意外的小插曲。[188]随后，工人们解开缆绳，“飞鸿”修长的舰体缓缓滑入特拉华河，中华民国的第一艘巡洋舰就此诞生。

但是与其他前清订购的军舰一样，该舰也遭遇了严重的付款拖延问题。除清政府于订购时付款30000镑外，此后再未付款，第二、第三批船款均逾期未交。经谈判，双方同意未交之第二、三批船款共8万镑援照其他军舰成例，以国库券抵付。12月6日，民国海军部与美国海军驻华代表义理寿拟定以国库券抵付船款草合同，[189]后于1913年1月9日正式签字。[190]3月26日，双方又就由纽约造船公司雇用舰员包送“飞鸿”舰返回上海一事订立合同，规定运费为15000镑。[191]

由于付款问题的耽搁，该舰在下水之后建造进度便十分缓慢，又经过了1年多的时间，至1913年秋，该舰才基本接近完工状态。当年8月9日，搭载着800枚阿姆斯特朗公司制造的炮弹的轮船“南点”号（South Point）从英国驶抵肯顿，炮弹储存在费城的米夫林堡（Fort Mifflin），等待在该舰试航之前运上军舰。[192]与此同时，纽约造船公司也接到了中国海军部要求加速将该舰完工的指令。[193]10月4日，“飞鸿”舰离开肯顿，前往特拉华角，进行为期一周的试航，[194]杨敬修、王良英负责监督，纽约造船公司亦派出代表科尔嘉格（Colgarg）协助。[195]试航包括标准化试航、全速试航、24 小时持续试航、火炮试验、转舵与操纵性试验，以及辅机试验等。试航因为糟糕的天气而耽搁数次，但在实际试航的时段天气尚好。在 10 月 5 日的标准化试航中，该舰取得了 8642 匹轴马力，螺旋桨平均转速为 567 转 / 分钟，航速 22.332 节，在“应瑞”级三舰中拔得头筹。6 日该舰又进行了 4 小时全速试航，8 日开始进行 24 小时 18 节匀速续航力测试，但为大雾天气所中断，直至 12 日才得以继续完成，前后两段成绩一致。但在续航力测试中发现该舰耗煤量较大，纽约造船公司的解释是试航所用的煤炭质量不佳。在转舵试验中，军舰以 20 节航速行驶，测得军舰回转一圈约需 3 分钟，回转直径约 300 码。在操纵性试验中，当以 20 节航速行驶时，车钟直接打到“全速倒车”，轮机可在 1¾ 分钟的时间里切换到全速倒车状态，转速为 350 转 / 分钟。在倒车航行几分钟后，再切换至全速前进状态，用时需 1 分钟。[196]在火炮测试中，该舰测试了电控火炮齐射。[197]13 日，结束了试航的“飞鸿”舰返回肯顿。但在上溯特拉华河的途中，应中国监造官的要求，该舰又试射了一枚鱼雷，但鱼雷进入河中后竟消失不见，四下搜寻无果，在周边区域造成了一定的风波。[198]

试航完成后，按照合同中方应向美方支付第四批船款，但民国财政状况仍然极为艰窘，因此海军部建议仍照前例，以国库券抵付。[199]经过一番艰难的谈判，纽约造船公司同意再延期一年付款，中国政府应于 1914 年 2 月 15 日发给纽约造船公司价值共 253000 英镑的国库券，以抵付第二、三、四、五批船款，并应于 1915 年 2 月 15 日前兑付，年利率为 6%。但美国政府以中国国库券信用未著，要求以 100 镑国库券抵 80 镑，如按时兑付则仍付 80 镑，逾期则付 100 镑。纽约造船公司将于收款后 2 个月内将该舰由肯顿送出。合同于 1914 年 3 月 3 日由代理海军总长李和、财政总长周自齐、美国海军驻华代表义理寿签署。[200]

谁知一个月后，欧美的报章上突然传出了“飞鸿”舰被希腊买下的消息，这不禁让人联想起一年半前希腊谋购“应瑞”“肇和”的往事，而此时的巴尔干半岛形势已与当时不尽相同。在谋购“应瑞”“肇和”失败后，希腊所属的巴尔干同盟国随即与土耳其爆发了第一次巴尔干战争，并取得了胜利；之后又紧接着爆发了各国对抗保加利亚的第二次巴尔干战争，希腊再次成了战胜国。经过两次战争，希腊占领了原属于土耳其的部分马其顿、伊庇鲁斯地区和众多爱琴海北部岛屿。1914 年 2 月，参与调停的列强决定将北爱琴海岛屿划归希腊，遭到了土耳其的拒绝，因此土耳其开始大举扩充海军力量，购买了阿姆斯特朗公司为巴西建造的“里约热内卢”号（Rio de Janeiro）战列舰。土耳其的这一敌对行为令希腊大感忧虑。此前英国海军驻希腊顾问马克·科尔（Mark Edward Frederic Kerr）曾建议该国建设一支适合爱琴海区域作战的以装甲巡洋舰、轻巡洋舰、驱逐舰和潜艇为基干的小型舰队，但在土耳其订购了战列舰之后，希腊也决定建设一支以战列舰为主力的舰队，由此希、土两国展开了一场迷你版的“无畏”舰竞赛。根据此计划，除已在德国伏耳铿造船厂订购的“萨拉米斯”号（Σαλαμίς）战列舰外，希腊还向法国订购了一艘“布列塔尼”（Bretagne）级战列舰。而土耳其的战列舰这时已接近完工，局势又迫在眉睫。此时美国正好有两艘老旧的前“无畏”舰“密西西比”号（U. S. S. Mississippi）和“爱达荷”号（U. S. S. Idaho）准备出售，为弥补短时间内与土耳其的主力舰差距，希腊立即向美国购入了二舰。与此同时，希腊海军也在各处求购已建成而尚未交付的外贸军舰，长期滞留美国的“飞鸿”舰自然也进入了其视野。

5 月中旬，中华民国驻美公使夏偕复致电外交部，称纽约造船公司告诉他，中国政府并未按照新合同付给利息，希望能将“飞鸿”舰出售。如果中国政府同意，该公司可以在 16 个月内建造一艘同型军舰，并可参用新式，“既省利息，所得新船，且全财政信用”。外交部将此电转达海军部后，刘冠雄恐怕此举产生多米诺骨牌效应，在欧洲各厂建造的尚未接收军舰都会生出同样变故，因此亲赴大总统袁世凯处请求指示。袁世凯考虑后认为：“‘飞鸿’舰能变价不制为妙，否则将价存该厂，俟日后财政稍裕，再行商定。”他的这一决定，等于已经断绝了“飞鸿”舰来华的可能性。刘冠雄于是只得转知外交部，令夏偕复公使与纽约造船公司商讨出售及善后事宜。[201]

1914 年 6 月，希腊与纽约造船公司正式达成协议，购入“飞鸿”

加入希腊海军的“飞鸿”舰（作者收藏）

号巡洋舰，价格为240000英镑。希腊方面将该舰改名为“艾利”（Έλλη）[202]，以纪念第一次巴尔干战争中希腊击败土耳其的艾利角（Ελλήσποντος）海战。6月18日，该舰的接收仪式在费城举行，时值土耳其国内迫害希腊裔人达到高潮，两国战争一触即发之际，因此数百名希腊裔人从美国各地赶来，目睹这艘崭新的巡洋舰加入祖国海军。在两名东正教神父为该舰进行了重新洗礼后，美国泛希腊人联盟主席西奥多·伊翁（Theodore Ion）发表了一番慷慨激昂的反土耳其演说，他宣称“这艘军舰将帮助解放在土耳其压迫下的希腊同胞。巴尔干战争是解放事业的开始，但尚未竟全功，这一解放事业必将继续，直到希腊的国旗在君士坦丁堡的上空飘扬，古希腊的领土得以光复为止”。随后，希腊海军的蓝白两色军旗在“艾利”舰的舰艉旗杆升起，人群爆发了一阵欢呼。[203]6月20日，“艾利”舰在希腊海军上校亚历山大·杜鲁提（Alexandre Durutti）指挥下从费城起航，回航比雷埃夫斯港（Pireaus），舰员大部分由希腊海军官兵组成，但也有包括轮机长亚历山大·博伊特（Alexander Boyt）在内的约65名美国轮机师负责协助。[204]

至此，中国海军失去“飞鸿”舰的事实木已成舟。然而令人惊讶的是，纽约造船公司在与希腊谈判的过程中始终未将此事告知中方，因此直到7月底，中国海军部仍不知道“飞鸿”舰是否已经转售。刘冠雄于7月20日致信外交部：“未识该舰已否出售于何国，究竟如何办法，夏公使有无回信，本部无从揣测。”[205]外交部命夏偕复问询后，方才得知该舰已经售出，但因纽约造船公司并未与中方议定出售、结款细节，中方对此非常不满，屡次要求纽约造船公司认付监造员费用，该公司又屡次推诿延宕，完全不把中方的要求放在眼里。因此夏偕复向美国外交部东方股提及此事，如果该公司继续推延，将与美国外交部交涉。[206]在中国的压力下，纽约造船公司最终同意归还监造员费用，迭经核对金额数目后，双方于1915年1月21日在北京订立结款合同。合同规定纽约造船公司将第一批船款、监造员用款，以及代购打靶枪架（或指打点式炮术教练仪）和中式炉灶的款项退还中方，共计151100.63美元。[207]至此，“飞鸿”舰终于彻底脱离了与中国的羁绊，化作了远渡他乡的一点飞鸿。

三、“应瑞”级巡洋舰的服役经历

北洋政府时期的“应瑞”“肇和”号巡洋舰（1913—1918）

“肇和”“应瑞”于1913年3月14日、4月16日先后抵达上海后，编入练习舰队。其中“应瑞”专供见习生操练，“肇和”专供海军军官操练。从6月19日起，海军总长刘冠雄在黄渤海对海军各舰

民国初年的“应瑞”舰

进行了一次大规模检阅。最新锐的“应瑞”“肇和”也在受阅队列之中。21日上午，刘冠雄来到“肇和”舰，在接见了军官、参观了军舰后，刘冠雄又看望了在该舰上实习的海军学员。当天下午，刘冠雄又来到“应瑞”舰检阅。此后舰队连日操演，直至7月2日结束。

正当海军大阅之际，二次革命的战火已经迫在眉睫。袁世凯政府决定紧急向革命党盘踞的上海增兵，因此当演习结束后，“应瑞”“肇和”二舰便护送载有海军警卫队的“安平”“新昌”轮船返回上海，并继续前往江南制造局入坞修理，[208]出坞之后便在高昌庙附近黄浦江面警戒。7月18日，讨袁军沪军总司令陈其美在上海宣布独立，并控制吴淞炮台，使得黄浦江内的“应瑞”“肇和”“海筹”“镜清”“南琛”等舰被封锁在江中。23日，讨袁军向江南制造局发起进攻，海军舰艇亦配合海军警卫队向讨袁军阵地炮击，造成讨袁军的极大伤亡。[209]8月初，北洋前来增援的海陆军连日猛攻吴淞炮台，至11日“应瑞”“肇和”“海琛”等舰离开高昌庙江面下驶，与高桥口江面的“飞鹰”“楚有”二舰会合，等待次日总攻吴淞炮台。[210]12日北洋海陆军发起总攻，至13日炮台守军投降，“应瑞”“肇和”等舰开出口外，与“海圻”等舰会合。

停泊在南京下关江面的北洋政府舰队，最右侧为“肇和”舰

此后，北洋军继续沿长江上驶，目标指向镇江、南京等地。舰队抵达南京后，刘冠雄考虑冯国璋部被阻于长江北岸，不能渡江，“百计思维，非舰队冒险越台前驶终无以制其死命”。遂派代理司令饶怀文率“海琛”“应瑞”“楚有”三舰于8月25日夜突破南岸狮子山炮台的防御，进抵大胜关。次日，三舰将之前被讨袁军占据之“湖鹏”“张”两艘鱼雷艇捕获，又接连俘虏了讨袁军“祥元”号小火轮、“嘉宁”号运船等其他船只。在“应瑞”等三舰肃清了南京上游江面后，冯国璋部始得以渡江。此后“应瑞”所在的上游舰队为掩护冯国璋部的进攻，不时炮击清凉山、仪凤门及南京城内西南部，而“肇和”等下游军舰则在刘冠雄的亲自率领下连日猛攻狮子山炮台和南京城东北部，南京最终于9月2日被北洋军攻克。[211]

“二次革命”平息后，“应瑞”舰又于10月底随刘冠雄赴闽，安排驻福州的湘军遣散问题。[212]“肇和”则于12月底前往闽省，镇压厦门鼓浪屿等处兵匪。[213]是年冬二舰便在福建度过，并进坞进行了修缮。1914年3月，二舰与“海容”一同在刘冠雄的率领下前往广东沿海巡阅，并在南洋勾留至夏季。[214]同年8月第一次世界大战爆发，因青岛、威海卫为英、德租界，中国海军有维持中立之责，现有驻北洋军舰不敷分派，海军部遂电调驻闽之“应瑞”“肇和”二舰开赴烟台。[215]

1915年初“应瑞”“肇和”二舰分别在广东、上海、江阴等地驻防。“肇和”后因轮机故障，于6月底入江南制造局船坞修理。[216] 11月中旬“肇和”舰修竣出坞，遂停泊在制造局附近的江面上。[217] 此时因上海镇守使郑汝成被革命党刺杀，陈其美准备继而在上海发动起义，揭起讨袁的大旗。在“肇和”大修的几个月中，革命党人便一直在进行该舰官兵的动员工作。按照计划，当由杨虎率领30余名敢死队员乘坐“老虎”号汽船首先夺取“肇和”，并开炮轰击制造局；孙祥夫率人乘坐“平湖”号汽船占领“应瑞”“通济”，在夺取军舰得手后，革命党即在城内制造局、警察厅、电话局、电灯厂等各处起事，控制全城。而革命党人而后又得到消息，海军司令部将于12月6日将“肇和”舰调往广东，遂决定于12月5日起事。

当时停泊在浦江上的中国军舰有6艘之多，其中“肇和”舰停泊在制造局附近的浦东方向，“应瑞”舰刚刚从北洋巡航返回，与“通济”一同停泊在上游龙华附近的浦西方向，“镜清”“福安”和“海琛”则停泊在制造局下游方向。[218] 12月5日下午3时许，杨虎等人假扮成学生，由十六铺金利源码头乘坐“老虎”汽船出发，并在海军学员、革命党人陈可钧的带领下登上了“肇和”舰。革命党人谎称进行参观，顺利登舰后即武力控制了该舰。但“肇和”舰员将6英寸主炮弹药库的钥匙投入海中，因此革命党人只获得了3英寸火炮的弹药，于傍晚5时开始向制造局炮击。

“肇和”的炮声作为起义的号角，惊动了整个上海城。但“肇和”向制造局的炮击与岸上革命党的行动缺乏配合，杨虎等人误以为岸上革命党已顺利占领了制造局，因此在炮击了约1个小时，打出85发3英寸炮弹后便停止了炮击。岸上革命党则以为“肇和”停止炮击是由于该舰起义失败，因此也未作响应。另一方面，前去夺取“应瑞”“通济”的孙祥夫等人则被巡捕拦下，未能登上小汽船。“肇和”于夜间向“应瑞”“通济”发出信号，询问其是否同意起义，二舰回信号称“待议毕，当赞成，请勿击”，杨虎等人便以为起义已经成功，放松了警惕。

实际上，“应瑞”“通济”二舰已在当天夜间被袁世凯政府紧急收买，只待第二天天明后便向“肇和”发起反击。12月6日早晨5时“应瑞”“海琛”便开始以6英寸炮向“肇和”射击，虽然发射炮弹不多，但非常致命：一弹击中水线以上约6英寸处，并穿透了装甲甲板，打死3人；一弹击中舰艏，另一弹击中了指挥塔下部，穿透了装甲并爆炸。“肇和”舰上人员死伤颇多，无力抗拒，杨虎等人欲将军舰开出吴淞口，但不懂电动锚机如何操作，只得乘坐舢板，向浦东方向撤退。陈可钧、炮术长王楫等人则未能脱离，悉数被捕，此后多名革命党人和协助革命党之“肇和”舰官兵惨遭枪决。轰轰烈烈的“肇和”舰起义仅历时半天便以失败而告终了。[219]

“肇和”在起义中受创严重，随即进入江南制造局船坞维修。1915年12月12日，袁世凯复辟帝制，遭到全国反对，护国战争爆发。1916年1月底，为接济广东军阀龙济光，北洋政府派遣“应瑞”舰运送军械前往粤省。[220] 当年2月，“肇和”舰与“通济”也一同被派往广东操巡，于月底抵达黄埔。然而朱执信、杨虎、马伯麟等革命党人的目光也跟随着这艘军舰来到了广东，他们计划在广州发动起义，再次夺取“肇和”舰，用以炮击观音山炮台。3月6日晚9时，马伯麟等革命党人会同铁血团团员、华侨义士等共25人在澳门搭乘开往广州的“永固”号客轮，行至途中将该轮武装劫持。7日凌晨4时，江面雾气弥漫，“永固”轮航行至莲花山附近江面时，革命党人命将该轮靠近“肇和”，企图跳帮夺船，但立即为“肇和”舰值更官兵所发现。革命党人首先向“肇和”舰上投掷炸弹，施放手枪，但收效甚微。而“肇和”“通济”二舰立即以枪炮向“永固”轮发起反击。革命党人见夺船无望，即令“永固”轮全速脱逃，“通济”舰的火轮舢板尾随追击，“永固”轮旋在东圃江边搁浅。革命党人在战斗中牺牲多人，另有多人被捕，仅少数人得以逃生。“肇和”舰除甲板稍有损坏，舰体有若干手枪伤痕外并无大碍，战斗中仅有一人受伤。[221]

当年6月6日，袁世凯病逝，因继任总理段祺瑞表示不会恢复民元约法和重开国会，使得海军内部亦产生了极大不满。25日，原海军总司令李鼎新与第一舰队司令林葆怿、练习舰队司令曾兆麟等在上海通电全国，脱离中央政府，加入护国军，海军各舰纷纷前往上海参加独立。在强大的压力下段祺瑞政府不得不宣布恢复民元约法，召开国会。8月15日，李鼎新宣布各舰艇恢复编制，归隶中央。

1917年上半年，民国政坛依旧是一团乌烟瘴气，先后发生了“府院之争”“张勋复辟”等事件，孙中山在海军总长程璧光的支持下准备前往广东，组织护法，于7月6日乘坐“应瑞”“海琛”二舰南下，于10日抵达汕头。但代总统冯国璋得知海军南下，十分震怒，电令“应瑞”舰立即返航。“应瑞”舰长杨敬修也并不倾向护法，遂中途于汕头返航上海，继而被派往镇江。[222] 22日，程璧光以支持孙中山护法为名，率领驻沪舰队“海圻”等舰出走，南下广东，此时“应瑞”“肇和”二舰均在镇江，并未跟随程璧光南下。25日，第二舰队司令饶怀文、练习舰队司令曾兆麟通电服从北京政府，民国海军就此分裂了。

“护法舰队”南下后，北洋政府海军舰船所剩无几，不得不进行了改编，“应瑞”“肇和”及“通济”仍被编为练习舰队，司令为蒋拯。此时北洋政府委任李厚基为福建省督军，以孙中山为首的护法军政府则准备出师征闽。9月初，“应瑞”“肇和”二舰离开南京，会同“海容”“海筹”前往福建，增强福建海防力量，并与广东的护法舰队遥相对峙。10月底，潮梅镇守使莫擎宇宣布潮梅地区独立，与护法军政府脱离关系，得到了闽督李厚基的支持，“应瑞”“肇和”等舰驶至汕头，增援莫擎宇部。但莫擎宇部很快被粤军打败，“应瑞”“肇和”二舰也随之退守厦门。[223]

1918年上半年，“应瑞”“肇和”大部分时间驻于厦门。当年5月，孙中山辞去军政府大元帅职务，“第一次护法运动”宣告失败；不久后闽粤战争爆发，驻厦舰队保持中立，并未直接参战。但与此同时，护法军政府一直在联络驻厦舰队，争取其加入护法舰队。“肇和”舰长林永谟先前已有加入护法的意愿，只因没有恰当时机，一直没有行动。当年9月12日，节节败退的闽督李厚基从厦门乘坐“肇和”舰逃往福州，福建局势出现混乱。10月3日，该舰在回航厦门途中驶至马祖澳洋面时，林永谟召集全舰官兵讲话，暗示准备前往广东参加护法运动，当即获得了全舰官兵一致赞同。该舰于是直驶广东，到达汕尾后林永谟便致电广东军政府，请示行动办法。军政府接电后指示“肇和”舰直驶黄埔，并派出“海圻”舰前往迎接。7日，“肇和”在“海圻”的领航下驶入黄埔河面，正式加入了护法舰队。而同属练习舰队的“应瑞”“通济”等舰虽也有投粤的想法，但因未觅得机会，只得继续留在北洋政府的麾下。至此，“应瑞”“肇和”两姐妹开始了各事一主、天各一方的生涯，在二舰的余生中再也未能聚首。[224]

从北洋政府时期到南京国民政府时期的“应瑞”号巡洋舰（1918—1937）

1919年之后，中国国内局势趋于平稳，在此期间“应瑞”舰大部分时间仍驻泊于厦门。因该舰年久失修，1919年初该舰驶入福州上坞修理，并向日本订购了一批火管锅炉的烟管，准备更换，孰料日厂所制烟管铁质不良，稍一使用即行破损，海军部不得不与日厂提出交涉。[225]

1921年初，“应瑞”舰返回上海停泊。[226]同年该舰及驻沪多艘军舰发生闹饷事件，海军总司令蒋拯、练习舰队司令杨敬修亲赴北京海军部交涉仍未解决。1922年1月，“应瑞”“海筹”等舰居然开赴扬州十二圩截留盐船，索要盐税，上演了一出海军武装夺饷的闹剧。[227]因盐税是北洋政府偿还外债的重要来源，海军此举立即招来了列强的干涉，险些酿成国际事件。好在2月初财政部允拨20万元，另由江苏督军齐燮元筹付30万元，闹饷事件方才暂时平息。

1922年4月，“应瑞”舰进入福州船政修理，此后又常驻福州。同年10月，发生了皖系将领徐树铮、闽北镇守使王永泉与北伐军许崇智部合作，共同驱逐福建督军李厚基（原皖系，后投靠直系）的事件，一时间闽省战乱再起。此时“应瑞”“通济”二舰正泊于马尾江面，“联鲸”舰泊于大桥头中洲，“楚同”舰泊于乌龙江峡兜江面。[228]不久之后李厚基战败，逃往马尾海军联欢社后被软禁，其部队被海军缴械。此事惊动了北洋政府，海军总长李鼎新派出调查团前往马尾调查处理，并令原练习舰队司令杨敬修在马尾设立海军警备司令部；与此同时，李鼎新还派出第一舰队“海容”等舰及海军陆战队一营两连前来闽省增援，夺取了长门要塞。李厚基退出福建后，海军即着手逐步控制福建沿海各县，将福建作为其供应饷源的根据地。

1923年4月，第一舰队代理司令林建章率“海筹”等4舰支持皖系，在上海独立，史称海军“沪队独立”事件，而海军总司令杜锡珪仍依附直系，北洋政府的海军再一次分裂了。当时练习舰队驻于福州，仍听命于杜锡珪。是年7月，练习舰队司令杨树庄为根本解决经费问题，决定攻占漳厦护军使臧致平（皖系）盘踞的厦门。7月24日，杨树庄先派“江元”“楚观”2舰与“吉云”拖轮南下，次日亲率“应瑞”“海容”“楚同”3舰及“定安”“华乙”两艘运输舰，载海军陆战队第一混成旅2000人从马江出发。由于天候恶劣，舰队至29日上午方才在金门会齐，旋派陆战队登岸将金门占领。30日，杨树庄派“定安”留守金门，亲率“应瑞”“海容”“华乙”等舰直扑厦门岛西南的胡里山炮台，并派陆战队分乘“江元”“楚观”等舰抄袭厦门岛东北的五通。下午2时半，“应瑞”“海容”驶至胡里山外海，双方开始互相射击，不久炮台不支，升起白旗，二舰遂驶过胡里山，至嵩屿抛锚。而抄袭五通的舰队和陆战队则与守军发生战斗，未能顺利登陆。

8月1日，臧致平部派人前往“应瑞”舰与杨树庄谈判，同时向嵩屿秘密布置火炮6门，突然向舰队开火，“应瑞”“海容”立即开炮还击，击毁臧军火炮4门，使其炮兵溃散，战斗中“应瑞”舰也有2名水兵负伤。当天夜间杨树庄电令驻金门的陆战队装船登陆，但陆战队旅长杨砥中不肯冒险，百般推延，至午夜陆战队也未运到，杨树庄恐“应瑞”“海容”势单力孤，遂退回金门。次日杨砥中前往“应瑞”舰面谒杨树庄谢罪，表示愿誓死收复厦门，但岂料此后几日台风肆虐，海军不得不取消作战计划，于6日早离开金门，返回马江，第一次进攻厦门遂告失败。[229]

同年12月17日，护法舰队在温树德的率领下背离广东军政府，北上青岛投靠吴佩孚。由于在粤期间军舰保养不善，多艘军舰航速迟缓，几致无法航行。其中“豫章”号驱逐舰轮机损坏，滞留广东汕头港。1924年2月，“应瑞”舰奉命南巡至汕头发现“豫章”舰，即派出舢板接收了该舰，“应瑞”将“豫章”拖至南澳岛，配属了部分官兵后驶至福建东山，后进入福州船坞修理。[230]

第一次进攻厦门失败后，闽系海军并没有停止对厦门的觊觎。1924年春，臧致平部进攻粤军赖世璜占据的漳州，臧起初与海军达成协议，由海军接收厦门，但臧致平在占领漳州后未履行协议。杨树庄遂率海军舰队于3月31日抵达金门，4月16日率舰队及陆战队开入厦门，其中“应瑞”“通济”负责掩护陆战队在厦门正面登陆，“江元”“楚观”掩护陆战队在厦门侧后的禾山、五通、高崎等地登陆。17日，陆战队与臧致平部在磐石炮台附近发生冲突，“应瑞”舰开往掩护，向臧军炮击，杀伤数十人，遂攻占该炮台，终于将厦门全部占领。[231]此后海军在福建沿海各县横征暴敛，种植罂粟，更加横行无度。

1924年8月，直系与皖系军阀控制的江苏与浙江内战一触即发，杜锡珪支持直系的江苏督军齐燮元，派杨树庄率驻闽舰队前往长江沿线助战。8月27日，杨树庄率“应瑞”“海容”“楚观”“楚同”“永健”等舰和“普安”运输舰由厦门出发，30日驶抵上海，寄泊在鸭窝沙江面。[232]9月3日，江浙战争爆发，驻闽舰队受命前往浏河口攻击浙军阵地，因浏河口在上海上游，前往该处须通过吴淞炮台，并且支持浙军的“沪队”海军“海筹”“永绩”“健康”等舰也泊锚在吴淞炮台附近，经过研究，杨树庄决定通过一条离吴淞炮台较远的水道航行。4日各舰先后驶抵浏河，遂连日向浙军阵地炮击。至9月下旬浙军败局已定，原本独立之“沪队”也与杨树庄接洽，表示愿取消独立，归附中央，闽系海军遂重新归于统一。[233]

江浙战争后又很快爆发了第二次直奉战争，直系战败倒台。此后“应瑞”舰大部分时间驻于福建沿海及长江下游。1926年7月国民革命军誓师北伐，北伐战争开始。是月吴佩孚反攻唐生智占据的长沙，杨树庄调“应瑞”舰前往湖南岳州（今岳阳）助战。[234]9月北伐军与孙传芳交战于江西，“应瑞”舰又被调往九江。在轰轰烈烈的大革命浪潮下，闽系海军很快认识到北洋军阀即将覆灭，于是开始积极与国民党联络。同年11月因国民革命军东路军向福建进军，漳泉镇守使张毅所部节节败退，进入福州，“应瑞”“海筹”等舰均开到罗星塔江面布防。海军第一舰队司令陈季良命令海军陆战队阻截张毅部，并与北伐军东路军总指挥何应钦取得了联系。1927年3月14日杨树庄率领第一、第二、练习舰队同时易帜，加入北伐军。当时“应瑞”舰正与“海容”“海筹”“豫章”“建康”停泊于吴淞口鸭窝沙洋面，防备奉系控制下的东北海军袭扰。

果不其然，3月27日凌晨4时许，东北海军的“海圻”“镇海”二舰突然出现在吴淞口外，当时此处停泊有闽系海军的“应瑞”“海筹”巡洋舰和“靖安”运输舰。因为“海圻”“镇海”二舰伪装到位，闽系军舰并未引起警惕。“海圻”首先向“海筹”开火，造成该舰受伤20余处，“应瑞”“海筹”见来者不善，急忙一面还击，一面弃锚逃走，吴淞南石塘炮台随即亦向“海圻”舰还击。“海圻”因担心落潮后无法通过铜沙水道，因此在炮击了约1个小时后即转舵返航。这时“应瑞”会合“永绩”舰追出，又与“镇海”继续炮战一番。海战中，由于“海圻”舰火力集中于“海筹”，“应瑞”舰并未受伤。[235]

3月24日南京被北伐军攻克之后，直系军阀孙传芳与北伐军对峙于长江沿线，为加强警备，杨树庄将长江沿线分为三个巡防区，其中“应瑞”舰与“海容”“海筹”一同在第一舰队司令陈季良的率领下担任吴淞至江阴段的防御。4月12日，当“应瑞”舰巡航至瓜洲附近江面时，与北岸孙传芳军爆发战斗，相持甚久，“应瑞”舰有2名水兵负伤。[236]5月12日，蒋介石命海军舰队向南京移动，掩护北伐军渡江作战，“应瑞”“通济”二舰分赴镇江、泰州附近的赤壁、荷花池、三江营、天星桥、四墩子、八圩港等处巡弋。[237]在长江沿线支援陆军作战的同时，“应瑞”舰还须时刻防范不时南下骚扰的东北海军之威胁。5月18日和8月19日，东北海军的“海圻”等舰故技重施，偷袭吴淞炮台，杨树庄急调“应瑞”等舰前往追击，但东北海军早已驶离。

1928年12月29日，东北易帜，国民政府在形式上统一了中国，但中国海军仍分别掌握在闽系（中央海军）、奉系（东北海军）和粤系（广东海军）手中，人事、军令彼此不通。1929年4月蒋桂战争爆发，中央海军派练习舰队司令陈训泳率“应瑞”“海容”二舰前往广东，联系将广东海军编制为第四舰队并联合对付桂军事宜。[238]5月，桂军退入两广，“应瑞”“海容”“永健”“永绩”“楚泰”“江元”等舰又奉命前往广东，加入对桂军的作战，并于同月胜利北旋。[239]1930年4月，红十四军在江苏如皋成立，并向南通发展，“应瑞”舰也派出水兵参与了在南通附近的“剿共”行动。[240]

在国内形势逐步趋于稳定后，民国海军的建设也逐步驶入正轨。1930年12月至1931年1月，“应瑞”与“海筹”二舰在陈训泳的率领下南下广东进行了航行训练，“查察南方港口要塞，以便设计整顿，同时并率练习生南来，借资历练”。[241]同年4至5月，代理海军部长陈绍宽在南京江面大阅海军舰队，亦检阅了“应瑞”舰；同年8、9月间，海军舰队又在第一舰队司令陈季良的指挥下在闽浙洋面进行了会操，由新聘英国海军上校古乐门（Harold Tom Baillie Grohman）担任总教练官，操演各项船阵。当“九一八”事变发生时，舰队正集中在三都澳。[242]

1932年1月28日“一·二八”淞沪抗战爆发，“应瑞”舰正驻南京，奉命前往南通警戒。[243]当年6月7日，蒋介石与夫人宋美龄由南京下关三北码头登上“应瑞”舰，与“永绥”舰一同于9日抵达九江，在庐山召开了湘、鄂、豫、皖、赣五省“剿匪”会议，布置了第四次“围剿”鄂豫皖边区红军计划，27日，蒋由庐山返回，复登上“应瑞”舰，于28日驶抵武汉。“应瑞”舰在武汉驻留至是年11月，方才返回南京。[244]当年冬季，该舰仍前往闽省，沿途训练学生。[245]

1933年3月底，“应瑞”舰在江阴参加了海军会操，4月底又前往三都澳演练并试放鱼雷。[246]6月至9月该舰在江南造船所进行了大修。[247]当年10月底李济深等在福建酝酿反蒋，国民政府主席林森乘坐“应瑞”舰亲赴福州，疏通闽局。[248]“福建事变”发生后，陈绍宽又于1934年1月17日率“宁海”“应瑞”“江元”“楚观”等舰赴闽，监督指挥“讨逆”军事。[249]福建局势很快平息，“应瑞”舰在完成了押送十九路军归诚人员返回吴淞改编的任务后，也返回南京驻泊。[250]

1934年5月，练习舰队司令王寿廷率领“应瑞”“宁海”“海容”“海筹”“逸仙”“永绩”“自强”“中山”“大同”9舰前往青岛、庙岛、烟台、大沽、威海等地巡航操演。[251]当年7月4日，蒋介石由奉化溪口返回南京，乘坐“中山”舰，“应瑞”舰亦同行护送，抵京后，蒋介石又乘坐“应瑞”舰前往庐山，参加军官训练团开学典礼。

1935年4月30日，第一舰队司令陈季良率领“应瑞”“海容”“海筹”“宁海”“逸仙”“永绩”“自强”“中山”“大同”“定安”等舰从上海出发，前往北洋操演，舰队先后抵达烟台、庙岛、大黑山岛、大沽等处，后于6月3日返回吴淞口。在补给了粮食燃料后，舰队再次驶向普陀，进行实弹打靶训练。[252]6月15日，突然发生了粤海舰队“海圻”“海琛”二舰叛逃的“虎门事件”，闽系中央海军认为这是吞并二舰的天赐良机，因此令陈季良火速率正在普陀的舰队南下香港。“应瑞”舰在返回吴淞稍作整备后，也于20日离沪南下，26日寄锚香港鲤鱼门。[253]但“海圻”“海琛”二舰不愿接受

民国时期的“应瑞”舰

1930年代停泊在烟台的“应瑞”舰（作者收藏）

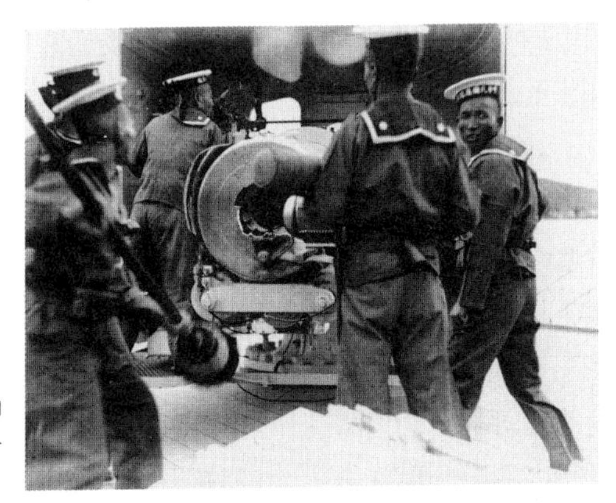

1934年10月海军部校阅期间的“应瑞”舰，水兵正在操纵6英寸主炮（台湾文化资料库）

1934年10月海军部校阅期间的“应瑞”舰，水兵正在操纵4英寸副炮（台湾文化资料库）

1934年10月海军部校阅期间的“应瑞”舰，水兵正在操纵维克斯高射炮（台湾文化资料库）

1934年10月海军部校阅期间的“应瑞”舰主甲板（台湾文化资料库）

闽系的指挥，后经斡旋，被纳入军委会直辖，闽系各舰无奈只得独自北返。

1935年11月，第二舰队司令曾以鼎率领“应瑞”“海筹”“海容”“永绩”“永健”“大同”“自强”“中山”等舰前往浙闽沿海会操，沿途经过象山、三都澳、马江等处，于1936年1月返回南京。[254]当年3月，曾以鼎又率“应瑞”“海筹”“海容”“永健”“大同”“自强”等舰前往普陀洋面会操。是年6月，桂系李宗仁和粤系陈济棠发动反蒋的“两广事变”，粤系、桂系与蒋介石数十万大军对峙，一时间内战阴云再度笼罩。7月底，海军部先后派“应瑞”“海筹”“海容”“通济”“逸仙”“永健”“永绩”等舰由陈季良率领前往两广一带巡弋，其中“应瑞”与“永绩”一同于7月30日离吴淞，在金门短暂停留后即前往香港，[255]8月该舰都在海南、珠江等处巡弋。9月3日突然又发生了日本间谍中野顺三被杀的“北海事件”，日本海军派遣8艘舰艇前往广西北海，向中方施压。当时“应瑞”舰正驻海口，负责封锁粤桂军出海航道，于9月12日应日方要求，与日舰“嵯峨”一同驶往北海，协助解决事件。[256]所幸“北海事件”不久后即平息，日舰撤走，“两广事变”也以和平方式解决，“应瑞”舰遂于10月1日离香港北返。

抗日战争中的“应瑞”号巡洋舰

1937年上半年，“应瑞”舰都驻泊于南京附近江面，逐日勤操。7月7日发生了震惊中外的“卢沟桥事变”，全面抗战爆发。据记载，抗战爆发时“应瑞”舰除原有武备外，还配有47毫米3磅速射炮1门、维克斯40毫米2磅高射炮2门、37毫米机关炮2门、麦德森式（Madsen）7.92毫米机关枪5挺等武器。[257]

抗日的战火一开始尚局限于华北地区，至8月初已不可避免地向长江流域蔓延。8月11日，蒋介石下达了江阴沉船封江的命令，12日中央海军战斗力较强的“宁海”“平海”“逸仙”“应瑞”“海容”“海筹”等舰陆续驶至江阴，在封锁线后方防御。13日淞沪抗战爆发，从16日开始，就陆续有日军飞机飞临封锁线上空窥伺、投弹，中方舰艇、炮台也予以还击，于22日击落了1架“加贺”号航空母舰的94式轰炸机，而自身损失甚微。[258] 9月20日夜11时，日本第三航空战队派出2架94式水上侦察机，其中一架从“应瑞”舰艄右侧接近，投弹2枚，落于该舰前段右侧水中，炸伤2名水兵，破片击穿舱面及前部烟囱十余处。[259]

真正的较量从9月22日开始，当天日军共出动了3批共34架次飞机（第一批第12航空队92式舰攻12架、95式舰战6架；第二批“加贺”舰96式舰攻7架；第三批第12航空队92式舰攻6架、95式舰战3架）对江阴的中国舰艇狂轰滥炸。在上午10时30分开始的第一次轰炸中，有数枚60公斤航弹落于“应瑞”舰艉左右舷附近，虽未直接命中，但巨大的爆炸力还是将该舰中部锅炉舱双层底炸漏，弹片还在左舷鱼雷管、前桅和干舷上打出了数个弹孔。[260]

9月23日，更为惨烈的海空决战上演了。当天日军出动2批共58架次飞机（第一批第12航空队92式舰攻9架、94式舰爆12架、95式舰战3架、第13航空队96式舰爆14架；第二批“加贺”舰96式舰攻8架、96式舰爆8架、90式舰战4架）集中攻击“平海”“宁海”，并将二舰双双击毁，当天“应瑞”舰未成为日军重点攻击的目标，但也有数枚弹片击中该舰，造成2名水兵负伤。当天该舰高射炮及机关枪“迭生阻碍”，难以发挥应有作战效能。当晚，该舰开至江阴上游的鳗鱼沙（位于江苏泰兴市，现已湮没），24日上午7时15分奉命开往安徽大通，避敌锋芒。

然而该舰刚刚驶离，军委会便做出了增强封锁线的决定，第一舰队的“海容”“海筹”和第三舰队的“海圻”“海琛”也将被自沉于江阴。为协助沉船工作，“应瑞”舰再次回航江阴。9月25日早晨6时，该舰开抵江阴封锁线协助沉船工作，并接纳了“海圻”“海琛”的舰员返回南京。当天日军再度出动了2批共15架飞机（第一批第12航空队92式舰攻6架、95式舰战3架；第二批“加贺”舰96式舰攻2架、96式舰爆4架）飞临江阴上空轰炸，并炸沉“逸仙”舰。当“应瑞”溯江而上经过鳗鱼沙的时候，发现“逸仙”舰正搁坐在江边，遂抛锚施救，但坐镇“逸仙”的第一舰队司令陈季良命令“应瑞”迅速开赴南京，该舰遂继续上驶。下午4时半，“加贺”

翻沉在采石矶江边的“应瑞”舰

舰出动的飞机在镇江高资附近江面发现了正缓缓溯江而上的“应瑞”舰，“其中一架，折向该舰投弹二枚，均落舰艉右舷水中，舰身震动甚剧，车轴舱漏水”。当晚“应瑞”返抵南京，将“海圻”“海琛”官兵卸载后便开往大通，并于26日到达。

10月10日，“应瑞”舰奉命前往当涂采石矶，拆卸舰上火炮，以加强沿江防御。23日阴云密布，“应瑞”舰正停泊在采石矶“八段子”江边（现采石小九华山和南山之间的山坳处），[261]上午8时许，停泊在吴淞口的日军水上飞机母舰“神威”和特设水上飞机母舰“神川丸”起飞了8架94式和95式水上侦察机向“应瑞”舰扑去。上午9时20分，“应瑞”舰得到“甘露”舰传来的空袭警报，9时30分，8架日机飞临该舰上空，[262]该舰随即在舰长陈永钦的指挥下使用高射炮、机枪还击，一开始日机投弹多为近失弹，但“应瑞”舰右舷高射炮和前舰桥的机枪突然出现故障，日机于是大胆采用俯冲轰炸，并用机枪扫射，首先命中“应瑞”舰左前侧煤仓附近，继而击中前舰桥附近，渣油柜也被击中起火，该舰正在组织损管灭火，又被日机命中前部司令塔前侧和左侧，“炸透下舱，爆片横飞，燃烧多处，锚机传钟并舵齿轮，同时震坏，电灯机及总保险线亦被震断，右前段且进水”。该舰立即砍断左锚，用右侧轮机航行，向江边搁浅。而后，该舰又在前舰桥左侧和右前段各中一弹，总水管炸裂。“火势愈炽，遂一面救护伤兵登岸，一面用摇手水龙抢救，‘甘露’

亦派员兵前来救援，奈火势不减，延及枪弹，迫近前弹药舱”。为了防止弹药库殉爆造成严重的二次杀伤，该舰不得已下令全员离舰。果然，不久前部弹药库即发生了爆炸。待火势稍减，该舰和“甘露”舰官兵再次回舰灭火，无奈舰体进水过多，逐渐向右舷倾斜，至下午5时半完全沉没，只有前桅上节和部分吊艇杆还露在水面。而根据日方的记载，此次空袭命中“应瑞”舰直击弹二，有效弹三，引起该舰火灾。总之，“应瑞”舰应当是被击中5至6枚30/60公斤航弹，起火后引爆了弹药库，继而进水过多而沉没。是役该舰阵亡官兵17名，负伤59名（其中数人后来伤重不治），成为抗战爆发以来伤亡最为惨重的一艘军舰。[263]幸存的官兵此后被编入海军炮队，继续抗战（如舰长陈永钦后任马当炮台总台长）。

当涂沦陷后，“应瑞”舰的残骸仍遗留在采石矶江边。有资料称该舰残骸被日军打捞，[264]也有亲历者回忆该舰残骸于抗战结束后被上海打捞局分段打捞拆解。[265]关于“应瑞”残骸的去向尚待进一步考证。

护法舰队时期的“肇和”号巡洋舰（1918—1923）[266]

“肇和”舰于1918年10月7日在广州黄埔加入护法舰队，时值孙中山辞去大总统职务，军政府被滇、桂军阀把持之际。1920年8月，粤桂战争爆发，当时“肇和”舰驻泊于汕头。护法舰队司令林葆怿一开始站在桂系一边，甚至企图趁机夺取福建（当时闽督李厚基与粤军陈炯明站在一边）作为舰队的饷源地，但他的这一计划遭到了舰队中粤籍官兵的反对。不久桂军兵败，林葆怿不得不率领舰队保持中立。当粤军逼近广州，双方谈判交接广州城时，海军参与了武装调停，“肇和”舰此时已从汕头回航，停泊在中流砥柱炮台附近。此后，林葆怿又策划率领护法舰队北归，再遭失败，只得引咎辞职，舰队司令一职由曾率“肇和”参加护法的林永谟接任。

1920年11月28日，孙中山回到广州，重组军政府，并担任陆海军大元帅。而护法舰队自身在粤省连年的乱局中也暴露了诸多问题。一方面，战乱造成了饷源的紧张，1922年3月16日，停泊在

民国时期的“肇和”舰

黄埔的“肇和”舰首先爆发闹饷风潮，水兵将栏杆拆除，舷梯收起，意在表示全舰警戒，同时向各舰散发传单，要求发给三个月欠饷（相比之下，粤军欠饷经常长达一年以上），林永谟不得不亲自前去与陈炯明商量，陈炯明应允先发给一个月薪饷，事件方才平息。[267]另一方面，舰队中由来已久的闽籍与外省籍官兵矛盾也日益突出，1921年2月发生了“海圻”“海琛”舰外省籍官兵被赶下军舰的事件，“肇和”舰的外省籍官兵因副舰长田士捷劝阻才没有上岸。外省籍官兵受此屈辱，一心只想夺回军舰。1922年初，孙中山与陈炯明矛盾激化，手中无兵权的孙中山认为海军是可以争取的力量，而海军中的省籍矛盾恰是其可以利用之处。经过秘密商议后，孙中山与部分外省籍海军人员确定了武装夺舰的计划。4月26日各舰发饷，田士捷趁此机会将手枪分发给“肇和”舰上的外省籍官兵，次日下午，由海军和陆军人员组成的敢死队先夺占了“海圻”舰，“肇和”舰也在里应外合之下很快被夺，随后“海琛”等舰也放弃了抵抗，夺舰计划一举成功。此后，舰队中的闽系人员遭到清洗，舰队司令由山东籍的温树德继任。[268]

不久以后，孙中山与陈炯明彻底决裂。6月16日，陈炯明发动兵变，炮击位于观音山的总统府，此前孙中山已得到消息，转移到了“楚豫”舰上，并率领舰队向广州城区开炮，以反击陈炯明军。然而此时温树德其实早已与陈炯明方面暗中联系，“海圻”“海琛”“肇和”三艘大舰在温树德的指挥下保持中立，7月8日三舰又从黄埔下驶至莲花山江面，使得孙中山控制的长洲炮台次日即被陈军占领。27日，“肇和”等三舰又下驶至赤湾。8月9日，孙中山在海陆皆失利的情况下离粤赴沪，“第二次护法运动”宣告失败。

然而陈炯明控制粤省仅仅半年，孙中山便组织了滇军、桂军和部分粤军夹击陈炯明军，陈炯明不得不于1923年1月15日宣布下野，退守惠州。原陈炯明旧部洪兆麟、翁式亮在潮汕地区独立，孙中山便派李烈钧乘坐“肇和”舰前去接收改编。然而，得胜后的滇、桂军阀于26日发动“江防会议事变”，控制了广州，孙中山决定暂缓回粤。2月1日，“永丰”舰突然冲破阻截，从黄埔驶往汕头，加入“肇和”“楚豫”，树起反对桂系的旗帜。在李烈钧的授意下，三舰组成汕头临时舰队，由原“肇和”舰长田士捷任舰队司令，副舰长盛延祺为总指挥。这样一来，护法舰队又分裂成了两部分。

2月21日孙中山返回广州后，继续默许了汕头临时舰队的独立编制，作为对温树德的钳制。温树德也视汕头舰队为眼中钉肉中刺，直欲除之而后快。4月17日，受到温树德唆使，又受到欠饷问题和是否北上厦门问题的影响，“肇和”舰内山东籍水兵发生兵变，舰长盛延祺、副舰长江泽澍、总水手头田茅德等人被开枪打死。[269]兵变发生后，温树德派“海圻”“海琛”舰前往汕头，强行接管了“肇和”“楚豫”等舰，“汕头临时舰队”遂告寿终。

5月8日，陈炯明乘桂系沈鸿英发动兵变之机，率军从东江地区反攻广州，粤省政局再现动荡。温树德乘机与孙中山彻底决裂，借道香港前往汕头，控制了驻泊该地的“海圻”“肇和”“海琛”三舰。此后，温树德一面帮助陈炯明进攻孙中山，一面与北京直系政府联络，意图率领舰队北归。在得到吴佩孚答应发给海军欠饷的承诺后，温树德便打定了北返的主意。10月27日原驻省河的“永翔”“楚豫”“同安”“豫章”四舰悄然潜出，驶往汕头，与“肇和”等舰会合。12月17日，原护法舰队“海圻”“海琛”“肇和”“楚豫”“永翔”“同安”“豫章”六舰在温树德的指挥下离汕头北上，“肇和”因为在粤期间久未大修，轮机状态极差，只有3、4节航速，因此迟至1924年1月13日才抵达吴佩孚控制下的青岛。[270]

渤海舰队时期的“肇和”/“澄和”号巡洋舰（1924—1927）

“肇和”等舰抵达青岛后，被编入“渤海舰队”，与北京政府海军部所属的闽系海军相互独立，直接听命于吴佩孚与温树德。鉴于“肇和”等舰在粤期间从未大修，吴佩孚曾考虑将“海圻”“海琛”“肇和”三舰送往日本川崎造船厂修理，预算200万日元，然而终因经费无法落实而作罢。[271]但“肇和”舰在青岛期间亦自行进行了一些修理，恢复了一定的航行能力。

1924年9月15日第二次直奉战争爆发，渤海舰队也在温树德的指挥下投入了对抗奉系张作霖的战斗。由于奉系拥有一支不容小觑的空军力量，因此“肇和”等舰在战前都紧急加装了高射炮。[272]10月11日，“肇和”“永翔”二舰从青岛出发，前往秦皇岛加入“海圻”“楚豫”等舰，向该地区集结的奉军进行炮击。23日，原直系将领冯玉祥发动“北京政变”，战局发生逆转，吴佩孚不得不率军从塘沽乘船南撤，渤海舰队亦驶往大沽口接应直军。“肇和”“海琛”等舰发炮向芦台附近的奉军射击，掩护直军撤退。[273]11月3日，吴佩孚从塘沽登船后由海军护送前往吴淞，旋又乘坐“肇和”舰前往南京。15日，吴佩孚、齐燮元、杜锡珪等在“肇和”舰上召开九省联合会议，商讨抵御奉系进攻长江流域之计划。[274]

第二次直奉战争后，奉系将领张宗昌入主山东。此时的渤海舰队长期彷徨于军阀争斗之间，革命理想沦丧，军纪十分废弛，“时各舰均靠在青岛大港三、四号码头，士兵天天放假，无所谓训练。军官则困居岸上，在青岛山东路南段的海军联欢社聚赌”。[275]温树德长期寓居天津，已失去了对舰队的实际控制，舰队的日常事务由副司令吴志馨代理。而另一方面，东北海军的核心人物沈鸿烈却对渤海舰队虎视眈眈，企图趁机吞并。1925年8月，渤海舰队前往秦皇岛，接受了张学良、沈鸿烈的检阅，而“肇和”舰因临时发生故障未能前往。[276]

同年10月11日上午8时50分，原驻大港的“肇和”“同安”二舰突然以“海圻”等舰久驻秦皇岛不归，舰队又久不发饷为名驶往前海，宣布独立（当时驻青岛的还有“海琛”“华甲”二舰，未追随“肇和”等舰）。究其独立原因，也与闽系海军的暗中拉拢有莫大关系。[277]事件发生后，张宗昌急调其亲信，三十二旅旅长毕庶澄率军前往青岛弹压，毕部在岸上架起火炮，与海军对峙，“海圻”等舰也从秦皇岛紧急回航，一时间双方剑拔弩张，大有爆发冲突的危险。经双方协商，至16日晚方才达成谅解，各自罢兵。[278]而毕庶澄借此机会被张宗昌委任为渤海舰队司令，温树德从此彻底失势。毕庶澄接任渤海舰队司令后，竟以“肇和”“同安”二舰不祥而将其改名，其中“肇和”改名为“澄和”（取毕庶澄的“澄”字），“同安”改名为“效安”（取张宗昌的字效坤的“效”字）。[279]

1926年毕庶澄与日本满洲船渠株式会社协商，考虑将“海圻”“海琛”“澄和”三舰送往旅顺修理，而后决定“澄和”舰由青岛港政局自行修理，工程直至1927年2月方才完竣。[280]“海圻”在旅顺修理期间，沈鸿烈积极策动该舰官兵，使其修理完毕后就加入了东北海防舰队的麾下。1927年3月，张宗昌将东北、渤海两舰队合并为东北联合舰队，下辖第一、第二舰队，并自任海军总司令，沈鸿烈、毕庶澄分任海军副司令和分舰队司令。虽然两支舰队已于形式上统一，但实际上仍分隶两个指挥系统，军令不通。3月底，毕庶澄在与北伐军争夺上海的战役中败北，此后又因在防守上海期间与北伐军暗中往来而被张宗昌枪毙。毕庶澄死后，第二舰队司令由原“海圻”舰长吴志馨接任，“澄和”舰仍改回原名“肇和”。

当时北伐军已控制了长江流域，闽系海军也已归顺南京政府。东北海军“海圻”等舰在沈鸿烈的指挥下多次南下吴淞口，对闽系海军发动奇袭，并取得了击伤“海筹”、俘虏“江利”的不俗战绩。一时间东南沿海风声鹤唳，闽系海军只能被动防守，制海权控制在东北海军手中。5月18日，“肇和”舰也加入了南袭的队列，当天上午8时许东北舰队“海圻”“肇和”“镇海”“威海”等舰抵达吴淞口外三夹水，舰队与吴淞炮台各发十余炮，均未命中。[281]此后东北舰队还发电报邀闽系海军出海决战，但闽系海军并未应战。

吴志馨自担任第二舰队司令后，为维持其司令地位，派参谋长田炳章到上海与国民党商议投诚，消息败露。7月31日，沈鸿烈以吴志馨与北伐军暗通为名将其逮捕，同时被捕的还有“肇和”舰长赵梯崑、“华甲”舰长胡文溶等人。沈鸿烈旋委派东北系将领凌霄为第二舰队司令，但第二舰队官兵不服沈鸿烈的吞并，凌霄登上“肇和”舰后即被舰上官兵软禁。8月4日，“海琛”“肇和”“华甲”“永翔”“楚豫”等舰私自升火起锚，开出大港外宣布戒严，并提出释放吴志馨、发清欠饷、不受沈鸿烈节制三项条件。[282]事变发生后，沈鸿烈一面派“海圻”等第一舰队军舰停泊前海，与第二舰队对峙，一面电请张宗昌来青岛调停。张宗昌到青岛后，先到“肇和”舰召集官兵讲话，并趁机让东北海军人员伪装成其卫队，暗中占领了炮位、火药库等关键位置，等“肇和”舰官兵反应过来已为时太晚，只得上岸听命接受改编，随后“海琛”舰也如法炮制，其余各舰纷纷望风而降，“渤海舰队”遂被沈鸿烈一举吞并。

东北海军时期的“肇和”号巡洋舰（1927—1933）

东北海军吞并渤海舰队后，张学良自兼海军总司令，沈鸿烈任副总司令，凌霄任海防第一舰队队长，下辖“海圻”“海琛”“肇和”“镇海”四舰，愈发横行无忌，频频南下侵扰。8月19日，“海圻”“肇和”等舰前往吴淞口，与炮台对射20分钟。[283]9月3日“海圻”“海琛”“肇和”“威海”等舰再犯吴淞，与炮台各射十余弹，“威海”舰还派出水上飞机飞临高昌庙一带轰炸，造成了一定的恐慌。[284]

1927年12月26日，东北海军“海圻”“海琛”“肇和”等舰突然南下，据称是为了截击抓捕一艘意大利军火船，它们分工由“海圻”负责广东海面，“肇和”“海琛”负责江浙海面。但驶出青岛两天后舰队突然遭遇风暴，“肇和”突发轮机故障，又与“海圻”等舰失去联系，在海上漂泊了3天3夜，偏航达100多海里。后来该舰在黑暗中以探照灯照明摸索驶回舟山。恰好“海琛”亦在舟山东面避风，“肇和”由“海琛”拨给一些煤炭，舰队在舟山停泊10余日才安全返航。[285]侥幸返回青岛后，1928年1月14日“肇和”“海琛”“江利”等舰前往日本占领的旅顺船坞修理。[286]

1928年5月，东北海军再次组织了一次大规模的南袭行动。5月3日晨8时半，“海圻”“肇和”等舰出现在吴淞口外白龙港江面，向吴淞炮台开炮，炮台及附近闽系军舰向其还击，东北军舰遂退去。但中午12时半左右，又有2架水上飞机飞临高昌庙、龙华一带投弹。北伐军立即派“甲三”及“戊二”号2架飞机升空，与奉军飞机发生空战；并派出鱼雷艇追踪东北军舰，但无功而返。[287]

仅仅几天之后，5月10日，“海圻”“海琛”“肇和”等东北海军主力又突然出现在了厦门外海，被闽系“楚泰”舰发现。据称东北舰队前来厦门是得到了美国商船为北伐军运载军火抵厦的情报，但军火船先到一步，因此东北舰队未能截击成功。13日凌晨2时许，“海琛”“肇和”等舰突然倒车驶近厦门海口，与胡里山炮台互击。此后，东北舰队在厦门外海梭巡数日后返回青岛。[288]

当年6月4日，张作霖在皇姑屯事件中被日军密谋炸死。此后东北海军再未有南下袭扰的举动。是年底东北易帜，但东北海军仍在张学良、沈鸿烈的统率下。1929年中华民国海军部成立，东北海军被编为第三舰队，与闽系海军相互独立。1931年9月18日发生“九一八”事变，东北被日本关东军占领，“肇和”等舰此时仍驻于青岛，未受波及。

1933年6月，东北海军内部再度发生了事变。由于受到原渤海舰队派打压，东北派的姜西园、关继周等人决定对沈鸿烈兵谏，逼迫其接受打压老渤海舰队派的条件，然而事机败露，东北派怕沈鸿烈追究，走投无路之下决定带领三舰出走，投奔广东省实力派陈济棠。26日晚9时左右，“海圻”“海琛”“肇和”三舰熄灭灯光，秘密离开青岛南下。[289]

航行三日后，“肇和”舰煤水告急，不得不由“海圻”舰拖带，途中发生缆绳缠绕“海圻”螺旋桨事故，所幸得以及时排除。不久“肇和”舰储粮又用尽，只得由“海圻”“海琛”接济。此后三舰在浙江沿海岛屿停靠休整，被商船发现，三舰的行踪方才大白于天下。[290]7月5日三舰抵达香港海面，旋停泊于赤湾附近，与广东当局接洽请

1929 年 6 月停泊在青岛的“海圻”“肇和”舰（作者收藏）

求收编，为陈济棠所同意。[291] 10 日三舰从赤湾起碇，下午 3 时到达黄埔河面停泊。[292]

广东时期的“肇和”号巡洋舰（1933—1937）

“肇和”等三舰抵达广东后，被陈济棠编为“国民革命军第一集团军粤海舰队”，由姜西园任司令，大部分时间停泊在黄埔。至 1935 年，该舰的轮机因久未修理，已有许多叶片脱落，广东江防司令部及建设厅遂与香港太古（Taikoo）船坞签订了修理“肇和”舰的合约，订明该舰修理分为 4 个部分：1. 油漆包工；2. 主机部分修理；3. 改换锅炉；4. 修理鱼雷管，修理费总计 188000 余元。[293] 然而由于军费不裕，修理该舰的需求又非十分紧迫，因此修理计划一拖再拖。

“肇和”等三舰在粤期间，陈济棠频频对原东北系人员进行调动，并以粤系人员取而代之，渐渐掌握了舰队的实权。部分东北系人员对此相当不满，便于 1935 年 6 月 15 日再次上演了一出驾舰叛逃的丑剧。“肇和”舰当时由于轮机故障无法航行，临行前叛逃人员将“肇和”舰部分东北系官兵接上“海圻”“海琛”。当晚二舰潜行

粤海舰队时期的“肇和”舰

逃出黄埔，经过与广东空军、虎门炮台的激战后安全抵达香港，后经蒋介石斡旋二舰直接归隶军委会，前往南京下关停泊。经此事变后，陈济棠将粤海舰队撤编，原舰队副司令姜西园被免职。“肇和”舰也被解除武装，原131名员兵听候编遣，并调海军练营官兵进驻该舰。原“肇和”舰长杨超仑亦被免职，舰长一职由原“海圻”舰长方念祖接任。[294]此后被遣散之“肇和”官兵辗转来到南京，被“海圻”“海琛”二舰收容。[295]

“海圻”“海琛”离粤后，留在广东的大舰只剩下“肇和”一艘，该舰旋被改为黄埔海军学校练习舰，而其大修的计划也再次被提上了日程。1935年8月该舰赴香港太古船坞修理一次，但由于部分损坏机件须向英国原厂订购，因此工程并未完竣。[296]

1936年6月，发生了陈济棠与李宗仁联合反蒋的“两广事变”，7月底，海军部次长陈季良率领中央海军主力舰队南下两广，向粤系、桂系施压。同时，海军部也没有忘记滞留粤省的“肇和”舰，陈绍宽视此次事变为收回该舰的天赐良机，命陈季良与广东江防司令张之英接洽，张之英遂派参谋长黎钜镠与该舰舰长方念祖前往黄埔向陈季良移交该舰。[297]8月8日，陈季良向南京海军部电告，“肇和”舰业于本日接收。[298]但事情其实远没有陈季良汇报的那么简单，中央海军对“肇和”的接收显然是带有强迫意味的，因此在接收当日就有部分“肇和”舰员开出条件，若中央不予满足就不交出军舰。8月14日，“肇和”舰全体官兵甚至集体联名上书蒋介石，表示不愿加入闽系一手把持之海军，“查海部为闽系一手把持，内部腐败，其排斥他省人，无所不用其极”，希望回归第三舰队编制或拨归电雷学校。[299]此后张之英特地亲自前往黄埔面见陈季良，向其说明粤省需要“肇和”舰以为黄埔海军学校学员实习之用，因此仍将该舰编入广东江防舰队为妥，不便调离。[300]事情既然闹大，蒋介石其实内心中也不希望闽系海军坐大，于是便同意了“肇和”舰仍暂归广东的决定。蒋的这一决定令陈绍宽愤愤不平，他于9月14日致电在广州的蒋介石，希望蒋能批准将“肇和”舰交由陈季良接收，言辞恳切：“窃以‘肇和’归还海部，此时实为最好时机，倘更失去，殊恐海军将无统一之日！”[301]但蒋并未批准他的这一请求。

1936年11月20日，久未修竣的“肇和”舰终于被香港太古船坞的拖轮由黄埔拖至该船坞修理，此次工程主要是更换该舰蒸汽轮机的损坏部件，太古船坞不能加工的部件则已从英国购到。而在该舰修理的过程中，围绕着其归属的明争暗斗仍未消停。1937年4月15日，广东绥靖公署主任余汉谋致电蒋介石，建议自5月起将“肇和”舰归还军委会直辖，该舰仍留广东，由广东行营指挥，并供广东黄埔海军学校学员实习之用。[302]旋经蒋批准，该舰经费暂由广东财政特派员公署拨发。[303]至此，该舰的归属问题终于尘埃落定。

1937年4月29日，经历了将近半年大修的“肇和”舰进行了试航，据称试航航速可达18节，[304]这艘曾经病入膏肓的巡洋舰再度焕发出了青春的光彩。5月5日，该舰出坞碇泊九龙湾，装载弹药后于次日起锚返回黄埔。[305]

实际上，此时的“肇和”却是“金玉其外，败絮其中”。5月24日，原“中山”舰长陈涤向蒋介石呈文，汇报了“肇和”舰的实情：

> 该舰编制所定士兵名额为三百零六名，且须当经受过相当海军训练者充之，庶不为虚设，而现任该舰舰长方君（方念祖）仅实补二百名，且多为陈济棠所训练之陆军步兵，并未受海军教育，近江防司令部又将各小舰编余之杂色士兵四十名补入。
>
> 现任该舰舰长方君念祖，存五日京兆之心，故舰上无人负责，军风纪极为败坏，如不亟加整顿，诚恐将来难于收拾。
>
> 该舰修复驶返黄埔时，驾驶人员不加小心，竟将舰底撞破，

现以损坏处有水注入，暂用士敏汀泥（水泥）封补，将来出海航行，非再加修理不可。

“肇和”舰此次修理，共用国币二十五万余元，观其修理之情形，实不过十余万元，现四路军已将经手之人（江防司令部技术处长杜衍庸）扣留究办。[306]

由此观之，方念祖在“肇和”舰长任上负有吃空饷、放任军纪败坏、指挥驾驶不慎等责任。而在“肇和”舰修理一事中贪墨公款的杜衍庸犯罪事实成立，后被四路军军法处判处徒刑三个月。[307]

不久，全面抗战爆发，刚刚修竣的“肇和”舰也被推到了海防的前沿，被编入江防司令部直接指挥。战争伊始华南地区虽然暂时没有成为主战场，但日军在该地区布置的第9战队、第12战队和第5水雷战队等兵力仍对华南沿海进行着严密的监视封锁。第5战队中的第29驱逐队（下辖驱逐舰“追风”“疾风”）负责汕头方面的警戒。9月6日“疾风”对赤湾的中国陆上军队进行了炮击，此举惊动了广东方面的中国军队，广东空军于13日对该舰进行了轰炸。同日，第5水雷战队旗舰轻巡洋舰“夕张”到达赤湾附近的大铲岛锚地，与驱逐队会合。驱逐队向其报告在虎门炮台附近停泊有“肇和”等中国军舰，造成了一定的威胁。应驱逐队请求，第5水雷战队司令官大熊政吉决定于次日早晨采取行动，并且先派遣各舰炮术长乘坐舰载交通艇上溯珠江进行侦查，过程中突然收到中国军舰拔锚出动的电报，遂急令“夕张”和驱逐队出动，但随后又收到交通艇已安全脱离的情报，于是取消了出击行动。

14日凌晨，“肇和”与广东盐务缉私舰“海周”按照惯例从大虎锚地出发，按照大角炮台—沙角炮台—威远炮台—大虎的顺序逆时针巡航。凌晨4时15分[308]，第5水雷战队“夕张”“追风”“疾风”从大铲岛锚地出击，依靠着灯塔的亮光溯江而上，到达了舢板洲后的预定攻击地点，却未能发现中国军舰。直到5时47分，“海周”“肇和”依次驶过大角炮台后左转，日军才发现了中国军舰的煤烟。但日军将“海周”误认作了“肇和”，将“肇和”误认作了一艘“海筹”或“海圻”型巡洋舰。5时56分，“夕张”“疾风”开始向“海周”射击，“海周”立即用前主炮反击，“肇和”和虎门各炮台也相继加入炮战。但日军有备而来，观瞄、射击技术都比较先进，火炮数量又占有压倒性的优势，“海周”舰很快就被击中三弹，其中一弹打断了舵链，使得该舰一度舵机失控，向前冲去。5时59分，日军观察到“海周”舰前主炮失灵，舰艇破损倾斜，向后方退却，“追风”则开始与“肇和”舰展开炮战。据记载“肇和”舰长方念祖“以勇敢决断下令横船，使舰首尾及傍炮一齐集中射击”。6时04分“海周”舰在大角头附近搁浅，舰员乘坐舢板离舰，日舰遂将射击目标转移至沙角炮台，至6时31分射击终止，向大铲岛锚地回航。当天上午，广东空军出动数批战机向第5水雷战队发动空袭，造成了“夕张”舰一定的损伤。日军认为大铲岛锚地过于危险，于是将锚地转移至更靠南的万山群岛。[309]

虎门海战是抗日战争中双方唯一一次舰队炮战，在这场战斗中“肇和”舰并未成为日舰主要射击对象，因此并无受伤。而日舰在炮战中也安然无恙。海战后，“海周”舰被拖回广州新洲等待修理，“肇和”则返回黄埔停泊。

虎门海战后，日本海军“支那方面舰队”司令长官长谷川清下令海军航空兵立即开展对广东方面的空袭，肃清广东空军力量。因此从9月15日开始，日军不分昼夜地对广东进行空袭。在基本夺取了制空权之后，日军空袭的目标开始从飞机场转向中方舰船、兵工厂、军校、铁路桥梁等次要目标。9月28日，第23航空队、特设水上飞机母舰“香久丸”和重巡洋舰“妙高”搭载的水上侦察机就飞临黄埔向中方舰艇投弹。日军记录到一艘碇泊中的2500吨级巡洋舰受到2枚至近弹的攻击，应该指的就是“肇和”舰。29日上午，“香久丸”“妙高”和轻巡洋舰“多摩”又派出6架水上侦察机（“妙高”2架、“多摩”1架、“香久丸”3架94式）飞临黄埔上空对“肇和”进行轰炸。其中第一架水侦于11时（日本时间）命中“肇和”舰桥附近2弹，造成该舰严重火灾，十余名官兵负伤。“肇和”虽然以防空炮火奋力抵抗，但未能击落日机。该舰至下午5时在黄埔港新洲与伦教之间河面坐沉，舰上火炮没有来得及拆卸。[310]

“肇和”沉没后，余汉谋以该舰官兵共300余名，素质不良，且籍贯多系北方人，向蒋介石申请将其全部遣散。[311]而该舰舰长方念祖的结局则更为不幸。11月初，广东行营办公厅主任邹洪向蒋介石报告，称方念祖在屡遭空袭的情况下玩忽职守，未听命令将“肇和”舰移位，以致该舰损失，请求将方褫职，为蒋介石所同意，[312] 1938年1月10日，方念祖竟被广州行营处以枪决。[313] 据知情人后来回忆，因为日机连日空袭停泊在黄埔港的“肇和”，影响了设在黄埔的广东行营的安全，因此上级令该舰开往虎门，但方念祖置之不理，方才有此下场。[314] 平心而论，广东方面处死方念祖实有量刑过重之嫌，但考虑到方之前就声名狼藉（例如陈涤向蒋介石告他的状），与同僚关系又多有不睦（例如与曾任粤海舰队副司令的姜西园不和），遭此下场也就并不奇怪了。

1938年7月，当黄埔海军学校学员钟汉波在经过黄埔时，仍“眼见‘肇和’军舰坐沉在新洲与伦教之间河床上，舰上舱面甲板空无一人，显然已弃舰多时”。[315] 有资料称日军在战争期间对其进行了打捞，但尚未发现对应日方记录。[316] 该舰残骸最终于1957年打捞出水，据记载该舰沉没点四周水深13.7至17.1米，打捞工程从当年6月4日开始，实行分段浮筒抬浮，11月15日完工。[317]

希腊海军的“艾利”号巡洋舰

“艾利”舰于1914年6月被希腊海军正式接收。当时的巴尔干局势仍然错综复杂，1914年5月，独立不久的阿尔巴尼亚爆发反对该国统治者维德（Wilhelm Wied）公爵的起义，使得维德公爵不得不于当年9月离开首都都拉斯（Durrës）；然而取而代之的是保加利亚支持的大封建主艾沙特帕夏（Esad Pashë Toptani），此举进一步刺激了阿尔巴尼亚人民的起义浪潮，他们占据了该国中部的所有地区，艾沙特帕夏的地盘仅仅局限在都拉斯附近。1915年1月，“艾利”舰前往都拉斯，保护该地的希腊侨民利益，并于当月撤离。

1914年8月第一次世界大战爆发。虽然希腊曾与塞尔维亚缔盟共同对抗保加利亚，但一开始保加利亚尚未加入同盟国，因此希腊国内关于是否参战的意见摇摆不定。首相维尼泽洛斯（Ελευθέριος Κυριάκου Βενιζέλος）支持加入协约国，而国王康斯坦丁一世

希腊海军中的“艾利”舰（作者收藏）

（Κωνσταντίνος Α′）则决心保持中立。1915 年 10 月保加利亚向协约国宣战，国王仍拒绝让希腊加入战争。随后奥地利和保加利亚的军队击败了塞尔维亚军队，之前占领了阿尔巴尼亚的塞尔维亚军队被迫通过海路撤退，“艾利”舰于 1916 年 2 月再次前往都拉斯保护侨民。同年 9 月，前首相维尼泽洛斯前往家乡克里特岛组织了一个亲协约国的临时政府与国王对抗，协约国则趁机向希腊国王施压，要求解除希腊舰队的武装。在一番无效的抗议后，驻泊于比雷埃夫斯港的希腊舰队于 10 月 19 日自行解除了武装，战列舰“利姆诺斯”号（Λήμνος）、“基尔基斯”号（Κιλκίς）、装甲巡洋舰“乔治·埃夫洛夫”号（Γεώργιος Αβέρωφ）等主力舰卸下了炮闩和弹药，“艾利”号与 14 艘驱逐舰、5 艘鱼雷艇、2 艘潜艇等轻型舰船则被协约国拖往克拉提斯尼（Κερατσίνι），随后由法国官兵接管，被编入法国海军作战，主要担负爱琴海的巡逻和护航任务。希腊后于 1917 年 7 月 2 日加入协约国，对同盟国宣战。8 月 1 日，“艾利”作为第一艘被归还的希腊军舰重新飘扬起蓝底白十字海军旗。当年 9 月 30 日保加利亚投降，一个月后土耳其也宣布投降，希腊以胜利者的姿态迎来了第一次世界大战的终结。

“一战”的硝烟还未散尽，为了攫取更多的领土，希腊又在协约国的支持下入侵了土耳其的小亚细亚地区，挑起了 1919 年至 1922 年间的希土战争，而土耳其则在凯末尔的领导下坚决抵抗。战争期间，“艾利”舰参加了对土耳其海岸的封锁任务，例如该舰于 1922 年 7 月扣押了一艘载有战争违禁品的英国商船。[318] 当土耳其军队的

现代化改造后的“艾利”舰

兵锋逼近士麦拿（Σμύρνη）时，该舰也参与了对陆支援的炮击任务。时至1922年9月，希腊发动的这场不得人心的战争已经注定了败局。战后希腊不仅完全失去了之前占领的小亚细亚领土，还使得康斯坦丁一世国王退位，国内陷入长期的危机和动乱。此后该国一度由军官团组成的革命委员会临时执政，又于1924年经过公投成为共和国。

1924年11月，英国派遣了一个以理查德·韦伯（Richard Webb）中将为首的海军顾问团前往希腊。在任期间，韦伯对希腊海军的现代化建设提出了许多建议，其中就包括对希腊现有的军舰进行现代化改造。因此1926年至1928年间，“艾利”舰与装甲巡洋舰“埃夫洛夫”号一同被送往法国地中海造船厂（Forges et Chantiers de la Méditerranée）进行改造（此前希腊已对该舰进行过一些小范围的改造，最明显的是将后桅改换成了一根较低矮的桅杆）。根据韦伯的设想，“艾利”舰应着重被用作布雷，因此其甲板以上部分几乎完全被重新建造：其艉楼被整体拆除，成了时髦的短艏楼船型；改造后的舰桥增加了一层，顶部安装有一部现代化的测距仪，舰桥内还设有1部“维西罗”式（Vicero）火控系统，舰桥后侧则是一座更坚固的三足桅；改造后的武备包括3门阿姆斯特朗6英寸50倍径炮，采取了新颖的全中线布置方式，1门3英寸高射炮位于后部甲板室顶部，2门40毫米速射炮位于舰桥两侧，还有2具18英寸鱼雷发射管位于前桅两侧；该舰艉部增设了水雷投放装置，可携带110枚水雷，充当布雷舰使用。更彻底的改造在于该舰的动力系统，原先的3座桑尼克罗夫特式煤油混烧水管锅炉被3座新型的亚罗燃油水管锅炉取代，工作压力为240磅/平方英寸；轮机系统也经过了大修。[319]改造后该舰排水量减少为2115吨，仍可达到20.5节的航速。

1930年代的希腊在共和派和保皇派之间摇摆，1935年3月曾在希土战争后领导革命委员会的普拉斯迪拉斯（Νικόλαος Πλαστήρας）将军尝试发动了一次政变，以阻止国家倒向君主制复辟的潮流，政变也得到了维尼泽洛斯的支持。3月1日，停泊在比雷埃夫斯港的舰队首先爆发叛乱，“埃夫洛夫”“艾利”等5艘军舰在炮击了佩拉马镇（Πέραμα）后驶离港口，前往克里特岛，欲加入维尼泽洛斯麾下。但忠于政府的希腊空军立即出动，在途中拦截并轰炸了舰队，使得“埃夫洛夫”号受创。此后，“艾利”舰被派往卡瓦拉（Καβάλα），支援在那里参与政变的第四军，但政府军随即派遣了一支驱逐舰队尾随而至。10日凌晨政府军舰队对“艾利”舰发动了炮击，该舰与陆上炮台予以回击，战斗持续了一个小时，政府军共发射了300余枚炮弹，击中“艾利”舰三处。该舰寡不敌众，军官弃舰而逃，该舰水兵于是以无线电报宣布归顺政府军。这次不成功的政变也很快便被扑灭，普拉斯迪拉斯、维尼泽洛斯等人流亡海外，而政变失败的另一结果是该国赞成君主复辟的势力占了上风，当年11月，经过公投后乔治二世的王位被恢复，“艾利”舰被派往意大利布林迪西（Brindisi），执行了接驾乔治二世回国的任务，希腊第二共和国宣告终结。

不久之后，王国的实际权力落到了首相梅塔克萨斯（Ιωάννης Μεταξάς）手中，他大权独揽，对内实行独裁统治。但是在外交方面，梅塔克萨斯的洞察力是相当准确的。意大利法西斯对巴尔干半岛虎视眈眈，一场战争在所难免，因此梅塔克萨斯很早就开始进行战争准备。1939年4月意大利占领了阿尔巴尼亚，兵临希腊北部国境。同年9月第二次世界大战全面爆发，次年德国闪击了西欧，意大利也向英法宣战，战争对于希腊来说已然是不可避免的了。战云密布之下，梅塔克萨斯命令将希腊海军舰艇疏散到各个港口，以免受到意大利海空军的突袭。即便局势如此紧张，希腊海军仍派“艾利”舰前往提诺斯岛（Τήνος）参加当地的圣母升天节纪念活动。1940年8月14日夜该舰从米洛斯岛（Μήλος）驶往提诺斯岛，并于15日早晨抵达，泊锚在提诺斯湾中，孰知该舰即将大难临头。当天意大利海军潜艇“海豚”号（Delfino）奉多德卡尼斯（Dodecanese）总督凯撒·德·维奇（Cesare Maria De Vecchi）之命（背后显然是来自罗马的命令），从爱琴海东南部的莱罗斯岛（Λέρος）出发，悄悄航向提诺斯岛，准备对该地区的希腊舰船进行袭击，并封锁科林斯运河（Διώρυγα της Κορίνθου）。值得注意的是，此时意、希两国尚未宣战，因此这一偷袭行动显然是有悖于国际法的。上午8时25分，正当人们聚集在海岸边，准备开始纪念仪式时，“海豚”号在其潜望镜中锁定了“艾利”舰，并向其发射了3枚鱼雷，其中一枚击中该舰锅炉舱部位，引起猛烈的爆炸，“艾利”的舰体被整体抬出水面，一时间舰上黑烟笼罩，一片狼藉。爆炸造成舰上官兵9人阵亡，27人受伤。另外的两枚鱼雷脱靶，击中了提诺斯岛的防波堤，炸起的海水和石块飞向人群，引起人们四散奔逃。因为锅炉被炸毁，“艾利”舰失去了动力和电力，难以进行损害管制，很快向右舷倾斜。附近的“艾斯佩罗斯”号（Έσπερος）邮轮立即赶来，试图将“艾利”舰拖往浅水区，但因为该舰仍处于下锚状态，锚链难以切断，拖带失败。舰长查佐波鲁斯（Άγγελος Χατζόπουλος）下达了弃舰的命令，该舰大部分舰员在商船和渔船的帮助下有序撤离了军舰。上午10时20分，“艾利”舰沉入提诺斯湾湛蓝的海水。

“艾利”舰遇袭沉没的消息很快传到了雅典，虽然此事的始作俑者不言自明，但梅塔克萨斯政府还是保持了沉默，此后击中防波堤的意大利鱼雷残骸也被打捞起来，罪魁祸首再次得到确证，但秘密直到10月30日希腊向轴心国宣战后两天才被公之于众。至此，“艾利”号中雷事件成为促使希腊加入“二战”的重要标志性事件，为世人所铭记。

“二战”之后的1955—1956年间，“艾利”舰的打捞权被希腊政府授给了一家意大利公司，其残骸遭到了破坏性的打捞，被作为废铁拆解变卖。因此当1980年代希腊政府准备为该舰立碑时，发现海

陈列在提诺斯岛上的“艾利”舰炮

床上已没有该舰的一点儿残骸留存了。但 1985 年希腊潜水员幸运地在沉船地点附近发现了当年击沉“艾利”舰的意大利鱼雷残骸，残骸被打捞上来后在比雷埃夫斯的海事博物馆中对外展出，作为这段动荡历史的见证。

四、小结

“应瑞”级巡洋舰是清王朝覆灭前短暂的新建海军时期所购入的第一批舰艇中最强大者，其原本目的是作为培育海军人才的设施，为将来建设一支远海舰队打下基础，其独特的合巡洋舰与练习舰为一体的设计思路体现了海军决策者的远见和务实态度。然而随着清王朝快速崩塌，中国陷入民初的混乱，海军建设的蓝图未能顺利续写，因此其订购初衷很大程度上并没有实现。

从海军技术的角度上来说，“应瑞”级巡洋舰采用了水管锅炉、煤油混烧锅炉、蒸汽轮机、镍钢装甲、液压—空气火炮复进机、苦味酸榴弹、无烟火药发射药、弹药库制冷机、打点式炮术教练仪等当时比较先进的技术，其中许多是第一次进入中国海军。虽然在世界上这些技术已比较普通，但其对于落后了太久的中国海军而言还是耳目一新的，并且许多技术在后来停滞不前的民国海军时期依然保持着一枝独秀的状态。

“应瑞”级虽诞生于晚清，但服役时间已是在民国，而且“应瑞”级三舰除“飞鸿”舰被中国海军舍弃，远渡希腊外，“应瑞”“肇和”二舰也在很长时间内天各一方，分别陷于民初内乱中的不同阵营——“应瑞”舰一直是闽系中央海军的一员，而“肇和”除了早期在北洋政府海军麾下之外，生涯中的大部分时间一直辗转于各个地方性海军之间（护法舰队、渤海舰队、东北海军、粤海舰队），二者所经历的服役生涯也就大相径庭，甚至几次差点到了兵戎相见的地步。

从世界范围来看，“应瑞”级诞生之后海军技术继续快速发展，作为最后一批防护巡洋舰，“应瑞”级很快就已经落伍，而中国海军又不具备将该级巡洋舰彻底改造更新的财力（对比希腊的“飞鸿”/“艾利”舰，就经过了彻底的现代化改造，战斗力获得了一定的提升）。因此到抗日战争爆发时，“应瑞”“肇和”二舰已经全面过时。尽管如此，二舰依然为抗战事业做出了可歌可泣的贡献——“应瑞”是中央海军中抗战时间最长的大型军舰，也是牺牲最为惨烈的军舰之一；“肇和”是中国海军在华南地区仅有的大型军舰，并参与了抗战中唯一的一次水面舰队炮战。由于实力悬殊，二舰先后殉国，结束了其并不十分光辉耀眼的一生。

然而其英名终究不会失落无闻。在“肇和”舰回航仪式上该舰英国舰长阿尔斯通上校曾经说道：“希望在‘肇和’舰上受训的学员有朝一日能够晋升为将军，当他们回首往事的时候，定会将在‘肇和’舰上受训的日子视为他们生命中最愉快的时光，因为‘肇和’舰举世无双。”回首看去，许许多多中国海军的将军、军官正是从“应瑞”“肇和”上走来的，当他们回首往事的时候，都会将在“应瑞”“肇和”练习巡洋舰上受训的日子视为自己生命中最愉快的时光，因为它们是中国海军军官的摇篮，为中国海军做出的贡献举世无双。

注　释：

[1]《清实录》（第五九册）《德宗实录》（八），中华书局 1987 年版，叶五八一。

［2］ 姚锡光:《筹海军刍议》，张侠等编《清末海军史料》，海洋出版社 1982 年版，第 797 页。

［3］ 同上书，第 797—824 页。

［4］ 同上书，第 824—846 页。

［5］ 奕劻等:《奏为筹议兴复海军酌拟次第办法事》,《光绪朝朱批奏折》，第 65 辑，中华书局 1996 年版，第 387—389 页。

［6］《摄政王决意兴复海军》,《大同报》1908 年第 10 卷第 19 期。

［7］ 善耆:《奏为早定海军基础以维时局敬陈管见事》，宣统元年正月二十九日，中国第一历史档案馆藏宫中档朱批奏折 04-01-20-0021-002。

［8］《清实录》(第六十册)《宣统政纪》，中华书局 1987 年版，叶一三七。

［9］《京师近事》,《申报》1909 年 6 月 4 日。

［10］ 善耆等:《奏为遵筹海军基础先拟入手办法》，宣统元年五月二十二日，台北故宫博物院文献处藏清代宫中档及军机处档折件 178675。有部分史料称善耆等提出了一份 7 年海军整建计划，包括添购头等战舰 8 艘、各等巡洋舰 20 余艘、各种其他军舰 10 艘，以及 3 支鱼雷艇队等舰艇，编成北洋舰队、南洋舰队、闽洋舰队等舰队；设置海军大学等内容，见《筹办海军七年分年应办事项》，张侠等编《清末海军史料》，海洋出版社 1982 年版，第 100—101 页；又见《日人论中国整理财政策》,《国风报》1910 年 1 月 21 日。但这份 7 年计划并未见于正式奏章，因此可信度存疑。即便真的存在，一来其计划过于宏大，可行性堪忧；另一方面既然并未经过中央许可，便几乎与民间空谈无异，因此不具讨论价值。

［11］《清实录》(第六十册)《宣统政纪》，中华书局 1987 年版，叶二七九 ~ 叶二八一。

［12］ 同上书，叶二八六。

［13］ 载洵等:《奏为遵筹海军基础办法各条事》，宣统元年六月二十八日，中国第一历史档案馆藏宫中档朱批奏折 04-01-01-1099-099。

［14］ 本小节多有参考日本防卫省防卫研究所藏旧日本海军档案中明治四十三年《載洵殿下来朝 1 件巻 10》部分，档案号为 C06092303700 至 C06092304600。长期以来，国内学者研究考察海军大臣访问欧美一段历史时，大部分参考《清末海军史料》中林献炘《载洵萨镇冰出国考察海军》一文。但对比欧洲各国报章记录可知，林献炘一文记载与史实相去甚远，不仅访问时序全部搞错，而且多数细节也大有问题，毫无参考价值可言，请研究者格外注意。

［15］ 载洵:《奏为拟定日期出巡各省并赴外洋考察由》，宣统元年七月初五日，台北故宫博物院文献处藏清代宫中档及军机处档折件 179747。

［16］ 载洵:《奏为开辟象山港并巡阅事竣大概情形》，宣统元年八月十四日，台北故

宫博物院文献处藏清代宫中档及军机处档折件 180550。

［17］ 载洵：《奏为出洋考察海军拟定期前赴欧美两洲大概情形由》，宣统元年八月二十三日，台北故宫博物院文献处藏清代宫中档及军机处档折件 180784。

［18］ 载洵：《奏为筹办海军事务处一等参谋官曹汝英等七员带同前往考察海军由》，宣统元年七月初五日，台北故宫博物院文献处藏清代宫中档及军机处档折件 179750。载洵：《奏请饬下外务部饬令该部右丞周自齐等届时随奴才等放洋由》，宣统元年七月初五日，台北故宫博物院文献处藏清代宫中档及军机处档折件 179751。载洵：《奏为内阁侍读学士梁诚熟悉外交老成持重请派充随同出洋等由》，宣统元年八月二十三日，台北故宫博物院文献处藏清代宫中档及军机处档折件 180785。

［19］ 载洵：《奏为酌拟聘请海军顾问各项教习及订购船舰办法事》，宣统元年八月二十七日，中国第一历史档案馆藏宫中档朱批奏折 04-01-01-1099-089。

［20］《电谕海军大臣勿遽订购械舰》，《广益丛报》1910 年第 222 期。

［21］ "German Liner Ashore with the Chinese Naval Commission", *London Daily News*, November 17th, 1909.

［22］ "The Court", *The Scotsman*, November 22nd, 1909. "Used Gold Chopsticks: Chinese Commission Dined with King at Windsor Castle", *The Washington Post*, December 12th, 1909.

［23］ "Wedding of Mr. H. Brodie, M.P., and Miss Hart", *The Surrey Mirror & County Post*, November 26th, 1909.

［24］ "The Chinese Naval Commission", *The Times*, November 24th, 1909. "Chinese Naval Commission: A Visit to Portsmouth", *Portsmouth Evening News*, November 23rd, 1909.

［25］ "Chinese Naval Commission at Portsmouth", *Belfast News-Letter*, November 25th, 1909.

［26］ "By the Way", *Portsmouth Evening News*, November 26th, 1909.

［27］ "The Chinese Naval Commission", *The Times*, November 29th, 1909.

［28］ "The Chinese Naval Mission: Visit to Dartmouth, Civic and Service Welcomes", *Dartmouth & South Hams Chronicle*, December 3rd, 1909. "Prince Tsai Hsun in Devon: Chinese Naval Mission at Torquay and Dartmouth", *Western Times*, December 3rd, 1909.

［29］ "Chinese Mission: Tour of Establishments at Devonport", *The Western Morning News*, December 1st, 1909.

［30］ "Guests of the City", *Portsmouth Evening News*, December 3rd, 1909.

［31］ "Chinese Naval Commission", *The Scotsman*, December 7th, 1909.

［32］ "The Chinese Naval Envoy at Newcastle", *The Yorkshire Post*, December 8th, 1909.

［33］ "Chinese Naval Comission at Barrow", *Lancashire Evening Post*, December 10th, 1909.

[34] *The Scotsman*, December 10th, 1909.

[35] "The Chinese Navy Commissioners to British Shipbuilding Works", *The North China Herald*, January 14th, 1910.

[36] "Yarrow Yard, Glasgow: Visit of Chinese Commission", *Western Morning News*, December 15th, 1909.

[37] "Chinese Naval Commission", *The Scotsman*, December 11th, 1909. "Chinese Naval Commission: Inspection of Clyde Shipbuilding Yards", *The Scotsman*, December 14th, 1909.

[38] "La Mission Chinoise en France", *Le Siècle*, 19 Decembre 1909.

[39] "Marine", *Le Temps*, 19 Decembre 1909.

[40] "The Chinese Naval Commission in France", *The Times*, December 20th, 1909.

[41] "La Mission chinoise à Toulon", *Gil Blas*, 23 Decembre 1909.

[42] "La Mission Cinese, Ricevata al Municipio di Genova", *La Stampa*, 26 Dicembre 1909.

[43] "La Missione Cinese a Roma", *La Stampa*, 27 Dicembre 1909.

[44] "La Missione Imperiale Cinese Visita le Acciaierie di Terni", *La Stampa*, 28 Dicembre 1909.

[45] "La Missione Cinese a Venezia", *La Stampa*, 30 Dicembre 1909.

[46] "Aus aller Welt", *Innsbrucker Nachrichten*, 30 Dezember 1909. "Die Maritime chinesische Mission", *Neues Wiener Tagblatt*, 31 Dezember 1909.

[47] "Die Maritime Chinesische Mission", *Neues Wiener Tagblatt*, 31 Dezember 1909.

[48] "Die Chinesische Marinemission in Oesterreich", *Prager Tagblatt*, 2 Januar 1910.

[49] "Eine Chinesische Mission in Fiume", *Agramer Zeitung*, 3 Januar 1910.

[50] "Die Chinesische Studienkommission", *Pisner Tagblatt*, 3 Januar 1910.

[51] "Eine Chinesische Studienkommission in Wien", *Illustrierte Kronen Zeitung*, 4 Januar 1910.

[52] "The Chinese Navy Commissioners", *The North China Herald*, January 7th, 1910.

[53] "Der Besuch der Chinesischen Marinemission", *Beliner Tageblatt*, 6 Januar 1910.

[54] "Dépeches Télégraphiques", *Le Temps*, 10 Janvier 1910.

[55] "News from Europe", *The North China Herald*, January 14th, 1910.

[56] "Die Kaiserin", *Berliner Tagelatt*, Januar 1910.

[57] "Abreise der chinesischen Studienkommission", *Berliner Tageblatt*, 13 Januar 1910.

[58] "Пребывание в Москве китайской миссии", *Московская жизнь*, 21 (08) января 1910.

［59］《申报》, 1910年2月2日。

［60］ 筹办海军处:《奏为原拟海军基础办法酌分次第由》, 宣统二年二月二十九日。台北故宫博物院文献处藏清代宫中档及军机处档折件 186320。

［61］ "A Chinese Training Ship: The Chao Ho", *The North China Herald*, March 19th, 1913.

［62］ George Thurston papers, National Maritime Museum MSS/72/017.

［63］ "China's Navy", *The North China Herald*, March 25th 1910. "Launching and Fitting Out of Vessels", Vickers Archive 1107, Cambridge University Library.

［64］ 筹办海军处:《奏报先行订购钢甲巡洋练船一艘事》, 宣统二年三月初一日。台北故宫博物院文献处藏清代宫中档及军机处档折件 186404。

［65］《西报译要》,《申报》1910年3月26日。

［66］《京师近事》,《申报》1910年4月29日。

［67］ Eustace Tennyson D'Eyncourt papers, National Maritime Museum DEY/9.

［68］ Ibid.

［69］ "A Chinese Training Ship: The Chao Ho", *The North China Herald*, March 19th, 1913.

［70］ Eustace Tennyson D'Eyncourt papers, National Maritime Museum DEY/9.

［71］ Ibid .

［72］ Ibid.

［73］ Ibid.

［74］ "A Chinese Training Ship: The Chao Ho", *The North China Herald*, March 19th, 1913.

［75］ 筹办海军处:《奏报续购新式各式海军军舰事》, 宣统二年七月初十日。台北故宫博物院文献处藏清代宫中档及军机处档折件 189264。

［76］ 本小节参考了崔志海:《海军大臣载洵访美与中美海军合作计划》,《近代史研究》2006年第3期, 第92—105页。

［77］《筹备海军种种》,《申报》1910年4月12日。

［78］ 筹办海军处:《奏报续购新式各式海军军舰事》, 宣统二年七月初十日。台北故宫博物院文献处藏清代宫中档及军机处档折件 189264。

［79］《申报》, 1910年7月15日。

［80］《申报》, 1910年8月19日。

［81］《洵贝勒过汉纪闻》,《申报》1910年8月23日。

［82］《海军大臣莅沪续志》,《申报》1910年8月23日。

［83］《海军大臣起节赴美》,《申报》1910年8月25日。

［84］《专电》,《申报》1910年9月2日。

［85］ 载洵一行在日本考察部分, 主要参考《清国載洵殿下御来邦に関する件（1）》,

JACAR（アジア歴史資料センター）Ref.C04014690700、明治43年11月「壹大日記」(防衛省防衛研究所);《清国載洵殿下御来邦に関する件（2）》, JACAR（アジア歴史資料センター）Ref.C04014690800、明治43年11月「壹大日記」(防衛省防衛研究所);《室蘭製鋼所視察の件》, JACAR（アジア歴史資料センター）Ref.C06092302300、明治43年　公文備考　巻8儀制5載濤殿下来朝1件（防衛省防衛研究所）。

［86］“Prince Tsai Hsun Reaches America”, *The Pacific Commercial Advertiser*, September 14th, 1910.

［87］“Schwab Favors This City For Panama Fair”, “Magnate to Escort Prince”, *The San Francisco Call*, September 19th, 1910.

［88］“Prince Tsai Hsun is on His Way to Chicago”, *Los Angeles Herald*, September 21st, 1910.

［89］“Record Race Against Time”, *The Kearney Daily Hub*, September 23rd, 1910.

［90］“Chinese Prince Here to Inspect City Industries”, *The Philadelphia Inquirer*, September 25th, 1910.

［91］“Chinese Minister Comes to Visit Imperial Prince”, *The Philadelphia Inquirer*, September 26th, 1910.

［92］“China's Prince Impressed with City and Industries”, *The Philadelphia Inquirer*, September 27th, 1910.

［93］“Prince Suun in City”, *The Washington Post*, September 27th, 1910.

［94］“Prince Suun a Hustler”, *The Baltimore Sun*, September 28th, 1910.

［95］“Ready for Tsai Suun”, *The Baltimore Sun*, September 28th, 1910. “Middies Saw Prince”, *The Baltimore Sun*, September 29th, 1910.

［96］“Chinese Visit Newport”, *The New York Times*, October 2nd, 1910. “Chinese Prince Orders Two Warships Here”, *The Washington Star*, October 1st, 1910.

［97］“China Orders Cruiser”, *The Baltimore Sun*, September 30th, 1910.

［98］“High Honor Shown Prince Tsai-Hsun”, *The New York Times*, September 30th, 1910.

［99］“West Point Guns Greet Prince Suun”, *New York Herald*, October 1st, 1910.

［100］“Chinese Prince Sees a Biplane Wrecked”, *The New York Times*, October 2nd, 1910. “Prince Suun's Idea of Machines that Fly Is That They Are ‘Foxy’”, *New York Herald*, October 2nd, 1910.

［101］“An Attempt to Assassinate a Prince is Foiled”, *The Leavenworth Times*, October 7th, 1910.

［102］“Sherman Had Bulk of Mail”, *The Pacific Commercial Advertiser*, October 13th,

1910.

［103］《儀制　8 載洵殿下来朝 1 件　4 止　接伴日誌（1）》, JACAR（アジア歴史資料センター）Ref.C06092305000、明治 43 年　公文備考　卷 11 儀制 8 載洵殿下来朝 1 件 4 止（防衛省防衛研究所）。

［104］《申报》, 1910 年 11 月 7 日。

［105］筹办海军处:《奏为拟设海军第一舰队并厘订海军部官制各情事》, 宣统二年十月二十五日。中国第一历史档案馆藏宫中档朱批奏折 04-01-01-1113-046-0002。

［106］同上。

［107］《京师近事》,《申报》1910 年 12 月 10 日。

［108］载洵:《奏请开去海军要差另简贤能事》, 宣统二年十一月初三日。中国第一历史档案馆藏宫中档朱批奏折 04-01-03-0200-002。

［109］《清实录》(第六十册)《宣统政纪》, 中华书局 1987 年版, 叶七九二。

［110］本小节参考了崔志海:《海军大臣载洵访美与中美海军合作计划》,《近代史研究》2006 年第 3 期, 第 92—105 页。

［111］纽约造船公司的概况主要参考 *History and Development of New York Shipbuilding Corporation*, New York Shipbuilding Corporation, 1920.

［112］"We Build Chinese Cruiser", *The Sun*, January 13th, 1911.

［113］《海军部订造舰艇一览表》, 杨志本主编《中华民国海军史料》, 海洋出版社 1987 年版, 第 135 页。

［114］本小节主要参考 F. C. Coleman: "New Chinese Training Cruiser Ying Swei", *International Marine Engineering*, Vol. XVIII, Aldrich Publishing Co., pp. 231-232; "Chinese Training Cruiser 'Ying Swei'", *The Engineering*, December 22nd, 1911, p. 826; Naval Architect's notebooks belonging to Sir George Thurston, National Maritime Museum, MSS/72/017; Plans of "Ying Swei", National Maritime Museum, VIZB0005.Vickers Ltd.: *Ying Swei*, 1912; Vickers Ltd. : *Armament for the Imperial Chinese Protected Cruiser Ying Swei: Gunners Drill*, 1911; Vickers Ltd. : *Armament for the Imperial Chinese Protected Cruiser Ying Swei: Torpedo Tubes*, 1912。

［115］Vickers Archives BDB-16-addl-NA326, Cumbria Archive Service.

［116］本小节主要参考: Armstrong Whitworth & Co.: *Design for a Fast Protected Cruiser 2750 tons*, 1912; "The Chinese Training Cruiser 'Chao Ho'", *The Engineering*, March 28th, 1913, pp.425-426; Armstrong Whitworth & Co.: *Chinese Cruisers 'Chao-Ho' and 'Feichung': Description of Armament, with Instruction for the Working and Care of the Guns and Mountings*, ca. 1900s; *Chinese Training Ship "Chao Ho"*, National Maritime Museum, VNEB0001。

［117］此处舢板情况根据"肇和"舰原始线图整理而成, 而该舰原厂说明书记载的情

况略有出入：包括1艘28英尺摩托艇、1艘30英尺卡特艇、1艘28英尺卡特艇、1艘32英尺中型艇、1艘28英尺捕鲸艇、1艘24英尺纪格艇、1艘16英尺定纪艇和1艘11英尺6英寸救生筏。录之备考。

［118］ 内膛炮是装置在火炮内管中，用以在训练中使用的小口径炮或枪，可以起到减少炮膛磨损的作用。

［119］ 本小节主要参考 Ernest H. Rigg: "Chinese Cruiser Fei Hung, Built by New York Shipbuilding Company, Camden, New Jersey", *Journal of the American Society of Naval Engineers*, Volume XXVI, R. Beresford, 1914. pp. 54-66。

［120］ "China's Navy: Training Ship Launched", *Weekly Sun*, Jun 22nd, 1912.

［121］ 池仲祐:《购舰篇》，张侠等编《清末海军史料》，海洋出版社1982年版，第174页。

［122］ "Chinese Navy", *The Straits Times*, August 31st, 1910.

［123］ *The Engineer*, 1950 Jan-Jun, p.153.

［124］ "Launching and Fitting Out of Vessels", Vickers Archive 1107, Cambridge University Library.

［125］ "Launch of a Chinese Cruiser", *The Times*, July 15th, 1911.

［126］ "Chinese Training Cruiser 'Ying Swei'", *The Engineering*, December 22nd, 1911, p. 826.

［127］ "New Chinese Cruiser at Greenock", *The Scotsman*, November 30th, 1911.

［128］ Vickers Archive BDB-16-addl-NA326, Cumbria Archive Service. F. C. Coleman: "New Chinese Training Cruiser Ying Swei", *International Marine Engineering*, Vol. XVIII, Aldrich Publishing Co., pp. 231-232.

［129］ *Chinese Training Ship "Chao Ho"*, National Maritime Museum VNEB0001.

［130］ *Elswick Shipyard Report Book, 1897-1813*, Vickers Archives 1157, Cambridge University Library, p.242.

［131］ Ibid., p.245.

［132］ Ibid., p.247.

［133］ Ibid., p.249.

［134］ Ibid., p.252.

［135］ Ibid., p.255.

［136］ *Chinese Training Ship "Chao Ho"*, National Maritime Museum VNEB0001.

［137］ "Chinese Cruiser Launched", *Shields Daily Gazette*, October 24th, 1911. "Chinese Cruiser", *The Straits Times*, October 25th, 1911.

[138] *Elswick Shipyard Report Book, 1897-1813*, Vickers Archives 1157, Cambridge University Library, p.262.

[139] "The Chinese Training Cruiser 'Chao Ho'", *The Engineering*, March 28th, 1913, pp.425-426.

[140] *Elswick Shipyard Report Book, 1897-1813*, Vickers Archives 1157, Cambridge University Library, p.265.

[141]《海军部在各国所造舰艇一览表》，殷梦霞、李强选编《国家图书馆藏民国军事档案文献初编（第三册）》，国家图书馆出版社 2009 年版，第 205 页。

[142] *Elswick Shipyard Report Book, 1897-1813*, Vickers Archives 1157, Cambridge University Library, pp.265, 268.

[143]《国务员之大会议》，《申报》1912 年 5 月 8 日。

[144]《国务员宣布政见》，《申报》1912 年 5 月 15 日。

[145] 刘冠雄：《请速饬财部赶筹银元以备接收英德各厂承造船舰由》，殷梦霞、李强选编《国家图书馆藏民国军事档案文献初编（第三册）》，国家图书馆出版社 2009 年版，第 167—168 页。

[146] 刘冠雄：《购定舰艇欠款千万元万难俟借款成立请特别提交国务会议由》，殷梦霞、李强选编《国家图书馆藏民国军事档案文献初编（第三册）》，国家图书馆出版社 2009 年版，第 185—188 页。

[147]《提议前清海军部在英国费克斯厂定制巡洋舰现拟收船付款办法由》，财政科学研究所、中国第二历史档案馆编：《民国外债档案史料（第三卷）》，档案出版社 1990 年版，第 804—805 页。

[148]《合同》，殷梦霞、李强选编《国家图书馆藏民国军事档案文献初编（第四册）》，国家图书馆出版社 2009 年版，第 175—178 页。

[149] 刘冠雄：《英费克斯厂驻京代表请出售应瑞肇和两舰缘由请备案由》，殷梦霞、李强选编《国家图书馆藏民国军事档案文献初编（第四册）》，国家图书馆出版社 2009 年版，第 183—185 页。

[150] "Foreign War-ships Which Might Fight as Part of the British Navy – If War Came Now!", *The Illustrated London News*, June 1st, 1912.

[151] *Elswick Shipyard Report Book*, 1897-1813, Vickers Archives 1157, Cambridge University Library, p.276.

[152] "Warships for Greece", *The Evening News*, October 12th, 1912.

[153] "Greek Abandon Purchase of Tyne Cruiser", *The Yorkshire Post*, October 18th, 1912.

[154] *Elswick Shipyard Report Book*, 1897-1813, Vickers Archives 1157, Cambridge

University Library, p.276.

［155］《钞录运送回华合同》，殷梦霞、李强选编《国家图书馆藏民国军事档案文献初编（第四册）》，国家图书馆出版社 2009 年版，第 203—205 页。

［156］《付国库券合同》，殷梦霞、李强选编《国家图书馆藏民国军事档案文献初编（第四册）》，国家图书馆出版社 2009 年版，第 207—208 页。

［157］ 刘冠雄：《前在英定制练习巡洋舰一艘现商定办法公决签字谨将议案合同钞呈备案由》，殷梦霞、李强选编《国家图书馆藏民国军事档案文献初编（第四册）》，国家图书馆出版社 2009 年版，第 197—198 页。《抄录议案》，财政科学研究所、中国第二历史档案馆编《民国外债档案史料（第三卷）》，档案出版社 1990 年版，第 547 页。

［158］ *Elswick Shipyard Report Book*, 1897-1813, Vickers Archives 1157, Cambridge University Library, p.282.

［159］ *The Straits Times*, March 6th, 1913.

［160］ *Chinese Training Ship "Chao Ho"*, National Maritime Museum VNEB0001.

［161］《民国新舰过叻》，《叻报》1913 年 3 月 4 日。

［162］ 刘冠雄：《海军部呈报接收肇和巡洋舰由》，殷梦霞、李强选编《国家图书馆藏民国军事档案文献初编（第四册）》，国家图书馆出版社 2009 年版，第 221—222 页。

［163］ "A Chinese Training Ship", *The North China Herald*, March 29th, 1913. "The Chao Ho", *The North China Herald*, April 5th, 1913.

［164］ "The Chao Ho", *The North China Herald*, April 5th, 1913.

［165］ "Launching and Fitting Out of Vessels", Vickers Archive 1107, Cambridge University Library.

［166］ "British Built Cruiser for China", *The North China Herald*, May 3rd, 1913.

［167］《英国承造应瑞舰案》，台湾军事主管部门史政编译局档案，档案号 B5018230601/0001/771.6/4453.2。

［168］《新军舰之新气象》，《申报》1913 年 5 月 5 日。

［169］《移东补西之计划》，《申报》1913 年 5 月 12 日。

［170］ 刘冠雄：《拟特编练习舰队以供卒业学生实验由》，殷梦霞、李强选编《国家图书馆藏民国军事档案文献初编（第五册）》，国家图书馆出版社 2009 年版，第 95—98 页。

［171］ 刘冠雄：《呈明造舰费应请如期交付免失国际信用》，殷梦霞、李强选编《国家图书馆藏民国军事档案文献初编（第三册）》，国家图书馆出版社 2009 年版，第 387—390 页。

［172］ 熊希龄：《复海军部函》，刘冠雄：《呈明造舰费应请如期交付免失国际信用》，殷梦霞、李强选编《国家图书馆藏民国军事档案文献初编（第三册）》，国家图书馆出版社

2009 年版，第 393—395 页。

［173］ 刘玉麟:《函报海军部与威克斯厂商订应瑞造舰付款清单由计单六纸》,（台湾）“中研院”近史所档案馆，馆藏号 03-06-064-01-010。

［174］《驻英使馆关于费克斯厂库券发新缴旧复财政部函》，财政科学研究所、中国第二历史档案馆编《民国外债档案史料（第三卷）》，档案出版社 1990 年版，第 807 页。

［175］《财政部抄送库券欠款展期合同致驻英公使函》，财政科学研究所、中国第二历史档案馆编《民国外债档案史料（第三卷）》，档案出版社 1990 年版，第 807—809 页。

［176］《财政部关于费克斯厂余欠款准于限期内还清复驻英公使函》，财政科学研究所、中国第二历史档案馆编《民国外债档案史料（第三卷）》，档案出版社 1990 年版，第 809—810 页。《财政部关于舰价库券款业已结清致海军部咨》，同上，第 811 页。

［177］《财政部关于肇和舰款余欠已商定展期归还请备案致海军部函》，财政科学研究所、中国第二历史档案馆编《民国外债档案史料（第三卷）》，档案出版社 1990 年版，第 549 页。

［178］《财政部发阿模士庄厂新国库证券》，财政科学研究所、中国第二历史档案馆编《民国外债档案史料（第三卷）》，档案出版社 1990 年版，第 551—552 页。

［179］ 刘冠雄:《海军部为欠阿模士庄余款暂缓付复财政部咨》，财政科学研究所、中国第二历史档案馆编《民国外债档案史料（第三卷）》，档案出版社 1990 年版，第 552—553 页。

［180］《财政部为取消阿模士庄厂及安些度厂购货合同提案》，财政科学研究所、中国第二历史档案馆编《民国外债档案史料（第三卷）》，档案出版社 1990 年版，第 555—557 页。

［181］《财政部为阿模士庄等厂悬案请提出交涉致外交部咨》，财政科学研究所、中国第二历史档案馆编《民国外债档案史料（第三卷）》，档案出版社 1990 年版，第 558—561 页。

［182］ 本小节参考了崔志海:《海军大臣载洵访美与中美海军合作计划》,《近代史研究》2006 年第 3 期，第 92—105 页。

［183］ 刘冠雄:《飞鸿舰变价出售一事请电知驻美夏公使速与该厂主磋商由》,（台湾）“中研院”近史所档案馆，馆藏号 03-06-064-02-018。

［184］ 刘冠雄:《钞送飞鸿舰已交船价及监造员用费数目清单请转寄驻美夏公使查照由》,（台湾）“中研院”近史所档案馆，馆藏号 03-06-064-02-006。

［185］ *The Story of New Jersey*, Genealogical Publishing Company, 2000, p.1094.

［186］ “Ready to Launch Chinese Cruiser”, *The Philadelphia Inquirer,* May 4th, 1912. “Attend Cruiser’s Launching To-day”, *The Washington Herald*, May 4th, 1912.

[187] "Attend Cruiser's Launching To-day", *The Washington Herald*, May 4th, 1912.

[188] "Miss Chang Yuyi", *The Literary Digest*, May 18th, 1912.

[189] 刘冠雄:《前与美国纽约厂议定船费付息办法请将草案合同提前议》,殷梦霞、李强选编《国家图书馆藏民国军事档案文献初编(第三册)》,国家图书馆出版社 2009 年版,第 407—408 页。

[190] 殷梦霞、李强选编:《国家图书馆藏民国军事档案文献初编(第三册)》,国家图书馆出版社 2009 年版,第 423—427 页。

[191] 同上书,第 437—441 页。

[192] "News of Ships and Shipping Men", *The Philadelphia Inquirer*, August 10th, 1913.

[193] "China Sends Rush Order for Warship", *Staunton Daily Leader*, August 12th, 1913.

[194] "New Chinese Cruiser Leaves Building Yard", *The Courier-Journal*, October 5th, 1913.

[195] "Chinese Cruiser Leaves", *The Philadelphia Inquirer*, October 6th, 1913.

[196] Ernest H. Rigg: "Chinese Cruiser Fei Hung, Built by New York Shipbuilding Company, Camden, New Jersey", *Journal of the American Society of Naval Engineers*, Volume XXVI, R. Beresford, 1914. pp. 54-66.

[197] "Chinese Warship Passes All Tests", *The Philadelphia Inquirer*, October 14th, 1913.

[198] "Valuable Torpedo Lost", *The News Journal*, October 20th, 1913.

[199] 刘冠雄:《海军部呈》,殷梦霞、李强选编《国家图书馆藏民国军事档案文献初编(第三册)》,国家图书馆出版社 2009 年版,第 447 页。

[200]《海军部欠付美国代置飞鸿舰价过期无款付拟再展一年仍给国库券当准财部照办现已与该厂代表签字谨将合同函院查照备案》,殷梦霞、李强选编《国家图书馆藏民国军事档案文献初编(第三册)》,国家图书馆出版社 2009 年版,第 458—468 页。

[201] 刘冠雄:《飞鸿舰变价出售一事请电知驻美夏公使速与该厂主磋商由》,(台湾)"中研院"近史所档案馆,馆藏号 03-06-064-02-006。

[202] Έλλη 在拉丁语中也译为 Helle,因此该舰舰名也可译为"赫勒"。

[203] "Greek Flag Raised over New Cruiser", *Cumberland Evening Times*, June 19th, 1914.

[204] "Cruiser Helle Sails", *Evening Star*, June 21st, 1914. "Shipping News", *Delaware County Daily Times*, June 22nd, 1914. Giannēs Th Malakasēs: *The Greek Naval Building Program in 1910-1914 and the United States: America's Stand in the Greco-Turkish Rivalry for Supremacy in the Aegean: a Study in American Diplomacy with Greece*, University of Ioannina, 1978, p.105.

[205] 刘冠雄:《咨询飞鸿舰已否售出由》,(台湾)"中研院"近史所档案馆,馆藏

号 03-06-064-02-010。

［206］ 外交部：《飞鸿舰变价出售事转准驻美公使电告与该厂主磋商情形咨复查照由》，（台湾）“中研院”近史所档案馆，馆藏号 03-06-064-02-013。

［207］《海军部呈变售飞鸿舰结清账目订立合同暂存送还款奉批交外交财政两部查照由》，（台湾）“中研院”近史所档案馆，馆藏号 03-06-064-02-032。

［208］ 洪越、殷榕编：《癸丑战事汇录》，上海民友社 1913 年版，第 21—22 页。

［209］《南北军开战警报》，《申报》1913 年 7 月 24 日。

［210］《上海战事二十志》，《申报》1913 年 8 月 12 日。

［211］ 刘冠雄：《刘冠雄致国务院同人述海军攻淞情形函》，1913 年 8 月 19 日，莫世祥《民初政争与二次革命（下编）》，上海人民出版社 1983 年版，第 734 页。《浦镇刘总长电》，《申报》1913 年 9 月 6 日。

［212］《刘总长镇服兵匪之消息》，《申报》1913 年 11 月 8 日。

［213］《福建镇守使电调军舰》，《申报》1913 年 12 月 15 日。

［214］《刘总长察阅海疆》，《申报》1914 年 3 月 24 日。

［215］《欧洲战事之上海观》，《申报》1914 年 8 月 9 日。

［216］《肇和舰入坞修理》，《申报》1915 年 6 月 26 日。

［217］《肇和舰修理告竣》，《申报》1915 年 11 月 15 日。

［218］ “Revolutionary Outbreak in Shanghai”, *The North-China Herald*, December 11th, 1915.

［219］“肇和”舰起义事，主要参考“Revolutionary Outbreak in Shanghai”, *The North-China Herald*, December 11th, 1915；《申报》，1915 年 12 月 7 日；中央党史史料编纂委员会：《肇和起义之经过》，《中央党务公报》1932 年第 11 期。《肇和纪念日特刊》，《民国日报》1916 年 12 月 5 日。

［220］《应瑞舰运械赴粤》，《申报》1916 年 1 月 24 日。

［221］ 劫夺“肇和”舰事，主要参考《申报》《香港华字日报》等报载。

［222］ 汤锐祥：《护法舰队史（增订本）》，海洋出版社 2011 年，第 14—15 页。

［223］《粤联军收复潮汕情形》，《申报》1917 年 12 月 25 日。

［224］ 汤锐祥：《护法舰队史（增订本）》，海洋出版社 2011 年，第 92—96 页。

［225］《修理应瑞舰之中止》，《申报》1919 年 4 月 12 日。

［226］《应瑞舰由闽来沪》，《申报》1919 年 2 月 15 日。

［227］《派舰开赴扬州监截盐税》，《申报》1922 年 1 月 7 日。

［228］ 李世甲：《我在旧海军亲历记》，中国人民政治协商会议福建省委员会文史资料编辑室编《福建文史资料选辑第一辑》，第 47 页。

[229]《闽海军攻厦详记》,《申报》1923年8月23日。

[230] 李世甲:《我在旧海军亲历记》,中国人民政治协商会议福建省委员会文史资料编辑室编《福建文史资料选辑第一辑》,第39—40页。

[231]《闽海军接收厦门之别报》,《申报》1924年4月29日。

[232]《本埠新闻》,《申报》1924年8月29日。

[233] 李世甲:《我在旧海军亲历记》,中国人民政治协商会议福建省委员会文史资料编辑室编《福建文史资料选辑第一辑》,第55—57页。

[234]《应瑞舰昨日开岳州援叶开鑫》,《申报》1924年7月17日。

[235] 本段主要参考张凤仁:《东北海军的建立与壮大》,《中华文史资料文库——政治军事编(第八卷)》,中国文史出版社1996年版,第580—581页。《渤海舰队昨晨袭攻淞口败退》,《申报》1927年3月28日。《渤海舰队袭攻淞口续讯》,《申报》1927年3月29日。

[236]《北伐时期海军作战纪实》,1963年版,第8页。

[237] 同上书,第10页。

[238]《练习舰队司令陈训泳率二舰赴粤》,《申报》1929年4月10日。

[239]《北伐时期海军作战纪实》,1963年版,第28—29页。

[240]《地方通信》,《申报》1930年9月7日。

[241]《陈训泳率舰抵粤》,《申报》1931年1月21日。

[242]《郑天杰先生访问记录》,九州出版社2012年版,第31页。

[243] 同上。

[244]《革命的海军》,第2、5、25期。

[245] 同上书,第30、32期。

[246] 同上书,第40、44、48期。

[247] 同上书,第54、55、60、67期。

[248]《林主席返籍昨晨过沪》,《申报》1933年10月23日。

[249]《陈绍宽由闽返》,《申报》1934年1月19日。

[250]《郑天杰先生访问记录》,九州出版社2012年版,第34页。

[251]《革命的海军》,第102—106期。

[252] 同上书,第153—160期。

[253] 同上书,第161期。

[254] 同上书,第181—187期。

[255] 同上书,第219期。

[256](日本)防衛省防衛研究所编:《中國方面海軍作戰(1)》,朝雲新聞社1974年版,第192—197页。

［257］《海军抗战损失舰艇表》，见《纪念抗战胜利70周年——海军抗战期间作战经过汇编》，附录47。

［258］《上海方面戦闘詳報　軍艦加賀　自8月15日至8月25日（1）》，JACAR（アジア歴史資料センター）Ref.C14120554800、戦斗詳報綴（上海方面　等）昭和12年8月～12年12月（防衛省防衛研究所）。

［259］海军总司令部编译处编：《海军抗战事迹》，1941年版，第175页。《支那事変概報第9号　9月1日～支那事変概報第38号　9月30日（3）》，JACAR（アジア歴史資料センター）Ref.C14120674300、昭和12年8月24日～昭和12年10月31日　日支事変概報（防衛省防衛研究所）。

［260］根据日军的记载，在当天下午的第三次空袭中因防空炮火炽烈，未能辨别“平海”“宁海”而将航弹全部投向了“应瑞”，而比对中方记录，实际上日舰轰炸的应是“海筹”舰。

［261］张曙光：《中国海军“应瑞”舰抗战在采石》，《志苑》2010年第2期。

［262］中方记录共有7架日机飞临“应瑞”舰投弹，而日方记录则为8架，此处从日方记录。

［263］“应瑞”舰遭空袭沉没的记载，综合自《应瑞练习舰作战报告》，见《纪念抗战胜利70周年——海军抗战期间作战经过汇编》，2015年版，附录19；《海军抗战事迹》，1941年版，第176—177页；《支那事変概報第39号　10月1日～支那事変概報第69号　10月31日（4）》，JACAR（アジア歴史資料センター）Ref.C14120674800、昭和12年8月24日～昭和12年10月31日　日支事変概報（防衛省防衛研究所）；《水上機母艦神威　昭和12年10月1日～10月31日》，JACAR（アジア歴史資料センター）Ref.C11084207500、水上機母艦　神威　昭和12年10月1日～10月31日（防衛省防衛研究所）。

［264］《海军抗战损失舰艇表》，见《纪念抗战胜利70周年——海军抗战期间作战经过汇编》，附录47。

［265］张曙光：《中国海军“应瑞”舰抗战在采石》，《志苑》2010年第2期。

［266］本小节主要参考汤锐祥：《护法舰队史》，海洋出版社2011年版。

［267］《广东海军索饷风潮》，《申报》1922年3月28日。

［268］本段主要参考严寿华、梁廒麟、杨廷纲：《海军南下护法和“夺舰事件”》，杨志本主编《中华民国海军史料》，海洋出版社1987年版，第958—961页。李毓藩：《从护法舰队到渤海舰队》，文闻编《旧中国海军密档》，中国文史出版社2006年版，第52—58页。

［269］《驻汕肇和舰长被杀》，《申报》1923年5月2日。李毓藩：《从护法舰队到渤海舰队》，文闻编《旧中国海军密档》，中国文史出版社2006年版，第63—64页。

［270］《北归粤舰行踪之调查》，《申报》1924年1月7日。

[271] “肇和”等舰拟赴日本川崎造船厂修理始末，参见陈群元：《日本与“禁助中国海军协议”：以渤海舰队的修缮问题为中心》，第三届中国海防国际学术研讨会论文。

[272]《渤海舰队之备战忙》，《申报》1924年10月2日。

[273]《关于北方战局之昨日沪讯》，《申报》1924年11月3日。

[274]《大陆报纪肇和舰上之九省会议》，《申报》1924年11月19日。

[275] 张凤仁：《东北海军的建立与壮大》，《中华文史资料文库——政治军事编(第八卷)》，中国文史出版社1996年版，第580页。

[276]《青岛筹备欢迎张学良》，《申报》1925年8月30日。

[277] 李毓藩：《从护法舰队到渤海舰队》，文闻编《旧中国海军密档》，中国文史出版社2006年版，第69—70页。

[278]《青岛海军问题》，《申报》1925年10月20日。

[279]《青岛海军出动》，《申报》1925年10月31日。

[280]《鲁张返济后将督师南下》，《申报》1927年2月17日。

[281]《渤海舰队昨又炮击淞口败退》，《申报》1927年5月19日。

[282]《青岛海军风潮未了》，《申报》1927年8月11日。

[283]《渤海舰队昨晨第三次袭攻淞口败退》，《申报》1927年8月21日。

[284]《渤海舰队昨又袭击淞口》，《申报》1927年9月4日。

[285] 张凤仁：《东北海军的建立与壮大》，《中华文史资料文库——政治军事编(第八卷)》，中国文史出版社1996年版，第582页。陈悦：《清末海军舰船志》，山东画报出版社2012年版，第363页。

[286]《海军总司令请抗议日人代修敌舰》，《申报》1928年2月20日。

[287]《敌飞机掷炸弹失败》，《申报》1928年5月4日。

[288]《渤海舰图劫械未成》，《申报》1928年5月13日。《海圻舰炮击厦炮台》，《申报》1928年5月14日。《渤海舰队窥伺厦门之一瞥》，《申报》1928年5月20日。《渤舰袭厦后之行踪》，《申报》1928年5月24日。

[289] 张凤仁：《东北海军的分裂与两舰归还建制》，《文史资料选辑(第四辑)》，辽宁人民出版社1964年版，第47—52页。

[290] 同上书，第52—54页。

[291]《海圻等三舰驶抵粤海》，《申报》1933年7月12日。

[292]《海圻等三舰由西南正式收编》，《申报》1933年7月17日。

[293]《肇和舰来港船坞修理问题》，《香港工商日报》1936年12月4日。

[294] 赖祖鎏、刘达生：《海圻、海琛、肇和三舰的投粤反粤》，中国人民政治协商会议广东省委员会文史资料研究委员会编《广东文史资料》(第7辑)，第23页。

［295］《肇和舰被裁官兵圻琛决予收容》,《申报》1935 年 8 月 26 日。

［296］《肇和舰定下月赴港修理》,《香港工商日报》1935 年 7 月 28 日。

［297］《肇和军舰交回江防部管辖》,《香港华字日报》1936 年 8 月 20 日。

［298］《陈立夫等电蒋中正据黄二明称桂事绝非和平可以解决建议积极诱致该部反正另组民团袭击其后方请准给予名义粮饷等文电日报表等四则》,（台湾）“国史馆”藏蒋介石文物，档案号 002-080200-00475-064。

［299］《肇和军舰全体官兵电蒋中正该舰不愿归于闽系一手把持之海军部请另行派员收管等文电日报表》，台湾藏蒋介石文物，档案号 002-080200-00475-095。

［300］《肇和军舰交回江防部管辖》,《香港华字日报》1936 年 8 月 20 日。

［301］《陈绍宽等电蒋中正请准饬将肇和舰交由陈季良接收等文电日报等二则》，台湾藏蒋介石文物，档案号 002-080200-00476-105。

［302］《余汉谋电蒋中正请准肇和舰及广东海军学校自五月起直辖军事委员会该舰并留广东供行营指挥文电日报表》，台湾藏蒋介石文物，档案号 002-080200-00481-070。

［303］《罗卓英电蒋中正可否电饬粤省财政特派员公署自七月份起暂交广州行营核拨黄埔海军学校肇和兵舰经费国币三万元俟编制确定再行照预算拨支》，台湾藏蒋介石文物，档案号 002-080200-00485-035。

［304］《肇和舰今晨出坞》,《香港华字日报》1937 年 5 月 4 日。

［305］《肇和舰谒龙母》,《香港华字日报》1937 年 5 月 7 日。

［306］《陈涤呈蒋中正关于肇和军舰情形及今后改革管见》，台湾藏蒋介石文物，档案号 002-080102-00084-005。

［307］《杜衍庸处刑三月》,《申报》1937 年 7 月 19 日。

［308］ 日军记录之时间比中方记录之时间晚 1 个小时，此处从中方记录。

［309］ 虎门海战之经过主要参考中国第二历史档案馆:《抗战初期粤海军虎门作战史料》,《民国档案》2007 年 3 月，第 35—39 页；黄里:《海周舰与日舰的海战》，广州市政协文史资料委员会编《广州文史资料第 48 辑》，广东人民出版社 1995 年版，第 89—91 页；横山一郎:《海へ帰る——横山一郎海軍少将回想録》，原書房，1980 年版，第 56—57 页；《支那事変作戦調 C 1 南支方面作戦（其の 1）自昭和 12 年 7 月 7 日至昭和 13 年 1 月 31 日》，JACAR（アジア歴史資料センター）Ref.C14120594900、支那事変主要作戦研究　其の 1　昭和 12 年 7 月 ~ 12 年 11 月（防衛省防衛研究所）。台湾:《空军抗日战史》(第一册)，1950 年版，第 174—175 页。

［310］“肇和”被炸沉情况，综合自《支那事変概報第 9 号 9 月 1 日 ~ 支那事変概報第 38 号 9 月 30 日（4）》，JACAR（アジア歴史資料センター）Ref.C14120674400、昭和 12 年 8 月 24 日　昭和 12 年 10 月 31 日　日支事変概報（防衛省防衛研究所）;《肇和舰

二十九日中午遭日机连续空袭于午后完全沉没黄埔江畔》，台湾藏蒋介石文物，档案号 002-090200-00034-449。“肇和”沉没位置，见钟汉波：《四海同心话黄埔：海军军官抗日劄记》，麦田出版股份有限公司 1999 年版，第 91 页。

[311]《肇和军舰九月二十九日遭日机炸沉黄埔河面查该舰官兵三百余人素质不良拟发五十元遣回籍并请饬驻粤军需局办理》，台湾藏蒋介石文物，档案号 002-090200-00034-350。

[312]《军事委员会委员长蒋中正呈国民政府主席林森为请将肇和军舰舰长方念祖明令褫职查办》，台湾藏蒋介石文物，档案号 002-032040-00002-001。

[313]《前肇和兵舰舰长枪决》，《叻报》1938 年 1 月 12 日。

[314] 黄雄、高鸿藩：《辛亥革命后广东海军概况》，中国人民政治协商会议广东省委员会文史资料研究委员会编《广州文史资料第 7 辑》，1962 年版，第 6—20 页；黄里：《海周舰与日舰的海战》，广州市政协文史资料委员会编《广州文史资料第 48 辑》，广东人民出版社 1995 年版，第 89—91 页。

[315] 钟汉波：《四海同心话黄埔：海军军官抗日劄记》，麦田出版股份有限公司 1999 年版，第 91 页。

[316]《海军抗战损失舰艇表》，台湾编：《纪念抗战胜利 70 周年——海军抗战期间作战经过汇编》，2015 年版，附录 47。

[317]《上海救捞志》编纂委员会编：《上海救捞志》，上海社会科学院出版社 1999 年版，第 77 页。

[318] “Under British Flag”, *Pall Mall Gazette,* July 10th, 1922.

[319] “Greek Cruiser Reconditioned in a French Yard”, *Shipbuilding & Shipping Record: A Journal of Shipbuilding, Marine Engineering, Dock, Harbours & Shipping*, Volume 33, 1929, p. 103.

第八章 阿姆斯特朗公司、维克斯公司的未成中国军舰方案

作为与中国政府关系密切的军火大厂，阿姆斯特朗公司一直密切关注中国海军的发展状态。在之前的章节中，已多次提及该公司向中国政府提供的一些未成军舰方案，如1880年代初改进型“蚊子船”方案、放大型“超勇”级巡洋舰方案、铁甲舰方案、通报舰方案、1909至1910年的练习舰方案，等等。但这远远不是全部。

笔者在英国档案中发现了一些阿姆斯特朗公司和维克斯公司在20世纪初期向中国提供的一系列舰艇设计方案，这些纸面上的方案尚未找到与之对应的中方资料，大部分也不清楚是在何场合、出于何目的向中国政府推销的。本章旨在展示这些英国档案中记载的中国未成军舰的方案数据，并试图进行简要的分析，以期展示这一时期中国海军建设计划的多元可能。至于这些方案背后到底隐藏着怎样不为人知的故事，还有待进一步的考证和发现。

一、阿姆斯特朗公司的未成中国军舰方案

阿姆斯特朗公司的方案出自英国国立海事博物馆保存的该公司舰船设计总监尤斯塔斯·坦尼森·戴恩科特的档案。戴恩科特的档案中包括他为巴西、阿根廷、智利、西班牙、葡萄牙、希腊、土耳其、挪威、日本、中国等多个国家设计的舰船方案和往来书信的手稿。其中中国的部分除与“肇和”舰一脉相承的一系列练习巡洋舰方案外，还有从几百吨的驱逐舰到9000吨的装甲巡洋舰的十余种方案，时间跨度大约从1906年至1908年。

设计编号 421：4600 吨小型装甲巡洋舰

设计时间大约在 1905 至 1906 年间，手稿上还标有一个时间：1908 年 11 月 21 日，或为该方案递交中国代理商的时间。

该舰长 380 英尺，宽 48 英尺，深 28.5 英尺，吃水 17 英尺，设计排水量 4600 吨。采用快升温式水管锅炉（express water tube boiler），蒸汽轮机动力，轮机功率约为 18000 匹。武备包括 4 门 8 英寸双联主炮，8 门 4 英寸副炮。载煤 350 吨。该舰估价 354000 英镑。

很难找到与之对应的舰型。作为装甲巡洋舰，其排水量仅为阿姆斯特朗公司为日本建造的“出云”级的一半不到，但主炮却装备了与后者可等量齐观的 2 座双联 8 英寸炮塔。而副炮火力稍嫌贫弱。该舰排水量与“海天”级相当，舰型较后者粗短，而轮机功率略有过之，因此该舰应该也能够达到 24 节的高速。对于该舰的防护设计草案中没有提及。作为一型装甲巡洋舰该舰应当会装备当时比较先进的表面硬化装甲，但其装甲总重仅为 530 吨（“浅间”级与之相较，排水量 9670 吨，装甲总重 3060 吨），估计其防护区域和装甲厚度是非常有限的。

设计编号 458、459：9000 吨装甲巡洋舰

手稿上的设计时间为 1906 年 5 月 29 日。458 号设计长 380 英尺，宽 64 英尺，深 36 英尺，吃水 21 英尺，设计排水量 9000 吨。采用与“海圻”同型的圆柱形锅炉，三涨式轮机驱动双螺旋桨，设计航速 22 节。

该舰武备包括 2 门 9.2 英寸单装主炮塔，10 门 7.5 英寸单装副炮，6 门 12 磅速射炮。该舰装备 6 至 4 英寸的侧舷装甲带，6 英寸的上甲板装甲，6 英寸的炮塔顶部装甲和 6 英寸的司令塔装甲。

459 号设计武备包括 2 门 9.2 英寸单装主炮塔，6 座 7.5 英寸双联装副炮塔，8 门 12 磅速射炮，除武备外与 458 号完全一致。该舰估价 592000 英镑。

从这两型装甲巡洋舰的设计上可以看出，其武备型号与英国主

流装甲巡洋舰如“勇士”级（Warrior class）、“米诺陶”级（Minotaur class）基本一致，但火炮数量较少，防护水平和航速也与英国装甲巡洋舰相仿，而主尺度和排水量都大大减小，因此可以视为一型为中国海军量身定制的“袖珍”版装甲巡洋舰。

设计编号 460、460a：6000 吨装甲巡洋舰

手稿上的设计时间为 1906 年 5 月 29 日。460 号设计长 380 英尺，宽 50 英尺，深 29 英尺，吃水 18 英尺，设计排水量 6000 吨。该舰采用与“布兰科·恩卡拉达”号相同的圆柱形锅炉，三涨式蒸汽机推动双螺旋桨，轮机功率 14000 匹。

该舰武备包括 6 门 7.5 英寸单装主炮，8 门 12 磅速射炮。该舰装备 6 至 4 英寸的舷侧装甲带，6 英寸的上甲板装甲和 6 英寸的装甲司令塔。

460a 号设计武备以 8 门 4.7 英寸速射炮代替了 460 号设计的 8 门 12 磅速射炮，其余与 460 号设计一致。该舰估价 444000 英镑。

可以发现，460 与 460a 号设计与 458、459 号设计有颇多类似之处，如两型舰长度相同，采用火炮型号类似，装甲防护水平类似等，因此可以视为两型“高低搭配”的方案，本质上都是英国主流装甲巡洋舰的缩水版，阿姆斯特朗公司也曾为英国海军建造过装甲巡洋舰“汉普郡”号（H. M. S. Hampshire）和“阿基里斯”号（H. M. S. Achilles），有相当的建造经验。

另外，值得注意的是这两型装甲巡洋舰的方案递交时间正值载泽使团结束访英不久。载泽在其出访期间，也考察了英国海军的组织情况。这两型方案是否是阿姆斯特朗公司希望借载泽使团访英之东风向中国进行的推销，有待于进一步考证。

设计编号 572、573：450 吨与 600 吨驱逐舰

572 号设计舰长 220 英尺，宽 22 英尺，设计排水量约 450 吨。该舰采用蒸汽轮机，可达到 30 节航速，估价约 88000 英镑。573 号

设计舰长240英尺，宽24英尺，设计排水量达到约600吨，航速约27节。据手稿上称，该两型设计也曾提供给阿根廷代理商。

从设计参数上可以判断，572号设计实际上是英国海军于1900年前后大批建造的“30节型”驱逐舰的改进版。573号设计则是572号设计的放大升级版本，类似于英国的“河流”级（River class）驱逐舰。

设计编号577：5600吨装甲巡洋舰

手稿上的设计时间为1908年11月20日。577号设计舰长396英尺，宽54英尺，深30.25英尺，吃水17英尺10英寸，设计排水量约5600吨。该舰装备2座7.5英寸双联装主炮塔，10门4.7英寸副炮（装设于上甲板），12门3磅速射炮，4门1磅速射炮，以及1具水线上18英寸鱼雷发射管。

改进采用圆柱形锅炉，部分采用豪登式强压通风设计（Howden's forced draught，一种将空气通过锅炉进行预加热后吹入炉膛的强压通风方式），轮机为三涨式蒸汽机驱动双螺旋桨，轮机功率为12500匹。载煤量350吨。该舰估价400000英镑。

该舰性能可以与设计编号460的装甲巡洋舰进行对比。二者同为中小型装甲巡洋舰，460号设计的武器配备较强（460号6门7.5英寸主炮，577号4门7.5英寸主炮），装甲配置也较强（460号装甲总重990吨，防护甲板400吨，577号装甲总重617吨，防护甲板313吨），轮机功率也较高（460号14000匹，577号12500匹），但460号主尺度略小。因此577号舰体的设计冗余度较高，设计在适航性上可能较胜460号一筹。

设计编号578：2000吨装甲内河炮舰

该型舰长280英尺，宽40英尺，深22.5英尺，吃水11英尺，设计排水量约2000吨。该舰武备包括4座双联装4.7英寸50倍径炮塔，10门6磅速射炮，以及2挺机关枪。该舰采用圆柱形锅炉，三涨式蒸汽机驱动双螺旋桨，轮机功率为2500匹，载煤量100吨。该舰估价163500英镑。

据手稿记载，该舰是在555号设计的基础上加大了舰长，缩小了舰宽，增加了吃水，并用圆柱形锅炉取代了亚罗式水管锅炉后修改而成，但并不清楚555号是何时为何国所做的设计。略有参考价值的是阿姆斯特朗公司曾于1907年出口阿根廷的2艘装甲内河炮舰"罗萨里奥"号（Rosario）和"帕拉娜"号（Parana），但二舰的排水量只有1000吨，与578号设计相差较多，可能只是在总体设计思路上有一定的借鉴。

设计编号579：8000吨装甲巡洋舰

手稿上的设计时间为1908年11月20日。579号设计舰长396英尺，宽62英尺，深35英尺，吃水20英尺，设计排水量约8000吨。该舰装备6座7.5英寸双联装主炮塔，并未设计副炮和速射炮。

该舰采用圆柱形锅炉，轮机为三涨式蒸汽机驱动双螺旋桨，轮机功率为16000匹，载煤量500吨。该舰估价555000英镑。

可以看出，577号与579号设计也有一定的相似关系，如二舰型长一致，主炮型号一致，等等。因此这二型舰也可视作一种"高低搭配"的设计，其目的可能是提高推销的成功率。

设计编号580、581：7500吨和8500吨岸防战列舰

手稿上的设计时间为1908年11月20日。580号设计舰长350英尺，宽64英尺，深28英尺，吃水18英尺，设计排水量约7500吨。该舰武备包括2座双联装12英寸50倍径主炮塔，8门4.7英寸副炮，4门3磅速射炮，2具18英寸水线下鱼雷管。该舰采用圆柱形锅炉，三涨式轮机驱动双螺旋桨，轮机功率为7500匹。该舰估价502000英镑。

该舰可以与中国海军1880年代订购的"定远"级铁甲舰进行对比。该舰长度较"定远"级大（580号350英尺，"定远"级298.5

英尺），舱深较“定远”级深（580号28英尺，“定远”级24.28英尺），吃水与“定远”级一致。可见该舰主尺度较“定远”级大不少，而二者排水量相差不多，这主要是因为该舰的装甲总重、轮机总重均小于“定远”级，但这并不是说该舰性能逊于“定远”，这主要是由于这些子系统在20多年时间的发展后取得了极大的进步，以较少的重量便可取得更佳的性能。

该舰与“定远”级重量分布可见下表：

表1 阿姆斯特朗公司580号设计与“定远”舰重量分布对比[1]

（单位：吨）

	舰体与舾装件	装甲	装甲背衬	防护甲板	装备	轮机	载煤	武备	总重
580号	2600	1380	50	500	310	650	350	1600	7440
“定远”	3324	1556	167	包含于舰体部分中	352	1117	432	385	7333

581号设计舰长380英尺，宽66英尺，深28英尺，吃水18英尺，设计排水量8500吨。该舰武备与580号设计基本相同，只是以2座三联装12英寸主炮塔取代了580号的双联装主炮塔。轮机系统亦与580号类似，但功率更大，达到9000匹。该舰估价560000英镑。

可见580号与581号也是一种“高低搭配”的推销方案。值得注意的是，从577号至580号设计的时间都是1908年11月20日，正值慈禧太后、光绪皇帝去世后不久，是否有借此机会向新朝当权者推销之意亦未可知。

设计编号705、706：7500吨和8000吨岸防战列舰[2]

阿姆斯特朗公司在1911年6月1日还向中国政府递交了另两种岸防战列舰方案。705号设计舰长350英尺，全长370英尺，宽65英尺，吃水20英尺，设计排水量7500吨，航速为17节。装备有9英寸的水线带装甲，武备包括2门单装的12英寸50倍径主炮（前主炮装置在艏楼上），6门6英寸50倍径的炮廓副炮和2具21英寸的水下鱼雷发射管。

706号设计舰长360英尺，全长380英尺，宽66英尺，吃水20英尺6英寸，设计排水量约8000吨，航速为17节。其武备配置与705号唯一的不同是将2门12英寸主炮设置在一个双联装炮塔里。

可以发现，705、706号方案与580号方案比较，有着一定的继承性。设计的初衷可能是为中国海军定制一型有一定沿海威慑能力，又能兼顾人员训练的小型战列舰。该舰设计的时间是1911年6月，已经距离大清王朝覆灭不远，说明直至此时清政府仍然没有放弃外购战列舰的打算，也没有放弃与阿姆斯特朗公司的合作。

二、维克斯公司的未成中国军舰方案

阿姆斯特朗公司的方案出自英国国立海事博物馆保存的该公司舰船设计总监乔治·瑟斯顿（George Thurston）的档案。瑟斯顿档案中包括阿姆斯特朗公司与维克斯公司的一系列战舰设计参数，档案中有关维克斯公司的部分就包括了许多中国军舰的未成方案。

设计编号162：750吨炮艇

手稿上未写明设计时间，但推测是在1904年左右。该舰长175英尺，宽32.5英尺，吃水8.5英尺，设计排水量725吨。该舰轮机功率600匹，设计航速11.5节，载煤160吨，定员85人。

该舰武备包括2门105毫米速射炮，12门47毫米速射炮和6门马克沁机关炮。总造价为40899英镑。

手稿上有删改痕迹，称162号设计是为葡萄牙所做。尚不清楚这是否作者的笔误。但从1904年左右的设计时间上来看，当时中国尚无重振海军的打算，时间上解释不通。因此猜测该设计起初是于1904年左右为别国所做，后来又向中国推销。

设计编号 181：12000 吨战列舰

手稿上的设计时间为 1906 年 4 月 5 日。该舰长 436 英尺，宽 71 英尺，吃水 24 英尺 7 英寸，设计排水量 12000 吨。该舰设计航速 19.5 节，通常载煤 650 吨，满载煤量 2000 吨。

该舰武备为 6 座 10 英寸双联装主炮塔。其装甲设置为水线带装甲 8 至 2 英寸，炮廓装甲 8 至 6 英寸，炮塔顶部 8 英寸，前部 8 英寸，后部 2 英寸，上甲板侧舷 6 英寸，指挥塔 9 英寸。

由于当时战列舰已进入“无畏舰”时代，因此该设计也采用了统一口径的主炮配置，但配置的是比主流战列舰主炮小一号的 10 英寸炮，可以视为一型缩小版的“无畏”舰方案。

设计编号 182：9500 吨装甲巡洋舰

手稿上的设计时间也是 1906 年 4 月 5 日。该舰长 412 英尺，宽 67.5 英尺，深 38 英尺 9 英寸，吃水 24 英尺，设计排水量 9500 吨。该舰设计航速 22 节，通常载煤 400 吨，满载煤量 2000 吨。

该舰武备为 2 座双联装 10 英寸主炮塔，8 门 7.5 英寸速射炮，12 门 14 磅速射炮，8 门 3 磅速射炮，4 门马克沁机关炮，以及 4 具 18 英寸的水下鱼雷发射管。该舰装甲配置为水线带装甲 6 英寸至 2 英寸，炮廓装甲 4.5 英寸。

值得注意的是，181 号和 182 号设计的时间恰好与载泽使团访问英国的时间重合，有可能是维克斯公司借此机会向中国进行的推销。

设计编号 325A、330F、331G、332H、335K：10000 吨战列舰

手稿上这几型战列舰的设计时间均为 1907 年 8 月。其中 325A 型战列舰长 380 英尺，宽 69.5 英尺，深 38 英尺，吃水 22 英尺，设计排水量 10000 吨，初稳心高度约为 3.16 米。该舰轮机功率约 12500 匹，设计航速约 19 节，通常载煤 500 吨，满载煤量 1200 吨，定员 700 人。

该舰武备包括4门12英寸45倍径主炮（估计为双联装布置），4门9.2英寸单装二级主炮，12门4英寸副炮（布置在下甲板），8门6磅速射炮，4门马克沁机关炮，以及2具18英寸水下鱼雷发射管。

该舰装甲配置包括：瞭望塔3英寸，指挥塔8英寸，炮塔8英寸，上甲板侧舷3英寸，上部装甲带5英寸，水线装甲带8至1.5英寸，上甲板炮廓顶部1英寸，主甲板前后1英寸，防护甲板前后1英寸。该舰估价1066358英镑（不包括鱼雷管9350英镑）。

330F号设计是在325A基础上的改型，该舰主尺度、排水量等与325A号设计一致，初稳心高度约为3.91米。武备设计上，与325A号设计同样装备了4门12英寸45倍径主炮，原装备的9.2英寸二级主炮和4英寸副炮则更换成了28门4.7英寸50倍径速射炮。该舰装甲配置为瞭望塔与通道3英寸，司令塔9英寸，司令塔通道6英寸，主炮塔9英寸，炮廓3英寸，上甲板侧舷3英寸，上部炮廓2英寸，下部装甲带3英寸至9英寸，上部装甲带至主甲板6英寸，上甲板炮廓顶部1英寸，主甲板前后段1英寸，上层炮廓顶部0.5英寸。防护甲板通长1英寸，中部平坦，前后两段倾斜。该舰估价1026594英镑。

331G号设计又对330F的设计进一步进行了修正，该舰主尺度、排水量与325A、330F号设计一致，初稳心高度约为3.57米。武备设计上，该舰副炮更换为了16门6英寸50倍径速射炮，并取消了小口径速射炮。该舰装甲也与330F号基本一致，只是下部炮廓装甲加厚为5英寸，上部炮廓2英寸，水线带装甲最厚处减薄为8英寸。该舰估价998073英镑。

332H号设计则与330F更为接近，只是将330F的28门4.7英寸副炮减少到了16门。装甲配置方面，将330F的主炮塔装甲减薄至8英寸，水线装甲带修正为1.5英寸至8英寸，初稳心高度估算为2.84米。该舰估价1054455英镑。

335K号设计则与325A比较接近，只是将325A的4门9.2英寸二级主炮增加到了8座，该舰初稳心高度估算为3.32米。该舰估价1096835英镑。

维克斯公司为中国所做的这一系列战列舰方案多达5个子型号，

对包括副炮、装甲等一些细节进行了不断的修正，并对初稳心高度进行了估算，因此可以推测，当时维克斯公司应该就此战列舰方案与中国方面有着较多的交流，并进行了舰体的初步设计。

设计编号326B、329E：8000吨装甲巡洋舰

手稿上这两型装甲巡洋舰的设计时间为1907年8月。其中326B号设计舰长400英尺，宽63英尺，深36英尺，吃水21.5英尺，排水量8000吨，初稳心高度约为3.16米。该舰轮机设计功率14000匹，航速21节，通常载煤500吨，满载煤量1200吨。定员550人。

该舰武备包括4门10英寸45倍径主炮，18门6英寸副炮（设置在下甲板），4门14磅速射炮，8门6磅速射炮，4门马克沁机关炮，以及2具18英寸水下鱼雷发射管。

该舰装甲配置为指挥塔6英寸，炮塔正面、侧面6英寸，后部2英寸，上部侧舷3英寸，炮廓3英寸，上甲板炮廓2英寸，水线装甲带3至7英寸，上甲板炮廓上部1英寸，主甲板前后1英寸，装甲甲板0.75英寸，炮塔顶部0.5英寸。该舰估价910711英镑。

329E号设计主尺度等与326B号设计一致，初稳心高度约为3.07米。武备方面略做调整，主炮改为10门9.2英寸炮，其中2座双联装炮塔，其余6门为单装炮塔。副炮为12门4英寸速射炮，布置在下甲板，另外还有8门6磅炮、4门马克沁机关炮、2具水下鱼雷发射管等武器。

该舰装甲配置与326B号略同，为指挥塔及通道6英寸，炮塔5英寸，炮廓3英寸，上部侧舷3英寸，水线带装甲1.5至7英寸。该舰估价为1021639英镑。

设计编号327C、328D、334J：4000吨防护巡洋舰

手稿上的这两型防护巡洋舰设计时间为1907年8月，其中327C号设计舰长394英尺，宽49英尺，深30.5英尺，吃水15英

尺 3 英寸，排水量 4000 吨，初稳心高度约为 2.83 米。该舰轮机设计功率为 14500 匹，航速 23 节，通常载煤 300 吨，满载煤量 1000 吨，定员 300 人。

该舰武备包括 3 门 8 英寸主炮，其中 2 门为双联装，1 门为单装。副炮为 14 门 4.7 英寸速射炮。该舰装甲配置为司令塔 6 英寸，通道 1.5 英寸，装甲甲板前后部平段 1 英寸，倾斜段 1.5 英寸，中部倾斜段 1.5 英寸，锅炉上方倾斜段 2 英寸，轮机舱上方倾斜段 3 英寸。该舰估价为 429535 英镑。

328D 是基于 327C 而进行的改进设计，该舰长度、深度与 327C 一致，舰宽缩小为 47 英尺，吃水加大为 15.5 英尺，初稳心高度约为 2.78 米。该舰武备调整为 2 门 8 英寸 45 倍径单装主炮，14 门 4 英寸速射炮（其中 10 门布置于上甲板，4 门布置于下甲板），4 门马克沁机关炮，以及 2 具 18 英寸鱼雷发射管。该舰装甲布置与 327C 号基本一致。估价为 374265 英镑。

334J 号也是基于 327C 而进行的改进设计，该舰长度、深度与 327C 一致，舰宽增大为 49 英尺 3 英寸，吃水减少为 15 英尺，初稳心高度约为 2.76 米。该舰主炮与 327C 号一致，副炮调整为 12 门 4.7 英寸 50 倍径速射炮，6 门 6 磅速射炮，4 门马克沁机关炮。该舰估价为 444600 英镑。

有趣的是，该舰各项参数与“海天”级巡洋舰比较类似，有可能是当时中国为了弥补“海天”号巡洋舰触礁沉没的损失而特地向维克斯公司招标的一型能够与“海圻”舰搭配使用的防护巡洋舰。

以上的 10000 吨战列舰方案、8000 吨装甲巡洋舰方案和 4000 吨防护巡洋舰方案均作于 1907 年 8 月，从这个时间点来看，正是陆军部海军处编制《拟暂行海军章程》，准备着手规复海军之时，维克斯公司可能听闻了风声，或是接受了中国方面的招标邀请而设计的一揽子军舰方案。方案中包括了战列舰、装甲巡洋舰等主力舰种，也足以说明当时陆军部重建海军计划的雄心；而维克斯公司推荐的舰型也比较适合中国有限发展远洋海军的思路，并不盲目贪大求全，也说明当时重建海军计划还是比较务实的。

设计编号 339、341：580 吨、360 吨驱逐舰

这两型驱逐舰手稿上的设计时间为 1907 年 11 月 6 日，应该还是以上战列舰、装甲巡洋舰、防护巡洋舰一揽子方案的延续。其中 339 号设计舰长 235 英尺，宽 23.5 英尺，深 14 英尺，前部吃水 7 英尺，后部吃水 7 英尺，舯部吃水 7.6 英尺，排水量约 580 吨。该舰采用蒸汽轮机动力，功率为 9200 匹，航速可达到 30 节。定员为 90 人。

该舰武备包括 1 门 4 英寸速射炮，备弹 50 发；1 门 14 磅速射炮，备弹 50 发；6 门 1 磅速射炮，以及 2 具 18 英寸甲板旋转鱼雷发射管。该舰造价为 116000 英镑。

341 号设计方案舰长 220 英尺，宽 20.5 英尺，深 12 英尺 9 英寸，吃水 5 英尺 9 英寸，排水量 360 吨。该舰采用亚罗水管锅炉，功率为 6500 匹，航速约为 30 节。该舰武备包括 1 门 12 磅速射炮，5 门 6 磅速射炮，以及 2 具 18 英寸鱼雷发射管。造价约为 97000 英镑。

总的来看，339 号设计应是英国“河流”级驱逐舰的改进型，而 341 号设计则是基于“河流”级的缩小版本。

设计编号 347：1950 吨训练舰

手稿上的设计价格预算时间为 1908 年 4 月 10 日。该舰长 220 英尺，宽 42 英尺，深 22.5 英尺，吃水 15 英尺 9 英寸，设计排水量 1950 吨。该舰采用亚罗式水管锅炉，功率 1300 匹，设计航速 12 节，通常载煤 200 吨。

该舰武备包括 4 门 4.7 英寸速射炮，4 门 6 磅速射炮，2 门马克沁机关炮，以及 2 具水线上鱼雷发射管（位于下甲板）。该舰造价约 92443 英镑，如建造 2 艘，则第二艘可减价 1000 英镑，第一艘在 9 个月内交付，第二艘在 10 个半月内交付。手稿中注明该设计已由维克斯公司驻华代表谭诺森提交中方。

我们注意到，在姚锡光所拟《拟暂行海军章程》和陆军部大臣奕劻等所上《奏为筹议兴复海军酌拟次第办法事》中都有购置一艘 2000 吨级训练舰的计划，维克斯公司于 1908 年 4 月所提交的这型

1950吨级训练舰方案应该就是对应于这一计划。后来这一计划一再修改，最终成为集训练舰、巡洋舰于一体的“应瑞”级练习巡洋舰方案，因此这一训练舰方案或也可称为“应瑞”级最早的缘起。

另外，由于“购置船械需款浩繁”，奕劻等提出的这一复兴海军办法后来未能定议，其中的决策过程也成了谜团，维克斯公司提交的这一型训练舰方案的发现也为我们的研究打开了一扇窗口，可以窥见光绪末年那次海军复兴计划的一些细节。

设计编号360：4600吨防护巡洋舰

手稿上未标明设计时间，但根据设计编号判断应是在1908年下半年。该舰长400英尺，宽47英尺，深31英尺，吃水17英尺3英寸，排水量约4600吨，轮机功率17000匹，设计航速24节，定员为400人。

该舰武备包括2门8英寸速射炮，10门4.7英寸速射炮，3门1磅速射炮，6门马克沁机关炮，以及2具鱼雷发射管。该舰装甲防护配置为：轮机舱装甲甲板平坦处1.5英寸，倾斜处3英寸，锅炉舱装甲甲板倾斜处2英寸，前后部装甲甲板平坦处1英寸，倾斜处1.5英寸，指挥塔4英寸。该舰手稿上未计算造价。

可以发现，该型舰与当时中国海军的主力巡洋舰“海圻”在各项参数上几乎完全一致，应当是维克斯公司应中方要求，设计的一款与“海圻”搭配使用的巡洋舰。但该舰未做报价，因此应当只是停留在初步方案设计阶段。

设计编号416：7500吨装甲巡洋舰

手稿上的设计时间为1909年8月20日。该舰长395英尺，宽58英尺，深36.5英尺，吃水22英尺，排水量约7500吨。该舰设计航速22节，通常载煤400吨，满载煤量1200吨，定员600人。

该舰武备包括4门8英寸45倍径主炮，14门6英寸50倍径副炮，10门12磅速射炮，2门3磅速射炮，以及4具18英寸水下鱼雷发射管。8英寸炮每门备弹85发，6英寸炮每门备弹130发，12磅炮每门备弹200发。

该舰装甲配置为：水线带装甲3至6英寸，炮廓6英寸，炮塔6英寸，指挥塔6英寸，炮塔上方上甲板1英寸，轮机舱上方装甲甲板平坦处和倾斜处均为1.5英寸，艏艉装甲甲板平坦处1英寸，倾斜处1.25英寸。该舰有装备往复式蒸汽机和蒸汽轮机两个方案，前者估价960178英镑，后者估价967928英镑（不包括10%的利润）。

设计编号417、418、419：6000吨装甲巡洋舰

手稿上未标明设计时间，但估计与416号的设计时间一样，均为1909年8月。其中417号方案舰长350英尺，宽58英尺，吃水21英尺，设计排水量约6000吨。该舰设计航速20节，通常载煤400吨，满载煤量800吨，以10节的经济航速航行航程可达到10000海里。

该舰武备包括2门9.2英寸45倍径主炮，12门4.7英寸速射炮，4门3磅速射炮，4门马克沁机关炮，以及2具18英寸水下鱼雷发射管。其中9.2英寸炮每门备弹80发，4.7英寸炮每门备弹200发，3磅炮每门备弹500发，马克沁机关炮每门备弹10000发。

该舰装甲配置为：水线带装甲3至6英寸，上部舷侧3英寸，炮廓3英寸，炮塔6英寸，指挥塔6英寸，炮廓上方甲板0.75英寸，前部主甲板1英寸。

418号设计舰体参数与417号基本一致，而将2门9.2英寸主炮换成了4门8英寸45倍径主炮，每门备弹80发。

419号设计则将主副炮配置进行了修改，装备2门8英寸45倍径主炮（每门备弹80发）和8门6英寸50倍径副炮（每门备弹100发）。

综观维克斯公司的7500吨级装甲巡洋舰和6000吨级装甲巡洋舰方案，其递交时间均为1909年8月。时值载洵、萨镇冰被委任为筹办海军大臣，并上《奏为遵筹海军基础办法各条事》筹议兴复海军具体计划之时。在筹办海军处的这份奏折中，便有新购3艘巡洋舰的计划。维克斯公司的这两份装甲巡洋舰设计方案，很有可能就

是应筹办海军处之邀而做出的设计。考虑到中国筹划海军建设经费并不宽裕，这两型装甲巡洋舰的设计指标也就并不非常突出，但尚且能够起到舰队中坚的作用。

设计编号 459、460、461：15000 吨装甲巡洋舰

手稿上未标明设计时间，但可根据设计编号判断应为 1910 年上半年。其中 459 号设计舰长 490 英尺，宽 75 英尺，深 40 英尺，吃水 26.5 英尺，设计排水量约 14750 吨。该舰采用蒸汽轮机，设计功率为 27000 匹轴马力，设计航速 22.5 节，通常载煤 800 吨。

该舰武备包括 4 门 10 英寸 50 倍径主炮，8 门 8 英寸 50 倍径二级主炮，16 门 4.7 英寸副炮，8 门马克沁机关炮，以及 2 具 18 英寸水下鱼雷发射管。

该舰装甲配置为：水线带装甲 3 至 6 英寸，上部装甲带 3 英寸，炮房 3 英寸，10 英寸炮塔装甲 7.25 英寸，8 英寸炮塔装甲 6 英寸，指挥塔 8 英寸，瞭望塔 8 英寸，装甲堡顶部甲板 1 英寸，主甲板装甲 1.5 英寸，装甲甲板平坦处 1 英寸，倾斜处 1.5 英寸。

460 号舰体设计与 459 号基本一致，设计满载煤量为 1800 吨，定员 750 人，设计排水量减小为 14600 吨。武备部分稍作修改：8 英寸二级主炮减少为 6 门，4.7 英寸副炮减少为 14 门，并增加 4 门 47 毫米速射炮。另规定 10 英寸炮每门备弹 80 发，8 英寸炮每门备弹 100 发，4.7 英寸炮每门备弹 150 发，47 毫米炮每门备弹 400 发，马克沁机关炮每门备弹 10000 发，每具鱼雷管备雷 3 枚。

461 号舰体设计与 459 号基本一致，排水量增加为 15000 吨。武备部分，将 10 英寸主炮增加为 8 门，取消了原先的 8 英寸二级主炮。

可以发现，实际上 459 到 461 号设计都与维克斯公司此前为俄国海军建造的“留里克”号装甲巡洋舰十分类似，基本上可以认为是“留里克”的改进型方案。其与“留里克”的方案比较可见下表。

可见为中国所做的装甲巡洋舰主要在“留里克”的基础上改用了蒸汽轮机，增加了锅炉功率，从而取得了更高的航速。另外对“留里克”的武器配置也进行了一定的修改，尤其是 461 号设计采用

表 2　维克斯公司 459、460、461 号方案与“留里克”号（Рюрик）装甲巡洋舰设计比较

型号	459	460	461	“留里克”
主尺度（英尺）	490 × 75 × 40 × 26.5	490 × 75 × 40 × 26.5	490 × 75 × 40 × 26.5	490 × 75 × 40 × 26.5
排水量（吨）	14750	14600	15000	15200
武备	10 英寸 ×4 8 英寸 ×8 4.7 英寸 ×16 机关炮 ×8 鱼雷管 ×2	10 英寸 ×4 8 英寸 ×6 4.7 英寸 ×14 47 毫米 ×4 机关炮 ×8 鱼雷管 ×2	10 英寸 ×8 4.7 英寸 ×16 47 毫米 ×4 鱼雷管 ×2	10 英寸 ×4 8 英寸 ×8 4.7 英寸 ×20 47 毫米 ×4 鱼雷管 ×2
轮机功率（匹）	27000	27000	27000	19700
航速（节）	22.5	22.5	22.5	21

了统一口径的主炮配置，有利于提高主炮齐射的精度，颇符合当时“无畏”舰时代的潮流。

这几型装甲巡洋舰均设计于 1910 年上半年，当时载洵一行已结束对欧洲的访问，并向维克斯公司订购了“应瑞”号巡洋舰，这几型装甲巡洋舰应是维克斯公司趁热打铁，向中国方面做出的推销，或是中国方面向维克斯公司提出的设计邀请。但是无论如何，这些装甲巡洋舰方案最终均成泡影，载洵使团于 1910 年 11 月访问美日归来后曾上奏《拟设海军第一舰队并厘订海军部官制各情事》一折，其中便提出了增购装甲巡洋舰 2 艘的计划，但最后未获批准。从此中国再未向维克斯公司寻求任何技术方案，直到在帝国覆灭前夕转向美国寻求建设海军的资金与技术支持。

注　释：

［1］“定远”舰重量整理自《伏耳铿钢面铁甲船身程式》，南京图书馆藏本 GJ/77279。

［2］Norman Friedman: *the British Battleship 1906-1946*, Seaforth publishing, 2015, p.849.

后　记

《泰恩河上的黄龙旗》终于结稿了。当初定下这本书的写作计划的时候，我还在伦敦 King's Cross 附近的出租公寓里，刚刚结束在英国的硕士学业。恍惚之间，六载光阴已逝。

写作这本书的经历是马拉松式的。由于我并非职业的中国近代海军研究者，因此在保证本职工作的前提下，能够用于写作的业余时间非常有限，而历史研究又经常需要花上大量的时间深挖某一课题，所以时常有因无法收笔而熬夜苦战的经历自不待言。即便如此，通常也只能一年完成一至两章，亦不敢给自己设定完稿时间。好在这样的写作方式也给了我更多的时间广搜史源，反复斟酌，比之为了应付稿约而仓促凑成一篇的方式更符合我的创作初衷。

正如我在前言中所说，本书创作的缘起是在英国发现了大量阿姆斯特朗公司与中国海军的原始档案，这仿佛为我打开了一扇时光之门，带领我走进这段一百多年前中英交流的动人往事。中国近代海军本身就是一件舶来品，舰船购造、人才培养、训练组织、巡航作战等各方面都与海外有着千丝万缕的联系，因此海外史料中通常潜藏着海量的信息，成为破解中国近代海军史诸多谜题的密码。长期以来，囿于对海外史料的隔膜，中国本土学者在探究中国海军史的过程中大多只能局限于国内史料，而国内史籍本身就有缺乏系统性、语焉不详等弊病，加之近代以来战乱频仍、时局动荡，可资利用的档案史料流散过多，造成研究上的诸多不足。新世纪以来，随着互联网的普及，国内学界的视野已经大为拓展，对于海内外资料的挖掘达到了一个全新的高度，但仍未竟全功，主要是对于海外原始档案的利用尚嫌不足。因此当我接触到这些首见的英国档案之后，就觉得有必要尽快对其加以整理和研究，本书就是以上研究的一些初步成果。

在写作的过程中我时常反思，我们究竟应以怎样的眼光来审视中国近代海军建设的历史？长期以来，对于这段蹉跎往事，国人往往是以民族的屈辱史看待之的，每逢谈及便扼腕痛惜中国海权之殇，痛斥当权者的腐败无能。诚然，中国近代海军史中有过多的失败与牺牲，对于民族感情而言无疑是沉重的。但倘若暂时放下对成败的执念，其实我们或可更多地感悟中国近代海军史的魅力。这是一段中西交流的历史，无论西方在这段历史中所扮演的角色是侵略者也好，淘金者也罢，西方的先进科学技术、管理架构乃至意识形态确实在一次次的激荡和碰撞中注入了古老东方文明的血液，陈腐的老大帝国在这“三千年未有之变局”中由外而内地革新了。海军作为“师夷长技以自强”的重要一环，首先成了西学东渐的制高点，而阿姆斯特朗公司与中国海军的殊缘便是这段中西交流史中具有代表性的篇章。这是一段中华民族自我奋斗、自我变革的历史，清朝政府固然腐朽保守，但这并不妨碍具有进步思想和爱国情怀的仁人志士不断摸索寻找救国的出路，即便如慈禧太后这样具有争议性的人物，却也在推进中国海军建设的过程中多次起到了关键性的作用，其临终时“犹殷殷以兴复海军为念”。更不必说李鸿章、沈葆桢这些曾经躬亲海军建设的洋务官员，他们为中国海防事业做出的贡献是不应为我们后人所遗忘或鄙夷的。这也是一段充满了“不确定性”的历史，或许是对于失败心有不甘，或许是历史为我们提供了太多的选择项，我们对于中国近代海军常常提出“假如……会怎么样”的问题。在 19 世纪末科学技术快速发展和国际形势纵横捭阖的大背景下，这种“不确定性”表现得尤为显著。例如宣统年间重建海军的努力，决策者已经勾画出了一幅大海军的蓝图。战列舰、装甲巡洋舰、象山湾基地、海军大学……这些时髦的“玩具”已然在列，而一切都随着帝国的崩塌戛然而止。因此，一个顺理成章的假设就是，如果清政府能够苟延残喘，那么带给中国海军的将是重现辉煌，还是加倍的不幸？尽管历史在此时空中已经凝固，但这并不妨碍我们在其他的时空中尽情畅想。

时间已经过去了一百多年，泰恩河上的黄龙旗早已飘零，我却时常被一些事情感动，这些事情提醒着我们的身上还留存着祖先的基因，提醒着我们历史并未远去。2011年，我在留学期间曾来到“致远”舰诞生的埃尔斯威克船厂故地，一切早已物是人非，唯有泰恩河水依旧静静东逝。我曾有感而在笔记中写道：“‘致远’，这艘只能用美来形容的小军舰，她在泰恩河畔诞生，大清帝国的海军官兵们走上她的甲板，伴随她不远万里穿越重洋回到中国，最后走到宿命之地——大东沟。”三年后的2014年，“致远”舰的残骸在辽宁丹东海域——昔日的大东沟海战古战场被发现，举国轰动。我作为一名海军史研究者也为现场作业的水下考古队提供了一些技术和史料上的支持，比如帮助鉴定并确认了“致远”舰大副陈金揆的望远镜等。我有幸亲临考古现场，置身“考古01”号考古船的甲板上，月光如水，海天一色，顿觉仿佛时空交错：泰恩河畔，黄海涛间，一西一东，一始一终，记载了“致远”舰走过的生命历程。那时，我忽然觉得“致远”舰的历史并未终结，那些深埋于海底的腐锈钢板虽然已经残缺不全，但依然是她身躯的一部分，“致远”依旧在，她的故事还在续写。

同样，纽卡斯尔圣约翰公墓的中国水兵墓地也在2017年重新进入了人们的视野。在中国文物保护基金会、英国北部华人企业家协会的推动下，这座1880年代北洋水师接收“超勇”“扬威”“致远”“靖远”过程中留下的墓地得以重新修缮。上一次对墓地的修缮还是1911年“海圻”号巡洋舰访问英伦之时，如今墓地已经基本完工，三座倒伏的墓碑被重新竖起，时隔一百多年墓地再获新生。这是一个有着人性温暖的文保项目，客死异乡的中国海军军人并没有被后人遗忘，“Foreign Field Will Forever Be Home”（异乡永远作故乡）。历史的时空再一次在这里交错、延续。

也是在2017年，中国人民解放军海军第二十六批护航编队访问英国，上一次大清海军的“海圻”舰访英之时，正是英国海军称霸全球，中国海军举步维艰之时。时过境迁，大英帝国的昔日荣光早已不在，而中国海军则正向着世界一流海军的目标阔步迈进。英国媒体面对着今日中国人自己建造的钢铁艨艟自嘲地感叹：“可惜这些军舰是中国的而不是英国的。”这不由得让人想起一百多年前英国媒体对于阿姆斯特朗公司为中国建造的“蚊子船”的评论：“中国人作此突然的冒险一跳，已经跳到我们的前面去了！”评论的语气相仿，而时势却已迥异，令人唏嘘。在这次访问中，英国北部华人企业家协会还向中国海军赠送了一份特殊的礼物，一幅裱有四艘中国军舰照片的相框，那正是建造于英国泰恩河畔的北洋海军军舰——“超勇”“扬威”“致远”“靖远”。

就在本书即将完稿的当下，新华社驻伦敦分社传来好消息，在纽卡斯尔的泰恩-威尔档案馆里找到了“致远”舰的舵机系统图纸，这是“致远”舰的原厂图纸第一次走入我们的视野，而一百多年来它的真正价值从未被人们注意。我回想起曾经的一代代中外海军史研究者们对“致远”舰图纸的追寻，他们当中的许多人已经离开了我们。譬如著名海军史学家 Peter Brook 先生，正是他所撰写的 *Warship for Export* 带领我走进了阿姆斯特朗军舰的神奇世界。有一次，我竟意外地在伦敦的一家二手书店里买到了他生前的藏书。斯人已逝，相信这本藏书代表着一份传承。

正是因为这许多人的追寻和挚爱，才有了今天的一次次惊喜发现，历史之所以一次次照进现实，是因为现实中还有着守候它的人们。

2018 年冬至

参考文献

未刊档案

中国第一历史档案馆藏光绪朝宫中朱批奏折

中国第一历史档案馆藏宣统朝宫中朱批奏折

中国第一历史档案馆藏军机处录副奏折

上海图书馆藏盛宣怀档案

台北故宫博物院藏清代军机处录副奏折

台湾“国防部”史政编译局档案

台湾“中研院”近史所档案

台湾“国史馆”藏蒋介石文物

《翻译英商阿摩士庄海镜清船只大概情形原来详单》，南京图书馆藏本，GJ/EB/3013797。

《江南机器制造局公牍》，哈佛燕京图书馆藏本，T 4664.88 3446

“楚宝兵轮”照片，中国国家图书馆，船舶 J424 U674

Records of the Admiralty, National Archives(UK)

Records of Foreign Office and Foreign and Commonwealth Office, National Archives (UK)

Rendel papers, Tyne & Wear Archives

Vickers archives, Cambridge University Library

Vickers archives, Cumbria Archive and Local Studies Centre

J. Samuel White archives, Isle of Wight County Record Office

“Ant” class gunboat plans: National Maritime Museum NPA 6000-6003

Naval Architect’s notebooks belonging to Sir George Thurston,

National Maritime Museum, MSS/72/017

Charles Cheshire: *Journal kept in the Chinese Navy*, National Maritime Museum, MSS/78/153.0

Journals kept by an anonymous lieutenant, National Maritime Museum, RUSI/NM/167

Plans of "Ying Swei", National Maritime Museum, VIZB0005

Chinese Training Ship "Chao Ho", National Maritime Museum, VNEB0001

Sir Robert Hart Diary, Queen's University Belfast

日本海军省档案，（日本）防卫省防卫研究所

日本外务省档案，（日本）外务省外交史料馆

平贺让档案，日本东京大学

档案、资料汇编

《筹办夷务始末》，中华书局 1980 年版

中国史学会主编：《中国近代史资料丛刊——洋务运动》，上海书店出版社 2000 年版

中国史学会主编：《中国近代史资料丛刊——中日战争》，上海人民出版社 2000 年版

中国史学会主编：《中国近代史资料丛刊——辛亥革命》，上海书店出版社 2000 年版

戚其章主编：《中国近代史资料丛刊续编——中日战争》，中华书局 1993 年版

张振鹍主编：《中国近代史资料丛刊续编——中法战争》（第六册），中华书局 2017 年版

中国第一历史档案馆编：《光绪朝朱批奏折》，中华书局 1996 年版

中国第一历史档案馆编：《清代军机处电报档汇编》，中国人民大学出版社 2005 年版

《清实录》，中华书局 1987 年版

中国第二历史档案馆、中国社会科学院近代史研究所合编：《中

国海关密档——赫德、金登干函电汇编》，中华书局 1990—1995 年版

《中日甲午战争——盛宣怀档案资料选辑之三》，上海人民出版社 1982 年版

《清代外务部中外关系档案史料丛编——中英关系卷》，中华书局 2009 年版

《北洋海军资料汇编》，中华全国图书馆文献缩微复制中心 1994 年版

张侠等编：《清末海军史料》，海洋出版社 1982 年版

杨志本主编：《中华民国海军史料》，海洋出版社 1987 年版

文闻编：《旧中国海军密档》，中国文史出版社 2006 年版

殷梦霞、李强选编：《国家图书馆藏民国军事档案文献初编》，国家图书馆出版社 2009 年版

中国第二历史档案馆编：《中华民国史档案资料汇编》，凤凰出版社 1991 年版

财政科学研究所、中国第二历史档案馆编：《民国外债档案史料》，档案出版社 1990 年版

《近代中国史料丛刊第四辑——中日战争资料》，（台湾）文海出版社 1967 年版

《稿本总理衙门档案》，（台湾）文听阁图书有限公司 2013 年版

《中华民国文献：民初时期文献》，台湾“国史馆”2001 年版

《中国海军之缔造与发展》编辑委员会编：《中国海军之缔造与发展》，台湾“海军总司令部”1965 年版

台湾“国防部海军司令部”编：《纪念抗战胜利 70 周年——海军抗战期间作战经过汇编》，2015 年版

林伟功主编：《日藏甲午战争秘录》，中华出版社 2007 年版

陈悦主编：《龙的航程：北洋海军航海日记四种》，山东画报出版社 2013 年版

汤锐祥编：《护法运动史料汇编（一）——海军护法篇》，花城出版社 2003 年版

洪越、殷榕编：《癸丑战事汇录》，上海民友社 1913 年版

魏允恭编：《江南制造局记》，《近代中国史料丛刊第四十一辑》，

文海出版社 1969 年版

马士：《中华帝国对外关系史》，上海书店出版社 2006 年版

交通铁道部交通史编纂委员会编：《交通史电政编》，交通部总务司 1936 年版

高晓星、时平：《江苏文史资料（第 32 辑）——民国海军的兴衰》，中国文史出版社 1989 年版

中国人民政治协商会议全国委员会文史资料研究委员会编：《文史资料选辑（第 48 辑）》，文史资料出版社 1964 年版

《天津历史资料》，1980 年第 9 期，天津社会科学院历史研究所出版

中国人民政治协商会议福建省文史资料委员会编：《福建文史资料第 17 辑》，1987 年版

福州市政协文史资料委员会编：《福州文史集萃（上）》，海潮摄影出版社 2006 年版

中国人民政治协商会议江苏省南通市委员会文史资料研究委员会编：《南通文史资料选辑（第 4 辑）》，1984 年版

中国人民政治协商会议江苏省江阴县委员会文史资料研究委员会编：《江阴文史资料（第 9 辑）》，1988 年版

政协东沟县委员会文史资料研究委员会编：《东沟文史资料（第 4 辑）》，1993 年版

郭振民著：《嵊泗文史资料（第 3 辑）——嵊泗渔业史话》，海洋出版社 1995 年版

Second Historical Archives of China Institute of Modern History, CASS: *Archives of China's Imperial Maritime Customs: Confidential Correspondence between Robert Hart and James Duncan Campbell 1874-1907,* published by Foreign Languages Press, 1990

文集、日记、年谱

国家清史编纂委员会编：《李鸿章全集》，安徽教育出版社 2008 年版

沈葆桢撰，林海权整理点校：《沈文肃公牍》，福建人民出版社

2008 年版
吴元炳辑:《沈文肃公(葆桢)政书》, 沈云龙主编《近代中国史料丛刊第六辑》, 文海出版社 1967 年版
赵春晨编:《丁日昌集》, 上海古籍出版社 2010 年版
中国科学院历史研究所第三所主编:《刘坤一遗集》(第二册), 中华书局 1959 年版
苑书义、孙华峰、李秉新主编:《张之洞全集》, 河北人民出版社 1998 年版
《曾国荃全集》(第二册), 岳麓书社 2003 年版
袁英光、胡逢祥整理:《王文韶日记》, 中华书局 1989 年版
《刘壮肃公奏议——台湾文献资料丛刊(第九辑)》, 台湾大通书局 1987 年版
《周悫慎公全集》, 民国十一年(1922 年)周氏刻本
《袁世凯全集》, 河南大学出版社 2013 年版
吴大澂:《皇华纪程》,《中国边疆研究文库——东北边疆卷七》, 黑龙江教育出版社 2014 年版
戚俊杰、王记华编校:《丁汝昌集》, 山东大学出版社 1997 年版
钟叔河主编:《郭嵩焘日记》, 湖南人民出版社 1982 年版
《曾纪泽遗集》, 岳麓书社 1983 年版
《曾纪泽日记》, 岳麓书社 1998 年版
刘瑞芬:《西轺纪略》, 光绪丙申刻本
薛福成:《出使英法义比四国日记》, 岳麓出版社 1985 年版
丁凤麟、王欣之编:《薛福成选集》, 上海人民出版社 1987 年版
李凤苞:《使德日记》, 商务印书馆 1936 年版
徐建寅:《欧游杂录》, 湖南人民出版社 1980 年版
沈云龙编:《许文肃公(景澄)遗集》, 文海出版社 1968 年版
《马建忠集》, 中华书局 2013 年版
卢毓英等著, 孙建军整理校注:《中国海军稀见史料——北洋海军官兵回忆辑录》, 山东画报出版社 2017 年版。
凯瑟琳·F. 布鲁纳、约翰·K. 费正清、理查德·J. 司马富编, 陈绛译:《赫德日记——赫德与中国早期现代化》, 中国海关出

版社 2005 年版

李准:《任庵年谱》，手稿影印件

凤凌:《四国游记》，光绪二十八年石刻版

载振:《英轺日记》，光绪二十九年版

钟汉波:《四海同心话黄埔——海军军官抗日剳记》，麦田出版股份有限公司 1999 年版

《郑天杰先生访问记录》，九州出版社 2012 年版

阿林敦著，叶凤美译:《青龙过眼》，中华书局 2011 年版

张秀枫主编:《冰心诗文精选》，北京工业大学出版社 2013 年版

E. R. Fremantle: *The Navy as I Have Known It*, published by Cassell and Company, 1904

William Ferdinand Tyler: *Pulling Strings in China*, published by Constable & Co., 1929

Sir Roger Keyes: *Adventures Ashore & Afloat*, published by George G. Harrap & Co. Ltd., 1939

Ernest Mason Satow, Ian C. Ruxton: *The Diaries of Sir Ernest Satow, British Minister in Tokyo (1895-1900): A Diplomat Returns to Japan*, Ian Ruxton, 2010

Ian Ruxton: *Correspondence of Sir Ernest Satow, British Minister in Japan, 1895-1900*, Lulu.com, 2005

地方志、工具书

《江苏省志：公安志》，群众出版社 2000 年版

《宝山县志》

Armstrong Elswick Works:*15c/m Gun on Naval Albini Carriage*, ca. 1880s

Armstrong Whitworth & Co.: *"Hai Chi" and "HaiTien", Instructions for the Use of the 203m/m, 120m/m & 47m/m Q.F. Guns and Mountings, Ammunition Hoists & Torpedo Tubes*, 1899

Vickers Ltd.: *Armament for the Imperial Chinese Protected Cruiser Ying Swei: Gunners Drill*, 1911

Vickers Ltd.: *Armament for the Imperial Chinese Protected Cruiser Ying Swei: Torpedo Tubes*, 1912

China: War Vessels and Torpedo Boats, Admiralty Intelligence Departments, October 1891

Armstrong Whitworth & Co.: *Chinese Cruisers "Chao-Ho" and "Feichung": Description of Armament, with Instruction for the Working and Care of the Guns and Mountings*, ca. 1900s

China Imperial Maritime Customs Service List 1887, printed by Statistical Department of the Inspectorate General

David Lyon: *The Sailing Navy List: All the Ships of the Royal Navy, Built, Purchased and Captured 1688-1860*, Conway Maritime Press, 1993

David Lyon and Rif Winfield: *The Sailing and Steam Navy List: All the Ships of the Royal Navy 1815-1889*, Chatham Publishing, 2004

Conway's All the World's Fighting Ships 1860-1905, Conway Maritime Press, 1979

著述、传记

姚锡光:《东方兵事纪略》，中华书局 2010 年版

阙名编:《近代中国史料丛刊三编第三十二辑——中倭战守始末记》，文海出版社 1987 年版

林乐知译，蔡尔康辑:《李傅相历聘欧美记》，沈云龙主编《近代中国史料丛刊第八十一辑》，文海出版社 1966 年版

戚其章:《北洋舰队》，山东人民出版社 1981 年版

戚其章:《甲午战争史》，上海人民出版社 2005 年版

马幼垣:《靖海澄疆——中国近代海军史事新诠》，中华书局 2013 年版

王家俭:《李鸿章与北洋舰队——近代中国创建海军的失败与教训》，生活·读书·新知三联书店 2008 年版

姜鸣:《龙旗飘扬的舰队》，生活·读书·新知三联书店，2003 年版

许华:《甲午海祭》，华夏出版社 1996 年版

孙建军:《北洋海军研究探微》，苏州大学出版社 2010 年版

陈悦:《清末海军舰船志》，山东画报出版社 2012 年版

陈悦:《甲午海战》，中信出版社 2014 年版

汤锐祥:《护法舰队史》，海洋出版社 2011 年版

林伟功、黄国盛主编:《中日甲午海战中方伯谦问题研讨集》，知识出版社 1993 年版

魏尔特:《赫德与中国海关》，厦门大学出版社 1993 年版

莫世祥:《民初政争与二次革命》，上海人民出版社 1983 年版

《上海救捞志》编撰委员会编:《上海救捞志》，上海社会科学院 1999 年版

台湾“海军总司令部总司令办公室”编印:《北伐时期海军作战纪实》，1963 年版

台湾“海军总司令部”编印:《海军抗日战史》，1994 年版

台湾“空军总司令部情报署”编:《空军抗日战史》(第一册)，1950 年版

Peter Brook: *Warships for Export: Armstrong Warships 1867-1927*, published by the World Ship Society, 1999

Dick Keys and Ken Smith: *Armstrong's River Empire: Tyne Shipyards that Supplied the World*, Tyne Bridge publishing, 2010

Henrietta Heald: *William Armstrong: Magician of the North*, published by Northumbria Press, 2010

Kenneth Warren: *Armstrong: The Life and Mind of an Armaments Maker*, published by Northern Heritage, 2010

Kenneth Warren: *The Builders of Elswick: Partners, Managers and Working Men, 1847-1927*, published by Leazes Press, 2013

Ken Smith: *Emperor of Industry: Lord Armstrong of Cragside*, published by Tyne Bridge Publishing, 2005

Marshall J. Bastable: *Arms and the State: Sir William Armstrong and the Remaking of British Naval Power, 1854-1914*, published by Ashgate Publishing Limited, 2004

J. D. Scott: *Vickers, a History*, published by George Weidenfeld and

Nocolson Ltd., 1962

David L. Williams: *Maritime Heritage: White's of Cowes*, published by Silver Link Publishing Ltd., 1993

Fred M. Walker: *Ships and Shipbuilders: Pioneers of Design and Construction*, Seaforth publishing, 2010

History and Development of New York Shipbuilding Corporation, New York Shipbuilding Corporation, 1920

Pictures of Krupp: Photography and History in the Industrial Age, Philip Wilson Publishers Ltd., 2005

Roger Parkinson: *The Late Victoria Navy: the Pre-Dreadnought Era and the Origins of the First World War*, The Boydell Press, 2008

D. K. Brown: *Before the Ironclad: Development of Ship Design, Propulsion and Armament in the Royal Navy, 1815-60*, Conway Maritime Press, 1990

D. K. Brown: *Warrior to Dreadnought: Warship Development 1860-1905*, Chatham Publishing, 1997

John F. Beeler: *Birth of the Battleship: British Capital Ship Design 1870-1881*, Naval Institute Press, 2001

David Lyon: *The First Destroyers*, published by Chatham Publishing, 1996

Norman Friedman: *British Cruisers of the Victorian Era*, Seaforth publishing, 2012

Norman Friedman: *the British Battleship 1906-1946*, Seaforth publishing, 2015

Robert Ronald Campbell: *James Duncal Campbell, A Memoir By His Son*, published by Harvard University Asia Center, 1970

Kemp Tolley: *Yangtze Patrol: The U. S. Navy in China*, Naval Institute Press, 2000

John J. Heeren: *On the Shantung Front: A History of the Shantung Mission of the Presbyterian Church in the U. S. A., 1861-1940 in its Historical, Economic, and Political Setting*, published by Board of foreign missions of the Presbyterian church in the United States of America, 1940

Janet Benge, Geoff Benge: *Lottie Moon: Giving Her All for China*, YWAM publishing, 2000

The Story of New Jersey, Genealogical Publishing Company, 2000

Giannēs Th Malakasēs: *The Greek Naval Building Program in 1910-1914 and the United States: America's Stand in the Greco-Turkish Rivalry for Supremacy in the Aegean: a Study in American Diplomacy with Greece*, Published by University of Ioannina, 1978

Edward James Reed: *Our Iron-clad Ships: Their Qualities, Performances, and Cost,* John Murray publishing, 1869

George Wightwick Rendel: *Gun-Carriages and Mechanical Appliances for Working Heavy Ordnance,* printed by William Clowes and Sons, 1874

Treatise on the Construction and Manufacture of Ordnance in the British Service Prepared in the Royal Gun Factory, Secretary of State for War, 1879

C. W. Sleeman: *Torpedoes and Torpedo Warfare*, Griffin & Co. publishing, 1880

Thomas Brassey: *The British Navy: Its Strength, Resources, and Administration*, published by Longmans, Green & Co., 1882-1883

G. Mackinlay: *Text Book of Gunnery, 1887*, Printed by Harrison and sons, 1887

Edward James Reed and Edward Simpson: *Modern Ships of War*, published by Happer & Brothers, 1888

Office of Naval Intelligence: *Naval Reserves, Training, and Matériel, June 1888*, Government Printing Office, 1888

Modern Naval Artillery, printed by W. P. Griffith & Sons, 1891

J. Langmaid and H. Gaisford: *Elementary Lessons in Steam Machinery and the Marine Steam Engine with a Short Description of the Construction of a Battleship: Compiled for the Use of Junior Students of Marine Engineering*, published by Macmillan and Co., London, 1893

W. H. Wilson: *Ironclads in Action: a Sketch of Naval Warfare form 1855 to 1895*, published by Sampson Low, Marston and Company, 1896

H. Garbett: *Naval Gunnery, a Description and History of the Fighting Equipment of a Man-of-War*, published by George Bell & Sons, 1897

Fred T. Jane: *The Imperial Japanese Navy*, published by W. Thacker & Co., 1904

Demetrius Charles Boulger: *The Life of Sir Halliday Macartney*, published by John Lane the Bodley Head, 1908

Frederic Manning: *The Life of Sir William White*, published by E. P. Dutton & Co., 1923

Constantin von Hanneken, Briefeaus China 1879-1886 – Alsdeutscher Ofiizierim Reich der Mitte, Böhlau Verlag Köln Weimar Wien, 1998

George Baur: *China um 1900: Aufzeichungeneines Krupp-Direktors*, published by Böhlau Verlag Köln Weimar, 2005

（日本）参谋本部编:《明治二十七八年日清戦史》

（日本）海軍軍令部編:《征清海戦史》

（日本）海軍軍令部編:《廿七八年海戦史》，1905 年版

（日本）海軍大臣官房編:《海軍軍備沿革》，1922 年版

（日本）海軍大臣官房編:《海軍制度沿革》，1940 年版

（日本）海軍大臣官房編:《明治 33 年清国事変海軍戦史抄》，1904 年版

（日本）水路部:《明治二十八年七月軍艦筑紫遭颶記事》，1895 年版

川崎三郎:《日清海戦史》，春阳堂 1895 年版

（日本）防卫厅防卫研修所战史室:《战史丛书——中国方面海军作战》，朝云新闻社 1974 年版

论文

李玉生、李钢:《甲午战争时期海军观瞄射控技术及中日海军炮战运动》，未刊稿

周政纬:《从英国外交部档案揭露北洋海军总查琅威理辞职风波之“真相”——兼论对甲午战争结果的启示》，甲午战争 120 周年国

际学术研讨会论文

周政纬：《前赴后继——北洋海军舰艇触礁事故研究序说 1880—1885》，香港第四届近代中国海防国际学术研讨会论文

纪荣松：《甲午海战清舰接仗阵型析探》，戚俊杰、刘玉明主编《北洋海军研究（第三辑）》，天津古籍出版社 2006 年版，第 102—122 页

贾熟村：《赫德与葛雷森的恩怨》，《东方论坛》2012 年第 4 期，第 27—31 页

任燕翔：《李凤苞“购舰贪渎”说的形成源流探析》，《兰台世界》2014 年 5 月上，第 28—30 页

李喜所、贾菁菁：《李凤苞贪污案考析》，《中国近代史》2011 年第 1 期，第 3—11 页

黄文德：《敦睦与交际：1911 年中国海圻舰远洋访问之研究》，台湾海洋大学海洋文化研究所编：《海洋文化学刊》（第十四号），2013 年 6 月刊，第 1—24 页

陈群元：《日本与“禁助中国海军协议”：以渤海舰队的修缮问题为中心》，第三届中国海防国际学术研讨会论文

程玉祥：《1935 年“海圻”“海琛”北归事件述论》，《中国史研究》2017 年第 2 期，第 35—43 页

崔志海：《海军大臣载洵访美与中美海军合作计划》，《近代史研究》2006 年第 3 期，第 92—105 页

张曙光：《中国海军“应瑞”舰抗战在采石》，《志苑》2010 年第 2 期

W. G. Armstrong: *The Application of Hydraulic Power to Naval Gunnery*, 1887

“Pair of Horizontal Triple-Expansion Marine Steam Engines for Fast Twin-Screw Cruisers. Designed and Constructed by Messrs. Humphreys, Tennant, & Co., London”, Daniel Kinnear Clark: *The Steam Engine: a Treatise on Steam Engines and Boilers*, Vol. Ⅳ, published by Blackie & Son Ltd., pp. 686-691

Elisabeth Kaske: *Bismarcks Missionäre: Deutsche Militärinstrukteure in China 1884-1890*, Harrassowitz Verlag, 2002, pp.97-98

小野信爾所著《"策電"艦襲擊事件——第三革命と日本海軍傭兵》，花園大学文学部編：《花園大学文学部研究紀要（34）》，2002年，第47-76页

中文报纸

申报

字林沪报

集成报

顺天时报

国风报

大同报

广益丛报

政府公报

中央党务公报

民国日报

香港华字日报

香港工商日报

天光报

（新加坡）叻报

外文报纸

中国

North China Herald and Supreme Court & Consular Gazette

North China Daily News

Peking and Tientsin Times

Chinese Times

中国香港

Hong Kong Daily Press
China Mail
China Press

新加坡
Straits Times

美国
New York Times
New York Herald
Washington Post
Washington Star
Washington Herald
Pacific Commercial Advertiser
San Francisco Call
Daily Advertiseer
Los Angeles Herald
Kearney Daily Hub
Philadelphia Inquirer
Baltimore Sun
Leavenworth Times
Sun
Weekly Sun
Literary Digest
Staunton Daily Leader
Courier-Journal
News Journal
Cumberland Evening Times
Evening Star
Delaware County Daily Times
英国

Times

Illustrated London News

London and China Telegraph

Daily News

London Gazette

London Daily News

Pall Mall Gazette

Morning Post

Evening News

Public Opinion

York Herald

Yorkshire Post

Lancashire Evening Post

Portsmouth Evening News

Dartmouth & South Hams Chronicle

West Times

Western Morning News

Belfast News-Letter

Newcastle Courant

Newcastle Daily Journal

Newcastle Daily Chronicle

Newcastle Daily Leader

Shields Daily Gazette and Shipping Telegraph

Leicester Chronicle

Surrey Mirror & County Post

Scotsman

Iron

法国

Le Siècle

Le Temps

Gil Blas

意大利

La Stampa

奥地利

Neues Wiener Tagblatt

Prager Tagblatt

Agramer Zeitung

Pisner Tagblatt

德国

Illustrierte Kronen Zeitung

Beliner Tageblatt

俄罗斯

Московскаяжизнь

期刊

革命的海军

福建盐政公报

上海法曹杂志

东方杂志

海光

甲午战争研究

历史档案

近代史资料

民国档案

现代舰船

Transactions of the Institution of Naval Architects

Minutes of Proceedings of the Institution of Civil Engineers; with

Other Selected and Abstracted Papers

Journal of the Royal United Service Institution

Proceeding of the United States Naval Institute

Journal of the American Society of Naval Engineers

American Engineer: An Illustrated Weekly Journal

Engineer

Engineering

Pratical Engineer

International Marine Engineering

Shipbuilding & Shipping Record: A Journal of Shipbuilding, Marine Engineering

Van Nostrand's Engineering Magazine

Blackwood's Edinburgh Magazine

Naval Annal

Century Illustrated Monthly Magazine

Warship International

Warship

Verhandlungen des Vereinszur Beförderung des Gewerbefleißes

Marine-Rundschau

网站

Tyne Built Ships 网站：http://www.tynebuiltships.co.uk

Ancestry 网站：http://www.ancestry.co.uk

智利海军网站：http://www.armada.cl

北洋水师网站：www.beiyang.org